Leo Merlin Eichele
Wo steht dem Recht der Kopf?

Leo Merlin Eichele

Wo steht dem Recht der Kopf?

Zur radikalen Demokratietheorie des Rechts

VELBRÜCK
WISSENSCHAFT

Erste Auflage 2025
Velbrück Wissenschaft

Meckenheimer Str. 47, 53919 Weilerswist-Metternich
www.velbrueck-wissenschaft.de
info@velbrueck.de

Printed in Germany
ISBN 978-3-95832-395-7

Bibliografische Information der Deutschen Nationalbibliothek
Die Deutsche Nationalbibliothek verzeichnet diese Publikation in der Deutschen Nationalbibliografie; detaillierte bibliografische Daten sind im Internet über http://dnb.d-nb.de abrufbar

Inhalt

Abbildung 1: Skulptur in Bonn. Inschrift der Tafel: »Wer das Denken nicht stoppt kann die Sterne nicht sehen.«

Einleitung: Das Schafott

Die Enthauptung ist eine heikle Angelegenheit. Denn was zu Beginn noch ausnahmsweise auftritt, entwickelt sich nicht selten zur Regel. Erscheint die Guillotine erst einmal als probates Mittel, geraten die Köpfe zusehends ins Rollen. Längst geflügelt ist das Wort von einer Revolution, über die man das Gleiche sagt wie über Saturn: »sie frisst ihre eigenen Kinder.«[1] Das Umschlagen von politischer Emanzipation in *Terreur* lässt sich im Präsens allerdings schwieriger ausmachen als im Futur II, denn eine jede Gegenwart wird in der Zukunft unweigerlich zur Vergangenheit; und damit irgendwann *gewesen sein*. Schon deshalb erscheint es wenig ratsam, zumal in einer Demokratie, mit dem Scharfrichter per Du zu sein. Die Geschichte revidiert nicht selten das Urteil darüber, wen man seines Kopfes berauben durfte und bei wem man besser daran getan hätte, selbigen weiter auf den Schultern zu belassen. Insofern ist eine gewisse Obacht beim Enthaupten geboten. Köpfe wachsen bekanntlich nicht nach. Und ist ein Körper erst einmal enthauptet, weiß die eine Hand schnell nicht mehr, was die andere tut. Das klingt aus einer medizinischen Perspektive kaum erwähnenswert und bedürfte erst recht keiner Ausarbeitung in einem mehr als 300-seitigen Buch. Betrachtet man diese Warnung vor der Kopflosigkeit hingegen als politische Leitmaxime, die sich weniger auf den physischen und individuellen Körper als auf eine mystische und kollektive Körperschaft bezieht, wird es ziemlich kompliziert.

Bis auf wenige Ausnahmen im dschihadistischen Milieu werden heute kaum noch Menschen enthauptet, erst recht keine Könige. Was mittlerweile als zivilisatorische Selbstverständlichkeit »der Moderne«[2] gilt,

1 Georg Büchner, »Dantons Tod. Ein Drama«, in: ders., *Sämmtliche Werke und handschriftlicher Nachlaß. Erste kritische Gesammt-Ausgabe*, Frankfurt am Main: J. D. Sauerländer's Verlag 1879, S. 1 ff. (28).

2 »Die Moderne« möchte ich hier und im Folgenden nicht als eine geschichtsphilosophische Universalkategorie, sondern als ein tief im kulturellen Gedächtnis des Westens verankertes Ensemble aus Erzählungen, Bildern und formativen Praktiken verstanden wissen, die sich im Imaginären im Sinne der Selbstbeschreibung eines diffusen ›Wir‹ verdichten lassen. Ebendiese kulturelle Partikularität, man könnte auch von epistemischem Eurozentrismus sprechen, stellt also keinen unerwünschten Nebeneffekt, sondern gewissermaßen den Ausgangspunkt dieser Begriffsverwendung dar. In der Ambivalenz dessen, was in Europa als »die Moderne« verhandelt wird, müssen deshalb Aufklärung, Säkularisierung und Demokratie ebenso sehr mitgedacht werden wie Imperialismus, Kolonialismus und die Shoah. Vgl. zur unabgeschlossenen Debatte, ob eine radikale Demokratietheorie auf diesen Begriff nicht doch verzichten sollte: Chantal Mouffe, *Agonistik. Die Welt politisch*

war freilich nicht immer so. Der schlechte Ruf der Enthauptung als einer durch und durch barbarischen Kulturtechnik ist deshalb erstaunlich, weil die maßgebliche Erzählung der Moderne schließlich mit einer Enthauptung einsetzt. Damit beziehe ich mich allerdings nicht schon auf das Jahr 1649 und die Enthauptung von König Karl I. aus dem Hause der Stuarts. Unbestritten ist damit ein historisches Schlüsselereignis der Moderne benannt. Immerhin hat ein gewisser Thomas Hobbes im gleichen Jahr die Arbeit an seinem *Leviathan* begonnen und darin einen fiktiven Gesellschaftsvertragsschluss entworfen, in dem Herren wie Sklaven die gleichen vorpolitischen Rechte zugesprochen wurden.[3] Mit Fug und Recht ließe sich also behaupten, dass dieses Ereignis entscheidend dazu beigetragen hat, die politische Theorie in die Moderne zu katapultieren. Nichtsdestotrotz ist die historische Strahlkraft dessen wohl kaum zu vergleichen mit den Ereignissen, die sich jenseits des Ärmelkanals im Jahr 1793 zugetragen haben. Eben deshalb schreibt Toni Negri, dass als »einzige moderne Revolution« nur die Französische gelten könne.[4] Denn während die Enthauptung von Karl I. noch dazu diente, die Monarchie zu bewahren, richtete sich die Enthauptung von Ludwig XVI. am Klimax der Französischen Revolution ganz darauf, sie abzuschaffen und durch die Republik zu ersetzen.[5] Wegen nicht weniger als einer Verschwörung gegen die Freiheit, so ließ der Konvent verlauten, habe sich der König gegenüber seinem Volk schuldig gemacht. Die Hinrichtung könne keinesfalls weiter aufgeschoben, sondern müsse sofort vollzogen werden. Was sich daraufhin auf dem *Place de la Révolution* abgespielt hat, der öffentliche Regizid, besiedelt in der klassischen Geschichtsschreibung den Untergang des *Ancien Régime* und markiert gleichbedeutend den Aufbruch in die Moderne (vgl. Abb. 2).

In der Erinnerung an die sich überschlagenden Ereignisse scheint die Enthauptung des Königs als *das* Ereignis des Politischen schlechthin zu gelten. Emblematisch geworden ist sie als ein martialisches Aufbegehren

denken, Berlin: Suhrkamp 2014, S. 16 sowie Oliver Flügel-Martinsen, *Radikale Demokratietheorien. Zur Einführung*, Hamburg: Junius 2020, S. 32 f.

3 Das Maskulinum wird nicht generisch verwendet. Vgl. zur biologistischen Rechtfertigung der Ungleichbehandlung von Frauen im Hobbes'schen Vertragsrecht nur Carol Pateman, *The Sexual Contract*, Stanford: Stanford University Press 2009, S. 43 ff. (49 f.).

4 Antonio Negri, *Insurgencies. Constituent Power and the Modern State*, Minneapolis und London: University of Minnesota Press 1999, S. 18.

5 Eine ähnliche Einschätzung findet sich bspw. auch bei Ernst H. Kantorowicz, *Die zwei Körper des Königs. Eine Studie zur politischen Theologie des Mittelalters*, München: Deutscher Taschenbuch Verlag 1994, S. 42; Paula Diehl, *Das Symbolische, das Imaginäre und die Demokratie. Eine Theorie politischer Repräsentation*, Baden-Baden: Nomos 2015, S. 209 oder Friedrich Balke, »Wie man einen König tötet oder: Majesty in Misery«, in: *DVjs 2001* (Bd. 56 H. 5), S. 657 ff. (660 ff.).

Abbildung 2: Die Hinrichtung von Ludwig XVI. Kupferstich von Georg Heinrich Sieveking, 1793.

gegen die monarchische Unterdrückung und, untrennbar damit verbunden, das demokratische Einfordern von gleichen Freiheitsrechten. Zu trennen wäre dieses singuläre Ereignis *des Politischen* allerdings von *der Politik*, die historisch auf diese Revolution folgte und in der solche Versprechungen noch lange Zeit unerfüllt blieben. Man könnte von der Enthauptung Ludwigs XVI. deshalb auch als einem Gründungsmythos oder einer »formativen Erzählung«[6] sprechen, weil mit ihm retroaktiv die Unterscheidung zwischen einer vormodernen Vergangenheit und einer modernen Gegenwart eingeführt wird, die für das westliche Selbstverständnis – mit allen Ambivalenzen, die dazugehören – noch bis heute prägend ist.[7] Bemerkenswert ist das schon deshalb, weil zum festen Bestandteil dieser Moderne ebenfalls ein aus dem Christentum abgeleiteter Humanismus gehört, welcher die Rechtfertigung der Todesstrafe aus Vernunftgründen für unmöglich erklärt hat.[8] Die Moderne scheint Enthauptungen somit nur dann zu tolerieren, wenn sie die alten Könige betreffen. In Anlehnung an die französische Sakralsoziologie könnte man auch von einem heiligen Opfer sprechen, weil es gerade die öffentliche Inszenierung seiner Hinrichtung war, welche zum verbindenden Element einer kommenden Gemeinschaft der Freiheit, Gleichheit und

6 Darunter verstehe ich im Anschluss an Jan Assmann eine »Selbstdefinition und Identitätsvergewisserung« eines Kollektivs, dessen »gemeinschaftliches Handeln« durch ein solches »Erzählen gemeinsam bewohnter Geschichten« immer wieder aufs Neue motiviert wird. Ders., *Das kulturelle Gedächtnis: Schrift, Erinnerung und politische Identität in frühen Hochkulturen. Schrift, Erinnerung und politische Identität in frühen Hochkulturen,* München: C.H. Beck 2017, S. 143.

7 Vgl. in Bezug auf die jungen Republik Frankreich nur die vielen Nachweise – unter anderem zu Jules Michelet, Alphonse de Lamartine, Victor Hugo und Albert Camus – bei Susan Dunn, *The Deaths of Louis XVI. Regicide and the French Political Imagination,* Princeton (N.J.): Princeton University Press 1994, S. 15 ff.

8 Vgl. nur Cesare Beccaria, *Über Verbrechen und Strafen. Nach der Ausgabe von 1766*, Frankfurt am Main: Insel-Verl 1988, S. 123 ff.

Wechselseitigkeit wurde. Es war der Tod des Königs, mit dem der Demos und damit auch die Demokratie zum Leben erwachte. Und noch heute vergewissert sich die Moderne immer wieder ihrer selbst, indem sie an die Französische Revolution erinnert und sich zu dessen Werten bekennt. Sie hat den Kopf des Königs damit nicht etwa überwunden, sondern identifiziert sich mit seiner Abwesenheit. An seiner statt beschwört sie die Souveränität einer wie auch immer verfassten Körperschaft des Volkes.

Gleichwohl werden auch im Namen dieser Tradition, und sogar vermehrt in jüngerer Zeit, immer wieder radikale Forderungen erhoben, welche die Enthauptung nicht zum musealen Artefakt der prämodernen Vergangenheit verkommen lassen wollen und sie in der modernen Gegenwart zu aktualisieren versuchen. Freilich handelt es sich dabei weniger um jakobinischen Eifer als um eine spezifische Rhetorik innerhalb der politischen Theorie. Der in diesem Kontext meistzitierte Satz lautet entsprechend: »Im politischen Denken und in der politischen Analyse ist der Kopf des Königs noch immer nicht gerollt.«[9] Für den Verantwortlichen dieser Zeilen, Michel Foucault, bezeichnet dieser Umstand ein Defizit in der politischen Theoriebildung. Seiner Auffassung nach verhafteten die klassische Methodik und das Vokabular noch immer in Zeiten, in denen die obengenannten Könige im wahrsten Sinne des Wortes noch ihre Köpfe auf den Schultern trugen. Wer nämlich mit der vom Naturrecht bis zur Psychoanalyse geprägten Semantik des »Gesetzes« oder gar in ebenso problematischen Kategorien wie denen des »Staates und der Souveränität« oder auch »des Rechts und der Gewalt« denke, verbleibe unweigerlich »im Bann der Monarchie« verhaftet.[10] Damit werde nicht weniger als die eigentliche Pointe der Moderne verfehlt: eben ihre Kopflosigkeit. Mit dieser Erhebung der Enthauptung zum Leitmotiv ist Foucault alles andere als ein hoffnungsloser Einzelfall, vor allem nicht in Frankreich.

Schon während der Französischen Revolution ist nämlich der (wenn auch heute weitgehend in Vergessenheit geratene) Begriff der *acéphocratie* entstanden. Dieser erhob »den Gedanken einer ›kopflosen‹ Macht« sogleich »zur Verfassungskategorie« und formalisierte damit das pragmatische Kalkül, »dass, sobald ein einziger über die staatliche Gewalt verfügt, er von Sklaven umgeben sein wird«.[11] Nicht unwahrscheinlich

9 Michel Foucault, *Der Wille zum Wissen. Sexualität und Wahrheit (Band I)*, Frankfurt am Main: Suhrkamp 2020, S. 110. Vgl. auch ders., »Gespräch mit Michel Foucault«, in: ders., *Dits et Ecrits (Band III)*, Frankfurt am Main: Suhrkamp 2003, S. 186 ff. (200).

10 Ders., *Der Wille zum Wissen*, S. 110.

11 Pierre Rosanvallon, *Die gute Regierung*, Hamburg: Hamburger Edition 2015, S. 48 (der sich seinerseits insbesondere auf Jacques Nicolas Billaud-Varenne, *L'Acéphocratie, ou le gouvernement fédératif*, Paris, S. 3 bezieht).

ist, dass Foucault sich von dieser Tradition insgesamt sowie insbesondere der 1936–1939 erschienen Zeitschrift *Acéphale* und der damit verbundenen, gleichnamigen Geheimgesellschaft hat inspirieren lassen. Der Name und das Titelbild (vgl. Abb. 3) sind dabei an die mythische Vorstellung vom kopflosen Dämon *Akephalos* angelehnt. Insbesondere zu Georges Bataille, dem Begründer – man neigt zu sagen: dem Kopf – dieses Unternehmens, pflegte Foucault ein ausgesprochen gutes Verhältnis. Immerhin hat er dessen *Œuvre* herausgegeben, an der von ihm 1946 gegründeten Zeitschrift *Critique* redaktionell mitgewirkt und seine Bewunderung nicht zuletzt in einer *Hommage* anlässlich dessen Todes kundgetan.[12] Einig waren sich die beiden auch in ihrer latenten Aversion gegen Oberhäupter, soll heißen: einer radikalen Skepsis gegenüber Herrschaft, Autorität und einer letztbegründbaren Wahrheit, wobei sie dieser in ihren breitgefächerten Werken einen meist provokativ angelegten Ausdruck verliehen haben. Insofern entspricht die Enthauptung des Königs bei ihnen allegorisch dem, was die Psychoanalyse als Ermordung des symbolischen Vaters beschreibt: Nicht bloß die Monarchie, sondern *jede* Herrschaftsform hat sich auf dem Schafott ihrer politischen Theorie zu verantworten.

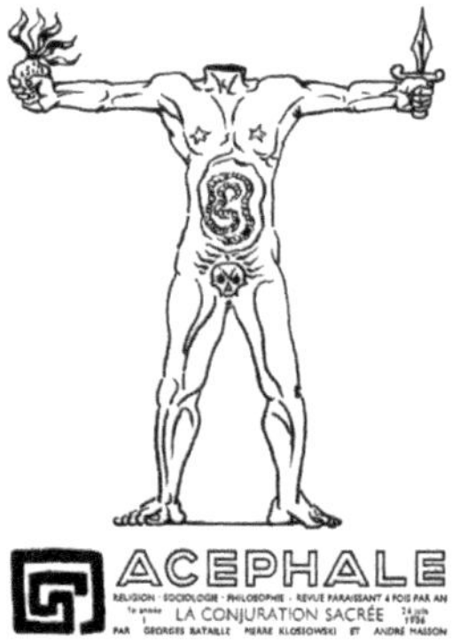

Abbildung 3: André Masson, Cover der Erstausgabe der Acéphale, *1936.*

Der Kopf des Königs kann in dieser Genealogie somit nicht als Alleinstellungsmerkmal der Monarchie betrachtet werden. Er spukt in den verschiedensten Formen und Gestalten durch die Moderne – ob nun als Gott, als Natur, als freier Markt oder lediglich als Vernunft. Als Prinzip richtet sich die Kopflosigkeit also gegen jeden möglichen Prinzipat; wobei selbst die Rede von einem Prinzip schon irreführt, weil dieses sich zugleich reflexiv auf sich selbst beziehen und sich damit aufheben müsste.[13] Maurice Blanchot, der in dieser Genealogie sowohl enge Verbindungen zu Bataille als auch zum Werk Foucaults aufweist, beschrieb die Enthauptung deshalb auch als einen Ausschluss des Ausschlusses und somit als eine paradoxe Freisetzung von Möglichkeiten, welche zugleich ihre eigene Unmöglichkeit implizieren müssen:

12 Michel Foucault, »Vorrede zur Überschreitung«, in: ders., *Dits et Ecrits (Band I)*, Frankfurt am Main: Suhrkamp 2014, S. 320 ff.

13 Jean-Luc Nancy, »Begrenzte und unendliche Demokratie«, in: Giorgio Agamben et al., *Demokratie? Eine Debatte*, Berlin: Suhrkamp, S. 72 ff. (80).

> »Die Beraubung des Kopfes schloß also nicht nur den Primat dessen aus, was der Kopf symbolisiert: des Befehlshabers, der vernünftigen Vernunft, des Kalküls, des Maßes und der Macht, einschließlich der Macht des Symbolischen, sondern den Ausschluß selbst, verstanden als überlegter und souveräner Akt, der die Oberhoheit in der Form ihres Niedergangs restauriert hatte.«[14]

Die Enthauptung ist *an*archistisch, und zwar im wahrsten Sinne des Wortes, weil sie als martialischer Akt die Ablehnung von Herrschaft symbolisiert. Diese Ausrichtung der Theorie, die noch heute viele Anhängerinnen findet, lässt sich aus den jeweiligen Zeichen ihrer Zeit erklären: Sie begründet sich durch eine Aussichtslosigkeit in politischen Angelegenheiten, wie sie sich in den künstlerischen und akademischen Milieus in Paris zu Beginn des zwanzigsten Jahrhunderts eingestellt hat. Zwar bildeten nicht Pest und Cholera selbst, allerdings die wohl kaum attraktiveren Pole von Nationalsozialismus und sowjetischem Kommunismus den politischen Horizont der damals denkbaren Systemalternativen. Zugleich bildeten sie damit aber die Kontrastfolie für eine von der kopflosen Theoriebildung begleitete Suche nach einer Gemeinschaftlichkeit *fernab* der Politik im engeren und klassischen Sinne. Gemäß den historischen Beispielen schien diese eine inhärente Tendenz aufzuweisen, unversehens in den Totalitarismus zu kippen. Mit dem schon damals einsetzenden Verblassen der einstigen Strahlkraft der politischen Theologie des Christentums, zumal im intellektuellen Milieu einer europäischen Großstadt wie Paris, konnte nicht einmal mehr die Versprechung auf eine jenseitige Gemeinschaft mit Gott vom diesseitigen Joch eines kriegerischen Jahrhunderts überzeugen.

Diese Ablehnung der Notwendigkeit, sich überhaupt innerhalb eines pragmatischen Entscheidungsrahmens einer immer bereits instituierten Politik zurecht finden zu müssen, bezeichnet Bataille bereits im ersten programmatischen Artikel der *Acéphale*-Zeitschrift in einer umstürzlerischen Prosa, die auch Foucault nicht unbekannt bleiben konnte. Als Leitmotto der kopflosen Gemeinschaft dekretierte er: »Der Mensch wird

14 Maurice Blanchot, *Die uneingestehbare Gemeinschaft*, Berlin: Matthes & Seitz 2015, S. 33. Die Freundschaft zwischen Bataille und Blanchot findet sich prominent erwähnt in ders., »Die Freundschaft«, in: ders., *Die Freundschaft*, Berlin: Matthes & Seitz 2010, S. 369 ff. Foucault selbst habe Blanchot niemals versucht persönlich zu treffen, »weil er, wie er sagte, ihn zu sehr bewunderte, als dass er ihn hätte kennenlernen wollen.« Daniel Defert/François Ewald, »Zeittafel«, in: Michel Foucault, *Dits et Ecrits* (Band I) *1954–1969*, Frankfurt am Main: Suhrkamp 2014, S. 15 ff. (49). Foucault bezieht sich häufig, insbesondere in seiner frühen Phase, auf diese beiden Autoren, die er sogar als »die Größten unter unseren Zeitgenossen« bezeichnet. Ders., »Die Verpflichtung zu schreiben«, in: ders., *Dits et Ecrits (Band I)*, Frankfurt am Main: Suhrkamp 2014, S. 572.

seinem Kopf entkommen wie ein Verurteilter, der aus dem Gefängnis flieht.«[15] Insofern heißt es zur Befreiung nicht nur, den Kopf des Königs loszuwerden, sondern auch den König im eigenen Kopf – und diesen damit zugleich. Den durch Enttäuschung geebneten Weg zur Revolution versucht Bataille damit über das politische Subjekt zu bestreiten, wobei der Kollektivsingular »des Menschen« sich auf den Zustand seiner Befreiung beziehen lässt. Bekanntlich gilt das Subjekt im lateinischen Wortsinne des *subiectum* entsprechend auch als Unterworfenes und somit als bloßer Effekt der Anrufung durch eine »symbolische Ordnung« sowie das, was man ihr »transzendentales Signifikat« oder auch »den großen Anderen« nennen könnte.[16] Dieser Subjektivierung zu entfliehen hieße, dem Gefängnis des vorgestanzten Denkens zu entfliehen und sich damit gegen das verkopfte Diktat einer von den Herrschenden oktroyierten Ratio aufzulehnen. Bei Bataille findet sich dieser Aufruf zur existenziellen Befreiung meist als rauschhafte Überschreitung wieder, als dionysischer Aufbruch in das Ekstatische, Obszöne und Fremde, das jenseits von Gut und Böse sowie sonstiger bürgerlicher Dichotomien liegt. Insofern kann die Kopflosigkeit bei Bataille als Vorbild für das betrachtet werden, was Foucault später eine »Entunterwerfung« nennen sollte und nicht zufällig als »Kunst« zu umschreiben versuchte, namentlich eine »Kunst, nicht dermaßen regiert zu werden.«[17] Gleichermaßen wird damit von beiden Autoren das subversive Erbe von Friedrich Nietzsche

15 Georges Bataille, »The Sacred Conspiracy«, in: ders., *The Sacred Conspiracy*, S. 125. Hier und im Folgenden beruhen solche Zitate, die auf englischen oder französischen Textversionen beruhen und nicht anderweitig gekennzeichnet sind, allesamt auf eigenen Übersetzungen.

16 Mit dem Begriff der »symbolischen Ordnung« soll also darauf hingewiesen werden, dass ein jedes Subjekt notwendigerweise auf eine ihm vorausliegende, kulturelle Infrastruktur aus formellen Regeln, informellen Konventionen und Institutionen angewiesen ist, welche ihre Verbindlichkeit gewährleisten. Instruktiv ist das von Slavoj *Žižek* angeführte Beispiel vom Schachspiel: »Die Regeln, denen man folgen muss [...], sind seine symbolische Dimension: Vom rein symbolischen Standpunkt aus ist der ›Springer‹ nur durch die Züge definiert, die diese Figur ausüben kann.« (Die Gestalt und der Name der Figur gehören hingegen zum Imaginären; die Intelligenz und Spontaneität der Spielerinnen zum Realen.) Ders., *Lacan. Eine Einführung*, Frankfurt am Main: S. Fischer Verlag 2016, S. 18 f. Die Begriffe des »transzendentalen Signifikats« und des »großen Anderen« (respektive des »Anderen mit einem großen A«) sind jeweils angelehnt an Jacques Derrida, *Grammatologie*, Frankfurt am Main: Suhrkamp 2021, S. 38 sowie Jacques Lacan, *Die Psychosen. Das Seminar. Buch III (1955–1956)*, Weinheim und Berlin: Turia + Kant 1997, S. 322 (»*der Ort, wo sich das ich|je konstituiert, das spricht mit dem, der hört.*«).

17 Michel Foucault, *Was ist Kritik?*, Berlin: Merve 1992, S. 12, 15.

reklamiert, der überhaupt als Alpha und Omega dieser genealogischen Filiation der Kopflosen zu betrachten ist. Entsprechend beteuert auch Bataille, dass die »Angleichung an den kopflosen Menschen mit der Angleichung an den Übermenschen« zusammenfällt, »der ganz und gar [der] ›Tod Gottes‹ ist.«[18]

Doch sowohl Nietzsche als auch die genannten Blanchot, Bataille und Foucault gehören wohl kaum zum klassischen Kanon der radikalen Demokratietheorie; und kaum einer von ihnen ließe sich überhaupt als bekennender Demokrat bezeichnen.[19] Gleichwohl gehen von ihnen entscheidende Impulse aus, und diese Spur werde ich im zweiten Paragraphen aufnehmen, die heute vor allem unter ebendiesem Schlagwort verhandelt werden. Denn eine Demokratie, die das zweifelhafte Prädikat des Radikalen verdient, sollte weder auf den politischen Willen eines Oberhauptes zurückgeführt werden können noch ein zentrales Nervensystem aufweisen, von dem aus die selbstverwalteten Glieder und Organe des politischen Körpers miteinander koordiniert werden. Ihre kopflose Dynamik resultiert nicht aus einer vorgegebenen Marschrichtung, einem letzten Zweck der Gemeinschaft, sondern aus der Spontaneität diverser, teils gegenläufiger Bewegungen, welche das Ganze immer wieder traktieren und damit in eine permanente Unruhe versetzen.

Nicht zufällig findet sich bei Claude Lefort, dem wohl bedeutendsten Vertreter der radikaldemokratischen Zunft, dann auch eine ganz ähnliche Beschreibung. Danach sei das *Ancien Régime* noch einem Imaginären des Politischen verfallen, das »seine Darstellung im Körper des Königs fand, oder besser gesagt: das sich mit dem Körper des Königs identifizierte, dem es sich gleichzeitig als seinem Kopf angliederte.«[20]

18 Georges Bataille, »Thesen über den Faschismus und über den Tod Gottes«, in: ders., *Wiedergutmachung an Nietzsche*, München: Matthes & Seitz 1999, S. 169 ff. (175 f.). Überhaupt ging es der *Acéphale* vor allem darum, Nietzsches Texte aus den hermeneutischen Fängen von Elisabeth Förster-Nietzsche und damit dem Nationalsozialismus zu befreien. Vgl. dazu ausführlich § 2 Abs. 1 sowie Jean Rollin, »The Realisation of Man«, in: Georges Bataille, *The Sacred Conspiracy. The Internal Papers of the Secret Society of Acephale and Lecturers to the College of Sociology*, London: Atlas Press 2018, S. 131 f.

19 Am ehesten könnte man das noch von Michel Foucault behaupten, der mittlerweile sogar als »Theoretiker des Politischen« gehandelt wird. Vgl. Oliver Marchart/Renate Martinsen, Einleitung, in: dies. (Hrsg.), *Foucault und das Politische*, Wiesbaden: Springer VS 2019, S. 1 ff. (3). Zur Kritik nur Petra Gehring, »Foucault für alle Zwecke... hier: der politischen Theorie«, in: *Ethik und Gesellschaft* 2020, abrufbar unter: https://doi.org/10.18156/eug-2-2020-rez-12 (Zugriff: 22.10.22).

20 Claude Lefort, »The Image of the Body and Totalitarianism«, in: ders., *The Political Forms of Modern Society*, Cambridge (Mass): MIT Press 2010, S.

Fragmentiert worden sei diese Einheitsmatrix durch das singuläre Ereignis der »demokratischen Revolution« und damit einen analog zu den bisherigen Referenzen liegenden Prozess, in dem »der Kopf des politischen Körpers rollt und mit demselben Streich die Körperlichkeit des Sozialen sich auflöst.«[21] Auch wenn Lefort sich meines Wissens weder explizit noch implizit auf den angesprochenen Komplex rund um die *Acéphale* bezieht (zumal er den Wandel im Imaginären der Moderne weniger von einer Enthauptung als von einer »Entkörperung«[22] verstanden wissen möchte), fügt sich seine radikaldemokratische Konfiguration nicht nur durch seine entschiedene Frontstellung gegen den Totalitarismus in das bereits Gesagte.

Den bei Bataille und Foucault angedeuteten Wendepunkt der Moderne, den Zerfall der politischen Einheitsmatrix, verknüpft er mit dem in der Französischen Revolution exemplarisch gewordenen Aufscheinen »*des Politischen*«[23] im Sinne einer instituierenden oder auch konstituierenden Macht[24] und damit einem Begriff, der alles andere bezeichnen

292 ff. (302). Die Übersetzung folgt Albrecht Koschorke et al., *Der fiktive Staat. Konstruktionen des politischen Körpers in der Geschichte Europa*s, Frankfurt am Main: Fischer Taschenbuch Verlag 2007, S. 231.

21 Ebd.

22 Die Übersetzungen der *desincorporation* ins Deutsche reichen von der »Desinkorporierung« (Albrecht Koschorke et al., *Der fiktive Staat*, S. 231) über die »Dekorporierung« (Claude Lefort, »Menschenrechte und Politik«, in: Ulrich Rödel (Hrsg.) *Autonome Gesellschaft und libertäre Demokratie*, Frankfurt am Main: Suhrkamp 1990, S. 239 ff. [259]) bis hin zu dem hier und im Folgenden verwendeten Begriff der »Entkörperung« (ders., »Die Frage der Demokratie«, in: Ulrich Rödel(Hrsg.), *Autonome Gesellschaft und libertäre Demokratie*, Frankfurt am Main: Suhrkamp 1990, S. 281 ff. [295]).

23 Claude Lefort, »Die Frage der Demokratie«, S. 281 ff. (284): »Somit enthüllt sich das Politische nicht in dem, was gemeinhin politisches Handeln genannt wird, sondern in der doppelten Bewegung des Erscheinens und Verbergens der Art und Weise, wie sich Gesellschaft instituiert. Ein Erscheinen in dem Sinne, daß der Prozeß, durch den sich die Gesellschaft ordnet und durch ihre Teilungen hindurch vereinigt, sichtbar wird, Verbergung aber in dem Sinne, daß das generische Prinzip der Konfiguration der Gesamtgesellschaft verschleiert wird, sobald sich ein Ort der Politik als partikular bezeichnet (jener Ort, an dem sich der Wettstreit der Parteien vollzieht, an dem sich die allgemeine Machtinstanz ausbildet und erneuert).«

24 Vgl. zur impliziten Gleichsetzung nur Antonio Negri, »Konstituierende Macht«, in: Marianne Pieper et al. (Hrsg.), *Biopolitik – in der Debatte*, Wiesbaden: VS Verlag für Sozialwissenschaften 2011, S 29 ff. (56): »Die konstituierende Macht ist für die Definition des Politischen paradigmatisch. Es kann keine Definition des Politischen geben, die nicht vom Begriff der konstituierenden Macht ausgeht. Weit davon entfernt also, eine

soll als »*die Politik*« im klassischen Sinne einer eingerichteten Organisation von Herrschaft. Stattdessen wird damit eine sowohl formlose als auch formgebende Kraft benannt, die aus einer irreduziblen Lücke im Symbolischen resultiert, einer Nicht-Identität des Ganzen mit der Summe seiner Teile, die Lefort an einer vielzitierten Stelle auch als einen »Ort der Macht« beschreibt, der in der Demokratie zu einer »Leerstelle« geworden sei.[25] Die radikaldemokratische Revolutionssemantik ist somit nicht bloß eine Reminiszenz an die Enthauptung des Königs, sondern erklärt die Kopflosigkeit sozusagen zu einer Bedingung der Möglichkeit ihres subversiven Potenzials. Deshalb steht das Politische in seiner radikalen Negativität zu solchen Figuren wie der *Überschreitung* bei Bataille und der *Entsubjektivierung* bei Foucault in einem metonymischen Verhältnis. Entgegen zum landläufigen Sprachgebrauch hieße die Kopflosigkeit nicht lediglich dem Chaos, der Wahllosigkeit und der Konfusion zu verfallen, sondern aus der klaffenden Leere des Imaginären zugleich etwas ganz Neues und Anderes schöpfen zu können und sie mithin als unendliches Reservoir des Widerständigen, des unverrechneten Rests und des Überschusses zu erschließen.

* * *

Sicherlich ist der damit bereitete Zugang zur Thematik insofern ungewöhnlich, als dass der radikaldemokratische Diskurs nur noch selten anhand der ganz und gar körperbezogenen Metaphorik einer Kopflosigkeit – oder bei Lefort: der Körperlosigkeit – aufgearbeitet wird. Während die Jurisprudenz nämlich nach wie vor an solchen Begriffen wie den »Verfassungsorganen« oder der »rechtsfähigen Körperschaft« festhält, beziehen sich jüngere Schriften aus der politischen Theorie weniger prominent auf die Körpersprache als auf solche Sprachfiguren, die in guter Tradition der europäischen Philosophie an die Architektur angelehnt werden. Diese werden allerdings nicht im klassischen Sinne solcher »Fundierungsbegriffe«[26] wie bspw. dem *fundamentum inconcussum* bei René Descartes oder auch der *Grundlegung der Metaphysik der Sitten* bei Immanuel Kant gebraucht. Ganz im Gegenteil ist von der radikalen Demokratietheorie vor allem als »Postfundamentalismus« die Rede.[27]

außergewöhnliche oder untergründige Erscheinung zu sein, ist die konstituierende Macht die Matrix des Politischen.« Auf eine mögliche Differenzierung dieser beiden Begriffe werde ich in § 3 (insbes. Abs. 3) noch einmal ausführlich zu sprechen kommen.

25 Claude Lefort, »Die Frage der Demokratie«, S. 281 ff. (293).

26 Bernhard Waldenfels, *Grenzen der Normalisierung*, S. 49.

27 Diese Verschlagwortung ist zurückzuführen auf Oliver Marchart, *Die politische Differenz. Zum Denken des Politischen bei Nancy, Lefort, Badiou, Laclau und Agamben*, Berlin: Suhrkamp 2019, S. 16.

Mit der Kopflosigkeit gemein hat diese Selbstbeschreibung, um im gewählten Bilde zu bleiben, die konsequente Ablehnung einer Letztbe*gründung* des eigenen Denkens. Die entsprechende Theorieanlage wird sozusagen auf abschüssigem Fundament erbaut, welches transzendentaler Fixpunkte entbehrt und sich deshalb nicht in einer falschen Unerschütterlichkeit wähnt. Das hat jedoch keinen unterschiedslosen Relativismus zur Folge, denn von einem Antifundamentalismus unterscheidet sich der Postfundamentalismus nach eigenen Angaben gerade dadurch, dass er keinesfalls in Abrede stelle, dass immanente Plausibilitätskriterien aufgestellt werden können, anhand derer bessere von schlechteren Gründen unterschieden werden können.[28] Die theoriebezogene Funktion einer klassischen *Be*gründungsfigur (wie bspw. Gott, die Naturrechte, der Gesellschaftsvertrag oder auch der freie Markt) übernimmt insofern die bereits erwähnte radikale Negativität, sozusagen als *Ent*gründungsfigur, die nicht lediglich ein reines Antonym zur Positivität bildet, sondern sich dieser Dichotomie wie auch jedem anderen operationalisierbaren Zugriff – und das heißt eben auch: ihrem eigenen Begriff – irreduzibel entzieht. Schon daran lässt sich nachvollziehen, wie eng die radikale Demokratietheorie mit dem französischen Dekonstruktivismus verwandt ist.[29] Dabei werden solche Namen wie Jacques Derrida, aber insbesondere auch Jean-Luc Nancy und Philippe Lacoue-Labarthe in ihren breit gefächerten Werken meist als entsprechende Schnittmenge zwischen einer literaturwissenschaftlichen und einer philosophischen beziehungsweise politisch-theoretischen Theorieanlage betrachtet.[30]

Neben dieser grundlosen Grundierung lässt sich aber noch ein weiterer Fixpunkt ausmachen, welcher es gerechtfertigt erscheinen lässt, die

28 Ebd., S. 16 f.

29 Wenn ich deshalb von *der* radikalen Demokratietheorie spreche, dann beziehe ich mich ungeachtet der neueren Entwicklungen im angloamerikanischen Raum auf einen zunächst genuin französischen Diskurs. Paradigmatisch zu verbinden ist damit eine Problematisierung der Politik und ihrer klassischen Wissenschaft, welche von Jacques Derrida, Jean-Luc Nancy und Philippe Lacoue-Labarthe, aber auch Claude Lefort, Marcel Gauchet sowie Cornelius Castoriadis angestoßen wurde. Weitere prominente Ansätze stammen von Jacques Rancière, Alain Badiou und Miguel Abensour. Ebenso gehören aber mit Chantal Mouffe, Ernesto Laclau, Antonio Negri, Michael Hardt, Slavoj *Žižek* und Oliver Marchart längst auch solche Autorinnen zum radikaldemokratischen Kanon, die hauptsächlich weder in Frankreich noch auf Französisch publizieren. Im Sinne einer *French Theory* handelt es sich bei der radikalen Demokratietheorie somit um einen sich zwar erstmals in Frankreich entwickelnden, aber längst durch seine internationale Rezeption – insbesondere in den USA, in Italien und in England – geprägten Diskurs.

30 So etwa Jürgen Habermas, *Der philosophische Diskurs der Moderne. 12 Vorlesungen*, Frankfurt am Main: Suhrkamp 1988, S. 219 ff. Dass ich den

verschiedenen Theorieangebote zur radikalen Demokratietheorie in ihrer Heterogenität (teilweise wohl auch ihrer Inkommensurabilität) unter ebendiesem Sammelbegriff zusammenzufassen: Es besteht in einer Emphase eines Begriffs des Politischen im Sinne der bereits angesprochenen instituierenden Macht, welche streng von einer instituierten Politik getrennt wird.[31] Das Politische geht der Politik dabei nicht nur voraus, sondern entzieht sich ihrem Zugriff gleichermaßen. Die daraus resultierende *politische Differenz* korrespondiert in einem assoziativen Zusammenhang dann meist mit solchen Unterscheidungen wie etwa dem Werden und dem Gewordenen, dem Flüssigen und dem Festen, dem Dynamischen und dem Statischen, der Präsenz und der Repräsentation, aber auch dem Informellen und der Form.

Nicht selten wird die Begriffslehre darüber hinaus erstens zu einer *Ontologie* des Politischen gesteigert und zweitens mit einem untilgbaren *Antagonismus* verbunden.[32] Streit, Dissens und Konflikt seien danach in politischen Angelegenheiten nicht bloß unvermeidbar, sondern zutiefst produktiv und den steten Wandel beflügelnd, mithin gar »wesentlich« für die Demokratie. Dies erscheint mir, und ich werde im Verlauf dieser Untersuchung immer wieder darauf zurückkommen, in gleich mehreren Hinsichten fragwürdig. Nicht zuletzt wird in diesem Kontext meist auf die Begriffe und Ideen ausgerechnet solcher Autoren zurückgegriffen, deren Biographie und Lebenswerk wohl weniger unter dem Eindruck eines demokratischen Pathos als vielmehr in einer nicht unproblematischen Nähe zum Nationalsozialismus stehen. Und das, so viel sei angemerkt, im Gegensatz zu Nietzsche ganz ohne intrigante Schwester mit notorischem Rechtsdrall. Gemeint sind die beiden Ahnherren einerseits der »ontologischen Differenz« sowie andererseits des »Freund-und-Feind-Schemas« als einer Intensitätskategorie des Politischen, namentlich

Sinn dieser Unterscheidung nicht überbewerten möchte, soll erst später zum Gegenstand der Eröterung werden.

31 Vgl. Oliver Marchart, *Die politische Differenz*, S. 32 ff.; Chantal Mouffe, *Über das Politische. Wider die kosmopolitische Illusion,* Frankfurt am Main: Suhrkamp 2017, S. 15 ff.; Oliver Flügel-Martinsen, *Radikale Demokratietheorie*, S. 76 ff.; Thomas Bedorf, »Das Politische und die Politik – Konturen einer Differenz«, in: Thomas Bedorf/Kurt Röttgers, *Das Politische und die Politik*, Berlin: Suhrkamp 2010, S. 13 ff.; Franziska Martinsen, »Politik und Politisches«, in: Dagmar Comtesse et. al. (Hrsg.), *Radikale Demokratietheorie*, Berlin: Suhrkamp 2020, S. 583 ff.

32 Vgl. Chantal Mouffe, *Agonistik*, S. 21 ff.; Jacques Rancière, »Konsens, Dissens, Gewalt«, in: Mihran Dabag et. al. (Hrsg.), *Gewalt. Strukturen, Formen, Repräsentationen,* München: Wilhelm Fink Verlag 2000, S. 97 ff.; Oliver Flügel-Martinsen, *Radikale Demokratietheorie*, S. 101 ff.; Andreas Vasilache, »Dissens/Konflikt/Kampf«, in: Dagmar Comtesse et. al. (Hrsg.), *Radikale Demokratietheorie*, Berlin: Suhrkamp 2020, S. 492 ff.

Martin Heidegger und Carl Schmitt, aus deren zweifelhafter Kombination sich eine *antagonistische Ontologie* respektive ein *ontologischer Antagonismus* als Dreh- und Angelpunkt vieler radikaldemokratischer Theorieangebote ergibt. Selbstverständlich will ich nicht leugnen, dass man gerade die Schriften von diskussionsbedürftigen Autoren – wie auch die Geschichte, die sie schreiben – genau studieren muss, um sie gemäß dem Imperativ Walter Benjamins »gegen den Strich bürsten«[33] zu können. Mein Unbehagen begründet sich aber nicht nur in den Biographien, sondern tiefer, und zwar inhaltlich.

Mir scheint nämlich, und darin folge ich einer Kritik von Oliver Flügel-Martinsen, dass der postfundamentalistische Anspruch an die radikale Demokratietheorie mit der ontologischen Überhöhung des Konflikts gerade verfehlt wird.[34] Schon, weil das Politische als die Außenseite einer Differenz eingeführt wird, von deren ontischer oder eben instituierter Innenseite seine Beobachtung vorgenommen wird, lässt sich keine letztverbindliche Aussage über das vermeintliche Wesen des Politischen treffen. Das ließe sich etwa von Niklas Luhmann lernen.[35] Wie das Neue, Fremde und Unbekannte unterminiert das Politische seine radikale Negativität doch gerade dann, wenn es unter dem Deckmantel des Ewigen wieder nur auf das Alte, Eigene und Bekannte reduziert wird. Zielführender erscheint mir, die vom Postfundamentalismus avisierte Kontingenz und Pluralität von Gründen im Begriff des Politischen selbst anzulegen und diesen als ein *Nach*denken darüber zu begreifen, was der immer bereits eingerichteten Welt, in welcher ein solches Denken überhaupt stattfinden kann, als eine instituierende Macht *voraus*liegt. Allerdings nicht im Sinne der Geschichte, welche eine Ursache im Sinne einer Kausalität offenzulegen glaubt, die zu einer spezifischen Wirkung nachverfolgt werden kann. Gemeint ist vielmehr das Aufzeigen eines losen »Verweisungszusammenhanges«[36] innerhalb einer symbolischen Ordnung, welches seine eigene Beschreibung ermöglicht und sich deshalb auf eine Heuristik begrenzt, welche die Erkenntnis reflexiv werden lässt, dass sich die instituierende Macht notwendigerweise ihrem Begriff entzieht und

33 Walter Benjamin, »Über den Begriff der Geschichte«, in: ders., *Gesammelte Schriften* Bd. I/2, S. 691 ff. (697).

34 Oliver Flügel-Martinsen, *Befragungen des Politischen. Subjektkonstitution – Gesellschaftsordnung – Radikale Demokratie*, Wiesbaden: Springer VS 2017, S. 180, 195.

35 Vgl. zum Status einer »postontologischen« Theoriebildung nur Niklas Luhmann, *Die Wissenschaft der Gesellschaft*, 269 f. sowie Jean Clam, *Was heißt, sich an Differenz statt an Identität orientieren?*, S. 15 ff.

36 Im Sinne eines stetig in Transformation befindlichen Relationssystems von Bedeutung und Sinn, anhand dessen die Welt überhaupt erst erfahrbar werden kann. Vgl. dazu Martin Heidegger, *Sein und Zeit*, Tübingen: Max Niemeyer Verlag 1967, S. 88.

deshalb immer nur als Spur offenzulegen ist. Das Politische verweist damit auf eine generative Tiefenstruktur des Symbolischen, in der das unendliche Prozessieren von Möglichkeiten einen irreduziblen Überschuss an Bedeutung erzeugt, der unmöglich in einer instituierten Politik oder einem konstituierten Recht aufgehen kann. Damit *kann*, aber *muss* nicht alles politisch sein.

Und gerade aus dieser potenziellen Ubiquität des Politischen lässt sich das reflexive Potenzial einer Begriffsverwendung entfalten, wonach die fraglose Praxis aus dem Schatten der alltäglichen Selbstverständlichkeit in das grelle Licht einer sozialen Wirklichkeit gerückt wird, die immer auch *anders* sein könnte. Kein Ereignis ist deshalb in dem Sinne politisch, dass es sich um eine beobachtungsunabhängige Eigenschaft handeln würde, die ihm substanziell anhaftet. Vielmehr wird damit eine retroaktive Zuschreibung vorgenommen, welche die politische Differenz zugleich hervorbringt, die sie zu beschreiben sucht. Ein solches Eingeständnis bedingt zwangsläufig, dass die theoretische Operation, etwas als politisch zu qualifizieren, in ihrer praktischen Folge selbst als politisches Ereignis betrachtet werden muss. Und eben deshalb muss es sich bei einer *Theorie des Politischen* zwangsläufig um eine *politische Theorie* handeln, weil sie selbst zur Praxis ihres theoretischen Untersuchungsgegenstandes beiträgt.

Unter Berücksichtigung dessen erscheint es mir inkonsequent, den in Politik und Recht klaffenden Abgrund zum Zwecke ihrer radikalen Infragestellung zu erhellen, aber zugleich die Kontingenz der sie beschreibenden Theorie und ihrer apodiktischen Annahmen zu verdunkeln. Ein solches *double-bind* solcher Theorieanlagen kulminiert nicht selten in solchen Relativierungsformeln wie einer »sozialen« und »politischen« Ontologie oder sogar eines »Quasi«-Transzendentalismus.[37] Man gibt vor, keine Prinzipien zu haben, und versucht sich dem Argument, dass es sich dabei ebenfalls um ein Prinzip handeln muss, denn sonst müsste es Ausnahmen kennen, schlicht dadurch zu entziehen, dass man die Prinzipienlosigkeit zu einem uneigentlichen Prinzip erhebt. Ganz ähnliches ist auch hinsichtlich des Antagonismus zu konstatieren, welcher – wie auch der Synergismus – gerade nicht als notwendige Voraussetzung, sondern nur als möglicher Effekt des Politischen betrachtet werden kann, ohne den radikalen Sozialkonstruktivismus der eigenen Theorieanlage wieder zu unterlaufen. Schließlich setzt auch der Dissens einen Konsens im Sinne einer demokratischen Kultur voraus; etwa einer geteilten Sprache und öffentlichen Arena, in der man spricht und einander zuhört. Dass

37 Entsprechend der im Satz aufgeführten Reihenfolge: Chantal Mouffe, *Über das Politische*, S. 15 ff.; Jean-Luc Nancy, *Die undarstellbare Gemeinschaft*, Stuttgart: Edition Patricia Schwarz 1988, S. 63, 137 und Oliver Marchart, *Die politische Differenz*, S. 73.

die uneingeschränkte Möglichkeit zur Kontestation zum maßgeblichen Kriterium eines Demokratiebegriffs erhoben wird, muss nicht heißen, dass man über alles streiten muss und sich nicht auch über gewisse Dinge – und sei's nur darüber, dass man sich uneinig bleibt – einig sein kann.

Deshalb schlage ich vor, sowohl die ontologische als auch antagonistische Ausrichtung der radikalen Demokratietheorie zugunsten des – dann auch wirklich *radikalen* – Postfundamentalismus zu vernachlässigen. Insgesamt täte die radikaldemokratische Theoriebildung meines Erachtens gut daran, ihre Revolutionssemantik nicht in einem luftleeren Raum, also gänzlich abstrakt und dekontextualisiert zu entwickeln. Gerade das Politische kann nicht von den materiellen Bedingungen seines singulären Erscheinens getrennt werden, sondern resultiert aus dem Überschuss einer symbolischen Ordnung, die es als Institution immer bereits gibt. Nur dort, wo es Grenzen gibt, kann man diese überschreiten. Es handelt sich insofern um keine *creatio ex nihilo*, sondern um ein Mehr und ein Anderes an Bedeutung und Sinn. Während das Politische in aller Regel mit einer performativen Dimension – etwa als »In-Form-Setzen«[38] (*mise en forme*) des Sozialen – in Zusammenhang gebracht wird, geht es mir um eine stärkere Emphase dessen, was man mit Werner Hamacher als das »Afformative« beschreiben könnte, eine Hyper-Referenzialität, welche die Immanenz nicht einfach stiftet, sondern vielmehr über sich hinaustreibt.[39] Um die volle Komplexität der radikaldemokratischen Gedankenbewegung erfassen zu können, muss der politische Kairos meines Erachtens also immer wieder an eine materielle Infrastruktur und ihre soziale Praxis rückgebunden werden; vornehmlich etwa an Medien und Kulturtechniken, *in* denen und *als* die sich das Politische überhaupt erst manifestiert. Die radikale Negativität kann schließlich nicht als *nichts* erscheinen, sonst würde sie erst gar nicht *erscheinen*.

Dass die Symbole, Erzählungen und Bilder, aber auch sonstigen Inszenierungen des Politischen auf kein Protokoll und keine Form festgelegt sind, befreit sie in anderen Worten nicht von dem basalen wie banalen Erfordernis, dass sie in irgendeiner Art und Weise – und sei es nur in der eigenen Phantasie – wahrgenommen und erfahren werden müssen, um ihre instituierende Wirkung entfalten zu können. Auch die radikale Demokratietheorie trägt mit ihren Erzählungen und Vorstellungen zur

38 Dieses »In-Form-Setzens« habe dabei gleichsam das »In-Szene-Setzen« (*mise en scène*) und »In-Sinn-Setzen« (*mise en sens*) zu seiner Folge. Claude Lefort, *Die Fortdauer des Politisch-Theologischen?*, Wien: Passagen-Verlag 2002, S. 37 f.

39 Werner Hamacher, »Affformativ, Streik«, in: Christiaan L. Hart Nibbrig (Hrsg.), *Was heißt ›Darstellen‹?*, Frankfurt am Main: Suhrkamp 1994, S. 340 ff. (346, 360). Ausdrücklich spricht Hamacher diesbezüglich von »dem Politischen« im Sinne einer sich entziehenden Figur, welche »alle kanonischen Bestimmungen des Politischen – und des Ereignisses – zerbricht«.

Konstruktion eines Imaginären bei, aufgrund dessen man sich selbst als Selbst und andere als Andere überhaupt erst zu identifizieren imstande ist. Dass sich auch eine auf stete Pluralisierung, Desidentifikation und Neuerfindung des Politischen ausgerichtete Theorieanlage nämlich einer Rhetorik bedient, die ebenfalls formative Effekte zeitigt, soll die beiläufige medien- und kulturtheoretische Pointe dieser Untersuchung darstellen. Bilder werden nicht bloß erfunden, um soziale Einheit zu stiften, sondern ebenfalls, um die moderne Zerstreuung als erträglich, ja als notwendig erscheinen zu lassen. Die Metapher vom *body politic* lässt sich nicht einfach wieder entrhetorisieren, wie auch Ethel Matala de Mazza zurecht betont, »weil die Begriffe, die man sich von der Sache des Politischen macht, bereits von ihr abgeleitet sind.«[40] Wenn in der radikalen Demokratietheorie in einem ikonoklastischen Gestus – analog zur bereits angesprochenen »Entkörperung« – von einer »Undarstellbarkeit«[41] oder einem »bildlosen Denken«[42] die Rede ist, halte ich das für mindestens missverständlich. Was ich im Gegensatz dazu bekräftigen möchte, ist, dass das Imaginäre in der Moderne zwar an keinen *Kopf des Königs,* aber deshalb immer noch an spezifische *Verkörperungsbedingungen* gebunden ist.[43]

Zur weiteren Bekräftigung dessen werde ich eine Genealogie der radikalen Demokratietheorie darzulegen versuchen, in der es gerade künstlerische Praktiken waren, insbesondere solche des literarischen Schreibens und Lesens, welche seit jeher den experimentellen Ort ausgezeichnet haben, von dem aus sich die neueren Spielarten des Politischen entwickeln konnten. Beispielshaft für die radikaldemokratische Kultivierung der schöpferischen Imaginationskraft werde ich auf die verschiedenen

40 Ethel Matala de Mazza, »body politics«, in: Harun Maye/Alexander Scholz (Hrsg.), *Einführung in die Kulturwissenschaft. Grundbegriffe, Themen, Fragestellungen*, München: Wilhelm Fink Verlag 2011, S. 167 ff. (172).

41 Jean-Luc Nancy, »Wahrheit der Demokratie«, in: ders., *Wahrheit der Demokratie*, Wien: Passagen-Verlag 2009, S. 11 ff. (57).

42 Joseph Vogl, »Einleitung. Die Gemeinschaft der Gleichen«, in: ders. (Hrsg.), *Gemeinschaften. Positionen zu einer Philosophie des Politischen*, Frankfurt am Main: Suhrkamp 1994, S. 7 ff. (22).

43 Zu einem solchen Medienbegriff vgl. nur Sybille Krämer, »Sprache – Stimme – Schrift. Sieben Gedanken über Performativität als Medialität«, in: Uwe Wirth (Hrsg.), *Performanz. Zwischen Sprachphilosophie und Kulturwissenschaft,* Frankfurt am Main: Suhrkamp 2002, S. 323 ff. (332): »Medien sind die Bedingungen des Verkörperns von Sinn.« Ausdrücklich an eine interdisziplinäre Rechtstheorie anschließend findet sich ein solcher Begriff dann bei Ralph Christensen/Kent Lerch, »Performanz. Die Kunst, Recht geschehen zu lassen«, in: Kent Lerch (Hrsg), *Recht vermitteln. Strukturen, Formen und Medien der Kommunikation im Recht. Die Sprache des Rechts (Band 3)*, Berlin und New York: Walter de Gruyter 2004–2005, S. 55 ff. (88).

Entgründungsfiguren einer *Überschreitung* in der Ästhetik, einer *Exposition gegenüber dem Anderen* in der Alteritätsethik sowie des *Kommens der Revolution* innerhalb eines theologisch anmutenden Messianismus eingehen. Gerade die martialische Metapher der Enthauptung ist für diese Erzählung ein zentrales Leitmotiv, weil diese gegen ein verkopftes Denken, und das heißt konkret: gegen eine unliebsame Orientierung an der herrschenden Vernunft, an politischen Setzungen und ökonomischen Nützlichkeitskriterien in Stellung gebracht wird.

Mit ihrem Aufgreifen geht es mir aber zugleich um die Ambivalenz einer solchen Rede, weil die radikale Negation des Bewussten und Gelernten einerseits zum Aufbruch in neue Bedeutungswelten einlädt, andererseits jedoch auch die latente Gefahr impliziert, sich in Maßlosigkeit und Dekadenz zu verlieren oder, noch schlimmer, aufgrund politischer Ignoranz in eine neue Schreckensherrschaft zu stolpern. Sie ist emblematischer Ausdruck einer nicht zuletzt auch von der deutschen Romantik katalysierten Sehnsucht nach einem formlosen, spontanen und herrschaftsfreien Miteinander, die sich vor allem in einer Überbetonung der sinnlich-affektiven und leidenschaftlichen Dimension niederschlägt. Insbesondere die literarische Erprobung des Anderen, des Fremden und des Neuen manifestiert sich dabei – von Stift und Blatt über die Druckerpresse bis zur Computertastatur – in einer spezifischen Medialität, besser gesagt: einer Textualität, welche zwischen dem Möglichen und dem Unmöglichen, dem Endlichen und Unendlichen, der Phantasie und der Realität zu vermitteln versucht. Weil im aleatorischen Changieren zwischen den hermeneutischen Registern des Schreibens und Lesens die instituierten Sinn- und Bedeutungszusammenhänge immer wieder verändert und über sich hinausgetrieben werden, bietet die literarische Praxis ein unerschöpfliches Reservoir auch für den politischen Widerstand, aus dem die radikale Demokratietheorie zu schöpfen versucht.

Aber nicht nur das, sie versucht diese subversiven Kräfte in ihrem Begriff des Politischen zu bündeln und gegen die instituierte Politik, aber auch das konstituierte Recht auszuspielen. Dem Politischen wird in den allermeisten Fällen, auf die ich im Detail noch ausführlich zu sprechen kommen werde, ein Primat zugesprochen, das nicht lediglich prä- oder auch protonormativ im Sinne eines genetischen Erklärungsansatzes zu verstehen ist, sondern zugleich selbst eine normative Implikation aufweist. Sie kennzeichnet die kompromisslose Stoßrichtung einer radikalen Kritik, welche sich gegen die Institutionen überhaupt, insbesondere aber gegen solche richtet, die dem Staat zugerechnet werden. Der radikaldemokratische Verdacht lautet diesbezüglich, dass sie die Vergangenheit in der Gegenwart zu konservieren versuchen und sich nicht, wie es der eigene Anspruch sei, gegenüber einer ungewissen Zukunft öffnen. Verbunden mit dem Postfundamentalismus und seiner geschichtsphilosophischen Verweigerung ist mit dieser Haltung jedoch keine unerschütterliche Hoffnung auf eine *bessere*, sondern lediglich der Anspruch auf eine *andere* Welt verbunden. Als eine politische Theorie, die nach den Katastrophen des 20. Jahrhunderts einsetzt und ihre Konsequenzen daraus zu ziehen versucht, reduziert die radikale Demokratietheorie ihren desillusionierten Fortschrittsoptimismus darauf, dass es immer weitergehen muss – wenn auch nur *irgendwie*.

Dieses kryptonormative Primat des Politischen vor der Politik schlägt sich nicht zuletzt auch in der Forderung nieder, *alle* gesellschaftlichen Teilbereiche politisieren beziehungsweise demokratisieren zu wollen. Das bedeutet entsprechend dem radikaldemokratischen Begriff des Politischen aber gerade nicht, lediglich die instituierten Verfahren, Regeln und Prinzipien in andere Bezugsrahmen zu transferieren und der Politik oder gar dem Staat damit wieder zum zentralen Steuerungszentrum des Sozialen zu verhelfen. Eine *totale Politisierung* sollte insofern nicht mit einer *totalitären Politik* verwechselt werden, welche die Teilungen des Sozialen wieder rückgängig zu machen versucht, indem sie die symbolische Lücke gerade zu schließen versucht, aus welcher die angesprochene Dynamik resultiert. Insofern bedeutet Politisierung in diesem Sinne, die permanente Möglichkeit einer instituierenden Macht des Politischen freizusetzen, die buchstäblich alles sein kann – außer eben Politik. Sie entfaltet sich als dezentrale und heterarchische Praxis und befindet sich in einem inkrementellen Lernprozess. Gleichwohl bleibt sie zu jedem Zeitpunkt dazu fähig und auch willens, das bereits Gelernte und Erreichte wieder aufs Spiel zu setzen. Nach welchen Regeln diese verschiedenen Spiele verlaufen, lässt sich dabei ebenso wenig festlegen wie deren Ausgang. Radikale Demokratie bedeutet, sich der instituierenden Macht gegenüber *responsiv* zu erweisen, sich also immer wieder aufs Neue instituieren *zu lassen*.

Damit stellt sie keine klassische Regierungsform mehr dar, sondern bezeichnet vielmehr eine »Lebensform«[44] im Sinne einer kopflosen Tugend, welche zu ihrem letzten Zweck paradoxerweise die Zwecklosigkeit erklärt. Was sich nämlich in der Gegenwart noch nicht gänzlich erschließen lässt und gleichwohl als Möglichkeitshorizont offen gehalten wird, vermag mitunter zu einem kommenden Ereignis des Politischen zu avancieren und damit eine Zukunft eröffnen, welche in ihrer Vergangenheit retroaktiv einen Zweck erkennen wird, der dieser noch verborgen bleiben musste. Die Politisierung ist in diesem Sinne nicht auf ein *Mehr*, sondern paradoxerweise auf ein *Weniger* an einer klassischen Politik im

44 Vgl. zu diesem häufig in diesem Kontext anzutreffenden Begriff nur Albert Orgien/Sandra Laugier, *Das Prinzip Demokratie. Über die neuen Formen des Politischen*, Konstanz: University Press 2017, S. 19 ff. oder auch jüngst Tim Wihl, *Wilde Demokratie. Das Recht auf Protest*, Berlin: Wagenbach Verlag 2024, S. 10 f.

Sinne einer organisierten Herrschaft ausgerichtet. Es geht in anderen Worten darum, sie endgültig vom Thron des Sozialen zu stoßen, der auch nach dem Tod des Königs noch für sie reklamiert wird. Vornehmlich staatlichen Institutionen, so der radikaldemokratische Verdacht, werden sowohl in der klassischen Politikwissenschaft als auch Jurisprudenz aber noch immer eine apriorische Vorrangstellung bezüglich der politischen Distribution von Herrschaft, Wissen und Macht eingeräumt. Dagegen tritt nun das im radikaldemokratischen Projekt der Politisierung angelegte Bestreben nach einer »Autonomie« des Politischen gegenüber der Politik, die man mit Cornelius Castoriadis auch als eine »Selbst-Institution der Gesellschaft« beschreiben könnte.[45]

Obwohl die zeitgenössische Rechtstheorie und ihre Staats- und Verfassungslehre noch immer größtenteils mit solchen Begriffen, Konzepten und Wahrnehmungsrastern zu operieren scheinen, die gemäß Foucaults eingangs erwähnten Diktums noch ganz im »Bann der Monarchie« stehen, verläuft sie jedoch, schaut man einmal genauer hin, keinesfalls entgegen dem radikaldemokratischen Anliegen, sich von den sie determinierenden Fängen der Politik zu emanzipieren. Unter dem prägenden Eindruck des Rechtspositivismus wird das moderne Recht klassischerweise als das historische Ergebnis eines solchen Ablösungsprozesses betrachtet. Während die *Säkularisierung* noch die Entkopplung von der politischen Theologie beschreibt, beziehen sich die häufig als *Positivierung* oder *Ausdifferenzierung* beschriebenen Prozesse auf die Verschriftlichung sowie eine größtmögliche Verselbständigung des Rechts gegenüber seiner Umwelt, insbesondere von der Moral und eben der Politik. Das modernen Recht zeichnet somit aus, dass es seine primäre Orientierung von Transzendenz auf Immanenz umgestellt hat.[46] Gleichermaßen hat aber auch die Rechtstheorie ihre Nabelschnur zur Theologie und Philosophie durchtrennt und sich, insbesondere unter dem prägenden Eindruck der Historischen Rechtsschule, zunehmend als eigene Profession und Wissenschaft verstanden. Kein Gott, keine Naturrechte und auch keine sonstigen transzendentalen Gerechtigkeitsmaßstäbe darf die moderne Juristin – abgesehen von »unerträglichen«[47] Extremfällen – zu ihrer Entscheidungsfindung noch heranziehen, heißt es dann.

45 Zu den Begrifflichkeiten vgl. Cornelius Castoriadis, »Das Gebot der Revolution«, in: Ulrich Rödel (Hrsg.), *Autonome Gesellschaft und libertäre Demokratie,* Frankfurt am Main: Suhrkamp 1990, S. 54 ff. (67) sowie ders., *Gesellschaft als imaginäre Institution. Entwurf einer politischen Philosophie*, Frankfurt am Main: Suhrkamp 1984, S. 172 ff.

46 Niklas Luhmann, *Das Recht der Gesellschaft*, Frankfurt am Main: Suhrkamp 2010, S. 38 ff.

47 So zumindest die berühmte Formel nach Gustav Radbruch, »Gesetzliches Unrecht und übergesetzliches Recht«, in: *Süddeutsche Juristenzeitung 1946* (Bd. 1 H. 5), S. 105 ff.

Die moderne Rechtstheorie verzichtet deshalb meist, allen voran die Systemtheorie, einfach auf eine Metaerzählung oder schafft sich ihre eigenen – nötigenfalls auch eingestanden hypothetischen oder fiktiven – Begründungsfiguren. Namentlich bestehen die »*rule of recognition*« oder auch die »Grundnorm« als diesbezügliche Angebote.[48] Dass sich die moderne Rechtstheorie von der postfundamentalistischen Erkenntnis ihrer letztendlichen Grundlosigkeit nicht erschüttern lässt, resultiert dabei insbesondere aus einem Vertrauensvorschuss, der einem abstrakten Verfahrensgesichtspunkt sowie einer ausgefeilten Rechtsdogmatik entgegengebracht wird.[49] Durch den binären Code von Recht und Unrecht, aber auch durch eine hochgradig formalisierte Rechtssprache, eine durch den Rechtspositivismus geprägte Methodenlehre sowie die Orientierung sowohl an höchstrichterlichen Präjudizen als auch einer im rechtswissenschaftlichen Diskurs ausgewiesenen Dogmatik soll eine hinreichende Vorhersehbarkeit dessen gewährleistet werden, was Recht ist und Recht bleiben soll. Manche würden sagen, dass es sich durch solche Institutionen sowie die darin angelegten Verfahren und Begründungserfordernisse legitimiert. Man kann auf diesen schwierigen Begriff und die intellektuellen Rechtfertigungen meines Erachtens aber auch verzichten und stattdessen eine soziale Praxis beobachten, die das meistens ebenfalls tut. Ob nämlich die Verfahren und Gründe des Rechts überzeugen oder nicht, scheint mir weniger gesichert als das rohe Faktum, dass die vom Recht angerufenen Subjekte sich zumindest so verhalten, *als ob* man mit einer gewissen Sicherheit von so etwas wie einem im Alltag fraglos geltenden Recht sprechen kann und zugleich wüsste, was damit eigentlich gemeint ist.[50]

Jedenfalls werden die rechtlichen Formalisierungen, Verfahren und die ausgefeilte Dogmatik zur inneren Konsistenzsteigerung aber vor allem deshalb für notwendig erachtet, weil das moderne Recht keinen König oder eine mit ihm vergleichbare Instanz mehr kennt. Kein Oberhaupt, und nicht einmal das Bundverfassungsgericht kann eine hermeneutische

48 Robert Cover, »The Supreme Court, 1982 Term. Foreword: Nomos and Narrative«, in: *Harvard Law Review 1983* (Bd. 97 H. 1), S. 1 ff. (23). Zu den Begründungsfiguren vgl. H.L.A. Hart, *The Concept of Law*, Oxford, UK: Oxford University Press 2012, S. 100 ff. und Hans Kelsen, *Reine Rechtslehre*, Tübingen: Mohr Siebeck 2017, S. 62 ff.

49 So auch Petra Gehring, »Kraft durch Form. Rechtsbestimmtheitspostulat und Justizverweigerungsverbot«, in: Joseph Vogl (Hrsg.), *Gesetz und Urteil. Beiträge zu einer Theorie des Politischen*, Weimar: VDG Weimar 2003, S. 57 ff. (58).

50 Eine solche kulturtheoretisch inspirierte Perspektive auf das Recht und seine Theorie eröffnet Andreas Engelmann, *Rechtsgeltung als institutionelles Projekt. Zur kulturellen Verortung eines rechtswissenschaftlichen Begriffs*, Weilerswist: Velbrück Wissenschaft 2020, S. 122 ff. und passim.

Identität garantieren zwischen dem, was buchstäblich im Gesetz steht, und dem, was Anwaltskanzleien, Gerichte, aber auch die Verwaltung für Recht befinden. Eben deshalb ließe sich bezüglich des Imaginären in der Moderne konstatieren, dass sich das Recht gerade auf keine repräsentative Personifikation im Sinne einer letzten Autorität oder auch nur eine unzweifelhafte Autorschaft des Gesetzes berufen kann. Vielmehr kennzeichnet den liberalen Rechtsstaat, dass er sich – ganz im Sinne der christlichen Buchreligion, deren Erbe er anzutreten vorgibt – lediglich auf einen heiligen Text bezieht, vornehmlich den eines Verfassungsdokumentes. Der vormals noch leibhaftige Königskörper entfällt also nicht ohne Ersatz, sondern unterliegt als Medium der kollektiven Selbstidentifikation einer Metamorphose, deren moderne Gestalt der Gesetzeskorpus ist. Um es auf eine kurze Formel zu bringen: »Das Gesetz wird König.«[51] Eine solche Verschriftlichung des Imaginären ließe sich mit Aleida Assmann auch als eine »Exkarnation« beschreiben, in welcher sich die monarchische Aura zu einer demokratischen Schriftkultur wandelt.[52] Und unter diesen Verkörperungsbedingungen wird das Recht nicht mehr von einer allesüberragenden Zentralinstanz ausgesprochen und diktiert, sondern geht mit der hermeneutischen Zumutung einher, als geschriebenes Gesetz immer wieder gelesen und studiert werden zu müssen. Weil das Recht damit allerdings auf eine unbestimmte Vielzahl an Köpfen verteilt wird, von denen keiner mehr das letzte Wort haben kann, handelt es sich beim liberalen Rechtsstaat um einen politischen Körper, den man kaum anders denn als *kopflos* bezeichnen kann.

Schließlich entsteht in seinem Imaginären eine symbolische Lücke zwischen Gesetzestext und rechtlicher Bedeutung, welche die rechtliche Normativität einer symbolischen Unruhe unterwirft, die fortan nicht mehr stillzustellen ist. Die jeweils singuläre Lektüre des Gesetzes unterläuft damit die in der Monarchie noch verlässliche Identität. Wer die Gesetze wirklich liest und nicht bloß ausspricht, muss sich der Imagination einer dadurch zu erschaffenden Welt hingeben, welche *das Politische* aufscheinen lässt. Das Mehr oder Andere dessen, was man bisher für Recht gehalten hat, vermag dann über die Sollbruchstelle eines interpretationsbedürftigen Gesetzes in die nur vermeintlich stabilen Sinn- und Bedeutungszusammenhänge des Rechts einzubrechen und seine Normativität dadurch zum Schwingen zu bringen. Unter dem Begriff des Rechts kann

51 Cornelia Vismann, *Das Schöne am Recht*, Berlin: Merve 2012, S. 21.

52 Aleida Assmann, »Exkarnation«, in: Jörg Huber/Alois Martin Müller, *Raum und Verfahren*, Zürich: Museum für Gestaltung 1993, S. 133 ff. Vgl., wenn auch etwas allgemeiner gehalten: dies., *Einführung in die Kulturwissenschaft. Grundbegriffe, Themen, Fragestellungen*, Berlin: Schmitt 2017, S. 116 ff. Für die Medientheorie des Rechts fruchtbar gemacht hat diese Idee: Thomas Vesting, *Die Medien des Rechts (Band III): Buchdruck*, Weilerswist: Velbrück Wissenschaft 2013, S. 115 ff.

nur das lediglich vorübergehende Ergebnis einer in den allermeisten Fällen konflikthaften Auseinandersetzung darum zusammengefasst werden, was überhaupt im Gesetz geschrieben steht. Und weil das Recht sowohl einer Pluralität an juristischen Perspektiven als auch der Kontingenz seiner kontextabhängigen Lektüren unterliegt, wird es stets aufs Neue begründet – jedoch ohne, dass dieser Versuch jemals hinreichend sein könnte. Analog zur politischen Differenz lässt sich der über die Grundlosigkeit des Rechts gespannte Drahtseilakt eines ständigen Austarierens zwischen dem Gesetzestext und seiner rechtlichen Bedeutung damit als *rechtliche Differenz* begreifen. Das Recht befindet sich in einem niemals ganz stillzustellenden Changieren zwischen dem konstituierten Recht auf der einen Seite sowie einer konstituierenden Macht auf der anderen Seite, die man auch »*das Rechtliche*« nennen könnte.[53]

Das Recht in diesem Sinne als *kopflos* zu erkennen, wäre insofern gleichbedeutend damit, die rechtspositivistische Legende seiner politischen Neutralität (aber nicht: Unparteilichkeit) aufzugeben und sich zur Gesetzeslektüre als einem radikaldemokratischen Akt des Politischen zu bekennen. Das heißt allerdings nicht, dass man ebenso gut auf rechtliche Begründungserfordernisse verzichten könnte; sondern ganz im Gegenteil, dass ein juristisches Engagement für eine spezifische Lesart des Gesetzes immer von dem Bewusstsein getragen ist, dass die davon zu erschaffende Welt auch ganz anders sein könnte. Eine radikale Demokratietheorie des Rechts, wie sie mir vorschwebt, entspricht damit einer Aufarbeitung der »inneren Politisierung«[54] in dem Sinne, dass sie diesen trivialen Umstand entschlossen zu benennen vermag, ohne zugleich ihren Untersuchungsgegenstand in der instituierten Politik aufzulösen. Zugleich fördert sie dadurch eine generative Tiefenstruktur des Rechts zutage, in welcher dessen produktive Unruhe gerade aus seiner radikalen Infragestellung resultiert. Diese »demokratische Frage«[55] lässt sich nicht

53 Ähnlich, und das sogar in der Terminologie: Sabine Müller-Mall, *Verfassendes Urteilen*, S. 274: »In der Möglichkeit, von einem subsumierenden in ein juridisches Urteilsverfahren zu wechseln und umgekehrt, liegt [...] das spezifisch Rechtliche, das sich von allen anderen Verfahren, regelbasierte Entscheidungen zu treffen unterscheidet.«

54 Im Anschluss an Gunther Teubner, *Verfassungsfragmente. Gesellschaftlicher Konstitutionalismus in der Globalisierung*, Berlin: Suhrkamp 2012, S. 182 ff.

55 So lautet der Titel des für eine lange Zeit einzigartig gebliebenen Versuchs aus dem Jahre 1989, radikaldemokratische und rechtstheoretische Überlegungen in einen instruktiven Dialog miteinander zu bringen: Ulrich Rödel/Günter Frankenberg/Helmut Dubiel, *Die demokratische Frage*, Frankfurt am Main: Suhrkamp 1990, S. 7 ff. und insbes. 83 ff. Aktualisiert wurde dieses Bestreben in jüngerer Zeit von Tim Wihl. Vgl. dazu nur ders., »Gibt es ein Recht der radikalen Demokratie?«, in: Lucas von Ramin et. al. (Hrsg.), *Transformationen des Politischen. Radikaldemokratische Theorien für die*

endgültig beantworten, schon gar nicht innerhalb des Rechts. Vielmehr ergibt sich aus ihr eine für die Moderne konstitutive Asymmetrie, nach der das Recht sich der Antwort auf seine Anrufung durch das Politische nicht entledigen kann und insofern nicht umhinkommt, sich stets aufs Neue verantworten zu müssen.[56]

Das sehen nicht alle so – vor allem nicht innerhalb einer radikalen Demokratietheorie, wie sie mich im Folgenden beschäftigen wird. Stattdessen herrscht in ihr oftmals ein Spottbild vom Recht als einem *postpolitischen* oder *postdemokratischen* Phänomen.[57] Nicht selten wird das Recht dann zum »reinen Mittel« degradiert, welches bereits in seinem mythischen Ursprung mit Gewalt befleckt sei und den Zwecken der Politik sklavisch und stumm zur Durchsetzung verhelfe.[58] Eine insbesondere aus materiellen Herrschaftsverhältnissen resultierende Setzung der Politik verfestige sich sozusagen im Gesetz, wodurch deren ursprüngliche Politizität gänzlich verdrängt werde. Insofern diene das Recht lediglich zur Herstellung und Aufrechterhaltung eines politischen *Konsenses*, bekanntlich einem anderen Wort für eine Einheit oder Identität mit sich selbst, welcher entsprechend dazu diene, das Politische »unter einem Begriff des Rechts verschwinden zu lassen« und die Demokratie mit einem bereits instituierten »Geist der Gemeinschaft« gleichzusetzen.[59] Konflikte werden nach dieser Auffassung nicht *im* Recht freigesetzt und dort unter formaler Waffengleichheit ausgetragen, sondern *durch* dieses aufgehoben.

2020er Jahre, Bielefeld: transcript 2023, S. 265 ff. sowie Tim Wihl, *Wilde Demokratie*, S. 10 f. Der Vollständigkeit halber sei noch auf einen Aufsatz verwiesen, der sich diesem Thema über eine von Michel Foucault inspirierte Kritik an Christoph Menke anzunähern versucht: Karsten Schubert, »Institutionalisierung der Freiheit im Recht. Foucault und die postmarxistische Rechtskritik«, in: Steffen Herrmann/Matthias Flatscher (Hrsg.), *Institutionen des Politischen. Perspektiven der radikalen Demokratietheorie*, Baden-Baden: Nomos Verlagsgesellschaft 2020, S. 351 ff.

56 Vgl. zu einer solchen responsiven Ethik grundsätzlich: Bernhard Waldenfels, *Antwortregister*, Frankfurt am Main: Suhrkamp 2016, S. 320 ff. sowie mit einem rechtstheoretischen Bezug ferner: ders., *Schattenrisse der Moral*, Frankfurt am Main: Suhrkamp 2006, S. 119 ff.

57 Insbesondere Claude Lefort und Chantal Mouffe, aber auch im Anschluss an Hannah Arendt finden sich auch radikaldemokratische Stimmen, die dem liberalen Rechtsstaat mitunter differenzierter und den Menschenrechten (wenn auch eher als Idee denn als Institut) dann sogar ausdrücklich wohlwollend gegenüberstehen.

58 Vor allem im Anschluss an Walter Benjamin, »Zur Kritik der Gewalt«, in: ders., *Gesammelte Schriften II*, Frankfurt am Main: Suhrkamp 1991, S. 179 ff.

59 Jacques Rancière, *Das Unvernehmen. Politik und Philosophie*, Frankfurt am Main: Suhrkamp 2018, S. 117 ff. (119). Ähnlich: Christoph Menke, *Recht und Gewalt*, Berlin: August Verlag 2018, S. 30, 36.

Das erinnert nicht zufällig an die Kritik des Liberalismus durch den Dezisionismus, immerhin wird der rechtlichen Entscheidung damit die zweifelhafte Macht zugesprochen, die politische Differenz sowie eine aus ihr resultierende Dynamik – ganz im Sinne einer Ent-Scheidung des vormals Geschiedenen – zu nivellieren. Die Konstitutionalisierung des Politischen sei deshalb nichts anderes, so liest man etwa bei Toni Negri, als dessen Konservierung, weil sie »auf die vergangene Zeit, gefestigte Kräfte und deren Trägheit, auf den gezähmten Geist« verweise und in der Rechtsform die »Zeitlichkeit« selbst »zu blockieren« suche.[60] Klassischerweise ganz auf die Gerichtsbarkeit konzentriert, findet sich damit eine vormoderne Karikatur des Rechts als »Mund des Gesetzes«[61] und somit einem willenlosen Spruchorgan gezeichnet, welches innerhalb der somatischen Topographie ganz dem Kopf angegliedert ist.[62]

Zusammen mit der Politik oder wahlweise auch der Ökonomie wird das Recht zu einem monolithischen Block verschmolzen, welcher in seinem verkopften Denken das monarchische und gleichsam totalitäre Erbe noch im liberalen Rechtsstaat fortführt.[63] Als überzeichnete Kontrastierung des Politischen scheint diese radikale Kritik dann weniger dem Ausweis von Widersprüchen innerhalb einzelner Immanenzsphären als vor allem der Profilbildung einer politischen Theorie zu dienen, die eine »ontologische[...] Garantie« für politische Emanzipation übernehmen zu können glaubt.[64] Das meines Erachtens wenig überzeugende Ergeb-

60 Antonio Negri, *Insurgencies*, S. 10. Vgl. zum Zeitaspekt dann aber vor allem die spätere Diskussion bei Nancy und Benjamin in § 2 Abs. 2 und 3.

61 Charles Baron de Montesquieu, *Vom Geist der Gesetze. Eine Auswahl*, Berlin: Walter de Gruyter 1950, S. 137 (»Die Richter des Volks jedoch sind [...] nur der Mund, der die Worte des Gesetzes ausspricht; unbeseelte Wesen, die weder seine Geltung abschwächen noch seine Härte mildern können.«).

62 Dass dieses Imaginäre schon unter monarchischen Bedingungen haltlos war und auch von Montesquieu in einer solchen Zuspitzung zum »Subsumtionsautomaten« keinesfalls propagiert wurde, steht auf einem ganz anderen Zettel. Vgl. dazu ausführlich Regina Ogorek, »De l'Esprit des légendes oder wie gewissermaßen aus dem Nichts eine Interpretationslehre wurde«, in: dies., *Aufklärung über Justiz I*, Frankfurt am Main: Klostermann 2008, S. 67 ff. (71 ff.); sowie im Anschluss daran Thomas Vesting, *Medien des Rechts: Buchdruck*, S. 84: »Keine königliche Kodifikation, kein Edikt und keine Ordonanz können das aus der unermesslichen Vielfalt des Wirklichen hervorgehende und für die monarchische Souveränität vorfindliche praktische Wissen übergehen und zwischen zwei Buchdeckel pressen.«

63 Miguel Abensour spricht tatsächlich sogar davon, dass sich der »Rechtsstaat seinerseits in einen neuen Absolutismus gegen die Demokratie verwandelt habe«. Ders., *Demokratie gegen den Staat*, Berlin: Suhrkamp 2012, S. 216 f.

64 Vgl. zu einer solchen Kritik schon Martin Saar, *Die Immanenz der Macht. Politische Theorie nach Spinoza*, Frankfurt am Main: Suhrkamp 2013, S. 188 f.

nis ist ein kryptonormatives Primat des Werdens vor dem Gewordenen sowie eine maßlose Steigerung der politischen Differenz zu einem *absoluten* Gegensatz, in dem unter anderem eben das Recht schon dadurch nicht demokratisch sein kann, weil es nicht *sein* kann, ohne eben dadurch undemokratisch zu werden.

Die damit umschriebene Spielart der radikalen Demokratietheorie scheint mit dem postfundamentalistischen Los der Moderne derart überfordert, dass sie eine kopflose Flucht nach vorne antritt. Ist aber jeder politische Kopf eine Gefahr für die Demokratie? Sollte der radikale Gestus der Moderne, welcher seine politischen Probleme mit der Enthauptung zu lösen versucht, nicht abgelegt werden? Im Drama »Dantons Tod« befindet sich der im Titel sogleich Benannte an einer zentralen Stelle auf dem Schafott und ruft zu seinem Henker: »Kannst du verhindern, daß unsere Köpfe sich auf dem Boden des Korbes küssen?«[65] In dem Satz verborgen liegt eine Moral der Geschichte, wonach die Guillotine nicht zur Differenzierung imstande ist. Darin könnte sie sich von den Köpfen unterscheiden, die ihr zum Opfer fallen.

* * *

Ich werde in dieser Arbeit versuchen, die beiden angesprochenen – zu illustrativen Zwecken vereinheitlichten sowie bewusst zugespitzten – Diskurse einerseits der radikalen Demokratietheorie und andererseits der modernen Rechtstheorie miteinander zu verbinden und in einen hoffentlich konstruktiven Dialog zu bringen, in welchem das Politische und das Recht nicht gegeneinander ausgespielt werden. Das Ziel dieser Auseinandersetzung soll darin bestehen, durch den wechselseitigen Perspektivenwechsel auf beiden Seiten blinde Flecke sichtbar werden zu lassen. Während große Teile der radikalen Demokratietheorie nämlich *keinen Begriff vom modernen Recht* haben, sondern dieses noch immer unter einer monarchischen Ägide wähnen und von einer Identität aus geschriebenem Gesetz und gesprochenem Recht ausgehen, konnte die klassische, und das heißt noch immer unter rechtspositivistischen Zeichen stehende Rechtstheorie *keinen Begriff vom Politischen* entwickeln, weil sie damit die Ausdifferenzierung gegenüber der Politik aufs Spiel zu setzen glaubt. Dass eine interdisziplinäre Verbindung beider Theorieanlagen in einer radikalen Demokratietheorie des Rechts es gleichermaßen ermöglicht, sowohl dem modernen Recht als auch dem Politischen in gleicher Weise zu einem angemessenen Begriff zu verhelfen, ist die leitende Überzeugung, welche dieser Untersuchung zugrunde liegt. Die folgenden Ausführungen stellen den – sicherlich kühnen – Versuch dar, ihr

65 Georg Büchner, »Dantons Tod«, in: ders., *Sämmtliche Werke und handschriftlicher Nachlaß*, S. 1 ff. (95).

einen entsprechenden Ausdruck zu verleihen. Den Textkorpus habe ich in drei Paragraphen gegliedert, die jeweils mit drei Absätzen versehen sind. Jedem Absatz vorangestellt sind zunächst Vorüberlegungen sowohl zur Methodik als auch zu gegebenenfalls besonders erläuterungsbedürftigen Begriffen sowie im letzten Paragraphen eine Zusammenfassung der bisherigen Ergebnisse. Weil ich mir bewusst bin, dass die Arbeit mit Theorien ihren Leserinnen einiges abverlangt, habe ich in Hoffnung auf erleichterte Lesbarkeit einen vergleichsweisen hohen Grad an rhetorischen Zuspitzungen und Verkürzungen gewählt. Man möge mir verzeihen, wenn es mir deshalb nicht an jeder Stelle gelungen ist, alle impliziten Hintergrundannahmen der von mir verhandelten Diskurse offenzulegen.

Zum Anfang werde ich versuchen, solche Leitvorstellungen vom politischen Körper herauszuarbeiten, von denen sich sowohl die kopflosen als auch postfundamentalistischen Entgründungsfiguren abzuheben versuchen und auf eine radikale Negativität hindeuten, nach der eine wie auch immer geartete Verkörperung des Politischen unweigerlich zum Scheitern verurteilt ist. Der *erste Paragraph* soll insofern eine Vorgeschichte zu dem eingangs geschilderten und von Foucault aufgeworfenen Anspruch darstellen, den Kopf des Königs in der politischen Theorie und Analyse endgültig rollen zu lassen. In einem *ersten Absatz* werde ich zu veranschaulichen versuchen, dass der strategische Einsatz der Körpermetapher historisch zunächst der politischen *Vereinheitlichung* diente, in welcher den einzelnen Gliedern und Organen sowohl eine Unterordnung unter ein Oberhaupt als auch eine wechselseitige Kooperationsbereitschaft nahegelegt werden konnte. Von vornherein waren damit auch biopolitische Bezugnahmen verbunden, in welchen die Diagnose eines pathologischen Zustandes des politischen Körpers meist mit einer spezifischen Therapie – nicht selten einer Trennung und Ausmerzung eines vermeintlichen Parasiten – verbunden wurde. Insofern ging es in der Analogie um die Naturalisierung sowohl einer vertikalen Differenz zwischen Oben und Unten sowie einer horizontalen Differenz zwischen Innen und Außen. Relativ austauschbar erscheint in diesem Kontext, ob der politische Körper, wie etwa in den Römerbriefen des Paulus, aus der theologischen Bindung an einen gemeinsamen Glauben oder, wie in Hobbes' *Leviathan*, aus der rechtlichen Bindung an einen Gesellschaftsvertrag resultiert.

Davon ausgehend werde ich einem *zweiten* und einem *dritten* Absatz des ersten Paragraphen sodann auf frühere Verfallserscheinungen des politischen Körpers eingehen, wie sie einerseits mit dem Namen Carl Friedrich von Savigny und andererseits mit Jürgen Habermas verbunden werden können. Bei Ersterem ist eine rechtliche Vervielfältigung des vormals noch im Singular vorhandenen politischen Körpers angelegt, weswegen dieser durchaus als früher Vertreter des Rechtspluralismus betrachtet werden kann. Bei Letzterem findet sich mit der Diskursethik an einer prominenten Stelle der Umstand reflektiert, dass auch der politische Körper notwendigerweise dem Laufe der Zeit – und damit der Vergänglichkeit selbst – ausgeliefert ist. Was diese beiden Stichwortgeber einerseits der *Pluralisierung* sowie andererseits der *Prozeduralisierung* des politischen Körpers maßgeblich von der radikalen Demokratietheorie unterscheiden lässt, ist der ihnen gemeinsame Umstand, dass sie ungeachtet des subversiven Potenzials ihrer Überlegungen *mutatis mutandis* noch am Recht festhalten wollen. Während Savigny die juristische Zunft zu einer neuen Priesterkaste avancieren lassen wollte, indem allein dieser eine professionelle Deutungsherrschaft über das Recht zugesprochen wird, finden sich bei Habermas in den historischen Verfassungsgebungen solche universalistischen Moralprinzipien wie bspw. die Menschenrechte oder die Volkssouveränität realisiert, hinter die es nicht mehr zurückzufallen gilt.

Gegen solche Theorien und ihre Lösungsvorschläge, welche zwischen einer sich im Recht historisch sedimentierenden Vernunft und einer das Recht – ob nun als Volksgeist oder als räsonierende Öffentlichkeit – immer wieder vorantreibenden Kraft einen politischen Kompromiss zu finden versuchen, treten solche Entgründungsfiguren an, wie ich sie im *zweiten Paragraphen* vorstellen möchte. Wenn auch zwischen den einzelnen Konzepten immense Unterschiede bestehen, verfolgen sie in ihrer jeweiligen Art und Weise ein- und dasselbe Projekt; nämlich die theoretisch angeleitete Freisetzung einer subkutanen Kraft, die sich gegen die instituierte Politik und gegen das konstituierte Recht richtet. In ihnen wird das Heterogene, Ausgeschlossene und Fremde zum erlösenden Ausblick erhoben, während das Homogene, die Ordnung und das Eigene gleichermaßen als monarchische Nachkommenschaft und totalitäre Vorboten gedeutet werden. Entstanden ist diese radikale Motivlage in den aus Sicht der politischen Theorie hochproduktiven Phasen zunächst in den späten 20er und 30er Jahren, rund um die 68er sowie gegen Ende des vergangenen Jahrhunderts. Mit ihnen lässt sich der zeithistorische Rahmen eines intellektuellen, kunstinteressierten und hochpolitisierten Milieus abstecken, das vornehmlich von Paris aus wirkte und sich vom frühen Widerstand gegen den Nationalsozialismus sowie dem politischen Exil über die spätere Studentenbewegung bis hin zu ihrem politischen Erbe einer sogenannten Neuen Linken allen voran durch eine radikale Frontstellung gegen den Totalitarismus auszeichnen lässt.

Als besonders einflussreich und geradezu beispielhaft für eine solche Protesthaltung kann sicherlich der Surrealismus gelten, welcher die radikale Ablehnung der zu seiner Zeit bestehenden Politik sowie einer davon ausgehenden Wirklichkeit zugleich ins Kreative wendete und damit ein ästhetisches Terrain kultivierte, das er dieser entgegenzusetzen vermochte. Von der Psychoanalyse inspiriert, gibt der Surrealismus vor, seine epochale Kunst gerade aus den ungeahnten Tiefen des Unbewussten entstehen zu lassen, welches in seiner originären Unzugänglichkeit dann durch solche Pforten wie den Traum, den erotischen bis drogeninduzierten Rausch oder auch die *écriture automatique* zugänglich gemacht werden sollte. Wie kaum ein anderer steht Georges Bataille mit seinen theoretischen wie literarischen Schriften für dieses Wagnis, sich dem radikal Anderen im wahrsten Sinne des Wortes zu verschreiben. Ein unverkennbares Gepräge erhält die surrealistische Motivlage aber auch deshalb, weil sie von einer couragierten Nietzsche-Lektüre flankiert wird. Das Ergebnis dessen ist eine heterologische Anleitung zu einer souveränen Existenz, die sich bereits im lateinischen Verb *existere* als Heraustreten oder auch der griechischen *ékstasis* als ein Außer-sich-Sein ankündigt. Sie gibt sich ganz einer ästhetischen Erfahrung hin, welche wahlweise als Überschreitung des Selbst, als unproduktive Verausgabung oder maßlose Verschwendung auftaucht. Damit engverbunden ist eine Ikonographie der *Acéphale*, welche die moderne Enthauptungserzählung mit dem prominenten Bild vom kopflosen Menschen vom Subjekt auf das Objekt der Herrschaft bezieht und deshalb im *ersten Absatz* den Aufschlag für eine im zweiten Paragraphen darzulegende Anthologie an Entgründungsfiguren geben soll.

Das kopflose Unternehmen ließ sich jedoch spätestens mit dem historischen Abstand einer zweiten Phase der theoretischen Kultivierung des subversiven Potenzials gegen die Politik für gescheitert befinden – und das sowohl in der Theorie als auch in der Praxis. Vor allem Jean-Luc Nancy, um den es anschließend im *zweiten Absatz* gehen wird, vermag 1986 aus diesem Scheitern seine eigenen Konsequenzen zu ziehen. Mit seiner Schrift *La communauté désœuvrée* bringt er nicht weniger als ein bis heute vielzitiertes Hauptwerk der radikalen Demokratietheorie hervor. Letzteres hat neben inhaltlichen aber auch institutionelle Gründe, deckt sich dessen hauptsächliches Bestreben einer Dekonstruktion der Politik doch weitgehend mit dem erklärten Auftrag des zusammen mit Philippe Lacoue-Labarthe nur wenige Jahre zuvor gegründeten *Centre de recherches philosophiques sur le politique.* Die radikale Negativität erscheint bei ihm als »Entwerkung« der Gemeinschaft, welche Nancy nach literaturtheoretischem Vorbild als unvollendetes Werk zu begreifen sucht, welches seiner Rezeption gegenüber hilflos ausgesetzt ist und sich deshalb in einem endlosen Prozess der iterativen Vollendung befindet. Während die *Acéphale* die Gemeinschaft wie auch das Heilige noch in einem progressiv gewendeten Mythos zu retten versuchte, erkennt Nancy das implizit darin angelegte Todeswerk. Die Flucht davor bietet ihm nach eine demokratischen Schriftkultur, welche die latente Gefahr des Umkippens einer jeden Gemeinschaft in Totalitarismus dadurch zu bändigen versteht, dass sich der Tod des Königs in ihr als ein Tod des Autors wiederholt.

Dass ich in dem *dritten Absatz* auf Walter Benjamin zu sprechen kommen werde, erscheint hinsichtlich der Abfolge der ersten beiden Paragraphen zwar anachronistisch, bietet sich aber aus mehreren Gründen an: Zunächst gilt der frühe Benjamin als zentraler Stichwortgeber für Nancy sowie die dekonstruktivistische Literaturtheorie insgesamt. Gleichsam ist mit ihm ein vorübergehendes Mitglied der *Acéphale* sowie ein enger Vertrauter von Bataille benannt, immerhin hat Benjamin diesem vor seiner Flucht aus Paris im Jahre 1940 sämtliche Manuskripte zum Passagen-Werk überantwortet. Trotz dieser offenkundigen Sympathie hegte Benjamin allerdings eine große Skepsis gegenüber Batailles kopflosen Unternehmungen. Den dafür leitenden Begriff des Mythos dechiffrierte er als Signum des Totalitarismus noch weit vor Nancy. Zudem erscheint mir der abschließende Rekurs auf Benjamin nicht zuletzt deshalb sinnvoll, weil nach der Enthauptung des Menschen sowie der »Entwerkung« der Gemeinschaft noch eine abschließende Entgründungsfigur fehlt, welche das Recht ausdrücklich zu seinem Gegenstand erklärt. In seinem berühmten Essay *Zur Kritik der Gewalt* entwickelt Benjamin mit der Entsetzung eine solche Formulierung, welche auf die radikale Negativität des Gesetzes abzielt. Diese wird zwar weniger unter dem Schlagwort einer radikalen Demokratietheorie als dem einer radikalen Rechtskritik, aber damit immerhin in einem sich thematisch, personell und auch politisch in weiten Teilen überschneidenden Diskursfeld aufgegriffen. In seiner Rechtskritik greift Benjamin sowohl auf seine bereits in einer Vielzahl von Schriften entwickelten kunst- und sprachtheoretischen Überlegungen zurück. Es finden sich allerdings auch Spuren einer politischen Theorie, welche in einer leider verschollenen Publikation anscheinend weiter ausgeführt worden sind.

Während das Recht bei Bataille wie auch bei Nancy noch eher beiläufig erwähnt und kurzerhand mit solchen Begriffen wie der sozialen Homogenität oder dem Ins-Werk-Setzen einer Gemeinschaft assoziiert wird, finden sich bei Benjamin also durchaus Ansätze für eine radikale Demokratietheorie des Rechts. Allerdings wird von ihnen allen ein mindestens tendenziöses Bild vom Recht gezeichnet, in dem dieses als reines Mittel und gleichsam einer mechanischen Umsetzung von hegemonialen Zwecken der Politik diene. Letztere stünde zumal unter einem ökonomischen Verwertungsimperativ und konstituiere deshalb einen ewigen Produktionskreislauf, der seinen irreduziblen Überschuss – und damit das Politische – zu verdrängen oder gar zu vernichten suche. Außerdem sei das Recht derart mit dem Mythos verbandelt, dass es die Zeitlichkeit selbst blockiere und auf eine Oralität fixiert sei, in der das gesprochene Wort mit der intendierten Bedeutung ineinander fiele. Zur radikalen Unterbrechung dessen werden einem solchen Recht dann verschiedene Motive entgegengesetzt, die allesamt in einer metonymischen Beziehung zum radikaldemokratischen Begriff des Politischen stehen: die subversive

Ästhetik des Heteronomen bei Bataille, die alteritätsethische Aussetzung gegenüber dem Anderen bei Nancy sowie das theologisch anmutende Kommen des Messias bei Benjamin. Im *dritten* und letzten *Paragraphen* werde ich versuchen, diese verschiedenen Konnotationen einer destituierenden und gleichsam konstituierenden Macht aufzugreifen und in einer radikalen Demokratietheorie des Rechts münden zu lassen, welche in ihrem Untersuchungsgegenstand mehr erkennt als eine bloße Königstechnik.

Einen aussichtsreichen Ansatz für die weitere Konturierung einer modernen Politik und eines modernen Rechts, in denen der Kopf des Königs dann auch wirklich gerollt ist, bietet zunächst Jacques Rancière. Dieser versucht zumal, mit seinem herrschaftsumfassenden Begriff »der Polizei« ausdrücklich an den zur Enthauptung der politischen Theorie und Analyse aufrufenden Foucault anzuschließen. Ihm widmet sich der *erste Absatz* des abschließenden, dritten Paragraphen. Die Körpermetapher findet bei Rancière zumal eine für die Moderne geradezu symptomatische Verwendung und verweist auf ein politisches Imaginäres, in dem das Ganze in die mathematische Summe seiner Einzelteile zerfallen ist. Allen voran das rituelle Zeremoniell von politischen Wahlen inszeniert den politischen Körper danach als ein Torten- oder Balkendiagramm, in welchem die moderne Politik, statt in einer Einheitsmatrix, lediglich noch in Mehrheits- und Minderheitsverhältnissen darstellbar werde. Damit weiche der politische Wille – vormals Gottes, des Königs oder des Nationalvolkes – der komplexen Berechnung von prognostizierbaren Wahrscheinlichkeiten der Meinungsforschung. Das Recht tue sein Übriges, indem es gemäß der aristotelischen Funktionsbestimmung eine lediglich formale Gleichheit avisiere, die ganz einer arithmetischen Proportionalität entspricht. Somit habe sich mit dem liberalen Rechtsstaat keine radikale Demokratie, sondern ihr absolutes Gegenteil, namentlich eine »Postdemokratie« realisiert: Die polizeiliche Statistik und Arithmetik übersähen unweigerlich den »Anteil der Anteilslosen« – und damit die Unberechenbarkeit des politischen Subjekts. Dessen potenzielles Aufbegehren und der daraus resultierende Streit würden durch eine meist ökonomisch determinierte Expertise zu verhindern versucht, welche dann in der Rechtsform als nichtverhandelbarer Konsens ausgewiesen wird.

Somit arbeitet sich auch Rancière, obgleich seine politische Theorie und Analyse ausdrücklich nach dem König einsetzen, an einem Rechtsverständnis ab, das man nicht anders als vormodern beschreiben kann. Während es sicherlich zur Schärfung seiner radikalen Kritik beiträgt, die konstitutiven Grenzen zwischen liberalem Rechtsstaat und Totalitarismus zu verwischen, geht damit ein Irrglaube einher, der sich mit der Konsensorientierung eine medientheoretische Identität zwischen dem Gesetz und seiner Bedeutung einkauft und davon ausgehend das Recht für gänzlich berechenbar hält. Neben Bataille, Benjamin und Nancy bedient damit auch Rancière eine von der deutschen Romantik präfigurierte Dichotomie, in der eine informelle, spontane und belebte Schriftkultur einem Zerrbild vom Rechtsstaat als einer großen Maschine entgegengesetzt wird, welche ganz dem formalen und mechanischen Diktat der toten Buchstaben des Gesetzes unterliegt. Dem entgegen versuche ich im *zweiten Absatz* ein Paradigma zu entfalten, welches das Recht nicht von der Literaturtheorie abzugrenzen versucht, sondern die Materialität des Gesetzes vielmehr zu ihrem Gegenstand erhebt. Wer infolgedessen das Recht als Literatur versteht, vermag die Metamorphose im Imaginären nachzuvollziehen, welche sich mit der Moderne vollzogen hat und als Exkarnation oder Verschriftlichung des Königskörpers beschrieben werden kann. In seiner Textualität kann das Gesetz – allen voran die Verfassung – nicht mehr von seiner Identität aus begriffen werden, sondern verweist auf eine Nicht-Identität zwischen dem geschriebenen Wort und seiner rechtlichen Bedeutung.

Dass die daraus entstehende Unruhe im Symbolischen dem erstaunlich nahekommt, was die radikale Demokratietheorie mit der politischen Differenz zu beschreiben sucht, soll im *dritten Absatz* weiter ausgeführt werden – und damit den ungekrönten Abschluss meiner Überlegungen zur radikalen Demokratietheorie des Rechts bilden. Deren bereits erklärtes Ziel besteht darin, das Recht nicht mehr bloß einer der beiden Seiten der politischen Differenz unterzuordnen, sondern diese Gedankenbewegung in die Rechtstheorie zu übertragen und analog dazu als rechtliche Differenz zu begreifen. Entsprechend der in den vorherigen Paragraphen dargelegten Kritik am radikaldemokratischen Theoriedesign soll darunter aber kein schematisch-absoluter Gegensatz verstanden werden, dessen Beschreibung zu allem Übel noch mit einem kryptonormativen Primat des Politischen versehen wird. Vielmehr beschreibt sie einen wechselseitigen Bedingungszusammenhang zwischen dem, was ich auf der einen Seite als eine konstituierende Macht des Rechtlichen zu beschreiben vorschlage und dem, was man im klassischen Sinne unter dem formellen Recht verstehen würde, also eine von Institutionen stabilisierte Gesamtheit an Regeln, Verfahren und Prinzipien. Fernab einer ontologischen Überhöhung stellt sie lediglich den spezifischen Effekt eines politischen Imaginären sowie einer damit engverbundenen Medienkonstellation in der Moderne dar, in welcher das Gesetz respektive die Verfassung zum gemeinsamen Bezugspunkt einer demokratischen Schriftkultur avancieren konnte. Es ist schließlich die permanente und potenziell unerschöpfliche Instituierung von rechtlichen Bedeutungen, durch welche sich das Politische innerhalb des Rechts seine mäandernden Bahnen brechen kann, ohne es damit gänzlich aufzulösen.

§ 1
Metamorphosen des politischen Körpers

Klassischerweise verläuft der rechtswissenschaftliche Diskurs über die Grundlagen des Rechts entlang des kanonischen Dualismus von *Rechtsphilosophie* und *Rechtsgeschichte*. Entweder versucht man eine praktische Rechtfertigung von Normen unter Zuhilfenahme eines metaphysischen Fixpunktes vorzunehmen oder man sich begibt sich auf eine historisch-genetische Suche nach einem Ursprung des Rechts. Für eine radikale Demokratietheorie des Rechts, wie sie mir vorschwebt, stellen beide Alternativen keine wirkliche Option dar: Ersteres verbietet sich schon deshalb, weil die postfundamentalistische Umstellung auf die »Ungründbarkeit«[1] des Sozialen auch noch das letzte Band zu einem verallgemeinerbaren Dritten aufzukündigen versucht. Damit müssen die sowohl naturrechtlichen als auch vernunftrechtlichen Vorstellungen eines universalen Gesetzes der leitenden Annahme einer in letzten Dingen geltenden Gesetzlosigkeit weichen. Diese beschreibt dann weder Legalität noch Illegalität, sondern entzieht sich dieser Binarität als vorursprüngliche Indifferenz. Und auch die vermeintlich orientierungsstiftenden Rekurse der Rechtsgeschichte auf eine teleologische Entwicklung oder eine wie auch immer geartete Kontinuität zwischen Vergangenheit und Gegenwart vermögen nicht weiterzuhelfen, weil die radikale Demokratietheorie gerade das singuläre Ereignis zu bezeichnen sucht, an dem solche Erzählungen ihre formative Bedeutung verlieren, weil sie überschritten, unterbrochen oder ausgesetzt werden. Die Emphase des Politischen dient ihr in anderen Worten gerade dazu, den jeweils vorherrschenden Erzählungen eine instituierende Macht entgegenzusetzen, die eine ganz andere Geschichte schreibt.

Insofern ist die im Folgenden zu entwickelnde Perspektive jenseits dessen anzusiedeln, was klassischerweise als Rechtsphilosophie oder Rechtsgeschichte bezeichnet wird.[2] Die radikale Demokratietheorie gibt nämlich zumindest vor, weder an einen letzten Grund noch einen Ursprung zu glauben. Und das gilt für das Recht im Besonderen ebenso wie für die Gesellschaft im Allgemeinen. Weit gefehlt wäre allerdings, das Politische wie auch seine Theorie schon deshalb aus dem Nichts kommen und im Nichts wieder untergehen zu sehen. Vielmehr resultiert der von mir behandelte Diskurs gerade aus dem Widerspruch gegen diese als fundamentalistisch sowie damit gleichermaßen als unpolitisch diskreditierten Perspektiven.

1 Oliver Marchart, *Das unmögliche Objekt. Eine postfundamentalistische Theorie der Gesellschaft*, Frankfurt am Main: Suhrkamp 2016, S. 13.

2 Mein behelfsmäßiger Rekurs auf eine Rechts- oder politische *Theorie* geschieht insofern lediglich aus der Verlegenheit, diesen Unterschied irgendwie deutlich machen zu wollen.

Wie auch ihr vermeintlich konservativer Widerpart findet die radikale Demokratietheorie allerdings innerhalb einer symbolischen Ordnung statt und bedient sich der damit einhergehenden praktischen Konventionen. Und das gilt selbst dann, wenn sie diese mit ihrem unbedingten Anspruch auf politische Transformation zugleich fort- oder umzuschreiben versuchen. Ungeachtet des radikalen Habitus ist deshalb zu berücksichtigen, dass auch eine solche Theorie ihre Entgründung mit möglichst überzeugenden Gründen versieht sowie in ihrer subversiven Geschichtsschreibung eine mehr als traditionsreiche Geschichte hat.

Wie auch der Rest der Gesellschaft ihren Mangel an einer verbindlichen Letztbegründung durch ein »Gründungstheater«[3] zu bearbeiten sucht, findet sich eine solche Inszenierung auch in der radikalen Demokratietheorie. Nur wird dort ein Stück aufgeführt, das seinen eigenen Abgrund eben nicht durch ein »Wunder der normativen Selbstsetzung«[4] zu verschleiern, sondern gerade offenzulegen versucht. Die klassischen Themen vom letzten Grund und historischen Ursprung spielen damit auch auf der radikaldemokratischen Bühne eine Rolle – nur eben als *Parodie*. Wofür ich damit zu werben versuche, ist, dass die radikale Demokratietheorie sich auch von dem aus erschließen lässt, was Claude Lefort ein »symbolisches Dispositiv«[5] nannte und Cornelius Castoriadis mit einem großen Wurf als »das Imaginäre«[6] bezeichnet hat: Ersteres, also das Symbolhafte, zeichnet im antiken Wortsinne ein Objekt – meist wird das Beispiel eines Ringes bemüht – aus, welches zunächst geteilt und anschließend an mehrere Personen vergeben wurde, sodass diese sich durch die spätere Zusammenfügung der Bruchstücke wiedererkennen konnten.[7]

3 Susanne Lüdemann, *Metaphern der Gesellschaft. Studien zum soziologischen und politischen Imaginären*, München: Wilhelm Fink Verlag 2004, S. 61.

4 Vincent Descombes, *Die Rätsel der Identität*, Berlin: Suhrkamp 2013, S. 227.

5 Vgl. Claude Lefort/Marcel Gauchet, »Über die Demokratie. Das Politische und die Instituierung des Gesellschaftlichen«, in: Ulrich Rödel (Hrsg.), *Autonome Gesellschaft und libertäre Demokratie*, Frankfurt am Main: Suhrkamp 1990, S. 89 ff. (97 ff.) sowie Ulrich Rödel, »Einleitung«, in: ders., *Autonome Gesellschaft und libertäre Demokratie*, Frankfurt am Main: Suhrkamp 1990, S. 7 ff. (23 ff.).

6 Vgl. Cornelius Castoriadis, *Die Gesellschaft als imaginäre Institution*, insbes. S. 196 ff. sowie 559 ff.

7 Werner Hamacher kritisiert an einem solchen Verständnis des Symbolischen zurecht, dass damit der »hyperbolische« Charakter der Sprache gerade verkannt werde und schlägt deshalb vor, diese als ein »hyper-sym-bolisches Geschehen« zu verstehen vor. Auch wenn ich erst in § 3 Abs. 3 ausführlich darauf zu sprechen kommen werde, sei schon an dieser Stelle so viel gesagt, dass damit bereits jene Phänomenalität des Überschusses angesprochen ist, aus dem sich auch das Politische herleiten lässt. Vgl. dazu ders., »Das Recht im Spiegel.

Deshalb bedeutet Symbol auch so viel wie »Band, Aneinanderfügung« und dient dazu, der miteinander geteilten Bedeutung »eine Gestalt zu geben, oder in diesem Sinne ein Bild hervorzubringen.«[8] Die Rede vom symbolischen Dispositiv ist vor diesem Hintergrund der bewusst heuristisch angelegte Versuch, die vielfältige Gesamtheit dieser ans Material gebundenen Relationen in einer historisch wie kulturell einzigartigen Konstellation zusammenzufassen.

Dahingegen weist das Imaginäre noch über eine dinghafte oder auch nur sprachlich-phonetische Manifestation von Bedeutung und Sinn hinaus. Es weist damit auf jene irreduzible Dimension, von der sich so etwas wie Bedeutung und Sinn überhaupt erschließen lässt, weil ohne sie die jeweiligen Gestalten, Formen und Bilder im wahrsten Sinne des Wortes *undenkbar* wären. Schon die rohe Tatsache, dass es das Symbolische im Sozialen gibt, verweist nach Castoriadis auf eine dazu notwendige »Fähigkeit, in einem Ding ein anderes – oder: ein Ding anders als es ist zu sehen.«[9] Ebendeshalb ist unter dem Imaginären auch keine bloße Abbildung zu verstehen, auf die eine Gesellschaft reduziert und in der ihre stete Bewegung stillgestellt wird, sondern vielmehr die voraussetzungsreiche Matrix einer gemeinsam bewohnten Welt von Bedeutungen, welche ein solches Abbild als ein Desiderat von vielen erscheinen lässt.[10] Die Erzählungen und Bilder, die man sich von der Welt macht, sind darin untrennbar mit einem heterogenen Spektrum an Lebensformen, einem impliziten Wissen, aber auch Ritualen, Traditionen, Kulturtechniken sowie Sitten und Gepflogenheiten verflochten, welche erst in diesem eng ineinandergreifenden und sich stets weiterentwickelnden Geflecht einen gemeinsamen Orientierungspunkt des Sozialen zu schaffen vermögen, aufgrund dessen bspw. Raum und Zeit als miteinander geteilt verstanden werden. Die meist eher fraglose und deshalb hintergründig bleibende Vorstellung, die sich eine soziale Praxis von sich selbst macht, ist weder notwendigerweise noch auch nur vorzugsweise bildhaft und ließe sich

Bemerkungen zu einem Satz von Pierre Legendre«, in: ders., *Sprachgerechtigkeit*, Frankfurt am Main: S. Fischer Verlag 2018, S. 267 ff. (275, 279).

8 Und weiter: »Das Symbolische ist das Wirkliche der Beziehung, insofern sie sich darstellt, und weil die Beziehung als solche in der Tat nichts anderes ist als ihre Repräsentation. Eine Beziehung ist keineswegs die Repräsentation von etwas Wirklichem […], sondern sie ist sehr wohl und nichts anderes als das Reale einer Repräsentation, ihre Tatsächlichkeit und Wirksamkeit.« Jean-Luc Nancy, *Singulär plural sein*, Zürich: Diaphanes Verlag 2012, S. 95.

9 Cornelius Castoriadis, *Die Gesellschaft als imaginäre Institution*, S. 218.

10 Vgl. auch Martin Saar, *Die Immanenz der Macht*, S. 323 (»Die Bedeutung und der Einfluss dieser imaginär eingerichteten Welt von Bedeutungen ist also erheblich, weil sich in einer Gesellschaft niemand der Bezugnahme auf sie entziehen kann, denn sie *ist* der gesellschaftliche Raum, verkörpert in den Institutionen, Gewohnheiten und Normen einer Gesellschaft.«).

graphisch abschließend darstellen. Näher als das Imaginäre mit einer Abbildung kurzuschließen, liegt daher ein interdisziplinärer Erklärungsansatz, welcher sich ganz auf den deutschen Begriff der Einbildung bezieht und damit keine trügerische und irrige Vorstellung meint, sondern auf den lateinischen Wortsinn der *imaginatio* zurückgeht, wie er noch im englischen *imagination* oder im französischen *imaginaire* anklingt. Dann ist nämlich eine mit der Kreativität oder auch der Spontaneität im kantianischen Sinne ganz auf einer Linie liegende Bedeutung angesprochen, die ähnlich dazu bei Castoriadis als eine »*indeterminierte* Schöpfung von Gestalten/Formen/Bildern«[11] beschrieben wird.

Zum Verständnis sei abschließend noch eine – zugegeben recht lange, aber doch eindrückliche – Passage von Castoriadis zitiert, in dem er dieses Verständnis des Imaginären noch einmal konzise zusammenfasst:

> »Dieses Element, das der Funktionalität jedes institutionellen Systems eine besondere Ausrichtung gibt und das die Wahl und die Verknüpfungen der symbolischen Netze überdeterminiert; dieses Element, das sich jede geschichtliche Epoche schafft und in dem sie unnachahmlich ausdrückt, wie sie ihre eigene Existenz, ihre Welt und ihre Beziehungen zu dieser erlebt, sieht und gestaltet; dieses ursprünglich strukturierende Moment, dies zentrale Bedeutete/Bedeutende, diese Quelle allen unzweifelhaften und unbezweifelbaren Sinns, dieser Träger aller Verknüpfungen und Unterscheidungen zwischen Wichtigem und Unwichtigem, dieser Ursprung der Seinsbereicherung, den die Gegenstände praktischer, affektiver oder intellektueller, individueller oder kollektiver Besetzungen erfahren – dieses Element ist nichts anderes als das *Imaginäre* der Gesellschaft oder der jeweiligen Epoche.«[12]

Nicht wenige überschätzen in der Rezeption dieser Zeilen das in der Mitte des Zitats angesprochene »ursprünglich strukturierende Moment« in seiner Bedeutung als einer *creatio ex nihilo*. Gelesen wird es dann als gänzlich demiurgischer Akt, durch den das politische Subjekt bei Castoriadis nicht weniger als eine Apotheose erfahre.[13] Zum Ende dieser Arbeit werde ich eine dem entgegenstehende Lesart zu entwickeln versuchen, welche die dahingehenden Ausführungen mit einem für Castoriadis ansonsten so zentralen Gedanken zusammenzubringen versucht, wonach die Gesellschaft immer bereits eine Institution sei, noch bevor man über ihre instituierende Macht nachzudenken beginne (vgl. § 3 Abs. 3). An dieser Stelle begrenze ich mich deshalb auf den Hinweis, dass ich die produktive Unruhe, welche aus dem Zusammenspiel der

11 Cornelius Castoriadis, *Die Gesellschaft als imaginäre Institution*, S. 12.

12 Ebd., S. 249.

13 So zumindest Susanne Lüdemann, *Metaphern der Gesellschaft*, S. 47 ff. (insbes. 51 f. und 60) oder auch Jürgen Habermas, *Der philosophische Diskurs der Moderne*, S. 385.

symbolischen Formen mit der schöpferischen Einbildungskraft des Imaginären resultiert, als ständiges Oszillieren zwischen den Phänomenen eines irreduziblen Überschusses an Bedeutung sowie dessen Stabilisierung in einer Form oder Gestalt verstanden wissen möchte. Die Gesellschaft als imaginäre Institution zu begreifen hat dann zur Folge, dass sie nicht lediglich auf einen instituierten Bedeutungs- und Sinnzusammenhang bezogen wird, welcher in der symbolischen Ordnung einen arbiträren Ausdruck erhält, sondern zugleich auf eine instituierende Macht, welche sich einem solchen Zugriff – wie auch dem Begriff selbst – irreduzibel entzieht. Damit verstehe ich die generative Tiefenstruktur, die Castoriadis anhand des in sich gespaltenen Begriffs des Imaginären zu entfalten versucht, ausdrücklich als *politische Differenz* aus einem »instituierten Imaginären« auf der einen sowie einem »radikalen Imaginären« oder auch einer »instituierenden Macht« auf der anderen Seite.[14]

Mit einem Postfundamentalismus frei nach Castoriadis geht dann das Potenzial einher, aus dem Bestehenden, sozusagen als einem unendlichen Reservoir des Symbolischen, immer wieder neue Gestalten, Formen und Bilder zu schöpfen. Nicht zuletzt kommt das bei Castoriadis an prominenter Stelle in einer Assoziation des heideggerianischen Abgrundes mit der prometheischen Metapher des Feuers zum Ausdruck, wenn er vom »Magma imaginärer Bedeutungen« spricht, das »weit über das Feld des ›Politischen‹ hinaus[...]« auf »die Welt, die Geschlechterverhältnisse, die Ziele des menschlichen Lebens usw.« hinausweise.[15] Danach erschüttern Eruptionen die verhärtete Oberfläche des Sozialen und unterwerfen dieses einer unendlichen Dynamik, in der sich verflüssigende Transformation und rigide Erstarrung miteinander abwechselten. Einzig dieser fortlaufende Prozess vermöge es dann, »die Gesellschaft *zusammen[zu] halten*, den konkreten Institutionen, einschließlich den politischen, Leben [zu] verleihen« sowie sich, und an dieser Stelle setzt diese Untersuchung ein, in ihnen zu ›verkörpern‹«.[16]

14 Konkret handelt es sich einerseits um ein »gesellschaftliches« oder »instituiertes Imaginäres« analog zur instituierten Politik und andererseits ein «radikales Imaginäres« analog zur instituierenden Macht des Politischen. Vgl. Cornelius Castoriadis, *Die Gesellschaft als imaginäre Institution*, S. 597, 603. An anderer Stelle macht Castoriadis diese Verbindung auch explizit: Etwa, wenn er das erklärte Ziel seiner politischen Theorie, nämlich das radikale Imaginäre »zum Vorschein zu bringen« in einem »engeren Sinne« darin erkennt, »das *Politische* [...] in der *Politik* aufgehen zu lassen.« Ders., »Macht, Politik, Autonomie«, in: ders., *Autonomie oder Barbarei. Ausgewählte Schriften (Band 1)*, Lich: Edition AV 2006, S. 135 ff. (164).

15 Ders., »Das Gebot der Revolution«, S. 54 ff. (82).

16 Ebd. Vgl. zum Begriff ferner ders., *Gesellschaft als imaginäre Institution*, S. 310.

* * *

Wer dem Imaginären durch seine verschiedenen Entwicklungsstadien folgt, und diese Annahme leitet die folgenden Überlegungen, vermag eine Spur der rhetorischen, aber auch ikonographischen Figurationen zu erheischen, die das Politische im Laufe der Zeit angenommen hat. Gerade die »Hintergrundmetaphorik«[17] vom *politischen Körper* eignet sich meines Erachtens besonders gut, die ihren mannigfaltigen Verwendungsweisen zugrundeliegende Spannung zwischen dem Politischen und der Politik in einer historischen Konstellation begreifbar werden zu lassen und sich ihrer Komplexität – wenn auch nur im schemenhaften Modus – annähern zu können. Während nämlich die Verkörperung einer imaginären Einheit nicht weniger als zunächst die Monarchie und in dessen Folge den Totalitarismus auszuzeichnen scheint, so die implizite Vorannahme nahezu aller radikaldemokratischen Theorieangebote, wird das transgressive Potenzial der politischen Differenz in einem geteilten Körper verortet. Diesbezügliche Vorstellungen reichen vom »doppelten Körper des Königs« und einer nahezu klassischen Dichotomie zwischen Öffentlichkeit und Staat bis hin zu einem in seine hyperindividuellen Einzelteile zerfallenen großen Ganzen.

Insofern bietet der politische Körper sowohl in seiner medialen Eigenschaft als Trägermaterial als auch in der jeweils durch seine Analogie bewirkten Bedeutung ein Anschauungsbeispiel, anhand dessen sich das Politische figürlich nachvollziehen lässt. Eine solche Analyse verbleibt in seiner eher kultur- oder medientheoretischen Ausrichtung freilich ganz an der »Oberfläche« der von ihr beobachteten Phänomene und versucht keine Antwort auf die irreführende Frage zu finden, ob sich »hinter« dem »präsenten Repräsentationsgeschehen« des Symbolischen eine »weitere, ›reale‹ Präsenz verbirgt« oder ob es sich vielmehr um »eine Repräsentation ohne Repräsentiertes« handelt.[18] Die bloße Feststellung, dass ein bestimmtes Bild von der Wirklichkeit gezeichnet wird, sagt schließlich nichts darüber aus, ob dieses Bild *tatsächlich* der Wirklichkeit entspricht – geschweige denn darüber, ob sich über eine solche Tatsächlichkeit überhaupt sinnvoll sprechen lässt.

Das diesbezügliche Anliegen, diese Spur einer idiosynkratischen Gedankebewegung der radikalen Demokratietheorie im Imaginären der politischen Theorie aufzunehmen, ließe sich auch als »Genealogie« in dem spezifischen Sinne beschreiben, den ihr Michel Foucault in Anschluss an

17 Hans Blumenberg, *Paradigmen zu einer Metaphorologie*, Frankfurt am Main: Suhrkamp 2015, S. 29, 69 ff. Vgl. zur weiteren Erklärung sowie unter Bezugnahme auf gängige Beispiele aus der Rechtstheorie nur Thomas Vesting, *Staatstheorie. Ein Studienbuch*, München: C.H. Beck 2019, S. 161 f.

18 So auch Ino Augsberg, »Kreuzstiche«, in: ders., *Schmitt-Lektüren. Vier Versuche über Carl Schmitt*, Berlin: Duncker & Humblot 2020, S. 73 ff. (75).

Friedrich Nietzsche gegeben hat.[19] Weder soll die folgende Erzählung also mit erhabenem Gestus auf einen letzten Grund oder Ursprung verweisen noch versucht sie, die Perspektivität ihres Wissens zu verbergen. Sie offenbart sich als das Gegenteil zu einem Unternehmen, welches hinter den Dingen »etwas ganz anderes« und im Zweifel sogar ein »geheimes, zeitloses Wesen« zu erkennen glaubt.[20] Vielmehr besteht ihre Überzeugung darin, dass diese Dinge »gar kein Wesen haben oder dass ihr Wesen Stück für Stück aus Figuren konstruiert wurde, die ihnen fremd waren.«[21] An der »Wurzel dessen, was wir erkennen und was wir sind« liegt dann »nicht die Wahrheit [...] und auch nicht das Sein, sondern die Äußerlichkeit des Zufalls«.[22] Auf diese Untersuchung übertragen bedeutet das, dass die singulären Verkörperungen des Politischen wie auch dieses selbst in ihrer Ununterscheidbarkeit auf eine kaum mehr nachvollziehbare Verkettung von historischen Umständen zurückzuführen sind, welche weder dem göttlichen Schicksal noch der verkopften Strategie eines Königs, Führers oder Autors entspringen. Zugleich wird die politische Theorie damit vom ontologischen Sockel gestoßen und in den historischen Niederungen seiner singulären Erscheinungen verortet, namentlich einem politischen Körper. Dieser begrenzt das ewige Leben der Politik und des Rechts und produziert in seiner Immanenz einen irreduziblen Überschuss. Während die radikale Demokratietheorie sich diesem zu öffnen versucht, gilt es dem biopolitischen Reinheitswahn des Totalitarismus ihn zu verfemen, verdrängen oder gar zu vernichten.

Auch Uwe Hebekus und Ethel Matala de Mazza sprechen davon, dass der »fiktive Körper« des Politischen immer nur das jeweilige Produkt verschiedener »imaginärer Institutionen und symbolischer Ordnungen« und damit sinnfälliger Ausdruck einer spezifischen Politik sei.[23] Die »Form der Geschlossenheit« könne die Gemeinschaft nämlich immer nur um den Preis annehmen, dass sie »die Selbstverhältnisse der beteiligten Individuen« unterbreche und durch eine kollektive Identifikation mit einem Imaginären substituiere, anhand dessen sie sich als Teile eines zusammenhängenden Ganzen betrachten könnten.[24]

19 Michel Foucault, »Nietzsche, die Genealogie, die Historie«, in: ders., *Dits et Ecrits* (Band II), Frankfurt am Main: Suhrkamp 2014, S. 166 ff. Vgl. dazu ferner Martin Saar, *Genealogie als Kritik. Geschichte und Theorie des Subjekts nach Nietzsche und Foucault*, Frankfurt, New York: Campus Verlag 2007, S. 293 ff.

20 Michel Foucault, »Nietzsche, die Genealogie, die Historie«, S. 166 ff. (169).

21 Ebd.

22 Ebd., S. 173.

23 Uwe Hebekus/Ethel Matala de Mazza, »Zwischen Verkörperung und Ereignis. Zum Andauern der Romantik im Denken des Politischen«, in: ders. et al. (Hrsg), *Das Politische. Figurenlehren des sozialen Körpers nach der Romantik*, München: Wilhelm Fink Verlag 2003, S. 7 ff. (14).

24 Ebd.

Eindrucksvoll wurde eine solche Verkörperung oder auch »Habitualisierung« des Kleinen im Großen zuletzt von Didier Eribon beschrieben, der in seiner soziologisch angelegten Autobiographie am Beispiel der eigenen Familie aufgezeigt hat, inwiefern selbst die biologischen Körper der Kinder durch sukzessive Übernahme von tradierten Rollen in das symbolische Erbe ihrer Eltern eintreten.[25] Darin liegt jedoch keine unilaterale Anrufung durch ein allgemeines Drittes, welcher das Subjekt lediglich seinem Spiegelbild anpasst, sondern eine reflexive Hinwendung dieses Subjekts selbst zu einer symbolischen Ordnung, welche dadurch immer auch etwas verstellt, verrückt und eben verändert wird.[26] Die Erzählung von einer ewigen Wiederholung ein- und derselben Verkörperung wäre schließlich keine Genealogie mehr, sondern schlicht ein Mythos. Wieder mit Hebekus und Matala de Mazza entsteht innerhalb des Imaginären deshalb immer zugleich »ein unverrechneter Rest und mit ihm ein exzentrischer Raum, von dem aus dieses Unvernommene [...] die [...] Fiktionen an ihren Konstruktcharakter ermahnt, sie entzaubert und beharrlich zersetzt – sei es leise oder lautstark mit dem Aplomb der nächsten Revolution.«[27] Und eben in dieser zwielichten Sphäre des eingeschlossenen Ausgeschlossenen verortet auch die radikalen Demokratietheorie das transgressive Potenzial des Politischen. Die instituierende Macht manifestiert sich vornehmlich in dem, was keinen Platz im politischen Körper erhalten hat, also dem Anderen und Anteillosen. Dies zur Sprache zu bringen und sichtbar zu machen entspricht dann voll und ganz dem radikaldemokratischen Kernanliegen, dem Unerhörten, Unsichtbaren sowie Undenkbaren einen – wenn auch unweigerlich scheiternden – Ausdruck zu verleihen.

Mir geht es deshalb weder hier noch an irgendeiner anderen Stelle dieser Untersuchung um eine abstrakte Metathese über das Politische, wonach dieses wahlweise entweder nur als totalitäre Einheit oder als demokratische Vielheit verkörpert werden könne. Mir geht es darum, dass die Theorien, mit denen ich mich beschäftigen werde, zumindest so tun,

25 »Der biologische und der genealogische, der sterbliche und der unsterbliche Körper gehen ineinander über und erhalten sich gegenseitig. [...] Die Tochter verkörpert und ersetzt die Mutter, der Sohn den Vater- [...] Es sind die sozialen und sexuierten Dispositionen, die den Körper bis in seine kleinsten Gesten hinein prägen. Das Staunen [...] gilt im Grunde der Tatsache, dass verkörperte, gewissermaßen naturalisierte Dispositionen nicht weniger erblich sind als Titel und Güter.« Didier Eribon, *Gesellschaft als Urteil. Klassen, Identitäte, Wege*, Frankfurt am Main: Suhrkamp 2017, S. 29.

26 Vgl. zu einem solchen Verständnis nur Judith Butler, *Psyche der Macht. Das Subjekt der Unterwerfung*, Frankfurt am Main: Suhrkamp 2021, S. 101 ff. (108 f.).

27 Uwe Hebekus/Ethel Matala de Mazza, »Zwischen Verkörperung und Ereignis«, S. 7 ff. (14).

als ob diese oder jene theoretische Darstellung oder eben Nichtdarstellung einer (wie auch immer konkret gearteten) Wesenhaftigkeit des Politischen gerecht werden könne. Vom politischen Körper lässt sich, analog zur rechtlichen Körperschaft, deshalb auch immer nur als einer *Fiktion* sprechen, weil dieses Als-ob in seiner Folge dazu führt, dass das Imaginäre nicht nur auf das Symbolische, sondern zugleich auf das Reale durchschlägt.[28] Die Performanz der Rede vom politischen Körpers kann schließlich bewirken, dass bspw. eine vertikale Hierarchie zwischen einem führenden Kopf und dem Fußvolk oder eine horizontale Aufgabenverteilung zwischen den Organen und Gliedern naturalisiert wird und in dessen Folge politisch legitim erscheint.

Eine solche Feststellung soll aber gerade nicht suggerieren, wie es die liberale Handlungstheorie gewöhnlich tut, dass der natürliche Körper und sein vernünftiger Geist noch *vor* dem Politischen existieren und anthropologisch auf einen autonomen Willen zurückzuführen sind. Mit einem derart normativ aufgeladenen Subjektbegriff wäre, wie Oliver Marchart betont, nicht weniger als das »Erbe des Souveräns« angetreten und entsprechend nur eine weitere »Fundierungsfigur« geschaffen.[29] Dass ich von einem politischen Körper spreche, soll gerade darauf hinweisen, dass sich das Politische und seine Verkörperung koextensiv zueinander verhalten, weil sie gleichermaßen durch eine stete Arbeit am Imaginären instituiert werden. Nichtsdestotrotz wird meistens so getan, als ob die Gesellschaft mit solchen Analogien zum menschlichen Körper irgendwie angemessen beschrieben werden könnte. Mir geht es im Folgenden nicht darum, dies nun als Scharlatanerie zu widerlegen und eigens zu definieren, was *das* Recht, *die* Demokratie oder *das* Politische eigentlich sind. Mir geht es vielmehr um die spezifische Art und Weise, wie in bestimmten Diskursen darüber gesprochen wird und die bewundernswerte Tatsache, dass sich man sich gemeinhin so verhält, als ob man wüsste, was damit eigentlich gemeint sein soll.

Philippe Lacoue-Labarthe hat die politische Theorie ausdrücklich in einen solchen Bezug zur Fiktion gesetzt, indem er ihren Gegenstand im antiken Wortsinn der »*fictio* im strikten Sinn« und damit als »plastische[s] Bilden« zu verstehen suchte.[30] Die Polis erscheint daraufhin als immer bloß vorübergehendes Ergebnis einer steten »Bildung und Einbildung« (franz. *formation et information*) und damit der Anstrengung der Gemeinschaft, die sich selbst als artifizielles Produkt hervorbringt.[31]

28 Vgl. Albrecht Koschorke et. al., *Der fiktive Staat*, S. 56.

29 Vgl. Oliver Marchart, *Das unmögliche Objekt*, S. 381.

30 Philippe Lacoue-Labarthe, »Die Fiktion des Politischen«, in: ders., *Fiktionen. Dichtung als Erfahrung/Die Fiktion des Politischen/Musica Ficta*, Basel, Weil am Rhein: Engeler 2009, S. 118 ff. (174).

31 Ebd.

Gerade die angesprochene Verbform, die man auch als Imaginieren von neuen Bedeutungswelten und damit einer kommenden Politik jenseits des Gegebenen umschreiben könnte, vermag die praktische Dimension des Politischen als einer *Poiesis* hervorzuheben, die angelegt ist als eine stete Variation der Wirklichkeit und auf ein unendliches Projekt hinarbeitet.

An diesem theoretischen Ausgangspunkt orientieren sich die folgenden Überlegungen. Die genealogischen Verästelungen und Abzweigungen des Imaginären vom politischen Körper sind somit nicht auf eine jeweilige Verfassung oder einen Zustand (im Sinne eines Status oder des Staates) zu reduzieren. Vielmehr sind seine Metamorphosen das kontingente Ergebnis einer plastischen Bildung und Einbildung, aber auch Umbildung, Ausbildung und Fortbildung. Deshalb werde ich im Folgenden statt von der Einheit, der Vielheit und der Zeit des Politischen von einem aktiven Machen und Tun der *Vereinheitlichung* (I.), der *Pluralisierung* (II.) und schließlich der *Prozeduralisierung* (III.) sprechen.

Die selektive Auswahl dieser spezifischen Bearbeitungen des politischen Körpers soll dazu dienen, seinen anfänglichen Zerfall im gesellschaftlichen Imaginären nachzuvollziehen, welcher im darauffolgenden Paragraphen mit den kopflosen Gedankenbewegungen der *Enthauptung* (I.), *Entwerkung* (II.) und *Entsetzung* (III.) dann entscheidend radikalisiert werden soll. Insofern handelt es sich bei diesem ersten Paragraphen um eine aus Platz- und Zeitgründen noch einigermaßen kurzgehaltene Vorgeschichte des kopflosen Körpers, in welcher die später so zentralen Schlagwörter einerseits der *Pluralität* und anderseits der *Kontingenz* zwar bereits aufgeworfen werden. Jedoch geschieht dies noch ohne, dass deren radikaldemokratisches Potenzial bis zur letzten Konsequenz ausgeschöpft wird.

I. Vereinheitlichung

1. Die heilige Kommunion

Der menschliche Körper hat ein Problem. Es ist das Alter. Denn auch, wenn der Mensch bereits unzähligen Widrigkeiten der Natur getrotzt und seiner Herrschaft unterworfen hat, ist er der Zeit noch immer machtlos ausgeliefert. Entsprechend zerfällt mit dem zunehmenden Alter allmählich sein Körper. In der Religion versucht man sich gelegentlich noch mit dem Gedanken zu trösten, dass der Geist nach dem Tod lediglich über kein leibliches Medium mehr verfüge, über das er in Kontakt mit seiner irdischen Umwelt treten könne. Die entsprechenden Details, ob er stattdessen also in den Himmel emporsteigt oder ins Nirwana übergeht, scheinen weniger interessant als das beachtenswerte Einverständnis darüber, dass der Geist dann nicht mehr den nunmehr zur toten Hülle verkommenen Körper bewohne, an den er Zeit seines Lebens noch gebunden war. Daraus resultiert auch eine Erkenntnis für die politische Theorie, sollte man meinen: Mit der Sterblichkeit des menschlichen Körpers scheint der von ihm ausgeübten Herrschaft eine unumgängliche Grenze gesetzt zu sein.

Doch wo die medizinische Abhilfe gegen den Tod noch hinkt, werden andere Provisorien zu Rate gezogen. Tatsächlich haben insbesondere die politische Theologie des Christentums sowie die mittelalterliche Jurisprudenz eine Lösung für das Problem des sterblichen Herrschaftskörpers gefunden: Sie besteht in der Fiktion einer unsterblichen, weil körperlosen Körperschaft, auf die ich im Folgenden noch ausführlich zu sprechen kommen möchte. Was niemals als menschlicher Körper gelebt hat, so das schon an dieser Stelle verratene Kalkül dahinter, kann nicht als sein Leichnam sterben. Allerdings waren die europäischen Priester und Juristen gewiss nicht die Ersten, welche auf die Idee der *body politics* gekommen sind. Vielmehr handelt es sich um eine der beliebtesten Metaphern der politischen Theorie überhaupt. Schon in Erzählungen und graphischen Darstellungen der Antike taucht sie auf und lässt vermuten, dass ihre Verankerung im gesellschaftlichen Imaginären wohl ebenso alt ist wie das Politische selbst. Doch woher kommt die Fiktion denn nun wirklich, also wo beginnt sie, neigt man gewöhnlich zu fragen.

Wenn über irgendeinen historischen Anfang nachgedacht wird, und das ist generell ein schwieriges Unterfangen, dann bezieht man sich in unseren westlichen Erzählungen meist auf *Athen* und *Rom*. Nicht anders ist das beim politischen Körper. Tatsächlich lassen sich entsprechende Quellennachweise finden, wonach schon Livius in der überlieferten Fabel des Menenius Agrippa, aber daneben auch Platon, Aristoteles oder Seneca die figurative Rede eines über den physiologischen Menschen hinausgehenden, unsterblichen Korpus gebrauchten.[32] Dies half, ihre politischen Theorien und damit einhergehende Überzeugungen in einer – meist rhetorisch oder ikonographisch umgesetzten – Analogie zum menschlichen Körper zu verankern und sie damit *natürlich* oder zumindest *legitim* erscheinen zu lassen. Warum auch nicht? Ein Bild sagt bekanntlich mehr als tausend Worte. Auch die Wahl der Metapher erscheint ziemlich geschickt, ist doch mit dem eigenen Körper ein Anschauungsmaterial gegeben, anhand dessen die Evidenz der proklamierten Thesen sogleich kurzerhand überprüft werden kann. Die verschiedenen Ziele und Strategien, die mit einem solchen Unternehmen verbunden werden, hängen ferner ganz von den historisch-kulturellen Konstellationen ab. Sie beziehen sich etwa auf die performative Stiftung einer politischen Einheit und eines proklamierten Vorranges des Ganzen vor seinen Teilen, einer ständebezogenen Hierarchie oder wenigstens einer funktionalen Aufgabenverteilung der verschiedenen Organe und Glieder, einer hygienischen Ausmerzung von vermeintlichen Krankheitserregern, Parasiten und Verunreinigungen sowie nicht zuletzt der Überhöhung des Kopfes als eines die Abläufe koordinierenden und epistemisch übergeordneten Zentrums.

Ich werde mich statt auf Athen oder Rom, um einen möglichen Anfang für die Genealogie des politischen Körpers zu finden, auf die Paulusbriefe an die Korinther sowie an die Epheser beziehen. Weniger interessant erscheinen mir dabei Fragen nach deren historischen Details, etwa die umstrittene Urheberschaft letzterer. Die kaum zu überschätzende kulturhistorische Relevanz dieser Schriftstücke ist schließlich auch weitgehend unberührt davon geblieben – und wird es wohl auch bleiben. Wenn ich mich insofern auf diesen *einen* möglichen Anfang beziehe, dann ausdrücklich, weil ich ihn von seinem modernen – und das heißt: kopflosen – Ende herdenke. Dementsprechend wähle ich dieses Beispiel auch deshalb, weil es nach der berühmten Studie von Ernst H. Kantorowicz zu den *zwei Körpern des Königs* schließlich die politische Theologie des Christentums gewesen ist, welche einen Dualismus von Christus und dem König etabliert und damit der späteren Unterscheidung von Gesetz und König den entscheidenden Weg geebnet hat.[33] Der *corpus Christi mysticum* hat danach in anderen Worten das Imaginäre vorbereitet, auf

32 Ausführliche Besprechungen dieser Texte finden sich vor allem in den Schriften jener Autorinnen, die das ehem. Forschungsprojekts »Poetologie der Körperschaften« am ZfL Berlin (2000-2006) geleitet haben: Vgl. insbes. Albrecht Koschorke et al., *Der fiktive Staat*; Susanne Lüdemann, *Metaphern der Gesellschaft*; Ethel Matala de Mazza, *Der verfaßte Körper*. Sowie zum Überblick nur dies., »body politics«, S. 167 ff. (168 ff.).

33 Vgl. dazu Ernst H. Kantorowicz, *Die zwei Körper des Königs*, insbes. S. 206 ff. und S. 279 ff.

dem zunächst die körperlose Körperschaft der Kirche errichtet werden konnte und von dem dann auch die mittelalterliche Jurisprudenz zur Fiktion der juristischen Person inspiriert worden ist.

Während ich in einem *ersten Schritt* die aus der christlichen Vorstellung vom mystischen Leib Christi und den in dieser Metapher angelegten Universalismus zu rekonstruieren versuche, werde ich in einem *zweiten Schritt* auf die Genese des modernen Staates als einem politischen Körper zu sprechen kommen. Ich versuche diese beiden Schritte unter dem Gesichtspunkt der *Vereinheitlichung* des politischen Körpers deshalb zusammenzufassen, weil sowohl das christliche Bekenntnis als auch der Gesellschaftsvertrag jeweils ein gesellschaftliches Imaginäres hervorbringen, in dem das Politische und die Politik miteinander kulminieren.

Zunächst heißt es im Korintherbrief: »Denn wie der Leib *einer* ist und doch viele Glieder hat, alle Glieder des Leibes aber, obwohl sie viele sind, doch *ein* Leib sind: so auch Christus. Denn wir sind durch *einen* Geist alle zu *einem* Leib getauft, wir seien Juden oder Griechen, Sklaven oder Freie und sind alle mit *einem* Geist getränkt. Denn auch der Leib ist nicht *ein* Glied, sondern viele.«[34] Der politische Körper nach Paulus erscheint von Anfang an mit diesem christlich-humanistischen Gedanken einer politischen Gleichheit aller Menschen verquickt. Liturgisch findet diese prägende Metapher vom *Corpus Christi* dann auch ihr rituelles Pendant in der heiligen Kommunion der Eucharistie, also einer Transsubstantiation von Christi Blut und Leib in die sakralen Medien von Wein und Brot. Je nachdem, ob nun eine klassisch-katholische oder protestantisch-neuzeitliche Lehre vertreten wird, wird das Zeremoniell dabei entweder als unmittelbare Präsenz oder als eine mittelbare Repräsentation des heiligen Körpers in der Glaubensgemeinschaft gedeutet. Ob aber nun *in* oder eben *durch* Christus, jeweils wird dazu eine Verkörperung der ganzen Menschheit hervorgehoben, die sich entsprechend auch im Korintherbrief finden lässt: »So sind wir viele *ein* Leib, weil wir alle an *einem* Brot teilhaben.«[35] Das christliche Bekenntnis, welches bekanntlich die oberste Maxime des paulinischen Gesetzes ist, kennzeichnet somit die Möglichkeit einer Inkorporierung aller Menschen in einer von Christus verkörperten Einheit.

Angesichts dieses christlichen Universalismus und seines radikalen Gleichheitspostulates vermag es nicht zu verwundern, dass die Paulusbriefe auch zuletzt wieder große Aufmerksamkeit innerhalb der politischen Theorie gewonnen haben; erstaunlicherweise sogar solcher Theorieangebote, die vielmehr aus einer antiklerikalen Tradition stammen

34 1 Kor 12, 12 f. Bibelzitate folgen hier wie im Folgenden der Übersetzung nach Martin Luther, herausgegeben von der Evangelischen Kirche in Deutschland.

35 1 Kor 10, 17.

und sich selbst als radikal bis radikaldemokratisch bezeichnen würden.[36] So dürften Autoren wie Giorgio Agamben, Slavoj Žižek oder Alain Badiou wohl kaum im Verdacht stehen, besonders gottesfürchtig zu sein.[37] Letzterer erkennt im christlichen Bekenntnis eine Treue zum singulären Ereignis, die für Paulus naheliegender Weise noch in der christlichen Auferstehung bestand und für Badiou für eine Treue zur revolutionären Idee fruchtbar gemacht wird. Aus ihr leitet er eine radikale Subjektivität und universale Wahrheit ab, welche weder der Sprache noch irgendeinem Beweis zugänglich sei, weil sie dem Realen zuzurechnen seien.[38] Damit wird die Einverleibung und eine daraus resultierende Konstitution des christlichen Subjekts, welches sich durch das Bekenntnis zum Glauben als Teil eines Ganzen verstehen darf, in eine theoretische Nähe zur Beschreibung dessen gerückt, was man noch bei Benjamin *das Messianische* oder mit der radikalen Demokratietheorie auch *das Politische* nennen könnte. Wer die Paulusbriefe aber weniger selektiv auf subversives Potenzial durchsucht und sich stattdessen mehr auf den figurativen Aspekt ihrer Körpersprache sowie die historisch darauffolgenden Verkörperungsformen bezieht, wird entgegen dieser Bemühungen ihrer Revitalisierung zum Zwecke des revolutionären Projekts schnell ernüchtert sein.

Das fast schon demokratisch anmutende Pathos des Korintherbriefs wird im Epheserbrief zugleich wieder gedämpft und die Gleichberechtigung der jeweiligen Glieder in ihrem Verhältnis zum organischen Ganzen zugunsten einer Kopflastigkeit verschoben. So heißt es: »Lasst uns aber wahrhaftig sein in der Liebe und *wachsen in allen Stücken zu dem hin, der das Haupt ist,* Christus, von dem aus der ganze Leib zusammengefügt ist und ein Glied am anderen hängt durch alle Gelenke, wodurch *jedes Glied das andere unterstützt* nach dem Maß seiner Kraft und *macht, dass der Leib wächst* und sich selbst aufbaut in der Liebe.«[39] Zusammengenommen verweisen diese Zitate auf einen politischen Körper nach dem natürlichen Vorbild eines Organismus, in den jederzeit eintreten kann, wer sich zur christlichen Liebe und damit zu Gott bekennt. Das Korporative führt also zur Kooperative. Die Glaubensgemeinschaft wird in Christus aber nicht bloß verkörpert, sondern vom Heiligen Geist beseelt, welcher den Gliedern des Körpers als partikulare Teile eines universalen Ganzen sein Leben einhaucht und jedes seiner Glieder unverhohlen

36 Vgl. zum Überblick nur Dominik Finkelde, *Politische Eschatologie nach Paulus. Badiou - Agamben - Žižek – Santner*, Wien: Turia + Kant 2009, S. 15 ff.

37 Als diese jüngere Diskussion besonders prägende Schriften seien beispielshaft *genannt*: Giorgio Agamben, *Die Zeit, die bleibt*, Frankfurt am Main: Suhrkamp 2015, S. 9 ff.; Slavoj *Žižek, Das fragile Absolute. Warum es sich lohnt, das christliche Erbe zu verteidigen*, Berlin: Volk & Welt 2000, *S. 3 ff. sowie Alain Badiou, Paulus, S. 7 ff.*

38 Ebd., S. 21, 119 und passim.

39 Eph 4, 15 f. (Herv. M.E.).

dazu auffordert, zu seinem Haupt hinzuwachsen. Wie auch die vertikale Unterschiedenheit von Himmel und Erde weist das Haupt dabei auf den höchsten Punkt des topologischen Körpers hin und veranschaulicht alles andere als eine horizontale Egalität, sondern vielmehr eine politisch-theologische Hierarchie von *Höherem* und *Niederem*, von *Geistlichem* und *Weltlichem*, von *Heiligem* und *Profanem*, von *Göttlichem* und *Menschlichem* sowie, wenn auch später im historischen Verlauf dieser Metapher, eine Überlegenheit des *kirchlichen Oberhauptes* gegenüber seinen *untergeordneten Organen und Gliedern.*

Dem Corpus Christi kann mit Eric L. Santner insofern ein »paradoxe[r] Status«[40] attestiert werden, weil dieser sowohl den Körper in seiner Gesamtheit sowie das Haupt als das aus ihm herausragende Zentrum darstellen soll. Doch das ist nicht alles. Bezüglich der soeben aufgezählten Dichotomien nimmt Christus eine Art Scharnierstellung ein, die gleichsam auf beiden Seiten der Unterscheidung anzusiedeln ist: Er ist göttlich, weil er den Heiligen Geist verkörpert. Und er ist menschlich, weil sein Körper sterblich ist. Im Gegensatz zur Vorstellung in der griechischen Antike ist damit der für den Protestantismus so entscheidende Gedanke benannt, nach welcher die Inkarnation des Göttlichen den Status eines irdischen *Mediums* respektive einer *Vermittlungsinstanz* zwischen Himmel und Erde einnimmt.[41]

Das hat vor allem Ernst Kantorowicz in seiner bereits benannten Studie zum Anlass genommen, die darin sinnfällig zum Ausdruck kommende Verdopplung des politischen Körpers zu untersuchen, der in sich sowohl das göttliche Pneuma als auch die menschliche Natur vereint. Zu dieser Studie inspiriert wurde Kantorowicz durch das Namenskürzel *Inc.* (für *Incorporated),* der amerikanischen Rechtsform eines Benediktinerordens. Dieses hatte er im Impressum einer Zeitschrift gelesen, was ihn auf die Fragestellung brachte, warum Klöster und Aktiengesellschaften gleichermaßen als Körperschaften aufträten.[42] Das historische Verbindungsstück, das er daraufhin zwischen den beiden Polen von Theologie und Jurisprudenz extrapolierte, ist der bereits benannte *Corpus mysticum.* Dieses habe im Mittelalter zunächst der Kirche und, ausgehend von ihren kanonischen Quellen, später auch der Jurisprudenz und der Staatslehre möglich gemacht, das eingangs aufgeworfene Problem der Zeit endgültig zu lösen.[43] Die Vorstellung der ewigen Körperschaft löst

40 Eric L. Santner, *Was vom König übrigblieb. Die zwei Körper des Volkes und die Endspiele der Souveränität*, Wien, Berlin: Turia + Kant 2ß15, S. 76.

41 Pierre Manent, *Metamorphoses of the City. On the Western dynamic*, Cambridge (Mass.): Harvard University Press 2013, S. 311.

42 M.w.N. Cornelia Vismann, »Benedict Inc.«, in: dies., *Das Recht und seine Mittel. Ausgewählte Schriften*, Frankfurt am Main: S. Fischer Verlag 2012, S. 365 ff. (389 f.).

43 Ernst Kantorowicz, *Die zwei Körper des Königs*, S. 279 ff. (314).

sich damit vom zerfallenden Körper, die Repräsentation wird befreit von der endlichen Präsenz.

Entsprechend heißt es auch in den *Geschichtlichen Grundbegriffen* bei Ernst-Wolfgang Böckenförde und Gerhard Dohrn-van Rossum, dass die von Paulus vorgenommene »Individualisierung« des politisch-theologischen Körpers der entscheidende Faktor dafür gewesen sei, dass Christus zum »Haupt und Herr der Schöpfung« gekürt werden konnte und der »werdenden Kirche« somit ein imaginärer Boden bereitet wurde, infolgedessen sie »als sein Leib« gedacht werden konnte.[44] Während der Begriff des *Corpus mysticum* von den karolingischen Theologen nämlich noch auf die geweihte Hostie bezogen wurde und damit prinzipiell allen Christen zuteil werden konnte, wandelt sich seine Bedeutung in einer von Kantorowicz detailreich beschriebenen, »merkwürdigen und erstaunlichen Entwicklung« allmählich weg von der Verkörperung im gesamten Christentums hin auf die Kirche.[45]

Bezüglich des »Hauptes« der Glaubensgemeinschaft gab es nämlich das Problem, dass dieses – schon ausweislich der zitierten Paulusbriefe – nur Christus selbst sein konnte, nicht aber der Bischof als ein sterblicher Mensch. Wohl unter anderem deshalb wurde die Metapher auf die Kirche als einer zwar irdischen, aber eben nicht der Biologie unterworfenen Organisationsform verschoben, weil dieser ein Mensch vorstehen konnte, ohne sogleich Gott zu sein.[46] Die Rechtfertigung eines solchen Oberhauptes, das nicht leibhaftig durch Christus verkörpert werden muss, findet sich an noch einer weiteren Stelle im Epheserbrief wieder. Darin wird die Ehe thematisiert als eine Gemeinschaft, in welcher der Mann »des Weibes Haupt« sei, weswegen die Männer ihre Frauen auch »wie ihre eigenen Leiber« behandeln sollten.[47] Dieser mehr als gruseligen Ehekonzeption entspricht dann auch das Verhältnis des Bischofs zur kirchlichen Glaubensgemeinschaft. Diese bestätigt seine patriarchische Stellung als *sponsus* nicht zuletzt durch den liturgischen Empfang des Bischofsringes, den man passenderweise auch als »Siegel der Treue zur kirchlichen Braut« beschreibt.[48]

44 Ernst-Wolfgang Böckenförde/Gerhard Dohrn-van Rossum, »Organ, Organismus, Organisation, politischer Körper«, in: Otto Brunner et. al. *Geschichtliche Grundbegriffe (Band IV)*, Stuttgart: Klett-Cotta 2004, S. 519 ff. (534). Die Verkörperung Christi wurde dann stattdessen als *corpus verum* bezeichnet. Vgl. dazu auch Daniel Damler, *Rechtsästhetik*, S. 98 (m.w.N.).

45 Ernst Kantorowicz, *Die zwei Körper des Königs*, S. 207.

46 Ebd., S. 206 ff. und passim.

47 Eph 5, 23 und 28. Vgl. auch wieder Ernst-Wolfgang Böckenförde/Gerhard Dohrn-van Rossum, »Organ, Organismus, Organisation, politischer Körper«, S. 519 ff. (535).

48 Marc André Wiegand, »Zum Begriff des Staatsoberhauptes«, in: *Archiv des öffentlichen Rechts 2008 (Band 133 H. 4)*, S. 475 ff. (488). Vgl. zu einer dezidiert feministischen Theorie des politischen Körpers, auf die ich aus

Und ebendiese folgenreiche Verschiebung der Metapher vom universalen Christentum auf eine in dessen Namen auftretende, aber doch notwendig partikulare Glaubensgemeinschaft wurde bereits im Wesentlichen von dem antizipiert, was später als juristische Person noch Karriere machen sollte: der Fiktion eines körperlosen Körpers.[49] Darin enthalten sind nicht bloß die somatischen Bedeutungsebenen einer inneren Einheit, sondern auch die Legitimierung eines menschlichen Oberhauptes, welches seine politischen Geschicke lenkt sowie die biopolitischen Richtlinien seiner Hygiene und Gesundheit festlegt – und das wohlgemerkt, ohne dass der fiktive an einen leibhaftigen Körper gekoppelt wird.

In die imaginäre Erbfolge der Vermittlungsposition zwischen *lex digna* und *lex regia* sei nach Christus schließlich der König getreten, bei dem an die vakante Stelle der Priesterkaste nunmehr die Juristen sowie an die Stelle der göttlichen Gnade eine säkularisierte Gerechtigkeit gerückt seien.[50] Durch eben diese »universelle Berufung«[51] künftiger Generationen habe sich die Monarchie, wie zuvor die Kirche, auf das imaginäre Fortleben in aller Ewigkeit einstellen können. Stirbt der reale Körper, vermag das korporatistische Kollektiv weiter fortzuleben, indem es lediglich auf ein neues Medium bezogen wird, wodurch dessen Leib mit der Aura des Königlichen signifiziert wird. Man denke dazu nur an die französische Heroldsformel: »*Le roi est mort, vive le roi!*« Und mit diesem, sich stets wiederholenden Muster der zwei Körper und einer daraus resultierenden politischen Differenz hat Kantorowicz nicht weniger als eine bis heute aktuelle »Theorie der politischen Säkularisierung« geliefert – und zwar dergestalt, dass gerade nicht die Entzauberung eines vormals mystischen Körpers gefeiert wird, sondern vielmehr eine »fortdauernde Sakralisierung« der Politik nachvollzogen werden kann.[52] Sicherlich werden in einer derart breit angelegten Kontinuitätserzählung einige historische Einzelheiten vernachlässigt (etwa wird bei ihm die Unterscheidung von Inkarnation und Inkorporation verwischt).[53] Allerdings begründet sich

Platzgründen an dieser Stelle nur verweisen möchte: Moira Gatens, *Imaginary Bodys. Ethics, Power and Corporeality*, London und New York: Routledge 1996, insbes. S. 49 ff.

49 Vgl. dazu ausführlich nur Albrecht Koschorke et. al., *Der fiktive Staat*, S. 79 ff.

50 Ernst Kantorowicz, *Die zwei Körper des Königs*, S. 157.

51 Vincent Descombes, *Die Rätsel der Identität*, S. 182.

52 Oliver Kohns, »Die Fiktion des Politischen. Legendre – Kantorowicz – Lacan«, in: Georg Mein (Hrsg.), *Die Zivilisation des Interpreten. Studien zum Werk Pierre Legendres*. Wien: Turia + Kant 2012, S. 215 ff. (220).

53 Vgl. dazu nur Blandine Kriegel, »Kantorowicz und die Entstehung des modernen Staates«, in: Wolfgang Ernst/Cornelia Vismann (Hrsg.), *Geschichtskörper. Zur Aktualität von Ernst H. Kantorowicz*. München: Wilhelm Fink Verlag 1998, S. 119 ff. (125).

das nach wie vor ungebrochene Interesse an dieser Studie meines Erachtens auch weniger in der Akkuratesse der geschichtswissenschaftlichen Nachweise einer tatsächlichen Nachahmung als der Bereitstellung eines vielfältig einsetzbaren Analyserasters, welches einem Selbstverständnis *nach* der Französischen Revolution erlaubt, sich anhand des vormodernen Gegenbildes der Monarchie seines eigenen Imaginären zu vergewissern.

An besonders prominenter Stelle taucht eine solche Kontrastfolie bei Claude Lefort auf, nach dem ein bestimmter »Monarchietypus« als »Matrix der politischen Theologie« zur politischen »Vereinheitlichung der gesellschaftlichen Sphäre« genutzt worden sei.[54] Die im König als »substanzielle Einheit« verkörperte Macht habe es vermocht, »ihrerseits der Gesellschaft körperliche Gestalt zu verleihen« und «die Rang- und Ständeabstufungen« nach der imaginären »Hierarchie seiner Glieder« zu strukturieren.[55] Der König wird damit zum säkularisierten Archetyp einer politischen Einheitsgarantie zwischen Repräsentation und Repräsentiertem erhoben. In dessen Erbfolge wähnen sich dann solche Dispositive, die auf einen »unbedingten, außerweltlichen Pol« verweisen und durch eine gänzlich austauschbare »Vermittlerfigur« die politische Differenz überbrücken – zunächst »zwischen den Menschen und den Göttern« und später »zwischen den Menschen und jenen transzendenten Instanzen, wie sie die souveräne Justiz und die souveräne Vernunft darstellten.«[56]

Dementsprechend lassen sich sogar moderne Herrschaftsfiguren anhand der politischen Differenz zwischen einem *body natural* und einem *body politic* typologisieren, wobei der König im Totalitarismus lediglich durch einen Führer oder Diktator ersetzt werden muss. Was gleich bleibt, ist die symbolische Besetzung der Macht durch einen imaginären Einheitskörper, wodurch diese zugleich lokalisierbar und adressierbar wird. Ob nun als Affirmation oder Kritik dieser Herrschaft, die instituierende Macht des Politischen richtet sich damit an einem erhobenen Zentrum im Sozialen aus – und fällt insofern mit der instituierten Politik zusammen.

2. Der Kopf des Leviathans

Kaum eine Erzählung über die politische Theorie der Moderne kommt umhin, wenigstens kurz auf Thomas Hobbes zu sprechen zu kommen. Allen voran, weil er mit dem *Leviathan* ein Imaginäres vom politischen

54 Claude Lefort, »Die Frage der Demokratie«, S. 281 ff. (292). Vgl. auch ders., *Fortdauer des Politisch-Theologischen?*, S. 84.

55 Claude Lefort, «Die Frage der Demokratie«, S. 281 ff. (292 f.).

56 Ebd., S. 292.

Körper geprägt hat, das an seiner Strahlkraft noch bis heute seines Gleichen sucht. Gearbeitet hat Hobbes nicht bloß mit einer messerscharfen Rhetorik, sondern eben auch mit visuellen Mitteln einer graphischen Darstellung. Das berühmte, von Abraham Bosse in Kupfer gestochene Frontispiz fügt sich in die bisherige Darstellung zudem nicht bloß deshalb ein, weil es sich beim Leviathan immerhin um ein biblisches Seeungeheuer und gleichermaßen einen *mortal god* handelt. Es fügt sich ein, weil Hobbes' restaurative Strategie der Wiederherstellung der Stuart-Monarchie ganz darauf abzielte, eine vom Bürgerkrieg gezeichnete Situation im England des 17. Jahrhunderts zu befrieden, in dem auch das christliche Imaginäre längst keine Einheit mehr stiften konnte und vielmehr selbst zum politischen Konfliktherd geworden war. Insbesondere bei einer Analyse des politischen Körpers des Leviathans ist sich deshalb an das von Quentin Skinner zurecht ausgerufene Kredo zu halten, wonach »selbst die abstraktesten Werke der politischen Theorie nie über den Konflikten stehen, sondern immer Teil dieser Konflikte sind.«[57]

Mit dem Leviathan nimmt die bisherige Genealogie im Ausgang von Paulus allerdings eine folgenreiche Wendung, weil sie den politischen Körper in der bisher dargestellten Fasson sowohl rettet als auch gefährdet. *Gerettet* wird er, weil Hobbes ihn für die Moderne anschlussfähig erscheinen lässt, indem er ihn von einer Sache des Glaubens zu einer Sache der Vernunft gemacht hat.[58] Was bei Paulus noch das Bekenntnis zu Christus war, erscheint nun in einer ganz und gar säkularisierten Form, namentlich dem Gesellschaftsvertrag. Die Figur des Vertrags wird aber keinesfalls als privatrechtliches Instrument zur Errichtung einer »juristischen Person« gedeutet, sondern bezieht sich auf das öffentliche Gemeinwesen, das *Commonwealth*, weswegen es sich beim Leviathan ausdrücklich um eine »politische Körperschaft« handelt.[59] Dem geltungstheoretischen Zirkelschluss, dass ein solcher Vertrag jene rechtliche Bindungskraft bereits voraussetzt, die er in seiner Performanz als gemeinschaftskonstituierender Akt erst hervorbringen soll, umgeht Hobbes durch einen literarischen Kunstgriff, wonach er den politischen Bundesschluss unverhohlen als Fiktion oder Gedankenexperiment erscheinen lässt. Am Anfang steht deshalb nicht mehr die göttliche Schöpfung, sondern die menschliche Tat.

57 Quentin Skinner, *Hobbes and Republican Liberty*, Cambridge: Cambridge University Press 2008, S. XVI.

58 In diesem – vor allem von René Descartes inspirierten – Körpermodell und seiner figurativen Beschreibung ist die spätere Antithetik des Natürlichen/Organischen gegenüber dem Künstlichen/Mechanischen noch nicht enthalten. Weil dieser Aspekt in § 3 Abs. 2 noch einmal ausführlich thematisiert werden soll, erlaube ich mir an dieser Stelle lediglich den Hinweis auf die Darstellung von Ethel Mazala de Mazza, *Der verfaßte Körper*, S. 103 ff.

59 Thomas Hobbes, *Leviathan*, Hamburg: Felix Meiner Verlag 1996, S. 189.

Doch weil der politische Körper sich damit als ein *artificial men* offenbart, also ein künstliches Werk, das sich von der theologischen Notwendigkeit emanzipiert hat, wird er zugleich gefährdet und aufs Spiel gesetzt. Was nämlich unverhohlen in seiner Abhängigkeit von einer instituierenden Macht benannt wird, mithin einem politischen Akt des gemeinsamen Tuns, könnte auch ganz anders sein und bedarf deshalb der politischen Legitimation. Außerdem bezeichnet der Gesellschaftsvertrag im Gegenteil zum christlichen Bekenntnis nicht mehr nur den individuellen Eintritt in die Gemeinschaft, sondern zugleich ihre kollektive Errichtung. Selbst die Kirche hatte sich trotz der Profanität und Partikularität ihrer zugestandenen Rechtsförmigkeit noch als Verkörperung des sakralen und universalen Leib Christi verstanden. Hobbes hingegen verschleiert das Politische nicht mehr in einer vorpolitischen Substanz, sondern lässt es offen zutage treten. Man könnte auch von einer Entmystifizierung des politischen Körpers sprechen, weil das Imaginäre bei ihm vom Sakralen gelöst und deshalb als der symbolischen Ordnung nicht mehr vorgeschaltet betrachtet wird.[60]

Jedoch entreißt Hobbes dem politischen Körper zwar diesen göttlichen Nimbus und setzt damit einen Fuß in die politische Moderne, allerdings heißt das noch lange nicht, dass er sich ihr in allen daraus resultierenden Konsequenzen stellen würde. Stattdessen sucht er seine politische Theorie mit einer pessimistischen Anthropologie zu unterlegen, die er rhetorisch in einer grandiosen Art und Weise zu garnieren versteht. Die Überzeugungskraft seines eigentlichen Argumentes zur Friedenssicherung resultiert dabei aus einem Affekt der Furcht, die gleichermaßen einen strategisch angelegten Effekt der Lektüre seiner Schriften darstellt. Insbesondere mit einer drastischen Darstellung des *natural state*, im welchem das Leben konträr zum *civil state* als »einsam, armselig, widerwärtig, vertiert und kurz«[61] beschrieben wird, vermag Hobbes eine Furcht vor dem Anderen zu erzeugen. Gerade sie ist der entscheidende Grund dafür, dass die politische Überwindung des latenten *bellum omnium contra omnes* in der ihn befriedenden Rechtsfiktion geboten erscheint.

Übertroffen wird diese Hobbes'sche Wortgewalt nur noch von dem, was man mit Horst Bredekamp seine »visuelle Strategie«[62] nennen kann,

60 Eine dem entgegengesetzte »Mystifizierung« ließe sich mit Susanne Lüdemann als Vorgehensweise beschreiben, »die juristische Ordnung der politischen ›Körper‹ aus einer präsymbolischen Substanz, einer imaginären Leiblichkeit, hervorgehen zu lassen, die Gesetz und symbolische Ordnung je nur als abgeleitete, sekundäre Niederschriften ›naturhaft‹ und/oder sakramental je schon in der Substanz vollzogener Identifizierungen erscheinen läßt.« Dies., *Metaphern der Gesellschaft*, S. 97.

61 Thomas Hobbes, *Leviathan*, S. 105.

62 Horst Bredekamp, *Thomas Hobbes, Der Leviathan. Das Urbild des modernen Staates und seine Gegenbilder, 1651-2001*, Berlin: Akademie Verlag 2012, S. 9.

Abbildung 4: Torso und Kopf des Leviathans.

einer in seine politische Theorie kunstfertig implementierten Optik, welche die von ihm beschworenen Bilder nicht allein der Phantasie überlässt, sondern den Lesenden als Frontispiz vor Augen führt.

Eine solche *Hypotypose*, also die »Versinnlichung«[63] eines Begriffes, kann darüber hinaus vor allem in der Bezeichnung, Beschreibung und Bebilderung des Leviathans festgestellt werden. Und das auch, wenn weniger der Naturzustand und die damit einhergehende Furcht vor den kleinen Anderen als der bürgerliche Zustand und eine Ehrfurcht vor dem »Großen Anderen«[64] in den Blick gerät. Eine solche Instanz, die dem Gesetz, den bürgerlichen Subjekten sowie der symbolischen Ordnung überhaupt erst ihre Validität verleiht, wird in der wohl berühmtesten Illustration der politischen Ideengeschichte (vgl. Abb. 4) als ein über Stadt und Land erhobener und erhabener Riese dargestellt. Wie schon der *corpus mysticum* ist der *corpus juridicum* dem Menschen nachgebildet und inkorporiert als Ganzes die Summe seiner Einzelteile. Sein politischer Körper setzt sich in anderen Worten aus einer teilbaren Menge an Mit-gliedern zusammen, welche ihm ebenso unterworfen sind wie sie ihn konstituieren.

Bevor man sich jedoch in einer vorschnellen ikonographischen Analyse des Kupferstiches von Abraham Bosse übt, lohnt das Weiterblättern im Buch, denn gleich auf den ersten Seiten des Leviathans führt Hobbes breit die verschiedenen Facetten der dadurch visualisierten Analogie zwischen menschlichem und politischem Körper aus. Was dort betont wird,

63 Vgl. dazu nur Albrecht Koschorke et. al., *Der fiktive Staat*, S. 58 ff.
64 Jacques Lacan, *Die Psychosen*, S. 322.

und sich auch in Schwert und Krummstab als Insignien der weltlichen und geistlichen Macht niederschlägt, ist die Abhängigkeit des gekrönten Oberhauptes von einem körperlichen Unterbau, zu dem unter anderem die Kirche und das Militär, aber auch die schiere Menge eines inkorporierten Volkes gehören. Wenn auch der Kopf im Leviathan unzweifelhaft noch den Ton angibt und topologisch eine überlegene Position einnimmt, bedarf der »große Leviathan [...], der nur ein künstlicher Mensch ist« und insofern ein körperschaftlicher Zusammenhang aus Organen, Gliedern, Zellen und deren Wechselwirkung, in dem

> »die Richter und anderen Beamten der Jurisdiktion und Exekutive künstliche Gelenke sind; Belohnung und Strafe (durch die jedes Gelenk und Glied am Sitz der Souveränität befestigt ist und veranlasst wird, seine Pflicht zu tun) die Nerven, die das gleiche im natürlichen Körper tun; Wohlstand und Reichtum all der einzelnen Glieder die Kraft; salus populi (die Sicherheit des Volkes) seine Aufgabe; Ratgeber, die ihm alle Dinge, die er wissen muss, eingeben, das Gedächtnis; Billigkeit und Gesetze künstliche Vernunft und künstlicher Wille; Eintracht Gesundheit; Aufruhr Krankheit und Bürgerkrieg Tod sind.«[65]

All diese Elemente gipfeln im Kopf des Leviathans, welcher laut Hobbes »die *Souveränität*« und insofern »künstliche *Seele*« sei, welche »dem ganzen Körper Leben und Bewegung« verleihe.[66] Insofern handelt es sich bei der Subordination von Körper und Kopf um eine wechselseitige Abhängigkeit der Hierarchie. Die Vitalität des Ganzen, welche ebenfalls dazu dient, die seiner Teile zu bewahren, bedarf nach Hobbes also eines überlegenen Befehlszentrums, dessen Wille die politischen Geschicke lenkt und miteinander koordiniert. Schließlich geht es hier ums nackte Überleben – im Kleinen wie im Großen. Deshalb kann die politische Kopflosigkeit für Hobbes nichts Anderes bedeuten als: *Armut*, *Krieg* und *Tod*.

Nicht abschließend geklärt ist, wessen Konterfei im Frontispiz abgebildet werden sollte. Als mögliche Kandidaten kommen wohl Charles I., Oliver Cromwell und Hobbes selbst in Betracht. Interessanter als das scheint mir aber die bloße Feststellung, dass der Leviathan überhaupt ein Gesicht hat und sein Kopf nicht ebenso aus der Menge zusammengesetzt ist wie sein Torso, Hals, Arme und sogar Hände. Darin scheint die naheliegende Botschaft verborgen zu liegen, dass seine Souveränität *unteilbar* ist und im Sinne einer *absoluten* Herrschaft nicht auf die Summe ihrer Teile reduziert werden kann. Der direkte und entschlossene Blick, welchen der Leviathan in seiner Betrachtung erwidert und sein durch Bart und Locken betont viriles Antlitz verstärken diesen Eindruck. In seinem Kopf sieht sich sein politischer Körper zu einer imaginären Substanz verdichtet, welche »die Summe seiner Körperzellen« nicht bloß überragt,

65 Thomas Hobbes, *Leviathan*, S. 5.
66 Ebd.

sondern »die *multitude* der Einzelglieder« in eine »überschüssige *unity*« zusammenfügt.[67] Unterstrichen wird das nicht zuletzt durch die visuelle Darstellung der politischen Subjekte, welche sowohl in ihrem bürgerlichen Dresscode mit Hut und Mantel als auch in ihrer dem herrschenden Kopf zugewandten Körperhaltung ihre mögliche Singularität und Heterogenität zugunsten einer gemeinsamen Ausrichtung an einem erhobenen Zentrum der Politik zurücktreten lassen.

Und eben in diesem Aspekt überschneidet sich das Imaginäre, wie es Paulus und Hobbes darstellen, weil beide ihre jeweiligen Einheitsmatrizen durch den strategischen Rekurs auf einen führenden Kopf zu garantieren versuchen, welcher den politischen Körper in seinem Innersten zusammenhält und mit einem Willen versieht. Mit ihm kann sich die Gemeinschaft auf einen Zweck festlegen, sich ein Gesetz geben, dessen Vollendung fortan ihr Werk darstellt und an dem sich seine Teile messen lassen müssen. In dieser doppelten Verkörperung sowohl einer Totalität des Ganzen als auch eines Scheitelpunktes der Macht, so schreibt Lefort, entspricht der frühe »Körper Christi [...], dessen Kopf Christus gleichzeitig ist« maßgeblich dem späteren »Körper des Königs, dessen Kopf der König gleichzeitig ist.«[68] Freilich handelt es sich bei einer solchen imaginären Struktur um kein Oligopol des Christentums oder der Monarchie, sondern um einen figurativen Bedeutungszusammenhang, welcher selbst nach der Säkularisierung und Modernisierung der europäischen Politik noch in deren kulturellem Gedächtnis erhalten geblieben ist. Oder wie Daniel Damler es beschreibt: »Einmal in der Welt war die Idee eines autonomen Rechts-*corpus* auf weltliche Gemeinschaften und Vereinigungen übertragbar. Ihrer bedienten sich namentlich die Theologen und Juristen, die den aufstrebenden nationalen Monarchien im Westen Europas eine tragfähige Legitimationsgrundlage zu verschaffen suchten.«[69]

Der spätere Rekurs auf die revolutionäre Kraft der Guillotine sollte diese Tradition insofern fortführen, als sie nicht das Imaginäre des politischen Körpers selbst bestreitet, sondern sich gegen den absoluten Herrschaftsanspruch richtet, welcher im Kopf des Königs verkörpert wird.

3. Statt der Einheit

Manche mögen an dieser Stelle vielleicht einwenden, dass es sich bei dieser Körpermetaphorik oder auch bei einem in Kupfer gestochenen Frontispiz lediglich um bloße Ornamente und ein neutrales Hilfsmittel zur exemplarischen Veranschaulichung von solchen Ideen handelt, die im

67 Horst Bredekamp, *Thomas Hobbes, Der Leviathan*, S. 81 f.

68 Claude Lefort, *Fortdauer des Theologisch-Politischen*, S. 88.

69 Daniel Damler, *Rechtsästhetik*, S. 102.

platonischen Sinne noch als *Urbild* vor ihrem sekundären *Abbild* bestehen. Im Gegensatz zur Kunstgeschichte habe sich die politische Theorie, einem strengen Dualismus von Form und Inhalt folgend, vielmehr um die rationale Rekonstruktion handfester und insofern greifbarer Gründe zu bemühen, die sich hinter den Buchstaben und hinter den Darstellungen verbergen. Dass es so einfach nicht ist, sollte nach dem Gesagten auf der Hand liegen. Ich werde zur Verteidigung einer unverhohlen oberflächlichen Herangehensweise an das Thema zum Abschluss noch einmal herauszustellen versuchen, warum die angesprochene *Vereinheitlichung* einen tauglichen Ausgangspunkt für eine Genealogie solcher Theorieangebote darstellt, die sich mit der kopflosen Emphase der radikalen Negativität an ebendiesem imaginären Konzept abarbeiten. Sie bedienen sich dabei nämlich stets einer Körpersprache, welche im Totalitarismus ein modernes Gespenst des Königs wiederkehren sieht und in dieser Hinsicht keinen Unterschied zwischen Christus, dem Leviathan und dem Führer zu machen vermag.

Die Relevanz solcher visualisierten Figurationen des Körpers ergibt sich für sie daraus, wie etwa bei Louis Marins nachzulesen ist, dass diese nicht bloß eine »Repräsentation der Macht« darstellen, sondern zugleich auf eine »Macht der Repräsentation« hinweisen.[70] Tatsächlich ließe sich nämlich fragen, ob eine historische Figur wie ein König noch als wahrhaftiger Inbegriff des Absoluten betrachtet werden könnte, sofern man sein prunkvolles Auftreten, das Hofzeremoniell sowie seine imponierende Optik hinwegdenkt. In den Worten Marins: »Der König ist einzig und allein König, das heißt Monarch, in seinen Bildern. Sie sind seine *reale Präsenz*.«[71] Danach kann es nicht mehr darum gehen, den katholischen Präsentismus gegen eine protestantische Repräsentativität auszuspielen, weil die Präsenz des Königs *als* seine Repräsentation gedacht werden muss.

Eine zur fiktiven Einheit geformte und damit leichter zu beherrschende Gemeinschaft ist ein durch und durch *realer* Effekt einer symbolischen und imaginären Konstellation, namentlich einer Inszenierung des politischen Körpers anhand von spezifischen Kulturtechniken (sei's nun das Schreiben von Texten oder das Gravieren einer Kupferplatte). Infolgedessen wird die Einbildungskraft von einer unendlichen Vielfalt an

70 Louis Marin, *The Portrait of the King*, London: Macmillan Publishers Limited 1988, S. 7.

71 Die Einheit des *body natural* und des *body politic* wird bei Marin nämlich durch das Scharnier eines dritten Körpers hergestellt, dem der Repräsentation, welcher zwischen ebendiesen Dimensionen vermittelt. Ebd., S. 8, 13. Vgl. auch Ethel Matala de Mazza, »Land unter. Über die Zonen des Politischen«, in: Joseph Vogl (Hrsg.), *Gesetz und Urteil. Beiträge zu einer Theorie des Politischen*, Weimar: VDG Weimar 2003, S. 75 ff. (80) sowie dies., »body politics, S. 167 ff. (181 f.).

Gestalten, Formen und Bildern besiedelt. Gleichzeitig in die Lage versetzt, aus diesem symbolischen Reservoir etwas Neues hervorgehen zu lassen und alternative Welten zu entwerfen. Diesen realen Effekt, und dafür werde ich noch mehrfach werben, könnte man nun als eine instituierende Macht *des Politischen* verstehen. In dem von Castoriadis vorgeschlagenen Begriff des Imaginären ist eine Spannung eingelassen, nach welcher die Gesellschaft durch die formativen Erzählungen und Bilder, anhand derer sie sich erst als eine solche Gesellschaft identifizieren kann, immer zugleich infrage gestellt und zu neuen Antworten gezwungen wird. Das Politische steigt nicht vom Himmel auf die Erde hinab, sondern resultiert aus einem irreduziblen Überschuss an Immanenz sowie einem daraus resultierenden Potenzial alternativer Bedeutungen innerhalb einer symbolischen Ordnung, welche diese in ihrer Fülle nicht gänzlich zulassen kann, ohne in den dadurch freigesetzten Möglichkeiten zu erstarren und wiederum bedeutungslos zu werden.

Die *Vereinheitlichung* kennzeichnet nun ein symbolisches Dispositiv, in welchem eine solche Präsenz der Repräsentation des politischen Körpers – und dafür stehen Christus wie auch der Leviathan nur exemplarisch – die tiefen Furchen im Sozialen virtuell überbrückt und zum imaginären Fundament einer Politik wird, die mit sich selbst identisch ist. Und selbst, wenn Hobbes im Gegensatz zu Paulus den politischen Körper als eine Fiktion einzugestehen bereit ist, verweist auch seine Legitimation auf eine symbolisch bereits eingerichtete Welt und ein daraus resultierendes Selbstverständnis, das als instituierende Macht seine Spuren im Symbolischen hinterlassen hat. Neben der Sprache und einem spezifischen Wissen über den menschlichen Körper, als noch recht naheliegende kulturelle Voraussetzungen einer solchen Analogie, verweist bspw. der historische Hintergrund des Bürgerkrieges sowie die von Hobbes katalysierte Angst vor dem eigenen Tod auf eine solche instituierte Dimension des Imaginären.

Um es mit Thomas Vesting zu sagen: »Auch der Körper des Königs ist in seiner Lesbarkeit und Sichtbarkeit auf einen schon vorhandenen, die Welt aufschließenden Wissensbestand angewiesen, der seinerseits in die [...] Geschichte der Evolution der Sprache und ihrer Medien [...] eingebettet ist.«[72] Auch das Geben und Nehmen von Gründen vermag nicht an dem Umstand zu rütteln, dass solche Gründe niemals fein säuberlich von ihrer äußeren Erscheinung sowie einer sozialen Praxis getrennt werden können, *in* der und *als* diese sich manifestieren. Selbst eine Trennung wie Form und Inhalt beruht auf einer unvordenklichen Instituierung. Sie lässt sich lediglich anhand einer Spur nachvollziehen, die es im Symbolischen hinterlassen hat. Bisher habe ich eine solche Spur anhand der angesprochenen Rituale und Kohäsionstechniken wie der Eucharistie oder

72 Thomas Vesting, *Die Medien des Rechts: Buchdruck*, S. 97.

dem fiktiven Vertragsschluss, aber auch durch eine bildhafte Rhetorik und graphische Visualisierungen aufzunehmen versucht, weil diese das Politische in seinen historischen Verkörperungsbedingungen zwar nicht determinieren, aber immerhin maßgeblich vorstrukturieren.

Der politische Körper weist weder ein Wesen noch einen stabilen Bedeutungskern auf, welcher über die kontingenten Stadien seiner verschiedenen Metamorphosen hinaus erhalten bleibt. Die imaginäre Einheit ist somit lediglich ein möglicher Effekt – und keine zwingende Voraussetzung des Politischen, wie sie etwa Carl Schmitt in seiner intensitätsgeleiteten Unterscheidung von Freund und Feind noch verstanden haben wollte.[73] Konsequenterweise kann es dann aber auch das idealistische Erbe eines wie auch immer gearteten *Drängens auf Einheit* nicht geben, wie es in Frankreich insbesondere durch die einflussreiche Hegellektüre von Alexandre Kojève populär geworden ist und meist kombiniert wird mit einer Ontologie des Mangels.[74] Am Prominentesten dafür stehen wohl die Psychoanalyse und mit ihr solche Namen wie Jacques Lacan und Pierre Legendre.

Daran schließt dann auch Lefort mit seiner Totalitarismustheorie an, wonach die Gesellschaft aufgrund einer Zerrissenheit des Seins zur erlösenden Aufhebung in einer imaginären Einheit tendiere.[75] An anderer Stelle nennt er dies, zusammen mit seinem Schüler Marcel Gauchet, sogar eine »ursprüngliche [*sic*] Teilung« und meint damit einen reflexiven Vorgang, wonach das notwendige Scheitern einer Letztbegründung dazu führe, dass das Soziale »in seinem Sein« überhaupt erst »offen« werde für eine »*fortgesetzte Stiftung und Institution seiner selbst.*«[76] Insofern meint »Ursprung« – wie schon bei Castoriadis, der ihn mit dem Imaginären gleichsetzt – aber kein theorieinduziertes »Apriori« der Beobachtung und auch keine »faktische« Begebenheit.[77] Es korrespondiert vielmehr mit dem berühmten Spiegelstadium Lacans und beschreibt eine Subjektkonstitution, die bei diesem noch das Individuum und bei Lefort das Kollektiv betrifft: Das Selbstbild sei immer bereits von einem Anderen durchkreuzt, entgleite sich permanent und vermöge seine Identität deshalb lediglich in einem imaginären Ideal zu verankern.[78] Das

73 Vgl. dazu ausführlich nur § 3 Abs. 3.

74 Vgl. Vincent Descombes, *Das Selbe und das Andere. Fünfundvierzig Jahre Philosophie in Frankreich, 1933–1978*, Frankfurt am Main: Suhrkamp 1978, S. 17 ff. sowie 42 ff.

75 Oliver Marchart, *Die politische Differenz*, S. 314 ff. oder Ernesto Laclau, *Die populistische Vernunft*, Wien: Passagen Verlag 2022, S. 278 ff.

76 Claude Lefort/Marcel Gauchet, »Über die Demokratie«, S. 89 ff. (96).

77 Ebd., sowie Cornelius Castoriadis, »Das Gebot der Revolution«, S. 54 ff. (80).

78 Jacques Lacan, »Das Spiegelstadium als Bildner der Ichfunktion«, in: ders., *Schriften (Band I)*, Weinheim und Berlin: Quadriga Verlag 1991, S. 61 ff.

diesbezügliche Theorieangebot scheint sich nun der unbequemen Wahrheit dadurch stellen zu wollen, dass sie das zerrissene Wesen des Sozialen anerkennt und sogar darauf pocht, aus der ontologischen Not eine radikaldemokratische Tugend zu machen, welche sich ganz dem offenen Sein und einer fortwährenden Instituierung durch das Politische hinzugeben habe. Der strategische Vorteil des Totalitarismus gegenüber der Demokratie bestehe nämlich in der Lüge, diese »ursprüngliche Teilung« überwinden zu können. In der dazu beschworenen Einheitsmatrix verfalle die Politik ganz dem Seienden, der instituierten Macht. Leforts Vorwurf lässt sich insofern als »Seinsvergessenheit«[79] der Politik gegenüber dem Politischen beschreiben.

Und auch bei Miguel Abensour, der ebenfalls an Lefort anschließt und mit Fug und Recht als einer der Radikalsten in der radikalen Demokratietheorie beschrieben werden kann, findet sich ein solches *Drängen auf Einheit* wieder; wenn auch er dessen theoretische Herleitung nicht explizit als »Sein« und stattdessen als »Sein-Wollen« verstanden wissen möchte.[80] Im Ergebnis macht das freilich keinen großen Unterschied, denn Abensour betont ausdrücklich, dass es sich bei einer »wahren Demokratie« um keine »autoritäre organische Einheit« handele, sondern um »eine, die den nie zu einem Ende kommenden Forderungen der modernen Freiheit unterworfen« sei.[81] In ihnen artikuliere sich fortwährend der »Wille, mit sich selbst zur Übereinstimmung zu kommen« und die »gesellschaftliche Teilung« endgültig zu überwinden.[82]

(64 ff.). Daran könnte nach Gerda Pagel übrigens auch eine massenpsychologische Erklärung für die latente Anfälligkeit des Subjekts gegenüber solchen Identifikationsangeboten ansetzen, welche das Ideal dementsprechend auf ein »Idol« oder eine »Ideologie« projiziert, in welcher dieser konstitutive Mangel des Seins und mit ihm gleichsam die politische Differenz sowohl zwischen Repräsentiertem und Repräsentation als auch zwischen dem instituierenden Politischen und der instituierten Politik gänzlich aufgehoben wird. Dies., *Jacques Lacan. Zur Einführung*, Hamburg: Junius, 2012, S. 33 ff. (34): »Die reale Zerrissenheit kaschierend, tendiert das Subjekt zunehmend dazu, sich auf der Ebene des Imaginären zu situieren, um sich qua kollektiver Identifikation an einem Ideal, Idol, bzw. einer Ideologie zu stabilisieren, die seinem Mangel an Sein entgegenkommt.«

79 In Anlehnung an Martin Heidegger, *Sein und Zeit*, S. 2 ff., 339 ff. sowie passim.

80 »Damit wird die wahre Demokratie [...] gedacht [...] als Einheit, die sich erschafft und immer wieder neu erschafft gegen das stets drohende Aufkommen der Heteronomie, die, kurz gesagt, mitgerissen wird von der Bewegung der Unendlichkeit des Willens.« Miguel Abensour, *Demokratie gegen den Staat*, S. 151.

81 Ebd., S. 173.

82 Ebd.

Doch selbst, wenn man die politische Einheit nicht verteufelt, sondern in ihrer unendlichen Suspension als vorzugswürdiges Projekt heilig spricht und dadurch die totalitäre Gefahr einer Reifikation des Imaginären vorerst gebannt zu haben scheint, leuchtet mir nicht ein, warum die Spaltung, die Teilung, der Mangel und mit ihnen der politische Antagonismus überhaupt zur ontologischen Konstante erhoben werden sollten. Zumal aus diesen apodiktischen Setzungen nicht ohne Weiteres resultiert, aus welchem Grund die Nicht-Identität einer Gesellschaft mit sich selbst überhaupt als kompensationsbedürftiges Defizit begriffen wird. Wer den Postfundamentalismus nämlich auch epistemologisch ernst zu nehmen bereit ist und sich mit Lefort von einer »Perspektive des Überflugs« lossagen möchte, die »vortäuscht, uns über die Zeit hinauszutragen« und stattdessen die »Verflechtung« der politischen Theorie in eine immer bereits eingerichtet Welt anerkennen möchte, sollte sich in letzter Konsequenz von solch dekontextualisierten Thesen über die vermeintliche Wesenhaftigkeit des Sozialen wie auch des Politischen verabschieden.[83] So etwas wie die Einheit oder auch nur ein Drängen auf Einheit *ist* nicht einfach gegeben, sondern wird *gemacht*. Die Reflexion dessen ist insofern politisch, als sie bedeutet, dass das Politische immer auch ganz anders sein könnte.

Zum Beispiel könnte es sich, statt um eine bereits verkörperte oder um eine noch zu verkörpernde Einheit, auch um eine *Vielzahl* an politischen Körpern handeln.

83 Claude Lefort/Marcel Gauchet, »Über die Demokratie«, S. 89 ff. (95, 116).

II. Pluralisierung

1. Organisation der Vielen

Das Zauberwort der *Pluralität* ist heutzutage in aller Munde. Wer von ihr spricht, spricht in aller Regel von der politischen Zumutung, wonach die moderne Welt sich nicht bloß in einem einzigen politischen Körper zusammenfassen und anhand eines einheitlichen Willens regieren lässt, sondern in eine kaum zu überblickende Vielzahl an Individuen zerfällt, die sich im Laufe ihres Lebens in verschiedene und sogar mehrere Gemeinschaften zugleich eingliedern. Ihre Subjektivierung ist keine unilaterale Anrufung, sondern entsteht an der idiosynkratischen Schnittstelle ihrer diversen Zugehörigkeiten. Für die Politik erwächst daraus die kaum zu bewältigende Herausforderung, eine schier unendliche Mannigfaltigkeit an Sprachen, Sitten und Konventionen, aber auch möglichen Perspektiven, Motiven und Interessen miteinander abzustimmen.

Ein diesbezügliches Paradigma sollte meines Erachtens aber nicht zu einer zeitlosen Kontinuität überstrapaziert werden, wie es bspw. Jean-Luc Nancy mit seiner Rede von einer »pluralen Ontologie«[84] suggeriert. Denn selbst, wenn man die Pluralisierung der Pluralität auf die Spitze treiben und statt von einer Ontologie gleich von mehreren Ontologien sprechen würde (was mir zumindest konsequent erscheint), kann damit doch die phänomenologische Tradition nicht fortgeführt werden, welche als »erste Philosophie« den Referenzzirkel des bloß Seienden zu durchbrechen und eine Wahrheit auszusprechen versucht, die aufgrund ihrer Evidenz nicht weiter begründet werden kann. Beide Varianten sind gleichermaßen in einen *double bind* verstrickt, wonach die Ontologie in ihrer Pluralität dann auch ihre eigene Negation, nämlich die Singularität implizieren müsste. Ansonsten würde sich die Pluralität nicht reflexiv auf sich selbst beziehen, sondern unter der Hand wieder als Singularität eingeführt werden. In anderen Worten: Wer vieles zugleich will, kann sich nicht einmal darauf festlegen, sich nicht festlegen zu können. Während Nancy diese und ähnliche Reflexionsschleifen freilich erkannt und in alle denkbaren Richtungen bis zur Ermüdung durchgespielt hat, scheint es mir doch naheliegender, die klassische Rede von der Ontologie schlicht aufzugeben, anstatt sie noch weiter zu verkomplizieren.

Wie auch zuvor schlage ich deshalb vor, die Pluralität nicht als ein über ihren Kontexten schwebendes Phänomen zu betrachten, sondern als das kontingente Ergebnis einer spezifischen Arbeit am Symbolischen

84 Jean-Luc Nancy, *Singulär plural sein*, S. 57 ff. Vgl. dazu noch einmal ausführlich § 2 Abs. 2.

und Imaginären, dem aktiven Tun und Machen einer *Pluralisierung* zu betrachten, an der ihre retroaktive Beschreibung gleichermaßen mitwirkt.

Der spezifische Effekt, den eine solche Pluralisierung auf das Imaginäre und insbesondere den politischen Körper bewirkt, bedarf freilich einer näheren Präzisierung. Schließlich lässt sich unter Pluralität – das sagt das Wort ja bereits – *vieles* verstehen. Zunächst einmal wäre das vorliegend zu entfaltende Modell von einem Verständnis abzugrenzen, das abermals auf die Innenseite des politischen Körpers bezogen wird. Während etwa Hobbes sich zu dieser Frage noch beredt ausschweigt, wäre eine *innere Pluralisierung* vielerorts in der politischen Theorie nachzuvollziehen, etwa als Gewaltenteilung bei Charles de Montesquieu. Weil dieser Vorgang aber noch keinen Widerspruch zur politischen Behauptung von Herrschaft andeutet – also der Subordination der Teile unter das Ganze, das sich im Oberhaupt repräsentiert sieht – werde ich mich in dieser kurzen Vorgeschichte zur Kopflosigkeit nur auf eine *äußere Pluralisierung* beziehen. Diese bedeutet schlicht und ergreifend, dass nicht die Organe und Glieder, also die Teile, sondern sich der politische Körper insgesamt und damit das soziale Ganze vervielfältigt. Als historische Beispiele dafür wären freilich an die vielen Konflikte in Europa zwischen kirchlicher und weltlicher Herrschaft zu denken, durch die immer wieder das Vertrauen in die Alleinherrschaft bloß *eines* Oberhauptes erschüttert wurde.[85] Statt auf Theologie und Politik werde ich mich im Folgenden jedoch auf die imaginäre Spur fokussieren, welche die Pluralisierung der politischen Körper innerhalb des modernen Rechts hinterlassen hat – also eines solchen Rechts, welches sich von diesen beiden Sphären der Theologie und Politik zu emanzipieren versucht.

Was ich damit voraussetze, ist, dass der Rekurs auf die Körpersprache nicht zwangsläufig, wie es etwa Laura Münkler insinuiert, mit einer »inhärenten Einheitsbetonung«[86] einhergeht, sondern genauso gut zur Unterminierung eines monistischen Gemeinschaftsdenkens taugt. Die aus der Lehre vom *corpus Christi* herrührende »metaphorische Potenz«[87] wurde neben dem politischen Verband in Europa schließlich seit dem Mittelalter auch auf ökonomische Vergemeinschaftungen ausgeweitet. Innerhalb des Rechts hat sich dieser Prozess insbesondere anhand der Entwicklung korporationsrechtlicher Begriffe sowie den formativen

85 »Papst und König stellen gleichsam die Häupter zweier rivalisierender Körper dar, die um die Vorherrschaft kämpfen, ohne dabei freilich den jeweils anderen realistischerweise auslöschen zu können.« Marc André Wiegand, »Zum Begriff des Staatsoberhauptes«, S. 475 ff. (490).

86 Laura Münkler, »Metaphern im Recht. Zur Bedeutung organischer Vorstellungen von Staat und Recht«, in: *Der Staat 2016 (Band 55 H. 2),* S. 181 ff. (192 f.).

87 Susanne Lüdemann, *Metaphern der Gesellschaft*, S. 106.

Erzählungen, Bildern und sonstigen Leitvorstellungen entfaltet, von denen ihre spezifischen Bedeutungen getragen werden. Freilich ist mit dieser Perspektive ein Zeitsprung verbunden, denn so wirklich relevant wurden diese figurativen Vorleistungen der mittelalterlichen Jurisprudenz erst im 19. Jahrhundert, weil davor »unpersönliche« Geschäfte und damit ein Handel unter juristischen Personen noch in keinem nennenswerten Umfang stattgefunden haben.[88]

Mit diesem eingenommenen Fokus auf die zivilrechtliche Variante des politischen Körpers kann die im Folgenden beschriebene Metamorphose ebenfalls von einer *inkommensurablen Pluralisierung* abgegrenzt werden, in welcher die verschiedenen Teile nicht mehr unter ein irgendwie verallgemeinerbares Ganzes oder wenigstens ein gemeinsames Drittes subsumiert werden können. Mit Chantal Mouffe könnte man eine solche Fragmentierung behelfsmäßig auch mit der Unterscheidung von »Antagonismus« und »Agonismus« zu umschreiben versuchen, wobei unter ersterem ein »Scheitern der Differenz« respektive eine derart intensive Feindschaft zu verstehen ist, dass ihr Konflikt im Gegensatz zu letzterem nicht mehr in einem demokratischen Sinne produktiv sein kann.[89] Wieder in die Körpersprache übersetzt, würde eine solche Inkommensurabilität also das Vorhandensein mehrerer Sturköpfe beschreiben, die sich ihre selbigen eher gegenseitig einschlagen, bevor sie in einen ergebnisoffenen Dialog miteinander eintreten.

Eine rechtlich befriedete Variante der Pluralisierung, wie ich sie diesem Absatz zugrunde lege, würde zwar ebenfalls auf eine Vielzahl von politischen Körpern verweisen, die jeweils einen ganz eigenen Kopf haben. Sie ist aber nichtsdestotrotz dazu bereit und imstande, den daraus resultierenden Widerspruch auszuhalten und sogar als politische Ressource zu verstehen. Der gemeinsame Bezug auf das Recht stellt dabei keinen Rückfall in eine imaginäre Einheitsmatrix dar. Er beschreibt in den Worten von Bernhard Waldenfels gerade keine »Gesamtordnung, die das Leben im Ganzen« umfasst und lenkt, sondern eine »rechtsförmige[...] Grundordnung, die sich [...] auf allgemeinverbindliche Gesetze

88 Daniel Damler, *Rechtsästhetik*, S. 64 f.

89 Und das wohlgemerkt, obwohl ein »antagonistsches Element« auch im Agonismus einer jeden Gegnerschaft bestehen bleibe. Vgl. allgemein Chantal Mouffe, »Pluralismus, Dissens und demokratische Staatsbürgerschaft«, in: Martin Nonhoff (Hrsg.), *Diskurs – radikale Demokratie – Hegemonie. Zum politischen Denken von Ernesto Laclau und Chantal Mouffe*, Bielefeld: transcript 2015, S. 41 ff. (45 ff.) sowie zum Zitat dies./Ernesto Laclau, *Hegemonie und radikale Demokratie. Zur Dekonstruktion des Marxismus*, Wien: Passagen Verlag 2020, S. 165 (»Wenn Sprache ein System von Differenzen ist, so ist der Antagonismus das Scheitern der Differenz: in diesem Sinne richtet er sich innerhalb der Begrenzungen der Sprache ein und kann nur als ihre Zerspaltung existieren – also als Metapher.«).

beschränkt.«[90] Denn auch unter rechtlicher Ägide vereinigen sich die vielen Körper im Pluralismus nicht mehr in *einer* Körperschaft und lassen sich nicht unter der politischen Herrschaft *eines* Kopfes regieren. Allerdings werden die gemeinsame Referenz des Gesetzes sowie instituierte Konfliktzonen angenommen, in denen politische Allianzen und Rivalitäten anhand von rechtlich geregelten und sittlich abgesicherten Verfahren ausgetragen werden können.

Die sowohl *äußere* als auch *kommensurable* Pluralisierung des politischen Körpers lässt sich beispielhaft anhand des Begriffs der Organisation nachvollziehen. In den *Geschichtlichen Grundbegriffen* findet sich dazu eine Feststellung, wonach im 19. Jahrhundert ein »Übergang« innerhalb der Körpersprache stattgefunden habe, in dem »die Vorstellung und Beschreibung des Staates und anderer Organisationsformen politischer Herrschaft als ›politischer Körper‹« abgelöst worden sei von einer »Aufnahme des Organisationsgedankens und des Organisationsbegriffs« und insofern einer Vorstellung, die ihren »Bezugspunkt an einer naturwissenschaftlichen Organismusvorstellung« hat.[91] Aufgrund dieser spezifischen Rhetorizität könnte man mit Hans Blumenberg von der Organisation als »Unbegriff« sprechen, welcher die Bedeutung eines – schon seit jeher mit dem ›Körperlichen‹ engverbundenen – Organischen noch ganz in sich trägt, aber darin bemerkenswerterweise nicht mehr auf Gott oder wenigstens die Natur verweist, sondern sich vielmehr als ein »Produkt einer Konstruktion« offenbart.[92] Wie schon bei Hobbes ist die Verkörperung danach ein mechanischer Zusammenhang, der allerdings noch nicht im modernen Widerspruch zum Organismusgedanken steht und sowohl eine kooperative Arbeitsteilung impliziert als auch die Entwicklung der einzelnen Teile an ihren Zusammenhang mit dem großen Ganzen koppelt.

Oft wird von der Organisation als einer *ökonomischen* Akteurin gesprochen, genaugenommen eines rechtsfähigen Entscheidungskollektivs im Handelsverkehr. Manche würden an dieser Stelle deshalb daran zweifeln, dass sich die »kommerzielle Gesellschaft« in eine Genealogie des politischen Körpers einfügen lässt und es sich nicht vielmehr um »zwei

90 Bernhard Waldenfels, *Verfremdung der Moderne. Phänomenologische Grenzgänge*, Göttingen: Wallstein-Verlag 2001, S. 11. Vgl. ferner Thomas Vesting, *Rechtstheorie. Ein Studienbuch*, München: C.H. Beck 2019, Fn. 47.

91 Ernst-Wolfgang Böckenförde/Gerhard Dohrn-van Rossum, »Organ, Organismus, Organisation, politischer Körper«, S. 519 ff. (561).

92 Hans Blumenberg, »Das Verhältnis von Natur und Technik als philosophisches Problem«, in: ders., *Ästhetische und metaphorologische Schriften*, Frankfurt am Main: Suhrkamp 2017, S. 253 ff. (265). Vgl. zum Begriff des Unbegriffs, für den die Metapher nur ein »schmaler Spezialfall« ist: ders., »Ausblick auf eine Theorie der Unbegrifflichkeit«, in: ders., *Schiffbruch mit Zuschauer. Paradigma einer Daseinsmetapher,* Frankfurt am Main: Suhrkamp 1997, S. 85 ff.

grundverschiedene Gegenstände« handelt.[93] Schließlich streben Unternehmen in allererster Linie nicht nach öffentlichem Wohlergehen, sondern nach der Erreichung ihrer privaten – meist an Gewinnmaximierung orientierten – Zwecke. Sind Organisationen als juristische Personen des Privatrechts deshalb unpolitische Körper? Die naheliegende Vermutung lässt sich mit dem radikaldemokratischen Begriff des Politischen entkräften: Dieses ist als instituierende Macht gerade von seiner formalen Rückbindung an den Staat oder an einen bereits feststehenden öffentlichen Zweck freigesprochen und verweist lediglich auf eine instituierende Wirkung gegenüber dem Sozialen, die man mit Claude Lefort auch als die neuen »Teilungen des Gesellschaftskörpers« oder mit Jacques Rancière als andere »Aufteilung des Sinnlichen« bezeichnen könnte.[94] Insofern betreiben Unternehmen zwar in aller Regel keine Politik, und sollten das im Liberalismus wohl auch nicht, allerdings ist die Annahme weit gefehlt, dass sie deshalb nicht auch politisch wären.

Schließlich rührt auch die klassische Unterscheidung zwischen Öffentlichem und Privatem selbst aus dieser unvordenklichen Sphäre. Mit ihr schreibt sich das Politische gleichsam sowohl in das Subjekt als auch das Objekt der Herrschaft ein: Neben dem König und seiner imaginären Erbschaft haben auch die Unterworfenen einen doppelten Körper, wodurch diese in eine Staatsbürgerin und eine Privatperson gespalten werden. Bekanntlich hat Reinhard Koselleck in seiner berühmten Studie *Kritik und Krise* aufgezeigt, dass gerade aus dem scheinbar unpolitischen Arkanum des Privaten nicht zuletzt auch große Revolutionen entstanden sind. Nach seiner einflussreichen Erzählung der Französischen Revolution entstand auf der privaten Innenseite dieser bürgerlichen Subjektivität ein kritisches Potenzial, welches in Organisationen fernab der instituierten Politik kultiviert wurde und sich zunächst gegen die Religion, dann aber gegen den absolutistischen Staat richtete, um ihn moralisch zu delegitimieren.[95] Nicht hören sollte man als Radikaldemokratin aber auf

93 So etwa Thomas Vesting, welcher den »Körper der kommerziellen Gesellschaft« und den »politische[n] Körper« als »zwei grundverschiedene Gegenstände« verstanden wissen möchte und diesbezüglich auf eine von Adam Smith ausgewiesene Leistung der »vorpolitischen Zivilisierung« verweist, in welchem »eine auf individuelle Interessen und wechselseitige Nutzenkalküle gegründete Gesellschaftlichkeit« entwickelt werde, die weder auf Liebe noch auf Furcht, sondern vielmehr auf Handel basiere. Ders., *Gentleman, Manager, Homo Digitalis. Der Wandel der Rechtssubjektivität in der Moderne*, Weilerswist: Velbrück Wissenschaft 2021, S. 81 f.

94 Vgl. nur Claude Lefort/Marcel Gauchet, »Über die Demokratie«, S. 89 ff. (91) oder Jacques Rancière, *Die Aufteilung des Sinnlichen. Die Politik der Kunst und ihre Paradoxien*, Berlin: B_books 2008, S. 25 ff.

95 Aufgrund des aus dem Absolutismus herrührenden Dualismus zwischen Moral und Politik hätten sich nämlich nicht bloß eine bürgerliche Moral

die Unkenrufe einer Krise als einer sozialen Pathologie, die Koselleck mit dieser Analyse verbindet. Stattdessen sollte man das Private insofern als politisch anerkennen, dass insbesondere aus seinem geschützten Bereich historisch die maßgeblichen Transformationsschübe resultierten. Auch das Imaginäre einer privaten Organisationsform wirkt somit instituierend und lässt es infolgedessen gerechtfertigt erscheinen, von einem Unternehmen als *politischem Körper* zu sprechen. Insofern erscheint mir die klassische Trennung zwischen einer öffentlichen und privaten Vergemeinschaftung nicht bloß formalistisch, sondern auch nachrangig gegenüber dem, was mit ihrem Imaginären einhergeht: der instituierenden Macht des Politischen.

2. Savignys Korporationslehre

Die schon von Hobbes benannte und auch mit dem Organisationsgedanken verbundene *Fiktionalität* des politischen Körpers und seines imaginären Erbes der rechtlichen Körperschaft war für das kontinentaleuropäische Recht lange keine unbestrittene Einsicht. Eine ganze Zeit findet sich dort die leitmotivische Körpersprache noch als »organisch-holistische Metapher« wieder, in welcher die Gemeinschaft gar zu einer »leiblich-geistigen Lebenseinheit« hochstilisiert wurde.[96] Allen voran gilt das für die *Theorie der realen Verbandspersönlichkeit*, wie sie etwa Otto von Gierke vertreten hat. Diese gibt ganz der »Sehnsucht nach einem Gemeinschaftskörper«[97] nach und beharrt im Gegensatz zur römischen Lehre von der *societas* als einem reinen Vertragsverhältnis auf der realen Existenz eines »Organismus« und einer aus dessen Wesenshaftigkeit resultierenden Binnenstruktur. Dies entwickelte Gierke sogar zu einer organischen Staatslehre, wonach die »Zugehörigkeit« zu diesem als »›Glied‹ des Gemeinwesens, die einzelnen staatlichen Thätigkeiten als ›Funktionen‹ des Gemeinlebens, die für bestimmte Funktionen des Ganzen gebildete Staatstheile als ›Organe‹, den Komplex der inneren Einrichtungen hierfür als ›Organisation‹, das grundlegende Lebensgesetz des

und die Gelehrtenrepublik, sondern auch solche Geheimorganisationen wie die Freimaurerloge und der Illuminatenorden entwickelt, deren kritischer Einfluss insbesondere anhand der Bibelexegese und einer damit einhergehenden Ablösung von der protestantischen Schriftgläubigkeit nachvollzogen wird. Nicht die Buchstäblichkeit der Offenbarung, sondern die lesende Vernunft sei danach in den Mittelpunkt gerückt. Ders., *Kritik und Krise. Eine Studie zur Pathogenese der bürgerlichen Welt*, Frankfurt am Main: Suhrkamp 2018, insbes. S. 61 ff. und passim.

96 Vgl. Thomas Vesting, *Gentleman, Manager, Homo Digitalis*, S. 147 f.

97 Cornelia Vismann, *Akten. Medientechnik und Recht*, Frankfurt am Main: Fischer Taschenbuch Verlag 2011, S. 252.

Staates als ›Konstitution‹ oder ›Verfassung‹« und überhaupt das staatliche Wesen als »die unsichtbare Einheit in der Vielheit als die für das geistige Wesen des Ganzen substanzielle, mit einheitlichem Willen begabte ›Persönlichkeit‹« zu betrachten seien.[98] Wenig überraschend ist der »Monarch« in dieser Architektur kein »gewöhnliches Staatsglied, das nur durch die Verfassung zu einem hauptsächlichen Organ des Staatslebens bestellt wird, sondern er erscheint als das Haupt des Staatskörpers, als ein von vornherein besonders qualificirtes, schlechthin wesentliches, durch seine innere Natur zu hervorragender Thätigkeit für das Ganze berufenes Glied.«[99]

Während Gierke den Realitätsgehalt dieser höheren Synthese der verschiedenen Teile zu einem einheitlichen Ganzen noch bis zum Ende des 19. Jahrhunderts verteidigte, trat für andere die Fiktionalität der rechtlichen Konstruktion schon zuvor klar zutage. Das ist insofern nicht verwunderlich, als die politische Differenz zwischen dem realen und mystischen Körper vor allem im Recht besonders evident erscheint, tritt doch aufgrund des Abstraktionsgrades des *geschriebenen* Gesetzes die symbolische Kluft zwischen den Zeichen und dem Bezeichnetem deutlicher hervor als bspw. zwischen einer *gezeichneten* Abbildung und dem Abgebildetem. Mit den Worten von Albrecht Koschorke könnte man es auch folgendermaßen formulieren:

> »[W]ährend die Gemeinschaft der Gläubigen eins ist mit dem Corpus Christi, die spätmittelalterliche Kirche identisch sein soll mit der sie repräsentierenden Konzilsversammlung, der Untertanenverband in den frühzeitlichen Monarchien identisch mit dem Körper oder der Person des Herrschers; während all diese körperschaftlichen Konstruktionen dazu tendieren, den Unterschied zwischen der anthropomorphen imago und dem von ihr abgebildeten Kollektiv zu tilgen, trägt die juristische Person die Kluft zwischen sich und dem, was bezeichnet wird, offen zur Schau. [...] Die Rechtsfiktion setzt die Natur der Dinge außer Kraft, um sie neu zu instituieren; sie trennt von Rechts wegen das Juridische vom Faktischen und offenbart mit ihrer eigenen Künstlichkeit auch die Künstlichkeit der Institutionen.«[100]

98 Otto von Gierke, »Die Grundbegriffe des Staatsrechts und die neuesten Staatsrechtstheorien (II«), in: *Zeitschrift für die gesamte Staatswissenschaft 1874* (Band 30 H. 2), S. 265 ff. (283).

99 Ebd., S. 325 (ohne Herv.).

100 Albrecht Koschorke et al., *Der fiktive Staat*, S. 351 f. Freilich wird in diesem Zitat ein Rechtsbegriff im modernen Sinne vorausgesetzt, d.h. ein Recht *nach* seiner sukzessiven Ablösung von Theologie und Metaphysik und somit dem, was man meist als Säkularisierung, Positivierung oder auch Ausdifferenzierung zu beschreiben versucht.

Mit der modernen Erkenntnis, wonach das Recht also eine vom Menschen gemachte und keine von einer übergeordneten Instanz vorgegebene Ordnung ist, geht unweigerlich eine Desillusionierung des Imaginären einher, in welchem die vermeintliche Natürlichkeit einer natürlichen Person sich maßgeblich unterscheidet von der Künstlichkeit einer juristischen Person. Und eben darin deutet sich bereits eine politische Differenz an, wonach der reale und der mystische Körper – zumindest innerhalb des Rechts – nicht mehr deckungsgleich sein können.

Diese Einsicht galt auch für einen großen Antipoden der von Gierke vertretenen *Organtheorie*, wonach die rechtsverbindliche Willens- und Handlungsfähigkeit einer Körperschaft aus ebendiesen Organen hergeleitet wird. Dem entgegen formuliert die *Vertretertheorie*, und mit ihr niemand geringeres als Friedrich Carl von Savigny, dass der Korporation vielmehr das Wollen und Handeln einer Vertreterin zugerechnet werden müsse. Auf der figurativen Innenseite der *persona*, welche auf die Rechtsfähigkeit abstellt, sieht Savigny eine rechtliche Binnenstruktur am Werk, welche nicht mehr einer real-existierenden Substanz, sondern einem artifiziellen *corpus* nachgebildet ist. Die juristische Person, so schreibt er an einer vielzitierten Stelle, sei ein »durch bloße Fiction« entstandenes Rechtsubjekt, welches »blos zu juristischen Zwecken angenommen« werde, weil sie »neben dem einzelnen Menschen« einen weiteren »Träger von Rechtsverhältnissen« zu benennen vermöge.[101] Freilich resultiert diese Beschreibung mitnichten aus einem kritischen Impuls der Entlarvung des Rechts, dessen Kontingenz oder gar Politizität aufgezeigt werden solle. Stattdessen resultiert sie aus einer funktionalen Ausrichtung der rechtswissenschaftlichen Erörterung auf die »privatrechtliche Eigenschaft der Vermögensfähigkeit« und einem darüberhinausgehenden Desinteresse an der Wirklichkeit hinter der rechtlichen Konstruktion.[102]

Das erklärte Ziel von Savignys theoretischer Unternehmung ist schlicht die Einführung der »juristischen Personen in das wirtschaftliche Leben« und mit ihr die Übertragung des prägenden Rechtsbegriffs der »Verfassung« in das Zivilrecht.[103] Zwar kannte auch schon das römische Recht

101 Friedrich Carl von Savigny, *System des Heutigen Römischen Rechts (Band II)*, Berlin: Veit und Comp 1840, S. 236.

102 Ebd., S. 238 ff. (240). Diesen Punkt betont auch wieder Daniel Damler, *Rechtsästhetik*, S. 76 f. (»Savigny interessierte sich schlichtweg nicht für die Frage nach der Wirklichkeit der menschlichen Verbände und Organisationen, weil sie für ihn keine rechtliche, jedenfalls keine privatrechtliche Relevanz hatte.«).

103 Friedrich Carl von Savigny, *System des Heutigen Römischen Rechts (Bd. II)*, S. 324 ff. (324). Dass diese Emanzipation und Übertragung der Rechtsfiktion ins Zivilrecht zur spätestens seit der Finanzkrise 2008 vielfach kritisierten Praxis der »Aufsplittung und Abschirmung von Vermögenswerten« geführt hat, wurde zuletzt beschrieben und kritisiert von Katharina Pistor,

eine der Korporation ganz ähnliche Idee; allerdings immer nur in Bezug auf öffentliche Dienstleistungen wie Kirchen und Klöster, oder nach deren Vorbild dann auch in Bezug auf Städte, politische Vereine, Handwerks- und Handelszünfte und nicht zuletzt auf das Volk selbst.[104] Zusammengefasst geht es Savigny darum, den politischen Körper von der Politik, aber auch allen anderen Verunreinigungen wie religiösen, natur- oder auch vernunftrechtlichen Vorstellungen zu befreien und in die privatrechtlich verfasste Gesellschaft zu geben. *Pars pro toto* lässt sich sogar die gesamte von ihm begründete *Historische Rechtsschule* anhand eines Projekts charakterisieren, das einerseits in der rechtswissenschaftlichen Abwendung von Theologie und Philosophie sowie nach dem römischen Vorbild des *Corpus Iuris Civilis* andererseits in einer Hinwendung zu traditionell-sedimentierten und von einer professionalisierten Juristenzunft systematisierten Rechtssätzen besteht.

Von einer »Modernisierung« der Metapher lässt sich allerdings nur in Anführungszeichen sprechen. Savignys rechtswissenschaftliche Thematisierung des politischen Körpers vermag zwar den Ansprüchen einer Säkularisierung und damit einhergehenden Professionalisierung der Jurisprudenz zu einer eigenständigen Disziplin, vielleicht sogar einer früheren Ausdifferenzierung des Rechts entgegenkommen. Allerdings positioniert sich Savigny in einem anderen berühmten Streit, und zwar dem mit Anton Friedrich Justus Thibaut um eine Kodifikation des Bürgerlichen Gesetzbuches, ausdrücklich und vehement gegen eine *Positivierung* des Rechts. In letzter Konsequenz ist er also nicht bereit, die Deutungshoheit über die rechtliche Normativität gänzlich von einer leiblichen Substanz abzulösen und in das Medium der Schrift zu entlassen.[105] Entsprechend stellt er die Rechtsfähigkeit einer juristischen Person unter die »Notwendigkeit der Staatsgenehmigung« und begründet dies mit

Der Code des Kapitals. Wie das Recht Reichtum und Ungleichheit schafft, Berlin: Suhrkamp 2020, S. 91 ff.

104 Harold J. Berman, *Law and Revolution*, Cambridge (Mass): Harvard University Press 1999, S. 214 f.

105 Ich werde darauf noch einmal ausführlich in § 3 Abs. 2 und der Erörterung eines interdisziplinären Ansatzes zu sprechen kommen, welcher das *Recht als Literatur* zu betrachten sucht. Soviel nur vorweg: Mit einem rechtstheoretischen Fokus auf die »Textualität« des Gesetzes würde eine mit der Interpretation einhergehende Rechtsschöpfung noch stärker hervortreten. Eine ähnliche Reflexion der unabschließbaren Komplementarität von Text und Bedeutung hat, vermittelt über den Dekonstruktivismus, ebenfalls das radikaldemokratische Verständnis der politischen Differenz geprägt. Nimmt man diese beiden Strömungen zusammen, schließen sich die Emphase des Politischen und der Rekurs auf geltendes Recht nicht gegenseitig aus, sondern bedingen sich in einem modernen Rechtsbegriff und einer von ihm ausgehenden Methodenlehre sogar wechselseitig.

ihrer fehlenden »leiblichen Erscheinung« und einer dadurch ermöglichten, »natürliche[n] Beglaubigung« durch einen realen Körper.[106] Trotz aller radikalen Tendenzen zur Entstaatlichung herrscht bei Savigny also noch immer eine letztinstanzliche Autorität über das Gesetz, und zwar die Juristenzunft, welche allein verbindlich über die rechtliche Existenz der politischen Körper zu entscheiden imstande ist.

Nichtsdestotrotz ist ihm zuzugestehen, einen entscheidenden Schritt in Richtung Moderne getan zu haben: Gemeint ist eine Pluralisierung des mystischen Körpers in eine unendliche Vielzahl miteinander konkurrierender Korporationen, deren konkrete Ausgestaltung lediglich durch eine zivilrechtliche Grundordnung reguliert wird. Das Recht redet dem König und der Politik dann nicht einfach nach dem Mund, sondern beruht auf einem fachlichen Wissen. Ist dieser epistemische und normative Bedeutungsrahmen erst einmal konstituiert, vermögen die Korporationen selbst rechtserzeugend tätig zu werden, indem sie sich nach innen auf Regeln festlegen und nach außen hin Verträge abschließen. Aus dieser Strukturgleichheit zwischen dem politischen Körper des Staates und diversen Korporationen (wie Städten und Gemeinden, aber auch Verbänden, Zünften und Konzernen) resultiert dann ein immer komplexer werdendes Imaginäres, in welchem letztere als relativ-autonome Teile – gemäß dem Kerngedanken der späteren Politik des *Korporatismus* – eines nur noch lose zusammenhängenden Ganzen teilnehmen. Jedoch tun sie das, ohne mit diesem als ausführendes Glied oder dessen Organ identisch zu werden und den Imperativen eines führenden Kopfes unterworfen zu sein.

Ein solcher Umbau findet zwar auch, aber eben nicht erst bei Gierke statt. Zumal dieser eine innere Einheit der verschiedenen Körperschaften aus einer *realen* Gegebenheit ableitet und nicht wie Savigny als *ideale* Annahme voraussetzt. Schon mehr als 100 Jahre vor Gierke formuliert Savigny, wie auch Stephan Meder in seiner Studie mit dem bezeichnenden Titel *Doppelte Körper im Recht* herausarbeitet, eine Blaupause für eine »Konstitutionalisierung« fernab eines über die Gesellschaft thronenden Zentrums – und damit eine pluralistische Rechtstheorie, bei der man auf den ersten Blick glatt vermuten könnte, dass sie mit dem staatlichen Rechtsetzungsmonopol auch den Kopf des Königs losgeworden ist.[107] Den doppelten Körper erkennt Meder bei Savigny darin, dass dieser mit dem rechtlichen Vertretungserfordernis des Ganzen durch seine Teile eine folgenreiche Kluft zwischen dem mystischen Körper der

106 Diese könne ferner »stillschweigend, durch wissentliche Duldung und thatsächliche Anerkennung« erfolgen. Friedrich Carl von Savigny, *System des Heutigen Römischen Rechts (Bd. II)*, S. 275 ff.

107 Stephan Meder, *Doppelte Körper im Recht. Traditionen des Pluralismus zwischen staatlicher Einheit und transnationaler Vielheit,* Tübingen: Mohr Siebeck 2015, S. 137 ff. und 164 ff.

juristischen Person und den realen Körpern seiner Mitglieder eingezogen habe.[108] Tatsächlich finden sich bei Savigny diesbezügliche Ausführungen, wonach er »die Totalität der Mitglieder« streng »von der Corporation selbst« unterscheidet.[109] Meder geht jedoch so weit, in dem Vertretungs- oder auch Repräsentationsgedanken, wonach also das Wollen und Handeln der Teile dem Ganzen zugerechnet werden kann, eine Vorwegnahme der »politischen Differenz« im radikaldemokratischen Sinne zu erkennen.[110] Die »Anteillosen« würden von Savigny als »nicht-souveräne[...] Seite des Souveräns« berücksichtigt, welche die Korporation zwar nicht in sich aufnehmen könnten, aber durchaus zu würdigen wisse.[111] Zur Bestätigung dessen zitiert Meder eine Passage, in welcher sich Savigny auf die Rechtsquellen des republikanischen Staats bezieht, nach der es sowohl »Frauen« als auch »Minderjährigen« immerhin übrig bleibe, trotz ihres Ausschlusses von der Politik »die Zuflucht in der leeren Fiction einer Vertretung« zu finden.[112]

Neben dem in einer Fußnote genannten Oliver Marchart, auf den Meder seine Ausführungen bezogen wissen möchte, scheint die genannte Formulierung außerdem noch auf Jacques Rancière und dessen Rede vom »Anteil der Anteillosen«[113] anzuspielen.[114] Dass diese beiden Autoren und ihre radikaldemokratischen Spielarten der politischen Differenz allerdings unversehens einem durchaus klassischen Vertretungsbeziehungsweise Repräsentationsdenken zugeordnet werden, wie es in der von Savigny angedeuteten Unterscheidung zwischen dem mystischen Körper der »juristischen Person« und der Summe an realen Körpern der »natürlichen Personen« zum Ausdruck kommt, verkennt nicht weniger als die namensgebende Radikalität ihrer Ansätze und setzt sie mit einem politischen Liberalismus gleich, gegen den sie doch gerade angetreten sind. Eine wirklich radikaldemokratische Repräsentation hingegen,

108 Ebd., S. 169 f.

109 Carl von Savigny, *System des Heutigen Römischen Rechts (Bd. II)*, S. 283.

110 Stephan Meder, *Doppelte Körper im Recht*, S. 170 ff., 174 f. (in Fn. 42 warnt Meder nichtsdestotrotz vor einer »aktualisierenden Deutung«) und 189 f. Als Zwischenfazit heißt es: »Festzuhalten bleibt aber, dass sein [i.e. Savignys] Konzept der Differenz in einem entscheidenden Punkt mit aktuellen Ansätzen harmoniert, nämlich soweit auch diese von einer Idee der Volkssouveränität ausgehen, die auf der Prämisse beruht, dass der Souverän ›in Differenz zu sich selbst‹ steht.« Ebd., S. 175.

111 Ebd.

112 Ebd., in Bezug auf Friedrich Carl von Savigny, *System des Heutigen Römischen Rechts (Band I)*, Berlin: Veit und Comp 1840, S. 30 f.

113 Jacques Rancière, *Das Unvernehmen*, S. 41.

114 Stephan Meder, *Doppelte Körper im Recht*, S. 174, Fn. 38. Später werden auch Michael Hardt und Antonio Negri angesprochen, dann aber als »despotisch« und »totalitär« verdächtigt – und verworfen. Ebd., S. 189, Fn. 92 und 93.

wie sie etwa Marina Martinez Mateo im Anschluss an Rancière ausformuliert, wäre nämlich lediglich in ihrem »Scheitern« und einer davon immer wieder ausgehenden »Neubestimmung« denkbar – also keiner Darstellung im klassischen Sinne, sondern einer »Negativität der Form« und einer ostentativen Zurschaustellung des Unförmigen *in* der und *als* die Form.[115] Das würde jedoch die von Savigny avisierte Überführung des politischen Körpers und des Verfassungsbegriffes in das Zivilrecht bei Weitem verfehlen, weil die funktionsorientierte Zurechnung eines stellvertretenden beziehungsweise repräsentativen Wollens und Handelns gerade in der Rechtsform eine hinreichende Verbindlichkeit zu erreichen sucht.

Insofern vermag die von Savigny vorangetriebene Pluralisierung des politischen Körpers zwar den Staat in der spezifischen Hinsicht zu relativieren, dass er lediglich noch die rechtlichen Modalitäten der ihm strukturgleichen Korporationen ausgestalten kann. Mitnichten führt Savigny ihn damit aber aufs Schafott. Auch bei ihm bildet der Staat noch immer die Spitze der sozialen Hierarchie. Er sieht sich lediglich einem privatrechtlichen Konterpart der Gesellschaft gegenübergestellt, dessen imaginäres Erscheinen auf eine »Teilung des gesellschaftlichen Ganzen« und eine »Trennung der Instanz der Macht von der Gesellschaft« zurückzuführen ist.[116] Erst in dieser konstitutiven Differenz lässt sich, epistemologisch gesprochen, seine Leitfrage nach einem bürgerlichen Recht der Gesellschaft, also einer gesonderten Verfassung und entsprechender Korporationsformen überhaupt stellen.

Wie auch Doris Schweitzer festhält, wird der Staat damit zwar noch nicht durch das Recht begrenzt, aber nichtsdestotrotz zum »Diener« oder auch »Garant[en] einer gesellschaftlichen Ordnung« degradiert, welche ihm irreduzibel »vorgängig« ist.[117] Die Entmächtigung des Staates geht insofern Hand in Hand mit der Ermächtigung der Gesellschaft. Abgesehen hat Savigny es dabei auf eine inkrementelle Rechtserzeugung, die in einer berühmten Formulierung auf »innere, stillwirkende Kräfte« statt der »Willkühr eines Gesetzgebers« zurückgeführt wird.[118] Im Volk lebe

115 Marina Martinez Mateo, *Politik der Repräsentation. Zwischen Formierung und Abbildung*, Wiesbaden: Springer VS 2018, S. 26, 299 sowie ausführlich S. 315 ff.

116 Vgl. zu diesen Begriffen nur wieder Claude Lefort/Marcel Gauchet, »Über die Demokratie«, S. 98 ff. (91 ff., insbes. 96).

117 Doris Schweitzer, *Juridische Soziologien. Recht und Gesellschaft von 1814 bis in die 1920er Jahre*, Baden-Baden: Nomos Verlagsgesellschaft 2021, S. 68 und passim.

118 Carl Friedrich von Savigny, *Vom Beruf unserer Zeit für Gesetzgebung und Rechtswissenschaft*, S. 14. Vgl. Benjamin Lahusen, *Alles Recht geht vom Volksgeist aus. Friedrich Carl von Savigny und die moderne Rechtswissenschaft*, Berlin: Nicolai Verlag 2013, S. 89 (»Savignys Gesetze haben keinen Gesetzgeber.«).

»das Recht wie die Sprache im Bewußtseyn« und sei als »Geist« in völkischen Traditionen, Sitten und Konventionen nachzuvollziehen, weil ein solcher schließlich »eines körperlichen Daseyns« bedürfe, um von der Wissenschaft beobachtet und identifiziert werden zu können.[119]

Was mit Meder aber auf den ersten Blick wie eine das Recht instituierende Macht – und damit wie ein vielversprechendes Synonym des Politischen – klingt, entpuppt sich bei näherem Hinsehen als radikaldemokratische Nebelkerze. Die angesprochene Relativierung des politischen Führungsanspruchs in Angelegenheiten des Rechts stellt nicht etwa die Nivellierung des Staates, sondern seine strategische Verlagerung dar. Der Kopf des Königs wird bei Savigny ersetzt durch eine rechtswissenschaftliche Prothese: und zwar durch ein ominöses Konzept des sogenannten Volksgeistes, den einzig und allein die säkularisierte Priesterkaste einer juristischen Zunft zu decodieren imstande ist. Gegen die pathologische Kopf- und Planlosigkeit einer nunmehr im Imaginären aufscheinenden Gesellschaft vermag niemand geringeres als die Jurisprudenz – und allen voran: die Historische Rechtsschule selbst – Abhilfe zu schaffen. Den »organische[n] Zusammenhang des Rechts mit dem Wesen und Character des Volkes« zu erkennen und die in der Geschichte sedimentierten Rechtssätze zu systematisieren, sei eine Leistung, für die lediglich sie die entsprechenden Kapazitäten und Kompetenzen aufweise.[120]

Mit Savigny wäre also nicht etwa anzunehmen, dass die vielen realen und mystischen Körper der Gesellschaft kopflos wie der Reiter in *Sleepy Hollow* umherirren und nichts für Recht und Ordnung übrighaben. Sie scheinen als »lebendiger Geist« vielmehr »in unsre[r] Wissenschaft« herumzuspuken.[121] Zu allem Glück folgen diese Bewegungen anscheinend sogar noch einem regelbasierten Muster, das sich als Rechtsquelle erschließen lasse und »künftig« dann auch »wieder zu einer eigenthümlichen Bildung« erhoben werden könne.[122] Aus dem Volksgeist rührt also ein historischer Bestand dessen her, was von der Wissenschaft als Recht erkannt wird und eben durch diesen Vorgang zu Recht wird.

Mit dem geschichtsträchtigen Begriff des »Volksgeistes« begeht Savigny einen bereits zu seiner Zeit ausgetretenen Pfad, auf dem bekanntlich auch schon Georg Wilhelm Friedrich Hegel wandelte.[123] Anders als dieser

119 Carl Friedrich von Savigny, *Vom Beruf unserer Zeit für Gesetzgebung und Rechtswissenschaft*, S. 9 f. (»Ein solcher Körper ist für die Sprache ihre stete, ununterbrochene Uebung, für die Verfassung sind es die sichtbaren öffentlichen Gewalten« und für das Zivilrecht »ausgesprochene Grundsätze, durch Schrift und mündliche Rede mitgetheilt.«).

120 Ebd., S. 11 und 8 (Reihenfolge nach Zitierung).

121 Ebd., S. 49.

122 Ebd.

123 Vgl. dazu ausführlich Siegfried Brie, *Der Volksgeist bei Hegel und in der Historischen Rechtsschule*, Berlin und Leipzig: Dr. Walther Rothschild 1909, S. 18 ff.

verwehrt sich Savigny allerdings dem werdenden Allgemeinen des Begriffs und sucht dessen Besonderheit im historischen Gewordenen. Wiederum ähnlich wie bei Hegel bestehen die ausgezeichneten Anwendungsbeispiele des Volksgeistes sowohl in der Sitte als auch der Sprache, wobei sich letztere laut Savigny in einer permanenten »Bewegung und Entwicklung« befinde und »keinen Augenblick eines absoluten Stillstandes« kenne.[124] Wie auch im radikaldemokratischen Verständnis der politischen Differenz findet sich im Volksgeist demnach ein Oszillieren zwischen einem regelbasierten Ordnung sowie ihrer permanenten Veränderung angedeutet, die sich im Laufe der Zeit in geronnen Normen verkörpert.

Allerdings könne diese ausschließlich von der Jurisprudenz in die Rechtsform überführt und systematisiert werden. Maßgeblich sei nämlich nicht das »Bewußtseyn des gesammten Volkes«, sondern stattdessen das »Bewußtseyn der Juristen, von welchen das Volk nunmehr in dieser Function repräsentirt wird.«[125] Wie schon zuvor wird auch hier also die von Savigny scharfsinnig erkannte Differenz zwischen mystischem und realem Körper und die radikaldemokratische Sprengkraft, die damit eigentlich einhergeht, durch ein klassisches Vertretungs- beziehungsweise Repräsentationsdenken entschärft. Nur diktiert eben nicht mehr der König das Recht, dafür aber die Jurisprudenz. Das dahinterliegende Muster erscheint allerdings ähnlich: Während dieser sich noch auf Gottes Gnaden berufen hat, versucht die Historische Rechtsschule die in ihren Händen konzentrierte Macht durch den Rekurs auf eine von ihnen retroaktiv festgestellte Tradition zu vernebeln. Als ein sich in der Geschichte verkörpernder Geist vermag das verkopfte Bewusstsein somit als monarchisches Gespenst weiterzuleben. Der Kopf des Königs ist damit aber nicht gerollt, und so ließe sich die Pluralisierung des politischen Körpers nach Savigny zusammenfassen, sondern in der Jurisprudenz lediglich auf mehr Köpfe verteilt. Der Leviathan ist zu einer rechtswissenschaftlichen Hydra mutiert.

124 Friedrich Carl von Savigny, *Vom Beruf unserer Zeit für Gesetzgebung und Rechtswissenschaft*, S. 11. Darin findet sich eine Parallele zum radikaldemokratischen Verständnis der politischen Differenz, auf die ich in § 3 Abs. 2 noch einmal zu sprechen kommen werde. An dieser Stelle möchte ich stattdessen nur auf die sprachtheoretische Analyse von Andreas Hetzel verweisen, welche das Politische vor allem dem antiken Vorbild der »*master trope* einer akosmistischen Rhetorik«, namentlich der Katachrese nachgebildet sieht. Vgl. ders., »Klassische Rhetorik und radikale Demokratie«, in: Reinhard Heil/ders. (Hrsg.), *Die unendliche Aufgabe. Kritik und Perspektiven der Demokratietheorie*, Bielefeld: transcript 2015, S. 25 ff. (50 f.).

125 Friedrich Carl von Savigny, *Vom Beruf unserer Zeit für Gesetzgebung und Rechtswissenschaft*, S. 12.

3. Das Netzwerk

Einen ungeahnten Eskalationsgrad einer solchen Pluralisierung hat in den letzten Jahrzehnten sicherlich der Aufstieg transnationaler Organisationen und global agierender Korporationen mit sich gebracht. In dieser historisch kaum zu vergleichenden Situation hat sich sogar die im Recht dominante Befehlsform verändert. Die Historische Rechtsschule wurde in ihrer – rückblickend eher harmlos erscheinenden – Relativierung des staatlichen Rechtsmonopols also von einer Gegenwart überholt, in welcher die privatrechtlichen Rechtsquellen, insbesondere der Vertrag, eine zunehmend wachsende praktische Relevanz und wissenschaftliche Aufmerksamkeit erfahren. Das zuvor noch kaum denkbare *soft law* im Sinne von Absichtserklärungen, Leitlinien sowie freiwilligen *codes of conduct* werden von einer gesellschaftlichen Entwicklung befeuert, in welcher der harte Rechtsimperativ des Staates mangels einer übergeordneten und zentralen Durchsetzungsmöglichkeit fast schon als zahnloser Tiger erscheint. Mit Gunther Teubner ließe sich damit ein Imaginäres nachzeichnen, in welchem die immense Fortschreitung der Pluralisierung längst zu einem »Polykorporatismus« geführt hat, nach dem der Staat kaum noch als »kollektive Personifikation der zentralisierten Regierungshierarchie« betrachtet werden könne, sondern vielmehr selbst »ein lockeres Netzwerk privater und öffentlicher Akteure« geworden sei.[126] Das wirft freilich die Frage auf, ob angesichts eines derart gesteigerten Pluralisierung die Körpersprache überhaupt noch etwas zu sagen hat – und nicht doch lieber verstummen sollte.

Tatsächlich versuchen nicht wenige, den politischen Körper sowohl aus ihrem Wortschatz als auch ihrer Vorstellungswelt zu verabschieden. Als mögliche Alternative für die zeitgenössische Theoriebildung wird bspw. der seit Niklas Luhmann geflügelte Begriff vom *System* gehandelt. Diesem wird allerdings vorgeworfen, etwa von Susanne Lüdemann, aufgrund seiner Herkunft aus der Biologie noch immer ein aus dem Organischen herrührendes »imaginäres Surplus der Einheitssemantik« mit sich zu schleppen und damit die körpersprachliche Tradition gerade nicht endgültig zu beenden, sondern zu perpetuieren.[127]

Eine noch erfolgversprechendere Anwärterin auf eine neue »Leitmetapher eines zukünftigen post-korporatistischen Denkens« könnte das im

126 Gunther Teubner, »Polykorporatismus Der Staat als ›Netzwerk‹ öffentlicher und privater Kollektivakteure«, in: Peter Niesen/Hauke Brunkhorst (Hrsg.), *Das Recht der Republik*, Frankfurt am Main: Suhrkamp 1999, S. 346 ff. (362). Vgl. auch ders., »Des Königs viele Leiber. Die Selbstdekonstruktion der Heterarchie des Rechts«, in: *Soziale Systeme 1996 (H. 2)*, S. 229 ff. (251). Von einem »Netzwerkstaat« spricht auch Thomas Vesting, *Staatstheorie*, Rn. 282 ff.

127 Susanne Lüdemann, *Metaphern der Gesellschaft*, S. 16 ff.

obigen Zitat von Teubner bereits angesprochene *Netzwerk* sein.[128] Ein danach gebildetes Imaginäres scheint vielen schon deshalb attraktiv, weil es aufgrund seiner Assoziation mit dem *World Wide Web* ganz im Zeichen der vielbesprochenen »Kultur der Digitalität«[129] steht. Schließlich vermag es den »Übergang von einer hierarchisch-zentralistischen zu einer heterarchisch-azentrischen Kultur« beziehungsweise den »von einer von einem einzigen Punkt aus zu einer durch viele große und kleine Knoten und ihre Verbindungen geprägten Kultur« zu markieren.[130] Entsprechend wurden schon ganze Gegenwartsanalysen im Sinne einer »Netzwerkgesellschaft« entworfen, in denen »der König und die Königin, der Staat und die bürgerliche Gesellschaft« als »nackt« beschrieben werden, deren »Kinder durch eine Vielzahl an Pflegeheimen umherirren« und den globalen Eliten der Digitalkonzerne hilflos ausgesetzt sind, welche die entsprechenden Knotenpunkte dieser vielfältigen Relationen und Strömungen kontrollieren.[131] Das momentane Pendant zum Kopf des Königs hätte dann inne, wer die Schnittstellen zu managen imstande ist.

Nichtsdestotrotz scheint der politische Körper mitsamt seinen theologischen und philosophischen Anleihen im Hinblick auf seine bis heute anhaltende Prominenz in den entsprechenden Diskursen nach wie vor nicht totzukriegen – und das wohlgemerkt, obwohl sich zumindest in der Jurisprudenz der fachdisziplinäre Anspruch einer *Reinen Rechtslehre* für lange Zeit durchgesetzt zu haben schien. Noch immer treibt die Metapher, vom zivilen Körperschaftsrecht bis zum öffentlichen Staatsorganisationsrecht, ihr unbegriffliches Unwesen in der spezifischen Art und Weise, dass seine wirkmächtige Geschichte einige der maßgeblichen Kategorien präfiguriert, in denen über rechtsförmig verfasste Assoziationen nachgedacht wird. Von daher ist auch Thomas Lemke zuzustimmen, wenn er die Rede vom politischen Körper als noch lange nicht erledigt sieht und auch bezweifelt, ob sich eine Leitmetapher durch eine andere ablösen lasse. Wenn überhaupt, so schreibt er, sei »die Vorstellung eines abgeschlossenen, hierarchisch organisierten und mit sich identischen Körpers« in einer schwer auszumachenden Tendenz zugunsten

128 So schließen auch Albrecht Koschorke et. al. ihren Ausblick. Vgl. dies., *Der fiktive Staat*, S. 383 ff. (385).

129 Vgl. nur Felix Stalder, *Kultur der Digitalität*, Berlin: Suhrkamp 2016, S. 19. (»›Digitalität‹ bezeichnet [...] jenes Set von Relationen, das heute auf Basis der Infrastruktur digitaler Netzwerke in Produktion, Nutzung und Transformation materieller und immaterieller Güter sowie in der Konstitution und Koordination persönlichen und kollektiven Handelns realisiert wird.«).

130 Thomas Vesting, *Computernetzwerke*, S. 56.

131 Manuel Castells, *The Power of Identity. The Information Age: Economy, Society and Culture (Bd. II)*, Chichester: Wiley-Blackwell 2010, S. 420.

einer »Idee eines fluiden, offenen, hybriden Körpers« und damit einer »Konzeption des *Körpers als Netzwerk*« gewichen.[132]

Eine solche Überlappung der beiden Metaphern findet sich nicht zufällig an besonders prominenter Stelle in der Machtanalytik von Michel Foucault wieder. Schon in *Überwachen und Strafen* werden ebenso dezentralisierte wie heterarchische »Disziplinarnetze« oder auch »Normalisierungsnetze« beschrieben, welche zwar an der »Seele« ansetzen, aber dadurch nichtsdestotrotz eine produktiv wirkende »Macht über den Körper« ausübten und ihn als das »Resultat einer Unterwerfung« hervorbrächten.[133] Insofern glaubt Foucault, das »große Phantasma [...] eines aus der Universalität der Willen gebildeten sozialen Körpers« dadurch widerlegen zu können, dass er sich der Materialität eines ubiquitären und bis in die Mikroebenen des Intimen reichenden Netzes aus Institutionen zuwendet, welches den »Körper der Gesellschaft zum neuen Prinzip« erkläre und sich damit nicht mehr auf ein großes Ganzes, sondern auf die einzelnen Teile, namentlich die »Körper der Individuen« richte.[134] Die in seinen späteren Schriften und Vorträgen zum einflussreichen Paradigma der *Biopolitik* erhobene Lehre könnte man dementsprechend so zusammenfassen, dass der politische Körper in der Moderne nicht etwa aus dem Imaginären verschwunden ist, wie auch die anhaltenden Thematisierungen seiner Gesundheit, Hygiene, Fitness und Attraktivität bezeugen. Ganz im Gegenteil ist er in seiner Politizität hervorgetreten, was sich schon daran bezeugen lässt, dass er immer mehr zum expliziten Gegenstand der Regierung avanciert. Eine solche Politisierung des Körpers – und mit ihm die Entmystifizierung seines göttlichen oder natürlichen Imaginären – wird von Foucault freilich nicht bloß beschrieben, sondern durch seine Beschreibung zugleich bewirkt.

Ob solche Leitmetaphern wie das *System*, das *Netzwerk* oder eben der *Körper* nun gegenüber einer Wirklichkeit zutreffend erscheinen mögen oder nicht, kann aus einer damit eingenommen Perspektive also dahinstehen. Ein solcher Nachweis wäre ohnehin zirkulär, besteht doch die von Castoriadis ausgewiesene Pointe des Imaginären gerade darin, dass damit kein bloßes Abbild einer unabhängig davon bestehenden

132 Thomas Lemke, »Gesellschaftskörper und Organismuskonzepte«, in: Martin Endreß/Thomas Matys (Hrsg.), *Die Ökonomie der Organisation – die Organisation der Ökonomie*, Wiesbaden: VS Verlag für Sozialwissenschaften 2020, S. 201 ff. (219, Herv. M.E.).

133 Michel Foucault, *Überwachen und Strafen. Die Geburt des Gefängnisses*, Frankfurt am Main: Suhrkamp 1994, S. 395, 41 f. (Reihenfolge nach Zitierung). Vgl. auch: »Die Disziplinarinstitutionen haben sich vervielfältigt, ihr Netz ist immer umfassender geworden und immer mehr sind sie aus ihrer Randlage herausgerückt: was einst eine Insel war, [...] wird jetzt zur allgemeinen Formel.« Ebd., S. 269.

134 Ders., *Macht und Körper*, in: ders., *Dits et Ecrits* (Bd. II), S. 932 ff. (933).

Wirklichkeit dargestellt wird, sondern dass diese Wirklichkeit gerade erst aus der gesellschaftlichen Einbildungskraft entsteht. Das heißt keinesfalls, dass es das Reale nicht geben würde, sondern nur, dass es innerhalb einer symbolischen Ordnung und einem mit ihr einhergehenden Imaginären erscheint und von ebendieser konkreten Erscheinung nur in einer Abstraktion unterschieden werden kann. Die verschiedenen Leitmetaphern können einander nicht in einem evolutionären Prozess ablösen oder sich von einem Stadium zum anderen fortentwickeln. Das gilt schon deshalb, weil es gar keinen Standpunkt außerhalb des Imaginären geben kann, von dem sich diese Vorgänge aus nachvollziehen lassen.

Stattdessen liegen diverse Erzählungen, Selbst- und Fremdbilder sowie sonstige kollektive Identifikationsmerkmale wie in einem Palimpsest unter der symbolischen Oberfläche verborgen und können in der Analyse voneinander abgeschichtet werden. Man könnte auch von der Geschichte im wortwörtlichen Sinne der Schichtung von Sedimenten sprechen, die jeweils einer spezifischen Materialität und einer damit verbundenen Zeitlichkeit entsprechen. Zwar scheinen sie, abhängig vom Blickwinkel, immer wieder vom Untergrund durch und lassen die prägenden Konturen erahnen. Freilegen oder nachzeichnen lässt sich dieses oder jenes Imaginäre jedoch nur zulasten einer bis dato noch sichtbaren Schicht.

Ebendeshalb scheint es für eine radikale Demokratietheorie nicht zielführend, sich allein auf eine jeweilige Schicht zu beziehen und dem fatalen Irrglauben zu erliegen, dass mit ihr ein unerschütterliches Fundament oder gar ein letzter Grund gegeben wäre. Stattdessen erklärt sie mit der »Ungründbarkeit«[135] des Sozialen eine diesbezügliche Suche zum unendlichen Projekt. Mit diesem Eingeständnis des Postfundamentalismus ändert sich zwar nicht der Modus, in dem man sich mittels symbolischer Formen und rhetorischer Bilder, mittels visueller Darstellungen und sonstiger Figurationen auf das Imaginäre zu beziehen versucht. Es ändert sich lediglich, dass dieser performative Bezug nicht mehr mit dem Primat der Notwendigkeit belegt, sondern reflexiv in seinem Scheitern begriffen wird. Wer das Imaginäre *als politisch* begreift, konfrontiert es zugleich mit dem Politischen, weil es immer auch anders sein könnte. Damit wird es als vorübergehendes Ergebnis einer kontingenten Formierung, Bildung und Gestaltung erkennbar.

Auch der politische Körper ist mithin das, was aus ihm gemacht wird. Es gibt ihn sowohl im Singular als auch, wie gesehen, im Plural. Es gibt ihn als ewige Konstante sowie, und darauf werde ich im folgenden Absatz eingehen, als in der Zeit begriffene Variable.

135 Oliver Marchart, *Das unmögliche Objekt*, S. 13.

III. Prozeduralisierung

1. Radikale Vernunft

Auf politische Theorien werden gewöhnlich keine Patente vergeben. Und wie man sich auch ohne Weiteres als Maklerin oder Yogalehrerin bezeichnen kann, ist auch die radikale Demokratin kein rechtlich geschützter Begriff. Nichtsdestotrotz kann es passieren, dass eine diesbezügliche Selbstbezeichnung aus der *Scientific Community* vehementen Widerspruch erfährt. Das passiert insbesondere beim Verdacht, dass die konventionellen Regeln der eigenen Kunst nicht hinreichend berücksichtigt werden. Das musste nicht zuletzt auch Jürgen Habermas erfahren, der seine diskursethische Rechtstheorie in seinem 1992 dazu erschienenen Hauptwerk *Faktizität und Geltung* in der Selbstbezeichnung noch als »radikaldemokratisch« beschrieben hat.[136] Den Radikalitätsansprüchen, wie sie der gleichnamige Diskurs in Frankreich und ausgehend davon in Nordamerika entwickelt hat, vermag Habermas jedoch nicht zu entsprechen – was an und für sich noch nicht zum profunden Vorwurf taugen sollte. Nichtsdestotrotz wird er von diesen gescholten, zumal diese Angriffe mit einer durchaus ungewöhnlichen Schärfe und Polemik geführt werden. Es scheint fast, als hätten nicht wenige radikale Demokratinnen ebenfalls von Carl Schmitt gelernt, dass der gefährlichste und am vordringlichsten zu bekämpfende Feind einem nicht selten am Nächsten ist.[137] Unter anderem lautet der Vorwurf, dass Habermas einerseits die Leidenschaften, das Begehren sowie überhaupt die affektive Dimension des Politischen verkenne.[138] Andererseits wird er bezichtigt, dass seine kommunikationstheoretische Folie mit apodiktischen Fixierungen auf eine (tatsächlich nur: virtuelle) Diskursgemeinschaft, auf einen universalen Rationalitätsanspruch sowie insbesondere auf eine Konsensorientierung einhergehe und damit das radikaldemokratische Potenzial verkenne, welches als Dissens oder auch als »Unvernehmen« dort erscheine, wo

136 Jürgen Habermas, *Faktizität und Geltung. Beiträge zur Diskurstheorie des Rechts und des demokratischen Rechtsstaats,* Frankfurt am Main: Suhrkamp 2019, S. 170, 308, 337, 449, 451 und insbes. 610 ff.

137 Denn auch Chantal Mouffe stimmt im Ergebnis darin überein, dass der »Antagonismus« (als Kampf zwischen Feinden) in einen »Agonismus« (in eine Auseinandersetzung zwischen Kontrahenten) überführt werden soll. Inwiefern sich dieser praktisch dann noch von einem verständigungsorientierten Diskurs unterscheiden soll, bleibt trotz der vehementen Kritik an Habermas doch erstaunlich offen. Vgl. dies., *Agonistik*, S. 28 f.

138 Dies., *The Democratic Paradox*, London, New York: Verso (Phronesis) 2000, S. 94 ff.

die sprachpragmatisch präsupponierte Vernunft an ihre Grenzen gelange und sich stattdessen etwas Gehör verschaffe, was von ihr als »Lärm« markiert und infolgedessen zum Verstummen gebracht werde.[139]

Linke Haken dürfte Habermas allerdings gewohnt sein. In seiner vielbewegten Karriere hat er schon rund um die 68er Jahre zunächst *mit*, dann aber auch *gegen* die Radikalität der Studentenbewegung gearbeitet. Schon von früheren Radikalen wurde er demnach für seine niemals zweifelhafte Zustimmung zu den Regeln, Verfahren und Prinzipien des liberalen Rechtsstaates gescholten. Doch ganz spurlos scheinen zumindest die neueren Abgrenzungsmanöver nicht an ihm vorbeigegangen zu sein: In seinem jüngsten Werk, knapp dreißig Jahre später, sucht man die Selbstbeschreibung seiner diskursethischen Theorieanlage als »radikaldemokratisch« vergeblich.[140]

Nichtsdestotrotz arbeitet Habermas an und mit einem Imaginären, das durchaus in eine diesbezügliche Richtung weist: Den politischen Körper sieht er im liberalen Rechtsstaat neben einer Pluralisierung ebenfalls einer *Prozeduralisierung* unterworfen, wodurch mit ihm eine weitere Verfallsstufe der einst totalen, das heißt einheitlichen wie auch ewigen Matrix des Politischen markiert werden kann. Die nach Foucault im »Bann der Monarchie« stehenden Kategorien von Staat, Souveränität, Herrschaft und Gewalt werden bei ihm zwar nicht gänzlich aufgegeben, aber immerhin zu einem Legitimationsproblem erklärt, das es sowohl *kommunikativ* auf einem demokratischen als auch *administrativ* auf einem rechtsstaatlichen Wege anzugehen gelte. Der normative Bodensatz, auf dem seine moderne Theoriearchitektur errichtet wird, ist das, was man mit Rainer Forst ein »Grund-Recht auf Rechtfertigung«[141] nennen könnte, das aus der Moral abgeleitet wird und deshalb weder ausschließlich im revolutionären Gründungsmoment einer politischen Assoziation

139 Vgl. ebd. sowie zu den beiden Zitaten: Jacques Rancière, *Das Unvernehmen*, S. 66 f. Vgl. ferner die Auseinandersetzung mit der. Anerkennungstheorie von Axel Honneth, welche sich aus der Diskursethik ableitet: ders., »Kritische Fragen an die Anerkennungstheorie«, in: Axel Honneth/ders., *Anerkennung oder Unvernehmen? Eine Debatte*, Berlin: Suhrkamp 2021, S. 61 ff.

140 Genaugenommen findet sich der Begriff nur in einem einzigen Kontext wieder; und zwar in der Fremdeschreibung von Karl Marx. Vgl. dazu Jürgen Habermas, *Auch eine Geschichte der Philosophie. Vernünftige Freiheit – Spuren des Diskurses über Glauben und Wissen (Band II)*, Berlin: Suhrkamp 2019, S. 624 ff.

141 So die Formulierung nach Rainer Forst, *Das Recht auf Rechtfertigung. Elemente einer konstruktivistischen Theorie der Gerechtigkeit*, Frankfurt am Main: Suhrkamp 2014, S. 10 (»Es drückt die Forderung aus, dass es keine politischen oder sozialen Herrschaftsverhältnisse geben soll, die gegenüber den Betroffenen nicht adäquat gerechtfertigt werden können.« Vgl. zur Anknüpfung an Habermas nur S. 127 ff. und passim.

gelte, wie es bspw. noch der Hobbes'sche Vertragsschluss suggerierte, noch einem Menschen abgesprochen oder von diesem aufgegeben werden könne. Das Recht wird damit rechtfertigungsbedürftig – und zwar seinem Grunde nach. Die derart aufgestellten Stützpfeiler des liberalen Rechtsstaates, also das politische Legitimationserfordernis und das subjektive Recht, lassen sich laut Habermas anhand eines rechtsstaatlichen *Verfahrens* miteinander verbinden, welches gegenüber moralischen Prinzipien – wie insbesondere dem Universalisierungsgrundsatz – durchlässig ist.[142]

Mit dieser Verschränkung von Legalität und Legitimität wird das, was einst die Begründungs*figur* der Monarchie gewesen war, zu einer Begründungs*prozedur* eines liberalen Rechtsstaates umgedeutet, dessen imaginäres Fortbestehen über die Zeit alles andere als eine Selbstverständlichkeit mehr ist.[143] Der politische Körper, den Habermas ebenfalls im Plural verfasst sieht, ist damit nicht mehr *per default* auf unbestimmte Dauer gestellt. Er bedarf aufgrund seiner grundsätzlichen Rechtfertigungsbedürftigkeit vielmehr lebenserhaltender Maßnahmen, die seinem altersbedingten Verfall vorbeugen. Eine solche »Prozeduralisierung« und damit der reflexive Einbau von Zeit in das Imaginäre ermöglicht einer sich darin erkennenden Gesellschaft, wie es Rudolf Wiethölter zu diesem Stichwort formuliert, sich »auf der Grundlage ihrer bisherigen Erfahrungen neuen Erfahrungen auszusetzen.«[144] In anderen Worten gerate dadurch eine Relation zwischen Altem und Neuem in den beobachtenden Blick, aufgrund derer sich »sich das Alte des Alten, das Neue des Alten, das Alte des Neuen, das Neue des Neuen« bestimmen lasse.[145] Für den politischen Körper hat das zur Folge, dass dieser nicht bloß den für die Moderne konstitutiven Teilungen des Gruppenpluralismus unterworfen ist und in einer eher sachlich- oder funktionsorientierten Differenz zu weiteren, mit ihm strukturgleichen Verkörperungsformen steht. Vielmehr

142 Berücksichtigt werden muss dabei freilich die von Klaus Günther eingeführte Unterscheidung, wonach es »zwei verschiedene Tätigkeiten sind, eine Norm zu rechtfertigen [...] oder eine Norm auf eine Situation zu beziehen«. Der »Universalisierungsgrundsatz« bedeute deshalb in »Anwendungsdiskursen« so viel, dass der Unparteilichkeit und einer am Einzelfall orientierten Angemessenheit entsprochen werden solle. Vgl. dazu ders., *Der Sinn für Angemessenheit. Anwendungsdiskurse in Moral und Recht,* Frankfurt am Main: Suhrkamp 1992, S. 25 f., 45 ff. sowie 311 ff. Vgl. auch Jürgen Habermas, *Faktizität und Geltung*, S. 199 f., 265 ff.

143 Vgl. nur ders., »Wie ist Legitimität durch Legalität möglich?«, in: *Kritische Justiz 1987* (Band 20 H. 1), S. 1 ff. (11 ff.).

144 Rudolf Wiethölter, »Materialisierungen und Prozeduralisierungen von Recht«, in: Peer Zumbansen/Marc Amstutz (Hrsg.), *Recht in Recht-Fertigungen*, Berlin: Berliner Wissenschafts-Verlag 2014, S. 423 ff. (445).

145 Ebd., 434.

steht der politische Körper in einer zeitlichen Differenz zu sich selbst und unterliegt damit einem permanenten Wandel, der seine gegenwärtige Verfassung immer nur als vorübergehendes Stadium zwischen seiner Vergangenheit und seiner Zukunft erscheinen lässt.

Politische Macht entfaltet sich bei Habermas weder als Heilige *Kommunion* mit dem universalen Ganzen noch als *kommunitaristischer* Rekurs auf einen partikularen Teil von Vielen. Als legitime Macht entfaltet sie sich innerhalb einer bürgerlichen Öffentlichkeit, der gegenüber Staat und Politik sich zu rechtfertigen haben. In ihr finden *Kommunikationen* statt, die von ihren partikularen Teilen auf das universale Ganze schlössen und gerade dadurch auf ein normatives Potenzial hinwiesen, dass es im liberalen Rechtsstaat zu kultivieren gilt. Habermas radikalisiert die im vorherigen Absatz dargelegte Perspektive nicht bloß durch eine quantitative Steigerung der bereits von Savigny vorgezeichneten Pluralisierungsdynamik, sondern durch eine qualitative Umarbeitung des Imaginären nach dem normativen Vorbild der Sprache und ihrer Implikationen. Was damit ausgewiesen wird, ist somit ein dritter Weg neben der Vereinheitlichung und der Pluralisierung des politischen Körpers. Während das Politische nach Kantorowicz oder Lefort noch aus den historischen »Teilungen des gesellschaftlichen Körpers« hervorgegangen ist, sieht Habermas ein ähnliches Paradigma in der rationalen Kommunikation verkörpert, womit er das transformative Potenzial des Politischen vom vernunftbegabten Subjekt in die intersubjektiven Strukturen der Sprache verlagert.

Was Habermas jedoch von ähnlichen Perspektiven und Prozeduralisierungen – insbesondere der systemtheoretischen Zeitkonzeption – unterscheidet, ist, dass er trotz eines fast schon als radikal zu bezeichnenden Bewusstseins für Pluralität und Kontingenz noch an einer komprehensiven Vernunftvorstellung festhält. Gegenüber dem kantianischen Vernunftrecht findet sich lediglich die Modifikation, dass der allgemeine Rationalitätsmaßstab nunmehr als intersubjektive Nachvollziehbarkeit verstanden wird, die sich aus einem nach deontologischen Prinzipien gestalteten, wenn auch gegebenenfalls nur virtuellen Diskurs ergibt.

Der Kategorische Imperativ wird dann zum »Diskursprinzip« und lautet: »Gültig sind genau die Handlungsnormen, denen alle möglicherweise Betroffenen als Teilnehmer an rationalen Diskursen zustimmen könnten.«[146] Und ebendiese *potenzielle* Zustimmungsfähigkeit ist wohl

146 Jürgen Habermas, *Faktizität und Geltung*, S. 138. Vgl. zur Gegenposition nur Daniel Loick, *Kritik der Souveränität*, Frankfurt am Main: Campus Verlag 2012, S. 315 (»Demokratische Verhandlungen müssen *tatsächlich* durchgeführt werden, alle Betroffenen müssen *tatsächlich* an ihnen beteiligt werden, wobei die wesentlichen Bedingungen ihres Lebens *tatsächlich* in diesen Verhandlungen thematisiert und entschieden werden können müssen.«)

unter anderem für die Beißreflexe einer radikalen Demokratietheorie verantwortlich, welche gegenüber Habermas eine für das Politische irreduzible Dimension des Streits und Dissenses, aber auch des Affektiven betont.[147] Das dahinterstehende Argument besteht darin, dass eine solche »Rede [...] von Prinzipien« letztlich auch nur eine »verschobene Rede vom Grund« sei.[148] Somit klingen die jeweiligen Selbstbezeichnungen eines »postfundamentalistischen« und eines »nachmetaphysischen Denkens« zwar durchaus ähnlich; sie unterscheiden sich jedoch darin, dass letzteres sich in die Niederungen eines »Erfahrungszusammenhang[es] lebensweltlicher Praxis« begibt und von dort aus in mühseliger Kleinstarbeit eine »Verfahrensrationalität« nachzuweisen versucht.[149] Die radikale Demokratietheorie hingegen tritt die kopflose Flucht nach vorne an und reißt auch noch die letzten Dämme gegenüber einem Begriff des Politischen nieder, der die außeralltäglichen Erfahrungen aus der Kunst, Ethik und Religion erfassen soll.[150]

Es lassen sich nur wenige Passagen finden, in denen Habermas sich zu einem solchen Begriff des Politischen oder zur radikalen Demokratietheorie äußert. In seinem 2019 erschienen Werk *Auch eine Geschichte der Philosophie* bezieht er sich immerhin in einer Fußnote sowohl auf einen Sammelband zu diesem Thema als auch auf Oliver Marchart (wobei es bezeichnenderweise weder die Herausgeber noch letzterer ins Namensregister geschafft haben).[151] Inhaltlich spricht Habermas von einer »erneuten Aktualität des Begriffs ›des Politischen‹« und lässt zum

sowie jüngst Isabell Lorey, *Demokratie im Präsens. Eine Theorie der politischen Gegenwart*, Berlin: Suhrkamp 2020, S. 24 ff.

147 Vgl. dazu zuletzt die Richtigstellung, dass es sich bei der »Konsensorientierung« um keine naive Erwartung, sondern eine »*Intention der Beteiligten*« handle. Jürgen Habermas, »Was heißt ›deliberative Demokratie‹? Einwände und Missverständnisse«, in: ders., *Ein neuer Strukturwandel der Öffentlichkeit und die deliberative Politik*, Berlin: Suhrkamp 2022, S. 89 ff. (102.). Außerdem bemesse sie sich an »funktionalen Gesichtspunkten« und gelte lediglich für »Beratungen jener Institutionen [...] in denen rechtsverbindliche Beschlüsse gefasst werden.« Ders., »Was heißt ›deliberative Demokratie‹?«, S. 69 ff. (79).

148 Oliver Marchart, *Das unmögliche Objekt*, S. 215, Fn. 10.

149 Vgl. dazu Jürgen Habermas., »Motive nachmetaphysischen Denkens«, in: ders., *Nachmetaphysisches Denken (Band. I). Philosophische Aufsätze*, Frankfurt am Main: Suhrkamp 2013, S. 35 ff. (59): »*Nach* der Metaphysik entzieht sich das ungegenständliche Ganze einer konkreten, nur noch als Hintergrund präsenten Lebenswelt dem theoretisch vergegenständlichenden Zugriff.«

150 Vgl. ferner dazu § 2, in denen die drei Unterabsätze (I.-III.) ebendieser aufgezählten Reihenfolge entsprechen.

151 Ders., *Auch eine Geschichte der Philosophie. Die okzidentale Konstellation von Glauben und Wissen (Band 1)*, Berlin: Suhrkamp 2019, S. 46, Fn. 25.

»vernünftigen Sinn dieses [...] ursprünglich einer anderen Periode angehörigen Begriffs« verlauten, doch »wenigstens eine Anmerkung« machen zu wollen. Schon mit dem Wort »wenigstens« gibt er zu verstehen, dass eine solche »Anmerkung« seines Erachtens wohl kaum notwendig sei. Nebenbei attestiert er den diesbezüglichen Debatten ganz beiläufig einen Anachronismus, wobei er es nicht einmal für notwendig erachtet, ihr problematisches Erbe fernab dieser bloßen Anspielung weiter zu explizieren. Dass er die radikale Demokratietheorie anschließend in wenigen Sätzen abfertigt, vermag dann kaum noch überraschen. Bezeichnend heißt es: »In der diffusen *Gestalt frei konkurrierender öffentlicher Meinungen* kann ›das Politische‹ [...] auch in funktional ausdifferenzierten Gesellschaften in Verbindung mit demokratischen Wahlen ein *einigendes Zentrum* bilden.«[152] Habermas lässt insofern keinen Zweifel daran aufkommen, dass sich sein Denken zwar um keinen Kopf des Königs, aber doch um einen erhobenen Mittelpunkt der Gesellschaft dreht, nämlich einen Integrationszusammenhang, dessen Zentripetalkraft die normative Richtung des Politischen vorgeben soll. Das wäre aus radikaldemokratischer Sicht aber keine *politische Theorie* respektive *Theorie des Politischen* mehr, sondern eine Theorie der Politik.

Es lassen sich aber auch Parallelen zwischen diesen Theorieanlagen aufzeigen, welche es durchaus nachvollziehbar erscheinen lassen, dass beide anfangs noch gemeinsam unter dem Label »radikaldemokratisch« firmierten. Auch bei Habermas findet sich eine produktive Spannung zwischen zwei Sphären entfaltet, nämlich der *Öffentlichkeit* und der *Sprache* einerseits sowie dem *Staat* und der *Politik* andererseits. In ihrer Bestimmung weist diese Dichotomie eine erstaunliche Ähnlichkeit zur Beschreibung der politischen Differenz und einer aus ihr resultierenden Unruhe im Symbolischen auf. Ein solches Muster hatte sich schon bei Savigny angedeutet, dessen Volksgeist ebenfalls der Sprache nachgebildet und als treibende Kraft einer Geschichte beschrieben wurde, die zur organischen Rechtsentwicklung lediglich noch von der Jurisprudenz systematisiert werden musste. Für Habermas ist die Sprache aber mehr als eine Allegorie der Geschichte. Ähnlich wie schon Walter Benjamin sieht Habermas in ihr eine implizite Normativität am Werk, welche dem verständigungsorientierten Handeln als sprachpragmatische Bedingungen vorausgesetzt werde und anschließend als »kommunikative Rationalität« historisch rekonstruiert wird.[153]

Mit Analysen wie diesen geht ein normativ aufgeladener Begriff der bürgerlichen Öffentlichkeit einher, welcher mit dem normativen

152 Ebd., S. 46.

153 Vgl. nur ders., *Theorie des kommunikativen Handelns. Zur Kritik der funktionalistischen Vernunft (Band. 1)*, Frankfurt am Main: Suhrkamp 1985, S. 28 ff., 114 ff. und passim.

Potenzial der Sprache dergestalt assoziiert wird, dass aus ihr heraus eine »kommunikative Erzeugung legitimer Macht« stattfindet.[154] Mit dem radikaldemokratischen Begriff des Politischen teilt diese »rechtsetzende kommunikative Macht« vor allem den gemeinsamen Rekurs auf Hannah Arendt und mit ihr eine in der politischen Assoziation liegende »*autorisierende Kraft*, die sich in der Schaffung legitimen Rechts und in der Gründung von Institutionen äußert.«[155] In anderen Worten richtet sich die kommunikative *als instituierende Macht* auf die instituierte Politik sowie das konstituierte Recht und versucht diese von dem aus zu transformieren, was man auch die Gewalt des Volkes bezeichnen könnte.

Während die politische Differenz in der »echten« radikalen Demokratietheorie jedoch häufig zu einem absoluten Gegensatz gesteigert wird und in dieser Überhöhung davon lebt, dass die unliebsame Gegenseite der Politik, der Polizei und nicht zuletzt des Rechts weitgehend unbelichtet bleiben, werden bei Habermas die »kommunikative Macht« der öffentlichen Willens- und Meinungsbildung und die ihr gegenüberliegende »administrative Macht« der Parlamente, der Gerichtsbarkeit sowie der Regierungs- und Verwaltungsbehörden nicht gegeneinander ausgespielt, sondern in einem *sowohl* demokratischen *als auch* rechtsstaatlichen Verfahren miteinander verzahnt. Zwischen den Sphären vermittele »Recht als das Medium«, welches – frei nach Arendt – den »politischen Körper zusammenhält« und dafür Sorge trage, »dass sich kommunikative Macht in administrative« umsetze.[156] Insofern handelt es sich um keine unilaterale Bewegung von der instituierenden Macht zur instituierten Politik, sondern um ein wechselseitiges Bedingungsverhältnis von Legitimität und Legalität, in dem sich Demokratie und Rechtsstaat entsprechend *komplementär* zueinander verhalten.[157]

154 Ders., *Strukturwandel der Öffentlichkeit. Untersuchungen zu einer Kategorie der bürgerlichen Gesellschaft*, Frankfurt am Main: Suhrkamp 2019, S. 45. Zuletzt noch einmal bekräftigt in ders., »Was heißt ›deliberative Demokratie‹?«, S. 69 ff. (103).

155 »Am reinsten tritt sie in jenen Augenblicken hervor, wenn Revolutionäre die Macht ergreifen, die auf der Straße liegt; wenn eine zum passiven Widerstand entschlossene Bevölkerung fremden Panzern mit bloßen Händen entgegentritt; wenn überzeugte Minderheiten bestehenden Gesetzen die Legitimität bestreiten und zivilen Ungehorsam üben; wenn in Protestbewegungen die ›pure Lust am Handeln‹ durchbricht.« Ders., *Faktizität und Geltung*, S. 182 ff. (184 f.).

156 »Die Idee des Rechtsstaates läßt sich dann allgemein als die Forderung interpretieren, das über den Machtkode gesteuerte administrative System an die rechtsetzende kommunikative Macht zu binden und von [...] der faktischen Durchsetzungskraft privilegierter Interessen [...] freizuhalten.« Ebd., S. 186 f.

157 Noch einmal pointiert zusammengefasst in ders., »Über den internen Zusammenhang von Rechtsstaat und Demokratie«, in: ders., *Die Einbeziehung*

2. Der verflüssigte König

Nachdem nun die groben Konturen der Diskursethik des Rechts sichtbar geworden sind und ein erster Eindruck bezüglich ihrer vorhandenen oder nichtvorhandenen Radikalität vermittelt wurde, lohnt ein näherer Blick auf das sich darin implizit bahnbrechende Imaginäre. Es stellt sich nämlich die Frage, wie man sich einen politischen Körper nach seiner Prozeduralisierung vorstellen soll. Ist das rechtsstaatliche Verfahren überhaupt figürlich darstellbar?

Jedenfalls lässt sich die darin implantierte »praktische Vernunft« nicht, da lässt Habermas keine Zweifel aufkommen, »ausschließlich oder auch nur vorwiegend in den Köpfen kollektiver oder einzelner Aktoren [...] verkörpern.«[158] Doch ob der unmissverständlichen Ansage, dass weder Köpfe noch Körper im liberalen Rechtsstaat für das imaginäre Erbe der Monarchie in Betracht kommen, wäre es ein Irrglaube, deshalb sogleich anzunehmen, dass Habermas den medientheoretischen Blick auf die symbolische Form und ihre Materialität verweigert, *in* der und *als* die eine kommunikative Macht in Erscheinung tritt. Erstaunlicherweise greift er an den wenigen Stellen, in denen sich die figurative Kraft seiner ansonsten ebenso nüchternen wie komplexen Sprache zu verselbstständigen scheint und er von einer »Verkörperung« der kommunikativen Rationalität innerhalb des Rechts spricht, vor allem auf die heraklitische Metapher des *Flusses* im Substantiv und des *Fließens* in der Verbform zurück.

Insofern lässt sich der eher technische Begriff der Prozeduralisierung ebenfalls mit der Formulierung einer *Verflüssigung des politischen Körpers* umschreiben, also einer Änderung seines Aggregatzustandes von einer widerständigen und festen zu einer permeablen und fluiden Substanz. Diese weist die Eigenschaft auf, zwar nicht in Volumen, aber in seiner Form überaus anpassungsfähig zu sein sowie mit der sich in Raum und Zeit stets verändernden Umwelt einer unendlichen Bewegung zu unterliegen. Mit dieser Metapher wies Habermas im Übrigen bereits schon früh auf die *liquid democracy* voraus, wie sie in den 2010er Jahren mit der Piratenpartei verbunden wurde und um die Idee kreiste, die mögliche Beteiligung an Entscheidungsprozessen mittels einer digitalen Infrastruktur zu erleichtern – und eben dadurch die Politik zu verflüssigen. Bei Habermas kann zwar von einer solchen Technikaffinität nicht die Rede sein; nichtsdestotrotz deckt sich der demokratische Imperativ nach mehr Partizipation mit dem propagierten Modell deliberativer Politik, die sich neben der Entscheidung auch auf dessen diskursive Vorbereitung

des Anderen. Studien zur politischen Theorie, Frankfurt am Main: Suhrkamp 1997, S. 293 ff. (294 ff.).

158 Ders., *Faktizität und Geltung*, S. 414.

im öffentlichen Räsonnement bezieht. Wieder mit ausdrücklichem Bezug auf die politische Verkörperung einer solchen Demokratie klingt das dann folgendermaßen:

> »Die vollends zerstreute Souveränität verkörpert sich nicht einmal in den Köpfen assoziierter Mitglieder, sondern – wenn von Verkörperung überhaupt noch die Rede sein kann – in jenen subjektlosen Kommunikationsformen, die den Fluß der diskursiven Meinungs- und Willensbildung so regulieren, daß ihre falliblen Ergebnisse die Vermutung praktischer Vernunft für sich haben.«[159]

Unmittelbar im Anschluss an dieses Zitat, wobei sich dieser assoziative Komplex insgesamt durch *Faktizität und Geltung* zieht, spricht Habermas von einem »Pool von Gründen« und meint damit, dass der »Kommunikationsfluß« eben nicht frei mäandert, sondern seinerseits eingegrenzt ist oder zumindest vernünftigen Bahnen folgt, die einer Hege und Pflege durch die politische Öffentlichkeit bedürfen.[160] In dieses Bild passt auch, dass er häufig von einem »diskursiven Filter«, einer »Waschanlage« sowie an anderer Stelle sogar von einer »diskursiven Kläranlage« spricht.[161] In diesen wird, so die angedeutete Funktion dahinter, das Filtrat der kommunikativen Rationalität von allem getrennt, was als politische Unvernunft nicht der Legitimitätserzeugung diene und demnach auch nicht in Rechtsform gegossen werden solle. Dass diese Metaphern auf einen Reinigungsvorgang anspielen, in dem das *Feste* vom *Flüssigen* abgesondert wird, bestätigt abermals das im Hintergrund der politischen Analyse wirkende Imaginäre, nach welchem die einst noch im König verdichtete Substanz nunmehr die bürgerliche Öffentlichkeit als ein normatives Potenzial durchströmt, das mittels des rechtsstaatlichen Verfahrens in einem Pool von Gründen eingehegt oder einem geklärten Filtrat konzentriert werden kann. Man könnte auch von einer Ablagerung, Sedimentation oder auch einer Gerinnung sprechen. Es lassen sich dann aber tatsächlich Zweifel an der Radikalität einer diesbezüglichen Demokratietheorie anbringen, wenn die rechtsstaatlichen Institutionen gegenüber dem Politischen, um im hiesigen Bilde zu bleiben, nicht wie ein Schiff auf hoher See vom stürmischen Wellengang bedroht werden,

159 Ebd., S. 626.

160 Ebd. Es liegt nahe, dass Habermas die Formulierung vom »Pool von Gründen«, die schon auf S. 623 verwendet wird, an Frank Michelmann und die »pooling of judgements« (S. 332, Fn. 58) anlehnt. Die Formulierung des »Kommunikationsflußes« findet sich an mehreren Stellen, etwa auf S. 74, 362, 365, 442, 626, 629.

161 Ebd., S. 387 (»diskursiven Filter«), 405 (»Waschanlage«) sowie ders., »Hat die Demokratie noch eine epistemische Dimension?«, in: ders., *Ach, Europa. Kleine politische Schriften* (Band XI), Frankfurt am Main: Suhrkamp 2008, S. 138 ff. (144 [»diskursiven Kläranlage«]).

sondern in einem in alle Himmelsrichtungen umgrenzten Planschbecken ruhen. Die instituierende Macht wird, in anderen Worten, also nur vorbehaltlich einer kommunikativen Rationalität entfaltet, die unter rechtsstaatlichen Verfahrensbedingungen ausgehandelt worden ist. Eine solche Demokratietheorie klingt zwar vernünftig, aber eben nicht radikal und erst recht nicht kopflos.

In jüngeren Schriften spricht Habermas zwar seltener von fließenden Kommunikationen, aber immerhin, zumal noch ausführlich und an exponierter Stelle, von einer »sprachlichen Verkörperung der Vernunft« – und benennt damit jenes theoretische Verbindungsstück, welches es ihm zuvor erlaubt hat, die im europäischen Denken ansonsten so vorherrschende Subjektzentrierung des Imaginären aufzugeben und zu dem bereits skizzierten Verständnis einer unpersönlichen Manifestation der kommunikativen Macht im Symbolischen überzugehen.[162] Neben Immanuel Kant als Impulsgeber gesellt sich dabei Georg Wilhelm Friedrich Hegel sowie mit ihm der entscheidende Übergang vom subjektiven zum objektiven Geist im Sinne einer dialektischen Stufenfolge zum Absoluten. Infolgedessen erscheint es Habermas überhaupt erst möglich, die »Vernunftmoral« nicht bloß als körperlosen Geist, sondern als eine sie verkörpernde Materie vorzustellen.[163] Zugleich gelangt er dadurch zu einem Rechtsverständnis, das nicht am metaphysischen Reißbrett entworfen wird, sondern sich in einer »rationalen Rekonstruktion« nachvollziehen lässt, deren Untersuchungsgegenstand insbesondere die Verwirklichung eines normativen Potenzials der Sprache ist.[164] In Bezug auf das Recht sieht Habermas dieses Potenzial insbesondere in den historischen Verfassungsgebungen realisiert, in denen moralische Grundsätze insbesondere in Gestalt von Grund- beziehungsweise Menschenrechten festgehalten werden.[165]

Die figurative Opposition von flüssig und fest lässt sich demnach auch mit den jeweiligen Medien verbinden, in denen Habermas das Recht

162 Jürgen Habermas, *Auch eine Geschichte der Philosophie (Band II)*, S. 375 ff.

163 Ders., »Noch einmal: Zum Verhältnis von Moralität und Sittlichkeit«, in: *Deutsche Zeitschrift für Philosophie 2019 (Bd. 67 H. 5)*, S. 729 ff. (735).

164 Freilich ist damit nur eine Facette dieser vielschichtigen Methode benannt. Vgl. dazu ausführlich Daniel Gaus, »Rationale Rekonstruktion als Methode politischer Theorie zwischen Gesellschaftskritik und empirischer Politikwissenschaft«, in: *Politische Vierteljahresschrift 2013 (Band 54 H. 2)*, S. 231 ff.

165 Jürgen Habermas, *Auch eine Geschichte der Philosophie (Band II)*, S. 391 f.: »Philosophisch gesehen, bilden [...] die revolutionären Gründungsakte schriftlich fixierter Verfassungsordnungen, die auf Menschenrechtserklärungen basieren, insofern einen historischen Einschnitt, als damit *Ideen der Vernunft* in einem ganz anderen, nämlich universalistischen Sinn *historische Gestalt annahmen*, auch wenn diese jeweils nur auf staatlich begrenzten Territorien Rechtsverbindlichkeit gewannen.«

verkörpert sieht: In der öffentlichen Sphäre flottiert zunächst vornehmlich das *gesprochene* Wort und mit ihm ein normatives Potenzial, welches im räsonierenden Diskurs allmählich zu einem intersubjektiv nachvollziehbaren Grund gerinnt und anschließend im rechtsstaatlichen Verfahren als ein Gesetz *niedergeschrieben* wird.[166] Indem die kommunikative zur administrativen Macht wird, nimmt sie also eine ebenso feste wie stete Form an und gilt innerhalb der Institutionen fortan als positivierter Konsens, dessen weitere Implementierung und Anwendung sich streng an funktionalen Maßstäben zu orientieren habe. Pluralität und Kontingenz sind damit zwar durchaus reflexiv im diskursethischen Imaginären angelegt, wie sich an den vielfältig möglichen Gestalten eines historisch gewachsenen Textkorpus der Verfassung und der Gesetze beobachten lässt. Allerdings werden sie eben nur auf dieses feste Medium der geschriebenen Rechtsform bezogen.

Insofern täuscht der Eindruck, dass mit der Prozeduralisierung des politischen Körpers unweigerlich eine Theoriearchitektur auf grundlosem oder wenigstens bedrohlich schwankendem Grund einhergeht. Der liberale Rechtsstaat ist bei Habermas nicht auf Wasser gebaut, sondern bedient sich dem Politischen als einer verflüssigten Macht nur insoweit, wie es zur prozeduralen Kultivierung der politischen Vernunft notwendig ist. Zwar konstatiert er, dass die »souveräne Gewalt des Königs [...] sich längst aufgelöst und in den Kommunikationsflüssen der Zivilgesellschaft verflüssigt« hat.[167] Auch gesteht er ein, dass »die entkörperlichte [d.h. entpersonalisierte] und zerstreute Souveränität des Staates« entsprechend dem berühmten Diktum von Lefort »eine ›entleerte Mitte‹ hinterlassen« habe.[168] Aber das »einzige spontane Element« mit der entsprechenden Fähigkeit, »die Grenzen der institutionalisierten Machtpolitik« zu überschreiten, ist nicht eine sich der rationalen Rekonstruk-

166 Vgl. dazu auch Aleida Assmann, »Fest und flüssig. Anmerkungen zu einer Denkfigur«, in: dies./Dietrich Harth, *Kultur als Lebenswelt und Monument. Über die Lesbarkeit des Leibes und einige andere Voraussetzungen der Kulturanalyse.* Frankfurt am Main: Fischer Taschenbuch Verlag 1991, S. 181 ff. (186 f.). Dass in der bürgerlichen Öffentlichkeit, insbesondere innerhalb digitaler Massenmedien, auch schriftlich kommuniziert wird, soll dieser bezeichneten Tendenz einer mit Walter Ong als »sekundär« verstandenen, also nicht etwa schriftlosen Oralität gar nicht entgegenstehen. Vgl. dazu nur Walter Ong, *Oralität und Literarität. Die Technologisierung des Wortes*, Wiesbaden: Springer VS 2016, S. 138 f.

167 Jürgen Habermas, »›Das Politische‹ – Der vernünftige Sinn eines zweifelhaften Erbstücks der Politischen Theologie«, in: ders., *Nachmetaphysisches Denken (Band 2). Aufsätze und Repliken*, Berlin: Suhrkamp 2012, S. 238 ff. (255).

168 Ebd. Diese Referenz auf das geflügelte Wort von Claude Lefort sowie, anschließend daran, auf Ulrich Rödel, Günter Frankenberg und Helmut Dubiel findet sich bereits in ders., *Strukturwandel der Öffentlichkeit*, S. 44.

tion irreduzibel entziehende, weil auch sie instituierende Macht, sondern eine »aus dem anarchischen Gebrauch kommunikativer Freiheiten gespeiste [...] Springflut von Kommunikationsflüssen« und einem darin enthaltenen normativen Potenzial, welches erst die filternden Verfahren des liberalen Rechtsstaates durchlaufen muss, um eine *legitime* Wirkung entfalten zu können.[169] Die Komplementarität von Rechtsstaat und Demokratie bedeutet für Habermas eben nicht nur, dass die toten Buchstaben der Gesetze mit demokratischem Leben gefüllt werden müssen; sondern *vice versa* eben auch, dass ein solches Leben nur dort erblühen kann, wo das Recht und die Verfassung ihm einen fruchtbaren Boden bereitet haben.

Bei diesem Imaginären des in seiner politischen Substanz verflüssigten und doch fest umgrenzten Korpus des liberalen Rechtsstaates handelt es sich selbstverständlich nicht bloß um eine eigens von Habermas erfundene und propagierte Vorstellung. Eine solche »demokratische Ästhetik« lässt sich vielmehr auch an der *Kuppel* des Reichstagsgebäudes in Berlin (vgl. Abb. 5) nachvollziehen, in welcher nach Günter Frankenberg zwar nicht die »Zerstörung, wohl aber die Dekonstruktion des Hauptes« visualisiert wird.[170] Dass es sich bei ihr um eine monarchische Provokation und konträre Allegorie auf den Kopf des Königs, also explizit um eine »architektonische Symbolisierung des Oberhauptes« handelte, zeigt sich schon daran, dass für Kaiser Wilhelm II. die entsprechende Vorgängerin (des in dieser Gestalt erst nach der deutschen Wiedervereinigung errichteten Konstrukts) bereits ein großes Ärgernis war, weil sie in ihrer Höhe das Berliner Stadtschloss überragte.[171]

Dass eine solche Herrschaftsdimension auch in der nachfolgenden Kuppel erhalten bleibe, bemerkte selbst der für sie verantwortliche Architekt Norman Foster kritisch, der in der kopflastigen Form ein »Symbol all des Negativen« erkannte, »was mit den Deutschen verbunden werden könne: Hierarchie und auktoriales, antidemokratisches Denken.«[172] Entsprechend ist die heutige Reichstagskuppel auch gar nicht auf seine eigene Idee zurückzuführen; vielmehr wurde der 1992 durch einen Wettbewerb auserwählte Architekt vom Ältestenrat des deutschen Bundestages zur Übernahme des entsprechenden Auftrages gedrängt.

Doch tatsächlich vermochte er die eigenen Anforderungen, wonach paradoxerweise der demokratische Widerspruch gegen die Monarchie im Kopf symbolisiert werden sollten, miteinander zu vereinbaren. Seine

169 Ders., »›Das Politische‹ – Der vernünftige Sinn eines zweifelhaften Erbstücks der Politischen Theologie«, S. 238 ff. (252).

170 Günter Frankenberg, *Staatstechnik. Perspektiven auf Rechtsstaat und Ausnahmezustand*, Berlin: Suhrkamp 2010, S. 58.

171 Horst Bredekamp, »Ikonographie des Staates. Der Leviathan und seine Folgen«, in: *Kritische Justiz 2000 (Bd. 33 H. 3)*, S. 395 ff. (405 f.).

172 M.w.N. ders., *Thomas Hobbes, Der Leviathan*, S. 154.

Abbildung 5: Außenansicht der Kuppel des Reichstagsgebäudes in Berlin.

Lösung dieses Dilemmas bestand einerseits darin, den parlamentarischen *Caput* gläsern werden zu lassen und damit der demokratischen Forderung nach einer durchsichtigen, klaren – oder wie man heute sagen würde: transparenten – Politik zu entsprechen.[173] Andererseits hat er die Kuppel durch mehrere, innen an seiner Schädeldecke befestigte Rampen begehbar werden lassen. Durch den Kopf des Parlamentes flutet seither eine bürgerliche Öffentlichkeit, welche sich gleichsam als Gedankenströme durch seine spiralförmigen Windungen bewegt (vgl. Abb. 6). Während demnach im Bauch des architektonischen Korpus die gewählten Abgeordneten sitzen, herrscht in der Reichstagskuppel über ihnen ein steter Fluss von Menschen, in dem jenes Volk rastlos auf- und abgeht, welches durch das parlamentarische Spektakel repräsentiert werden soll.

Doch obwohl sie auf einer vertikalen Achse *über* dem Parlament thronen, kreisen sie auf einer horizontalen Achse wie in einem Strudel *um* dieses als politisches Zentrum herum. Wie auch bei Horst Bredekamp nachzulesen ist, liegt in diesem von der Reichstagskuppel inszenierten Imaginären, in dem »auf stochastische Weise immer neue Souveräne« zusammengebracht werden können, dann auch zugleich eine »politische Bestimmung der Zeit.«[174] Von dieser heißt es dann weiter, dass der »feierliche Akt, in dem die Bürger bei Hobbes den Leviathan durch Eid erzeugen«, in dieser ebenso demokratischen wie rechtsstaatlichen Konstellation »zu einem zufälligen und auch ein wenig selbstgefälligen Dauerfest« erhoben werde.[175] Die Prozeduralisierung findet damit ihre wohl sinnfälligste Manifestation in der Architektur der Reichstagskuppel.

Wieder mit Frankenberg kann darin vor allem eine solche Verfassungsarchitektur erkannt werden, wie sie von Habermas theoretisch beschrieben wird: »Die ehedem monolithisch geschlossene Souveränität, im Haupt symbolisch vergegenwärtigt, *verflüssigt* sich.«[176] Entsprechend führt er aus, dass er in der Kuppel solche Theorien »verkörpert« sehe,

173 Zur Kultur- und Rechtsgeschichte eines solchen Ideals vgl. Daniel Damler, *Rechtsästhetik*, S. 302 ff. (316 ff.).

174 Thomas Hobbes, *Leviathan*, S. 156.

175 Ebd.

176 Günter Frankenberg, *Staatstechnik*, S. 59 (Herv. M.E.).

Abbildung 6: Innenansicht der Kuppel.

»nach denen Souveränität allein in rechtlich institutionalisierten Verfahren zur Geltung kommt.«[177] Dass in der anschließenden Fußnote am Satzende dann *Faktizität und Geltung* zitiert wird, bedarf wohl kaum noch der Erwähnung.

Das Imaginäre des liberalen Rechtsstaates scheint in diesen Beispielen von der akademischen bis hin zur architektonischen Inszenierung also einem Muster zu folgen, nach welchem die instituierende Macht des Politischen in der bürgerlichen Öffentlichkeit als ein vielfältiges sowie ständig in Bewegung befindliches Potenzial flottiert. Und mit dem ominösen Begriff des Volkes wird dieser kommunikativen Sphäre dann anschließend die vormals königliche Souveränität zugesprochen. Dieser Vorstellung nach besteht zumindest die Möglichkeit, den Staat wie auch die Politik gemäß den institutionellen Vorgaben der rechtsstaatlichen Verfahren latent unter Rechtfertigungsdruck zu setzen und dadurch deliberativ vor sich herzutreiben.

In der politischen Wirklichkeit wird dem teils durch ein zivilgesellschaftliches Engagement, teils auch nur durch unbeteiligtes Zuschauen entsprochen. Entsprechend blicken auch im Reichstag meist nur wenige von der Empore hinab, weil sie den parlamentarischen Debatten zu folgen versuchen. Die wohl meisten flanieren im privativen Modus der voyeuristischen Touristin durch den nunmehr ausgehölten Kopf des politischen Körpers: Zwar ist es möglich, durch die transparente Schädeldecke in den Himmel und mit ihm in die Unendlichkeit zu blicken; allerdings reduziert das Plexiglas das transzendentale Jenseits auf ein fest umgrenztes Firmament, auf eine kugelförmige, undurchdringliche Entität, welche den politischen Horizont als sein bereits instituiertes Diesseits limitiert. Ein wirklich radikaler Imperativ der Demokratie – ob man ihm nun entsprechen möchte oder nicht – müsste demgegenüber wohl heißen, dass die Sterne nur sehen kann, wer seinen eigenen Kopf loszuwerden vermag (vgl. Abb. 1).

177 Ebd.

3. Das Magma

Insofern vermag der zwar verflüssigte, aber eben doch festumgrenzte politische Körper und damit das Imaginäre dieser liberal-rechtsstaatlichen Fasson dem französischen Radikalitätsanspruch eher nicht zu entsprechen, weil es das Verfahren einer bereits instituierten Politik gegenüber einer radikal verstandenen Demokratie nicht aufs Spiel zu setzen bereit ist.

Ein solch kopfloser Wagemut, welcher das apodiktische Primat einer instituierenden Macht metaphorisch als eine nicht mehr dem Vernünftigen vorbehaltene *Emphase der Verflüssigung* zum Ausdruck bringt, findet sich bei jenem Autor, mit dem dieser Paragraph zuvor eingeleitet wurde – und mit dem er nun auch schließen soll. So veranschaulicht Cornelius Castoriadis die politische Differenz (welche bei ihm unter der eingangs benannten Opposition eines »radikalen« und »gesellschaftlichen/instituierten Imaginären« firmiert[178]) anhand der beiden Aggregatzustände einer im wahrsten Sinne des Wortes brandgefährlichen Substanz: dem *Magma.*[179] Wie schon bei Habermas orientiert sich auch diese Metapher strukturell am Vorbild der Sprache und verweist in ihren dichotomen Dimensionen aus *Festem* und *Flüssigem* auf ihre symbolische Doppelmatrix als einem einerseits anarchischen, generativen und dynamischen sowie andererseits regelorientierten, repetitiven und statischen Bedeutungsgewebe. Während Habermas sich jedoch mehr noch auf letztere Dimension konzentriert und in der rationalen Rekonstruktion eine historisch geronnene sowie normativ belastbare Struktur voraussetzt, geht es Castoriadis mit einer Emphase der ersten Dimension um eine »indeterminierte Schöpfung von Gestalten/Formen/Bildern« aus einem »unendlichen Vorrat an Andersheit« und damit einer Instituierung der Sprache wie auch der Gesellschaft überhaupt.[180]

178 Es soll nicht unterschlagen werden, dass eine diesbezügliche Kritik von Castoriadis an Lefort lautet, dass dieser »eine äußerst partielle Sichtweise« auf die Instituierung der Gesellschaft habe, die mit einer »übermäßigen, gleichsam ›transhistorischen‹ Ausweitung des ›Politischen‹« einhergehe. Cornelius Castoriadis, »Das Gebot der Revolution«, S. 54 ff. (82). Diesen Zwist lässt sich freilich auflösen, wenn man den radikaldemokratischen Begriff des Politischen von seiner Bezogenheit auf »die Politik« löst, mithin entdifferenziert und mit dem gleichsetzt, was Castoriadis selbst eine »instituierende Macht« nennt. Vgl. dazu ausführlich § 3 Abs. 3 a.E.

179 Zur imaginären Differenz vgl. Cornelius Castoriadis, *Die Gesellschaft als imaginäre Institution*, S. 597, 602. sowie zum Magma nur ders., »The Logic of Magmas and the Question of Autonomy«, in: ders., *The Castoriadis Reader*, Oxford (UK) und Malden (USA, MA): Blackwell Publishing S. 290 ff. (296 ff., 308 f.).

180 Ders., *Die Gesellschaft als imaginäre Institution*, S. 12 f., 605 (ohne Herv.).

Dies schlägt sich dann auch in der Wahl der vulkanischen Metapher nieder, lässt sich mit Magma als Material doch keineswegs *vernünftig* arbeiten. Eine Filterung, Klärung oder auch nur Lenkung dieser allesumwälzenden Masse wäre zum Scheitern verurteilt.[181] Oder noch etwas plakativer: Man würde sich an ihr die Finger verbrennen. Und weil das Magma nicht sichtbar auf der Erdoberfläche fließt, dann würde es schließlich zu Lava, sondern spontan aus dem Untergrund eruptiert, ist die Metapher zugleich ein Fingerzeig des ausgewiesenen Psychoanalytikers auf das Unbewusste, dessen unergründlichen Quellen bekanntlich die Phantasie und mit ihr die produktiven Ströme des Imaginären entspringen sollen. Castoriadis beschreibt sein Unternehmen selbst dergestalt, dass er einen »ungeheuren Raum des Dunklen« auszuloten versuche, in welchem das »Licht der Vernunft« nicht scheint und »das ›Dunkle‹ die Vernunft selbst durchdringt, weil die Vernunft selbst ›dunkel‹ ist – in ihrem ›Ursprung‹, in ihrem ›Warum‹ und ›Wozu‹, ihrem ›Wie‹ und ihrem Verhältnis zu dem, was nicht ›vernünftig‹ ist.«[182]

Auch so etwas wie rationale Gründe seien demnach aus der Tiefe des Seins emporgetreten und ließen sich erst danach als eine in der Gesellschaft verhärtete und gleichsam verdinglichte Substanz rationalisieren. Das *Nach*denken über die Vernunft käme deshalb immer zu spät und solle, statt sich auf die instituierten Formen des Symbolischen zu besinnen, lieber auf das rückzuschließen versuchen, was ihnen als instituierende Macht vorausliegt. Wie schon Martin Heidegger empfiehlt auch Castoriadis nicht das bloße Kratzen an der geschichteten Oberfläche des Seienden, sondern cin kühnes Vordringen des berufenen Intellektuellen in den flüssigen Erdkern des Seins, von dem ein niemals versiedender oder auskühlender Strom des Imaginären ausgehe. Dieser allein vermöge es, die zu festem Gestein erstarrte Kruste von unten aufzubrechen und dadurch immer wieder Neues zu erzeugen, das aus der jeweils vorher instituierten Struktur nicht abzuleiten ist.

Mit ihren verschiedenen Perspektiven auf die Sprache unterscheiden sich die beiden Verwendungsweisen der Metapher von dem *verflüssigten* Körper des Politischen mithin auch darin, ob diese entweder als der Vernunft als instituierende Macht zuvorkommend und ihren Maßstäben damit entzogen betrachtet wird oder vielmehr davon ausgegangen wird, dass auch

181 Cornelius Castoriadis, *Die Gesellschaft als imaginäre Institution*, S. 564 f.: »Ein Magma ist etwas, dem sich mengenlogische Organisationen unbegrenzt entnehmen lassen (oder: worin sich solche Organisationen unbegrenzt konstruieren lassen), das sich aber *niemals* durch eine endliche oder unendliche Folge mengentheoretischer Zusammenfassungen (ideell) zurückgewinnen läßt.« (Herv. M.E.).

182 Die Vernunft, heißt es weiter, erscheine nämlich »nur solange als ›nicht-dunkel‹, wie man sich darauf beschränkt, sie zu ›verwenden‹, ohne auf sie zu reflektieren.« Ders., »Das Gebot der Revolution«, S. 54 ff. (78 f.).

das Politische sich ihr gegenüber zu bewähren hat. Zwar honoriert Habermas an Castoriadis ausdrücklich, dass dieser »ganz ähnlich wie Hannah Arendt« seinen analytischen Blick auf »jene seltenen historischen Augenblicke« zu lenken vermöge, in welchen »die Masse, aus der Institutionen geformt werden, noch *flüssig*« sei und sich die »produktiven Momente der Gründung neuer Institutionen« als ein außergewöhnlicher »Grenzfall« des Politischen erweise.[183] Weil aber Castoriadis, wie vor ihm auch Heidegger, von einer »welterschließenden Funktion der Sprache« ausgehe, in welcher sich »das Seiende in seinem Sein von beliebigen Zugriffen gleichermaßen widerstandslos öffnen« ließe, vermöge er die für Habermas selbst leitende »Differenz von Sinn und Geltung« nicht zuzulassen und verkenne damit, »daß der ans Seiende herangetragene Horizont des Sinnverstehens der Wahrheitsfrage nicht vorausliegt, sondern untersteht.«[184]

Damit handelt es sich bei der Unterscheidung um nicht weniger als um die Frage nach der leitenden Normativität der gegensätzlichen Perspektiven: In der radikalen Demokratietheorie ist lediglich ein letzter normativer Rest angelegt, nach dem es immer weiter gehen soll – wenn auch nur *irgendwie*. Habermas hingegen rettet mit seinem diskursethischen Begriff des kommunikativen Handelns den bereits verlorengeglaubten Fortschrittsgedanken in die späte Moderne, wonach anhand von Geltungsansprüchen sprachlicher Äußerungen an vorangegangene Lernprozesse (etwa die Positivierung von Grund- und Menschenrechten) angeschlossen werden soll.

Sicherlich lassen sich auch radikaldemokratische Verteidigungslinien finden, welche den in solchen Darstellungen latent mitschwingenden Vorwurf des Relativismus zu entkräften verstehen und entlang der von Oliver Marchart immer wieder betonten Unterscheidung zwischen dem Post- und dem Antifundamentalismus verlaufen.[185] Denn auch Castoriadis würde keinesfalls leugnen, dass *innerhalb* der Gesellschaft und ihres instituierten Imaginären ein derart verlässlicher Bedeutungszusammenhang besteht, anhand dessen sich eine sprachlich getätigte Aussage auf ihre Plausibilität überprüfen lässt. Exemplarisch lässt sich das an seiner Rede über Gott veranschaulichen: Dieser werde in einer monotheistischen Glaubensgemeinschaft als »Ursprung des Seins« und zugleich als »ausgezeichnetes Seiendes« in den imaginären Mittelpunkt der Gesellschaft gestellt, von dem »als letzte Grundlage« nicht bloß Gesetz und Ordnung, sondern »alle Werte und Orientierung« abzuleiten seien.[186]

183 Jürgen Habermas, *Der philosophische Diskurs der Moderne*, S. 382 (Herv. M.E.).

184 Ebd., S. 183 (Zur »Welterschließung« und zur »Wahrheitsfrage«), 385 (»Differenz von Sinn und Geltung«).

185 Vgl. nur wieder Oliver Marchart, *Die politische Differenz*, S. 16 f.

186 Cornelius Castoriadis, *Die Gesellschaft als imaginäre Institution*, S. 592. Vgl. auch ebd., S. 241 (»Gott ist weder der Name Gottes noch die Summe

Nun bestreitet Castoriadis nicht, dass sich auch innerhalb eines solchen religiösen Bedeutungszusammenhanges ein Konsistenzanspruch verfolgen lässt, anhand dessen sich mehr oder weniger sinnvoll über Gott und die Welt sprechen lässt. Nur vermag auch eine solche Rede eben keinen letzten Grund bezeichnen, der von seiner instituierten Bedeutung getrennt werden könnten.[187] Es geht Castoriadis in anderen Worten also nicht um die Frage, »warum« eine Gesellschaft auf diese und jene Art und Weise instituiert werden sollte, denn das würde eben wieder eine – wenn auch: prozeduralisierte – Letztbegründung voraussetzen; es geht ihm stattdessen darum, »wie, wodurch und unter welchem Gesichtspunkt« eine Gesellschaft so tun kann, *als ob* sie eine Antwort auf diese Frage hätte.[188]

Wenn man die radikale Demokratietheorie kritisieren möchte, sollte man sie deshalb an diesem Anspruch messen. Vor dem Hintergrund des Postfundamentalismus scheint die Verflüssigung des politischen Körpers in einer Ontologie des Werdens, wie sie beispielhaft im Magma veranschaulicht wird, keinesfalls mit Habermas als *zu radikal*, sondern vielmehr nicht *radikal genug* zu sein. Schließlich greift Castoriadis auf diese Metapher zurück, um nichts Geringerem als dem Sein selbst eine metaphorische Gestalt zu verleihen; zumal dieses dann ausgerechnet mit dem Naturphänomen eines lavaspeienden Berges und mit ihm der reinen Urgewalt des Feuers assoziiert wird, das sowohl die prometheische Entstehung als auch den pompejischen Untergang der menschlichen Zivilisation bedeuten kann. Allerdings besteht »die metaphysikkritische Pointe« von Castoriadis gerade darin, wie auch Gerhard Gamm betont, von

der Bilder, die sich ein Volk von ihm machen kann [...]. Er ist das, worauf alle Symbole verweisen, die ihn tragen; er ist das, was in einer jeden Religion diese Symbole zu religiösen Symbolen macht [...] - das, was diesen Verknüpfungen Einheit verleiht, zugleich aber auch die Möglichkeit gewährleistet, dieses System von Verknüpfungen zu erweitern, zu vervielfachen und zu verändern.«).

187 Ebd., S. 583 (»Daß gesellschaftliche imaginäre Bedeutungen instituiert sind, [...] heißt auch, daß diese Bedeutungen in der und durch die Wirklichkeit der Individuen, Handlungen und Gegenstände, in denen sie sich ›äußern‹, gegenwärtig werden und Gestalt annehmen. Als das, was sie ist, und so, wie sie ist, ›materialisiert‹ die Institution der Gesellschaft ein Magma gesellschaftlicher imaginärer Bedeutungen, von dem aus sich die Individuen und Objekte allein verstehen lassen, ohne das sie nicht wären und von dem man nie sagen könnte, daß es ist, wenn es von den Individuen und Objekten, die es sein läßt, getrennt wäre.«).

188 Ebd., S. 585 (zum »warum«), S. 595 (zum »wie«) Vgl. dazu auch wieder Jürgen Habermas, *Der philosophische Diskurs der Moderne*, S. 385 (»Warum eine Gesellschaft einen bestimmten Horizont von Bedeutungen instituiert, ist eine Frage, die Castoriadis als gegenstandslos abweisen muß.«).

einem »indiskreten« und »diskontinuierlichen« Sein zu sprechen, welches nicht mit dem monistischen Prädikat einer bestimmten Referenz – wie Gott, der Natur, dem Geist oder der Geschichte – ausgestattet werde, sondern als »Hyperkategorie« eine solche Referenz gerade zu unterminieren versuche.[189] Man könnte deshalb im Anschluss an Leforts Formulierung einer »In-Form-Setzung« auch von einer »In-Sein-Setzung«[190] bei Castoriadis sprechen, wonach das Magma an imaginären Bedeutungen nicht bloß dem Seienden, sondern auch dem Sein – sowie in der Konsequenz der ontologischen Differenz selbst – vorausgeht. Die Ontologie der Unbestimmtheit führt damit zur Unbestimmtheit der Ontologie.

Vor diesem Hintergrund lässt sich aber gerade keine Aussage mehr über das Wesen der instituierenden Macht mehr treffen, die nicht reflexiv von dieser Erkenntnis relativiert werden würde. Soll der Einbau von Zeit in das Imaginäre ernstgenommen werden, muss er sich ebenfalls auf den eigenen Entwurf einer *Theorie des Politischen* beziehen, weil diese immer auch *politische Theorie* ist. Damit bringt sie zugleich hervor, was sie zu beschreiben vorgibt: eben das Politische. Wird dieses stattdessen auf einen dekontextualisierten Begriff eines enthobenen Seins gebracht, reduziert sich der radikale Gestus auf ein wohlfeiles Lippenbekenntnis. Die Verflüssigung muss, wenn man sie »wirklich« radikal verstehen möchte, neben der ontologischen Differenz auch die verabsolutierten Grenzen der politischen Differenz unterlaufen. Diese Argumentation lässt sich dann auch gegen den in der radikalen Demokratietheorie vielfach durch die Ontologie veredelten Antagonismus wenden. Denn auch »antagonistische oder agonistische Konstellationen« vermögen immer »nur *eine* Art der Institutionalisierung« darzustellen, »deren imaginärer Bedeutungs- und Sinnzusammenhang erst errichtet und erhalten werden muss.«[191] Von Streit könnte schließlich dann nicht mehr die Rede sein, wenn sich über den Streit nicht mehr vortrefflich streiten ließe.

Nicht zuletzt gilt dieses Argument auch in Bezug der in diesem Paragraphen thematisierten Merkmale der Pluralität oder Kontingenz. Auch

189 Gerhard Gamm, *Flucht aus der Kategorie. Die Positivierung des Unbestimmten als Ausgang aus der Moderne,* Frankfurt am Main: Suhrkamp 1994, S. 89. Vgl. ferner: »Unbestimmtheit bezeichnet ein gleichsam negativ oder vorsprachlich bleibendes dunkles Vorwissen, das aber konturiert genug ist, via negationis ein nicht passendes oder unangemessenes Wissen abzuhalten; es liegt gleichsam in schwacher Bestimmtheit vor.« Ebd., S. 99.

190 Von einem »Ins-Sein-Bringen« spricht auch Alice Pechriggl, »Der Einfall der Einbildung als ontologischer Aufbruch«, in: dies./Karl Reitter (Hrsg.), *Die Institution des Imaginären. Zur Philosophie von Cornélius Castoriadis,* Wien: Turia & Kant 1991, S. 81 ff. (83).

191 So auch Robert Seyfert, »Cornelius Castoriadis: Institution, Macht, Politik«, in: Ulrich Bröckling/Robert Feustel (Hrsg.), *Das Politische denken. Zeitgenössische Positionen*, Bielefeld: transcript 2015, S. 253 ff. (266).

mit ihnen geht kein Imaginäres einher, das sich zum metahistorischen und gänzlich dekontextualisierten Fixpunkt einer politischen Theorie erklären ließe. Nicht zuletzt gilt das auch deshalb, weil ansonsten die These über das Vorhandensein von Kontingenz oder Pluralität diesen für irreduzibel erklärten Faktoren nicht mehr selbst ausgesetzt wäre. Vielmehr resultieren die dargelegten Verfallsstufen des politischen Körpers aus einer spezifischen Arbeit am Symbolischen, die ich ausgehend von der *Vereinheitlichung* als *Pluralisierung* und *Prozeduralisierung* zu beschreiben versucht habe. Allerdings haben sich sowohl Savigny als auch Habermas mit ihren jeweiligen Vorstellungen vom Recht – ob nun an den Volksgeist und die Jurisprudenz oder an die Sprache und eine bürgerliche Öffentlichkeit rückgebunden – eine letzte Bastion des überlegenen Wissens oder ein einigendes Zentrum der Macht beibehalten. Bei ihnen, so ließe sich zuspitzen, ist der Kopf des Königs noch immer nicht gerollt.

Was bisher jeweils nur zum Schluss der verschiedenen Absätze in einem kurzen Ausblick angesprochen wurde, soll deshalb im folgenden Paragraphen ausdrücklich zum Thema werden: eine mögliche Radikalisierung der bisherigen Spielarten der *body politics*. Das Ergebnis dessen ist dann nicht weniger als ein Imaginäres, in dem bei Georges Bataille zunächst das *Individuum*, bei Jean-Luc Nancy die *Gemeinschaft* und bei Walter Benjamin dann schließlich auch das *Recht* ihres Kopfes beraubt werden.

§ 2
Nietzsche, Frankreich und die *Acéphale*

Solche Theorieangebote, wie ich sie im letzten Paragraphen exemplarisch vorgetragen habe, werden immer auch *persönlich* genommen. Damit meine ich, dass sie sich auf bestimmte Personen beziehen. Allgemein gilt in den theorielastigen Grundlagendisziplinen, und dieser Umstand lässt sich durchaus beklagen, dass ihr spezifisches Wissen auf eine Kanonisierung von Autorinnen und mit ihren Namen verbundener Schriften zurückzuführen ist. In einen solchen Kanon wird aufgenommen, wer viel gelesen, viel besprochen und viel zitiert wird. Doch mit diesem aufmerksamkeitsökonomischen Selektionskriterium rückt vermehrt in den Hintergrund, *warum* eine Schrift oder Autorin überhaupt angeführt wird. Ob sie Zustimmung oder Widerspruch erfährt, scheint dann weniger bedeutend als die Tatsache, *dass* sie überhaupt im akademischen Diskurs stattfindet und schon deshalb relevant erscheint. Als Binsenweisheit des akademischen Wettbewerbs um Denkangebote kann deshalb festgehalten werden, dass einzelne Thesen oder auch ganze Theorien nicht etwa aussterben, wenn sie mit überzeugenden Gründen widerlegt werden. Sie sterben aus, wenn sie nicht mehr gelesen, besprochen und zitiert werden.

Damit wäre freilich eine wissenschaftssoziologisch ansetzende Erklärung dafür gefunden, dass sowohl Martin Heidegger als auch Carl Schmitt so lebendig erscheinen wie eh und je – und das ausgerechnet in einem dezidiert antifaschistischen Diskurs, der seinen Schwerpunkt westlich des Rheins hat. Keinesfalls frönt die radikale Demokratietheorie nämlich der Orthodoxie einer Fundamentalontologie oder gar einer imaginären Einheitsmatrix des Politischen, wie die beiden deutschen Autoren es noch taten. Ganz im Gegenteil beruft sie sich auf eine ganz und gar als häretisch zu bezeichnende Rezeption dieser beiden Autoren. Das lässt sich schon an den beiden Wortungetümen des schon länger diskutierten »Linksschmittianismus«[1] sowie des neuerdings ins Spiel gebrachten »Linksheideggerianismus«[2] nachvollziehen. In einer eklektischen Fusion aus den theoretischen Bausteinen der ontologischen Differenz und dem normativen Primat des Politischen bleibt dann lediglich noch eine *politische Differenz* übrig, welche in ihrer anarchistischen Stoßrichtung diesen beiden Autoren – ganz unabhängig von ihren mal mehr und mal weniger verfänglichen Lebensabschnitten – mit Sicherheit nicht recht gewesen wäre. Ob aber nun links, rechts oder mittig: ihrer Popularität im Kanon der Theorie tut man mit diesen Wendungen keinen Abbruch, sondern verstärkt sie noch in der vehementesten Revision.

1 Vgl. dazu kritisch und m.w.N. Stefan Breuer, *Carl Schmitt im Kontext*, S. 173.
2 Oliver Marchart, *Die politische Differenz*, S. 59 ff.

Oliver Flügel-Martinsen kommt innerhalb des deutschsprachigen Diskurses der radikalen Demokratietheorie das große Verdienst zu, wiederholt die berechtigte Frage aufgeworfen zu haben, warum man sich denn ausgerechnet auf diese beiden Gewährsmänner bezieht.[3] Denn gerade im Hinblick auf den Postfundamentalismus können diese intellektuellen Verführer mitnichten ein epistemisches Monopol beanspruchen, ist damit doch nicht weniger als das Signum der Moderne benannt. An entscheidender Stelle wendet Flügel-Martinsen diese Frage sogar noch vom Negativen ins Positive und stellt in gekonnter Naivität eine Frage, welche den Anlass für meine folgenden Ausführungen bietet: »Warum in zeitlicher Verkehrung Heidegger und nicht Nietzsche, warum nicht Linksnietzscheanismus [...]?«[4] Weiter ließe sich diese Spur von Nietzsche, und bei diesen Namen ist die Prädikation mit »Links« schon gar nicht mehr notwendig, dann auch bei Michel Foucault oder auch Jacques Derrida weiterverfolgen.[5] Auch wenn man nun wirklich nicht sagen kann, dass gerade die letzten beiden Autoren innerhalb des jüngeren Diskurses der politischen Theorie unter dem Radar fliegen, sondern mit der Diskursanalyse und Dekonstruktion zu den am häufigsten zitierten Stichwortgebern gehören, vermag die von Flügel-Martinsen aufgeworfene Frage doch zu überzeugen. Warum nicht Nietzsche?

Man möge zunächst einwenden, dass es weder gerecht noch zielführend erscheint, einen so breitgefächerten Diskurs wie den radikaldemokratischen ausgerechnet anhand eines Autors entfalten zu wollen, den er gerade nicht ausdrücklich zur Referenz erhebt. Doch gerade in diesem spezifischen Fall kann die erschütternde Wirkung kaum geleugnet werden, welche die Lektüre von Nietzsches Schriften auf die radikale Demokratietheorie im Speziellen sowie auf die Entwicklung der *French Theory* ganz im Allgemeinen hatte.[6] Eine solche Wirkung setzt aber nicht erst bei Foucault und Derrida ein, sondern ist mit einem ganz in dessen Schatten stehenden Namen zu verbinden – und das, obwohl dessen Einfluss gerade auf diese beiden Autoren wohl kaum überschätzt werden kann: Gemeint ist Georges Bataille, dessen erklärt höchstes Ziel darin bestand, Nietzsche aus den hermeneutischen Fängen des Nationalsozialismus zu

3 Auch kritisiert er die bereits mehrfach angesprochene »ontologische Überhöhung des Konflikts« sowie überhaupt den Anspruch, eine verallgemeinerbare Theorie über das *Wesen* des Politischen entwerfen zu wollen. Vgl. dazu vor allem in Oliver Flügel-Martinsen, *Befragungen des Politischen*, S. 166 ff.

4 Ebd., S. 174 f. Vgl. auch ders., *Radikale Demokratietheorien. Zur Einführung,* Hamburg: Junius 2020, S. 120 f.

5 Ders., *Befragungen des Politischen*, S. 178, 204 und passim.

6 Man denke nur einmal an die Tagung *Nietzsche aujourd'hui,* die 1972 in Cerisy-la-Salle abgehalten wurde, an der unter anderem Gilles Deleuze, Jacques Derrida, Pierre Klossowski und Jean-François Lyotard teilgenommen haben.

befreien. Ihm ist es dann auch zu verdanken, dass Nietzsche inmitten der sich auf ihn berufenden Gräueltaten des 20. Jahrhunderts einem französischen Publikum zugänglich gemacht wurde.

Um dieses provokante Unternehmen herum hat sich ferner eine intellektuelle und künstlerische Gemeinschaft entwickelt, deren radikale Theorie und Praxis sich sowohl bereits am Postfundamentalismus als auch an einer Aussetzung gegenüber einer fremden Macht übten (wobei diese zugleich ästhetische, ethische sowie quasi-religiöse Züge aufwies). Sie bezeichneten sich als die *Acéphale*, was aus dem Griechischen abgeleitet ist und so viel heißt wie: *kopflos*, *ohne Anfang*.[7] Und gerade diese Spur einer kopflosen Gemeinschaft, die man mit Georges Bataille auch eine »nietzscheanische Politik«[8] nennen könnte, lässt sich bis hin zur radikalen Demokratietheorie nachverfolgen. Genaugenommen sind es Philippe Lacoue-Labarthe und Jean-Luc Nancy, welche den diesbezüglichen Faden aufgenommen, in mehreren Schriften fortgesponnen und dieses »scheinbare Oxymoron: eine nietzscheanische Demokratie«[9] dann sogar in einem dezidiert radikaldemokratischen Institut, dem *Centre de recherches philosophiques sur le politique* haben münden lassen. Vor diesem Hintergrund erhält die von Flügel-Martinsen aufgeworfenen Frage aber nur noch mehr Gewicht. Warum also nicht Nietzsche?

Ein weiterer Einwand könnte lauten, dass dessen aphoristisches wie auch fragmentarisches Werk in allerlei Richtungen weist. So gibt es wohl kaum eine Position, die nicht an irgendeiner Stelle bei Nietzsche eine Bestätigung finden könnte und an wiederum anderer Stelle auf vehementen Widerspruch stoßen würde. Zumal hat sein Werk nicht nur die grausamste aller Politiken nicht verhindern können, sondern taugte ihr sogar als intellektuelle Rechtfertigung. Auch scheint zweifelhaft, ob sich die mit Heideggers Ontologie und Schmitts Antagonismus angesprochenen Kritikpunkte ausgerechnet mit Nietzsche überwinden lassen, finden sich doch auch in seinem Werk sowohl eine »politische Ontologie«[10] als auch eine »Theorie des Agonalen«[11] wieder. Gerade sein Spätwerk steht schließlich ganz in den Zeichen einer »Lehre vom Willen zur Macht« und damit in unmittelbarer Nähe zu einer konfliktuellen Macht- und

7 Zum Begriff und den mythologischen Quellen vgl. nur Stephan Moebius, *Die Zauberlehrlinge. Soziologiegeschichte des Collège de Sociologie (1937–1939)*, Konstanz: UVK Verlagsgesellschaft 2006, S. 256 ff.

8 Georges Bataille, »Annual Summation, 24 September 1937«, in: ders., *The Sacred Conspiracy. The Internal Papers of the Secret Society of Acephale and Lecturers to the College of Sociology*, London: Atlas Press 2018, S. 235 ff. (237).

9 Jean-Luc Nancy, »Wahrheit der Demokratie«, S. 11 ff. (49).

10 Martin Saar, »Friedrich Nietzsche«, in: Dagmar Comtesse et al. (Hrsg.), *Radikale Demokratietheorie*, Berlin: Suhrkamp 2020, S. 121 ff.

11 Oliver Marchart, *Das unmögliche Objekt*, S. 221 ff.

Hegemonietheorie, wie sie in großen Teilen der radikalen Demokratietheorie vertreten wird.[12] Daneben finden sich ohne Weiteres aber auch Parallelen zu den im letzten Absatz verhandelten Aspekten der Pluralität und Kontingenz, welche sich in seinem Werk unter solchen Schlagworten wie der »Perspektivität« oder der unbedingten Emphase des »Werdens« wiederfinden lassen.[13]

Angesichts dieser vielfältigen Anstriche und möglichen Schattierungen einer Politik *nach* Nietzsche halte ich es für nicht zielführend, in einer mühsamen Exegese zu belegen, was seine Texte an dieser oder jener Stelle nun »eigentlich« gemeint haben. Im Folgenden werde ich mich deshalb weniger auf sein Werk als auf eine spezifische *Wirkung* dessen beziehen. Die über die Zeit kaum zu überschauenden Abzweigungen seiner Ideen, Metaphern und Motive, aber auch die informellen Filiationen der dazu von mir ausgewählten Autoren erlauben es selbstverständlich aber nicht, Nietzsche an dieser Stelle ein solches Monopol in der Beeinflussung der radikaldemokratischen Theoriebildung zuzusprechen, wie ich es Heidegger und Schmitt noch abzusprechen versucht habe. Wie schon in den vorherigen Ausführungen zum politischen Körper folge ich weiterhin dem Kredo, keinen historischen Ursprung nachverfolgen, sondern ganz im Sinne der Genealogie eine Erzählung von vielen entwickeln zu wollen. Die radikale Demokratietheorie soll in diesem Paragraphen, bevor ich sie im letzten Teil auf die moderne Rechtstheorie übertrage, mithin weniger auf eine vorgeblich *richtige* als lediglich eine *andere* Art und Weise als gewöhnlich erzählt werden. Nietzsche gibt dafür einen Anlass, aber noch keinen hinreichenden – und schon gar keinen letzten – Grund.

* * *

Dass Nietzsches Wirkung seinem eigentlichen Werk vorausgeht, und das auch in Frankreich, lässt sich eindrucksvoll damit bezeugen, dass sich dort Referenzen auf sein Werk finden lassen, die noch älter sind als seine erste Übersetzung. In der Einleitung zu einem von ihm herausgegeben

12 Zur »Hypothese Nietzsches« vgl. Michel Foucault, *In Verteidigung der Gesellschaft*, Frankfurt am Main: Suhrkamp 2020, S. 58 ff. (61); sowie Thomas Lemke, *Eine Kritik der politischen Vernunft. Foucaults Analyse der modernen Gouvernementalität,* Hamburg: Argument Verlag 1997, S. 89 ff. Zum Hegemoniebegriff der radikalen Demokratietheorie vgl. hingegen Chantal Mouffe/Ernesto Laclau, *Hegemonie und radikale Demokratie*, S. 184 und passim.

13 Vgl. dazu nur die entsprechenden Beiträge im *Nietzsche-Handbuch* von Claus Zittel, »Perspektivismus«, in: Henning Ottmann (Hrsg.), *Nietzsche-Handbuch. Leben – Werk – Wirkung*, Stuttgart: J.B. Metzler 2011, S. 299 ff. sowie Ingo Christians, »Zeit«, in: Henning Ottmann (Hrsg.), *Nietzsche-Handbuch. Leben – Werk – Wirkung*, Stuttgart: J.B. Metzler 2011, S. 358 ff.

Sammelband mit dem vielsagenden Titel *Nietzsche aus Frankreich* zitiert Werner Hamacher einen fiktiven Brief von André Gide vom 10. Dezember 1898, wonach »dank dieser grausamen Langsamkeit der Einfluß Nietzsches dem Erscheinen seiner Werke vorausgegangen sei. Fast, so fährt Gide fort, war die französische Publikation verzichtbar; ›denn man kann geradezu die Behauptung aufstellen, daß Nietzsches Einfluß wichtiger ist als sein Werk, oder gar, daß sein Werk nur eines des Einflusses ist.‹«[14] In dieser Anekdote liege die Wahrheit verborgen, »daß die Wirkung das Werk übertrifft, daß das Werk wesentlich in seiner Wirkung beruht und unabhängig von ihr keinen Bestand, keine Substanz hat, und daß das Werk, von seiner Wirkung determiniert, das Werk ebendieser Wirkung ist.«[15] Bezeichnend ist, dass in der auf diese Worte folgenden Anthologie von Essays *zu* und *über* Nietzsche kein einziger Text aus dessen eigener Feder, also *von* Nietzsche stammt, worin sich freilich die aufgeworfene Behauptung performativ bestätigt.

Es gilt demnach für Nietzsche, aber keineswegs nur für diesen, dass es die Wirkung ist, welche sein Werk ausmacht. Was Hamacher mit diesem Chiasmus exemplarisch vorführt, kann als generelle Inversion in die grammatikalische Struktur des Literaturbetriebes betrachtet werden: Ihr handelndes Subjekt, also die Autorin oder auch das Werk, wird zum Objekt ebendieser Handlung degradiert, also zu einer nicht mehr durch eigene Anstrengung herbeizuführenden Wirkung. Wie so vieles anderes findet sich auch diese Umkehrung bei Nietzsche selbst wieder; und wohlgemerkt nicht, weil dieser bekanntlich schon zu Lebzeiten von der bahnbrechenden Wirkung seiner eigenen Schriften schwärmte: In der *Genealogie der Moral* heißt es vielmehr, dass es »kein ›Sein‹ hinter dem Thun, Wirken, Werden« geben könne und »alles Wirken nicht als bedingt durch ein Wirkendes« missverstanden werden dürfe.[16] Zur pragmalinguistischen Bekräftigung dieser folgenreichen Behauptung verweist Nietzsche auf eine »Verführung der Sprache«, wonach eine landläufige Redeweise einen »Blitz leuchten lässt« und damit das Leuchten pleonastisch als »Wirkung eines Subjekts« impliziert.[17] Fälschlicherweise werde dadurch einem »Thun« ein »Thäter [...] hinzugedichtet« und dieses dadurch zu einem »Thun-Thun« verdoppelt: »es setzt dasselbe Geschehen einmal als Ursache und dann noch einmal als deren Wirkung.«[18] Wie schon in Giambattista Vicos bahnbrechender Erzählung über die

14 So m.w.N. Werner Hamacher, »Echolos«, in: ders., (Hrsg.), *Nietzsche aus Frankreich*, Hamburg: Europäische Verlagsanstalt 2007, S. 7 ff. (7).

15 Ebd.

16 Friedrich Nietzsche, »Genealogie der Moral«, in: ders., *Jenseits von Gut und Böse. Zur Genealogie der Moral. Kritische Studienausgabe (Bd. V)*, München: Deutscher Taschenbuch Verlag 1999, S. 245 ff. (279).

17 Ebd.

18 Ebd.

Entstehung der Kultur, wonach einem Gewitter eine göttliche Ursache unterstellt wurde, stellt der Mensch sich auch in diesem Beispiel Nietzsches anhand eines Blitzes »als das symbolschaffende und zeichendeutende Tier« fest, das er bis heute geblieben ist.[19] Nicht der Mensch schafft somit ein Bild von sich selbst, sondern vielmehr wird er *durch* und *als* dieses Bild erst erschaffen.

Eine solche Einsicht führt Hamacher zufolge dazu, dass die im europäischen Denken noch immer prävalente Vorstellung, wonach es »hinter dem Wirken noch ein Sein« oder einen ähnlichen Platzhalter gebe, als eine »Illusion der Grammatik« entlarvt werde.[20] Und das muss auch für die radikale Demokratietheorie weitreichende Konsequenzen haben, denn diese kann sich danach weder guten Gewissens hinter einem konflikthaften Sein des Politischen verschanzen noch ohne Weiteres von einem revolutionären Subjekt wie dem Volk ausgehen, das die Geschichte antreibt. Vielmehr resultiert die instituierende Macht aus dem, was Nietzsche im obigen Zitat als ein »Thun, Wirken, Werden« beschrieben hat. Hinter dem Politischen verbirgt sich dann kein überzeitliches Wesen mehr, sondern eine stete »Bildung und Einbildung« als eine schöpferische Tätigkeit, einem gemeinschaftlichen Tun und Machen als Gesellschaft.[21] Wer von der eingangs aufgeworfenen Frage »Warum nicht Nietzsche? »also dazu übergeht, diese andersherum als zu stellen und stattdessen »Warum Nietzsche?« zu fragen, vermag zumindest darauf eine überzeugende Antwort zu finden.

Denn auch die radikale Demokratietheorie kann sich dieser »Verführung der Sprache« nicht entziehen. Zwar vermag das singuläre Ereignis des Politischen auf vielerlei Arten und Weisen zu erscheinen, die nicht Sprache sind: eine demonstrativ schweigende Versammlung, eine spontane Eingebung zum alternativen Weltentwurf oder eine sinnliche Erfahrung beim Betrachten eines Kunstwerkes. Allerdings verkörpern sich akademische Diskurse, und in diesen ist die Rede von der politischen Differenz immerhin aufgekommen, vornehmlich in geschriebenen Publikationen (ob nun gedruckt als Buch oder digital angezeigt auf einer leuchtenden Oberfläche) oder dem gesprochenen Wort (etwa in einem

19 M.w.N. Ralf Konersmann, *Kulturphilosophie*, Hamburg: Junius Verlag 2019, S. 43 f. (»Vicos Erzählung zufolge wurde der Schrecken erst gebannt, als ihm eine göttliche Ursache unterstellt wurde, die den Menschen in wesentlichen Zügen ähnlich und deshalb nicht vollkommen unvertraut war. [...] Die Welt wurde metaphorisch, und der Mensch als der durch Blitz und Donner seiner selbst bewusst gewordene Bewohner dieser Welt erkannte sich als das metaphernbildende, als das symbolschaffende und zeichendeutende Tier.«).

20 Werner Hamacher, »Echolos«, S. 7 ff. (8).

21 Vgl. wieder Philippe Lacoue-Labarthe, »Die Fiktion des Politischen«, S. 118 ff. (174).

Kolloquium oder einem Podcast). Dabei geht es mir um Folgendes: Die radikale Demokratietheorie ist sprachlich verfasst. Es ist deshalb anzunehmen, dass auch in ihr die angesprochenen Verdopplungen und Teilungen am Werk – oder besser: am Wirken – sind, die Nietzsche und Hamacher umtreiben. Mit ihnen lässt sich die Sprache als hyperdifferenzielles Geschehen beschreiben, in welchem sie in Differenz zu sich selbst steht und eben dadurch immer wieder neue Differenzen hervorbringt.[22] Noch *vor* der Sprache sind Wirkung und Werk, Handlung und Subjekt, Anwendung und Ursprung sowie das Politische und die Politik hingegen ununterscheidbar. Das »Thun, Wirken, Werden« der politischen Theorie, mithin die spezifische Arbeit am Symbolischen und Imaginären, um die es im Folgenden gehen soll, besteht deshalb allen voran in literarischen Tätigkeiten wie dem *Lesen* und *Schreiben* als einer leitenden Differenz, die stets weitere Differenzen erzeugt.

Während dieser Selbstverständlichkeit, wonach die Materialität des Diskurses einen Unterschied macht, wohl noch kaum jemand widersprechen dürfte, scheinen deren Konsequenzen sowohl in der radikalen Demokratietheorie als auch von ihren Vorfahren nur allzu selten berücksichtigt worden zu sein. Wo nämlich mit Schlagwörtern wie der »Entkörperung«, der »Undarstellbarkeit« oder gar einem »bildlosen Denken« um sich geworfen wird, entsteht nicht selten der falsche Eindruck, dass man sich außerhalb der Verkörperung, Darstellungen und Bilder wähnen könnte.[23] Freilich versuchen diese missverständlichen Begriffe lediglich ihren Finger in die Wunde klassischer Vorstellungen von Herrschaft, Gewalt und Souveränität, aber auch Repräsentation und Legitimation zu legen und deren notwendiges Scheitern angesichts der Nicht-Identität des Ganzen mit der Summe seiner Teile zu offenbaren. Einer jeden Politik, so die leitende Annahme, entzieht sich ihr jeweils Anderes – als ein irreduzibler Überschuss, ein »Anteil der Anteillosen« oder schlicht das Politische.[24]

Wirklich problematisch wird die genannte Begriffsverwendung aber dann, wenn sie dazu führt, dass die harmlose Rede von Verkörperungen, Darstellungen und Bildern der Demokratie unter den generellen Verdacht gerät, einer monarchischen oder totalitären Politik das Wort reden zu wollen. Das Reale wird schließlich nicht nur vom Anderen der radikalen Demokratietheorie verfehlt, sondern notwendigerweise auch von dieser selbst. Wer Fundamentalismen – wie klassischerweise Gott, die Natur, die Vernunft oder auch den Markt – zurückweist und stattdessen die »Ungründbarkeit«[25] betont, bewegt sich deshalb nicht schon außerhalb

22 Vgl. dazu auch wieder Werner Hamacher, »Echolos«, S. 7 ff. (9 f.).

23 Vgl. auch die ausführliche Auseinandersetzung in § 2 Abs. 2 sowie ferner Ethel Matala de Mazza, *Der verfaßte Körper*, S. 39 f.

24 Vgl. dazu statt vieler nur wieder Jacques Rancière, *Das Unvernehmen*, S. 41.

25 Oliver Marchart, *Das unmögliche Objekt*, S. 13.

der von Nietzsche angesprochenen Verführungen der Sprache. Auch solche Figuren, die es weniger auf die *Be*gründung als auf die *Ent*gründung des Imaginären abgesehen haben, reproduzieren schließlich eine Verkehrung von Ursache und Wirkung, wenn sie die Leere, den Mangel und das Nichts zum Ursprung oder letzten Grund der symbolischen Ordnung erheben. Die bereits angesprochene »Illusion der Grammatik« als einem retroaktiven Bezug auf ein »transzendentales Signifikat«[26] wirkt auch noch dann, wenn die mittelbare Politik der Repräsentation (als *abwesende Anwesenheit*) einer unmittelbaren Präsenz des Politischen (als *anwesende Abwesenheit*) weicht. Die Inversion der politischen Stoßrichtung einer Metapher vermag nicht an dem Umstand zu rütteln, dass sie eine Arbeit am Imaginären verrichtet. Und das bedeutet eben auch, dass in der Theorie selbst radikal negative Referenzen niemals bloß abgebildet werden können, weil auch diese sich als soziale Praxis mittels ihrer Einbildungskraft auf eine arbiträre Verkettung von Symbolen beziehen muss und in ihren konkreten Verkörperungen, Darstellungen und Bildern zugleich hervorbringt.

Die zeitliche Rückwirkung dieser Attribuierung eines singulären Ereignisses als das Politische lässt sich mit Hamacher als »metaleptische Suggestion« oder mit Lacoue-Labarthe als »Struktur ursprünglicher Nachträglichkeit« beschreiben, in der jeweils eine Wirkung von der Gegenwart auf die Vergangenheit zurückgeworfen wird.[27] Das eingängige Beispiel dafür stellt die Antwort auf die Frage dar, wie sich ein Liebespaar kennengelernt hat: So erhält etwa ein zufälliger Blickkontakt in einem Kaffee erst nachträglich die Weihe eines magischen Ereignisses, nach dem nichts mehr sein konnte, wie es zuvor gewesen war. Das Neue schafft sozusagen seinen Anfang, indem es sich vom Alten unterscheidet. Die retroaktive Stiftung einer situativen Romantik beruht auf dem, was man mit Alain Badiou die »Treue zum Ereignis« nennen könnte und so viel bedeutet, als das ein »Sich-Verlieben« in der vorausgesetzten Kontinuität einer Erzählung immer wieder verstetigt wird.[28]

Und ebendiese zeitliche Verkehrung lässt sich nun von der Rhetorik auf die Theorie der Politik (hinsichtlich der Verbindlichkeit von Entscheidungen) oder auf die Theorie des konstituierten Rechts

26 Jacques Derrida, *Grammatologie*, S. 38.

27 Werner Hamacher, »Lectio. De Mans Imperativ«, in: ders., *Entferntes Verstehen. Entferntes Verstehen. Studien zu Philosophie und Literatur von Kant bis Celan,* Frankfurt am Main: Suhrkamp 2011, S. 151 ff. (191). Philippe Lacoue-Labarthe, »Die Fiktion des Politischen«, S. 119 ff. (190). Zur gelungenen Fortentwicklung wie auch rechtstheoretischen Adaption dieses Gedankens vgl. unbedingt Andreas Engelmann, *Rechtsgeltung als institutionelles Projekt*, S. 62 ff.

28 Vgl. dazu Alain Badiou, *In Praise of Love*, London, England: Serpent's Tail 2009, S. 30 ff.

(hinsichtlich seiner Geltung) übertragen, wonach solche *Be-* oder auch *Entgründungsfiguren* allesamt auf etwas verweisen, das dieser Berufung zwangsweise vorausgeht, weil es durch sie zugleich *instituiert* respektive *destituiert* wird. Für die radikale Demokratietheorie dürfte diese »Verführung der Sprache« freilich keine Überraschung sein, findet sich doch in ihrer Genealogie – und ich verweise an dieser Stelle lediglich auf die bereits erwähnten Derrida, Lacoue-Labarthe und Nancy – zugleich einige der Gründungsväter des literaturtheoretischen Dekonstruktivismus wieder. Wie auch Hamacher entwickelten sie allesamt ein hyperdifferenzielles Sprachverständnis in dem angesprochenen Sinne, dass ihre idiosynkratischen Gedankenbewegungen nicht lediglich auf die Rhetorik, sondern jeglichen Gegenstandsbereich der Gesellschaft bezogen wird.[29]

Und, welch Überraschung, auch bei Nietzsche findet sich eine solche Konzeption in dem berühmten Ausspruch von der »Wahrheit« als einem »bewegliche[n] Heer von Metaphern« angedeutet.[30] Der Rest vom Zitat, nämlich die weitere Aufzählung von »Metonymien, Anthropomorphismen« wird übrigens meist unterschlagen; wahrscheinlich deshalb, weil die Metapher berechtigterweise als *das* Paradigma der dekonstruktivistischen Sprachtheorie überhaupt gelten kann.[31] So heißt es in Bezug auf Nietzsche etwa bei Paul de Man: »Die Metapher *ist* nicht ›wirklich‹ die Wesenheit, die sie buchstäblich bedeutet, aber sie kann als Verweis auf etwas verstanden werden, in dem Bedeutung und Sein zusammenfallen. Die Bedeutung erzeugt und bestimmt die Metapher als die Erscheinung oder das Zeichen dieser Bedeutung.«[32] Es wiederholt sich darin also der Ausspruch, wonach es hinter dem »Thun, Wirken, Werden« der Sprache also kein »Sein« gibt – sondern immer nur diese selbst.

29 Hamacher bezieht sich dabei häufig auf Paul de Man, welcher diese Doppelstruktur als »ein generatives, unbegrenztes, nicht-referentielles grammatisches« und zugleich »figuratives System« beschreibt, das »abgeschlossen durch eine transzendentale Signifikation [...] denjenigen grammatischen Code untergräbt, dem es seine Existenz verdankt.« Ders., »Versprechen«, in: Manfred Schneider (Hrsg.), *Die Ordnung des Versprechens. Naturrecht – Institution – Sprechakt,* München: Wilhelm Fink Verlag 2005, S. 137 ff. (162 f.). Vgl. auch Werner Hamacher, »Unlesbarkeit«, in: Paul de Man, *Allegorien des Lesens*, Frankfurt am Main: Suhrkamp 1998, S. 7 ff.

30 Friedrich Nietzsche, »Über Wahrheit und Lüge im aussermoralischen Sinne«, in: ders., *Die Geburt der Tragödie, Unzeitgemäße Betrachtungen I–IV, Nachgelassene Schriften 1870–1873. Kritische Studienausgabe (Band 1)*, München: Deutscher Taschenbuch Verlag 1988, S. 875 ff. (880).

31 Werner Hamacher, »Unlesbarkeit«, S. 7 ff.

32 Paul de Man, *Allegorien des Lesens*, S. 131.

* * *

Im folgenden Paragraphen werde ich eine Genealogie des radikaldemokratischen Postfundamentalismus im Ausgang von Nietzsche zu entwickeln versuchen, welche diese medien- und literaturtheoretische Dimension wieder vermehrt in den Mittelpunkt der Analyse zu stellen und die instituierende Macht – die in diesem Paragraphen noch nicht ihren späteren Namen des Politischen tragen wird – ausgehend davon zu entfalten. Das vorweggenommene Ergebnis dessen bildet ein Imaginäres, in dem der politische Körper nicht nur pluralisiert und prozeduralisiert worden ist, sondern Foucaults radikalem Anspruch an die Moderne tatsächlich entspricht, weil der Kopf des Königs darin endgültig gerollt ist.

Die Vorgehensweise ist wie schon zuvor in drei Absätze gegliedert, in denen ich mich jeweils einer Entgründungsfigur des Sozialen widmen werde: Zunächst besteht diese in der *Enthauptung* des Individuums als einer Befreiung seiner Existenz von einem Dienst oder Nutzen (I.). Daraufhin komme ich auf die *Entwerkung* der Gemeinschaft und damit der Dekonstruktion eines kollektiven Subjekts zu sprechen, wie man es klassischerweise in solchen Begriffen wie der Souveränität oder Herrschaft voraussetzt (II.). Zuletzt widme ich mich der *Entsetzung* des Rechts im Sinne einer radikalen Kritik an der juridischen Formalisierung von Gewalt sowie damit gleichbedeutend einer Galvanisierung der Politik (III.). Wie schon zuvor soll die zum Substantiv erhobene Verbform dabei deutlich machen, dass nicht nur *Be*gründungsfiguren, sondern auch die jeweiligen Verkörperungen, Darstellungen und Bilder einer radikalen Negativität, die ich im Folgenden als *Ent*gründungsfiguren zu benennen vorschlage, keinen Anspruch auf etwas erheben können, das außerhalb eines Imaginären liegt, an dem ihre Theorien selbst zeichnen.

Diese themenbezogene Vorgehensweise versucht dabei einen zeitlichen Horizont zu umreißen, welcher von den 30er Jahren in Paris und der *Acéphale*, welche künstlerisch vom Surrealismus und politisch vom Vorabend des Nationalsozialismus geprägt war, bis hin zu einer sich auf dieses intellektuelle Erbe berufenden 68er-Bewegung reicht. Insbesondere mit letzterer gehen die historischen Anfänge einer sich ausdrücklich als radikaldemokratisch bezeichnenden Theorie des Politischen einher, welche vom studentischen Aktivismus inspiriert war und diesen gleichermaßen zu katalysieren verstand. Die gewählte Erzählweise entwickelt sich aber nicht linear, sondern folgt in ihrer Chronologie vielmehr einem parabolischen Verlauf: Der *erste Absatz* setzt mit der spezifischen Nietzsche-Lektüre von Bataille und damit in den 30er Jahren des letzten Jahrhunderts ein. Von dort aus führt die imaginäre Spur über Maurice Blanchot bis hin zu Lacoue-Labarthe sowie dem im *zweiten Absatz* hauptsächlich behandelten Nancy und seinen früheren Schriften aus den 80er Jahren. Von dessen radikaler Demokratietheorie geht die

Untersuchung in der Zeit wieder einen Schritt zurück und widmet sich im *dritten Absatz* mit Walter Benjamin einem Autor, der in den 30er Jahren seines Pariser Exils ebenfalls vorübergehend der *Acéphale* angehörte, mit Bataille zumal in engem Kontakt stand und außerdem eine maßgebliche Inspirationsquelle sowohl für Nancy als auch jüngere Ansätze einer radikalen Rechtskritik darstellt.

Der tiefere Sinn dieser Gliederung liegt darin, dass die in den ersten beiden Absätzen schwerpunktmäßig behandelten Schriften von Bataille und Nancy sich – abgesehen von beiläufigen Bemerkungen – nicht ernsthaft mit dem Recht und seiner Theorie auseinandersetzen. Eine solche Beschäftigung ist für die weitere Untersuchung aber unerlässlich, weil ich im Anschluss dazu eine radikale Demokratietheorie des Rechts auszuloten versuche, welche auf die im Folgenden noch zu leistenden Vorarbeiten zurückgreifen soll. Wie bereits erwähnt, geht es mir zunächst darum, die beiden Theoriebausteine erstens des *Postfundamentalismus* und zweitens der *politischen Differenz* von ihrer angesprochenen ontologischen Überhöhung sowie dem Antagonismus zu erlösen. Dazu werde ich aufzuzeigen versuchen, dass im Anschluss an Nietzsche auch eine andere Erzählung der radikalen Demokratietheorie möglich ist, welche auf diese Elemente ohne Weiteres verzichtet. Allerdings wird sich bei der Auseinandersetzung mit den zu diesem Zwecke herangezogenen Schriften – insbesondere denen von Bataille, Nancy und Benjamin, aber am Rande auch Blanchot, Lacoue-Labarthe und Hamacher – ein antiquiertes, weil vormodernes Zerrbild vom Recht abzeichnen, wonach dieses noch immer im Lichte einer imaginären Einheitsmatrix und einem Stillstellen der Zeit erscheint. Ein solches Bild unter Beibehaltung der beiden angesprochenen Theoriebausteine zu aktualisieren, soviel an dieser Stelle schon vorab, wird dann Aufgabe des dritten und letzten Paragraphen sein.

I. Enthauptung

1. Kopflos, aber herzlich

Lässt sich eine Behauptung enthaupten? Wohl kaum. Eine Behauptung ist schließlich ein assertorischer Sprechakt und kann immerhin als eine sprachliche Verkörperung eines Wahrheitsanspruches betrachtet werden. Deshalb hat sie aber noch keinen Kopf, der sich irgendwie abtrennen ließe. Man stelle die Frage deshalb einmal andersherum: Lässt sich eine Enthauptung behaupten? Das klingt schon sinnvoller. So könnte sich die Proposition einer solchen Aussage auf ein historisches Ereignis beziehen, etwa die Geburt der europäischen Moderne auf dem Schafott der Französischen Revolution.

Schwieriger wird es hingegen, wenn der Wortstamm nicht wortwörtlich, sondern metaphorisch gemeint ist. Das Haupt könnte dann sowohl für Fundamentalkategorien als auch daraus resultierende Zentrismen herhalten; und die Popularität solcher Begriffe wie Ego-, Logo-, Androoder Eurozentrismus lassen darauf schließen, dass es davon heute mehr denn je zu geben scheint. So könnte die figurative Rede von einer modernen Kopflosigkeit des Menschen meinen, dass alle Letztbegründungsversuche hinfällig geworden seien, also die wahlweise an die vakante Stelle von Gott tretenden Begründungsfiguren enthauptet und damit entsprechend dem berühmten Diktum Nietzsches ebenso tot seien wie dieser. Dann aber wäre die *Behauptung der Enthauptung* wieder nur gleichbedeutend mit einer *Enthauptung der Behauptung*.

Wie man die Formulierung auch drehen und wenden mag: Ein gewisses Unbehagen bleibt, weil die sprachliche Verwendung zweier sich gegenseitig ausschließender Präfixe in einem wechselseitig aufeinander bezogenen Sinn widersprüchlich ist. Als vom Verb untrennbares Partikel wird *ent-* nämlich dazu verwendet, dem Wortstamm eine der Bedeutung des *be-* gegenläufige und widerstrebende Richtung zu geben, also ganz im Sinne eines »ab, davon, los, weg« zum Privativ zu werden.[33] Während die *Be*hauptung also noch zu einer Hauptsache wie dem Wahrheitsanspruch hinführt, verkehrt die *Ent*hauptung dieses kopflastige Streben in ihr negatives Gegenteil: Sie wendet sich ab, zieht davon, löst sich los und führt weg, wohin auch immer.

Manchen mag eine solche Rede verdächtig nach dem klingen, was man (meist pejorativ) die sogenannte Postmoderne zu nennen pflegt. Mit diesem schillernden Kampfbegriff geht es aber leider immer gleich

33 Jacob Grimm/Wilhelm Grimm, »ENT«, in: dies., *Deutsches Wörterbuch. E-Forsche (Band 3)*, Leipzig: Hirzel 1862, Sp. 489.

ums Ganze. Etwa, wenn niemand geringeres als die Wahrheit selbst gegen ihre kopflosen Anklägerinnen verteidigt werden soll.[34] Schnell wird dann der *locus classicus* des performativen Selbstwiderspruchs gegen einen irrlichternden Relativismus in Stellung gebracht, wonach eine Wahrheit auch dann noch vorausgesetzt werde, wenn man diese bestreite. Wer redet, so könnte man das Argument weiterspinnen, der muss doch einen Kopf haben!

Nun soll es im Folgenden um solche Autoren gehen, die solche Widersprüche zwar nicht mit vernünftigen Mitteln zu widerlegen, aber dafür auszuhalten vermögen. Das bedeutet, die Widersprüche nicht zu leugnen, sich ihnen stattdessen sogar gezielt auszusetzen. Nicht gemeint ist damit das tatsächlich sinnlose Unterfangen, die Widersprüche und mit ihnen die Unvernunft selbst zu affirmieren. Wie sollte das auch gehen? Die davon abzugrenzende Suche nach Widersprüchen und deren produktive Wendung lässt sich insbesondere zu Beginn des 20. Jahrhunderts in Frankreich beobachten und ist wohl unter anderem auf die Enttäuschungen vermeintlich absoluter Wahrheitsansprüche zurückzuführen, wie sie unter anderem der englische Kapitalismus, der italienische Faschismus, der deutsche Nationalsozialismus, der sowjetische Kommunismus und nicht zuletzt auch das weltweit verbreitete Christentum jeweils für sich in Anspruch genommen haben. Vor diesem biographischen Hintergrund lässt sich erklären, dass sich manch Pariser Intellektuelle von den zu ihrer Zeit führenden Köpfen – sowie mit ihnen dem aufklärerischen Vernunft- und Fortschrittsglauben – abwendeten und nach einer neuen Wahrheit suchten, die sich weniger auf die *Behauptung* einer widerspruchslosen Politik als die *Enthauptung* der damals bestehenden und von Widersprüchen durchzogenen Angebote bezogen hat.

Den intellektuellen Fluchtpunkt vor der Politik bildeten nicht selten die von Friedrich Nietzsche und Sigmund Freud vorbereiteten und miteinander verwandten, spätromantischen Begriffsfelder des Dionysischen und des Unbewussten, die sich etwa im Traum, im Rausch, in der freien Assoziation oder auch dem automatischen Schreiben kultivieren ließen. Ein davon inspiriertes Programm, wie es im Wesentlichen auch dem Surrealismus entspricht, findet sich dann insbesondere bei Georges Bataille wieder, der nach eigenen Angaben zeit seines Lebens »am Rande eines so großen Abgrunds« gestanden habe, »daß allein [...] der Albtraum eines Sterbenden seine Tiefe ermißt.«[35] Versuchte dieser 1935 noch gemeinsam mit André Breton in einem als *Contre-Attaque* beschriebenen

34 Vgl. zur Diskussion statt vieler nur Eckhard Schumacher, *Die Ironie der Unverständlichkeit*, Frankfurt am Main: Suhrkamp 2015, S. 278 ff.

35 Georges Bataille, »Die Position der Chance (Tagebuch April-Juni 1944)«, in: ders., *Nietzsche und der Wille zur Chance. Atheologische Summe (Bd. III)*, Berlin: Matthes & Seitz 2005, S. 111 ff. (126).

Kampfbund das revolutionäre Potenzial einer ästhetischen Erfahrung gegen den Nationalsozialismus zu bündeln, stellte sich mit dessen Scheitern schon wenige Zeit später eine desillusionierte – um nicht zu sagen: resignierte – Haltung gegenüber der Politik ein, die er bis zu seinem Tod nicht mehr ablegen sollte.[36]

Noch in seiner intensiven Beschäftigung mit Nietzsche, um die es im Folgenden gehen soll, wird er an diesem immer bewundern, dass sich seine »Exaltation« für eine strategische Indienstnahme durch eine »nietzscheanische Rechte« oder »Linke« nur in dem Maße eigne, wie man ihre eigentliche Natur verkenne.[37] Seine Schriften würden, wenn man sie nur recht verstünde, stattdessen »den Zusammenbruch der verschiedenen möglichen Begründungen gegenwärtiger Politik« nach sich ziehen.[38] Was von Bataille infrage gestellt wird, und zwar grundsätzlich, ist somit der staatstragende Glaube, dass »der Ehrgeiz der Politik, auch unter der Annahme, dass sie nicht völlig machtlos ist, wirklich die beste Art und Weise darstellt, auf [die] grundlegenden Ansprüche des Menschen zu antworten.«[39] Wer sie betreibe, für welche Partei auch immer, müsse »das Spiel der Entstellungen und Kompromisse« akzeptieren, das zwar »prekäre Machtzusammensetzungen« möglich erscheinen lasse; hingegen unmöglich würde dadurch, und damit ist bereits sein eigenes Kernanliegen benannt, »die Bildung einer *wahren Herzensgemeinschaft*.«[40]

Das heißt freilich noch nicht, insbesondere nicht unter Berücksichtigung einer radikaldemokratischen Definition, dass Batailles Schriften nicht als politisch zu begreifen wären.[41] Aufgegeben hat Bataille lediglich, die faschistische Politik seiner Zeit mit ihren eigenen Mitteln bekämpfen zu wollen – und nicht etwa diesen Kampf selbst. Ganz ähnlich wie auch

36 Vgl. dazu ausführlich Rita Bischof, *Tragisches Lachen. Die Geschichte von Acéphale*, Berlin: Matthes & Seitz 2010, S. 21 ff. In einem 1951 ausgestrahlten Interview erklärt Georges Bataille etwa, dass er »durchaus politische Anwandlungen gekannt« habe, diese ihm aber »immer sehr schnell als ziemlich lächerlich erschienen« seien. Ders., »Wer sind sie, Georges Bataille?«, in: ders., *Die Aufgaben des Geistes. Gespräche und Interviews 1948–1961*, Berlin: Matthes & Seitz 2012, S. 49 ff. (54).

37 Georges Bataille, »Nietzsche und die Faschisten«, in: ders., *Wiedergutmachung an Nietzsche. Das Nietzsche-Memorandum und andere Texte*, München: Matthes & Seitz 1999, S. 139 ff. (146 f.).

38 Ebd.

39 Georges Bataille, »What I have to say...«, in: ders., *The Sacred Conspiracy. The Internal Papers of the Secret Society of Acephale and Lecturers to the College of Sociology*, London: Atlas Press 2018, S. 161 ff. (162).

40 Ders., »Nietzsche-Chronik«, in: ders., *Wiedergutmachung an Nietzsche. Das Nietzsche-Memorandum und andere Texte*, München: Matthes & Seitz 1999, S. 181 ff. (198 f., Herv. M.E.).

41 So auch Jean-Luc Nancy, *Die undarstellbare Gemeinschaft*, S. 40.

bei Max Horkheimer und Theodor W. Adorno müssen seine Biographie, sein künstlerisches Werk und eben auch seine vielseitigen Schriften zur Ästhetik der Überschreitung im Kontext einer historischen Erfahrung gelesen werden, auf die sie jeweils zu reagieren versuchen.[42] Mit diesen beiden Autoren teilt Bataille aber nicht nur diese Ausgangslage, sondern auch ihre theoretische Aufarbeitung bis zu dem entscheidenden Punkt, an dem sich die Aufklärung immer wieder in ihr Gegenteil verkehrt und nach einem gleichsam von Nietzsche inspirierten Deutungsmuster mit dem verschränke, was sie vormals noch zu überwinden vorgab: *den Mythos*.

Doch anders als Bataille verblieb die Frankfurter Schule noch im kategorialen Fahrwasser von Kant und Hegel und schielte mit ihnen weiterhin aufs Ganze.[43] Bataille stattdessen ging noch einen entscheidenden Schritt weiter (und manche mögen hinzufügen: wohl zu weit), indem er die Vernunft nicht mehr durch eine historisch-dialektische Bewegung zu retten versuchte, sondern sich mit Nietzsche voll und ganz auf die progressive Kraft des Mythos konzentrierte.

Eben daher rührt die bereits angeklungene Suche Batailles nach einer »Herzensgemeinschaft« als einem nicht durch Theologie und Politik, sondern durch die kohäsiven Kräfte des Mythos – und damit Sehnsucht, Leidenschaft und Liebe – bewirkten Zusammenschlusses. Der dahinterstehenden Idee, wonach allen voran ein gemeinsamer Symbolgebrauch das soziale Band einer Gemeinschaft ausmache, war im späteren *Collége de Sociologie* und der daraus entstandenen Sakralsoziologie übrigens noch eine große Karriere verheißen, wobei der vorbelastete Begriff des Mythos später durch »das Heilige«[44] im Sinne Émile Durkheims substituiert wurde. Strukturell vergleichbar sind beide Begriffe aber sowohl miteinander als auch mit dem, was man mit Castoriadis das Imaginäre nennen könnte.[45]

42 Vgl. wieder zur Politik nur die folgende Passage: »Das folgenschwerste – und *anfechtbarste* – aller absoluten Urteile aber ist das politische. Es handelt sich nicht mehr darum, positiv Partei zu ergreifen: verschiedene Regime sind menschlich vertretbar, das ist hier nicht mehr von Belang: die Moral, die Konzentrationslager befiehlt, ist deshalb nicht weniger die Nacht, die das Licht ankündigt.« Georges Bataille, »Nietzsche und die Moral«, in: ders., *Wiedergutmachung an Nietzsche. Das Nietzsche-Memorandum und andere Texte*, München: Matthes & Seitz 1999, S. 219 ff. (226).

43 Während Max Horkheimer sogar zu einem positiven Vernunftbegriff zurückkehrte, ersetzte Theodor W. Adorno das Allgemeine durch dessen Negativität. Die starre Fixierung beider Autoren auf die »letzte Frage aller Metaphysik« bleibt damit aber dennoch bestehen. Vgl. dazu ausführlich Stefan Breuer, Kritische Theorie, S. 47 ff., 262.

44 Émile Durkheim, *Die elementaren Formen des religiösen Lebens. Eine Biografie*, Berlin: Suhrkamp 1981, S. 313.

45 Felix Trautmann spricht sogar davon, dass das Heilige »[v]or allem in der späteren Soziologie des Sakralen« (und nennt neben Bataille noch Roger

Jedenfalls hatte Bataille zweifelsohne ein ungemein ausgeprägtes Gespür für die Katalysatoren einer exaltierten Gruppenerfahrung, inwiefern also spezielle Kulte, Rituale oder Feste zu einer »kollektiven Efferveszenz«[46] führen und eine miteinander erfahrene Grenzüberschreitung zum sozialen Kitt werden lassen. Denn auch der Rausch und die Trance einer kopflosen Masse, welchen neben den traditionalen Religionen auch die faschistischen Politiken für sich zu instrumentalisieren wussten, wird von Bataille nicht wie in klassischen Erzählungen der entzauberten Moderne zum primitiven Relikt verklärt, sondern in seiner Performanz auch für moderne Vergemeinschaftungen erkannt.[47] Vielmehr noch sucht er nach einem *modernen Mythos*, um mit ihm die besagte Herzensgemeinschaft zu realisieren.

Das Ergebnis dieser Suche ist der Mythos von *Acéphale* als einem zukünftigen Menschen, der seinem Kopf »entkommen« werde – und zwar so, »wie ein Verurteilter, der aus dem Gefängnis flieht.«[48] Dass nicht nur die Wahl dieser Metapher unter dem historischen Eindruck der Französischen Revolution steht, liegt schon deshalb nahe, weil Bataille diesbezüglich ganz und gar eine Obsession entwickelte. So rief er bspw. den 21. Januar und damit das Datum der Enthauptung von Ludwig XIV. zu einem Feiertag aus, zu dem er alljährlich auf dem *Place de la Concorde* einen ritualisierten Festakt veranstalten wollte.[49] Die Allegorie des Kopfes steht aber für mehr als bloß die Monarchie, namentlich eine »Autorität der *knechtischen Funktionen*« überhaupt.[50] Der Kopf bedeutete für Bataille somit jede denkbare Instanz, welche »sich selbst für den Zweck« ausgibt und die Existenz eines Menschen fortan an einer Funktion ausrichtet,

Callois und Pierre Klossowski) sogar »zum Teil in den Begriff des Imaginären übersetzt« worden sei – was freilich heißen würde, dass es sich um mehr als eine Ähnlichkeit handelt. Vgl. ders., »Das Imaginäre«, in: Dagmar Comtesse et. al., *Radikale Demokratietheorie*, Berlin: Suhrkamp 2020, S. 553 ff. (555 Fn. 2).

46 Ebd., S. 295 ff. Vgl. zur Aktualisierung nur Lars Gertenbach et al., *Theorien der Gemeinschaft. Zur Einführung*, Hamburg: Junius 2018, S. 67 ff.

47 Fortgeführt findet sich ein solches Programm etwa bei Hans-Ulrich Gumbrecht, wenn dieser ebenfalls im Anschluss an die paulinische Terminologie die moderne Fankultur im Sport und insbesondere die Stadionerfahrung als die performative Erzeugung eines »mystischen Körpers« beschreibt. Hans-Ulrich Gumbrecht, *Crowds. Das Stadion als Ritual von Intensität*, Frankfurt am Main: Vittorio Klostermann 2020, S. 99 ff.

48 Georges Bataille, »The Sacred Conspiracy«, in: ders., *The Sacred Conspiracy*, S. 123 ff. (125).

49 Vgl. dazu nur Stephan Moebius, *Die Zauberlehrlinge*, S. 265.

50 Georges Bataille, »Nietzsche und der Nationalsozialismus«, in: ders., *Nietzsche und der Wille zur Chance. Atheologische Summe (Bd. III)*, Berlin: Matthes & Seitz 2005, S. 221 ff. (224).

also dem unendlichen Dienst an einer Sache unterwirft, die größer zu sein scheint als er selbst.[51] Wie schon Nietzsche träumt auch Bataille stattdessen »von einem Menschen [...], der vor seinem tragischen Geschick nicht mehr fliehen, sondern es lieben und in vollem Einverständnis verkörpern würde, der sich selbst nicht mehr belügen und sich über die soziale Servilität erheben würde.«[52] Aus der Immanenz des enthaupteten Menschen sollen Kräfte entlassen werden, die vorher noch an die zivilisatorischen Fesseln einer bürgerlichen Vernunft gebunden waren und sich unter anderem mit solchen Phänomenbereichen wie dem Unbewussten, dem Wahn und dem Traum, aber auch der Kunst, Poesie, und Erotik sowie nicht zuletzt der Gewalt, dem Krieg und dem Tod assoziieren lassen.

Während diese Formulierungen – wie auch die als Vorbild dienende Verheißung des *Übermenschen* – aber noch im Singular formuliert sind, glaubt Bataille seinen Lieblingsautor sogar noch für die kollektive Dimension der kopflosen Suche proklamieren zu können; ihm nach habe Nietzsche zu keinem Zeitpunkt daran gezweifelt, »daß die Verwirklichung des Möglichen, das er in Anschlag brachte, eine Gemeinschaft erfordere.«[53] Schließlich handelt es sich bei der *Acéphale* nicht bloß um den Titel einer publizierten Zeitschrift und damit ein literarisches Projekt, das sich vornehmlich in den stillen Kämmerlein von einsamen Intellektuellen abspielt. Es handelt sich um einen verschwörerischen Geheimbund, bei dem es nicht zuletzt auch um eine praktische Erfahrung ging. Diese suchte man bspw. durch nächtliche Zeremonien im Wald zu erreichen, in denen man unter einer vom Blitz entzweiten – also, wie man betonte: kopflosen – Eiche stand, gemeinsam Schwefeldampf einatmete und stillschweigend ein okkultes Ritual durchführte, in welchem sich eine »Präsenz« des Todes »manifestieren« sollte.[54] Eine Legende besagt sogar, dass Bataille in einer Sitzung dazu aufgefordert haben soll, ihn »freundlicherweise« doch bitte umzubringen, weil nur durch ein solches Opfer das im Mythos avisierte Werk der kopflosen Gemeinschaft vollendet werden könne: der Tod ihres Führers.[55]

Ob diese Legende nun stimmen mag oder nicht – jedenfalls kommt darin eine von Bataille tatsächlich vielfach angestellte Überlegung zum

51 Ebd.

52 Ebd.

53 Ders., »Herr Nietzsche«, in: ders., *Nietzsche und der Wille zur Chance. Atheologische Summe (Bd. III)*, Berlin: Matthes & Seitz 2005, S. 33 ff. (39).

54 Ders., »Instructions for the ›Encounter‹ in the Forest«, in: ders., *The Sacred Conspiracy. The Internal Papers of the Secret Society of Acephale and Lecturers to the College of Sociology*, London: Atlas Press 2018, S. 177 f. (177 f.).

55 Vgl. Patrick Waldberg, »Extract from Acéphalogram (2)«, in: Georges Bataille, *The Sacred Conspiracy*, London: Atlas Press 2018, S. 456: »Bei der letzten Begegnung, mitten im Wald, waren wir nur noch zu viert, als Bataille

Ausdruck, die da lautet: »Die menschliche Gemeinschaft *ohne Kopf* suchen heißt die Tragödie suchen: die Tötung des Führers [...] bleibt Erfordernis der Tragödie.«[56] Die kopflose »Herzensgemeinschaft« realisiere sich in einem »emotionale[n] Element«, welches »der gemeinsamen Existenz eine obsessive Bedeutung verleiht« und nicht weniger als im »Tod« desjenigen bestehe, wegen dem sie sich versammelt habe – ob dieser nun Führer, König oder eben Bataille heißen mag.[57] Und dass die Frage unbeantwortet bleibt, inwiefern diese Anleitung nun als martialische Metapher oder als tatsächlicher Aufruf zur Gewalt gelesen werden soll, wäre Bataille wohl nur recht, immerhin hält es die künstliche Differenz von Wort und Tat in der Schwebe und zeugt in dieser Ununterscheidbarkeit nur von ebenjener Kraft des Mythos, den er zu erschaffen suchte. Mit einer solchen »Zerstörung des Kopfes« wird das Imaginäre einer kommenden Gemeinschaft verbunden, welche anstelle der »unitarischen Struktur« die »Schaffung einer neuen Struktur« vollziehen müsse.[58] Diese solle weder in einer negativen Theologie noch im Atheismus, weder in einer Anti-Politik noch in einer Verallgemeinerung des Misstrauens bestehen. Bataille selbst pflegt stattdessen von einer *Atheologie* zu sprechen, neben die man eine *Apolitik* stellen könnte und die durchaus einen positiven Glauben und ein positives Vertrauen impliziert, wenn auch diese sich auf eine negative Referenz, eben eine Entgründungsfigur bezieht: nämlich die Tragödie, dass nach Gott nun auch der Führer tot ist.

Ein solcher »Mythos der Abwesenheit« bedeute nämlich keine »Schließung« der Gemeinschaft in ihrer Endlichkeit, sondern sei gleichbedeutend mit der »Abwesenheit des Mythos« und damit ihrer »Eröffnung« gegenüber dem Unendlichen.[59] In der Enthauptung liege somit »der einzig wirkliche Befreiungsakt und der einzig mögliche, da die revolutionäre Zerstörung regelmäßig die Wiederherstellung der Sozialstrukturen ihres Kopfes zur Folge hat.«[60] Dass diese Zeilen in der zweiten *Acéphale*-Ausgabe zu Beginn des Jahres 1937 veröffentlicht wurden, also in jenem Jahr, in dem Josef Stalin die schrecklichen Säuberungsaktionen veranlassen sollte, vermag die in ihnen bereits anklingende Enttäuschung gegenüber politischen Revolutionen nur ein weiteres Mal – also nach dem französischen nun ebenfalls durch den sowjetischen *terreur* – zu untermalen.

die anderen drei feierlich fragte, ob sie ihn freundlicherweise töten könnten, damit dieses Opfer, das den Mythos begründen würde, das Überleben der Gemeinschaft sichert.« Zu den Zweifeln an diesem Bericht vgl. nur Rita Bischof, *Tragisches Lachen*, S. 125 ff.

56 Georges Bataille, »Nietzsche-Chronik«, S. 181 ff. (200).

57 Ebd.

58 Ders., »Thesen über den Faschismus und den Tod Gottes«, S. 169 ff. (174).

59 Ders., »Die Abwesenheit des Mythos«, in: ders., *Henker und Opfer*, Berlin: Matthes & Seitz 2016, S. 81 ff. (81 f.).

60 Ders., »Thesen über den Faschismus und den Tod Gottes«, S. 169 ff. (174).

Verhindert werden solle ein Umkippen der Revolution nun dadurch, dass die in solch geschichtsträchtigen Momenten wie 1792 oder auch 1918 lediglich singulär aufscheinende, radikale Negativität dergestalt prolongiert wird, dass man ihr einen sinnfälligen Ausdruck im Imaginären verschafft. Dieser ist durchaus vergleichbar mit dem, was Lefort später als »sinnstiftende Abwesenheit«[61] beschreiben sollte – und damit gegen den Totalitarismus zu opponieren versuchte. Das Prinzip der »Herzensgemeinschaft« lautet bei Bataille also, wie auch in der radikalen Demokratietheorie später, dass es keinen Prinzipal mehr geben kann: »Nur durch die grenzenlose Negation hindurch definieren sich die Möglichkeiten, die standhalten. Endlich entsteht an der Spitze ein Vakuum.«[62]

Bataille lässt allerdings keinen Zweifel daran, dass er dieses Imaginäre gerade nicht mit der Demokratie identifiziert wissen möchte. Anders als Lefort versteht er unter diesem Begriff alles andere als die Freisetzung der schöpferischen Kräfte der Revolution. In ihr manifestiere sich vielmehr die Politik einer rationalistischen Verhinderung dieses Potenzials zur Überschreitung. Dabei baue sie »auf einer Neutralisierung relativ schwacher und zwangloser Antagonismen« auf, welche statt einer »explosive[n] Kondensierung« zu einer »bedrückende[n] Atrophie und Sterilität der Existenz« führe.[63] Er geht somit davon aus, und so lässt sich dieses vernichtende Urteil über die Demokratie dann auch erklären, dass die »*monozephale* Gesellschaft« in ihr als politische Regierungsform verstetigt werde.[64]

Immerhin finden aber die zuvor angesprochenen Paradigmen der *Pluralisierung* und *Prozeduralisierung*, welche ich als Vorstufen eines radikaldemokratischen Denkens zu begreifen vorschlage, in seiner Theorieanlage eine imaginäre Entsprechung: Zu erstem heißt es, dass eine »*bi- oder polyzephale* Gesellschaft« durchaus das menschliche Leben zu befreien wisse, weil sie dessen »grundlegenden Antagonismen […] einen beständigen explosiven Ausgang« ermögliche und damit tendenziell bereits auf einen »*azephalen* Charakter der Existenz« hinausweise.[65] In anderen Worten widerspricht also bereits der Pluralismus dem »Prinzip des

61 Claude Lefort/Marcel Gauchet, »Über die Demokratie«, S. 89 ff. (101 f.): »Und *gerade weil dieser Ort abwesend ist*, umschreibt sich der gesellschaftliche Raum von ihm aus. […] Das ehrgeizige Vorhaben, den Ort […] zu verkörpern, hat zur Folge, dessen sinnstiftende Abwesenheit zu verschleiern.«

62 Georges Bataille., »Die Souveränität«, in: ders., *Die psychologische Struktur des Faschismus/Die Souveränität*, München: Matthes & Seitz 1997, S. 45 ff. (86).

63 Ders., »Thesen über den Faschismus und den Tod Gottes«, S. 169 ff. (174).

64 Ebd. Und noch etwas ausführlicher: ders.,, »Die psychologische Struktur des Faschismus«, in: ders., *Die psychologische Struktur des Faschismus/Die Souveränität*, München: Matthes & Seitz 1997, S. 9 ff. (12 f., 40 ff.).

65 Ders., »Thesen über den Faschismus und den Tod Gottes«, S. 169 ff. (174 f.).

Kopfes« und damit zugleich der »Reduktion auf die Einheit, der Reduktion der Welt auf Gott.«[66]

In eine ähnliche Richtung weist der explizite Einbau von Zeit in das kopflose Imaginäre. So kritisiert er an der modernen Arbeit, dass in ihr »die gegenwärtige Haltung dem späteren Ergebnis untergeordnet« werde.[67] Ein solches »Primat der Zukunft über die Gegenwart« führe zwar in einen geschäftigen »Bereich des Guten [...], der Erhaltung des Wesens vor seinem gloriosen Verlust« – aber eben gleichbedeutend damit zur »Verwerfung der Sinnlichkeit« und einer daraus resultierenden Unmöglichkeit, die eigene Immanenz in der »Verausgabung« oder sonstigen »Arten des verwegenen Aufsspielsetzens« transzendieren zu können.[68] Das Leben in die Zukunft zu verlagern, so die unverkennbare Botschaft dahinter, führe im Ergebnis mehr zu einer Schließung als Öffnung gegenüber der Zeit, weil sich diese schließlich nur in der Gegenwart offenbaren könne.

Zusammengenommen findet sich sowohl mit dem modernen Lob der Vielfalt als auch dem existenzialistisch anmutenden Sprung ins Hier und Jetzt ein theoretischer Rahmen abgesteckt, der nicht zuletzt in Kombination mit postfundamentalistischen Kategorien wie dem Tod Gottes und einer kopflosen Politik durchaus einen radikaldemokratischen Anklang aufweist. Über diese charakteristischen Bausteine hinaus lässt sich in Batailles Werk sogar eine Vorankündigung für einen *Begriff des Politischen* finden – und das wohlgemerkt, obwohl dem Autor nach eigenen Angaben wohl kaum etwas ferner liegen könnte als die politische Theorie. Tatsächlich wird die später mit dem radikaldemokratischen Begriff zu verbindende Gedankenbewegung einer sowohl destituierenden als auch instituierenden Macht nämlich bereits von Bataille antizipiert (und, berücksichtigt man dessen bedeutenden Einfluss auf den Dekonstruktivismus, vielleicht sogar angestoßen): Beschrieben werden kann sie mit einem irreduziblen *Ja*, welches Bataille noch einem jeden *Nein* – selbst der

66 Ebd. (ohne Herv.).

67 Weiter lautet das Zitat: »es gibt in der Arbeit überhaupt eine Unterordnung des Menschen unter das Resultat, das er erreichen will.« Georges Bataille, »Die intellektuellen und moralischen Folgen der Arbeitsbedingungen in der zeitgenössischen Gesellschaft«, in: ders., *Die Aufgaben des Geistes. Gespräche und Interviews 1948–1961*, Matthes & Seitz Berlin 2012, S. 148 ff. (153).

68 Ders., »Der Gipfel und der Niedergang«, in: ders., *Nietzsche und der Wille zur Chance. Atheologische Summe (Bd. III)*, Berlin: Matthes & Seitz 2005, S. 49 ff. (66 f.). Nicht zu verwechseln sei dies mit dem »Vorrang der Zukunft vor der Vergangenheit« als einem Prinzip, wonach die Zukunft gerade nicht »einzugrenzen« sei – und damit ihr Erscheinen in der Gegenwart ermögliche. Vgl. ders., »Nietzsche und der Nationalsozialismus«, S. 221 ff. (225 Fn. 1).

in seinem Werk so präsenten, sich entziehenden Negativität des Todes – vorausliegen sieht.

Diese idiosynkratische Signatur seines Denkens wurde verschiedentlich auf eine sinnfällige Formel zu bringen versucht: etwa von Maurice Blanchot, der von einer »nicht-positiven Affirmation« spricht oder von Michel Foucault, der sie daran anschließend als eine »Bejahung« beschreibt, die jedoch »nichts bejaht«.[69] Andere sprechen demgegenüber von einer »kritischen Anerkennung der Negativität«.[70] Allerdings dürfte der Begriff der Anerkennung nicht im Sinne der deutschen Hegeltradition gemeint sein, also weniger im Sinne einer rekonstruierbaren Normativität, sondern vielmehr als *prä-* oder auch *proto*normative Kategorie im Sinne eines Anspruchs des Anderen oder einer Erfahrung der Leere.[71] Mit Bernhard Waldenfels könnte man auch von einer radikalen Infragestellung durch das Fremde sprechen, der sich das Eigene schon deshalb nicht verwehren kann, weil es sich selbst dann noch responsiv verhält, wenn es sich dieser Anrufung verweigert.[72]

Eine gewisse Ähnlichkeit dieser Gedankenbewegung mit der radikalen Demokratietheorie lässt sich etwa mit Blick auf die Schriften von Toni Negri feststellen. Dieser bezieht sich zwar nicht explizit auf Bataille, aber immerhin auf dessen maßgebliche Inspirationsquelle und schreibt: »Ganz im Sinne Nietzsches müssen wir betonen, dass der Akt des Aussetzens, weit davon entfernt, negativ definiert zu sein, die Möglichkeit des Positiven begründet und ihm innewohnt. Je mehr sich die erste Entscheidung als negativ erweist, desto radikaler eröffnet sie eine Reihe von begründenden, innovativen, linguistischen und konstitutionellen

69 Michel Foucault, »Vorrede zur Überschreitung« , S. 320 ff. (327), nach der auch Maurice Blanchot zitiert wird.

70 Rita Bischof, *Tragisches Lachen*, S. 261 ff. (284). Dort findet sich auch eine ausführliche Aufarbeitung der hier ausgesparten Hegellektüre Batailles, die mit dem Besuch der berühmten Vorlesungen von Alexandre Kojève einherging. Vgl. zur allgemeinen Bedeutung dieser für die französische Ideengeschichte nur Vincent Descombes, *Das Selbe und das Andere*, S. 14 ff.

71 Die damit einhergehende »negative Akzentuierung der Anerkennung« in Frankreich führt Axel Honneth auf eine »kulturelle [...] Voreingenommenheit« zurück, weil einerseits die *reconnaissance* weniger eindeutig moralisch konnotiert sei und andererseits die »zentralistische [...] Organisation des Landes« eine »negative Tönung der Abhängigkeit vom Anderen« bewirkt habe. Ders., Anerkennung, S. 24 ff. und insbes. 78 f.

72 Vgl. nur Bernhard Waldenfels, *Verfremdung der Moderne*, S. 82. Zur Weiterentwicklung für die Rechtstheorie vgl. Hans Lindahl, »Constituent Power und Reflexive Identity. Towards an Ontology of Collective Selfhood«, in: Martin Loughlin/Neil Walker (Hrsg.), *The Paradox of Constitutionalism. Constituent Power and Constitutional Form*, Oxford: Oxford University Press 2008, S. 14 ff. (23 f.).

Möglichkeiten.«[73] Noch allgemeiner könnte man also davon sprechen, dass Bataille mit dieser radikal negativen Gedankenbewegung bereits auf das theoretische Verbindungsstück anspielt, das den Postfundamentalismus mit der politischen Differenz verbindet. Die Reflexion der politischen Theorie als einer Theorie des Politischen kann schließlich nur dort einsetzen, wo es keinen letzten Grund gibt; denn zu sagen, dass etwas politisch ist, bedeutet in allererster Linie, dass es auch ganz anders sein könnte. Die radikale Negation dessen, was als symbolische Ordnung schlicht gegeben ist, setzt eine ungeahnte Potenzialität an alternativen Weltentwürfen frei, in deren Angesicht man jedoch nicht in bloßer Paralyse erstarrt. Das vehemente *Nein* bezeichnet deshalb keinen Stillstand in der negativen Form, sondern entzieht sich dieser gleichsam, weil es eben von einem verborgenen *Ja* in eine permanente Bewegung getrieben wird. Das Ergebnis ist eine kopflose Geschichtsphilosophie, nach der es immer weitergeht – wenn auch nur irgendwie.

Dieses Zugleich von radikaler Negativität und Potenzialität setzt sich freilich auch in der Bataille'schen Arbeit am Imaginären fort. Neben der Kopflosigkeit findet sich diesbezüglich ein weiteres Leitbild, das – buchstäblich – nicht weniger Strahlkraft aufweist, zumal beide meist in Kombination anzutreffen sind. Die Rede ist von der *Sonne*, welche zwar als der Ursprung allen Lebens gilt, aber in ihrer lebensstiftenden Kraft nicht vom Menschen beherrscht werden kann. Der Verweis auf die Sonne soll also keine göttliche Allmacht legitimieren, wie sie noch die Hybris eines Sonnengottes oder Sonnenkönigs für sich zu beanspruchen versuchte. Schließlich ging die Sonne auch dann noch auf und unter, als Gott und der König tot waren. Und für Bataille ist sie deshalb vor allem eins: Sinnbild für einen »Überfluß an Energie« und damit nicht bloß einer essenziellen Gabe des Lebens, sondern auch – und vor allem – seiner existenziellen Verausgabung.[74] Sie ist somit eine Referenz der Hyperreferenz und darin gleichsam

73 Antonio Negri, *Insurgencies*, S. 19. Ein entsprechender Nachweis zu dieser Gedankenbewegung bei Nietzsche findet sich auch in Batailles Tagebucheinträgen, in denen er aus dessen Nachlass die folgende Passage zitiert: »Wir wissen das ›Wohin?‹ noch nicht, zu dem wir getrieben werden, nachdem wir uns dergestalt von unsrem alten Boden abgelöst haben. Aber dieser Boden selbst hat uns die Kraft angezüchtet, die uns jetzt hinaustreibt [...]. Ein *verborgenes Ja* treibt uns dazu, das *stärker* ist *als alle unsre Neins.*« Georges Bataille, »Die Position der Chance (Tagebuch April-Juni 1944)«, S. 111 ff. (111, Herv. M.E.).

74 Vgl. dazu unbedingt: »Ich spreche kurz von den allgemeinen Bedingungen des Lebens und betone nur ein Faktum von entscheidender Bedeutung: die Sonnenenergie ist der Ursprung seiner üppigen Entwicklung. Quelle und Wesen unseres Reichtums sind in der Sonnenstrahlung gegeben, die die Energie – den Reichtum – ohne Gegenleistung spendet. Die Sonnenstrahlung verursacht den Überfluß der Energie auf dem Erdball. Aber zunächst

der kosmische Urtypus der Verschwendung, weil der weltenerschaffenden Leistung der Sonne keine Gegenleistung in dieser Welt entsprechen kann.

Abbildung 7: Andre Masson, L'Armure *(1925).*

Wie sehr nun die Enthauptung mit dieser unendlichen Kraft der Sonne assoziiert wird, wird von Fred Botting und Scott Wilson konzise auf den Punkt gebracht, wenn diese schreiben: »Die Kopflosigkeit offenbart jedoch nicht einfach das Fehlen eines Scheitelpunktes: Jenseits des Gipfels befindet sich die Figur der unproduktiven Verausgabung, die Sonne, die ihre Energie mit absoluter Großzügigkeit verströmt.«[75] Eine solche Verbindung lässt sich aber auch in dem kubistischen Werk *L'Armure* nachvollziehen (vgl. Abb. 7), das Bataille erworben hat und von niemand geringerem stammt als Andre Masson. Bei ihm handelt es sich nicht nur um ein Gründungsmitglied der Geheimgesellschaft, sondern auch den Urheber der vielen Zeichnungen, die in den Zeitschriftenausgaben der *Acéphale* abgedruckt wurden. Auf dem bereits 1925 angefertigten Gemälde ist ein entblößter Frauenkörper zu sehen, dessen Hals durchtrennt ist und bei dem an der Stelle des Kopfes eine Flamme lodert. Es liegt nach dem Gesagten freilich auf der Hand, dass diese Flamme nicht als eine Erleuchtung des Kopfes durch eine luzide Vernunft zu deuten ist, wie es in der westlichen Ideengeschichte normalerweise mit dem Licht als »Metapher der Wahrheit«[76] verbunden wird. Sie ist, ganz im Gegenteil, das Sinnbild eines von diesem grellen Licht geworfenen Schattens, welcher in der Überschreitung, der Zerstörung und eben dem Tod selbst zu erkennen ist.

empfängt die lebende Materie diese Energie und akkumuliert sie in den durch den Raum gesetzten Grenzen. Sie [...] nutzt sie [...] maximal zum Wachstum aus. Nur durch die Unmöglichkeit, das Wachstum fortzusetzen, gewinnt schließlich die Verschwendung den Vorrang. Der eigentliche Überschuß beginnt also immer erst dann, wenn das Wachstum des Individuums oder der Gruppe auf Grenzen stößt.« Ders., *Die Aufhebung der Ökonomie*, München: Matthes & Seitz 1985, S. 28.

75 Fred Botting and Scott Wilson, From Experience to Economy, in: dies., Bataille-Reader, S. 1 ff. (18).

76 Vgl. Hans Blumenberg, »Licht als Metapher der Wahrheit. Im Vorfeld der philosophischen Begriffsbildung«, in: ders., *Ästhetische und metaphorologische Schriften*, Frankfurt am Main: Suhrkamp 2017, S. 139 ff. (144).

Die Flamme steht dann weniger für die gnostische Offenbarung oder auch die europäische Aufklärung (im Sinne des *enlightenment*) – als vielmehr für das prometheische wie pompejische Feuer. Ein solches steht neben zivilisatorischem Fortschritt zugleich für die unkontrollierbare Vernichtung des Menschen durch seine eigene Hand. In einem Gedicht Batailles aus den Kriegsjahren lässt sich die Ambilvanz dieses Motivs einer »leuchtende[n] und leichte[n] Flamme« noch einmal wiederfinden, die er als das, »was berauscht und erleuchtet« umschreibt, indem sie »sich selbst verzerrt, sich annihiliert«.[77] Insofern ist die Hingabe zur Sonne, der Verweis auf den Mythos des Ikarus ist dabei wohl obligatorisch, durchaus analog zur Aufforderung der Enthauptung zu deuten. Beides weist auf die Lehre zur Revolution des eigenen Lebens hin, welches seine »volle Intensivität« erst dann entfalten könne, wenn der Mensch seine funktionale Dienstbarkeit gegenüber einem letzten Grund – sei's Gott, der König oder der Führer – unwiderruflich kündige und nicht mehr sein Leben den äußeren Regeln, sondern diese fortan seinem Leben unterwerfe.[78] Und das, obwohl diese Umkehr zugleich bedeuten kann, dass er »das Leben aufgeben« und den Tod als latente Möglichkeit seiner Befreiung vom Zweck anerkennen müsse.[79] Nur dann könne das kairologische Moment eines sich in der Gegenwart plötzlich aufzeigenden Potenzials zurückgewonnen werden, in der das Nichts in einem singulären Augenblick aufscheint – und damit *alles* möglich wird. Und ebendarin gleicht die unproduktive Verausgabung einer lodernden Flamme, die gerade deshalb »ein verlockendes Objekt« darstelle, weil sie mit der »Abschaffung des Objekts« identisch sei.[80] Diese französische Variante der Dialektik der Aufklärung ist ebenso radikal wie emblematisch: *Sie ist kopflos.*

77 Georges Bataille, »Die ›Tasse Tee‹, ›Zen‹ und das geliebte Wesen (Tagebuch Februar-April 1944)«, in: ders., *Nietzsche und der Wille zur Chance, Atheologische Summe (Bd. III)*, Berlin: Matthes & Seitz 2005, S. 83 ff. (97): »*Ich stelle mir vor: ein verlockendes Objekt, /die leuchtende und leichte Flamme, /die sich in sich selbst verzerrt, /sich annihiliert /und auf diese Weise die Lehre enthüllt, /die Identität des verlockenden, /dessen, was berauscht, mit der Lehre. / Ich stelle mir die Lehre /identisch mit einer Flamme vor, /die Abschaffung des Objekts, / die die Flamme enthüllt, /die berauscht /und erleuchtet.*«

78 Ders., »Nietzsche und Thomas Mann«, in: ders., *Wiedergutmachung an Nietzsche. Das Nietzsche-Memorandum und andere Texte*, München: Matthes & Seitz 1999, S. 271 ff. (296).

79 Ebd.

80 Ders., »Die ›Tasse Tee‹, ›Zen‹ und das geliebte Wesen (Tagebuch Februar-April 1944)«, S. 83 ff. (97).

2. Das »Nietzsche-Sein«

»Ins Herz des Möglichen eindringen« – um nicht weniger geht es Bataille, wenn er unmissverständlich klarstellt: »das bedeutet die Existenz Nietzsches«.[81] Und was bereits an dieser Stelle deutlich geworden sein sollte, ist, dass es Bataille um mehr geht als Nietzsche aus einem akademischen Interesse heraus zu lesen, zu studieren und damit nur recht zu verstehen. In einem weiteren der vielen Essays zu seinem Lieblingsautor – den übrigens auch Werner Hamacher für seinen angesprochenen Sammelband *Nietzsche aus Frankreich* auserkoren und sogleich an erster Stelle platziert hat – bekennt sich Bataille noch eindeutiger zum Ziel seiner Nietzsche-Lektüren, wenn er erklärt: »Niemand kann Nietzsche authentisch lesen, ohne Nietzsche zu ›sein‹.«[82]

Die eigentümliche Lesart, die Bataille in seinen vielen Kommentierungen entwickelt, ließe sich vor dem Hintergrund dieser existenziellen Hermeneutik somit auch als Ratgeberliteratur zu einem »Leben als Nietzsche« oder auch als »Handreichung zur Ekstase« katalogisieren. Die davon avisierte »Existenz Nietzsches« oder eben das »Nietzsche-Sein« entspricht bei Bataille jedenfalls ganz der Legendenbildung des solitären Antihelden, in welchem Genie und Manie eine schöpferische Koalition eingegangen sind. In ihr hat die Kunst keinen übergeordneten Zweck mehr. Sie ist vielmehr zu ihrem eigenen Zweck avanciert. Und so geht es Bataille auch nicht bloß darum, mit Nietzsche einen ausgeprägten *Sinn* für den *Wahn* zu entwickeln, sondern eben auch (und das geht den entscheidenden Schritt weiter als gewöhnliche Lektüren), sich nicht gegenüber dem *Wahnsinn* abgrenzen, dem er letztlich verfallen ist. Im Ergebnis bringt das bekanntlich nicht weniger als den »Übermenschen« (beziehungsweise seine Ankündigung) hervor, wobei dieser bei Bataille freilich unter anderem Namen auftritt. An bezeichnender Stelle heißt es: »Der *Azephale* drückt mythologisch die Souveränität aus, die der Zerstörung geweiht ist, den Tod Gottes, und darin verbindet und vermischt sich die Angleichung an den kopflosen Menschen mit der Angleichung an den Übermenschen, der ganz und gar [der] ›Tod Gottes‹ ist.«[83]

Neben den zu erwarteten Schlagwörtern zu Nietzsche taucht mit der *Souveränität* in diesem Zitat erstaunlicherweise eine rechts- und

81 Ders., »Nietzsche-Memorandum«, in: ders., *Wiedergutmachung an Nietzsche. Das Nietzsche-Memorandum und andere Texte*, München: Matthes & Seitz 1999, S. 9 ff. (23).

82 Ders., »Nietzsche im Lichte des Marxismus«, in: *Wiedergutmachung an Nietzsche. Das Nietzsche-Memorandum und andere Texte*, München: Matthes & Seitz 1999, S. 257 ff. (263, zit. ohne Majuskelschrift).

83 Ders., »Thesen über den Faschismus und über den Tod Gottes«, S. 169 ff. (176).

politikwissenschaftliche Fachvokabel auf, die man wohl eher in der von Bataille so verachteten politischen Theorie erwarten würde. Die Nennung ist jedoch weder Zufall noch Einzelfall. Vielmehr nimmt das Thema für Bataille eine so zentrale Stellung ein, dass er ihm sogar eine ganze – wenn auch nie separat veröffentlichte – Monographie gewidmet hat.[84] Wer jedoch bei der Souveränität nach Bataille auch nur ansatzweise von einem klassischen Begriffsverständnis ausgeht, würde sich in die Irre führen lassen. Die ansonsten staatstragende Kategorie wird nämlich synonym zu jener Zielvorstellung der »Existenz Nietzsches« oder des »Nietzsche-Seins« umgedeutet.[85] Das zeigt sich etwa in einer seiner seltenen Ausführungen zur eigenen Methodik, nach der Bataille »die ›politischen‹ Ideen Nietzsches« nicht einfach unterschlagen wolle, sondern auf eine »entschiedene, praktische Weise zu interpretieren versuche« und deshalb einige »Prinzipien« einführen wolle.[86] In diesen heißt es zur »Souveränität« unter anderem, dass diese unbedingt »von der politischen Macht« zu unterscheiden sei und im »besten Fall« sogar »die souveränen Menschen von den Herrschenden« zu trennen vermöge.[87] Die Souveränität sei deshalb keine Ausübung, sondern eine »Verweigerung der Macht« und komme demnach in dem singulären Ereignis zum Vorschein, in dem sich das unvordenkliche *Ja* zum Leben in einem vehementen *Nein* zur Unterwerfung fortsetzt.[88] Dies geschehe jedoch mit dem Ziel, sich danach nicht von neuen, wenn auch selbstgegebenen oder besseren Gesetzen beherrschen zu lassen. Sie reduziere sich auf die singuläre Aussetzung der instituierten und konstituierten Zwecke, wie sie allen voran von der Politik und Ökonomie gesetzt werden. Die Souveränität behält Bataille also nicht dem Kopf des Königs vor. Sie gilt vielmehr allen Menschen, die den König im Kopf loszuwerden vermögen und dadurch dergestalt

84 Ders., »Die Souveränität«, S. 45 ff.

85 Und das, obwohl der Begriff bei Nietzsche selbst nur selten oder in einem ganz und gar polemischen Zusammenhang aufzufinden ist. Vgl. nur Friedrich Nietzsche, »Menschliches, Allzumenschliches II«, in: KSA (Bd. I), S. 515: »Auch das Schlechte ehren und sich zu ihm bekennen, wenn es Einem *gefällt*, und keinen Begriff davon haben, wie man sich seines Gefallens schämen könne, ist das Merkmal der Souveränität, im Grossen und Kleinen.«

86 Georges Bataille, »Nietzsche-Memorandum«, S. 9 ff (99 f.).

87 Ebd.

88 Ders., »Die Souveränität«, S. 45 ff. (83). Vgl. ferner Christoph Menke, »Ästhetische Souveränität«, in: Andreas Hetzel/Peter Wiechens (Hrsg.), *Georges Bataille. Vorreden zur Überschreitung*, Würzburg: Königshausen und Neumann 1999, S. 301 ff. (308): »Die Souveränität ist eine radikale ›Verweigerung der Macht‹. Und zwar nicht nur der Macht der Anderen, sondern vor allem auch der eigenen Macht, der Macht des Selbst, der Selbstbestimmung.«

»frei« werden, dass sie sich nicht mehr »in eine Funktion einschließen [...] heißt: das Leben in sich verstummen lassen.«[89]

Ein solches Verständnis liegt fernab einer politikwissenschaftlichen oder gar juristischen Definition einer unteilbaren Letztentscheidungsbefugnis, wie sie gewöhnlich der Staatsgewalt zugesprochen wird und mit solchen Namen wie Jean Bodin, Thomas Hobbes und Carl Schmitt zu verbinden wäre.[90] Gerade mit letzterem teilt Bataille nicht mehr als die Emphase des Ausnahmecharakters der Souveränität. Immerhin geht es in Batailles Schriften, und so auch bei diesem Begriff, hauptsächlich um das Außerordentliche, die Grenzüberschreitung und die Regelverletzung. Anders als Schmitt kennzeichnet er damit keine Entscheidung über eine Regel, welche aus den geschaffenen Tatsachen wiederum eine neue Normativität erwachsen lässt. Er hält diese Normativität stattdessen latent in der Schwebe, weil die Ausnahme bei ihm »gleichzeitig die Beachtung der Regel und ihre Verletzung« bedeute.[91] Der himmelweite Abstand zwischen diesen beiden Begriffsverwendungen überrascht freilich kaum, wenn man bedenkt, dass es Schmitt immerhin um eine Faktizität geht, in welcher sich eine imaginäre Einheitsmatrix des Politischen ausdrückt. Währenddessen sucht Bataille eine ästhetische Erfahrung zu beschreiben, die er vornehmlich anhand einer ebenso religiösen wie künstlerischen, aber darin eben gleichsam exzessiven Subjektivität ausleuchtet.[92]

Souverän kann bei Bataille immer nur der einzelne Mensch sein; aber weniger als Mensch im allgemeinen Sinn der Anthropologie, sondern als Mensch im partikularen »Augenblick« seiner spontanen Emanzipation von einem übergeordneten Zweck.[93] Seine Souveränität erlangt dieser nämlich nur, wenn er im Hier und Jetzt »keinerlei Nutzwert über diesen Augenblick selbst hinaus hat [...], mit einem Wort kein Werkzeug [...], kein Ding, sondern ein souveränes Wesen« ist.[94] Wie auch Karl-Heinz Bohrer betont, endet die Vergleichbarkeit von Bataille und Schmitt deshalb spätestens an der »spiritualistischen Kategorie [...] der Plötzlichkeit«, liegt darin doch zugleich der Anlass von Schmitts polemischer Abrechnung mit der Romantik.[95] Eben deren »ästhetische Struktur« ist,

89 Georges Bataille, »Thesen über den Faschismus und über den Tod Gottes«, S. 169 ff. (175).

90 Vgl. nur Carl Schmitt, *Politische Theologie. Vier Kapitel zur Lehre von der Souveränität*, Berlin: Duncker & Humblot 2021, S. 11 ff.

91 Georges Bataille, »Nietzsche und Thomas Mann«, S. 271 ff. (290).

92 Ders., »Die Souveränität«, S. 45 ff. (74).

93 Ders., »Nietzsche im Lichte des Marxismus«, S. 257 ff. (268).

94 Ebd.

95 »Die ›plötzliche Gewalt des Augenblicks‹ ist [...] der ästhetische Modus, den die moderne Romantik seit dem Surrealismus suchte, wogegen Carl Schmitt polemisierte.« Karl Heinz Bohrer, *Die Kritik der Romantik. Der Verdacht der Philosophie gegen die literarische Moderne*, Frankfurt am

über Nietzsche vermittelt, nun auch im Surrealismus nach Bataille vorzufinden.[96]

Gerade die Verbindung vom »Nietzsche-Sein« zum »Souverän-Sein« rührt aber weniger aus einer mühsamen Exegese von Nietzsches Schriften, in der es Bataille in detaillierter Kleinstarbeit gelungen wäre, dessen theoretische Substanz zu destillieren. Vielmehr scheint sie getragen von einem heroischen Mythos über den wahnsinnigen, eremitenhaften und eben deshalb genialen Schriftsteller. Weil diesem nichts und niemand »wertvoll genug« war, so schreibt Bataille, sei es ihm »versagt« gewesen, jemals einer höheren Sache als ihm selbst »zu *dienen*.«[97] An anderer Stelle heißt es: »Wenn nichts, weder das Vaterland noch das tätige Menschsein noch Gott, ihm seines Dienstes wert erschien, wenn er nicht geneigt war, einem erbärmlichen Ehrgeiz zu dienen (dem Reichtum oder persönlichen Erfolgen ohne Glorie), mußte er einer unruhigen Luizidität gegenüber *souverän sein*.«[98] Die einfachste Definition der Souveränität lautet für Bataille deshalb auch: »Was souverän ist, ist etwas, das seinen Zweck nur in sich selbst hat.«[99] Während etwa der Marxismus mit seiner »Emanzipation« also noch »die einer Klasse im Verhältnis zur anderen« anstrebe (und im real existierenden Kommunismus, wie Bataille ausführt, den Menschen ebenfalls »auf ein Mittel« reduziert habe, nämlich ein »Mittel, sich selbst zu befreien«), geht es Bataille mit Nietzsche um die »Emanzipation [...] des menschlichen Lebens« überhaupt und somit eine radikale Freiheit, in welcher der Mensch nicht mehr »mit einer Funktion verwechselt« und somit freigesprochen werde von allen denkbaren »Schranken unserer Dienstbarkeiten.«[100]

Das klinge nicht bloß in der Theorie einfach, sondern sei ausweislich Bataille auch in der Praxis »leicht« umzusetzen, weil die Souveränität in jedem »Augenblick« realisiert werde, »der um seiner selbst willen

Main: Suhrkamp 2007, S. 309 f. Vgl. zum »subjektivierten Occassionalismus« nur Carl Schmitt, *Politische Romantik*, Duncker & Humblot 1998, S. 18 und passim. Sowohl mit der Romantik als auch mit Schmitts Polemik werde ich mich noch einmal ausführlicher in § 3 Abs. 3 beschäftigen.

96 Ebd.

97 Georges Bataille, »Nietzsche im Lichte des Marxismus«, S. 257 ff. (263).

98 Ebd., S. 264.

99 Ders., »Nietzsche und Christus«, in: ders., *Wiedergutmachung an Nietzsche. Das Nietzsche-Memorandum und andere Texte*, München: Matthes & Seitz 1999, S. 229 ff. (237). Und darin kann bereits eine Parallele zu Walter Benjamin erkannt werden, der den Kategorischen Imperativ von Immanuel Kant etwa in seiner *Kritik der Gewalt* in eine ganz ähnliche Richtung radikalisiert hat. Vgl. dazu nur § 2 Abs. 3 und § 3 Abs. 2.

100 Das Zitat zum Menschen als »Mittel« findet sich in: ebd., S. 268. Alle anderen Zitate stammen hingegen aus ders., »Nietzsche und der Nationalsozialismus«, S. 221 ff. (224 f.).

erlebt« werde.[101] Schwieriger sei es nur mit dem »Denken dessen, der ihn erlebt«, weil die Reflexion selbst »indirekt zu Dienstbarkeit verpflichtet« und damit die im Augenblick liegende Chance ebenso »leicht« verstreichen lassen könne.[102]

Dass Bataille an dieser Stelle das Sein gegen das Denken ausspielt, mag zwar den Anschein einer Ontologie erwecken, ist aber vielmehr noch auf die leitende Opposition von »Herz vs. Kopf« respektive »Sinnlichkeit vs. Rationalität« zurückzuführen. Das konstatiert auch Jürgen Habermas in seiner Vorlesung über Bataille im *Philosophischen Diskurs der Moderne*, wenn er dessen Hinwendung zu Nietzsche zugleich als Abwendung von Heidegger deutet: »Daß nicht das *Sein*, sondern die *Souveränität* das letzte Wort behält, ist kein Zufall – darin zeigt sich vielmehr eine für Heidegger undenkbare Nähe zu Nietzsches ästhetisch inspiriertem Begriff von Freiheit und übermenschlicher Selbstbehauptung.«[103] Dieser Punkt ist es wert, doppelt unterstrichen zu werden. Denn auch nach eigenen Aussagen interessiert sich Bataille für die Wesenheit verschiedener Phänomene nur insoweit, als ein solches »Wesen an den Abgrund einer Totalität« geknüpft werden soll, »in dem es sich auflöst.«[104]

Darüber hinaus erscheint in dem Zitat von Habermas allerdings problematisch, dass die Nähe des Souveränitätsbegriffes zum Übermenschen Nietzsches einzig unter dem positiven Aspekt der »Selbst*be*hauptung« statt unter dem negativen Aspekt der *Ent*hauptung verhandelt wird. Schließlich verweist dieser Begriff auf eine Erzählung der modernen Subjektivität, in welcher diese den Verlust von traditionalen Ordnungsstrukturen zu kompensieren und die damit einhergehende Kontingenz zu bewältigen wusste, sich also angesichts der erschütternden Erfahrung der Moderne gerade neugefestigt hat. Wenn die »azephalische Subjektivität«[105] sich selbst behauptet, dann tut sie das lediglich in dem Sinne, dass sie spricht und damit nicht bloß irgendetwas, sondern immer zugleich *sich* behauptet, indem sie sich mitteilt. Das bedeutet es, wenn Bataille von einer »aufblitzenden Subjektivität« spricht, die »souverän [...] ist, sofern sie mitgeteilt wird.«[106] Allerdings bedeutet das nicht im landläufigen Sinne dieses Begriffes, dass ein solches Selbst sein

101 Ebd., S. 247.
102 Ebd. Vgl. ferner: »[D]as souveräne Denken ist von vornherein ›aus den Angeln‹, es überschreitet die Grenzen der Erkenntnis, es zerstört eine Welt, die beruhigt, die der Tätigkeit des Menschen *angemessen* ist.« Ebd., S. 237.
103 Jürgen Habermas, *Der philosophische Diskurs der Moderne*, S. 251.
104 Georges Bataille, »Nietzsche und Christus«, S. 229 ff. (243).
105 Hans-Dieter Gondek, »Azephalische Subjektivität Gabe, Gesetz und Überschreitung bei Bataille und Lacan«, in: Andreas Hetzel/Peter Wiechens (Hrsg.), *Vorrede zur Überschreitung*, Würzburg: Königshausen und Neumann 1999, S. 157 ff. (insbes. 165 f.).
106 Georges Bataille, »Die Souveränität«, S. 45 ff. (77 f.).

Schicksal in die eigenen Hände nimmt und sich in dem, was Bataille als Enthauptung des Menschen verhandelt, so etwas wie politische Selbstregierung, moralische Autonomie oder ethische Selbstbestimmung auch nur ansatzweise andeuten würde. Sogar ausdrücklich bekennt sich Bataille, lediglich eine »Parodie der Selbstbehauptung« zu inszenieren, welche gänzlich »frei geworden ist von der Herrschaft, die sie über die Dinge ausüben wollte oder sollte.«[107]

Etwas treffender erscheint deshalb eine andere Beschreibung; und zwar die von Michel Foucault, der mit Blick auf Bataille vielmehr von einer »Aufsprengung« oder einem »Zusammenbruch der philosophischen Subjektivität« spricht, deren »Zerstreuung im Inneren einer sie enteignenden, aber eben auch in der von ihr gelassenen Lücke vervielfältigenden Sprache« zugleich »eine der Grundstrukturen des zeitgenössischen Denkens« vorbereitet habe.[108]

3. Von der *Acéphale* lernen

Und tatsächlich wird in der *French Theory* seit einigen Jahrzehnten vor allem ein Subjekt ohne Zentrum beschworen, womit sich das theoretische Primat von dessen Handlungen in der Welt auf dessen Anrufung durch eine symbolische Ordnung verschiebt. Man könnte auch vereinfachend davon sprechen, dass im Schwerpunkt nicht mehr *bottom up* von einem Individuum auf die Gesellschaft geschlossen wird, sondern *top down* von der Gesellschaft auf das Individuum.[109] Dass diese individualistische und holistische Perspektive einander gerade nicht ausschließen, sondern vielmehr ergänzen, vermag noch Bataille selbst vor Augen zu führen. Seine Schriften decken das weite Spektrum von der zuvor benannten Ratgeberliteratur zum »Nietzsche-Sein« bis hin zu historischen – oder besser: parahistorischen – Studien zu den politischen Strukturen ab, *in* denen und *gegen* seine Ästhetik der Überschreitung sich durchzusetzen hat. Dass sich sein kopfloses Denken ausdrücklich gegen die Politik richtet, heißt nicht zugleich, dass er sich – wie schon mit der Religion oder auch der Ökonomie – damit nicht ernsthaft beschäftigen würde.

Hervorheben möchte ich seinen 1933 verfassten Aufsatz *La structure psychologique du Fascime*. Die im Titel benannte »psychologische Struktur« könnte man mit Cornelius Castoriadis wieder einmal als das Imaginäre (oder auch als das Heilige im Sinne der späteren Sakrasoziologie) bezeichnen, weil es in dessen Analyse vornehmlich um eine im sozialen

107 Ebd., S. 83.

108 Michel Foucault, »Vorrede zur Überschreitung«, S. 320 ff. (332).

109 Vgl. zu einer solchen Schematisierung nur Hartmut Rosa et. al., *Soziologische Theorien*, Konstanz: UVK Verlagsgesellschaft 2013, S. 19.

Vorfeld der Politik zu verortende, affektbezogene und subjektkonstituierende Dimension geht. Und ganz ähnlich wie Castoriadis versucht auch Bataille damit nachzuholen, was einst der theoretische Marxismus versprochen, aber nicht eingelöst hat: Nämlich den »sozialen Überbau« der historisch-materiellen Bedingungen der Gesellschaft aufzuschlüsseln und damit so etwas wie den Staat und das Recht, aber auch die Religion, die Kunst, die Wissenschaft sowie die damit einhergehenden Bewusstseinsformen in den kritischen Blick zu nehmen.[110]

Die entscheidende Pointe dieses Aufsatzes besteht meines Erachtens in dem Befund, dass eine liberal-rechtsstaatlich verfasste Demokratie »unfähig« sei, die beschriebene Souveränität zu ermöglichen, weswegen diese in eine »Abhängigkeit von den imperativen Kräften« gerate, »die sie ausschließt.«[111] Wie auch die Monarchie habe der Nationalsozialismus, der sich bei Bataille gewissermaßen als dessen Wiederauferstehung erweist, sich als »das ganz Andere« einer bürgerlichen Servilität zu inszenieren gewusst.[112] Dadurch sei es ihm möglich geworden, die vormals verdrängten Energien »ins *Maßlose*« zu steigern, »in der Person des Führers [zu] akkumulieren und in ihr unbegrenzt verfügbar werden« zu lassen.[113] Der moderne Totalitarismus bilde somit nicht einfach den Kontrast zu einer sich einzig um sich selbst drehenden Gesellschaft, sondern setze das ohnmächtige Gefühl ihrer unentfliehbaren Immanenz gerade voraus. Er beginne gerade dort, wo er einen vielleicht unvernünftigen, aber trotzdem (oder gerade deshalb) attraktiven Ausweg aus dem ewigen Limbus eines vereinnahmenden Produktivitätskreislaufes aufzeige und stattdessen eine außeralltägliche Erfahrung der »kollektiven Affektivität« anbiete.[114] Der anästhetisierende Trott des immergleichen Alltags, der servile Anstand und die bürgerliche Sitte, welche zum geschäftigen Leben in Beruf und Familie aufrufen, werden dann unter anderem durch die Überschreitung des Gewaltverbotes und nicht zuletzt den Tod negiert. Insofern erhält die in Batailles Schriften ohnehin unverkennbare Abneigung gegenüber einer dienenden Lebensform noch einmal eine ganz andere Dimension, wenn er nun sogar behauptet, dass sie, psychologisch-strukturell betrachtet, nicht weniger als den europäischen Faschismus vorbereitet habe.

110 Während dies in der Einleitung eher noch ergänzend zu den vorausgesetzten Analysen vom »ökonomischen Unterbau« angekündigt wird, heißt es später sogar, dass »es die psychologische Struktur ist, die das Wesen des Faschismus ausmacht, und nicht die ökonomischen Bedingungen, auf die er sich stützt.« Georges Bataille, »Die psychologische Struktur des Faschismus«, S. 9 ff. (9, 38).

111 Ebd., S. 23.

112 Ebd., S. 18.

113 Ebd.

114 Ebd., S. 34 und passim.

Zur näheren Beschreibung greift Bataille auf eine Begriffsopposition zurück, die abermals eine erstaunliche Parallele zur politischen Differenz aufweist.[115] Gemäß der bereits angesprochenen und geradezu typischen Gedankenbewegung von Bataille findet sich mit dem »*Heterogenen*« zunächst ein solcher Begriff wieder, der mit der instituierenden Macht des Politischen in metonymischer Verbindung steht und das radikal Andere oder auch den irreduziblen Überschuss einer symbolischen Ordnung kennzeichnet. Bevor ich jedoch näher auf diesen Aspekt zu sprechen komme, lohnt ein weiterer Blick auf die instituierte Gegenseite dessen, namentlich die »*soziale Homogenität*« und damit das »Prinzip« oder auch die »Form« eines kollektiven Bewusstseins – oder eben: des Imaginären – der bürgerlichen Gesellschaft.[116] Diese sei hauptsächlich auf eine »Kommensurabilität der Elemente« zurückzuführen, in welcher sich die Nützlichkeit nicht aus einer »*in sich* wertvollen Tätigkeit«, sondern stattdessen einer kaum überschaubaren Arbeitsteilung sowie einem »spontane[n] Zusammenspiel der Produktionsabläufe« ergebe.[117] Der zuvor individuelle »Wert« einer tagein und -aus verrichten Tätigkeit werde auf das »quantifizierbare Äquivalent« eines am Markt angebotenen und nachgefragten Preises reduziert, wodurch der sie verrichtende Mensch aufhöre, »eine Existenz *für sich* zu sein« und zu einer bloßen »Funktion innerhalb der meßbaren Grenzen der kollektiven Produktion« verkomme.[118]

Eine individuelle Souveränität nach dem Vorbild Nietzsches erscheint in einer solchen Gesellschaft so gut wie unmöglich: Diese würde sich nicht bloß der Kommodifizierung des eigenen Lebens entziehen, sondern zugleich eine systemische Bedrohung für die ordnungsgemäße Aufrechterhaltung einer solch geschäftigen Lebensform darstellen müssen. Wer nur für sich existiert, ist, ökonomisch gesehen, schließlich zu nichts mehr zu gebrauchen und eine einzige Verschwendung der Produktivkraft. Wie vehement sich die homogene Gesellschaft dagegen wehrt, was man auch hierzulande gerne als Schmarotzer und Nichtsnutz beschimpft, wäre laut Bataille somit nur ein Symptom dessen, wie leicht das Gerechtigkeits- und Sicherheitsgefühl in einem homogenen Regime ins Wanken zu bringen sei, in dem die Menschen auf eine Funktion reduziert werden. Und eben deshalb würde dieses auch »ununterbrochen gegen alle Elemente der sozialen Unruhe« geschützt und daraus potenziell entstehende »innere Konflikte« um jeden Preis verhindert.[119] Innerhalb dieses Systems

115 So auch schon Ernesto Laclau, *Die populistische Vernunft*, S. 191 ff.

116 Georges Bataille, »Die psychologische Struktur des Faschismus«, S. 9 ff. (10, 12).

117 Ebd.

118 Ebd., S. 10 f.

119 Ebd., S. 12.

würden nämlich ansonsten die diversen »Widersprüche« in einem solchen »Apparat der Produktion« aufgezeigt, womit die ohnehin latente Gefahr weiter anwachse, dass sich eine solche Gesellschaft von innen heraus »zersetzt.«[120] Und eben an diesem Punkt, der weniger die tatsächlichen Bedingungen als ein kollektives Bewusstsein über diese betrifft, gäben die faschistischen Rattenfänger der »affektiven Erregung« eine politische Richtung – wenn auch eine *falsche*, weil sich hinter den transzendentalen Würden eines Führers sowie einer von ihm hypnotisierten Masse letztendlich wieder nur ein weiterer Zweck verberge.[121]

Der »Staat« könne in diesem Kontext lediglich als mögliche »Stütze« der Homogenität agieren, indem er entweder eine »*Anpassung*« der inkommensurablen Elemente begünstigt oder seine »*Autorität*« in die Waagschale wirft und diese mittels Zwang zu unterwerfen versucht.[122] Welche Tendenz gegenüber der anderen überwiegt, hänge ganz davon ab, wie *demokratisch* oder *despotisch* dieser ausgerichtet sei.[123] Für den liberalen Rechtsstaat falle diese Gewichtung allerdings recht einseitig aus, habe er doch gar keine mit der »Autorität des Königs« überhaupt vergleichbare Instanz mehr zu bieten, welche die »Aufrechterhaltung der existierenden juristischen und administrativen Formen« verbindlich garantieren könne.[124] Das monarchische und das faschistische Imaginäre hingegen verwiesen auf eine »Unbedingtheit der göttlichen Macht« und würden sich damit der »Homogenität, dem Ausgleich von Rechten und Pflichten« entziehen, »die das formale Gesetz des Staates begründen.«[125] In anderen Worten lasse sich die majestätische oder militärische Souveränität dadurch auszeichnen, dass die Untertanen *für den Staat* lebten, während dieser selbst keinem anderen Zweck als sich selbst unterworfen sei. Hingegen verweise die liberale Staatsräson darauf, dass dieser umgekehrt *für seine Untertanen* existiere und an die Zwecke der individuellen Freiheit sowie einer kollektiven Wohlfahrt gebunden sei. Das führe im Ergebnis dazu, dass die Subjekte weder souverän, weil den ökonomischen Nützlichkeitskriterien unterworfen seien, noch ihr Wohl und Wehe auf ein erhöhtes Zentrum des Sozialen projizieren könnten, weil sie einem unpersönlichen und vielfach unterteilten Staatsapparat gegenüberstünden. Als liberal-rechtsstaatliche Regierungstechnik bleibe vor allem die Assimilation an die Produktionsabläufe. Was darin nicht passe, müsse passend gemacht werden. Außerdem dürfe nichts und niemand mehr als heilig in dem Sinne gelten, dass es außerhalb des Gesetzes stehe. Und

120 Ebd., S. 38.
121 Ebd., S. 18 f. (19).
122 Ebd., S. 12 f. (Herv. M.E.).
123 Ebd.
124 Ebd., S. 39.
125 Ebd., S. 25.

sollte es wider Erwarten etwas geben, das dieser sozialen Gleichschaltung harre, dann müsse es konsequenter Weise ausgeschlossen, marginalisiert und verdrängt werden. Die offene Vernichtung hingegen sei keine Option, weil dadurch die immanenten Widersprüche der homogenen Gesellschaft offengelegt würden. Wenn deshalb der liberale Rechtsstaat sich der Gewalt bediene, dann geschehe dies entweder still und heimlich oder müsse als regelbestätigende Ausnahme abgetan werden.

Dass sich der liberale Rechtsstaat in seiner zugegeben ehrlichen, aber eben an unverrückbare Grenzen gebundenen Immanenz nicht auf sein Äußeres beziehen könne, heiße jedoch nicht, dass es ein solches nicht gäbe. Und diese Außenseite wird bei Bataille eben nun »*das Heterogene*« genannt und lässt sich formal dadurch definieren, dass in ihm »die Unruhe eine positive Form annimmt« und es sich somit um »dissoziierte[...] Elemente« handele, die erst dadurch in Aktion träten, dass sie einen »vom historischen Zustand wie von den allgemeinen Gesetzen des sozialen Bereichs« abhängigen, »positiv-allgemeinen Charakter« einnehmen würden.[126] Entsprechend einer vielzitierten Formulierung von Foucault geht es in einem solchen »Denken des Außen« also nicht darum, »das Unsichtbare sichtbar zu machen, sondern zu zeigen, wie unsichtbar die Unsichtbarkeit des Sichtbaren ist.«[127] Insofern ist das Heterogene nicht einfach das Andere einer instituierten Ökonomie, dessen Prinzip oder Form in der sozialen Homogenität besteht. Es ist, und auf diesen Unterscheid kommt es an, das Andere dieses Prinzips sowie der Form selbst.

Das hat zugleich Konsequenzen für eine Wissenschaft, die zwar nicht allein von ökonomischen Imperativen beherrscht werde, eine solche Analyse wäre zu einfach, aber die laut Bataille doch stets *produktiv* sein möchte: Die heterogenen Elemente seien deshalb ebenfalls »aus dem Feld der wissenschaftlichen Aufmerksamkeit ausgeschlossen« und »sogar dadurch definiert, daß sie als solche von der Wissenschaft nicht erkannt werden können.«[128] Deshalb könne es sich bei einer Wissenschaft vom Heterogenen, also einer *Heterologie*, auch nur um eine *Para*wissenschaft handeln, deren Untersuchungsgegenstand keine »funktionale Befriedigung« zu bieten imstande sei, weil er »im Feld der Aufmerksamkeit

126 Ebd., S. 13 f.

127 Michel Foucault, »Das Denken des Außen«, in: ders., *Dits et Ecrits (Band I)*, Frankfurt am Main: Suhrkamp 2014, S. 670 ff. (678). Zwar gilt der Beitrag eigentlich Maurice Blanchot, allerdings ist dessen Denken nicht minder von Bataille beeinflusst als das von Foucault selbst, zumal in dem Beitrag auch mehrfach ein solcher Bezug hergestellt wird (Vgl. ebd. S. 676, 679, 718).

128 Georges Bataille, *Die psychologische Struktur des Faschismus*, S. 9 ff. (14). Und weiter: »Sobald die Wissenschaft die Existenz von irreduziblen Elementen zugestehen muß, die ebenso unvereinbar mit ihrer Homogenität sind wie etwa eingefleischte Kriminelle mit der sozialen Ordnung, fühlt sie sich *aller funktionalen Befriedigung beraubt* [...].« Ebd., S. 14 f.

nicht festgehalten« werden könne und sich der Erkenntnis irreduzibel entziehe.[129] Die anschließende Argumentation folgt daraufhin einem bekannten Muster aus der Psychoanalyse, wonach das Unbewusste mit seiner Zensur durch das Über-Ich nur ein noch schwereres Gewicht erlange und nach seiner Verdrängung in einer tendenziell pervertierten oder gar monströsen Gestalt wiederkehre.[130] Wer das Heterogene ignoriere, vermöge dieses nicht etwa zu verbannen, sondern steigere dessen Irritationspotenzial gegenüber dem Homogenen bis ins Unermessliche.

Die Liste dessen, was Bataille dann konkret unter der Kategorie des Heterogenen subsumiert, ist lang: Zunächst wäre da ebendieser psychoanalytische Assoziationskontext mit dem Unbewussten, in dem unter anderem der Traum, die Neurose, der Sexualtrieb und die Erotik, aber auch die Gewalt, das Militär und der Krieg angesprochen werden; ferner bezieht sich Bataille auf Beispiele aus der Religionsethnologie und nennt etwa das Mana und das Tabu; für die spätere Rezeption dürften aber jene Elemente der Heterologie am einflussreichsten sein, die sich mit Julia Kristeva als »Abjekte« bezeichnen lassen und dann etwa Abfall, Ungeziefer und Gestank, körperliche Ausscheidungen wie Menstruationsblut und diverse Fäkalien, aber auch amputierte Körperteile und den Leichnam umfassen.[131]

Nicht zufällig verlaufen diese Grenzen zwischen dem Heterogenen und Homogenen weitgehend parallel zu der bereits mehrfach benannten und auch in der radikalen Demokratietheorie noch erhaltenen Leitunterscheidung zwischen dem *Flüssigen* und *Festen*. Bezeichnenderweise wurde sowohl Batailles frühe Schrift zum Faschismus als auch seine spätere Souveränitätslehre in der deutschen Übersetzung nicht bloß in einem gemeinsamen Band abgedruckt, sondern in dessen Nachwort von Rita Bischof sogleich unter dem Überbegriff einer solchen »Theorie des Flüssigen« zusammengefasst.[132] Diese Beschreibung sollte aber nicht bloß als sinnfällige Veranschaulichung verstanden werden: Es liegt durchaus nahe, dass darin zugleich der phänomenologische Hintergrund von Batailles diesbezüglichen Überlegungen zu erkennen ist. So bezieht er seine Leitdifferenz von Heterogenem und Homogenem doch vornehmlich auf den menschlichen Körper und greift damit den auch von der Psychoanalyse vielfach thematisierten Umstand auf, wonach Flüssigkeiten

129 Ebd., S. 15.

130 Ebd., S. 15.

131 Ebd., S. 14 ff. (insbes. 16 f. und 20). Vgl. zum »Abjekt« nur Julia Kristeva, *Powers of Horror. An Essay on Abjection*, New York: Columbia University Press 1982, S. 2 ff. und passim. Ausdrücklich auf Bataille bezieht diese sich etwa auf S. 56 ff. und. 64 f.

132 Rita Bischof, »Über den Gesichtspunkt, von dem aus gedacht wird«, in: Georges Bataille, *Die psychologische Struktur des Faschismus/Die Souveränität*, München: Matthes & Seitz 1997, S. 89 ff. (90).

nur so lange als körperlich verwertbare Ressource gelten, wie sie diesem zugeführt werden oder innerhalb seiner begrenzenden Haut zirkulieren. Das wichtigste Beispiel dafür ist freilich das Wasser als Lebenselixier des Menschen. Sofern eine Flüssigkeit allerdings die somatische Immanenz überschreitet und als Blut und Urin, aber auch als Schweiß, Speichel oder Erbrochenes abgesondert und dadurch sichtbar wird, ruft es negative Affekte wie Scham und Ekel sowie, spiegelbildlich dazu, eine pervertierte Lust hervor.

Die naheliegende Erklärung dessen scheint für Bataille darin zu liegen, dass sich diese Elemente ab dem Zeitpunkt ihrer Absonderung im Kleinen wie im Großen den Produktionsabläufen entziehen und diesen zugleich bedrohen. Das Heterogene wäre demnach für den Körper, was die Souveränität für das Subjekt ist: sowohl eine radikale Negation als auch ein Potenzial zur Überschreitung, welches darin zu erkennen sei, dass es keinem produktiven Zweck diene. Die Reaktion der homogenen Gesellschaft vollziehe sich in den bereits bekannten Schritten: Wenn möglich, werde das Heterogene zunächst an die Produktionsabläufe *angepasst* und *verwertet*. Dies ließe sich bspw. auf die moderne Kunst- und Unterhaltungsindustrie beziehen, welche geradezu abhängig von dem Heterogenen in diesem Sinne ist, wenn auch nur als Simulation, weil sie mit der Aufmerksamkeit als Währung auf die stete Produktion von Sensationen angewiesen ist. Was hingegen nicht verwertet werden kann, wird *ausgeschlossen*, *marginalisiert* und *verdrängt*. Vornehmlich wäre dabei an diverse Hygieneregeln, spülrandlose Toiletten sowie die Konzentrierung in eigens dafür und fernab des wohlfeilen Alltags errichteten Anstalten wie Krankenhäusern, Gefängnissen, Psychiatrien oder Friedhöfen zu nennen.

So wenig aussichtsreich aber die Zensur des Unbewussten für das individuelle Bewusstsein ist, so wenig sind es diese beiden Mechanismen für das kollektive Bewusstsein. Weil das Heterogene – andernorts spricht Bataille vom »verfemten Teil« – weder absorbiert noch nachhaltig verdrängt werden könne, müsse es »notwendig ohne Gewinn verlorengehen und verschwendet werden, willentlich oder nicht, in glorioser oder in katastrophischer Form.«[133] Von der Sonne über den menschlichen Körper bis hin zur gesellschaftlichen Ordnung: immer wieder konstatiert Bataille einen irreduziblen Überschuss, ob nun an Energie, Elementen oder auch nur Bedeutung, welcher eine instituierte Ordnung über sich hinaustreibe und gegenüber einer riskanten Zukunft eröffne, die sowohl eine Todesgefahr als auch eine Chance zum Leben bedeuten könne.

Und gerade in diesem Umgang mit dem Heterogenen vermag sich nach Bataille nun der Faschismus vom liberalen Rechtsstaat abzuheben, sich also seine gesetzlichen Limitierungen, inneren Widersprüche und

133 Georges Bataille, *Die Aufhebung der Ökonomie*, S. 18 sowie ausführlich S. 41 ff.

insbesondere die von der sozialen Homogenität bewirkte Abstumpfung der sinnlichen Wahrnehmung zunutze zu machen. Als zentrale Bausteine dessen beschreibt Bataille erstens die strukturelle Wiedergeburt des monarchischen Imaginären in der affektiven Erzeugung einer *religiösen* Aura im politischen Körper des Führers sowie zweitens die dadurch ermöglichte Anrufung einer *militärischen* Todesgemeinschaft ganz im Sinne einer Armee, deren Kopf er ist.[134] Bataille greift in beiden Fällen auf die Formulierung des »ganz Anderen« zurück: Einerseits erschienen »Hitler und Mussolini« in ihrer leibhaftig-sakralen Präsenz als das »ganz Andere« der homogenen Gesellschaft und ihrem profanen Regime der Repräsentation eines von Rechts wegen erteilten Amtes; andererseits inszeniere sich die von ihnen angeführte Masse als das »ganz Andere« des klassisch-bürgerlichen Lebens, weil sie dessen konstitutive Grenzen zur Gewalt, zum Krieg und zum eigenen Tod überschritten.[135]

Der Unterschied zur individuellen Souveränität liegt für Bataille nun darin, dass im Führer und in der Armee nicht die Zwecke der sozialen Homogenität negiert werden, um ein freies Leben zu affirmieren, sondern um sich auch gegen das Leben selbst zu richten. Man lebe dann nicht mehr nur für einen Zweck, man sterbe für ihn. Entsprechend heißt es: »In eine Armee inkorporierte *Menschen* sind nichts als negierte Elemente; negiert mit einer Art von Wut (von Sadismus), wie sie sich im Ton eines jeden Befehls manifestiert, negiert in der Parade durch die Uniform und durch die vollendete *geometrische* Regelmäßigkeit der zackigen Bewegungen. In seiner imperativen Funktion ist der Führer die Inkarnation dieser gewalttätigen Negation.«[136] Weiter könnte der Nationalsozialismus damit nicht von Nietzsche entfernt liegen – oder zumindest vom heroischen Mythos, den Bataille um seine der Welt entsagenden Existenz spinnt.

Insofern, und das ist der entscheidende Punkt, werde die soziale Homogenität im Faschismus nicht durch das Heterogene überwunden, sondern von ihm mit einem *imperativen Element* versehen und dadurch katalysiert. »Die faschistische Einheit« ist nach Bataille »nicht nur Einheit der Gewalten verschiedenen Ursprungs und symbolische Einheit der

134 Ders., »Die psychologische Struktur des Faschismus«, S. 9 ff. (S. 33). Von einer Wiederkehr des Königs im Diktator spricht auch Ethel Matala de Mazza, »body politics«, S. 167 ff. (182): »Dass in der Gestalt des Diktators ein Typus der Repräsentation aufersteht, der sich mit dem Ancien Régime eigentlich überlebt hatte – nur jetzt unter Aufkündigung des dynastischen Prinzips; und ermächtigt durch umfänglichste despotische Befugnisse, die kein neuzeitlicher Monarch je hatte – gehört zu den Ironien der Moderne.«

135 Georges Bataille, »Die psychologische Struktur des Faschismus«, S. 9 ff. (S. 18 [der Führer als das »ganz Andere« der homogenen Gesellschaft], 30 [die Armee als das »ganz Andere« inmitten der Bevölkerung]).

136 Ebd., S. 29.

Klassen: sie ist auch totale Einheit der *heterogenen* mit den *homogenen* Elementen« – wobei er kurz darauf noch ergänzt, dass »vom Gesichtspunkt des Souveränitätsprinzips aus der *heterogenen* Form das unbedingte Primat zukommt.«[137] Eine solche Analyse geht freilich weit über die klassische Perspektive etwa auf den deutschen Nationalsozialismus hinaus, die sich meist ganz auf dessen homogenes Element im Sinne einer Reinheitsideologie konzentriert, wonach ganze Bevölkerungsgruppen zu Überschuss, Abfall und Schädlingen herabgewürdigt und auf eine entsprechend unmenschliche Art und Weise vernichtet und beseitigt wurden.[138] Nach Bataille ist damit aber eben nur eine Seite benannt. Denn nicht nur ist danach die soziale Homogenität im Nationalsozialismus zum Genozid eskaliert, sie wird zugleich an ihre eigene Negation gebunden, also das Heterogene, welches in ihm als eine exaltierte Affirmation der Zerstörung all dessen erscheint, was sie ansonsten ausmacht.

Insofern ergänzt Bataille die übliche Analyse einer faschistischen *Politik* um solche Aspekte wie ihr »ganz Anderes« oder ihren irreduziblen »Überschuss« – und damit um solche Metonymien dessen, was man in der radikalen Demokratietheorie als *das Politische* bezeichnen könnte. Die Übersetzung dieser für den Faschismus charakteristischen »Dualität der heterogenen und homogenen Formen«[139] in die radikaldemokratische Sprache ergibt dann eine aufschlussreiche Charakterisierung des Faschismus als einer *Politik des Politischen*, welche einerseits auf der autoritären Setzung sowie technokratischen Verwaltung von politischen Zwecken beruht; andererseits aber gerade solche imperativ-heterogenen Elemente wie eine gewalttätige Überschreitung der Gesetze, des Alltäglichen sowie nicht zuletzt des eigenen Lebens zu ihrem maßgeblichen Inhalt erklärt.

Daraus lässt sich nun eine Lektion für die weitere Untersuchung ableiten, die sich sowohl negativ als auch positiv formulieren lässt: Eine *negative Konsequenz* lässt sich zunächst mit Foucault auf den Punkt bringen, wenn dieser nur einen »einzigen Imperativ« für die politische Analyse und Theorie vorschlägt, diesen dafür aber »kategorisch und unbedingt« verstanden wissen will.[140] Er lautet: »Niemals Politik machen.«[141] Denn nur, wer das Politische reflexiv auf die eigene Theoriebildung bezieht und

137 Ebd., S. 35, 37.

138 Zygmunt Bauman hat dies bekanntlich sogar zur Epochensignatur der Moderne erhoben. Vgl. nur ders., *Verworfenes Leben. Die Ausgegrenzten der Moderne*, Hamburg: Hamburger Edition 2006, S. 12 ff. sowie Philippe Lacou-Labarthe, »Die Fiktion des Politischen«, S. 118 ff. (150).

139 Georges Bataille, »Die psychologische Struktur des Faschismus«, S. 9 ff. (S. 37, ohne Herv.).

140 Michel Foucault, *Sicherheit, Territorium, Bevölkerung. Vorlesung am Collège de France, 1977-1978*, Frankfurt am Main: Suhrkamp 2019, S. 17.

141 Ebd.

– wie auch Bataille in seiner Heterologie – von einem Untersuchungsgegenstand ausgeht, der sich der wissenschaftlichen Aufmerksamkeit und Erkenntnismethoden, ja der symbolischen Ordnung überhaupt entzieht, vermag einen Zugang zum Thema des Politischen zu entwickeln, der nicht selbst wieder nur Politik betreibt und sich stattdessen gegenüber dem Unbekannten, Unsichtbaren und Unsagbaren öffnet.

In Ergänzung dieses Imperativs lässt sich aber auch eine *positive Konsequenz* aus Batailles Überlegungen ableiten. Nicht nur lehnt dieser nach der Theologie nämlich jede Politik ab, er versucht in allen seinen Bestrebungen etwas Neues, etwas Anderes an deren Stelle zu setzen. Und dieses Substitut lässt sich noch ein weiteres Mal unterteilen, und zwar in einen *gemeinschaftsstiftenden Bezug auf den ewigen Mythos* und in einen *singulären Bezug auf die ereignishafte Souveränität.* Ich beginne mit ersterem: Dieses stellt den eingangs in diesem Absatz beschriebenen Weg dar und bezeichnet eine sinnlich-vermittelte Gemeinschaft, deren erklärter Zweck darin bestehen soll, keinen Zweck zu haben als sich selbst. Im Gegensatz zum Militarismus werden in ihr nicht die Repräsentierten, sondern der Repräsentant selbst als heiliges Opfer dargeboten. Nur aus dessen Tod – ob nun dem Tod Gottes, eines Königs oder des Führers – würde die Chance einer Befreiung zum Leben resultieren. Die imaginäre Kopflosigkeit wird somit zur positiven Hymne auf die Negativität. Das Heterogene soll weder einer Anpassung noch einer Autorität unterworfen, sondern in seinem schöpferischen und transgressiven Potenzial freigesetzt werden.

Überträgt man diese Debatte wieder in den zeitgenössischen Diskurs der radikalen Demokratietheorie, offenbart sich schnell eine auffallende Parallele zu der vieldiskutierten Frage nach einem »linken Populismus« oder gar einem neuem Mythos als möglicher Antwort auf solche Gegenwartsdiagnosen, in denen der liberale Rechtsstaat als »Post-Demokratie« oder auch »Post-Politik« erscheint.[142] Erstaunlicherweise findet man in der dahinterstehenden Argumentation dann einerseits die *Negation eines homogenen Elements* im Sinne einer Konsensorientierung wieder, die in ihren politischen Zwecken von ökonomisch-expertokratischen Effizienzkriterien und in ihren unpolitischen Mitteln von der Rechtsform sowie eines mechanischen Verwaltungs- und Justizapparates zurückgeführt wird; andererseits findet sich eine unbedingte Aufforderung zur *Implementierung eines heterogenen Elements* wieder, denn namentlich

142 Vgl. zur Analyse der »Post-Demokratie« oder »Post-Politik« nur die Übersicht bei Martin Saar, »Ohnmacht und Unfreiheit. Demokratische Politik nach der Postdemokratie«, in: Ulf Bohmann/Paul Sörensen (Hrsg.), *Kritischen Theorie der Politik*, Berlin: Suhrkamp 2019, S. 473 ff. Zum benannten Gegenmittel vgl. dann Chantal Mouffe, *Für einen linken Populismus*, Berlin: Suhrkamp 2018, S. 92 ff. sowie Ernesto Laclau, *Die populistische Vernunft*, S. 191 ff.

mangele es auf der politischen Bühne an einer sinnlichen Dimension, weswegen die Leidenschaften, das Begehren oder eben – in unverkennbarer Nähe zu Bataille und Lacan – sogar das Genießen (*Jouissance*) wieder aktiviert werden sollten.[143] Eine solche Debatte lässt sich mit Bataille freilich nicht einfach auflösen, weil der bloße Umstand, dass diese Argumentation – abgesehen vom imperativen Element – eine strukturelle Ähnlichkeit zu der von Bataille vorgenommenen Faschismusanalyse aufweist, noch lange nicht zur gänzlichen Disqualifizierung der radikaldemokratischen Kritik am liberalen Rechtsstaat sowie einer politischen Nichtbeachtung des heterogenen Potenzials führen muss. Nichtsdestotrotz ist davor zu warnen, dass man auf diesem Wege die negative Lektion wiederum verkennt und den radikaldemokratischen Begriff des Politischen auf eine – wenn auch vermeintlich emanzipative – Politik reduziert und am Ende doch nur eine *Politik des Politischen* propagiert.

Außerdem lässt sich mit historischem Abstand auch im Hinblick auf die *Acéphale* festhalten, dass sie nicht anders denn als gescheitert betrachtet werden kann. Schließlich ist von ihr nichts bis auf ebendiesen Mythos geblieben, der zumal längst verblasst wirkt und zynischerweise von der Legende eines kopflosen Anführers überschattet wird, der womöglich zu seiner eigenen Tötung aufgefordert haben könnte. Doch das heißt freilich nicht, dass von der *Acéphale* gar nichts Positives zu lernen wäre. Ganz im Gegenteil leitet bspw. Jean-Luc Nancy aus dieser Erfahrung des Scheiterns eine ganze politische Theorie über »das Wesen der Gemeinschaft« ab, die er »zum Teil auch gegen« ihren ehemaligen Wortführer wendet.[144] Eine diesbezügliche Lehre bestehe darin, dass ein jedes gemeinsames Werk zum Scheitern verurteilt sei und sich die Gemeinschaft überhaupt nur *in* und *als* ein solches Scheitern vollenden lasse.[145] Freilich handelt es sich bei Nancy um einen Autor, dem noch das Paradigma der Individualität nicht weit genug ging, weswegen er selbst eine Alternative angeboten und dem Stichwort der Singularität zu seinem heutigen Ruhm verholfen hat.[146] Vor diesem Hintergrund ist es auch

143 Vgl. nur Jacques Rancière, *Das Unvernehmen*, S. 111; Chantal Mouffe, *Über das Politische*, S. 40 f.; Antonio Negri, *Insurgencies*, S. 15 sowie m.w.N. Dominik Finkelde, »Zur Notwendigkeit eines ›Ministeriums für kollektive Phantasiepflege und Transgression‹«, in: *Metodo 2020 (Bd. 8 H. 1)*, S. 79 ff. (86 f.).

144 Jean-Luc Nancy, *Die undarstellbare Gemeinschaft*, S. 39, 53.

145 Ebd.

146 Ders., *Singulär plural sein*, S. 57 ff. Vgl. zur Karriere des Begriffs nur Andreas Reckwitz, *Die Gesellschaft der Singularitäten. Zum Strukturwandel der Moderne,* Frankfurt am Main: Suhrkamp 2019, S. 9: »Zentral ist ihr das kompliziertere Streben nach Einzigartigkeit und Außergewöhnlichkeit, die zu erreichen freilich nicht nur subjektiver Wunsch, sondern paradoxe gesellschaftliche *Erwartung* geworden ist.«

zu lesen, wenn er schreibt: »Für Bataille wie für uns alle gilt, daß jedes Denken des Subjekts ein Denken der Gemeinschaft zum Scheitern verurteilt.«[147] Wer nämlich wie Nancy statt von verbindlichen, langfristigen und hierarchischen Gemeinschaften lieber von losen, spontanen und heterarchischen Relationsnetzwerken spricht, scheint weniger empfänglich zu sein für eine Lesart des noch ganz vom Mythos euphorisierten Bataille. Nancy favorisiert stattdessen eine Lesart des geläuterten Bataille, dessen letzte Bastion gegen den Kopf des Königs lediglich in einem *singulären Bezug auf die ereignishafte Souveränität* besteht.

Nicht in einer politischen Indienstnahme des Heiligen, sondern der plötzlichen Befreiung vom Zweck liegt dann auch die positive Lektion Batailles, die ich für die radikale Demokratietheorie zu berücksichtigen empfehle. Ihr entsprechend beteuert Nancy mehrfach, von Bataille gelernt zu haben, »dass die Souveränität *nichts* ist: Sie legt sich in keiner Person nieder, sie erscheint in keinem Umriss, sie errichtet sich auf keinem Sockel.«[148] Auch Foucault zieht eine damit vergleichbare Lehre aus den Schriften Batailles, wenn er sich auf dessen »Idee einer Grenzerfahrung« bezieht, »die das Subjekt von sich losreißt« und darin das widerständige Potenzial innerhalb einer Gesellschaftsanalyse verortet, in welcher die Macht ansonsten alles durchdringt.[149] Ähnliches gilt nicht zuletzt für Derrida, der sich in seiner expliziten Fortführung von Batailles *l'économie générale* auf dessen im »*Augenblick* [...] des souveränen Tuns« angelegte Gedankenbewegung eines antidialektischen Hegelianismus bezieht und mit der »Differenz als affirmative[r] Entwendung« sogleich eine Formulierung dafür findet, welche ebenso gut als Signatur des vor allem mit seinem Namen verbundenen Dekonstruktivismus beschrieben werden könnte.[150]

Schon aufgrund dieses Wirkens von Bataille soll neben der negativen Lektion (also der, keine Politik zu betreiben) ebendieser positive Aspekt einer singulären und nicht weiter auflösbaren Ereignishaftigkeit

147 Jean-Luc Nancy, *Die undarstellbare Gemeinschaft*, S. 53 f.

148 Ders., »Wahrheit der Demokratie«, S. 11 ff. (64). Vgl. ebenfalls ders., *Die undarstellbare Gemeinschaft*, S. 44 f.

149 Michel Foucault, *Der Mensch ist ein Erfahrungstier. Gespräch mit Ducio Trombadori,* Frankfurt am Main: Suhrkamp 1996, S. 243 (»Die Idee einer Grenzerfahrung, die das Subjekt von sich losreißt – genau das war es, was bei meiner Lektüre Nietzsches, Batailles, Blanchots für mich wichtig war, und genau diese Idee hat mich dazu gebracht, meine Bücher [...] stets als unmittelbare Erfahrungen zu verstehen, die darauf zielen, mich von mir selbst loszureißen, mich daran zu hindern, derselbe zu sein.«). Vgl. zur Frage des Widerstandes ferner nur ders., *Was ist Kritik?*, S. 12.

150 Und weiter: »Er gibt sich nicht, er stiehlt sich selbst und schafft sich in einer Bewegung hinweg, die zugleich gewaltsamer Einbruch und dahinschwinende Flucht ist.« Jacques Derrida, »Von der beschränkten zur allgemeinen

des Politischen aufgegriffen und im Folgenden als roter Faden einer radikalen Demokratietheorie nach Nietzsche weitergesponnen werden. Letztendlich ist das für die Ästhetik der Überschreitung als Vorbild dienende »Nietzsche-Sein« nämlich sowohl Vermächtnis als auch Schicksal eines ebenso manisch wie genial inszenierten Schriftstellers, der von den messianischen Verheißungen einer vom Mythos zusammengehaltenen Gemeinschaft nicht anders als enttäuscht sein konnte. Es tut deshalb auch nicht Wunder, dass sich sowohl Nietzsche als auch Bataille in ihrem Denken von allem Äußerlichen wie auch dem Alltäglichen und der Funktionalität abwenden und gemäß der *L' expérience intérieure* in eine überschüssige Immanenz der von solchen Zwecken zwar befreiten, aber gerade darin insularen Subjektivität zurückgezogen haben.[151] In der radikalen Frontstellung gegen Theologie, Politik, Ökonomie und Wissenschaft wird das literarische Schreiben selbst zur souveränen Geste und vollführt eine solche Kunst der Überschreitung am eigenen Beispiel, wenn der gescheiterte Schriftsteller seine gesamte Existenz in den Dienst der Undienstbarkeit stellt. Das »Nietzsche-Sein« oder eben »Bataille-Sein« erbringt sich insofern selbst als das heilige Opfer einer Wahrheit, deren Verkündigung sie performativ zu den Ausgeschlossenen, Marginalisierten und Verdrängten der homogenen Gesellschaft werden lässt. Die dadurch entstanden Schriften erhalten ihr revolutionäres Pathos insofern aus einer widerständigen Ästhetik des Märtyrertums, das in *der Literatur* nicht weniger als das eigene Leben aufs Spiel zu setzen bereit ist.

Ökonomie. Ein rückhaltloser Hegelianismus«, in: ders., *Die Schrift und die Differenz*, Frankfurt am Main: Suhrkamp 1994, S. 380 ff. (399).

151 Georges Bataille, *Die innere Erfahrung*, Berlin: Matthes & Seitz 2016, S. 25 (»Ich komme zu wichtigsten: *die äußeren Mittel sind zu verwerfen.*«).

II. Entwerkung

1. Die Frage der Gemeinschaft

Um Kopf und Kragen geht es auch bei Jean-Luc Nancy. Vor allem in der Auseinandersetzung mit Georges Bataille und Maurice Blanchot umkreist er in seinen ganz dem Dekonstruktivismus verpflichteten Schriften ebenfalls eine radikale Negativität als Paradigma für die politische Theorie.[152] Allerdings greift er in diesem Kontext weniger noch wie Bataille auf die Körpersprache als auf ein philologisches Sprachspiel rund um den französischen Begriff der *communauté* zurück. Ins Deutsche ist dies nur schwer zu übersetzen. Der maßgebliche Dreh- und Angelpunkt dessen ist jedenfalls der Begriff der Gemeinschaft, welcher als ein von traditionalen und solidarischen Beziehungen dominierter Zusammenhang in der deutschsprachigen Soziologie meist der Kategorie der Gesellschaft in ihrer anonymen Zweckrationalität entgegengesetzt wird. Nancy setzt in seiner Begriffsverwendung der Gemeinschaft hingegen noch früher an, und zwar bei einer Sozialontologie, welche dieser Unterscheidung noch vorausgehen soll.

Eine erste Schwierigkeit bei der Übersetzung der *communauté* resultiert zunächst aus dem Wortstamm, weil das Gemeine, wie es bspw. auch im Gemeinsamen oder in der Gemeinde zum Ausdruck kommt, und etymologisch aus dem Germanischen (*ga-maini*) herrührt, seit dem 15. Jahrhundert zusätzlich noch die Bedeutung des Gewöhnlichen, Einfachen und Niederträchtigen erhalten hat.[153] Vor allem aber lässt der deutsche Begriff die im Französischen noch klar erkennbare Verwandtschaft

152 Ich bespreche Nancy im Folgenden unter dem Gesichtspunkt einer politischen Theorie, obwohl der damit benannte Autor eine solche Zuschreibung ausdrücklich bestritten hat. Vgl. dazu Philippe Lacoue-Labarthe/Jean-Luc Nancy, »Ouvertoure«, in: dies. (Hrsg.), *Rejouer le politique. Travaux du Centre de recherches philosophiques sur le politique*, Paris: Editions Galilée 1981, S. 11 ff. (13). Dem liegt jedoch ein anderes Begriffsverständnis zugrunde, wonach er die politische Theorie (*théorie politique*) als ein Sammelbegriff für die »Politikwissenschaft« (*science politique*) oder die »Politologie« (*politologie*) versteht. Ganz im Gegenteil möchte ich hingegen vorschlagen, unter einer politischen Theorie im Sinne der radikalen Demokratietheorie allen voran eine *Theorie des Politischen* – und damit das Gegenteil einer Spezialdisziplin der Politik im Sinne eines ausdifferenzierten Systems zu verstehen.

153 Wolfgang Pfeifer, »gemein«, in: dies., *Etymologisches Wörterbuch des Deutschen (digitalisierte Version)*, abrufbar unter: https://www.dwds.de/wb/etymwb/gemein (Zugriff: 22.10.22).

mit der lateinischen *commūnis* vermissen, wie sie zumindest noch in der Kommunion, der Kommune oder auch der Kommunikation mitschwingt. Gerade diese Assoziationskette ist es, welche im radikaldemokratischen Diskurs vor allem die französische Deutung der *communauté* (aber auch die italienische Deutung der *communitas*) dazu inspiriert hat, sich vermehrt auf deren Wurzeln des *cum* zu beziehen, dessen Pendant die deutschen Präfixe Ko- oder auch Mit- darstellen, wobei letzteres sogar als Präposition verwendet werden kann.[154] Glücklicherweise lässt sich im Deutschen aber durch Derivationen wie die Ko-Existenz oder auch die Mit-Teilung – zumindest hinsichtlich des Bedeutungszusammenhangs von Kommunikation und Gemeinschaft – ein ungefährer Eindruck vermitteln, worum es Nancy bei diesem konstitutiven Modus der Soziabilität eigentlich geht.

Wo von der Gemeinschaft gesprochen wird, da lauert nach Nancy nämlich das Mit in den verschiedensten morphologischen Variationen, die man sich nur vorstellen kann. Und tatsächlich werden zwei Menschen mit einem Ball erst dann zum sozialen Ereignis, wenn sie sich reziprok aufeinander beziehen und *mit*einander spielen. Damit ist aber nicht bloß der Kitt, sondern auch der Keil des Gemeinsamen benannt. Denn auch streiten lässt sich bekanntlich nur *mit*einander. Eine solch banale wie basale Feststellung findet sich schon bei Martin Heidegger, der auf Nancys phänomenologische Studien erkennbar den größten Einfluss ausgeübt hat. Nichtsdestotrotz bleibt bei Nancy, abgesehen von der Terminologie, nur wenig von Heideggers Fundamentalontologie erhalten. Einen zentralen Vorwurf, den Nancy nämlich immer wieder gegen diese erhebt, ist die Relevanz dieser unscheinbar daherkommenden drei Buchstaben des Mit entscheidend verkannt zu haben.[155] Denn das Sein, so die zentrale Botschaft, verweise in seiner Unergründlichkeit immer schon auf eine vorgängig soziale Dimension und damit auf eine irreduzible Alterität. Zwar bleibt die Scharnierstelle der ontologischen Differenz auch bei ihm in Analogie zum Dasein als atopisches Zwischen erhalten, welches zwischen dem Seienden und dem Sein vermittelt. Allerdings wird es zum »Mit-Sein« (*Être-avec*) verschoben, womit Nancy ein unvordenkliches Primat des Anderen behauptet, über dessen phänomenologischen Umweg sich die eigentliche Frage der Ontologie überhaupt erst sinnvoll stellen lasse.[156]

154 Vgl. dazu nur Jean- Luc Nancy, *Demokratie und Gemeinschaft. Im Gespräch mit Peter Engelmann*, Wien: Passagen 2015, S. 59 ff.

155 Zwar erhebt Martin Heidegger das »Mit« noch zum Existenzial; jedoch anscheinend nur, um es anschließend kaum noch zu erwähnen, geschweige denn ihm eine zentrale Stellung für das Sein einzuräumen. Ders., *Sein und Zeit,* S. 117 ff. und passim. Vgl. dazu dann auch Jean-Luc Nancy, *Demokratie und Gemeinschaft*, S. 27 f., 59 ff.

156 Ders., *Singulär plural sein*, S. 57 ff., 64 ff. und passim.

Grob umschrieben ist damit, was man hin und wieder auch unter dem Schlagwort der Alteritätsethik bezeichnen und neben Nancy dann mit solchen Namen wie Emmanuel Lévinas und Jaques Derrida, sowie im deutschsprachigen Raum insbesondere Bernhard Waldenfels verbinden kann. In der Sache verweist dieses Denken auf einen Widerspruch gegen die klassische Subjektzentrierung in der westlichen Philosophie.[157] Weil sich das cartesianische »Ich denke« auf das Selbst nur als einen Gegenstand des eigenen Denkens beziehen könne, müsse es entweder im Passiv des »Ich werde gedacht« formuliert oder gleich zu einem grammatikalischen Objekt des »Man denkt mich« degradiert werden. Das Subjekt ist danach ein bloßer Effekt seines eigenen Gedacht-Werdens, und nicht etwa dessen Voraussetzung. Schon allein die sprachliche Form der eigenen Gedanken verweise auf diese Dimension einer vorgängigen Anrufung, die nicht bei sich selbst beginne, sondern irreduzibel vom Anderen ausgehe. Exemplarisch verdichtet sich das im poetologischen Diktum von Arthur Rimbaud, welches bekanntlich besagt: »Ich ist ein Anderer.«[158] Das Subjekt könne sich in anderen Worten nicht am eigenen Schopfe aus dem Sumpf ziehen und sei als solches immer nur im Spiegel einer symbolischen Ordnung erkennbar. Oder eben, frei nach Nancy: Das Selbst lässt sich vom Anderen nur im Miteinander teilen. Deshalb ist, wer sich einander mitteilt, immer sogleich in Gemeinschaft, wenn auch nicht nur.[159] Galt das Individuum der althergebrachten Philosophie also zuvor noch im wahrsten Sinne des Wortes als das Unteilbare, wird es jetzt zu einem Puzzle zerschlagen, das aus so unendlich vielen Einzelteilen besteht, dass seine Vollendung zu einem kompletten Ganzen unlösbar erscheint.

Mit der Teilung (*partage*) ist neben dem Mit – zumal sich beides passenderweise in der »Mit-Teilung«[160] zusammenführen lässt – zugleich ein

157 Ders., Die undarstellbare Gemeinschaft, S. 16: »Der Individualismus ist ein inkonsequenter Atomismus, der übersieht, daß mit dem Atom immer auch schon eine Welt ins Spiel kommt.«

158 Und weiter: »Ich wohne dem Ausschlüpfen meines Denkens bei: Ich betrachte es, ich lausche ihm«. Arthur Rimbaud, »Brief an Paul Demeny vom 15. Mai 1871«, in: ders., *Prosa über die Zukunft der Dichtung. Die Seher-Briefe*, Berlin: Matthes & Seitz 2010, S. 23 ff. (25).

159 Vgl. nur Jean-Luc Nancy, *Die undarstellbare Gemeinschaft*, S. 57: »Diese singulären Seienden werden [...] durch die Mit-Teilung konstituiert; sie werden durch die Mit-Teilung, die sie zu anderen macht, verteilt und im Raum plaziert oder besser gesagt *im Raum verstreut*: Sie werden so füreinander jeweils andere und sind andere, unendlich andere für das Subjekt ihrer Verschmelzung, das in der Mit-Teilung [...] ›mitteilt‹, daß es nicht ›vereint‹.«

160 Laut eigener Aussage meint Nancy damit in etwa dasselbe, was Bataille noch unter dem Terminus »Kommunikation« verstanden hat. Diesen Begriff lehnt Nancy ab, weil er aufgrund seiner Bezogenheit auf ein geschlossenes und

weiterer Schlüsselbegriff für Nancys Dekonstruktion der Gemeinschaft angesprochen. Jedoch stößt man auch hier auf Übersetzungsschwierigkeiten, denn im Deutschen verweisen die Teilung oder auch die Aufteilung zunächst nur auf den Vorgang der Strukturierung eines Ganzen sowie einer Zuordnung seiner einzelnen Teile. Beides entspricht mehr noch der französischen *séparation* und bezieht sich damit auf nur eine Seite dessen, was Nancy mit dem doppeldeutigen Begriff der *partage*, also dem Teilen etwa einer Eigenschaft oder der Nahrung zu bezeichnen sucht. Diese erste Bedeutungsdimension verweist dann auf eine Operation des Symbolischen, die sich ganz ähnlich auch bei Lefort wiederfindet und nach der solche Kategorien wie »die Politik« oder auch »die Gesellschaft« aus der Teilung einer vorursprünglichen Indifferenz herrührten, weil sie sich dadurch erst in Bezug zu einem Äußeren setzten und als solche überhaupt erst unterscheidbar würden.[161] Die Teilung sei insofern Anfang und Ende eines durch die Sprache vermittelten Weltzugangs. Sie wird damit zu einer Totalität in dem spezifischen Sinne, dass sich außerhalb von ihr nichts mehr *bezeichnen* lässt.

Die zweite Bedeutungsdimension ist allerdings noch entscheidender, denn die vielfältigen Bedeutungen der *partage* zielen auf ein weitgefasstes Begriffsfeld, welches sich um Kulturtechniken des »Aufteilens, der Verteilung, des Anteils, der Teilhabe, der Teilung, der Mitteilung, der Zwietracht, der Spaltung, der Abtretung, der Zuteilung« dreht.[162] Wie auch Jacques Rancières »Aufteilung des Sinnlichen«[163] zielt der Begriff damit auf eine Ambiguität ab, die immer sowohl Trennung als auch Teilnahme umfasst. Die »Mit-Teilung« bezieht sich somit nicht bloß auf eine absolute Trennung, sondern auf eine dadurch zugleich bewirkte Verbindung, welche die Singularitäten in ihrer wechselseitigen Bezogenheit

unteilbares »Subjekt« oder gar eine daraus resultierende »Intersubjektivität [...] unhaltbar« sei. Ebd., S. 46 Fn. 11.

161 Claude Lefort/Marcel Gauchet, »Über die Demokratie«, S. 89 ff. (94 ff.) sowie ganz ähnlich Jean-Luc Nancy, »Wahrheit der Demokratie«, S. 11 ff. (41): »Die Politik entstand aus der Trennung zwischen ihr selbst und einer anderen Ordnung [...] – eine Trennung [...] dieses Sinns der Welt, der außerhalb der Welt ist, [...] der Sinn als offenes Außen inmitten der Welt, inmitten von uns und zwischen uns als gemeinsamer Anteil.« Während Nancy in diesem Kontext – wie auch Lefort – von der *séperation* spricht, wird kurz zuvor ein *principe de partage* (»Aufteilungsprinzip«) erwähnt, weswegen darauf zu schließen ist, dass er diese Begriffe zumindest an dieser Stelle für austauschbar hält.

162 Jean-Luc Nancy, »Das gemeinsame Erscheinen. Von der Existenz des ›Kommunismus‹ zur Gemeinschaftlichkeit der ›Existenz‹«, in: Joseph Vogl (Hrsg.), *Gemeinschaften. Positionen zu einer Philosophie des Politischen*, Frankfurt am Main: Suhrkamp 1004, S. 167 ff. (171).

163 Jacques Rancière, *Die Aufteilung des Sinnlichen*, S. 25 ff.

aufeinander als ebenso relativ wie relational erscheinen lässt. Ein solches Zugleich von einem »Auseinander und diesem gegenseitigen Anrufen« sei sodann konstitutiv für das »Gemeinsam-Sein [...] – und zwar insofern als dieses kein gemeinsames Sein ist.«[164] Das, was miteinander geteilt wird, ist also niemals eine Substanz oder gar eine Essenz einer Gemeinschaft, sondern das, was sie mit-teilt, und das ist ebendieser Vorgang selbst.

Noch einmal zusammengefasst: Während das *Neben*einander also lediglich eine rein zufällige Koinzidenz mehrerer Personen in Raum und Zeit bezeichnet, werden diese Sphären im *Mit*einander geteilt. Dadurch entsteht eine Singularität, in welcher das Andere zur konstitutiven Bedingung des Gemeinsamen wird. Wer mit jemandem etwas macht, tut dies in Gemeinschaft – und ist dabei notwendig kommunikativ. Denn was mit-einander geteilt wird, wird einander mit-geteilt. Das philologische Bonmot zwischen der *commūnis* und *commūnicātiō* wird auf diesem Wege zu nicht weniger als dem Paradigma einer Sozialtheorie erhoben. Die Mit-Teilung verweist insofern zwar auf das Symbolische, über das sich die Gemeinschaft auf sich selbst beziehen kann. Allerdings markiert sie den vermittelten Inhalt oder Zweck demgegenüber als ein sekundäres Phänomen. Bevor nämlich *etwas* mitgeteilt werden kann, muss man *sich* mit-teilen. Nancy spricht diesbezüglich auch von einem »gegenseitigen Anrufen der Singularitäten, das jeder sprachlichen Anrede weit vorausgeht« und zugleich »die erste Bedingung der Möglichkeit der Sprache darstellt.«[165]

Deshalb wäre eine rationale Rekonstruktion der in einer Kommunikation implizierten Geltungsansprüche, wie sie noch bei Jürgen Habermas beschrieben wurde, für Nancy deshalb irreführend, weil sie ihm nach den »Dialog« zum »Mythos« erhebe – und zwar »den Mythos einer ›intersubjektiven‹ und intrapolitischen Gründung des Logos und dessen Einheits-Wahrheit.«[166] Insofern meint Habermas, wenn er von einem verständigungsorientierten Dia*log* spricht und auf eine verallgemeinerbare Sprache der Vernunft pocht, damit etwas ganz anderes als Nancy, welcher von einem unvordenklichen *Dia*log spricht, also einer nichtauflösbaren Inkommensurabilität jeweils singulärer Logoi im Sinne unendlich vieler Sprachen sowie daraus resultierender Rationalitäten im Plural. Diese könnten dann miteinander geteilt, aber niemals vereint werden. Die Mit-Teilung führt bei Nancy also weder zur Vernunft hin noch von

164 Jean-Luc Nancy, *Die undarstellbare Gemeinschaft*, S. 64. Vgl. ferner: »Das gemeinsame Sein ist weder Gewebe noch Leib, weder Subjekt noch Substanz, und folglich gibt es auch keine Zerrissenheit dieses Seins, aber es ist Mit-Teilung.« Ebd., S. 67.

165 Ebd., S. 65.

166 Ebd., S. 160 f.

ihr weg. Sie verweist stattdessen auf den irreduziblen Anspruch eines Anderen; und das, noch bevor man darüber nachzudenken versucht, was dieser eigentlich zu bedeuten habe.

Damit legt Nancy sein Augenmerk nahezu ausschließlich auf die erste Hälfte des lateinischen Kompositums der *commūnis*. Das hat auch Roberto Esposito festgestellt, weswegen er diese Lücke zu schließen versucht und insbesondere mit der (zunächst auf Italienisch erschienenen und den Auftakt zu drei thematisch verbundenen Bänden gebenden) Schrift *Communitas* dann auch die Bedeutung des *mūnus* als Pflicht, Schuld, aber auch Gabe im Anschluss noch einmal hervorgehoben hat.[167] Wie auch bei Nancy wird das kohäsive Element der Gemeinschaft dabei mit einer radikalen Negativität identifiziert. Sein Schwerpunkt liegt lediglich weniger in einer Mit-Teilung eines nichtvorhandenen Ursprungs als in einem juridischen Band, welches die Individuen dadurch miteinander verbinde, dass es sie es voneinander trenne.[168] Dieses Band konstituiere die Gemeinschaft dadurch, dass das rechtmäßig Eigene, die Eigenschaft und das Eigentum dekliniert und auf diesem Wege ein soziales Geben und Nehmen ermöglicht.[169] Es scheint mir dabei vielsagend, dass die besagte Schrift mit Nancy beginnt und mit Bataille endet.[170] Wenn auch die chronologische Abfolge damit invertiert wird, lotet Esposito nämlich geradezu exemplarisch ein zwischen diesen beiden Autoren liegendes Spannungsfeld aus, das noch eine Vielzahl weiterer Schriften motiviert hat und mit Fug und Recht als zentrale Inspirationsquelle der frühen radikalen Demokratietheorie betrachtet werden kann.

Nicht nur haben diese beiden Autoren nämlich die Frage nach der Gemeinschaft aufgeworfen, sondern zugleich darauf hingewiesen, dass deren Beantwortung zumindest nicht in Form einer Politik bestehen könne. Wo diese sich positiv auf die Gemeinschaft beziehe, so der gewichtige Vorwurf, gebe sie ihrem latenten Hang zum Totalitarismus im Sinne einer imaginären Einheitsmatrix nach. Während Bataille mit der im vorherigen Absatz geschilderten Erfahrung den noch ganz im Zeichen des Mythos stehenden Auftakt gegeben hat, sind es vor allem die von Nancy gefolgerten Lehren, welche dem bis heute anhaltenden Diskurs seine spezifische Prägung

167 Roberto Esposito, *Communitas. Ursprung und Wege der Gemeinschaft. Aus dem Italienischen von Sabine Schulz und Francesca Raimondi*, Zürich: diaphanes 2004, S. 10 ff. (19).

168 So vor allem in: ders., *Immunitas. Schutz und Negation des Lebens*, Zürich: diaphanes 2004, S. 33 ff. (35). Vgl. dazu ausführlich Robin Celikates, »Communitas – Immunitas – Bíos: Roberto Espositos Politik der Gemeinschaft«, in: Claas Morgenroth und Janine Böckelmann (Hrsg.), *Politik der Gemeinschaft*, Bielefeld: transcript 2008, S. 49 ff. (51 f.).

169 Roberto Esposito, *Immunitas*, S. 33 ff. (35).

170 Roberto Esposito, *Communitas*, S. 7 und 191 ff.

gegeben haben.[171] Während dessen ersten Publikationen zu diesem Thema in das Jahr 1983 sowie 1986 zurückreichen und beide unter dem Titel *La communauté désœuvrée* erschienen, ist die vorerst letzte Schrift unter dem Titel *La communauté désavouée* im Jahr 2014 veröffentlicht worden.[172] Als die wohl prominentesten, davon angeregten Schriften wären in Frankreich vor allem *La communauté inauvouable* von Maurice Blanchot und *Politique de l'amitié* von Jacques Derrida sowie in Italien neben dem bereits genannten Werk *Communitas* von Roberto Esposito noch *La communità che viene* von Giorgio Agamben zu nennen.

Der bereits angedeutete, gemeinsame Nenner dieser Schriften besteht nun in einer Dekonstruktion der traditional verstandenen Gemeinschaft, welche sich von der Sehnsucht sowohl nach einem verlorengeglaubten Ursprung in der Vergangenheit als auch ihrem ewigen Bestehen in der Zukunft zu emanzipieren versucht. In einem durchaus an die Romantik erinnernden Gestus wird im Hier und Jetzt eine Gemeinschaft angekündigt, deren Vollendung stets im Kommen begriffen bleibt. Als metaphysischer Platzhalter und rhetorische Entgründungsfigur fungieren dann Spielarten der bereits von Nietzsche und Bataille ausgeloteten Hymnen auf das Nichts, die Leere oder den Mangel. Das gemeinsame Werk einer Gemeinschaft wird dabei für beliebig erklärt, nicht aber dessen unweigerliches Scheitern. Die Wahrheit der Gemeinschaft bestehe vielmehr darin, dass diese *alles* werden könne, solange sie keine endgültige Form annehme, zur Institution werde oder in einer Politik gipfle. Man könnte sich sogar zu der Umschreibung hinreißen lassen, dass diese namhaften Autoren eine literarische Gemeinschaft derer bilden, die sich gegenüber einer radikalen Negativität verpflichtet fühlen und diese als den grundlosen Grund eines lose geknüpften Bandes erkennen, welches sie miteinander verbindet. Ferner ist die von ihnen gestellte *Frage der Gemeinschaft* nicht bloß in einer gewissen begrifflich-konzeptionellen Nähe zur radikaldemokratischen *Frage des Politischen* zu verorten: Sie entspricht ihr gänzlich.[173]

171 Dass sich das Thema ›der Gemeinschaft‹ bereits erledigt habe, war 2012 noch die Annahme des Einführungsbandes von: Uwe Hebekus/Jan Völkler, *Neue Philosophien des Politischen. Zur Einführung*, Hamburg: Junius 2012, S. 103, 111 f. Dieses vorschnelle Urteil kann wohl nur damit erklärt werden, dass die einschlägigen Sammelbände in Deutschland größtenteils in den 1990er und 2000er Jahren erschienen sind. Vgl. Janine Böckelmann/Claas Morgenroth (Hrsg.), Politik der Gemeinschaft sowie insbesondere Joseph Vogl (Hrsg.), *Gemeinschaften. Positionen zu einer Philosophie des Politischen*, Frankfurt am Main: Suhrkamp 1994.

172 Vgl. ausführlich zur Entstehungsgeschichte: Jean-Luc Nancy, *Demokratie und Gemeinschaft*, S. 49 ff.

173 Das beteuert auch der Impulsgeber, etwa in ders., *Die herausgeforderte Gemeinschaft*, Berlin: diaphanes 2009, S. 22, Fn. 4; ders., *Die verleugnete*

Ihre Ausführungen stellen zudem späte Früchte vom Mythos der *Acéphale* dar: Immerhin beziehen sich alle genannten Schriften auf Bataille als dessen Gründungsvater und versuchen ausgehend davon eine Immanenz zu entwerfen, welche die gemeinschaftskonstitutive Grenze zu überschreiten und sich gegenüber einer Erfahrung zu öffnen vermag.[174] Diese entzieht sich der symbolischen Ordnung und erscheint ihr gerade als dieser Entzug, als eine Spur. Während die innere Erfahrung bei Bataille noch ganz im Zeichen des Surrealismus und damit einer transgressiven Ästhetik steht, erhält diese Gedankenbewegung dadurch vor allem eine (alteritäts-)ethische Konnotation und bezieht sich auf eine vorgängige Aussetzung gegenüber dem Anderen.

Freilich entbehrt es nicht einer gewissen Ironie, dass ausgerechnet Batailles frühe – und schon 1939 von ihm selbst für gescheitert erklärte – Bestrebungen in der *Acéphale* den entscheidenden Stein des Anstoßes zu dieser einflussreichen Rezeptionslinie gegeben haben, dominiert in dieser Erinnerung doch vor allem die im vorherigen Absatz angesprochene Legende von der kopflosen Todesgemeinschaft. Ausdrücklich erklärt Nancy sogar, es weniger auf Batailles Thesen und Argumentationsmuster, sondern auf dessen »einschneidende[...] Erfahrung vom modernen Schicksal der Gemeinschaft« abgesehen zu haben.[175] Man könnte deshalb durchaus sagen, dass Bataille für Nancy ist, was zuvor Nietzsche für Bataille gewesen war: ein schemenhafter Antiheld, dessen vermeintliches Scheitern an der profanen Welt zu einer Befreiungserzählung umgedeutet wird, in der eine quasi-religiöse Erfahrung verborgen liegt – einerseits einer souveränen Existenz, die sich ihrer Dienstbarkeit entledigt und andererseits einer wahren Gemeinschaft, deren Werk sich in der Nicht-Vollendung des Mythos offenbart.

Zur weiteren Erklärung bedient auch Nancy sich, welch Überraschung, einer Entgründungsfigur. Jedoch scheint ihm die Enthauptung wohl noch zu sehr auf den politischen Körper und damit ein darstellbares, also konkret gestalt- und bildhaftes Imaginäres bezogen, das er gerade zu überwinden sucht. Wahrscheinlich bezieht er sich deshalb auf den ebenfalls kaum übersetzbaren Begriff der »Entwerkung« (*désœuvrement*), um den es im Folgenden vor allem gehen soll. Dass diese sperrige Semantik dann ausgerechnet noch im Doppelpack mit der *communauté*

Gemeinschaft, Zürich und Berlin: diaphanes. 2017, S. 124 sowie ders., *Demokratie und Gemeinschaft*, S. 46 f.

174 Ders., *Die undarstellbare Gemeinschaft*, S. 44; Roberto Esposito, *Communitas*, S. 172; Maurice Blanchot, *Die uneingestehbare Gemeinschaft*, S. 26 ff; Jacques Derrida, *Politik der Freundschaft*, Frankfurt am Main: Suhrkamp 2015, S. 67, Fn. 13 sowie 112 ff. (insbes. 156 f.); Giorgio Agamben, *Die kommende Gemeinschaft*, Berlin: Merve 2003, S. 63 f. (trotz unverkennbarer Anlehnung an Bataille jedoch ohne Zitierung).

175 Jean-Luc Nancy, *Die undarstellbare Gemeinschaft*, S. 40.

anzutreffen ist, etwa im entsprechenden Titel der bis heute noch maßgeblichen *La communauté désœuvrée*, macht die Sache für eine deutschsprachige Aufarbeitung nicht einfacher. Seinerseits hat Nancy diese Formulierung von Blanchot übernommen und schlägt im Vorwort seiner ersten deutschen Ausgabe eigens die angesprochene Übersetzung mit »Entwerkung« vor.[176] Alternativ dazu ließe sich noch auf solche Bedeutungen wie Unterbrechung, Untätigkeit oder Müßiggang verweisen, welche allesamt auf eine singuläre Ereignishaftigkeit abzielen, die – ganz ähnlich wie Batailles unproduktive Verausgabung – einem geschäftigen Alltag sowie der Produktivität überhaupt entgegengesetzt werden. Um einiges komplexer klingt zuletzt die von Nancy einige Jahrzehnte später an die Hand gegebene Definition, welche auf eine »Bewegung« abstellt, »die das Werk über sich selbst heraus öffnet, es nicht in einem abgeschlossenen Sinn sich vollenden lässt, sondern es öffnet zur Absentierung seines Sinns oder des Sinns überhaupt.«[177]

In dieser spezifischen Begriffsverwendung kann eine Verschiebung in der Akzentuierung hin zur späteren radikaldemokratischen Gedankenbewegung festgestellt werden. Sicherlich geht es bei dieser genealogischen Weggabelung um feine Nuancen, denn das im vorherigen Absatz beschriebene Zugleich aus radikaler Negativität und Potenzialität ist *mutatis mutandis* bei allen der bisher genannten Autoren anzutreffen. Während aber Nietzsche, wie in dessen Gefolge dann auch Bataille und Blanchot, sein wortgewaltiges Pathos noch ganz auf die Demontage, den Abbau oder schlicht das Nichtstun als Momente der *De*stituierung bezogen haben, geht es Nancy mehr noch um eine *In*stituierung. Die Emphase liegt dann ganz auf der Schöpfung von Neuem, die mit der Zerstörung des Alten einhergeht, um die Konstruktion in der Dekonstruktion. Entsprechend betont auch Susanne Lüdemann, dass es in der »Entwerkung« – und mit ihr in einer Abwendung von Nietzsche – zuvörderst um ein »Ins-Werk-Setzen« einer Gemeinschaft gehe, weswegen er in anderen Worten also nicht einfach ihre Vollendung negiere, sondern vielmehr ihre Nicht-Vollendung affirmiere.[178] Und eben darin wird die spezifische

176 Ebd., S. 5. Nicht gänzlich unterschlagen werden soll die hier aus Platzgründen nur kurz angesprochene, aber nichtsdestotroz herausragende Rolle, welche Emmanuel Lévinas und seine Schrift *Totalité et inifini* für die Entwicklung dieses Begriffs gespielt hat. Vgl. ausführlich zu diesem Hintergrund: Andreas Gelhard, *Das Denken des Unmöglichen. Sprache, Tod und Inspiration in den Schriften Maurice Blanchots*, München: Wilhelm Fink Verlag 2005, S. 191 ff. sowie ders., Maurice Blanchot, in: Thomas Bedorf/Kurt Röttgers (Hrsg.), Die französische Philosophie im 20. Jahrhundert, S. 61 ff. (65).

177 Jean-Luc Nancy, *Die verleugnete Gemeinschaft*, S. 23.

178 Susanne Lüdemann, »Die Ko-Präsenz der Igel. Vom unendlichen Gespräch zum Literarisch-Absoluten, *billet aller-retour*«, in: *Arcadia 2018 (Band 53 H. 1)*, S. 187 ff. (194).

Prägung vom späteren Begriff des Politischen als einer vor allem instituierenden Macht antizipiert.

Zum weiteren Verständnis der »Entwerkung« hilft daneben, sie als Entgründungsfigur ausgehend von dem zu erklären, wovon sie sich abzuheben versucht. Damit stellt sich die Frage nach dem Werk als dem im *désœuvrement* enthaltenen *Œuvre*, und damit einem weniger aus dem politischen als künstlerischen Schaffen stammenden Begriff. Das Werk ist bei Nancy nämlich vor allem eins: ein Kunstwerk. Und auch die ursprüngliche Verwendung bei Blanchot, welcher diesen Begriff an prominenter Stelle in einem 1969 veröffentlichten Essay zur deutschen Romantik verwendet, weist auf eine solche Dimension hin, wenn er ihn auf das Reflexiv-Werden der Literatur bezieht, welche sich gegenüber einer »intransitiven Sprache« geöffnet habe, »deren Aufgabe nicht im Sagen der Dinge [...] besteht, sondern im (sich) Sagen, indem man sich sagen läßt, ohne allerdings aus sich selbst den neuen Gegenstand dieser gegenstandslosen Rede zu machen.«[179] Das klingt freilich schon ganz nach der Mit-Teilung bei Nancy, in welcher man »sich teilt und [...] mit-teilt« – und eben dadurch das politische Phantasma der Souveränität als Unteilbarkeit subvertiert.[180]

Erstmals gewidmet hat sich Nancy diesem Begriff auch nicht erst in den angesprochenen Schriften zur Gemeinschaft, sondern in einer zusammen mit Philippe Lacou-Labarthe verfassten Studie mit dem Titel *L'Absolu littéraire,* die sich mit den Anfängen der auch von Blanchot thematisierten Kunstepoche beschäftigt hat.[181] Ausgerechnet im deutschen Jena sei bereits um 1800 im Dunstkreis der von den Schlegelbrüdern herausgegebenen Zeitschrift *Athenäum* der Abschied vom vollendeten Werkbegriff durchgeführt worden. Und zwar als radikale Konsequenz aus der Einsicht, dass eine adäquate Darstellung des »literarisch Absoluten« unmöglich sei und sich innerhalb der künstlerischen Immanenz deshalb nur verweisen lasse auf »ein unnennbares, umrissloses, gestaltloses Ding – a limine: ›nichts‹«.[182]

179 Maurice Blanchot, »Das Athenäum«, in: Volker Bohn (Hrsg.), *Romantik. Literatur und Philosophie*, Frankfurt am Main: Suhrkamp 1987, S. 107 ff. (116). Insofern bestehe ein Merkmal der Romantik darin, dass sich »die Literatur« (und darunter versteht Blanchot »die Gesamtheit ihrer Ausdrucksformen, d.h. auch ihre Auflösungserscheinungen«) »sich plötzlich ihrer selbst bewußt« werde und fortan keine andere Aufgabe mehr habe »als die, sich selbst zu erklären.« Ebd., S. 112. Vgl. dazu auch § 3 Abs. 2.

180 Jean-Luc Nany, *Die undarstellbare Gemeinschaft*, S. 159.

181 Philippe Lacou-Labarthe/Jean-Luc Nancy, *Das Literarische-Absolute. Texte und Theorie der Jenaer Frühromantik*, Wien: Verlag Turia + Kant 2016, S. 105 (übrigens wird das *désœuvrement* in dieser Ausgabe als »Werkzersetzung« übersetzt).

182 Philippe Lacou-Labarthe/Jean-Luc Nancy, *Das Literarisch-Absolute*, S. 313. Vgl. zur Verbindung auch dieser Gestalt vom »Nichts« zu Bataille nur

2. Verkörperung als Mythos

Eine Literaturtheorie nach diesem Epochenvorbild findet sich bereits bei Blanchot, der etwa 1949 in seinem epochemachenden Essay *La littérature et le droit à la mort* auf die Verzerrungen hingewiesen hat, die mit dem klassischen Werkbegriff in der Kunst einhergingen. Dieser suggeriere eine Vollendung, Geschlossenheit und Einheit eines Werkes, die sich schon im Angesicht der bereits im 18. Jahrhundert bestehenden medialen Produktions- sowie Rezeptionsbedingungen der Literatur als unhaltbar erwiesen haben. Der für die hiesigen Belange vor allem entscheidende Argumentationsstrang liegt jedoch in einer Analogie zu dem, was eingangs zu diesem Paragraphen als die von Nietzsche benannte »Verführung der Sprache« beschrieben wurde. Diese bestand darin, zur Erinnerung, dass dem »Wirken« noch eine »Wirkung des Subjekts« hinzugedichtet und damit »dasselbe Geschehen einmal als Ursache und dann noch einmal als deren Wirkung« gesetzt werde.[183] Blanchot spricht ganz ähnlich davon, »dass das Werk nicht entworfen, sondern nur verwirklicht werden kann, dass es Wert, Wahrheit und Wirklichkeit nur durch die Wörter besitzt, die es in der Zeit ausbreiten und es in den Raum einschreiben« und insofern der Werkcharakter lediglich eine nachträgliche Projektion darstelle, die vom Lesen retroaktiv auf das Schreiben rückschließe.[184]

Im Kern führt er das Werk damit auf die bereits bekannte »Bewegung« zurück, in welcher eine Negation der Wirklichkeit mit der Freisetzung eines schöpferischen Potenzials verbunden wird und nach der die Literatur eine Wirkung zu entfalten imstande sei, »durch die ohne Unterlass das, was verschwindet, erscheint.«[185] Als ein »ausdrucksloser Ausdruck« biete sie »ihre Sprache dem an, was in der Abwesenheit der Rede gemurmelt wird.«[186] Denn der Differenz zwischen Schreiben und Lesen liegt, anders als der zwischen Sagen und Hören, eine spontan nicht mehr zu korrigierende Ambiguität zugrunde, welche das Werk einer unendlichen

Jean-Luc Nancy/Mathilde Girard, *Mit eigenen Worten. Gespräch über den Mythos*, Wien: Passagen Verlag 2021, S. 62 f.

183 Friedrich Nietzsche, »Genealogie der Moral«, in: ders., *KSJ Bd. V*, München: Deutscher Taschenbuch Verlag 1999, S. 245 ff. (279).

184 Maurice Blanchot, »Die Literatur und das Recht auf den Tod«, in: ders., *Das Neutrale. Schriften und Fragmente zur Philosophie*, Zürich: diaphanes 2010, S. 47 ff. (50).

185 Ebd., S. 76. Vgl. ferner: »Was ist ein Werk? Wirkliche Worte und eine imaginäre Geschichte, eine Welt, in der alles, was geschieht, der Wirklichkeit entliehen ist, und diese Welt ist unzugänglich; Personen, die sich als Lebende geben, aber wir wissen, dass ihr Leben darin besteht, nicht zu leben«. Ebd., S. 87.

186 Das Zitat lautet weiter: »Die Literatur scheint somit an die Fremdheit der Existenz gebunden, die vom Sein verworfen wurde und die jeder Kategorie entweicht.« Ebd.

Dynamik unterwirft, die es gegenüber dem öffnet, was gerade *nicht* in ihrer Buchstäblichkeit geschrieben steht und in einer ominösen Atopie des Zwischen-den-Zeilen mitschwingt.

Was für Blanchot daraus folgt, kann in dessen prägendem Einfluss auf die französische Literaturtheorie wohl kaum überschätzt werden, denn dieser führt nach dem Tod Gottes und der Enthauptung des Königs mit dem Werk nun auch den Autor auf das Schafott. Dessen literarisch-absolute Freiheit wird an einer bezeichnenden Stelle sogar ausdrücklich mit der »Freiheit eines abgetrennten Kopfes« verglichen.[187] Die Botschaft dahinter ist so radikal wie revolutionär: Während die Aussetzung gegenüber dem Anderen das Leben der Literatur sichere, verweise das Schreiben in seiner radikalen Negativität auf nicht weniger als dessen Tod. Vorweggreifend auf die bis heute anhaltende Diskussion könnte man zugespitzt auch davon sprechen, dass *der Autor* – als imaginäre Autorität über Sinn und Bedeutung – sterben muss, damit *die Literatur* leben kann.

Nach Roland Barthes ist es wieder einmal Michel Foucault, der diesen Gedankengang aufnimmt und in dem längst zum Klassiker avancierten Vortrag *Qu'est-ce qu'un auteur?* zu großer Prominenz verhelfen sollte.[188] Die Spur von Bataille und Blanchot zieht sich dann durch ein Verständnis vom Begriff des Autors, aber auch den Begriffen des Werkes und des Schreibens, welche nicht mehr als bloße Voraussetzung, sondern als Effekt eines historischen Diskursensembles betrachtet werden, für das die »Autor-Funktion« – stellvertretend für eine allgemeine »Subjekt-Funktion« – lediglich exemplarisch ist.[189] Zwar feiert Foucault damit genauso wenig einen Abgesang auf den Tod des Autors für die Literatur wie er es zuvor in *Let mots et let choses* auf den Tod des Menschen in der Wissenschaft getan hat.

Jedoch findet sich trotz aller Ambivalenz einer nicht einseitig den Diskurs verhindernden, sondern ihn zugleich ermöglichenden »Autor-Funktion« eine gewisse Dichotomie in den damit einhergehenden Assoziationen angelegt, die durchaus an Bataille und Blanchot erinnert. Auf der *einen Seite* steht das, was Foucault in einer passenderweise direkt an Blanchot anschließenden Terminologie als die »Anonymität eines Gemurmels« beschreibt.[190] Dieser Begriff fällt bei Foucault vielfach und so gut wie immer im Zusammenhang mit dem Unsagbaren; bspw. im Sinne »einer Sprache, die *von allein* spricht, ohne sprechendes Subjekt und

187 Ebd., S. 67.

188 Roland Barthes, »Der Tod des Autors«, in: Fotis Jannidis et. al. (Hrsg.), *Texte zur Theorie der Autorschaft*, Stuttgart: Reclam 2000, S. 185 ff. sowie Michel Foucault, »Was ist ein Autor?«, in: ders., *Dits et Ecrits (Band I)*, Frankfurt am Main: Suhrkamp 2014, S. 1003 ff.

189 Ebd., S. 1029: »Der Autor - oder das, was ich als Autor-Funktion zu beschreiben versucht habe - ist wohl nur eine der möglichen Spezifikationen der Subjekt-Funktion.« Vgl. dazu ebenso den Diskussionsbeitrag auf S. 1038.

190 Ebd., S. 1030.

ohne Gesprächspartner, auf sich selbst gehäuft, in der Gurgel geballt, und die noch zusammenbricht, bevor jegliche Formulierung erreicht ist, und ohne Aufsehen in das Schweigen zurückkehrt, aus dem sie sich nie befreit hat.[191] In einem, zumal Blanchot dann auch ausdrücklich gewidmeten Essay spricht Foucault von einer »Leere in den Worten« als eben einem solchen »Gemurmel, das die Sprache zersetzt.«[192]

Auf der anderen Seite des Gemurmels, und an dieser Stelle wird das Ganze auch für die Rechtstheorie interessant, verortet Foucault nun die »Autor-Funktion« und sieht diese »mit dem rechtlichen und institutionellen System verknüpft, das das Universum der Diskurse umfasst, determiniert, gliedert.«[193] Das Recht zeichnet sich in einem solchen, neben bei Foucault dann auch im Dekonstruktivismus anzutreffenden Verständnis primär durch eine Formalisierung beziehungsweise einer Stabilisierung von Bedeutungen aus, die sich auf die Sprache bezieht.[194] Seit dem »Ende des 18. Jahrhunderts und Anfang des 19. Jahrhunderts« sei die Literatur dadurch »zu einem Gut im Kreislauf des Eigentums« geworden, und zwar in jenem Augenblick, an dem »man strenge Gesetze erließ für Urheberrechte, über Beziehungen zwischen Autoren und Verlegern, über Reproduktionsrechte etc.«[195] Während das literarische Schreiben noch davor »im bipolaren Feld des Heiligen und des Profanen, des Erlaubten und des Verbotenen, des Religiösen und des Blasphemischen angesiedelt« gewesen sei, nehme »die Übertretung« nach der Juridifizierung und Kommodifizierung der Literatur »mehr und mehr den Charakter eines [...] inhärenten Gebotes an.«[196] Die starre Fokussierung auf eine wiederherzustellende »Gefährlichkeit des Schreibens« in der modernen Literatur wirke beinahe, mutmaßt Foucault, »als ob der Autor [...] den Status, den er so erhielt, dadurch kompensierte, dass er das alte bipolare Feld des Diskurses wiederbetrat, es in systematischer Weise überschritt«

191 Ders., *Wahnsinn und Gesellschaft. Eine Geschichte des Wahns im Zeitalter der Vernunft*, Frankfurt am Main: Suhrkamp1985, S. 12. Vgl. auch ders., »Die Sprache, unendlich«, in: ders., *Dits et Ecrits (Band I)*, Frankfurt am Main: Suhrkamp 2014, S. 342 ff. (344 f.): »In diesem Sinne ist der Tod zweifellos der wesentlichste unter den Unfällen der Sprache (ihre Grenze und ihr Zentrum): Von dem Tag an, da man zum Tode und gegen ihn sprach, um ihn aufzuhalten und um ihn einzuschließen, ist etwas entstanden, ein Gemurmel, das sich wiederholt und sich selbst erzählt und sich endlos verdoppelt in einer phantastischen Vervielfältigung und Verdichtung, in der sich unsere heutige Sprache einnistet und verbirgt.«

192 Ders., »Das Denken des Außen«, S. 670 ff. (675, 679).

193 Ders., »Was ist ein Autor?«, S. 1003 ff. (1021).

194 Vgl. statt vieler nur Stanley Fish, »Das Recht möchte formal sein«, in: ders., *Das Recht möchte formal sein. Essays*, Berlin: Suhrkamp 2011, S. 112 ff.

195 Michel Foucault, »Was ist ein Autor?«, S. 1003 ff., (1015 f.).

196 Ebd.

und insofern das literarische Schreiben selbst – an dieser Stelle sei an Bataille erinnert – zu einer *souveränen* Geste erhoben habe.[197]

Was an diesem Verständnis auch für den Dekonstruktivismus wie auch die spätere radikale Demokratietheorie als exemplarisch gelten kann, ist, dass im Recht das letzte monarchische Residuum vermutet wird und sich seit dem Anbeginn der Moderne in diesem die letzte Autorität in einer Subjekt-Funktion überlebt habe, für die das Werk und der Autor lediglich die Spezifika eines literarischen Diskurses darstellen. Nicht von ungefähr kommt also, dass der Begriff »des Rechts« in Foucaults berühmten Diktum, wonach »der Kopf des Königs noch immer nicht gerollt« sei, in einem Atemzug mit der (hier wieder klassisch verstandenen) »Souveränität« oder auch »der Gewalt« genannt und somit ebenfalls »im Bann der Monarchie« verortet wird.[198]

Was das alles mit den angesprochenen Fragen nach der Gemeinschaft und dem Politischen zu tun hat? Nun fügt sich in die Reihe derer, welche die Autor-Funktion oder das Werk assoziativ mit dem konstituierten Recht (wie auch der instituierten Politik) verbunden sehen, eben auch Nancy. Denn obwohl sich in seinen diesbezüglichen Schriften keine ernsthafte Auseinandersetzung mit dem Recht finden lassen, kann die »Entwerkung« immer auch als Widerstand gegen die Bedeutungs- und Sinnfixierungen im Gesetz gelesen werden. Die dem zugrundeliegenden Assoziationsketten lassen sich schematisch gegenüberstellen, wobei auf der instituierenden Seite die »Entwerkung«, die Literatur und ihre Exposition gegenüber dem Anderen sowie auf der instituierten beziehungsweise konstituierten Seite die Vollendung des Werkes, das statische Recht respektive die Politik und dessen Autorität über Sinn und Bedeutung stehen. Vereinfacht könnte man davon sprechen, dass Nancy mit der Gemeinschaft einen Streitgegenstand markiert, um den er in seiner Theorie dann die Literatur mit dem Recht kämpfen lässt.

Das ist schon deshalb beachtenswert, weil das Recht und die Gemeinschaft in den klassischen Gründungserzählungen als ebenso gleichursprünglich wie koextensiv gelten und sich wechselseitig durch die juridische Referenz auf die verallgemeinerte Begründungsfigur eines wie auch immer gearteten »Dritten«[199] konstituieren. Schließlich wird schon auf dem Berge Sinai von Gott nicht nur das heilige Gesetz, sondern zugleich die auserkorene Gemeinschaft verkündet.[200] Auch Immanuel Kant spricht von der

197 Ebd.

198 Ders., *Der Wille zum Wissen*, S. 110.

199 Vgl. Thomas Bedorf, *Dimensionen des Dritten. Sozialphilosophische Modelle zwischen Ethischem und Politischem,* München: Wilhelm Fink Verlag 2003, S. 319 ff.

200 Schließlich kann von Offenbarung, wie auch Jan Assmann schreibt, »nur die Rede sein, wenn es jemanden gibt, dem etwas offenbart wird.« Ders., *Exodus. Die Revolution der Alten Welt.* München: C.H. Beck 2015, S. 226.

»*communio*« als einer »rechtlichen Gemeinschaft des Besitzes« und betrachtet diese als das historische Resultat eines äußerlichen Aktes, in dem die Vernunft praktisch wird.[201] Doch während sowohl der theologische als auch vernunftrechtliche Gründungsmythos noch ganz auf ein Außerhalb oder Jenseits des Rechts abstellen, verweist Nancy immer wieder – kritisch – auf dessen Immanenz und lässt auf ein durchaus modernes Rechtsverständnis schließen, welches die Umstellung von Fremd- auf Selbstreferenz bereits impliziert.[202] Insofern verläuft die von ihm umrissene Demarkationslinie zwischen *der Literatur* und dem Recht gerade nicht parallel zum paradigmatischen Übergang in die Moderne, sondern setzt diese gleichsam voraus.

Vielmehr entzündet sich der Konflikt an der bereits von Bataille aufgeworfenen Frage, inwiefern Recht und Politik auf der einen Seite und die Literatur auf der anderen Seite zur Überschreitung ihrer gleichsam gegebenen Immanenz imstande sind.[203] Die Politik wie auch das Recht seien dazu gänzlich unfähig, und darin findet sich dann auch wieder der Bezug zum Leitmotiv dieser Untersuchung, weil sowohl der *politische Körper* als auch seine liberal-rechtsstaatliche Verkleidung als *rechtliche Körperschaft* mit einem imaginären Einheitsstreben verbunden seien. Hingegen könne die literarisch-vermittelte Gemeinschaft – ganz wie auch die radikal verstandene Demokratie bei Lefort – »nicht als Werk, als System« und eben auch nicht »als organischer Körper« dargestellt werden.[204] Mit Cornelia Vismann gesprochen ist »das Recht« für Nancy immer »am Werk, wenn von Körperschaft die Rede ist.«[205] Weiter schreibt sie: »Der

201 Immanuel Kant, *Metaphysische Anfangsgründe der Rechtslehre. Metaphysik der Sitten. Erster Teil*, Hamburg: Felix Meiner Verlag 2018, S. 67 ff. (insbes. 71 f), 174 f. Vgl. dazu ausführlich wieder Roberto Esposito, *Communitas*, S. 111.

202 Allerdings datiert Jean-Luc Nancy die »Erfindung des Rechts« – und damit diese durchaus als ›modern‹ zu qualifizierende Selbstbezüglichkeit – bereits in die römische Antike zurück. Etwa heißt es dann: »Rom gründet und begründet sich selbst.« Ders., *Demokratie und Gemeinschaft*, S. 36 f.

203 Ders., *Die undarstellbare Gemeinschaft*, S. 21 (»Und die Frage der Gemeinschaft ist für uns künftig untrennbar verbunden mit der Frage der Ekstase«.) sowie S. 47 (»Bataille [...] hat wohl als einziger einem solchen Wissen den Weg gebahnt – um das, was über eine einfache Verknüpfung von Ekstase und Gemeinschaft hinausgeht, was aus jedem der beiden jeweils den Ort der anderen macht [...]. Die wechselseitige Bedingtheit dieser beiden Pole besteht darin, daß sie sich – während sie einander jeweils Raum eröffnen [...] – zugleich gegenseitig begrenzen«.).

204 Ebd., S. 5. Vgl. dazu wieder Roland Barthes, »Der Tod des Autors«, S. 185 ff. (185): »Die Schrift ist der unbestimmte, uneinheitliche, unfixierbare Ort, wohin unser Subjekt entflieht, das Schwarzweiß, in dem sich jede Identität aufzulösen beginnt, angefangen mit derjenigen des schreibenden Körpers.«

205 Cornelia Vismann, Benedict Inc., in: dies., *Das Recht und seine Mittel*, S. 365 ff. (390).

corpus ist die sprachlich-juridische Darstellungsform, das Werk der Gemeinschaft.«[206] Beim benannten Autor selbst heißt es, dass »das ökonomische Band, die technologische Verfahrensweise und die politische Verschmelzung (zu einem *Körper* oder unter einer *persönlichen Herrschaft)*« allesamt ein »Wesen« zu realisieren suchten, das man früher noch »Totalitarismus« genannt habe, welches aber heute die »Demokratie samt ihrem fragilen Rechtsgerüst« umschließe, weil es von ihr gleichermaßen »ins Werk gesetzt« werde.[207] Das Werk der Gemeinschaft folgt bei Nancy also immer einer Regel, ist deshalb immer auch Regel-Werk, und drängt nach dieser auf seine Vollendung im Ganzen.

Eine solche »Einswerdung« im politischen Körper nehme das rohe Faktum der Geworfenheit in die Immanenz nicht bloß hin, sondern ziehe sich in dessen Grenzen zurück, sichere diese notfalls mit Gewalt und eskaliere sie damit zu einem »Immanentismus« im ebenso politischen wie epistemologischen Sinne.[208] Man könnte diesen Neologismus mit Bataille auch als Monozephalie beschreiben, als das Handeln nach und das Denken mit bloß einem Kopf, in dem sich das Ganze in einem erhöhten Zentrum zu verdichten und gegenüber dem Anderen abzuschließen sucht. Mit welcher Agenda die Politik antritt, letzten Endes dient sie diesen Autoren zufolge notwendigerweise einer »Bildung von Einheit« und damit zugleich der Verdrängung solcher »heterogenen Sphären des Sinnes« wie bspw. »dem Denken, der Kunst, der Liebe« und damit »all dem [...], was der Totalitarismus zu leugnen bestrebt ist.«[209] Dieser ebenfalls ganz an Bataille und seine Kategorie der »sozialen Homogenität« erinnernde Gedankengang wird von Nancy mit der Dekonstruktion der klassischen Begriffe von Werk und Autor verknüpft sowie anschließend zur sozialontologischen These überhöht. Noch einmal zusammengefasst lautet sie, dass die Politik, weil sie eine Verkörperung der Gemeinschaft avisiere, stets auf eine Vollendung des Werks hinarbeite und darin gerade das Wesen der Soziabilität verkenne, welches in der Mit-Teilung als einer Exposition gegenüber dem Anderen bestehe. Im Ergebnis entspricht deshalb auch der liberale Rechtsstaat, als die vermeintlich moderne Politik, für Nancy bloß einer Theokratie ohne Gott, einer Monarchie ohne König oder eben einem Totalitarismus ohne Führer.

In diesem Imaginären verortet Nancy dann schließlich auch den Begriff des Mythos. Hat er es bisher noch in vielerlei Hinsicht mit Nietzsche

206 Ebd.

207 Jean-Luc Nancy., *Die undarstellbare Gemeinschaft*, S. 14.

208 Ders., *Die undarstellbare Gemeinschaft*, S. 15, 32. Erstaunlicherweise wird der französische Begriff »*immanentisme*« an einigen Stellen (bspw. S. 13) in der deutschen Übersetzung durch das Wort »Kommunismus« ersetzt.

209 Ders., *Demokratie und Gemeinschaft*, S. 82.

sowie Bataille und Blanchot gehalten, löst er sich spätestens damit entscheidend von ihnen ab, dass er den Begriff des Mythos zu einem Komplizen einer Politik macht und als »*das Denken einer gründenden Fiktion* oder *einer Gründung durch die Fiktion*« beschreibt.[210] Die Verkörperung selbst wird bei ihm also zum Mythos, weil in ihr das Nichts, die Leere und der Mangel auf eine symbolische Form, eine Darstellung oder ein Bild reduziert würden und damit einen Grund erhielten, mit dem sich die Gemeinschaft identifiziere.[211] Ähnlich wie schon bei Hans Blumenberg, der dem Mythos die Fähigkeit zuschreibt, eine »numinose Unbestimmtheit in nominale Bestimmtheit«[212] zu überführen, sieht Nancy in ihm die Mit-Teilung aufgehoben und retroaktiv auf einen Ursprung zurückgeführt. Dieser verleihe dem Werk eine trügerische Kontinuität, die sich von der Vergangenheit in die Zukunft spannt. In ihm – und man beachte abermals die Verwendung der bereits durch Habermas bekannten Metaphorik – nehme »das *Fließen* Gestalt an« und der »unendliche Übergang« der Zeit halte an »einem *festen* exemplarischen Ort des Zeigens und der Offenbarung« inne.[213] Insofern wird der Mythos als Identifikation mit einem höheren Ziel verstanden, welche sich nicht als Erkenntnis der Wahrheit, sondern als Bekenntnis zum Glauben vollziehe.[214] Und weil der Mythos nicht zuletzt durch mündliche Rede übermittelt sei, würde er »nicht interpretiert« und gleiche vielmehr einem sich selbsterklärenden Gesetz.[215] Damit lasse er sich, wie schon zuvor das Recht und die Politik, eben von der Literatur unterscheiden, die mit der hermeneutischen Zumutung einhergeht, erst gelesen werden zu müssen, um verstanden zu werden.

Und wenn bei Nancy und Lacoue-Labarthe die Arbeit sowohl in der Politik als auch am Mythos gleichermaßen durch eine »Fiktion« im Sinne eines plastischen Bildens und Einbildens definiert werden, dann gilt nur die undarstellbare, weil sich im Werk niemals verwirklichende Gemeinschaft als die einzig wahre.[216] Der darin zum Ausdruck kommende

210 Ders., *Die undarstellbare Gemeinschaft*, S. 114.

211 Philippe Lacou-Labarthe/Jean-Luc Nancy, »The Nazi Myth«, in: *Critical Inquiry 1990 (Band 16 H. 2)*, S. 291 ff. (306).

212 Vgl. Hans Blumenberg, *Arbeit am Mythos*, Frankfurt am Main: Suhrkamp 2001, S. 32 f.

213 Jean-Luc Nancy, *Die undarstellbare Gemeinschaft*, S. 98 (Herv. M.E.).

214 Philippe Lacou-Labarthe/Jean-Luc Nancy, »The Nazi Myth«, S. 291 ff. (306).

215 Jean-Luc Nancy, *Die undarstellbare Gemeinschaft*, S. 106 f.

216 Insofern ist es auch kein Wunder, dass Nancy und Lacoue-Labarthe den Mythos und das Politische durch einen nahezu identischen Wortlaut definieren und beides gleichsam auf die »Fiktion« im Sinne des schon in § 1 a.A. angesprochenen, plastischen Bildens oder auch des Einbildens zurückführen. Vgl. dazu ebd., S. 297 sowie Philippe Lacoue-Labarthe, »Die Fiktion des Politischen«, S. 118 ff. (174).

Ikonoklasmus der beiden Autoren wird mithin zur radikaldemokratischen Haltungsfrage erhoben. Wer sich positiv am Imaginären zu schaffen macht, gerät deshalb schnell unter den Verdacht der Mythopoiesis und damit zugleich dem Vorwurf, als Steigbügelhalter einer totalitär angelegten Politik zu dienen. Eine Ausnahme gilt freilich für den benannte Dekonstruktivismus selbst, welcher das Werk als das entlarve, was der Mythos noch zu kaschieren versuche: eine Nicht-Vollendung, welche die Negativität nicht bloß festhält, sondern als ein stetes Fließen der Mit-Teilungen freisetzt.

Nancy spricht auch von einer »Unterbrechung des Mythos« und greift mit der *rupture* ein weiteres Mal auf eine Terminologie zurück, die auch bei Blanchot wiederzufinden ist – und das übrigens nur deshalb, weil er die damit konkurrierende Formulierung der »Abwesenheit des Mythos« für irreführend hält.[217] Die genealogische Fährte auch dieses Begriffs zumindest kurz aufzunehmen lohnt sich schon deshalb, weil etwa Thomas Bedorf die radikale Demokratietheorie unter einer – und diese Kombination dürfte Nancy selbst wohl kaum gefallen – »Politik der Unterbrechung« zusammengefasst wissen möchte.[218] Ausdrücklich erklärt Nancy, dass gerade die Unterbrechnung der Politik nur »ein anderer Weg« sei, »erneut die Bataille'sche Forderung nach ›Gemeinschaft‹ aufzunehmen und das ›ununterbrochene Denken‹ Blanchots fortzuführen.«[219] In der Unterbrechung oder auch Zäsur, dem Einschnitt, Unterlass, der Störung und Aussetzung wird das singuläre Ereignis eines Innehaltens, Zauderns, Wartens und nichtberedten Schweigens benannt, welches den Mythos und mit ihm die Verkörperung »in der Schwebe« halte und gerade darin eine Nicht-Vollendung des Werkes respektive die »Entwerkung«

217 Jean-Luc Nancy, *Die undarstellbare Gemeinschaft*, S. 93 ff. (103). Eine erste Fassung des *Mythe interrompu* wurde 1985 auch als eigenständige Monographie veröffentlicht. Vgl. dazu Maurice Blanchot, »Unterbrechung«, in: ders., *Das Neutrale. Schriften und Fragmente zur Philosophie,* Zürich: diaphanes 2010, S. 171 ff. (172, 175) oder auch ders., »Den Bruch bejahen«, in: ders., *Politische Schriften 1958-1993*, Berlin: diaphanes 2007, S. 107 ff.

218 Vgl. nur Thomas Bedorf, »Bodenlos. Der Kampf um den Sinn im Politischen«, in: *DZPh 2007 (Bd. 5)*, S. 689 ff. (690 und passim.). Ein solches Motiv findet sich im radikaldemokratischen Diskurs an vielen Stellen wieder, etwa auch dem singulären Ereignis der Politik als »Unterbrechung der Logik« bei Jacques Rancière, *Zehn Thesen zur Politik*, Zürich und Berlin: diaphanes 2008, S. 15.

219 Ebd. S. 92 sowie Georges Bataille, »Die Abwesenheit des Mythos«, S. 81 ff. (81 f.). Dass dies auch der »Souveränität« bei Bataille also nicht entgegengesetzt ist, sondern ihr gleichermaßen entsprechen soll, hat Jean-Luc Nancy auch noch einmal jüngst hervorgehoben in: ders., *Die verleugnete Gemeinschaft*, S. 40 f.

der Gemeinschaft voranbringen soll.[220] Wieder geht es Nancy mit dieser doppelten Gedankenbewegung also weniger um eine destituierende als instituierende Macht, die die Gemeinschaft nicht »um ein Zentrum« versammle, sondern vielmehr »nach außen« kehre und die »Mitteilung einer Leidenschaft« evoziere; jedoch nicht die Leidenschaft, »sich zu verschmelzen, sondern die, ausgesetzt zu sein« und sich ganz nach dem Vorbild einer reflexiv gewordenen Literatur gegenüber dem Anderen zu öffnen.[221] Trotz aller Ähnlichkeit zu seinen beiden Vordenkern, die noch ganz im Gefolge Nietzsches stehen, versucht Nancy gerade keinen neuen Mythos zu beschwören, sondern einem solchen durch seine unendliche Suspension zu entkommen.[222] Bestand nach ihm der erste Fehler von Bataille mit der *Contre-Attaque* noch darin, die Überschreitung in Begriffen der Politik zu fassen und sich damit dem Totalitarismus ironischerweise mehr anzunähern als zu entfernen, bestand sein zweiter Fehler mit der *Acéphale* darin, sich in einer missverständlicher Art und Weise auf den Mythos bezogen zu haben und auch die nunmehr unpolitische Gemeinschaft noch immer mit »dem faschistischen Orgiasmus, oder zumindest mit dem Fest« zu verbinden.[223]

Was an den verschiedenen Begriffen bei Nancy veranschaulicht werden sollte, kann dabei abschließend ebenso wenig auf die politisch-theoretischen Begriffe der Gemeinschaft, des Mythos oder auch des Rechts und der Politik wie auf die literaturtheoretischen Begriffe von Werk und Autor reduziert werden. Grob zusammenfassen lassen sich die damit verbundenen Gedankenbewegungen vielmehr in dem eingangs in diesem Absatz erwähnten Grundgedanken der Alteritätsethik, welcher von Nancy zur Ontologie überhöht wird und sich im Kompositum der Mit-Teilung (als einem sowohl voneinander trennenden als auch miteinander verbindenden Modus der Soziabilität) sinnfällig verdichten lässt.

Nichtsdestotrotz findet sich mit *der Literatur* mehr als ein bloßes Anschauungsbeispiel gegeben, an dem sich diese charakteristische

220 Jean-Luc Nancy, *Die undarstellbare Gemeinschaft*, S. 109, 123. Vgl. aber auch ebd., S. 120, Fn. 64: »Man muß soweit gehen, die Unterbrechung oder das In-der-Schwebe-Halten der Idee als solche zu denken: was ihre Fiktion zeigt, muß in der Schwebe bleiben, ihre Gestalt muß unvollendet bleiben.«

221 Ebd., S. 129 f.

222 Bis zuletzt betonte Nancy selbstkritisch, dass er gar nicht so genau wisse, was eigentlich unter »der Unterbrechung« zu verstehen sei und ob diese Figur nicht doch selbst vielmehr als ein Teil des Mythos betrachtet werden müsse. Das gelte zumindest dann, wenn dadurch ein diesbezüglicher Diskurs nicht eröffnet werde, sondern sich in dieser Verschlagwortung erschöpfe. Ders./Mathilde Girard, *Mit eigenen Worten*, S. 56 f.

223 Ders., *Die undarstellbare Gemeinschaft*, S. 59. Vgl. auch ders., *Die herausgeforderte Gemeinschaft*, S. 23.

Gedankenbewegung Nancys exemplarisch entfalten lässt. Meines Erachtens ist damit zugleich eine ausgezeichnete Matrix und somit der phänomenologische Ausgangspunkt sowohl unmittelbar für das dekonstruktivistische als auch mittelbar das radikaldemokratische Theorieangebot benannt. Das bedeutet freilich nicht, dass in *der Literatur* ihr einziger und ausschließlicher Anwendungsbereich umrissen liegt, sondern lediglich, dass sie als genealogischer Ausgangspunkt für die weitere Historisierung des radikaldemokratischen Begriffs des Politischen unbedingt zu beachten ist.

Erhärten lässt sich diese Vermutung damit, dass Blanchot wie auch Nancy die wahre Gemeinschaft mit einem »Kommunismus des Schreibens« oder einem »literarischen Kommunismus« gleichsetzen.[224] Mit der Reizvokabel des Kommunismus wird allerdings eher gegenüber einem bürgerlichen Publikum kokettiert als eine politische Parteinahme erklärt.[225] Nancy verweist dazu auf ein ganz in die bisherigen Ausführungen passendes Verständnis, nach welchem der Kommunismus als »eine Idee und ein Projekt« oder auch eine »Verheißung« einer ästhetischen Erfahrung, ja einer Mit-Teilung zu betrachten sei[226] Er sieht ihn »mit einem äußersten Spiel, mit einer äußersten Souveränität, ja Ekstase« verbunden, wie sie »blitzartig […] in den Ausbrüchen der Poesie, der Malerei, des Films, ganz zu Beginn der Revolution der Sowjets« erscheine und nicht zuletzt auch »in den Motiven« zu erkennen sei, »die Benjamin dazu bewegen konnten, sich Marxist zu nennen«.[227] Historisch sei der Kommunismus deshalb auch bereits im Christentum aufgetaucht und beschreibe zunächst nicht mehr, als dass mehrere Menschen ihr Leben gemeinsam zu gestalten versuchen.[228] Am Ende des 18. Jahrhunderts hätte Karl Marx in Bezug auf die westliche Gesellschaft und Produktionsform ein Defizit an eben diesem Gemeinschaftssinn identifiziert und es infolgedessen vermocht, der Sehnsucht oder dem Begehren nach einem solchen Miteinander mit dem Kommunismus einen überzeugenden

224 Maurice Blanchot, »[Die möglichen Eigenschaften...]«, in: ders., *Politische Schriften 1958–1993*, Berlin: diaphanes 2007, S. 99 ff. (99) sowie Jean-Luc Nancy, *Die undarstellbare Gemeinschaft*, S. 136 ff. und 168 ff.

225 Ebd., S. 14, 79. Vgl. aber auch ebd., S. 168: »Was man darunter zu verstehen hat, kann letztlich weder der Idee des ›Kommunismus‹ noch der Idee ›der Literatur‹, wie sie uns vorliegen, irgendwelche Zugeständnisse machen. Wir sprechen nur aus Provokation vom ›literarischen Kommunismus‹«.

226 Ganz im Gegensatz zur Gemeinschaft, die »eine Tatsache, eine Gegebenheit zu vermerken scheint.« Ders., *Die herausgeforderte Gemeinschaft*, S. 19 (»Idee« und »Projekt«) sowie ders., *Die undarstellbare Gemeinschaft*, S. 52 (»Verheißung«), 85.

227 Ebd., S. 22.

228 Ders., *Demokratie und Gemeinschaft*, S. 34 (unter Bezug auf Restif de la Bretonne).

Begriff zu geben.[229] Letztendlich habe aber auch er es nicht vermocht, das Vakuum einer Glaubensgemeinschaft zu füllen, die nach dem Tod Gottes längst in ihre Einzelteile zerfallen sei.[230] Nancy interessiert damit also weniger die auf eine konkrete Politik bezogene *Antwort*, die Marx infolgedessen entwickelte, als die politische *Frage*, auf die er mit dem Kommunismus zu reagieren versucht habe.

Und eben genau zwischen diesen beiden Polen dürfte liegen, was Nancy mit der literarischen Gemeinschaft im Sinn hat. Diese führt er nämlich auf die Literatur und ihre »unendlich wiederholte und unendlich in der Schwebe gehaltene Geste« zurück, die das Kunststück vollbringe, ihre eigenen Grenzen »zu berühren, auf sie zu deuten und sie einzuschreiben, ohne sie jedoch zu überschreiten, ohne sie in der Fiktion eines gemeinsamen Körpers aufzuheben.«[231] Das bedeutet, dass die Literatur niemals nur *etwas*, sondern immer auch *sich* selbst mit-teile und damit reflexiv auf die Grenzen einer Immanenz verweise, die im Mythos noch verschleiert würden. Sie impliziere also jene hermeneutische Lektion, die ganz dem vielzitierten Diktum der *Grammatologie* bei Derrida entspricht und da lautet: »Ein Text-Äußeres gibt es nicht.«[232]

Doch eben deshalb vermöge sich die Literatur gegenüber dem Anderen zu exponieren, wodurch plurale bis inkommensurable Sinn- und Bedeutungsvorschläge entstünden, die allesamt keine endgültige Autorität über den Text für sich beanspruchen könnten. Nicht mehr und nicht wenig heißt es nämlich, dass die »Entwerkung« selbst keine politische Entscheidung und Strategie bedeute, ja nicht einmal auf eine Initiative oder Handlung zurückgehe, welche einem Werk oder Autor zugerechnet werden könne. Dieser Gedanke verläuft übrigens auch parallel zu den von Walter Benjamin angestellten Studien über die romantische Kunstkritik oder auch seine Theorie der Übersetzung, welche das jeweilige »Original« als »unvollständige[s] Werk« komplementierten und über dessen instituierten Bedeutungszusammenhänge »hinausgehen« müssten, um unendlich auf seine Vollendung hinzuarbeiten – und sie doch immer nur aufzuschieben.[233]

229 Zurückzuführen sei dieses Defizit sowohl auf den Wegfall des theologisch-christlichen Determinismus als auch den ebenfalls seit der Neuzeit, etwa durch Thomas Hobbes, John Locke oder Samuel von Pufendorf vertretenen ›normativen Individualismus‹ in der Philosophie. Vgl. dazu ebd., S. 34 f.

230 Ebd., S. 71. Diese Ausgangssituation habe Marx übrigens mit Nietzsche geteilt: Doch während der eine sich auf das vermeintliche Heilmittel einer verkopften Politik berufen habe, sei der andere dem kopflosen Wahnsinn verfallen.

231 Jean-Luc Nancy, *Die undarstellbare Gemeinschaft*, S. 142.

232 Jacques Derrida, *Grammatologie*, S. 274.

233 Ders, »Der Begriff der Kunstkritik in der deutschen Romantik«, in: ders., *Gesammelte Schriften (Bd. I)*, Frankfurt am Main: Suhrkamp 1991, S. 7 ff.

Dass die Theorieanlage Nancys darüber hinaus bereits ganz dem radikaldemokratischen *Postfundamentalismus* entspricht, ihn sogar maßgeblich durch seine Entgründung (von Werk, Gemeinschaft, Literatur etc.) beeinflusst haben dürfte, ergibt sich bereits aus dem Gesagten. Ganz im entsprechenden Bedeutungsrahmen der architektonischen Metapher bleibt Nancy, wenn dieser erklärt, dass es sich bei dem Sozialen um einen stets im praktischen Vollzug befindlichen Prozess handele, der ein »grundloser ›Grund‹ [sei], und zwar weniger in dem Sinn, daß er einen gähnenden Abgrund auftun würde, als vielmehr insofern er nur aus [...] der Mit-Teilung der Singularitäten besteht: er ist eher Ungrund als Abgrund, jedoch nicht weniger schwindelerregend.«[234] Diese symbolische Lücke im Imaginären zu überbrücken, die man auch als Leere, Mangel oder das Nichts beschreiben könnte, würde unweigerlich in einem Todeswerk enden, ob nun als ewig dienendes Leben im Immanentismus oder als Todesopfer für die Gemeinschaft im Totalitarismus.

Insofern ist im »literarischen Kommunismus« durchaus, und darin ist das zweite Charakteristikum der radikalen Demokratietheorie zu erkennen, eine frühe *Emphase des Politischen* zu erkennen, die sich bei Nancy als »politische Forderung« wiederfindet, der Gemeinschaft einen »unendlichen Widerstand gegenüber allem« einzuschreiben, was diese »zu Ende (oder zur Strecke) bringen möchte«.[235] Dies »definiert« nach eigenen Aussagen keine Politik, sondern, ganz im Gegenteil »das, was der Definition und dem Programm, mögen sie politische, ästhetische oder philosophische sein, widersteht«.[236] Es benenne jene »Grenze, an der jegliche Politik aufhört und beginnt.«[237] Nicht zuletzt die Kombination dieser beiden Theoriebausteine lässt es meines Erachtens gerechtfertigt erscheinen, Nancy zu einer den Diskurs bis heute prägenden Figur, ja zu einem Ahnherren des radikaldemokratischen Denkens zu erheben.

(69 ff.). Ähnlich dazu klingt dann die Rede vom »Fortleben de Werke« in: ders., »Die Aufgabe des Übersetzers«, in: ders., *Gesammelte Schriften (Band IV)*, Frankfurt am Main: Suhrkamp 1991, S. 9 ff. (15). Vgl. dazu ausführlich Alfred Hirsch, *Der Dialog der Sprachen. Studien zum Sprach- und Übersetzungsdenken Walter Benjamins und Jacques Derridas*, München: Wilhelm Fink Verlag 1995, S. 111 ff. sowie der kommende § 2 Abs. 3.

234 Ders., *Die undarstellbare Gemeinschaft*, S. 62 (ohne Herv.).

235 Ebd., S. 169.

236 Ebd.

237 Ebd.

3. »Nietzscheanische Demokratie«

Wenn man dem französischen Dekonstruktivismus als einer theorielastigen Spielart des *literary criticism* zum Vorwurf macht, dass er die damit vorausgesetzten Gattungsunterschiede zwischen Philosophie und Literatur einzuebnen versucht, dann ist dem als bloßem Befund erst einmal nur zuzustimmen. Allein die Konsequenz dessen, wonach mit einer solchen Theorieanlage das moderne Projekt der Aufklärung gefährdet werde, weil sie mit Habermas nicht mehr den »Maßstäben problemlösender, rein kognitiver Unternehmungen«[238] folgen könne, stellt jedoch in Abrede, dass sich die Dekonstruktion *innerhalb* der Sprachspiele durchaus auf eine Textualität verlässt, die sich an immanenten Maßstäben wie Plausibilität oder Konsistenz messen lässt, aber eben nicht an einem transzendentalen Signifikat. Und so weist auch der »literarische Kommunismus« durchaus einen exzessiven Bezug der Gemeinschaft auf ihre Transzendenz und damit ihr Äußeres auf. Allerdings einen solchen Bezug, welcher die endlichen Grenzen seiner Singularität nicht selbst zu überschreiten glaubt, geschweige denn in einer – wie auch immer gearteten – Dialektik aufheben soll, sondern sich lediglich in seiner unentfliehbaren Immanenz exponiert, dadurch mit-teilt und sich somit als »Transimmanenz« erweist.[239] Diese entspricht keinem aktiven Tun im Sinne einer irgendwie zu vollziehenden Handlung, sondern einer aktiven Passivität, die man auch als Haltung bezeichnen könnte, in der das Eigene gegenüber dem Fremden *im* Eigenen sensibilisiert wird, sich ihm ganz hingibt und das kommende Ereignis seines möglichen Erscheinens zulässt.

Als Musterbeispiel dieses transimmanenten Bezugs gilt für Nancy (wie schon für Nietzsche, Bataille und Blanchot) dann insbesondere *der Tod*. Diesen nämlich zu erfahren, entziehe sich dem Leben und erfordere wortwörtlich ein »Außer-Sich-Sein« im Jenseits, das den kopflosen Sprung von der immanenten Existenz in eine »Ek-sistenz« als reine Transzendenz gewagt habe.[240] Doch gerade daran zeigt sich, dass die Erfahrung des Todes – wenn sich überhaupt noch von einer Erfahrung sprechen lässt – zugleich das Ende aller Erfahrung bedeuten würde. »Der Tod« ist für Nancy deshalb »nicht einfach ein Beispiel« für die Immanenz; er ist deren »Wahrheit« in dem spezifischen Sinne, dass in ihm »keine Gemeinschaft und keine Kommunikation« mehr herrschen

238 Jürgen Habermas, *Der philosophische Diskurs der Moderne*, S. 240.

239 Jean-Luc Nancy, *Die undarstellbare Gemeinschaft*, S. 60, 65. Vgl. zur »Transimmanenz« ausführlich: B.C. Hutchens, *Jean-Luc Nancy and the Future of Philosophy*, London und New York: Continuum 2012, S. 96 ff.

240 Jean-Luc Nancy, *Die verleugnete Gemeinschaft*, S. 25 (zur Schreibweise der »Ek-sistenz«); ders., *Die undarstellbare Gemeinschaft*, S. 20 ff., 47 ff. (zu Bataille und der »Ekstase«) sowie S. 55 (zum »Außer-Sich-Sein«).

könne, sondern »nur die gleichförmige Identität der Atome.«[241] In seiner Unmöglichkeit offenbare sich sozusagen die äußerste Grenze der Möglichkeit. Sie lediglich zu berühren, bedeute die Sterblichkeit und damit die Freiheit des Lebens zu erfahren. Sie hingegen zu überschreiten, das würde sowohl den Höhepunkt als auch das Ende aller Freiheit, namentlich den Freitod bedeuten.

Und wenn Politik und Recht nun auf die »einheitsstiftende Verschmelzung« und damit eine »absolute Immanenz« hinarbeiteten, komme dies deshalb einem »Selbstmord der Gemeinschaft« gleich, weil in ihnen der Tod »nicht der unbeherrschbare Exzeß der Endlichkeit, sondern die unendliche Vollendung eines immanenten Lebens ist.«[242] Und tatsächlich: Während das Christentum noch den Himmel und der Nationalsozialismus das Tausendjährige Reich verspricht, finden sich in der heutigen Politik etwa die wohlfahrtsstaatliche Fortschrittserzählung vom sozialen Aufstieg, den kommenden Generationen, die es einmal besser haben sollen, oder neuerdings der drastischen Warnung davor, dass Klima und Umwelt auch in Zukunft noch als lebenswert erhalten bleiben müssen. Alle diese Werke würden, um mit Nancy zu sprechen, allerdings die Singularität der Existenz überdauern und noch den eigenen Tod einer absoluten Immanenz der Gemeinschaft verantworten, welcher dadurch seinen »sinnlosen Sinn, den er eigentlich haben sollte [...] verliert.«[243] Nicht zuletzt sieht Nancy dieses Argument in der nun bereits mehrfach angesprochenen Legende bestätigt, wonach Bataille um das Opfer seines eigenen Lebens gebeten haben soll.[244] Danach wäre also die strategische Indienstnahme einer stummen Ewigkeit der Gegenwart niemals ein guter Ratgeber.

Dass sich diese typische Gedankenbewegung nicht mehr bloß gegen Recht und Politik, sondern in sämtlichen anderen Phänomenbereichen

241 Ebd., S. 32.
242 Ebd., S. 34.
243 Ebd., S. 35.
244 »Wie man weiß, war er [Bataille] von der Idee besessen, das Schicksal der geheimen Gemeinschaft von Acéphale müsse mit einem Menschenopfer besiegelt werden. Er hatte sicher da bereits begriffen, daß, wie er später schrieb, die Wahrheit des Sakrifiziums letztlich den Selbstmord des Opferpriesters verlangt. Durch den Tod könnte dieser sich mit dem Sein des Opfers vereinen, das in das blutige Geheimnis des gemeinsamen Lebens eingedrungen ist. Er begriff so auch, daß diese eigentlich göttliche Wahrheit – die Wahrheit des Todes in seinem Wirken und als Auferstehung – nicht die Wahrheit der Gemeinschaft der endlichen Wesen darstellt, sondern einen vielmehr in das Unendliche der Immanenz stößt. Doch trifft man nicht auf das Grauen, es ist noch jenseits des Grauens, es ist die völlige Absurdität – sozusagen die fatale Torheit – des Todeswerkes des Todes, wenn man es als das Werk des gemeinsamen Lebens betrachtet.« Ebd., S. 42.

des Sozialen durchspielen lässt, sei lediglich kurz anhand von zwei Beispielen vorgeführt: So schreibt etwa Blanchot rückblickend über seine *Freundschaft* zu Bataille von einer »Trennung, von der ausgehend das, was trennt, Beziehung« geworden sei.[245] Mit dem tragischen Versterben seines Freundes sei zwar »alles Trennende« verschwunden, gleichwohl habe der Tod die in einer solchen Trennung liegende »Nähe« nicht zurückgeben können, sondern ebenfalls verschwinden lassen.[246] Die wahre Gemeinschaft wird damit ebenso wenig in der Vereinheitlichung zweier Menschen wie im Tod selbst erkannt, der damit in gewisser Weise gleichbedeutend ist, weil er das Andere gänzlich aufhebt und beseitigt. Noch etwas eingänglicher veranschaulicht das neben der Freundschaft freilich die *Liebe*, in welcher sich das unstillbare Begehren auf eine Einheit richtet, welche sich – von William Shakespeare über Richard Wagner bis zu den Toten Hosen – im tragischen Liebestod manifestiert.[247] Dass der Orgasmus im Französischen übrigens mit der Formulierung *la petite mort* umschrieben wird, fügt sich nahtlos in diese Assoziationskette ein, weil er dem Tod insofern nahekommt, als er zumindest vorübergehend eine ekstatische Vereinigung des Fremden im Eigenen respektive des Eigenen im Fremden bewirkt. Doch diese orgiastische Einheit über das singuläre Ereignis hinaus aufrecht zu erhalten, würde bedeuten, die Gemeinschaft als ein Werk vollenden zu wollen – und sie damit in den Tod zu stürzen.

Dass neben der Politik und dem Recht dann auch die Freundschaft und die Liebe – weitere Beispiele zur Ethik, Kunst, Ökonomie etc. wären denkbar – sich gegenüber dem Anderen exponieren müssen, um nicht ebenso im Todeswerk zu enden, lässt nun darauf schließen, dass der radikaldemokratische Begriff des Politischen, wie ihn etwa Lefort verwendet, nur eine gewisse Teilmenge dessen darstellt, was Nancy mit der Mit-Teilung zu beschreiben sucht. Wenn Nancy vom »Politischen« spricht, dann sieht er darin zwar keine »Organisation der Gesellschaft« im Sinne einer instituierten Politik, sondern – und das entspricht schon ganz der politischen Differenz – »eine Anordnung der Gemeinschaft als solche, deren Bestimmung ihre Mit-Teilung« sei.[248] Gleichwohl sieht er diese »Bestimmung« nicht im Begriff des Politischen selbst angelegt, sondern in dessen möglicher Ausrichtung und der damit einhergehenden Gefahr, mit ihm

245 Maurice Blanchot, »Die Freundschaft«, S. 369 ff. (371). Ähnlich auch schon Georges Bataille, »Die ›Tasse Tee‹, ›Zen‹ und das geliebte Wesen (Tagebuch Februar-April 1944)«, S. 83 ff. (106 f.): »Alle Wesen sind im Grunde eins. Sie stoßen einander in der gleichen Zeit ab, in der sie eins sind.«

246 Ebd., S. 372 f.

247 Vgl. dazu ferner den hier aus Platzgründen ausgesparten Streit zwischen Maurice Blanchot, *Die uneingestehbare Gemeinschaft*, S. 54 ff. sowie Jean-Luc Nancy, *Die verleugnete Gemeinschaft*, S. 74 ff.

248 Ders., *Die undarstellbare Gemeinschaft*, S. 87. Vgl. dazu grundlegend Philippe Lacoue-Labarthe/Jean-Luc Nancy, »Ouvertoure«, S. 11 ff. (15).

»eine scheinbar verlorene oder zu erwartende Einswerdung [...] wiederfinden oder ins Werk setzen« zu wollen und ihn letztendlich nur wieder »in der sozio-technischen Komponente von Kräften und Bedürfnissen« aufzulösen.[249] Insofern sieht Nancy den Begriff des Politischen nur aufgrund der naheliegenden Gefahr skeptisch, dass seine Verwendung doch nur wieder auf eine instituierte Politik reduziert wird.

Weiter setzt er ihn nicht einfach der Politik entgegen, sondern voraus. Anders als es Lefort nahelegt, und dem schlage auch ich zu folgen vor, bleibt das Politische bei Nancy noch starr auf die Politik im Sinne eines ausdifferenzierten Systems ausgerichtet.[250] Es kennzeichnet in anderen Worten keine instituierende Macht, die sich auf das Soziale überhaupt bezieht. Ihm müsse die Mit-Teilung erst noch eingeschrieben werden, weswegen es sich beim »literarischen Kommunismus« für Nancy um eine dezidiert »politische Forderung« handelt, die sich auch als »Anspruch an das Politische« oder sogar als »Sorge um das Politische« resümieren lässt.[251] Ihr zu entsprechen würde bedeuten, dem Politischen wie auch der davon angeordneten Gemeinschaft das reflexive Moment *der Literatur* einzuschreiben und sich der alteritätsethischen Erfahrung als Exposition gegenüber dem Anderen hinzugeben. Das Kredo einer radikalen Demokratietheorie nach Nietzsche – und gleichermaßen nach Bataille – ließe sich mit Nancy deshalb folgendermaßen formulieren: »Man darf nicht zu schreiben aufhören« und muss die Gemeinschaft wie auch das sie anordnende Politische sich »unermüdlich [...] darbieten lassen.«[252]

Doch dann stellt sich unweigerlich die Frage: Welches Subjekt schreibt überhaupt? An wen ist die Forderung gerichtet? Denn wo es kein vollendetes Werk geben kann, ist weit und breit auch kein Autor mehr zu sehen. Und deshalb kann es für Nancy schlicht kein politisches Subjekt – zumindest nicht im klassischen Sinne einer Unterwerfung – geben, nach dessen Kopf sich ein solches Schreiben von Literatur vollzieht. Seine Variante der radikalen Demokratietheorie stellt, wie er selbst betont, in letzter Konsequenz eine »Unzuständigkeitserklärung« gegenüber politischen Angelegenheiten dar.[253] Denn vergleichbar mit der Literatur, die nicht antizipieren kann, ob, wie und durch wen sie missverstanden wird,

249 Weiter heißt es in Klammern: »in der es sich doch eigentlich direkt vor unseren Augen aufzulösen scheint.« Jean-Luc Nancy, *Die undarstellbare Gemeinschaft*, S. 87.

250 Ders., »Begrenzte und unendliche Demokratie«, S. 72 ff. (78 f. sowie 88 f.). Vgl. zur Entdifferenzierung des Politischen nur die späteren Ausführungen in § 3 Abs. 2.

251 Ders., *Die undarstellbare Gemeinschaft*, S. 169, 40 (Reihenfolge nach Zitierung).

252 Ebd., S. 88.

253 Jean-Luc Nancy/Mathilde Girard, *Mit eigenen Worten*, S. 31.

scheint auch das Politische dem Anderen weitgehend hilflos ausgeliefert. Das führt zu einer entscheidenden Ambivalenz in Bezug auf die Verbindung der literaturtheoretisch eingefärbten Alteritätsethik mit der politischen Theorie.

Nachvollziehen lässt sich diese auch in dem erklärten Programm der ersten radikaldemokratischen Institutionen, namentlich dem 1980 zusammen mit Lacoue-Labarthe neugegründeten *Centre de recherches philosophiques sur le politique* an der Pariser *École normale supérieure*, das aus einem noch im selben Jahr veranstalteten Kolloquium zu Derridas *Fins de l'homme* hervorgegangen ist und dessen Initiative auf seine ausdrückliche Empfehlung zurückgeht.[254] In diesem Programm heißt es, dass sich das *Centre* dem »Entzug des Politischen« (*re-trait du politique*) verschreiben solle – und zwar im doppelten Sinne des französischen Verbs *re-tracer*, dessen Prominenz in diesen Kreisen auf Emmanuel Lévinas zurückgeführt werden kann und das sowohl einen Rückzug als auch das neue Ziehen einer Linie oder die Nachverfolgung einer Spur bedeuten kann.[255] Und in diesem »Entzug des Politischen« kann durchaus der Kulminationspunkt der vielfach angesprochenen Doppelbewegung aus radikaler Negativität und Potenzialität gesehen werden, wobei die Emphase wie schon zuvor bei Nancy auf das schöpferische Moment gelegt wird. Wer lediglich den »Rückzug des Politischen [...], ob nun in ethischer, juristischer, soziologischer, ästhetischer oder religiöser Form« antrete, so heißt es weiter, bereite einer Verabsolutierung des Politischen den Weg, welche die immanente Kehrseite seiner Exilierung bilde.

Wohl nicht zufällig erinnert dies an die psychoanalytisch inspirierte Struktur des Heterogenen bei Bataille, welches durch die Zensur niemals ganz beseitigt werden könne, sondern stets als tendenziell pervertierte oder gar monströse Gestalt wiederkehre.[256] Doch anders als bei Bataille will Nancy gerade keinem »A-politismus« das Wort reden; immerhin wird diese »Bewegung« oder »Geste des Entzugs« selbst als dezidiert »politische« markiert.[257] Noch weniger geht es ihm um eine Politisierung der Gemeinschaft, vor der er sogar ausdrücklich warnt, weil man dadurch nicht nur den Abstand zum Totalitarismus – im Sinne der zuvor benannten *Politik des Politischen* – einbüße, sondern damit zugleich die

254 Zur historischen Bedeutung dessen für den heutigen Diskurs der radikalen Demokratietheorie vgl. Uwe Hebekus/Jan Völker, *Neue Philosophien des Politischen*, S. 13 ff. sowie Oliver Marchart, *Die politische Differenz*, S. 87 ff.

255 Vgl. zur Übersetzung dieser Terminologie ins Deutsche nur Thomas Bedorf, »Das Politische und die Politik«, S. 13 ff. (14), der sich ebenfalls bezieht auf: Philippe Lacoue-Labarthe/Jean-Luc Nancy, »Ouvertoure«, S. 11 ff. (19).

256 Ebd., S. 28.

257 Ebd., S. 19.

Möglichkeiten der Politik hemmungslos überschätze.[258] Entsprechend solle auch das Recht weniger auf politische Zwecke reduziert werden und stattdessen lernen, sich auf eine immer wieder »neue Welt« einzustellen, ja mit einem irreduziblen »Mehr an Welt« umzugehen, selbst wenn es dieses in seine »gegebene feste Form« nicht aufzunehmen imstande sei und von dem unendlichen Anspruch des Anderen überfordert werde.[259]

Insofern geht es Nancy ausdrücklich um eine »Entkoppelung« *aller* denkbaren Sphären von der Politik.[260] Und gerade deshalb stellt es nach eigenen Angaben für ihn auch eine so große Enttäuschung dar, dass die politische Differenz nur allzu häufig auf »die Trennung von Staat und ›Zivilgesellschaft‹« reduziert werde und »weit entfernt« von dem schien, was ihm und Lacoue-Labarthe eigentlich vorschwebte, nämlich »ein *neues* Denken der Politik«.[261] Der dazu entwickelte Begriff des Politischen (der schwerlich noch als Begriff bezeichnet werden kann, weil er sich gerade als die Unterbrechung der Sprache offenbart) steht dann in einer metonymischen Beziehung zu solchen Motiven wie der »Nicht-Identität« bei Theodor W. Adorno, dem »Fremden« bei Bernhard Waldenfels oder auch dem »Anteil der Anteillosen« bei Jacques Rancière.[262] Was die instituierte Seite, also das Werk, die Politik, den Mythos und eben auch das Recht beunruhigt, weil es als ihr Anderes über das mit ihnen Gesagte hinausweist, lässt sich lediglich als visionäre Idee, unendliches Projekt und kommendes Sagen ankündigen. Nicht aber kann es in eine Programmatik, Strategie oder auch nur Definition gefasst werden, die sich anders denn in ihrem eigenen Scheitern ins Werk setzen ließe. Ein solches Politisches, dem die Mit-Teilung eingeschrieben ist, vermöge sich etwa in den Sphären der Kunst, Religion, Familie und Ethik, des ökonomischen Tausches, aber auch der Freundschaft und Liebe, des Denkens, der Wissenschaft, des Krieges, des Rausches oder schlicht der

258 Ders., »Is Everything Political?«, in: *The New Centennial Review 2002 (Bd. 2 H. 3)*, S. 15 ff. (21); Vgl. auch schon Philippe Lacoue-Labarthe/Jean-Luc Nancy, »The Nazi Myth«, S. 291 ff. (294).

259 Ferner: »[...] die ›Rechte des Menschen‹ [...] sind nicht gegeben, weder erworben noch natural; das ›Recht‹ ist nicht definiert, und der ›Mensch‹ hat kein Wesen. Beide, für sich, sind *in actu*, im Prozess der Selbstwerdung.« Ders., »From the Imperative to Law«, in: B.C. Hutchens (Hrsg.), *Jean-Luc Nancy: Justice, Legality and World*, London und New York: Continuum 2012, S. S. 11 ff. (15 ff.).

260 Jean-Luc Nancy, *Die herausgeforderte Gemeinschaft*, S. 25.

261 Ders., *Die verleugnete Gemeinschaft*, S. 20, Fn. 13.

262 Vgl. nur Theodor W. Adorno, *Negative Dialektik*, Frankfurt am Main: Suhrkamp 1966, S. 15; Bernhard Waldenfels, *Grundmotive einer Phänomenologie des Fremden*, Frankfurt am Main: Suhrkamp 2015, S. 7 ff. sowie Jacques Rancière, *Das Unvernehmen*, S. 41.

Gefühle zu vollziehen – also im Grunde überall, nur eben nicht in Recht und Politik.[263]

Auch das zur Provokation beschworene Gespenst des Kommunismus ist deshalb alles andere als eine Antwort auf die politischen Probleme der Gegenwart, sondern nimmt lediglich erneut Bezug auf die von Bataille aufgeworfene und durch die *Acéphale* unbeantwortet gelassene Frage, wie sich die Souveränität – und damit die nietzscheanische Befreiung vom Zweck – innerhalb des Sozialen denken lässt. Die radikale Demokratietheorie von Lacoue-Labarthe und Nancy rückt diese Frage lediglich in ein anderes Licht, in dem das längst kopflose Gespenst eines verblassten Marxismus schemenhaft als »Geist der Demokratie« wiedererscheint.[264] Dieser Geist meint weder eine Demokratie als »Politik« noch als »Mentalität« und »Klima«; vielmehr soll er lediglich den »Atem« bezeichnen, der dem radikaldemokratischen Begriff des Politischen sein Leben einhauchen soll, noch bevor es sich als Politik in einer toten »Form, Institution« oder, noch schlimmer, in einem »Regime« zurückzieht.[265] Der demokratische Geist zeigt sich danach als gespenstische Heimsuchung, gegen die kein Exorzismus gefeit ist und die sich in keiner *Séance* beschwören lässt.[266] Vielmehr markiert sein Erscheinen für Nancy eine »Gelegenheit, Begegnung, Ereignen ohne Ankunft, ohne Inthronisierung, Kommen und Gehen einer Erfassung der Gegenwart als Anwesenheit und Mitanwesenheit von Möglichkeiten.«[267] Eben darin liegt die Ambivalenz einer literaturtheoretisch gefärbten Alteritätsethik, die zugleich politische Theorie sein möchte und die letzten Endes auf eine trotzige *Nicht-Politik des Politischen* hinausläuft. Sie besteht in einer Forderung, welche politisch, aber keine Politik ist und damit

263 Jean-Luc Nancy, »Wahrheit der Demokratie«, S. 11 ff. (39). Vgl. auch Ders., »Begrenzte und unendliche Demokratie«, S. 72 ff. (88): «Die Kunst, die Liebe oder das Denken haben jederzeit […] das Recht, sich für vollendet zu erklären. Aber gleichzeitig gilt diese Vollendung nur in ihrer eigenen Sphäre; sie kann weder beanspruchen, Recht noch Politik ins Werk zu setzen. So könnte man sagen, daß diese Bereiche der Ordnung eines ›Abschlusses des Unendlichen‹ unterliegen, während die Politik zum Unabschließbaren gehört.«

264 Ders., »Wahrheit der Demokratie«, S. 11 ff. (61 f.).

265 Ebd., 41.

266 Es sei denn, man deutet mit Werner Hamacher vor allem das Suffix *ance* zum Derivat von *esse* um, schlägt damit den Bogen zur *différance* (Derrida) oder *essance* (Lévinas) und versucht neben der »Bewegung des Werdens zum Selbst«, zugleich »die Bewegung der Trennung« einzufangen, dem eine Aussetzung entspräche, ein aktiv-passives *Lassen*. Vgl. Werner Hamacher, »Ou, séance, touche de Nancy, ici (I)«, in: ders., *Mit ohne Mit*, Zürich: diaphanes (Transpositionen) 2021, S. 245 ff. (291 f.).

267 Jean-Luc Nancy, »Wahrheit der Demokratie«, S. 11 ff. (36 f.).

dieses »scheinbare Oxymoron« postuliert: »eine nietzscheanische Demokratie.«[268]

Dem *volonté générale* ist damit ebenso wie einer daraus abgeleiteten Selbstautorschaft des Gesetzes eine unzweideutige Absage erteilt. Und auch für das Recht würde das bedeuten, dass das hermeneutische Primat der teleologischen Auslegung im Sinne einer positivistisch geprägten Methodenlehre nicht mehr aufrechtzuerhalten wäre, weil nach dem Tod des Autors keiner Gesetzgebung mehr ein einheitlicher Wille unterstellt werden könne. Sogar das Imaginäre der Verkörperung selbst würde ins Wanken geraten, weil es nicht mehr nur keinen Kopf mehr geben kann, der das Ganze überblickt und beherrscht, sondern auch keine symbolische Form, kein Bild und keine sonstige Darstellung, als welche sich die Organe und Glieder identifizieren können. Akteurinnen wie der Staat, Parteien, Verbände, Vereine und Gewerkschaften, Religionsgemeinschaften und selbst das Volk wären dann abgelöst von spontan emergierenden und heterarchisch verfassten Netzen aus losen Verbindungen zwischen Singularitäten, die sich mit keinem Werk, keinem Mythos und keiner Gemeinschaft mehr identifizieren, sondern »deren Vielheit und mit dieser das Unendliche, dessen unzählige und unabschließbare Formen sie bilden, sie zur Entfaltung bringt.«[269] Wenn es frei nach Nancy heute noch Politik brauche, dann nicht mehr zur Setzung oder Durchsetzung von Zwecken, denn das geschehe ohnehin andernorts, sondern lediglich, um die politischen Bedingungen der Möglichkeit zu schaffen, sich von diesen wieder zu befreien.[270]

Aus der literaturtheoretisch unterfütterten Trotzhaltung gegen die Politik resultiert somit eine Theorie des Politischen, die gänzlich unfähig ist zur Aktion, weil sie das Imaginäre und damit die Gesellschaft selbst im Paradigma der Textualität auflöst. Es überrascht deshalb nicht wirklich, dass eine solche Verbindung der politischen Theorie mit der litertaturtheoretisch gefärbten Alteritätsethik etwa von Jacques Rancière dafür kritisiert wird, dass sie ein paralysiertes Subjekt hervorbringe, das einer »Herrschaft der unendlichen Andersartigkeit« unterworfen sei und »sich selbst in Abstand hält.«[271] Und auch Oliver Marchart bezichtigt Nancys

268 Ebd., S. 49.

269 Ders., »Begrenzte und unendliche Demokratie«, S. 72 ff. (86).

270 Ebd., S. 55 (»Die Politik bejaht nicht, sie verleiht den Ansprüchen der Bejahung Recht.«). Oder auch ders., »Begrenzte und unbegrenzte Demokratie«, S. 72 ff. (88): »[...] was ich hier deutlich machen wollte [...]: daß die Politik nicht der Ort der Auffahrt in das Reich der Zwecke ist, sondern nur der Ort des Zugangs zu ihrer Möglichkeit.«

271 Jacques Rancière, *Das Unvernehmen*, S. 144. Flankiert wird eine solche Kritik von Alain Badiou, der hinter der »Ethik der Differenz« schlicht »das letzte Wort des erobernden Kulturmenschen« vermutet, weil der »Respekt der Verschiedenheiten« nur so weit gehe, wie diese ihrerseits »die

Spielart der politischen Differenz einer gewissen Einseitigkeit, weil die Seite »ontischer Politik« zugunsten der »ontologischen Dimension« vernachlässigt werde, weswegen er ihm einen »Philosophismus« respektive »Ethizismus« vorwirft.[272] Damit beschränke sich Nancy, so weiter Marchart, ganz auf die Verantwortung gegenüber dem Anderen und verkenne die Notwendigkeit, »vom Register des Ethischen in dasjenige der Politik zu wechseln« und sich den »demokratischen Kämpfen« zu stellen, also den verkopften Worten auch handfeste Taten folgen lassen.[273]

Nancy betont demgegenüber, dass eine soziale Ontologie des Politischen im Hinblick auf eine solche Politik gerade folgenlos bleiben *müsse*. Bezeichnenderweise beschließt er seine letzte Publikation zur Frage der Gemeinschaft sogar mit einer Passage, die durchaus als Replik auf eine radikale Demokratietheorie im Sinne der Machart Marcharts gelesen werden kann. Dort heißt es nämlich: »Jede Ontologie greift zu kurz, die nicht vor dem Sein auf die Beziehung zurückgeht. Und jede Politik führt zu weit, die beansprucht, sich in der Ontologie zu begründen.«[274] Wer das radikal Fremde, Neue oder Andere zu denken versuche, so der Gedanke dahinter, erhalte damit noch keinen verlässlichen Maßstab darüber, in welcher Art und Weise damit umzugehen sei. Wie schon die Heterologie lässt sich Nancys radikale Demokratietheorie damit als *Para*wissenschaft qualifizieren, deren Untersuchungsgegenstand sich nicht bloß der politischen Macht entzieht, sondern gleichsam dem philosophischen Begriff und der wissenschaftlichen Erkenntnis.

Eine solche Desillusionierung der politischen Theorie vermag zwar einen leicht defätistischen Beigeschmack zu hinterlassen, erscheint mir im Ergebnis aber nur konsequent. Dem kopflosen Denken vermag nicht gerecht zu werden, wer der Politik hinterrücks wieder auf den Thron verhilft. Ganz ähnlich wie schon Foucault das »Niemals Politik machen.«[275] zum einzigen Imperativ der politischen Theorie und Analyse erhoben hat, lässt Nancy im Ergebnis deshalb folgerichtig verlauten: »Wir wissen sehr gut, wogegen wir Demokraten sein wollen, aber wir wissen deshalb noch nicht, *wofür*.«[276] Allerdings sei noch einmal erwähnt, dass

Verschiedenheit« respektiere. Letztlich stehe er also unter dem Vorbehalt, dass »der Verschiedenartige ein parlamentarischer Demokrat [...], ein Parteigänger der Marktwirtschaft, eine Stütze der Meinungsfreiheit, ein Feminist, ein Ökologe usw« sei. Ders., Ethik, S. 33 ff. (39).

272 Oliver Marchart, *Die politische Differenz*, S. 110 ff. (115 f.) sowie ders., »Mit-Sein als Gegen-Sein«, in: Kurt Röttgers (Hrsg.), Plurale Sozio-Ontologie und Staat, Baden-Baden: Nomos 2018, S. 139 ff. (149 ff.).

273 Ebd., S. 151.

274 Jean-Luc Nancy, *Die verleugnete Gemeinschaft*, S. 151 (Herv. M.E.).

275 Ebd.

276 Ders., »Gespräch mit Jérôme Lèbre«, in: *Die verleugnete Gemeinschaft*, Zürich und Berlin: diaphanes 2017, S. 157 ff. (163).

mir die Wahl zwischen einer Emphase einerseits des Seienden und damit der ontischen Dimension einer Politik, in welcher fortwährend Kämpfe ausgefochten werde, sowie andererseits dem Sein und der ontologischen Dimension des Politischen, welches mit einem kryptonormativen Primat des Heterogenen, Ausgeschlossenen und Anteillosen versehen ist, ohnehin keinesfalls notwendig erscheint.[277] Dass Marchart sich für die ontische Dimension der Politik starkmacht und darin den Pragmatismus in gewisser Weise wieder in die radikaldemokratische Theorieanlage einzuführen versucht, lässt sich deshalb vielmehr unter dem Sprichwort frei nach Goethes *Zauberlehrling* verbuchen, der die eigens gerufenen Geister nicht mehr los wird: Schließlich ist es die ontologische Überhöhung des Politischen auf ein von der sozialen Praxis abstrahiertes und gänzlich dekontextualisiertes Wesen, welche es überhaupt notwendig erscheinen lässt, diese Dimension im Nachgang wieder einzuholen. Wer diesen ontologischen Höhenflug aber erst gar nicht antritt, verliert auch nicht den Boden unter den Füßen.

Deshalb bleibt, die schon eingangs aufgeworfene Problematik noch einmal aufzugreifen und zu fragen: Warum überhaupt Heidegger und nicht Nietzsche?[278] Wie ich in den letzten beiden Absätzen zu zeigen versucht habe, sind neben den von Flügel-Martinsen vorgeschlagenen Foucault und Derrida auch bei Bataille und Nancy die Umrisse eines solchen Entwurfs der radikalen Demokratietheorie im Anschluss an Nietzsche zu erkennen. Entgegen der sogenannten linksheideggerianischen Tradition (die bei Nancy zwar ebenfalls angelegt ist, aber von mir so weit wie nur möglich ausgeklammert wurde) lässt sich das Politische ohnehin nicht von den spezifischen Verkörperungsbedingungen, also den symbolischen Formen, Darstellungen, Bildern trennen, *in* denen und *als* die es erscheint. Damit soll auch der radikaldemokratische Ikonoklasmus abgelegt werden, in welchem die Verkörperung und der affirmative Bezug auf das Imaginäre nur allzu schnell einer totalitären Politik verdächtigt wird.

Dann nämlich lässt sich erkennen, dass mit *der Literatur* respektive der Textualität ein Paradigma erwählt ist, das dem Verkörperungsbedingungen eines *modernen* Rechts ohnehin entspricht: nämlich den geschriebenen und gedruckten Schriftkörper des liberalen Rechtsstaates, dessen Verfassung und Gesetze erst gelesen werden müssen, bevor sich die rechtlichen Bedeutungen auf den Fall anwenden lassen und schließlich spruchreif werden. Nicht zufällig findet sich dieser Begriff

277 Vgl. ähnlich dazu Burkhard Liebsch, *Unaufhebbare Gewalt. Umrisse einer Anti-Geschichte des Politischen,* Weilerswist: Velbrück Wissenschaft 2015, S. 314 f.

278 Oliver Flügel-Martinsen, *Befragungen des Politischen,* S. 174 f.; ders., *Radikale Demokratietheorien*, S. 120 f.

der »Entwerkung« dann auch in der heutigen Medientheorie des Rechts wieder und wird etwa von Thomas Vesting als »Übertragung der Autorität der Geltungskraft des Rechts auf die diffuse Autorität der Schrift« zusammengefasst.[279] Dann aber taugt das radikaldemokratische Imaginäre nicht mehr als kopflose Kritik des *status quo*, sondern stellt vielmehr dessen Beschreibung dar. Darauf werde ich aber noch ausführlich zu sprechen kommen.[280]

Jedenfalls vermag es Nancy, die Entgründungsfigur der »Entwerkung« aus dem stillen Kämmerlein des einsamen Schriftstellers – ganz nach dem Vorbild des »Nietzsche-Seins« – in die Welt heraustreten zu lassen. Die Souveränität im Sinne Batailles übersetzt er von einer ästhetischen in eine alteritätsethische Erfahrung. Der Überschuss wird in anderen Worten zum Anderen. Zunächst auf den Phänomenbereich *der Literatur* angewendet, wird diese Gedankenbewegung anschließend auf die gesamte Gesellschaft angewendet. Die »Entwerkung« löst damit performativ jenen unendlichen Anspruch ein, den Nancy von der modernen Gemeinschaft einfordert. Diesem nach versuche sie die Unabgeschlossenheit nicht zu kaschieren, sondern stelle sie in ihrem Begriff als unendliches Projekt zur Schau.

Weil das Recht und seine Theorie bei Nancy aber noch eine ganz und gar beiläufige Rolle spielen, soll es im nächsten Absatz erst einmal in den Mittelpunkt gerückt werden. Zur Veranschaulichung werde ich dabei einer weiteren Entgründungsfigur nachzugehen versuchen, namentlich der *Entsetzung* bei Walter Benjamin. Diese strahlt bis heute eine anhaltende Faszinationskraft für eine kritische Rechtstheorie aus, die mit der radikalen Demokratietheorie nach der vorgestellten Lesart in einer mehr als engen Verwandtschaft steht.

279 Thomas Vesting, »Medialität des Rechts«, in: Ino Augsberg/Charlotte Lenski (Hrsg.), *Die Innenwelt der Außen der Innenwelt des Rechts. Annäherungen Zwischen Rechts- und Literaturwissenschaft,* München: Wilhelm Fink Verlag 2019, S. 149 ff. (163).

280 Vgl. § 3 Abs. 2.

III. Entsetzung

1. Der Mythos und das Recht

Für die radikale Demokratietheorie zentral ist die Erinnerung an die Französische Revolution, in der das Politische in der symbolträchtigen Enthauptung von Ludwig XVI. zumindest flüchtig zum Ausdruck gekommen ist. Daneben gibt es noch eine weitere Revolution, wohl von nicht minder prägendem Einfluss, zumal sich deren Erinnerung nicht bloß aus dem Reservoir der formativen Erzählungen, musealen Devotionalien und ritualisierten Feiertagszeremonien speist. Für nicht wenige der radikaldemokratischen Autorinnen stellt sie nämlich eine ganz unmittelbare, weil in der eigenen Biographie angelegte Erfahrung dar. Die Rede ist vom Pariser Mai und der Studentenbewegung 1968, welcher wohl als prägend für das Selbstbild einer ganzen politischen Generation betrachtet werden kann. Bis heute sucht ihr Pathos hinsichtlich einer vollumfänglichen Demokratisierung der Gesellschaft noch seinesgleichen. Dabei rührte die Protestbewegung hauptsächlich aus einem akademischen Milieu her und kam bis zum Ende bekanntlich auch kaum darüber hinaus.

Insbesondere der sowohl von der marxistischen Ideologiekritik als auch der surrealistischen und dadaistischen Kunst inspirierte Situationismus wies dabei mit seiner Fokussierung auf einen sich plötzlich eröffnenden Möglichkeitsraum zur politischen Aktion eine erstaunliche Nähe zum radikaldemokratischen Konzept auf. Danach bricht das singuläre Ereignis des Politischen spontan über die Geschichte hinein und verändert fortan ihren Lauf, sofern man auf dieses entsprechend zu reagieren imstande ist. Von den in dieser Arbeit bereits benannten Autoren waren es vor allem Cornelius Castoriadis und Claude Lefort, welche durch das anfangs noch gemeinsam geführte Projekt *Socialisme ou barbarie* entscheidend zu dieser politischen Kultur beigetragen haben.[281] Aber auch andere, wie Maurice Blanchot oder Jean-Luc Nancy, haben sich bei der Entwicklung ihrer Positionen ausdrücklich auf die Pariser Aufstände bezogen.[282] Versucht man diese zeithistorische Kolorierung der politischen

281 Darunter ist sowohl eine politische Organisation (1949-1967), die Claude Lefort allerdings bereits 1958 verlassen hat, als auch eine gleichnamige Zeitschrift (1949-1965) zu verstehen. Vgl. Cornelius Castoriadis, »Die vorweggenommene Revolution«, in: ders., *Mai 68. Die vorweggenommene Revolution*, Moers: Syndikat-A 2009, S. 13 ff. sowie Claude Lefort, »Die neue Unordnung«, in: ders., *Die Bresche. Essays zum Mai 68*, Wien: Turia & Kant 2008, S. 37 ff.

282 Vgl. nur Maurice Blanchot, *Die uneingestehbare Gemeinschaft*, S. 54 ff. oder Jean-Luc Nancy, »Wahrheit der Demokratie«, S. 11 ff. (15 ff.).

Theorielandschaft auf die andere Seite des Rheins zu übertragen, gibt es wohl nur einen einzigen Denker, der, wie auch Karl Heinz Bohrer betont, mit Fug und Recht als »deutsche Version des französischen Situationismus«[283] bezeichnet werden kann und dessen intellektuelle Strahlkraft mit den Genannten mindestens vergleichbar ist. Die Rede ist von Walter Benjamin.

Neben Bataille ist damit ein weiterer Autor benannt, welchem radikaldemokratische Kompendien und Handbücher gewöhnlich keinerlei Aufmerksamkeit schenken. Ihm diesen letzten Absatz einer *radikalen Demokratietheorie* zu widmen, die zumal *nach Nietzsche* einsetzt (dem lediglich der frühe Benjamin noch ganz verfallen war), erscheint mir trotzdem angemessen. Zunächst einmal mangelt es innerhalb des radikaldemokratischen Diskurses an ernsthaften Auseinandersetzungen mit dem Recht.[284] Das ist aber kein allzu großes Versäumnis, weil es aktuell nicht wenige neuere Rechtstheorien gibt, welche sich sowohl dem Postfundamentalismus als auch der Emphase des Politischen im weitesten Sinne verpflichtet fühlen. Entsprechend versucht die momentan im deutschsprachigen Rechtsdiskurs wohl prominenteste Theorieanlage, welche Andreas Fischer-Lescano passenderweise als »radikale Rechtskritik«[285] zusammenzufassen vorschlägt, die Politizität eines operational geschlossenen Rechts wieder freizusetzen und dessen wohlfeile Neutralität als Lüge zu entlarven. Nicht zufällig tritt eine solche »Entzauberung der Rechtswelt«[286] dabei das rechtstheoretische Erbe der 68er-Tradition an, indem sie dem modernen Recht seine letzten metaphysischen Anleihen entreißen und es als ein ganz und gar menschengemachtes, also *politisches* Phänomen auszuweisen versucht.

283 »Konnte einer Generation, die glaubte, mit einer revolutionären Situation im Bunde zu sein, ein faszinierender Satz gesagt werden als der vom ›Bewußtsein, das Kontinuum der Geschichte aufzusprengen‹, wenn der ›Augenblick‹ der ›Aktion‹ gekommen sei?« Karl Heinz Bohrer, »1968: Die Phantasie an die Macht? Studentenbewegung - Walter Benjamin – Surrealismus«, in: Merkur 1998 (H. 17), S. 288 ff. (293 f.).

284 An dieser Stelle sei noch einmal auf die wenigen Ausnahmen verwiesen: Ulrich Rödel/Günter Frankenberg/Helmut Dubiel, *Die demokratische Frage*, S. 7 ff., 83 ff.; sowie jüngst Tim Wihl, »Gibt es ein Recht der radikalen Demokratie?«, S. 265 ff. und ders., *Wilde Demokratie*, S. 10 f.

285 M.w.N. Andreas Fischer-Lescano, »Radikale Rechtskritik«, in: *Kritische Justiz 2014 (Band* 47), S. 171 ff. (insbes. 172, 182). Vgl. dazu auch Hannah Franzki, »Post-Juridische Rechtstheorien«, in: Sonja Buckel et. al. (Hrsg.), *Neue Theorien des Rechts*, Tübingen: UTB GmbH 2020, S. 67 ff. sowie Christian Kalthöner, *Die Gewalt des Rechts. Analyse und Kritik nach Benjamin und Menke*, Baden-Baden: Nomos Verlagsgesellschaft 2021, S. 30 ff. und passim.

286 Vgl. nur Rudolf Wiethölter, *Rechtswissenschaft*, Frankfurt am Main: Fischer Taschenbuch Verlag 1976, S. 12 ff. (26).

Sowohl bei den neomarxistischen als auch dekonstruktivistischen Grenzposten, welche den von Frankreich bis nach Frankfurt reichenden Theoriehorizont dieser Radikalität ausmachen, steht Benjamin entsprechend hoch im Kurs. Immerhin setzt sich sein politisches Denken, wie in einem 2016 zu diesem Thema erschienen Sammelband verkündet wurde, »durchweg mit Problemstellungen auseinander [...], wie sie sich heute in der kontroversen Debatte um die als politische bezeichnete Differenz zwischen ›der Politik‹ und ›dem Politischen‹ finden.«[287] Das radikaldemokratische Gedankengut firmiert bei Benjamin freilich noch nicht unter der späteren Terminologie. Die Nähe resultiert aus der Vorstellung einer revolutionären Ereignishaftigkeit, welche sich bei ihm in den verschiedensten, vornehmlich theologisch und ästhetisch geprägten Motiven ausdrückt. Darunter fallen solche Begriffe wie das *Ausdruckslose*, die *profane Erleuchtung*, der *Chock*, das *dialektische Bild* oder die *Monade* sowie schließlich, und darauf werde ich mich im Folgenden konzentrieren, das *Messianische* und die *göttliche Gerechtigkeit*.

Dass die 68er und jene, die ihr politisches Erbe angetreten haben, solches Aufhebens um Benjamin machen, kann sicherlich darauf zurückgeführt werden, dass dieser seit jeher ein besonderes Gespür für Entgründungsfiguren jedweder Art hatte. Insbesondere in seinen frühen Schriften finden sich vielfältige Referenzen, die von einer Konfrontation des Gegebenen mit einer radikalen Negativität angestoßen wurden und von philosophischen Ansätzen wie dem Friedrich Nietzsches und Sigmund Freuds bis zur frühromantischen Kunsttheorie und dem Surrealismus reichen. Gerade dadurch wurde Benjamin wohl zu einem der wenigen deutschen Intellektuellen seiner Epoche, welcher der modernen Kunst und ihren historischen Weichenstellungen nicht nur eine besondere Aufmerksamkeit schenkte, sondern diese zugleich für ihre politische Handlungs*un*fähigkeit zu kritisieren vermochte. Nicht zuletzt war es auch die Lektüre seiner Schriften, welche den deutschen Abkömmling der Studentenbewegung zur vermehrten Wiederentdeckung, Fortentwicklung und schließlich auch Revision einiger Motive aus der deutschen Romantik angeregt hat.

Insofern bildete Benjamin das Pendant zu einer frappierend ähnlichen Entwicklung in Frankreich, wo es namentlich Maurice Blanchot war, der mit einem solchen Epocheninteresse über Immanuel Kant und Georg Wilhelm Friedrich Hegel hinaus dann auch die vermehrte Rezeption von weiteren deutschen Autoren wie Johann Gottlieb Fichte, Friedrich

287 Christine Blättler/Christian Voller, »Einleitung«, in: dies. (Hrsg.), *Walter Benjamin – Politisches Denken*, Baden-Baden: Nomos 2016, S. 9 ff. (24). Ähnlich auch: Michael Hirsch, *Die zwei Seiten der Entpolitisierung. Zur politischen Theorie der Gegenwart*, Stuttgart: Franz Steiner Verlag 2007, S. 187.

Schelling, den beiden Schlegel-Brüdern, aber auch Novalis und Friedrich Hölderlin vorangetrieben hat.[288] Dabei ging es neben dem bereits im letzten Absatz angesprochenen Reflexiv-Werden der Literatur um einen spielerischen Umgang mit literarischen Formen, in denen »Bekanntes zu wiederholen [...] nicht der Mühe wert« sei und sich stattdessen eine nicht mehr bloß mimetische, sondern zugleich schöpferische Kunst abzeichnet, »die Geschichte schreibt und [...] sich durch programmatische Ereignisse« ausdrücken lasse.[289] Durch diese in Frankreich und Deutschland weitgehend parallel verlaufenden Rezeptionslinien wurde sodann ein politisches Denken des »romantischen Messianismus« entwickelt, das in Benjamins spezifischem Einfluss auf die angesprochenen akademischen beziehungsweise intellektuellen Milieus nachvollzogen werden kann.[290]

Schließlich war es auch Benjamin, welcher die von der deutschen Romantik katalysierte Sehnsucht nach dem Absoluten und die damit einhergehenden Schwierigkeiten aufgegriffen und damit vor allem dem französischen Dekonstruktivismus seine wohl wichtigsten Impulse gegeben hat, der davon angeleitet zunächst die Literatur, dann auch die Politik zu seinem Gegenstand erklärt hat.[291] Daneben finden sich in seinen Schriften etliche Motive aus der Theologie, Erkenntnistheorie und Geschichtsphilosophie, aber auch einem ästhetisch-materialistischen Ansatz, den man heutzutage als Kultur- und Medienwissenschaft bezeichnen würde. Mit einer nahezu unersättlichen Neugier hat Benjamin alle diese verschiedenen Fäden aufgegriffen und zu einem einzigartigen Denken versponnen, in dem trotz aller Heterogenität ein roter Faden dahingehend nachzuvollziehen ist, dass immer wieder nach den spezifischen Möglichkeitsbedingungen einer allesumwälzenden Revolution gesucht wird. Gerade im Verlauf des 20. Jahrhunderts wird dies noch einmal vom Verdruss über die politische Situation in Deutschland katalysiert,

288 Karl Heinz Bohrer, *Die Kritik der Romantik*, S. 16 f.

289 Maurice Blanchot, »Das Athenäum«, S. 107 ff. (112 f., zit. ohne Majuskelschrift).

290 Diese Formulierung findet sich in: Walter Benjamin, »Der Begriff der Kunstkritik in der deutschen Romantik«, S. 7 ff. (12 f. Fn. 3, 92). Dass der Messianismus »das Zentrum der Romantik« sei, findet sich aber auch in ders., »Brief an Ernst Schoen vom 7. April 1919«, in: ders., *Briefe I*, Frankfurt am Main: Suhrkamp 1987, S. 208.

291 Philippe Lacoue-Labarthe und Jean-Luc Nancy beziehen sich in *L'Absolu littéraire* ausdrücklich und vermehrt auf Benjamin. Vgl. nur dies., *Das Literarisch-Absolute*, S. 34, 86 und passim. Den allgemeineren Zusammenhang zwischen romantischem und radikaldemokratischem Denken thematisieren auch Warren Breckman, »Zwei Ordnungen des Symbolischen. Radikale Demokratie zwischen Romantik und Strukturalismus«, in: Paula Diehl/Felix Steilen (Hrsg.), *Politische Repräsentation und das Symbolische*, Wiesbaden: Springer VS 2016, S. 51 ff. (54 ff.).

deren historisches Verhängnis für Benjamin zu keinem Zeitpunkt infrage stand. Und wie viele seiner Zeitgenossen sah Benjamin das entsprechende Potenzial für eine Umkehrung dieser Tendenz nur »in der Gemeinschaft« und »nirgends in den ›sozialen Einricht(ung)en‹« verborgen.[292] Diese Skepsis gegenüber staatlichen wie traditionell-sittlichen Institutionen ist es auch, welche ihn bereits in jungen Jahren zum Autor einer politischen Ethik werden lässt, welche »auf die Geschichte angewendet, die Lehre von der Revolution« und »auf den Staat angewendet die Lehre von der Anarchie« nach sich zieht.[293]

Aspekte wie die Sehnsucht nach dem Neuen und Fremden, aber auch die Plötzlichkeit des Augenblicks sowie eine literarisch vermittelte Gemeinschaftlichkeit aus der Romantik aufzugreifen und gegen die bestehende Politik zu wenden, war noch vor der 68er-Bewegung ein Anliegen, das Benjamin vor allem mit dem französischen Surrealismus teilte. Schon in der ersten Hälfte des 20. Jahrhunderts hat dieser in einer unvergleichbaren Experimentierfreude mit den klassischen Formen versucht, künstlerischen Profit aus einer radikalen Negativität zu schlagen, welche in der Romantik angedeutet und in dessen Anschluss von der Psychoanalyse ausbuchstabiert wurde. So war es die opferbereite Hingabe an das Unbewusste etwa im Traum oder im Phantasma, dessen Zugang man durch solche ekstatischen Zustände wie das automatische Schreiben, den Halbschlaf sowie den drogeninduzierten Rausch zu erleichtern versuchte. Und wie schon bei Bataille findet sich in diesen verfremdenden Praktiken der Kunst eine unverhohlene Präferenz für das Verfemte, Heterogene und radikal Andere gegenüber dem Anerkannten, Homogenen und Eigenen.

Jedenfalls scheint es mir wegen all dieser genealogischen Verflechtungen in den französisch-deutschen Entwicklungslinien der radikalen Rechtskritik und radikalen Demokratietheorie nur angemessen, den beiden Gedankenbewegungen der Enthauptung und der »Entwerkung« noch eine weitere beiseite zu stellen, und zwar die *Entsetzung* des Rechts.[294] Nicht nur in einem spezifischen Begriffsverständnis Benjamins, sondern im wahrsten Sinne des Wortes bezieht sich diese Entgründungsfigur als Homonym zur »Devestitur« nämlich mit Thomas Frank darauf, eine zuvor »mittels eines symbolischen Gegenstandes vollzogene Übertragung von Rechten« wieder umzukehren und den König seiner Würden zu entheben.[295]

292 Walter Benjamin, »Fragmente vermischten Inhalts. Zur Geschichtsphilosophie, Historik und Politik«, in: ders., *Gesammelte Schriften VI*, Frankfurt am Main: Suhrkamp 1991, S. 98 ff. (99).
293 Ebd., S. 91 ff. (91).
294 Ders., »Zur Kritik der Gewalt«, S. 179 ff. (202).
295 Thomas Frank, »Investitur, Devestitur«, in: ders. et. al. (Hrsg.), *Des Kaisers neue Kleider. Über das Imaginäre politischer Herrschaft; Texte, Bilder, Lektüren,* Frankfurt am Main: Fischer Taschenbuch Verlag 2002, S. 218 ff. (222).

Auch Eric L. Santner betont, dass der Begriff etymologisch daraus herrühre, »jemanden seines Amtes zu entheben, also die Übertragung einer Autorität rückgängig zu machen.«[296] Die Kategorie müsse weiter »als die Erfahrung des gewaltsamen Verlustes der eigenen Position« verstanden werden, »aus der man geworfen, gerissen oder derer man enthoben wird in einem Akt, der einem die eigene symbolische Haut abzieht.«[297] Ist der König erst einmal von seinen Kleidern, seinem Prunk und seinen Zeremoniell entledigt, so lautet also die Pointe, offenbart er sich als das erbärmliche Elend eines wehrlosen, nackten Körpers.[298] Nicht weniger martialisch als die Enthauptung beschreibt diese Enthäutung des politischen Körpers, dass seine organischen Begrenzungen aufgehoben werden und ein »Rest des sublimen Fleisches« sichtbar zutage trete.[299] Die Terminologie der Entsetzung spielt – ganz im Sinne der Heterologie Batailles – aber nicht bloß auf einen »Ausschluss aus der eigenen symbolischen Identität« oder eben einen freigesetzten »Überschuss an körperlicher Substanz« an, sondern deutet zugleich auf das *Entsetzen* hin, also einen Schrecken.[300] War der König in seiner Souveränität zuvor noch die Verkörperung des Gesetzes, ist er nun vom Gesetz ausgestoßen und kann sich in seiner Hilflosigkeit weder auf Recht noch Unrecht berufen.[301]

Und ganz ähnlich weist auch bei Benjamin die Entsetzung auf eine solch revolutionäre Emanzipation von einer Herrschaftsinstanz hin, wobei auf dem Schafott weniger der politische Körper des Königs selbst als dessen imaginärer Nachfolger, nämlich der Staat als rechtliche Körperschaft hingerichtet werden soll. Insofern trifft sich die radikale Rechtskritik bei Benjamin mit den bereits angesprochenen Assoziationen von Recht und Politik mit der *sozialen Homogenität* bei Bataille, der *Funktion des Autors* bei Foucault sowie dem *Werk* und dem *Mythos* bei Nancy. Das Recht erscheint in diesem assoziativen Zusammenhang, der im

296 Eric L. Santner, *Was vom König übrigblieb*, S. 90.

297 Ebd., S. 90 f.

298 Wie auch Friedrich Balke argumentiert, findet sich in der historischen Devestitur von Ludwig XIV. schon ganz die von Agamben zum allgemeinen Paradigma der Moderne erhobene Figur des *homo sacers* als einem eingeschlossenen Ausgeschlossenen vorbereit. Ders., »Wie man einen König tötet oder: Majesty in Misery«, S. 657 ff. (664).

299 Ebd.

300 Ebd., S. 304.

301 Vgl. dazu nur wieder Friedrich Balke, »Wie man einen König tötet oder: Majesty in Misery«, S. 657 ff. sowie Matala de Mazza, »Die Unsumme der Teile. Körperschaft, Recht und Unberechenbarkeit«, in: Uwe Hebekurs/dies. (Hrsg.), *Das Politische. Figurenlehren des sozialen Körpers nach der Romantik*, München: Wilhelm Fink Verlag 2003, S. 171 ff. (173): »Als abjekter Körper inkarniert der alte Souverän das Verwerfliche personaler Verkörperung an sich.«

Folgenden weiter ausgeführt wird, immer wieder als historisches Resultat einer Formalisierung, einer Abschließung und Stillstellung der ansonsten frei flottierenden Sprache.

Noch einmal sei dabei an den Ausgangspunkt bei Nancy erinnert, nach dem das moderne Recht ganz in seiner Immanenz gefangen bleibe und sich deshalb in einer Fiktion zu begründen versuche.[302] Seine Grundlosigkeit vermöge es dadurch aber eher schlecht als recht zu kaschieren. Deshalb sei es gezwungen, »in eine aktive und sich permanent erneuernde Beziehung zu seinem eigenen Mangel an Begründung« zu treten.[303] Es flüchte sich somit in den konstitutiven Verweis auf ein Imaginäres, dessen konkrete Gestalt weitgehend austauschbar erscheint. Statt sich seinem Werden offen hinzugeben, versucht es sich danach als Gewordenes durch eine illusorische Referenz auf das Ewige zu stabilisieren, das bspw. als Gott, König, Führer oder Volk, aber auch als *secondary rules*, fiktive Grundnorm oder als historische Ursprungserzählung auftreten kann. Strukturell betrachtet steht das Recht damit in absolutem Gegensatz zu dem, was Bataille mit der ästhetischen Befreiung vom Zweck in der Überschreitung sowie mit der alteritätsethischen Exposition gegenüber dem Anderen zu erreichen sucht.

Und ganz ähnlich beschreibt es auch Benjamin, der in seinem vielzitierten Aufsatz *Zur Kritik der Gewalt* die für die zeitgenössische Rechtstheorie wohl prominenteste Assoziation von Recht und Mythos hergestellt hat, wie sie vornehmlich in der berühmten Formulierung der »mythischen Gewalt des Rechts« kulminiert.[304] Dem Mythos wird dabei, und daran sollte Nancy anschließen, das emanzipative Potenzial abgesprochen, das von Nietzsche und Bataille, aber auch in der Romantik noch als Verlängerung der religiösen Kräfte und als Verzauberung der Welt so hochgeschätzt wurde. Ferner unterscheidet sich Benjamin dadurch auch von Autoren wie Aby Warburg, Hans Blumenberg oder heute Jan Assmann, welche den Mythos als mögliches Einfallstor für einen farbenfrohen Polytheismus der Moderne zu begreifen versuchen.

Das liegt insbesondere daran, dass Benjamin den Mythos vornehmlich durch seine *Zeitlosigkeit* zu charakterisieren versucht. Die »Grundform des urgeschichtlichen, mythischen Bewußtseins« erkennt er nämlich in der »ewigen Wiederkehr« des Immer-Gleichen.[305] Der Mythos verstelle die Reflexion von Kontingenz und trübe dadurch die von Benjamin

302 Jean-Luc Nancy, »Begrenzte und unendliche Demokratie«, S. 72 ff. (76).

303 Ebd., S. 80. Vgl. dazu auch die instruktive Diskussion mit Peter Engelmann, dessen ostdeutsche Erfahrung diese Skepsis gegenüber dem Rechtsstaat durchaus konterkariert: Ders., *Demokratie und Gemeinschaft*, S. 92 f.

304 Walter Benjamin, »Zur Kritik der Gewalt«, S. 179 ff. (197).

305 Ders., »Das Passagen Werk: Aufzeichnungen und Materialien«, In: ders., *Gesammelte Schriften (Band V 1. Teil). Das Passagen-Werk*, Frankfurt am Main: Suhrkamp 1991, S. 79 ff. (177).

präferierte, geschichtsphilosophische Sicht aus der Gegenwart sowohl auf die retroaktive Stiftung der Vergangenheit als auch auf eine ungewisse Zukunft. Die Lüge des Mythos bestehe somit darin, dass er vorgäbe, keine Geschichte zu haben. In dessen falschem Schleier des Unvergänglichen geriere sich die flüchtige Zeit als stillstehende Ewigkeit. Der Argwohn gegenüber dem Mythos resultiert dabei sicherlich auch aus einer deutschen Erfahrung, wie sie etwa Thomas Mann im *Doktor Faustus* beispielshaft entfaltet hat, wonach die Romantik ein künstlerisches Feld der Leidenschaften kultiviert hat, welches daraufhin die faschistische Politik des Todeswerkes für sich eingenommen hat. Unabhängig von der vieldiskutierten Frage, wie viel des wahnhaften Nationalismus dabei bereits in der Romantik angelegt gewesen war, resultiert aus dieser bloßen Abfolge der deutschen Geschichte doch, dass solchen Denkern wie Theodor W. Adorno, Max Horkheimer und eben auch Benjamin bereits ein ausgeprägtes Sensorium für die verhängnisvollen Kräfte des Mythos attestiert werden konnte.

Dabei ist umso beachtlicher, dass Benjamin selbst ein zumindest vorübergehendes Mitglied der *Acéphale*-Geheimgesellschaft war und Bataille nicht nur seinen Bibliothekar, sondern zugleich einen engen Vertrauten nennen konnte. Vor seiner tragischen Flucht aus dem Pariser Exil hat er diesem immerhin sein *Passagen*-Werk anvertraut. Das kopflose Treiben seines französischen Umfeldes hat Benjamin allerdings, wie Pierre Klossowski es in einem Brief beschreibt, »mit ebenso viel Bestürzung wie Neugier verfolgt.«[306] Nach diesem habe Benjamin sogar mehrfach vor einer »Überbewertung des Inkommunikablen« als einer Vorbereitung des psychischen Terrains des Nationalsozialismus gewarnt und ausdrücklich von einem »präfaschisierenden Ästhetizismus« gesprochen.[307] Das erscheint schon deshalb vorstellbar, weil Benjamin auch dem Surrealismus in einem späteren Aufsatz einen ähnlichen Vorwurf gemacht hat, wonach es nicht zielführend sei, »die rätselhafte Seite am Rätselhaften pathetisch oder fanatisch zu unterstreichen« und stattdessen für eine »dialektische Optik« plädiert, in welcher das »Undurchdringliche« und das »Alltägliche« nicht gegeneinander ausgespielt, sondern miteinander verschliffen werden sollen.[308]

306 Pierre Klossowski, »Letter on Walter Benjamin«, abgedruckt in: *Parrhesia* 2014 (Bd. 19), S. 14 ff. (17).

307 Ders., Entre Marx et Fourier, zit. nach Stephan Moebius, *Die Zauberlehrlinge*, S. 372. Dass Benjamin selbst diese oder eine ähnlich lautende Formulierung gewählt hat, legen die Korrespondenzen mit Horkheimer und Adorno nahe, wobei letzterer bspw. Roger Callois auch als einen »Kryptofaschisten« bezeichnete. M.w.N. Alastair Brotchie, »The College of Sociology: a Paradoxical Institution«, in: Georges Bataille, *The Sacred Conspiracy*, London: Atlas Press 2018, S. 63 ff. (77).

308 Walter Benjamin, »Der Sürrealismus. Die letzte Momentaufnahme der europäischen Intelligenz«, in: ders., *Gesammelte Schriften (Band II)*, Frankfurt am Main: Suhrkamp 1991, S. 295 ff. (307).

Den Mythos – sowie analog dazu: die ästhetischen Kräfte des Heiligen – zum Zwecke der Gemeinschaftsbildung oder gar der Politik zu mobilisieren, schien Benjamin vielmehr als eine gefährliche Komplizenschaft mit dem Faschismus. Das bezeugt sich auch im berühmten Fanal seines *Kunstwerk*-Aufsatzes, welches da lautet: »Ihre [der Menschheit] Selbstentfremdung hat jenen Grad erreicht, der sie ihre eigene Vernichtung als ästhetischen Genuß [...] erleben läßt. So steht es mit der Ästhetisierung der Politik, welche der Faschismus betreibt.«[309] Dass unter anderem auch Klossowksi diese Zeilen nur allzu gut gekannt hat, resultiert bereits daraus, dass er den Aufsatz erstmals ins Französische übersetzt hat. Insofern vermochte sich Benjamin trotz aller Sympathien schon früh und unmissverständlich gegen die mythischen Avancen in Batailles Umfeld zu positionieren, weil dessen Bestrebungen sich nach seiner Ansicht vom Faschismus zwar in ihren Zwecken, aber nur unwesentlich in ihren Mitteln abgehoben hätten.

Während Bataille den Mythos mithin noch als ästhetisches Reservoir zur Überschreitung zu retten suchte, das den Tod Gottes überlebte und aus dem sich deshalb vor allem die progressiven Künste zu bedienen haben, betrachtete Benjamin diesen als größtmögliche Opposition zum Religiösen. Dem Mythos stellt er die elysische Erwartung des *Messianischen* gegenüber, die er im Anschluss an Herman Cohen durch dessen prospektiven Bezug auf die Zukunft kennzeichnet, einem sich immer bloß anbahnenden revolutionären Ereignis, das den Anfang vom Ende der Geschichte markiert.[310] Bezeichnend heißt es in einem thematisch wie zeitlich mit dem Gewaltaufsatz engverwandten Fragment: »Erst der Messias selbst vollendet alles historische Geschehen, und zwar in dem

309 Ders., »Das Kunstwerk im Zeitalter seiner technischen Reproduzierbarkeit. Erste Fassung«, in: ders., *Gesammelte Schriften (Band I)*, Frankfurt am Main: Suhrkamp 1991, S. 431 ff. (469). Wie Juliane Rebentisch betont, ist dieses Diktum insofern missverständlich, als es im Sinne einer »Desensibilisierung des Fremden im Eigenen« verstanden werden könne und sich deshalb besser noch als eine »Anästhetisierung gegenüber dem Politischen« beschreiben lasse. Das verhindere dann auch den naheliegenden Fehlschluss, dass eine »Ästhetisierung« oder »Theatralisierung« notwendigerweise zu einer »Perversion der demokratischen Kultur« führe. Juliane Rebentisch, *Die Kunst der Freiheit. Zur Dialektik demokratischer Existenz*, Berlin: Suhrkamp 2012, S. 23 sowie S. 342 ff. (344).

310 Herman Cohen, *Ethik des reinen Willens. System der Philosophie: Zweiter Teil*, Berlin: Bruno Cassirer 1921, S. 405 f.; Werner Hamacher, »Das Theologisch-politische Fragment«, in: Burkhardt Lindner (Hrsg.), *Benjamin-Handbuch. Leben - Werk – Wirkung*, Stuttgart und Weimar: Metzler 2011, S. 175 ff. (177). Zur Vermutung, dass der Gewaltessay davon inspiriert wurde, vgl. Rolf Tiedemann/Hermann Schweppenhäuser, »Anmerkungen der Herausgeber«, in: Benjamin, *Gesammelte Schriften (Band II). Aufsätze, Essays, Vorträge*, Frankfurt am Main: Suhrkamp 1991, S. 943 ff. (944).

Sinne, daß er dessen Beziehung auf das Messianische selbst erlöst, vollendet, schafft.«[311] Der Mythos, welcher anstelle der endlichen Singularität eine transzendentale Ewigkeit vorgaukle, weicht bei Benjamin insofern einem politischen Messianismus, welcher das Unendliche als fernen Horizont zwar erkennbar werden lasse, aber keinesfalls glaube, ihn jemals durch seine eigenen Anstrengungen erreichen zu können.

Benjamin insistiert also darauf, die Sphäre des Religiösen strikt von allem Profanen abzutrennen, worunter aber nicht nur der Mythos, sondern auch die Geschichte und schließlich die Politik und das Recht zu subsumieren seien. Damit wird freilich ein konträres Modell zur klassischen Säkularisierungsthese geschaffen, wie man sie etwa in der politischen Theologie eines Carl Schmitt vorfindet. Dass die theologischen Begriffe ihr politisches Erbe in der »modernen Staatslehre« angetreten hätten, setzt nämlich implizit die Annahme voraus, wonach diese Begriffe sich abgesehen vom Echo ihrer »systematischen Struktur« erledigt hätten.[312] Benjamin hingegen sieht erst gar keine Veranlassung dazu, vom Heiligen innerhalb eines politisch-historischen Kontext zu sprechen und damit anzuerkennen, dass irgendjemand sich hermeneutisch anmaßen könnte, im Namen Gottes oder derjenigen Instanz zu sprechen, die seine vakante Stelle eingenommen haben soll. Auf diesem Wege ermöglicht er eine messianische Perspektive, die nicht zugleich eine protofaschistische Gemeinschaftlichkeit affirmiert und sich trotzdem einer instituierenden Kraft des Politischen gegenüber zu öffnen vermag.

Und wenn er nun das Recht mit dem Mythos assoziiert, dann zielt seine Kritik vornehmlich auf eine Geschichtslosigkeit des Rechts, eine Vergessenheit rechtlicher Institutionen gegenüber ihrer instituierenden Macht des Politischen und der damit verdrängten Kontingenz.[313] Die dem entgegengesetzte Entgründungsfigur lässt dann auch bereits das spätere Charakteristikum der radikalen Rechtskritik erkennen, welche sich ganz dem genannten Projekt verschreiben sollte, die Politizität des modernen Rechts zu entlarven: So bezieht sich die Entsetzung schon dem Präfix nach auf die Revision einer Setzung oder Satzung, eben dem Gesetzten und damit dem Gesetz selbst. Diesem gehe ein konstituierender Akt zuvor, den man heute das Politische nennen könnte und der bei Benjamin als »mythische Rechtsetzung«, als »Macht-« oder »Grenzsetzung« auftritt.[314] Das Gesetz hat in anderen Worten eine Setzung im Voraus zur Voraussetzung. Dieses *Wie* der Setzung als Form wird in Benjamins

311 Walter Benjamin, »[Theologisch-politisches Fragment]«, in: ders., *Gesammelte Schriften II*, Frankfurt am Main: Suhrkamp 1991, S. 203 f. (203).

312 Carl Schmitt, *Politische Theologie*, S. 43.

313 Vgl. nur Jacques Derrida, der deshalb vom »mythischen Grund der Autorität« spricht. Ders., *Gesetzeskraft. Der ›mystische Grund der Autorität‹*, Frankfurt am Main: Suhrkamp 2017, S. 28.

314 Walter Benjamin, »Zur Kritik der Gewalt«, S. 179 ff. (182, 186, 198).

Beschreibung des Rechts als Mittel flankiert von einem *Was* im Sinne eines Inhaltes, der mit einem politischen Zweck identifiziert wird.[315] Das vermag in seiner Struktur schon deshalb zu überzeugen, weil das Recht eben das gängigste Mittel zur mit Zwangsmitteln versehenen Umsetzung politischer Zwecke darstellt.

Wenn aber nun ein politischer Zweck in die rechtliche Form übergehe, werde er ab diesem Zeitpunkt nicht mehr der Geschichte aus-gesetzt, sondern gelte schlicht als voraus-gesetzt. Und gerade in dieser Setzung *als* Gesetz und des politischen Zweckes *als* rechtliches Mittel liegt Benjamins eigentliche Pointe, denn das Recht vergesse und verleugne seine Herkunft von diesem Zeitpunkt an. In der Rechtsanwendung würden entsprechend auch keine politischen Zwecke mehr verhandelt, sondern blind und stumm in der Gesetzesform vorausgesetzt. Als Mythos ließe sich das Recht vor diesem Hintergrund beschreiben, weil es sich in seiner Mittelbarkeit aus einer fast schon naturgegeben anmutenden Zwangsläufigkeit heraus begreife. Die aus den kontingenten Umständen eines Einzelfalls resultierende »Unentscheidbarkeit aller Rechtsprobleme« – ein Begriff, den Jacques Derrida später aufgreifen sollte – werde im Recht also symbolisch verdrängt.[316]

Infolgedessen assoziiert Benjamin das Recht mit der mythischen Sphäre des Schicksals und versucht damit ein unausweichliches Verhängnis zum Ausdruck zu bringen, dem sich das staatsbürgerliche Rechtssubjekt nicht entziehen kann. So schreibt er, dass die »mythische Gewalt in ihrer urbildlichen Form« mehr noch für die Errichtung des Rechts verantwortlich sei »als für die Übertretung eines bestehenden zu strafen« und insofern aus einer »unsicheren, zweideutigen Sphäre des Schicksals« über den Menschen hereinbreche.[317] Ihm bleibe somit nichts anderes übrig, als mit Karten zu spielen, die eine fremde und dunkle Macht für ihn gemischt habe. Benjamin beschreibt dies auch als »Betrachtung eines Lebens als eines Verurteilten« oder als »Schuldzusammenhang des Lebens«.[318] In anderen Fragmenten, die dazu in engem zeitlichen und thematischen Zusammenhang mit dem Gewaltessay und dem damit einhergehenden Interesse an Recht und Politik stehen, heißt es unter anderem

315 Der Begriff des Zweckes ist im weitesten Sinne des Wortes zu verstehen; etwa auch als die »Unterordnung der Bürger unter die Gesetze« und damit der Rechtsgehorsam als mittelbarer Selbstzweck. Ebd., S. 186.

316 Ebd., S 196.

317 Ebd., S. 197 f. (in Bezug auf die Niobe-Sage, auf dessen Darstellung ich aus Platzgründen verzichte).

318 Ders., »Schicksal und Charakter,« in: ders., *Gesammelte Schriften II*, Frankfurt am Main: Suhrkamp 1991, S. 171 ff. (175). Nahezu identisch findet sich letztere Definition auch wieder in: Ders., »Goethes Wahlverwandschaften«, in: ders., *Gesammelte Schriften (Bd. I). Abhandlungen*, Frankfurt am Main: Suhrkamp 1991, S. 123 ff. (138).

sogar, dass die »Gesetze des Schicksals, Unglück und Schuld« vom Recht »zu Maßen der Person« erhoben würden und es insofern evident sei, »daß jede rechtliche Verschuldung nichts ist als ein Unglück.«[319] Oder noch etwas pointierter: »Das Recht verurteilt nicht zur Strafe, sondern zur Schuld.«[320]

Eine solche Verbindung findet sich schließlich sogar in einer Notiz aus *Kapitalismus als Religion,* die mit der Andeutung »Kapitalismus und Recht. Heidnischer Charakter des Rechts« wohl andeuten sollte, dass neben der »verschuldenden Kultur« des industriellen Kapitalismus auch das mythische Recht den erkennenden Blick auf eine verheißungsvolle Zukunft verstelle, weil es das religiöse Band zu einem politischen Messianismus endgültig kappe.[321] Das Recht geht dann jedem entsühnenden Heilsversprechen auf das Anbrechen einer besseren Welt verlustig und bringe stattdessen eine höchst formalisierte Operationsweise hervor, die – wie schon in Nietzsches *Genealogie der Moral* – eine Familienähnlichkeit mit der ökonomischen Rationalität der Verschuldung aufweist. Steht das Rechtssubjekt erst einmal tief in der Schuld, so wohl die dahinterstehende Überlegung, vermöge es keine instituierende Macht mehr gegenüber der anhand von Recht und Ökonomie konstituierten Gesellschaft zu entfalten, sondern beuge sich unweigerlich dem Schicksal des Gewordenen. Es zettelt also keine Revolution an, weil es den Fehler nicht in den rechtlichen Institutionen, und darin liegt sein Verhängnis, sondern in sich selbst sucht.

Ein Satz wie »Gottes Transzendenz ist gefallen«[322] klingt vor diesem Hintergrund dann weniger nach einem vitalen Aufbruch in die entzauberte Moderne als nach einer erdrückenden Hypothek, die der juridisch-ökonomische Komplex dem Menschen aufgeladen hat. Das Recht wird, als Mythos, von Benjamin also nicht nur von einer zukünftigen Gerechtigkeit unterschieden, sondern zu der unzeitgemäßen Bedingung ihrer Unmöglichkeit erhoben. Die berühmte Formel im Gewaltaufsatz lautet dafür: »Gerechtigkeit ist das Prinzip aller göttlichen Zwecksetzung. Macht das Prinzip aller mythischen Rechtsetzung.«[323] Nach diesem Muster stilisiert Benjamin das Recht stets als Antipoden einer barmherzigen Kraft der Religion. Besonders bezeichnend heißt es dann: »Ist die mythische Gewalt rechtssetzend, so ist die göttliche rechtsvernichtend, setzt jene Grenzen, so vernichtet diese grenzenlos, ist die mythische

319 Ders., »Schicksal und Charakter«, GS II/1, S. 171 ff. (174).

320 Ebd., S. 175.

321 Ders., »Kapitalismus als Religion«, in: ders., *Gesammelte Schriften VI*, Frankfurt am Main: Suhrkamp 1991, S. 100 ff. (101 f.). Für die Verbindung zum Gewaltaufsatz spricht auch der darauffolgende Hinweis auf »Sorel[,] Rèflexions sur la violence« als dessen hauptsächliche Textgrundlage.

322 Ebd., S. 101.

323 Ders., »Zur Kritik der Gewalt«, S. 179 ff (198).

verschuldend und sühnend zugleich, so die göttliche entsühnend, ist jene drohend, so diese schlagend, jene blutig, so diese auf unblutige Weise letal.«[324]

2. Gewalt ist keine Lösung

Was sich in solch drastischen Zuspitzungen aufdrängt, ist nun die entscheidende Frage nach dem Begriff jener *Gewalt*, der das Recht als Vehikel dient. Als wären die Assoziationen zwischen Recht auf der einen und Mythos, Schicksal und Verschuldung auf der anderen Seite nämlich nicht schon genug der Kritik, geht Benjamin noch einen radikalen Schritt weiter, indem er das Recht als eine konstitutiv an das Gewaltmonopol des Staates gebundene Form skandalisiert und dadurch in seinem ureigenen Grunde infrage zu stellen scheint. Von diesem Ausgangspunkt geht aber nicht bloß Benjamins Aufsatz aus den 20er Jahren, sondern – weitgehend unwidersprochen – auch heute noch eine Vielzahl der dekonstruktivistischen sowie neomarxistischen Theorieentwürfe einer radikalen Rechtskritik aus, welche sich als zeitgenössische Interpretationen des Gewaltaufsatzes zu empfehlen versuchen. Damit scheint mir, und das werde ich auf den folgenden Seiten auszuführen versuchen, aus rechtstheoretischer Perspektive jedoch ein Holzweg eingeschlagen, bei dem die starre Fixierung auf ein ohnehin missverständliches Gewaltthema das radikaldemokratische Potenzial von Benjamins Theorieangebot gerade links liegen lässt.

Weil es so etwas wie einen allgemeingültigen Begriff des Rechts bisher nicht gibt, und es ihn vermutlich auch nicht geben kann, lassen sich die Grenzen des Rechts freilich auf vielerlei Arten und Weisen ziehen; etwa anhand sachlicher Grenzen des legalen und illegalen Verhaltens, der physikalischen Grenzen seiner Geltung in Zeit und Raum, aber auch der personalen Grenzen von subjektiven Rechten und Pflichten.[325] Notwendigerweise wird bei solchen Grenzziehungen nicht nur der jeweilige Einschluss dessen, was das rechtmäßig Eigene sein soll, sondern zugleich der Ausschluss dessen markiert, was als rechtloses Fremdes davon nicht umfasst ist. Nicht wenige Rechtstheorien, und damit möchte ich beginnen,

324 Ebd., S. 199.

325 Hans Lindahl, *Fault Lines of Globalization. Legal Order and the Politics of A-Legality*, Oxford: Oxford University Press 2014, S. 39 ff. Zur Bedeutung der Grenze für ein dezidiert radikaldemokratisches Institutionenverständnis vgl. Etienne Balibar, »Was ist eine Politik der Menschenrechte?«, in: ders., Die Grenzen der Demokratie, Hamburg: Argument Verlag 1993, S. 195 ff. (202 f.) sowie allgemein Helge Schwiertz, Grenzen, in: Comtesse et al. (Hrsg.), Radikale Demokratietheorie, S. 647 ff.

scheinen im Anschluss an Benjamin in diesem basalen Umstand bereits einen politischen Skandal zu erblicken. Der Sündenfall des Rechts wird in der besonderen Setzung von allgemeinen Grenzen identifiziert, aufgrund derer sich universale Versprechen als – was auch sonst – uneinlösbar offenbaren. Die Grenzen selbst, welche eine Unterscheidung ermöglichen, werden also zum Skandal, wenn die jeweilige Unterscheidung nicht geteilt wird. Im Konkreten wird das Recht in seinen Grenzen koextensiv zum Eigentum begriffen, wodurch die auch von Benjamin vermutete Komplizenschaft zwischen dem Recht und der Ökonomie dann sinnfällig fortgesetzt wird. Es scheint dann fast so, als würde ein *unmarked space* im Sinne einer vorursprünglichen Indifferenz den allgemeinen Hintergrund dieser Überlegungen bilden, in dem die bürgerlichen Possessivpronomen von Mein und Dein, und damit die Wurzel allen Übels noch nicht in der Welt waren.

An den Anfang des Rechts wird nicht selten eine Landnahme oder ursprüngliche Akkumulation gesetzt, aufgrund derer das Recht mit einem Ursprungsmangel an Legitimation behaftet sei. Die Grenzen des Rechts bedeuten dann vor allem eines, nämlich Gewalt.[326] Ob diese sich als Naturbeherrschung und Aneignung der *terra nullius* oder als Kolonialismus und Enteignung der *terra aliena* realisiert, ist danach lediglich ein quantitativer, aber kein qualitativer Unterschied. Ein solches, häufig von topologischen Metaphern dominiertes Verständnis kommt schon bei Jean-Jacques Rousseau in der berühmten Sequenz der Geburtsstunde der bürgerlichen Gesellschaft zum Ausdruck, wonach »[d]er Erste, welcher ein Stück Landes umzäunte, sich in den Sinn kommen ließ zu sagen, dieses ist mein, und einfältige Leute antraf, die es ihm glaubeten«, als »der [...] wahre Stifter« des Eigentums sowie einer daraus resultierenden Rechtsordnung betrachtet werden müsse.[327] Und auch Karl Marx spricht von der bürgerlichen Freiheit als einem begrenzten Feld, »in welche[m] sich jeder dem andern unschädlich bewegen kann« und stellt dem eine ganz ins Bild passende Analogie hintan: »wie die Grenze zweier Felder durch den Zaunpfahl bestimmt ist.«[328]

Diesem Argumentationsmuster folgen schließlich auch eine Vielzahl von zeitgenössischen Theorieangeboten. Wiederzufinden ist es etwa bei der von Cornelia Vismann vorgenommenen Vermessung einer Rechtssubjektivität, welche aus dem originären »Akt des Linienziehens, des Umgrenzen eines eigenen Raums« und damit einer »elementaren und

326 M.w.N. Christian Kalthöner, *Die Gewalt des Rechts*, S. 32 ff. sowie besonders drastisch zuletzt Geoffroy de Lagasnerie, *Das politische Bewusstsein*, Wien: Passagen Verlag 2021, S. 175 ff.

327 Jean-Jacques Rousseau, *Abhandlung von dem Ursprung der Ungleichheit unter den Menschen*, Weimar: J.B. Metzler 2000, S. 141.

328 Karl Marx, »Zur Judenfrage«, in: ders./Engels, *Werke (Band 1)*, Berlin: Dietz Verlag 1981, S. 347 ff. (364).

archaischen Kulturtechnik« hergeleitet wird.[329] Gekennzeichnet wird damit ein weitverbreitetes Verständnis, nach dem auch das moderne Rechtssubjekt noch als das Ergebnis einer immer bereits gewalttätigen Stiftung betrachtet wird, dessen Grenzen mit denen des Privateigentums zusammenfallen. Roberto Espositio spricht von einer »Binsenweisheit [...] der juristischen Form« und meint damit, dass das Recht etwas »Eigen(tlich)es« sei und »dem Subjekt, das sich zu seinem Träger erklärt, ›angehört‹.«[330] Mit Pierre Bourdieu lässt dieses Verhältnis sogar auf den menschlichen Körper beziehen, wenn dieser schreibt: »Das Eigentum eignet sich seinen Eigner an, indem es sich in Form einer Struktur zur Erzeugung von Praktiken verkörpert, die vollkommen mit seiner Logik und seinen Erfordernissen übereinstimmen.«[331] Zuletzt hat Christoph Menke in seiner *Kritik der Rechte* mit der Formulierung der »Ermächtigung des Eigenen« ein sich darin einfügendes Verständnis vom subjektiven Recht als verlängertem Arm des Eigentums aufgegriffen und daraus abgeleitet, dass ein solcher Vorgang zur politischen Deprivation führe.[332] *Last but not least* decken sich diese Analysen mit einer radikaldemokratischen Rechtskritik, wie sie federführend von Miguel Abensour oder Jacques Rancière vorgetragen wird, welche eine »Verrechtlichung, Vereinzelung, Entpolitisierung« und mit ihr ein postpolitisches Rechtsubjekt beklagen, das – außerhalb einer bürgerlichen Simulation – keinen Dissens mehr artikulieren kann und sich in ohnmächtigem Wohlgefallen von einer expertokratischen Alternativlosigkeit beherrschen lässt.[333]

Gemeinsam haben diese und ähnliche Konzepte mit Benjamins Rechtstheorie, dass sie das Recht mit einer schicksalhaften Gewalt oder auch

329 Cornelia Vismann, »Kulturtechniken und Souveränität«, in: Markus Krajewski/Fabian Steinhauer (Hrsg.), *Das Recht und seine Mittel*, Frankfurt am Main: S. Fischer Verlag 2012, S. 445 ff. (445).

330 Roberto Esposito, *Immunitas*, S. 37.

331 Pierre Bourdieu, *Sozialer Sinn. Kritik der theoretischen Vernunft*, Frankfurt am Main: Suhrkamp 2020, S. 107.

332 Christoph Menke, *Kritik der Rechte*, Berlin: Suhrkamp 2015, S. 173 ff.

333 Christian Volk, »Zwischen Entpolitisierung und Radikalisierung. Zur Theorie von Demokratie und Politik in Zeiten des Widerstands«, in: *Politische Vierteljahresschrift 2013 (Band 54 H. 1)*, S. 75 ff. (89). Vgl. ferner Miguel Abensour, *Demokratie gegen den Staat*, S. 11, 238 ff.; Jacques Rancière, *Das Unvernehmen*, S. 120; Antonio Negri, *Insugrencies*, S. 10 sowie Daniel Loick, *Juridismus. Konturen einer kritischen Theorie des Rechts*, Berlin: Suhrkamp 2017, S. 39 ff., 163 ff. und passim. Ganz ähnlich spricht übrigens auch Ingeborg Maus von einer »Verselbstständigung des Rechts« und erkennt darin einen solchen antidemokratischen Prozess, den sie als »faktische Refeudalisierung« beschreibt. Vgl. dies., *Zur Aufklärung der Demokratietheorie. Rechts- und demokratietheoretische Überlegungen im Anschluß an Kant*, Berlin: Suhrkamp, S. 35.

Verschuldung assoziieren und darin eine strukturelle Verhinderung der Revolution sowie *mutatis mutandis* des Politischen im radikaldemokratischen Sinne erkennen wollen. Zugleich ist mit ihnen eine – wenn auch zur Darstellung stark vereinfachte – Erzählung umrissen, wonach der Kopf des Königs nicht abgeschlagen, sondern sich als moderne und demgemäß versachlichte Herrschaft hinter der Rechtsform und ihren anti-partizipativen Verklausulierungen zu verstecken scheint. Zwar würde wohl keine der zuvor genannten Rechtskritiken diese Diagnose noch unversehens auf das Kapital – im Sinne von *caput* als Kopf oder Hauptperson – und insofern eine »meta-politische[...] Erklärung« zurückführen, in welcher die Geschichte von einem Zentrum aus determiniert wird.[334] Wenn das »Gespenst des Kapitals« also noch immer durch diese theoretischen Gefilde spukt, dann tut es das, wie Joseph Vogl die damit einhergehende Vermutung treffend formuliert, vielmehr als bloße »Chiffre für jene Kräfte, von denen unsere Gegenwart ihre Gesetze empfängt.«[335] Nach solchen kritischen Analysen des Rechts scheint es sich bei diesem noch immer um eine verkopfte Angelegenheit zu handeln, weil es die Herrschaftsverhältnisse *top down* zementiere, anstatt das Politische *bottom up* zu ermöglichen. Stellvertretend bekundet Jacques Derrida sogar, nur da »von Gespenstern« zu sprechen, wo es »im Namen der Gerechtigkeit« geschehe, und das bedeute für ihn eben nur »da, wo sie [...] niemals reduzierbar sein wird aufs Recht.«[336]

Abbildung 8: Azephaler Marxismus in Bild und Schrift.

Eine wesentliche Vorlage für solche radikalen bis radikaldemokratischen Rechtskritiken bietet nun Benjamins bereits erwähnter Begriff

334 Vgl. zur Kritik am Vulgärmarxismus nur Jacques Rancière, Der Philosoph und seine Armen, S. 81 ff. sowie ders., *Das Unvernehmen*, S. 93 ff. Ähnlich auch schon: Claude Lefort, »Vorwort zu *Eléments d'une critique de la bureaucratie*«, in: Ulrich Rödel (Hrsg.), *Autonome Gesellschaft und libertäre Demokratie*, Frankfurt am Main: Suhrkamp 1990, S. 30 ff. (34 f.). Vgl. zum Ganzen ebenfalls Matthias Bohlender, »Karl Marx«, in: Dagmar Comtesse et. al. (Hrsg.), *Radikale Demokratietheorie*, Berlin: Suhrkamp 2020, S. 68 ff. (73 f.).

335 Joseph Vogl, *Das Gespenst des Kapitals*, Zürich: diaphanes 2010, S. 8.

336 Jacques Derrida, *Marx' Gespenster. Der Staat der Schuld, die Trauerarbeit und die neue Internationale*, Frankfurt am Main: Suhrkamp 2019, S. 11.

der »Rechtsetzung« (oder synonym: »Grenzsetzung« oder »Machtsetzung«) und die mit diesem einhergehende Annahme, wonach sich eine symbolische Ordnung nicht durch stetes Geben und Nehmen von Gründen konstituiere, sondern als eine durch rohe Gewalt geschaffene Tatsache.[337] Über die »Gerechtigkeit der Zwecke« abschließend zu urteilen, dazu sei schließlich nur »Gott« selbst imstande.[338] Und über die »Berechtigung von Mitteln« entscheide »niemals die Vernunft, sondern schicksalhafte Gewalt« und damit das mythische Recht.[339] Zu betonen ist allerdings, dass es sich bei diesen Schilderungen sowohl bei Benjamin im Besonderen als auch der radikalen Rechtskritik im Allgemeinen um keine auch nur angeblich historischen Erzählungen, sondern ausdrücklich um legitimationstheoretische Fiktionen handelt. Sie erfüllen innerhalb ihrer jeweiligen Theoriearchitektur also weniger eine deskriptive als eine normative Funktion. Das lässt sich schon daran erkennen, dass sich die ursprüngliche Gewalttätigkeit nicht durch eine Zivilisierung der Mittel im liberalen Rechtsstaat erledige, sondern in einer jeden Rechtsanwendung perpetuiert werde. Selbst eine problemlose Abwicklung eines Vertrages verweise nach Benjamin mithin auf die Gewalt seiner Begründung und Anwendung.[340] Die Gewalt reproduziert sich scheinbar in dem rohen Faktum, dass es überhaupt so etwas wie Recht gibt und sich der konstitutive Mangel an Begründung damit bis in die Unendlichkeit fortschreibe.

Doch die *anfängliche* und *nachträgliche* Gewalt sind nach Benjamin nicht miteinander identisch. Neben die »rechtssetzende« geselle sich nämlich eine weitere, namentlich die »rechtserhaltende« Gewalt.[341] Indem das Recht als Mittel verwendet werde, um den ehemals politischen und fürderhin rechtlichen Zwecken zur Wirksamkeit zu verhelfen, transformiere sich die ursprüngliche Gewalt der Setzung. Erst durch diesen Vorgang – sozusagen den Übergang von der *instituierenden* zu einer *konstituierten Macht* – erhalte die Rechtsform ihren mythischen Charakter und vermöge »drohend wie das Schicksal«[342] aufzutreten. Die beiden Gewalten sind dabei nicht nur voneinander zu unterscheiden, sondern wirken in gänzlich entgegengesetzte Richtungen: Das mythische Bewusstsein und damit das geschichtsvergessene Primat der ewigen Wiederkehr

337 Walter Benjamin, »Zur Kritik der Gewalt«, S. 179 ff. (198).

338 Ebd., S. 180, 196.

339 Ebd., S. 196.

340 »Sie [die Gewalt] braucht als rechtsetzende zwar nicht unmittelbar in ihm [dem Vertrag] gegenwärtig zu sein, aber vertreten ist sie in ihm, sofern die Macht, welche den Rechtsvertrag garantiert, ihrerseits gewaltsamen Ursprung ist, wenn sie nicht eben in jenem Vertrag selbst durch Gewalt rechtmäßig eingesetzt wird.« Ebd., S. 190.

341 Ebd., S. 186 f.

342 Ebd., S. 188.

des Immergleichen suche eine erneute Setzung des Rechts gerade zu verhindern und diene somit allein der Konservierung des Positiven. Insofern sei die rechtserhaltende Gewalt auf lange Sicht der rechtssetzenden Gewalt überlegen, weil sie die revolutionäre Kraft der historischen Situation in einen Mythos zu verwandeln und sich diesen zum Zwecke der Legitimation zunutze zu machen verstehe.

Darin liegt nach Benjamin aber lediglich ein Pyrrhus-Sieg. Eine Institution, welche sich der Macht entgegenstellt, obwohl sie diese selbst hervorgebracht hat, laufe nämlich latent Gefahr, von dieser erneut destituiert beziehungsweise instituiert zu werden. Insofern formuliert Benjamin eine deutliche Mahnung an die Amtsstuben dieser Welt, welche da lautet: »Schwindet das Bewußtsein von der latenten Anwesenheit der Gewalt in einem Rechtsinstitut, so verfällt es.«[343] Als konkretes Beispiel nennt Benjamin die Parlamente, welche sich »der revolutionären Kräfte, denen sie ihr Dasein verdanken, nicht bewußt geblieben sind.«[344] Mit Sicherheit waren diese Zeilen an die Weimarer Nationalversammlung gerichtet, welche 1920 die Ruhraufstände als politische Reaktion auf den Kapp-Putsch niederschlagen ließ. Mit Howard Eiland und Michael W. Jennings könnte man die damit einhergehende Aufforderung Benjamins an die rechtlichen Institutionen so zusammenfassen, dass diese nicht »den Kontakt zu dem kreativen Potential«[345] verlieren dürften, welchem sie ihre Existenz verdanken. Innerhalb des Rechts könne ein solches Potenzial, welches man auch das Politische nennen könnte, also nur dann produktiv entfaltet werden, wenn die Institutionen sich der instituierenden Macht gegenüber nicht verwahren, sondern responsiv verhalten. In diesen Zusammenhang passt dann auch eine Passage aus dem Gewaltaufsatz, wonach die hermetische Schließung der Institutionen und die damit einhergehende Kontingenzverleugnung einem »Schwankungsgesetz« unterlägen, wonach »jede rechtserhaltende Gewalt in ihrer Dauer die rechtsetzende, welche in ihr repräsentiert ist, durch die Unterdrückung der feindlichen Gegengewalten indirekt selbst schwächt.«[346] Wie später auch Nancy verurteilte schon Benjamin demnach eine politische Strategie zum Scheitern, die sich im Mythos ihrer ewigen Immanenz zu verankern und dadurch die messianische Zukunft einer instituierten Vergangenheit zu opfern versucht.

Spätestens an dieser Stelle scheint nun eine nähere Definition dessen ratsam, was Benjamin und die radikale Rechtskritik unter dem Begriff der *Gewalt* überhaupt verstanden wissen möchten. Der Autor selbst ist

343 Ebd., S. 190.
344 Ebd.
345 Howard Eiland/Michael W. Jennings, *Walter Benjamin. Eine Biografie*, Berlin: Suhrkamp 2020, S. 179.
346 Walter Benjamin, »Zur Kritik der Gewalt«, S. 179 ff. (201).

leider kaum eine Hilfe. Neben der »mythischen Gewalt« spricht er nämlich noch von einer »göttlichen Gewalt« und verwendet damit eine Kategorie, die im Gegenteil dazu einer entsühnenden »Gewaltlosigkeit« zu entsprechen scheint.[347] Ein einigermaßen konsistenter Begriff, in dem sich diese beiden konträren Seiten zusammenfassen lassen, erscheint damit so gut wie unmöglich. Lediglich zu einer nebulösen Minimaldefinition lässt sich Benjamin hinreißen, wonach bei der Gewalt »eine wie immer wirksame Ursache [...] in sittliche Verhältnisse« eingreife.[348] Mit der Sittlichkeit ist allerdings eine weitere Kategorie eingeführt, welche in ihrer Ambiguität und Komplexität der Gewaltsemantik in nichts nachsteht. Wahrscheinlich ist, wie auch Axel Honneth vermutet, dass darunter ein ganzer kultureller Komplex zu verstehen ist, unter dem neben einer konstituierten Ordnung des Rechts dann auch ein informell instituiertes Regelsystem sowie der angedeutete Verweis auf eine transzendentale Gerechtigkeitsvorstellung selbst verstanden werden muss.[349] Das Kriterium der Gewalt liegt danach weniger in einem ausschließlichen Merkmal des Juridischen als in dem generellen Umstand begründet, dass irgendeine Norm – warum im Einzelnen auch immer – eine zwingende Wirkung entfaltet, also gegenüber ihren Adressatinnen eine verbindliche Geltungskraft aufweist. Dann aber scheint sich die Semantik der Gewalt weniger auf eine spezifische Krafteinwirkung auf den menschlichen Körper als auf ein notorisches Unbehagen gegenüber den klassischen Begründungserzählungen des Rechts und ihrer latenten Kontingenzverleugnung zu beziehen.[350] Oder, um es in die radikaldemokratische Sprache zu übersetzen: Die Gewalt besteht in einer imaginären Schließung der symbolischen Lücke zwischen einer instituierenden Macht des Politischen und einem konstituierten Recht.

Benjamin bedient sich zur weiteren Verortung seines rechtstheoretischen Ansatzes dann zunächst der klassischen Dichotomie aus Rechtspositivismus und Naturrecht: Während die einen sich in der tautologischen

347 Dafür spricht neben den Verweisen auf die »Unterredung als [...] Technik ziviler Übereinkunft« oder auf die »erzieherische Gewalt in ihrer vollendeten Form« (Ebd., S. 192 f., 200) auch eine Notiz aus seinen Fragmenten, wonach die »göttliche Gewalt« sich als solche nur in »dieser Welt« offenbaren könne und »in der kommenden [Welt die] göttliche Gewaltlosigkeit höher« zu schätzen sei. Ders., »Fragmente vermischten Inhalts«, S. 98 ff. (99).

348 Ders., »Zur Kritik der Gewalt«, S. 179 ff. (179).

349 Axel Honneth, ›Zur Kritik der Gewalt‹, in: Burkhardt Lindner (Hrsg.), *Benjamin-Handbuch. Leben - Werk – Wirkung*, Stuttgart und Weimar: Metzler 2018, S. 193 ff. (195).

350 Ein solches Verständnis zieht sich bis zu Robert Cover, »Violence and the Word«, in: *The Yale Law Journal 1986 (Band 95 H. 8)*, S. 1601 ff. oder Stanley Fish, »Gewalt«, in: ders., *Das Recht möchte formal sein. Essay*, Berlin: Suhrkamp 2011, S. 171 ff.

Immanenz des positiven Rechts einmauerten und ein Gesetz immer nur aus einem weiteren Gesetz ableiteten, glaubten die anderen diesem infiniten Regress entgehen zu können und gäben vor, im Namen solcher Gesetze sprechen zu können, die etwa von Gott oder der Natur selbst diktiert würden. Uneins wäre man sich lediglich noch darüber, ob der Begründungsfigur nun *innerhalb* oder *außerhalb* eines geschriebenen Normtextes und einer sich um ihn organisierenden Rechtspraxis anzusetzen habe. An mehreren Stellen seines Aufsatzes erklärt Benjamin, dass sein Denken auf eine *dritte Lösung* jenseits dieser beiden Lager aus rechtspositivistischer Immanenz- und naturrechtlicher Transzendenzfixierung abziele.[351] Der von Benjamin zutreffend identifizierte Fehler der beiden Perspektiven resultiert dabei aus einer zu starren Fokussierung auf die Rechtfertigung von Mitteln oder Zwecken sowie dem ihr zugrundeliegenden Wunsch, einer Letztbegründung des Rechts auf dem einen oder anderen Wege noch irgendwie gerecht zu werden. Benjamin hingegen verlässt sich erst gar nicht auf die verheißungsvolle Absichtserklärung einer legitimierenden *rule of law*; schließlich handele es sich dabei weniger um eine Stabilisierung einer radikal gedachten Freiheit der Menschen als um eine Herrschaft über sie. Zudem verstünde keines der angesprochenen Theorieangebote, den rechtlichen Ursprungsmangel der Gewalt restlos zu tilgen. Vielmehr würden sie nur behelfsmäßig den, durch die Gewalt lediglich im Einzelfall sichtbar werdenden, grundlosen Grund zu überdecken, der im Herzen des Rechts klafft.

Unter dem Titel »Das Recht zur Gewaltanwendung« (der vermutlich nur deshalb nicht veröffentlicht worden ist, weil die Aufzeichnungen in die Vorstudien zum Gewaltaufsatz eingegangen sind) plante Benjamin sogar einen sich mit diesem Thema befassenden Zeitschriftenaufsatz. In den dazugehörigen Notizen deutet sich der Entwurf einer Rechtstheorie an, die »das sittliche Recht nicht der Gewalt als solcher, sondern allein jeder menschlichen Institution, Gemeinschaft oder Individualität abspricht[,] welche sich ein Monopol auf sie zuspricht oder das Recht auf sie auch nur prinzipiell und allgemein in irgend einer Perspektive sich selbst einräumt, anstatt sie als eine Gabe der göttlichen Macht, als *Machtvollkommenheit* im einzelnen Falle zu verehren.«[352] Das Recht verweise sowohl in seinem Anfang als auch in seinem Ende auf eine dunkle Macht, die Benjamin gar nicht erst zu säkularisieren versucht und stattdessen ganz in der zwielichtigen Sphäre des Messianischen belässt. Wenn das Recht deshalb gerecht sein will, sollte es sich nach Benjamin

351 Walter Benjamin, »Zur Kritik der Gewalt«, S. 179 ff. (181 f.): »Für diese Kritik gilt es dann den Standpunkt außerhalb der positiven Rechtsphilosophie, aber auch außerhalb des Naturrechts zu finden.«

352 Ders., »Das Recht zur Gewaltanwendung. (Blätter für religiösen Sozialismus I 4)«, in: ders., *Gesammelte Schriften (Band VI)*, S. 104 ff. (106 f.).

auf die unendliche Suche nach dem Schönen, Wahren, Guten begeben – obgleich es sich dabei um den bloßen Schein der möglichen Ankunft des Messias handle. Wo das Recht dies verkenne und sich im Glanz des Heiligen wähne, werde es hingegen unweigerlich zur Gewalt.

Im Anschluss an eine solche Analyse könnte das Ausgangsproblem der modernen Rechtstheorie nun darin identifiziert werden, dass sie nicht bloß unzureichende Antworten zu formulieren imstande ist, sondern dass sie – immer noch – die falschen Fragen stellt. Entscheidend sucht Benjamin auch gar nicht erst nach den kleinteiligen Bedingungen der Möglichkeit einer gelingenden Rechtfertigung eines allgemeingültigen Gesetzes, sondern »nach andern Arten der Gewalt [...], als alle Rechtstheorie ins Auge fasst.«[353] Vor dem Hintergrund dieser Kontextualisierung schlage ich nun im Ergebnis vor, das von Benjamin aufgeworfene Thema der Gewalt als ein – terminologisch eher unglückliches – Angebot zu deuten, den analytischen Blick für eine radikale Negativität des Rechts zu schärfen und sich in der Analyse rechtlicher Institutionen einzugestehen, dass die instituierende Bewegung nicht aus diesen selbst, geschweige denn aus der von ihr stabilisierten Sphäre der bestehenden Politik herrührt. Diese rechtstheoretische Spielart des Postfundamentalismus vertritt Benjamin in gewisser Hinsicht sogar selbst, wenn er den positivistischen und naturrechtlichen Begründungsversuchen vorwirft, dass sie den grundlosen Grund des Rechts dissimulieren und dadurch mehr oder weniger explizit leugnen, dass eine Letztbegründung ausschließlich im theologischen Register gelingen kann. Demnach würde es sich beim Recht nämlich nicht mehr um einen Phänomenbereich der Erkenntnis, sondern um einen des Glaubens handeln.[354]

Ist die Gewalt dem Recht hingegen erst einmal vorausgesetzt, lassen sich die gängigen Rechtstheorien grob in zwei unterschiedliche Richtungen einteilen: Zunächst tritt *erstens* eine radikale Rechtskritik den klassischen Pfad einer monarchisch konnotierten Rechtstheorie auch dann noch weiter aus, wenn sie in die entgegengesetzte Richtung läuft. Sie vermag sich nämlich auch dann nicht vom Kopf des Königs zu lösen, wenn sie seine moderne Wiederkehr anhand solcher Kategorien wie dem Gesetz und einer davon ausgehenden Gewalt identifizieren zu können glaubt. Die dauerhafte Inszenierung solcher Entgründungsfiguren wie »der Entsetzung« richtet sich damit lediglich gegen das eigens

353 Ders., »Zur Kritik der Gewalt«, S. 179 ff. (196).

354 Eine sinnvolle Ergänzung eines solchen Ansatzes wäre bspw. die Kategorie vom »Rechtsglauben« im Sinne von Andreas Engelmann, der »kein Bekenntnis« beschreiben soll, sondern eine »leere, aber darin konstitutive Referenzialität [...], nach der das Recht das Recht ist.« Vgl. Ders., *Rechtsgeltung als institutionelles Projekt*, S. 117. Vgl. dazu auch die Idee vom »Kredit« in Jacques Derrida, *Gesetzeskraft*, S. 24 f.

beschworene Gespenst einer monarchischen Vergangenheit.[355] Sicherlich ist dem bloßen Befund nur zuzustimmen, wonach sich in der allgemeinen Rechtsform die von einer instituierten Politik präferierten Hierarchien verstetigen können. Allerdings scheint es mir eine gefährliche Vereinfachung darzustellen, deshalb das Recht schlicht mit Gewalt gleichzusetzen und daraus ein ethisches Primat abzuleiten, nach dem die nunmehr mit Blut befleckten Formalisierungen des Rechts einer singulären Ereignishaftigkeit sowohl der Gerechtigkeit als auch des Politischen prinzipiell entgegenstehen sollen.[356]

Ebenso auf Abwege führt es jedoch, wenn der aufgezeigte Pfad *zweitens* in der klassischen Marschrichtung einer staatsfixierten Rechtstheorie gegangen wird, die letztendlich wieder nur auf eine etwas modernere Version der klassischen Souveränitätslehre hinausläuft. Ist das Recht nämlich erst einmal unter latenten Gewaltverdacht geraten, bleibt neben seiner Verurteilung lediglich eine apologetische Flucht nach vorne. Sicherlich lassen sich ebenfalls hehre Motive und gute Gründe für eine weniger auf die Umwälzung als auf die Bewahrung eingestellte Rechtstheorie finden, welche die strukturelle, symbolische oder noch ganz klassisch auf den Körper bezogene Gewalt der rechtlichen Institutionen zu verteidigen sucht. Wer das Recht auf diese Weise vor seiner vernichtenden Kritik retten möchte, versucht das Gewaltmonopol dann meist anhand einer subjektiven bis intersubjektiven Vernunftvorstellung praktisch zu rechtfertigen. Doch wenn dieses Vertrauen in die legitimierende Wirkung eines (ohnehin meist nur virtuell angenommenen) öffentlichen Räsonnements nicht besteht, und dafür gibt es im 21. Jahrhundert genügend Anlass, bleibt lediglich, das Schaffen von Tatsachen ganz im Sinne des Dezisionismus zu affirmieren und somit die Gewalt der Entscheidung von ihrer latenten Rechtfertigungsbedürftigkeit freizusprechen.

Im Ergebnis bleibt, *mit* und zugleich *gegen* Benjamin auf die Binsenweisheit zu insistieren, dass Gewalt nicht nur in der Praxis, sondern bereits in der Theorie keine Lösung darstellt. Die wahlweise Heraufbeschwörung oder Relativierung eines theorieinduzierten Skandals um den Begründungsmangels des Rechts erscheinen mir beides als wenig attraktive Alternativen. Dass Benjamin noch ganz im »Bann der Monarchie« gestanden hat und deshalb nur bedingt auf zeitgenössische Rechtskontexte übertragen werden kann, erscheint vor dem historisch-politischen

355 Aufgegriffen wird die »Entsetzung« unter anderem von Giorgio Agamben, *State of Exception*, Chicago und London: University of Chicago Press 2005, S. 53 ff. (64); Christoph Menke, *Recht und Gewalt*, S. 101 f. sowie Daniel Loick, *Kritik der Souveränität*, S. 266 ff.

356 In diese Richtung geht auch die scharfe Polemik gegen Jacques Derridas und Christoph Menkes Interpretationen des Gewaltaufsatzes von Karl-Heinz Ladeur, *Die Textualität des Rechts. Zur poststrukturalistischen Kritik des Rechts*, Weilerswist: Velbrück Wissenschaft 2016, S. 112 ff. und S. 267 ff.

Hintergrund seiner Zeit kaum einer Erwähnung wert.[357] Doch gerade solche Interventionen in der politischen Theorie, wie sie Michel Foucault mit dem Übergang einer repressiven zur normalisierenden Macht beschrieben hat, würden ihre eigentliche Pointe verfehlen, wenn die subtilen Disziplinierungsmechanismen selbst als gewaltförmig und infolgedessen unter das Erfordernis einer latenten Rechtfertigungsbedürftigkeit gestellt würden.[358] Sowohl ein radikal-rechtskritisches als auch radikaldemokratisches Theorieangebot sollte sich, möchte es in einem solchen Sinne *modern* sein, vom imaginären Erbe der Monarchie befreien und damit die Scheuklappen ablegen, welche ihren analytischen Blick noch immer auf die staatliche Souveränität fixieren.

In der späten Moderne haben sich, wie etwa Gunther Teubner es immer wieder betont, die klassischen Rechtssetzungs- und Konfliktlösungsprozesse nämlich längst weg von nationalstaatlichen Institutionen und hin zu global agierenden »Privatregimes« entwickelt.[359] An die Stelle von unilateralen Imperativen sind dadurch ein globales Vertragsmanagement, eine weitgehend private Marktregulierung durch international agierende Unternehmen, interne Regelsetzungen in suprastaatlichen Organisationen und sektorspezifische Standardisierungsprozesse gerückt.[360] Darauf reagieren staatliche Regulierungsstrukturen nicht selten dadurch, und häufig bleibt ihnen gar nichts anderes übrig, dass sie auf eben jene Rechtssetzung und -durchsetzung mittels Gewalt verzichten und die Stabilisierung von Verhaltenserwartungen anhand von *soft law*, also durch die Schaffung von Anreizen, durch die Unterstützung freiwilliger Selbstverpflichtungen oder politischer Absichtserklärungen zu erfüllen versuchen. Das Recht kann heute – und vielleicht, so ließe sich hinzufügen, konnte es das nie – nicht lediglich von einem staatlichen Zentrum aus gemacht und gedacht werden. Es ist schon deshalb stark zu bezweifeln, dass der Kopf des Königs sich in der Moderne – wenn auch nur als Chiffre – überlebt und in den Rechtskörper

357 Sinnfällig lässt sich dies durch seine an Georges Sorel anschließende Behauptung von einer »nicht nur kulturhistorische[n], sondern metaphysische[n] Wahrheit« bezeugen, wonach »in den Anfängen alles Recht ›Vor‹recht der Könige oder der Großen, kurz der Mächtigen« gewesen sei. Walter Benjamin, »Zur Kritik der Gewalt«, S. 179 ff. (198). Dieses auf den Staat fixierte Rechtsverständnis ist auch bei Sorel kein Wunder, geht es ihm immerhin um nicht weniger als die »Abschaffung des Staates«. Vgl. ders., Über die Gewalt, S. 97.

358 Vgl. Michel Foucault, *Der Wille zu Wissen*, S. 101 ff. sowie ders., *Überwachen und Strafen*, S. 9 ff.

359 Gunther Teubner, »Neo-Spontanes Recht und duale Sozialverfassungen in der Weltgesellschaft«, in: Dieter Simon/Manfred Weiss (Hrsg,), *Zur Autonomie des Individuums. Liber amicorum Spiros simitis*, Baden-Baden: Nomos Verlagsgesellschaft 2000, S. 437 ff. (439).

360 Ebd.

verlagert hat. Wo aber die Gewalt diffundiert und sich unter den verschiedensten Körperschaften sowie ihrer sich mitunter wechselseitig verschränkenden Gliedern und Organen aufteilt, vermag keine allesdurchdringende Stimme des Staates von oben herab zu erklingen, deren einheitlicher Wille sich noch im »Mund des Gesetzes« ausgesprochen findet.

Damit soll die Dramatik keinesfalls geleugnet werden, welche die tatsächliche Gewaltanwendung des Rechts nach sich ziehen kann. Es soll lediglich darauf hingewiesen werden, dass insbesondere das moderne Recht vor allem dort zu suchen ist, wo dessen grundloser Grund gerade nicht durch körperlichen Zwang und Willkür zutage tritt.[361] Wo es das hingegen tut, offenbart sich das imaginäre Fundament ihrer ewigen Wahrheit vielmehr als das dünne Furnier einer in der Willkür aufscheinenden Kontingenz. Vom Recht als ureigener Gewalttat zu sprechen wäre schon deshalb missverständlich, weil diese in allererster Linie nicht am menschlichen Körper, sondern an der Zeit selbst verübt wird, die sich für Benjamin bekanntlich im Medium der Geschichte vollzieht. In dieser vorgeschlagenen Lesart erscheint Benjamins Adressierung der »mythischen Gewalt« als eine verkappte Reflexion über die anwesende Abwesenheit der Gerechtigkeit im Recht. Nicht lediglich in seiner französisch-amerikanischen Rezeptionsgeschichte, sondern im Gewaltaufsatz selbst wäre dann bereits eine *Dekonstruktion* vor allem im Sinne einer *Entmythologisierung* des Rechts angelegt, welche mit dem grundlosen Grund zugleich das Politische zutage fördert, indem es das Proprium des modernen Gesetzes auf die nur allzu menschlichen Vorgänge der Setzung und Fortsetzung reduziert.[362] Indem Benjamin die beiden Kontrastfolien der naturrechtlichen und positivistischen Rechtstheorien gegen das grelle Licht des Messianismus hält, lässt er deren Letztbegründungen nicht als universale Wahrheit, sondern eben als Mythos hervortreten.

361 Damit ist einer »neoliberalen« Perspektive keinesfalls das Wort geredet. Vielmehr ist das Argument insbes. auch für eine dezidiert »neomarxistische« Perspektive von Relevanz. Vgl. dazu nur Jens Christian Müller-Tuckfeld, »Gesetz ist Gesetz. Anmerkungen zu einer Theorie der juridischen Anrufung«, in: Henning Böke et al. (Hrsg.), *Denk-Prozesse nach Althusser*, Hamburg: Argument Verlag 1994, S. 182 ff. (183).

362 Man könnte deshalb statt von der Gewalt auch von einer *Kraft* sprechen, die im und über das Recht hinaus wirkt. Die Brücke zu einem solchen Verständnis, das insbesondere an sprachtheoretische Überlegungen Benjamins anknüpft, wird dann meist über die Rückübersetzung der Gewalt aus dem Englischen geschlagen, die etwa bei Jacques Derrida als Kraft (*force*) wiedereingeführt wird. Vgl. ders., *Gesetzeskraft*, S. 27 und passim.

3. »Der wahre Politiker«

Anschließend an die beiden vorherigen Abschnitte stellt sich nun die Frage, ob mit Benjamin von einer Entsetzung des Rechts auf eine *Politik* – in seinen Worten: eine *wahre Politik* – geschlossen werden kann oder sollte. Diese hätte zur Aufgabe, sich der göttlichen Gerechtigkeit auf Erden verpflichtet fühlen, ohne sich dabei in den mythischen Fallstricken des schicksalhaften und verschuldenden Rechts zu verheddern. Nur dann dürfte es möglich sein, auf das Messianische zu rekurrieren, ohne sogleich einem Zentrum der Macht das Wort zu reden, also über den theologischen Umweg des Heiligen wieder nur ein selbstzerstörerisches Todeswerk der Gemeinschaft zu unterstützen. Zur Beantwortung dieser Frage wäre noch zu klären, ob und inwiefern die in diesem Paragraphen vorgestellten Denkbewegungen über die behelfsmäßigen Imaginationen verschiedener Entgründungsfiguren hinauszugehen imstande sind und selbst in einem politischen Programm oder einer Strategie resultieren. Vielleicht kann man dann sogar dem von Bataille, Foucault und Nancy angesprochenen Vorwurf entgegentreten, wonach der affirmative Bezug auf eine instituierte Politik den radikaldemokratischen Anspruch unterlaufe, weil es die instituierende Kraft des Politischen – die sich jeweils in der Ästhetik der Überschreitung, der literarischen Aussetzung oder eben einer göttlichen Gewalt identifizieren lässt – wiederum als positive Form voraussetzen müsste.

Diese, für die radikale Demokratietheorie richtungsweisende Frage bildet überraschenderweise schon einen impliziten Hintergrund von Benjamins früheren Schriften und ihrer antithetischen Gegenüberstellungen von *Recht* und *Gerechtigkeit*, *Wahrheit* und *Mythos* sowie *Reinheit* und *Schuld*. Die schon mehrfach aufgeworfene Frage nach der Politik des Politischen ist für Benjamin sozusagen die Gretchenfrage schlechthin, weil er das kreative Potenzial des revolutionären Ereignisses als instituierende Kraft nicht nur auf die Ästhetik, sondern auch auf das Religiöse zurückführt und ausgehend von der Profanität des Alltäglichen dialektisch nach den Möglichkeitsbedingungen des Außerordentlichen fragt. Als dezidiert profan begreift Benjamin aber nicht nur das mythische Recht, sondern eben auch die Politik. Es ist sogar anzunehmen, dass in den Essay *Zur Kritik der Gewalt* vor allem die Vorarbeiten aus einem größer angelegten Projekt eingeflossen sind, welches sich mit dem Thema einer Politik ganz nach dem Vorbild der göttlichen Gerechtigkeit beschäftigen sollte. Die angesprochene Rechts- und Kapitalismuskritik ist deshalb für Benjamin in einem weiten Assoziationszusammenhang zu verorten, auf den insbesondere die radikal-rechtskritische Rezeption seiner Schriften erstaunlicherweise kaum eingeht.

Vor allem eine verlorengegangene Publikation mit dem Titel »Der wahre Politiker« findet in Briefen an Gershom Scholem mehrfach Erwähnung und kann in ihrem ungefähren Gehalt durch andere Publikationen sowie verschiedene Notizen aus dieser Schaffensphase mindestens kursorisch nachgezeichnet werden.[363] Aufgeteilt war dieser Aufsatz in zwei Teile, wobei letzterer als »die wahre Politik« und dessen beiden Unterkapitel mit »Abbau der Gewalt« und »Teleologie ohne Endzweck« überschrieben worden sind.[364] Dass mit diesen beiden Titeln ohne Weiteres auch einerseits der Gewaltaufsatz selbst sowie andererseits das *Theologisch-Politische Fragment* gemeint sein könnten, bietet einigermaßen belastbare Anhaltspunkte für eine intensivere Auseinandersetzung mit diesem Thema. Zudem sind um die Jahre 1920/1921 weitere Texte, wie das Vorwort für eine deutsche Ausgabe der *Les Fleurs du Mal* mit dem Titel *Zur Aufgabe des Übersetzers* sowie der epochemachende Essay zu *Goethes Wahlverwandtschaften* entstanden, in welchen Benjamins »romantischer Messianismus« gleichermaßen zum Tragen gekommen ist. Durch die Einbettung des Gewaltaufsatzes in diesen allgemeinen Werkhorizont soll schließlich auch erkennbar werden, dass die bei Bataille und Nancy ebenfalls anzutreffende Hervorhebung der Kunst, der Literatur und der Sprache als ausgezeichneter Phänomenbereiche einen Fingerzeig dahingehend darstellen, dass der radikaldemokratische Begriff des Politischen nicht aus einem spezifischen Medienensemble herausgebrochen werden kann, ohne dabei entstellt zu werden. Denn nicht zuletzt für Benjamin ist es schließlich die *Sprache* der Dichtung, nach deren rhetorischem Vorbild sich die Entsetzung des Rechts sowie eine damit einhergehende Öffnung gegenüber dem Messianischen vollzieht.

Wenn Benjamin von Politik spricht, so viel kann aus den diversen Fragmenten entnommen werden, dann legt er dem eine Definition zugrunde, die sich ohne Weiteres in die bisherige Auslotung seines Begriffs vom Profanen einfügt. Entsprechend heißt es in seinen Notizen aus dieser Phase: »Meine Definition von Politik: die Erfüllung der ungesteigerten Menschhaftigkeit.«[365] Damit sollte vor allem eine Absage an das nietzscheanische Theorem vom Übermenschen erklärt werden. An anderer Stelle heißt es dazu, dass dieses einen »apokalyptischen ›Sprung‹ nicht in die Umkehr, Sühne, Reinigung, Buße, sondern in die scheinbar stetige, in der letzten Spanne aber sprengende, diskontinuierliche Steigerung« verlege und damit noch ganz einer kapitalistischen, also verschuldenden

363 Uwe Steiner kommt das diesbezügliche Verdienst zu, diese Rekonstruktionsleistung erbracht zu haben. Vgl. ders., »Walter Benjamins ›Wendung zum politischen Denken‹«, in: Christine Blättler/Christian Voller (Hrsg.), *Walter Benjamin. Politisches Denken*, Baden-Baden: Nomos 2016, S. 33 ff. sowie ders., »›Der wahre Politiker‹ Walter Benjamins Begriff des Politischen«, in: *Internationales Archiv für Sozialgeschichte der deutschen Literatur 2009 (Band 25 H. 2)*, S. 48 ff.

364 Walter Benjamin, »Brief an Gerhard Scholem ca. vom 01.12.1920«, in: ders., *Briefe I*, Frankfurt am Main: Suhrkamp 1987, S. 245 ff. (247).

365 Walter Benjamin, »Fragmente vermischten Inhalts«, S. 98 ff. (99).

und schicksalhaften Logik entspräche.[366] Während Bataille im »Nietzsche-Sein« einen ereignishaften Ausbruch aus dem Zweck-Mittel-Schema der sozialen Homogenität erkennt (wodurch also der Mensch seinen dienenden Status als Werkzeug aufgibt und zum souveränen Wesen aufsteigt), behauptet Benjamin gewissermaßen das Gegenteil: Er verabschiedet die Moral nicht, sondern erklärt sie zur Vision. Weil ihm sowohl die Erkenntnismittel als auch eine angemessene Sprache fehlen, um eine Emanation Gottes – wie auch die polemische Verkündung seines Todes – identifizieren zu können, verzichtet er konsequenterweise auf einen ethischen Maßstab, nach dem sich das radikale Streben nach einer exzessiven Individualität richten könnte. Insofern ist die Religiosität die entscheidende Demarkationslinie, welche Nietzsche und mit ihm Bataille in eine unüberwindbar erscheinende Distanz zu Benjamins messianischem Denken rücken. Sie vermögen zudem erklären, warum Benjamin einer jeden politischen Instrumentalisierung des Heiligen oder auch des Auratischen mit Skepsis begegnet ist.

Sein Anspruch besteht darin, die Politik von einer imaginären Verkörperung des Wahren, Guten und Schönen zu befreien und eben dadurch die »ungesteigerte Menschhaftigkeit« als verabsolutierte und insofern unregierbare Immanenz zu realisieren. Die Menschheit müsse von jeglicher Herrschaft und einem von ihr durchtränkten Telos befreit werden, damit sie infolgedessen eine radikale Negativität, welche ihr den grundlosen Grund der eigenen Existenz verschaffe, als schöpferische Quelle ihres unbestimmten Werdens zu schätzen lerne. Denn erst eine mit Benjamin sowohl *ateleologisch* als auch *atheologisch* verstandene Negativität vermöge sich dem Messianischen zu öffnen, ohne zugleich eine konkrete Erwartung dessen zu schüren, dass dieses überhaupt eintrete.

Eine der aufschlussreichsten Passagen Benjamins zu einer solchen »Teleologie ohne Endzweck« findet sich im bereits angesprochenen und von Adorno posthum als »theologisch-politisch« charakterisierten Fragment.[367] In diesem heißt es, und ich zitiere die ganze Stelle: »Erst der Messias selbst vollendet alles historische Geschehen, und zwar in dem Sinne, daß er dessen Beziehung auf das Messianische selbst erst erlöst,

366 Ders., »Kapitalismus als Religion«, S. 100 ff. (101 f.). Benjamin spricht an dieser Stelle auch von einer »Sprengung des Himmels durch gesteigerte Menschenhaftigkeit, die religiös (auch für Nietzsche) Verschuldung ist und bleibt […].«

367 Dabei handelt sich jedoch um eine eher irreführende Bezeichnung, weil das Politische gerade in einen größtmöglichen Gegensatz zum Religiösen gebracht wird. Vgl. dazu nur Werner Hamacher, »Das Theologisch-politische Fragment«, S. 175 ff. (179): »Genuin politisch ist erst diejenige Organisation des geschichtlichen Lebens, die realisiert, daß ihr alle theologischen Aspirationen versagt sind. Benjamins ›Fragment‹ […] wäre deshalb angemessener als ›politisch-atheologisches Fragment‹ charakterisiert.«

vollendet, schafft. Darum kann nichts Historisches von sich aus sich auf Messianisches beziehen wollen. Darum ist das Reich Gottes nicht das Telos der historischen Dynamis; es kann nicht zum Ziel gesetzt werden. Historisch gesehen ist es nicht Ziel, sondern Ende. Darum kann die Ordnung des Profanen auch nicht am Gedanken des Gottesreiches aufgebaut werden, darum hat die Theokratie keinen politischen, sondern allein einen religiösen Sinn.«[368] Das Messianische verweist mithin auf eine stets im Kommen befindliche Revolution, die sich im Profanen zwar ankündige, aber sich deshalb nicht adressieren, geschweige denn durch das eigene Handeln herbeiführen ließe. Anders als das Schicksal und der Mythos bedeutet die Prophezeiung des Messianischen nicht die ewige Wiederholung, ja nicht einmal einen linearen Fortschritt. Sie bedeutet stattdessen eine radikale Unterbrechung der symbolischen Ordnung, in dem auch der imaginäre Bedeutungszusammenhang von Raum und Zeit destituiert werde.

Wer deshalb nach Benjamin glaubt, das Messianische in der Politik, dem Recht oder einer sonstigen Institution erkennen zu können, täuscht sich. Das Messianische könne per Definition gar nicht erkannt werden, ohne eine Aussetzung oder Zäsur mit der Politik, dem Recht oder einer sonstigen Institution zu markieren, nach der die Erkenntnis nicht mehr das sein kann, was man heute noch unter ihr zu verstehen sucht. Eine »reine« Erkenntnis hingegen, welche die messianische Zukunft bar aller profanen Gegenwart identifizieren könne, sowie eine »reine« Sprache, welche den göttlichen Namen außerhalb der menschlichen Sprache bezeichnen könne, wäre erst noch zu erfinden und käme bezeichnenderweise am ehesten dem nahe, was man gemeinhin als Theologie zu bezeichnen pflegt.[369] Der auf diese Weise so galant von Benjamin eingestreute Begriff der *Reinheit* ist neben der Wahrheit und Gerechtigkeit ein weiteres theologisches Prädikat, das auf eine außeralltägliche Erfahrung abzielt, nach der nichts mehr bleiben könne, wie es mal war.

Man könnte mit Werner Hamacher, der diese reflexiven Schleifen wohl wie kein anderer zu eskalieren versteht, deshalb auch sagen: »Kein Messias, erst das wäre ein Messias.«[370] Oder alternativ dazu: »Der Messias, wenn er kommt, *kommt* nicht.«[371] Denn selbst den Kategorien, in denen Benjamin das Messianische zu denken versucht, müsse dieser

368 Walter Benjamin, »[Theologisch-politisches Fragment]«, S. 203 f. (203).

369 Vgl. dazu vor allem ders., »Über das Programm der kommenden Philosophie«, in: ders., *Gesammelte Schriften II*, Frankfurt am Main: Suhrkamp 1991, S. 157 ff. (183, 168) sowie ders., »Über Sprache überhaupt und über die Sprache des Menschen«, in: ders., *Gesammelte Schriften Band II*, Frankfurt am Main: Suhrkamp 1991., S. 140 ff. (144).

370 Werner Hamacher, »Messianisches Nicht«, in: ders., *Mit ohne Mit*, Zürich: diaphanes 2021, S. 225 ff. (232).

371 Ebd., S. 237.

radikale Entzug konsequenterweise eingeschrieben werden. Weder könne der Messias auf ein grammatikalisches Subjekt noch könne das Kommen auf ein grammatikalisches Prädikat reduziert werden. Vielmehr verwiesen diese Kategorien, die genaugenommen also gar keine Kategorie sind, auf etwas, das sich zugleich der Bedeutungsherrschaft einer instituierten Sprache entziehe. Das Messianische komme erst *durch* diesen und zugleich *als* dieser semantische Entzug zur Geltung. In die symbolische Ordnung der Sprache, des Rechts sowie der Politik trete es damit immer gleichzeitig sowohl *ein* als auch *aus*.

Und ebendiese, für Benjamin geradezu bezeichnende Demutshaltung in hermeneutischen Angelegenheiten findet sich schließlich auch im Gewaltaufsatz wieder, der sich innerhalb des leider verlorengegangenen Projektes weitgehend mit dem Absatz vom »Abbau der Gewalt« decken dürfte. Dort heißt es kurz vor Schluss: »Denn nur die mythische, nicht die göttliche, wird sich als solche mit Gewißheit erkennen lassen, es sei denn in unvergleichlichen Wirkungen, weil die entsühnende Kraft der Gewalt für Menschen nicht zutage liegt.«[372] Und auch in einem weiteren, dieser Werkphase zugeordneten Fragment lautet es: »Es darf nicht heißen: durch die Religion erlassne, sondern muß heißen durch sie erforderte Gesetzgebung des Profanen.«[373] Insofern findet sich der kompromisslose Verzicht Nancys auf eine Instrumentalisierung des Politischen bereits bei Benjamin vorgezeichnet, wenn auch dort die instituierende Macht noch unverhohlen an die Theologie rückgebunden wird.

Auffällig erscheint auch eine weitere Parallele zwischen den beiden Autoren, wonach vornehmlich die Literatur zum Ort des Politischen erklärt wird: Ihnen ist es die Kunst des Schreibens, welche die destituierenden und instituierenden Mächte ihre mäandernden Bahnen bis hinein in die mikrologischen Teilungen des Sozialen brechen lässt. Schon Benjamin zufolge vermögen es die ästhetischen Kräfte der Dichtung nämlich, vor allem zwischen den Zeilen, die »falsche, irrende Totalität – die absolute« zu zerschlagen und stattdessen das »Ausdruckslose« als Raub an der schönen Illusion des Scheins zur Geltung kommen zu lassen.[374] Eben dieses »Ausdruckslose« ist dann auch weitgehend synonym zum Begriff der »Unterbrechung« (*rupture*) im Sinne der Literaturtheorie eines Blanchots zu verstehen, welche als Innehalten der leeren Worte auftritt, das die Sprache verstummen lässt – und darin ihre Wahrheit bekundet.[375]

372 Walter Benjamin, »Zur Kritik der Gewalt«, S. 179 ff. (203).

373 Ders., »Fragmente vermischten Inhalts«, S. 98 ff. (99). Vgl. auch: »Darum kann die Ordnung des Profanen nicht am Gedanken des Gottesreiches aufgebaut werden, darum hat die Theokratie keinen politischen, sondern allein einen religiösen Sinn.« Ders., »Theologisch-politisches Fragment«, S. 203 f. (203).

374 Ders., »Goethes Wahlverwandschaften«, S. 123 ff. (181).

375 Vgl. explizit dazu die berühmte – und nicht unterschlagen werden sollte: misogyne – Passage: »Wie die Unterbrechung durch das gebietende Wort es

Wo Nancy infolgedessen von einer Mit-Teilung *der Literatur* spricht, findet sich beim frühen Benjamin ihr Pendant der Kunstkritik. Damit wird nicht nur gleichermaßen das Ausgesetzt-Sein gegenüber einer iterativen Bedeutungsverschiebung in der Rezeption des Werkes angesprochen. Denn auch etymologisch ist die Teilung mit der Kritik verwandt. Immerhin rührt letztere vom altgriechischen *krínein*[376] her und weist neben der Bedeutungsdimension von Urteilen und Entscheiden auch auf einen teilenden Vorgang im Sinne eines Trennens, Scheidens und Entgegensetzens. Zudem lässt sich wohl in keinem anderen Begriff besser das Jenaer Erbe nachvollziehen, welches beide Autoren gleichermaßen verwalten und von ihnen aus wiederum sowohl an die radikale Demokratietheorie als auch die radikale Rechtskritik abtreten. Benjamin selbst arbeitet in seiner Dissertation aus dem Jahre 1919 über die Kritik im Sinne der »frühromantischen«[377] Kunsttheorie heraus, dass diese als experimentell und formlos angelegte Reflexion über ein Kunstwerk angelegt sei, durch welche dieses retroaktiv als ein Neues gestiftet werde – und sich darin stetig seiner Vollendung annähere.[378] Kritik könne danach also nicht mehr heißen: »Suche nach der richtigen Beurteilung, sondern nur noch: weitere Arbeit am Kunstwerk selbst.«[379] Die Argumentation deckt sich im Wesentlichen mit dem zwei Jahre später erschienen Essay *Die Aufgabe des Übersetzers* und folgt dem bereits angesprochenen Muster, nach dem auch die Übersetzung eine höhere Dignität erfährt als das Original, weil das Kunstwerk in diesem schöpferischen Prozess gegenüber einer bis dato gänzlich unbekannten Zeitlichkeit geöffnet werde. Somit komme es dem Absoluten, der Reinheit oder dem Messianischen immer wieder

vermag aus der Ausflucht eines Weibes die Wahrheit gerad da herauszuholen, wo sie unterbricht, so zwingt das Ausdruckslose die zitternde Harmonie einzuhalten und verewigt durch seinen Einspruch ihr Beben.« Ebd.

376 Vgl. dazu nur Niklas Luhmann, *Die Kunst der Gesellschaft*, Frankfurt am Main: Suhrkamp 2002, S. 163.

377 Der Begriff steht in Anführungszeichen, weil ich mit Karl Heinz Bohrer das moderne Potenzial der Romantik nicht von den präfaschistischen Tendenzen trennen und damit die Ambivalenz unterschlagen möchte, welche in diesem Streben zu erkennen ist. Vgl. dazu nur ders., *Die Kritik an der Romantik*, S. 61. Vgl. auch § 3 Abs. 2.

378 Walter Benjamin, »Der Begriff der Kunstkritik in der deutschen Romantik«, S. 7 ff. (26 ff.). Die Absage an die romantische Kunsttheorie findet sich dann im späteren ders., »Ursprung des deutschen Trauerspiels« (in: ders., *Gesammelte Schriften Band I,* Frankfurt am Main: Suhrkamp 1991, S. 203 ff.), auf das ich an dieser Stelle aus Platzgründen lediglich verweise.

379 Niklas Luhmann, Die *Kunst der Gesellschaft*, S. 458 (»Kunstwerke konzedieren jetzt ihre eigene Interpretationsbedürftigkeit und öffnen sich für mangelnden Konsens.«).

einen entscheidenden Schritt näher, obwohl diese zu erreichen ihr auf ewig verwehrt bleibe.[380]

Wie schon im eingangs zitierten Nietzsche-Diktum ist es somit das singulär aufscheinende Wirken, welches das Werk mit einer neuen Bedeutung versieht. Von diesem literaturtheoretischen Kerngedanken lässt sich dann auch die Brücke zum späteren Dekonstruktivismus bei Nancy oder Derrida schlagen, wenn diese das Recht und gleichsam die Politik mit einer institutionellen Logik des Ins-Werk-Setzens und somit der hermetischen Schließung gegenüber solchen alterierenden Bedeutungspraktiken identifizieren. Die *Entsetzung* sollte vor diesem literaturheoretischen Hintergrund nicht bloß als Trotzreaktion gegen jedwede Institutionalisierung betrachtet werden. Sie bezieht sich auf ein konkretes Medienensemble einerseits des niedergeschriebenen Gesetzes und andererseits des gesprochenen Rechts, dessen Wechselspiel durch eine spezifische »Leseordnung« befriedet werden solle.[381]Und gegen diese schreibt der Dekonstruktivismus an.

Die radikale Rechtskritik im Anschluss an Benjamin überträgt diesen Widerstand daraufhin in die politische Theorie und vermutet dort, wo einst die prunkvoll schillernde Herrschaft des Königs noch das Imaginäre kennzeichnete, in der Moderne eine juristische Kaste von Expertinnen, welche den Willen des Gesetzes in den eigenen Händen halten und sich als neuer »Mund des Gesetzes« berufen fühlen. Als Gegenreaktion fordern die Radikalen nicht bloß den Tod Gottes, sondern auch den Tod des Autors – und damit das Ende der Theologie wie auch das Ende der Teleologie im Recht. Für eine *Ästhetik der Überschreitung*, eine *Alteritätsethik* oder einen *politischen Messianismus*, welche dem Überschuss, dem Anderen oder der göttlichen Gewalt einen unbedingten Primat in der jeweiligen Theoriebildung zusprechen, ist damit ein wirkmächtiges Gegenbild geschaffen.

Tatsächlich finden sich hinsichtlich der *wahren Politik* auch solche Stellen bei Benjamin, die in eine solche Richtung vorausweisen. So ziele seine Kritik nach eigenen Angaben darauf, »die Rechtsordnung selbst an Haupt und Gliedern« anzufechten und stattdessen eine »Kultur des

380 Der Autor selbst legt diese Verbindung nahe und bezeugt, dass die »Gedankengänge der Romantiker [...] vor andern Einsicht in das Leben der Werke besessen hätten, von welchem die Übersetzung eine höchste Bezeugung ist.« Und ferner: »Freilich haben sie diese als solche kaum erkannt, vielmehr ihre ganze Aufmerksamkeit der Kritik zugewendet, die ebenfalls ein wenn auch geringeres Moment im Fortleben der Werke darstellt.« ders., »Die Aufgabe des Übersetzers«, S. 9 ff. (15).

381 Im Mittelpunkt steht dieser Begriff vor allem bei Cornelia Vismann, »Das Gesetz ›DER Dekonstruktion‹«, in: *Rechtshistorisches Journal 1992 (Band 11)*, S. 250 ff. (251). Anschließend an: Jacques Derrida, *Gesetzeskraft*, S. 81. Vgl. dazu ausführlich noch § 3 Abs. 1.

Herzens« – erinnert sei an die Bildsprache bei Bataille – zu etablieren, womit er eine gewaltlose Soziabilität nach dem Vorbild einer reinen Sprache avisiere, welche sich nicht nur entgegen, sondern gänzlich unabhängig von rechtlichen oder politischen Institutionen vollzieht.[382] Jedoch tut er das ausdrücklich, ohne einen hermeneutischen Anspruch darauf zu erheben, selbst verbindlich darüber bestimmen zu können, welche konkreten Lebensformen sowie daraus resultierende persönlichen Interessen, normativen Zwecke und politischen Programme nun unterstützenswert sein sollen.

Und gerade darin ist auch von ihm zu lernen, dass keine Setzung im Anbetracht des Messianischen überzeugen kann, die sich nicht jederzeit selbst zu entsetzen imstande und bereit sei. Um die Entsetzung des Rechts zu vollziehen, so im Ergebnis, bedarf es deshalb keiner Politik, die vom Himmel auf die Erde zu holen ist. Sie muss nach dem Vorbild *der Literatur* vielmehr als selbstgefährdende Öffnung des geschriebenen Gesetzes und seines durch die juristische Dogmatik stabilisierten Bedeutungszusammenhanges gegenüber einem »infiniten Raum der Andersheit«[383] betrachtet werden. Dieser zieht eine mögliche Durchbrechung des ebenso schicksalhaften wie verschuldenden Kreislaufs nach sich und offenbare die latente Unentscheidbarkeit eines Rechts, das unendlich zwischen *Setzung* und *Entsetzung*, zwischen *Verallgemeinerung* und *Partikularisierung* sowie zwischen *Schriftlichkeit* und *Mündlichkeit* oszilliert.

Dass sich die Entsetzung nicht ohne diesen impliziten Bezug auf eine mediale Infrastruktur verstehen lässt, lässt sich bei Benjamin auch an der Idee einer »Politik der reinen Mittel«[384] veranschaulichen – wobei anzunehmen ist, dass er diese synonym zum angesprochenen Begriff der wahren Politik verstanden hat. Eine zentrale Stellung nehmen *das Mittel* oder *die Mittelbarkeit* nämlich nicht nur in dessen Überlegungen zu Recht und Politik, sondern ebenfalls im Verhältnis zur Sprache ein. Unter anderem markiert er mit diesen Begriffen nicht weniger als den Sündenfall des Menschen: Der adamitischen Sprache sei nämlich dadurch ihre Unschuld geraubt worden, dass sie zu einem bloßen Mittel missbraucht wurde.[385] Im Gegensatz zum göttlichen Namen weiche in ihr das, was

382 Walter Benjamin, »Zur Kritik der Gewalt«, S. 179 ff. (187, 191 [Reihenfolge nach Zitierung]). Die Formulierung einer »unmittelbare[n] messianische[n] Intensität des Herzens« findet sich aber auch in: Ders., »[Theologisch-politisches Fragment]«, S. 203 f. (204).

383 Eigentlich aus der Systemtheorie stammend, wird dieses Zitat im Kontext der »Entsetzung« aufgegriffen von Christoph Menke, *Recht und Gewalt*, S. 68 f. Vgl. ferner Niklas Luhmann, *Das Recht der Gesellschaft*, S. 174.

384 Walter Benjamin, »Zur Kritik der Gewalt«, S. 179 ff. (193).

385 Ders., »Über Sprache überhaupt und über die Sprache des Menschen«, S. 140 ff. (153): »Der Sündenfall ist die Geburtsstunde des menschlichen

sich *durch* die Sprache mitteile, dem, was sich *in* ihr mitteile. Zwar bleibe dem Menschen eine Rückkehr zum paradiesischen Urzustand verwehrt; allerdings widmet sich Benjamin davon ausgehend einer Erläuterung dessen, wie die Reinheit eines Mittels, also die Unmittelbarkeit selbst zur Sprache kommen könne. Die Argumentationslinie läuft dabei nicht bloß weitgehend parallel zum Gewaltaufsatz, sondern erstaunlicherweise auch zum ästhetisch verstandenen Begriff der Souveränität bei Bataille, versucht dieser doch dem Zweck-Mittel-Schema und damit einer geschäftigen Alltäglichkeit des Immergleichen zu entkommen. Die Problematik besteht an dieser Stelle also auch für Benjamin darin, eine Unmittelbarkeit zu erreichen, die nicht selbst als Mittel zu einem bestimmten Zweck – und sei es zur Zwecklosigkeit selbst – eingesetzt wird.

Während die bisher nachvollzogenen Gedanken zum Messianischen kaum Anhaltspunkte für eine Lösung dieses Rätsels – geschweige denn eine »Endlösung«[386] im polemischen Sinne Derridas – geboten haben, läuft Benjamins Sprachtheorie auf einen aufschlussreichen Begriff hinaus (welcher zumal aus der zeitgenössischen Medientheorie nicht mehr wegzudenken ist).[387] Es handelt sich dabei um die Substantivierung des Verbs »mitteilen« und insofern um das Prinzip der *»Mitteilbarkeit«*, welches von ihm sowohl als »Grundproblem der Sprachtheorie« als auch »ihre Magie« bezeichnet wird.[388] Gemeint ist, dass die Unmittelbarkeit der Sprache in der spezifischen Möglichkeit angelegt ist, dass sie »als Mitteilung« eine konstitutive Referenz auf eine radikale Negativität und eine daraus resultierende Öffnung gegenüber ihrer instituierenden Macht mitzuteilen imstande sei.[389] In anderen Worten vollzieht das Sprechen danach nicht nur eine instituierende Setzung, sondern auch eine destituierende Entsetzung seiner kulturellen und insbesondere medialen Setzungen im Voraus, weil sie diese in der Sprache erkennbar werden lasse. Das Sprechen präsupponiere demnach nicht nur eine bereits bestehende symbolische Ordnung mitsamt ihren lexikalischen, grammatikalischen und syntaktischen Vorgaben, sondern bringe diese gleichsam hervor. Wer sich der Sprache bediene, verändere diese mit ihrem Gebrauch.

Der symbolische Überschuss an Bedeutungen, welcher sich *im* Medium und *als* dieses mitteilt, ließe sich ebenfalls mit Derridas Neologismus

Wortes, in dem der Name nicht mehr unverletzt lebte […]. Das Wort soll *etwas* mitteilen (außer sich selbst).«

386 Jacques Derrida, *Gesetzeskraft*, S. 115 ff.

387 Vgl. nur Sybille Krämer, *Medium, Bote, Übertragung. Kleine Metaphysik der Medialität*, Frankfurt am Main: Suhrkamp 2008, S. 43 ff. oder Thomas Vesting, *Die Medien des Rechts: Sprache (Band I)*, Weilerswist: Velbrück Wissenschaft 2011, S. 50.

388 Walter Benjamin, »Über Sprache überhaupt und über die Sprache des Menschen«, S. 140 ff. (142 f.).

389 Ebd., S. 140 ff. (145 f.).

der »Iterabilität« zu begreifen versuchen, welcher durch den Verweis auf das sanskritische *itera* im Sinne von »anders« sowie dem lateinischen *iterum* im Sinne als »von Neuem« auf eine Differenz in der Wiederholung hinzuweisen versucht.[390] Die reine Unmittelbarkeit würde nach Benjamin jedenfalls bedeuten, sich reflexiv darauf zu beziehen, dass die instituierten Bedeutungszusammenhänge innerhalb eines jeden erneuten Symbolgebrauchs fortwährend im intertextuellen Gefüge verändert werden. Eine *wahre Politik* oder ein *gerechtes Recht* nach dem Vorbild der *reinen Sprache* könnte es vor diesem Hintergrund so lange nicht geben, wie diese eine Wahrheit oder Gerechtigkeit in einer wie auch immer gearteten Institution, einer symbolischen Form oder einem Imaginären zu verkörpern sucht. In anderen Worten würden Politik und Recht erst dadurch unmittelbar oder eben mitteilbar, dass sie wie Sand zwischen den Fingern verrinnen, sofern man sie zu greifen versucht.

Dass diese aporetische Struktur ohne Weiteres auf das radikaldemokratische Denken des Politischen übertragen werden kann, bezeugt auch eine diesbezügliche Benjamin-Exegese von Werner Hamacher in seinem Aufsatz *Affformativ, Streik*. In diesem beschreibt er, dass eine »Politik der reinen Mittel« weniger eine Politik im klassischen Sinne als »das schiere Medium des Politischen« sei, namentlich »die einzige Politik, die nicht dient.«[391] Und weiter heißt es dort: »Mit [...] der ›Entsetzung‹ der Herrschaft positiven Rechts würde historisch – aber historisch so, daß eine andere Geschichte eröffnet wird – die Mitteilungsstruktur der Sprache, Gesellschaftlichkeit selbst durchschlagen.«[392] Nicht mehr der Autor oder das Werk, sondern die Sprache selbst würde damit zu sprechen beginnen. Das erinnert nicht zufällig an die schon terminologisch an die Mitteilbarkeit angelehnte Mit-Teilung bei Nancy, weil Hamacher diesem passenderweise seinen entsprechenden Text gewidmet hat. Bei Hamacher, dessen Denken wie schon bei Benjamin zwischen Frankfurt und Paris anzusiedeln ist, markiert diese »Mitteilungsstruktur« nun den Transmissionsriemen, der die messianische Kraft in die symbolische Ordnung übersetzt und sich darin zumindest als anwesende Abwesenheit, als Spur im Symbolischen zum Ausdruck bringen lässt.

Deshalb konzipiert Hamacher die Sprache in seinen Schriften niemals bloß als symbolisches, sondern immer zugleich als hyperbolisches, ja ein »hyper-sym-bolisches Geschehen«[393]. Der erste Teil des Begriffskompositums weist auf das vielfach benannte Mehr oder das Andere der

390 Jacques Derrida, »Signatur Ereignis Kontext«, in: ders., *Randgänge der Philosophie*, Wien: Passagen Verlag 1988, S. 259 ff. (298).

391 Werner Hamacher, Affformativ, Streik, in: Christiaan L. Hart Nibbrig (Hrsg.), *Was heißt ›Darstellen‹?*, S. 340 ff. (353).

392 Ebd.

393 Ders., »Das Recht im Spiegel«, S. 267 ff. (279 f.).

symbolischen Ordnung hin, von dem aus schon Bataille die von Nietzsche inspirierten Möglichkeiten zur Überschreitung einer als zwanghaft empfundenen Immanenz der bürgerlichen Existenz auslotete.[394] Hamacher beschreibt die daraus resultierende Unruhe dergestalt, dass die Sprache in ihrer Medialität gerade nicht als »fundamental-performativ« zu betrachten sei: »[S]ie setzt nicht einfach und setzt nicht einfach sich selbst, denn jede der in ihr vollzogenen Setzungen ist prinzipiell der Möglichkeit ihrer Ent-setzung (im Unverständnis, im Vergessen, in der Alteration, im Abbruch) ausgesetzt, ja sind Setzung nur, sofern sie Aus-setzungen sind.«[395] Spätestens damit wird das Register der Sprache auf ein postfundamentalistisches Entgründungsniveau gehoben.

Vollends amalgamiert werden Benjamins sprach-, rechts- und politiktheoretische Überlegungen zuletzt, wenn Hamacher die Setzung als rechtserzeugende Gewalt mit der durch John Austins Sprechakttheorie bekanntgewordenen »Performanz« sowie die Durchsetzung als rechtserhaltende Gewalt mit der »Affirmation« assoziiert und daraus dann für die Entsetzung als rechtsvernichtende Gewalt das titelgebende Begriffsprovisorium des *»Afformativen«* ableitet.[396] Der Kunstgriff erscheint schon deshalb gelungen, weil Hamacher damit der vorschnellen Bezichtigung einer reaktionären »Negation des Formativen« den Wind aus den Segeln nimmt und sich stattdessen auf das »formlose Ereignis der Formierung« bezieht – und damit einer instituierenden Macht, die er ausdrücklich als »das Politische« benennt.[397] Schließlich heißt es sogar, und dem wäre in der vorgeschlagenen Lesart Benjamins kaum noch etwas hinzufügen, dass die Entsetzung »ein politisches Ereignis« sei, wenn auch »eines, das alle kanonischen Bestimmungen des Politischen – und des Ereignisses – zerbricht« und sich insofern gegen alles richte, was »den Charakter einer Setzung oder Institution, einer Vorstellung oder eines Programms« habe.[398]

394 In einem Aufsatz zu Nietzsches »Individualität« im doppelten, also sowohl biographischen als auch werkimmanenten Sinn wird dieser Einfluss Batailles besonders augenfällig. Und das, obwohl man dessen Zitierung darin vergeblich sucht. Vgl. nur: »Sie [die Mitteilung] ist nichts als Verschwendung ihrer Erscheinung, Verausgabung ihres kommunikativen Vermögens und Zersprengung der internen Kommunikation ihrer Momente.« Ders., »›Disgregation des Willens‹. Nietzsche über Individuum und Individualität«, in: ders., *Entferntes Verstehen. Studien zu Philosophie und Literatur von Kant bis Celan*, Frankfurt am Main: Suhrkamp 2011, S. 113 ff. (147).

395 Ders., »Ou, séance, touche de Nancy, ici (II)«, in: ders., *Mit ohne Mit*, Zürich: diaphanes (Transpositionen) 2021, S. 297 ff. (325).

396 Ders., Affformativ, Streik, in: Christiaan L. Hart Nibbrig (Hrsg.), *Was heißt ›Darstellen‹?*, S. 340 ff. (346).

397 Ebd., S. 360.

398 Ebd., S. 346.

Während aber diese Ereignishaftigkeit noch im Gleichklang zu gängigen Konzepten der radikalen Demokratietheorie ertönt, erteilt Hamacher der nicht selten damit einhergehenden Erhebung des Politischen zu einem ontologischen Apriori eine klare Absage: Über die Entsetzung lässt er verlauten, dass »sie nicht in der Weise des Seins *ist*« und insofern »nicht *essentia*, und nicht *Wesen* – auch nicht das *Wesen* der ontologischen Differenz« sei, sondern vielmehr »ultra-transzendental und trans-ontologisch.«[399]

Zusammengefasst sollte die instituierende Macht des Politischen ebenso wenig innerhalb einer instituierten Politik verstetigt werden, wie sich die Unmittelbarkeit als Mittel zum Zweck der Zwecklosigkeit instrumentalisieren lässt. Das heißt wiederum nicht, dass die politische Theorie nicht mehr politisch sein kann oder sein sollte. Es heißt lediglich, dass sie sich keiner instituierten Politik mehr sicher sein kann, ohne zugleich Verrat an der instituierenden Macht des Politischen zu begehen. Im späteren *Passagen*-Werk findet Benjamin ein passendes Sinnbild für eine solche Haltung, die eine »Revolution als einer Innervation der technischen Organe des Kollektivs« anstrebt und die er vergleicht »mit einem Kind, das am Versuch, des Mondes habhaft zu werden, greifen lernt«.[400] Die zum Scheitern verurteilte Darstellung des Absoluten reflexiv in sich aufzunehmen, vermag nach Benjamin, Nancy und Hamacher bisher nur die Literatur zu vollbringen. Diese darf dann aber nicht selbst zur Form, zur Institution oder zur Politik werden, also keine Vollendung im Werk finden, weil sie ihr revolutionäres Pathos gerade aus dem ästhetischen Widerstand gegen die soziale Wirklichkeit beziehe.

Das Recht hingegen wird diesem Paradigma der Textualität aber nicht zugerechnet, sondern entgegengesetzt. Das Ergebnis der radikalen Rechtskritik nach Benjamin scheint damit von einem Imaginären vorweggenommen, in welchem der Vitalismus einer ansonsten fluiden, lebendigen und dynamischen Sprache in der festen, toten und statischen Rechtsform negiert wird. Dem politischen Körper des Königs entspricht in dem auf diese Art und Weise gezeichneten Bild eine rechtliche Körperschaft, deren äußere Grenzen wie eine Haut wirken und von der alles zur Verletzung des Ganzen stigmatisiert werde, was diese Immanenz zu transzendieren vermöge. Danach reduziere das Recht das Heilige auf das Profane und degradiere das Messianische zum Mythos. Das Recht ist dann Mund des Gesetzes und verlängerter Arm einer Politik zugleich, jedenfalls bloßes Mittel einer verkopften Herrschaft, die seine Zwecke diktiert. In ihm wird die zuvor noch in der Gesellschaft frei flottierende Sprache in ein anorganisches, ja mechanisch wirkendes Korsett aus Formalisierungen sowie vorgestanzten Verfahren, Regeln und Prinzipien

399 Ebd., S. 361.
400 Ders., »Aufzeichnungen und Materialien«, S. 655 ff. (777).

gezwungen, wodurch sich der Sündenfall des Menschen, die Gewalt, auf ewig im Recht wiederholt. Insofern entspricht dieser juridisch-ökonomische Komplex zwar nicht mehr ausdrücklich dem Kopf des *einen* Königs, steht aber nach wie vor unter dem Verdacht, mit nur *einer* Stimme zu sprechen und darin die »unmittelbare messianische Intensität des Herzens«[401] zu übertönen.

Doch stimmt das? Ist die rechtliche nicht ebenso wie die literarische Bedeutung ständig im Fluss ihrer fortwährenden Interpretationen und damit keine feste Substanz im Sinne eines diktierten Normbestandes? Und muss das geschriebene Recht deshalb nicht auch *wie* oder sogar *als* Literatur gelesen werden, deren Autoren – ob nun Gott oder Gesetzgeber – längst tot sind und deren Werkcharakter nicht ohnehin in der Nicht-Vollendung besteht? Dann nämlich würde ein Rechtskorpus in den Blick geraten, der längst keinen Kopf mehr hat und ganz darauf angelegt ist, den Überschuss oder das Andere der symbolischen Ordnung als singuläres Ereignis des Politischen erscheinen zu lassen und ihm unter Umständen sogar zur rechtlichen Geltung verhelfen zu können. Darum soll es im dritten und letzten Paragraphen gehen.

401 Ders., »[Theologisch-politisches Fragment]«, S. 203 f. (204).

§ 3
Recht, kopflos

Im vorangegangenen Paragraphen wurde eine Spur im Imaginären aufgenommen, in welcher die Analogie zwischen dem Politischen und dem Körper des Königs nicht mehr als positive Referenz – ob nun einheitlich oder plural, ewig oder vergänglich verfasst – erscheint und der Naturalisierung oder Legitimation von Herrschaftsverhältnissen dient. Ganz im Gegenteil verweist diese Spur, die sich ganz mit dem von Nietzsche verkündeten Tod Gottes verwischt, auf die anwesende Abwesenheit eines Oberhauptes. Sie deutet auf ein Machtvakuum an der Spitze der Gemeinschaft und einen daraus resultierenden Mangel an Identität, den man auch als eine symbolische Lücke zwischen dem Ganzen und seinen Teilen bezeichnen könnte. Die radikale Negativität sieht in der Enthauptung des politischen Körpers ungeahnte »Kräfte des Herzens« freigesetzt, die zuvor noch ganz dem Kopf des Königs unterworfen und in einer von ihm regierten Immanenz eingeschlossen waren. Zugleich wird die symbolische Ordnung unter diesen Entgründungsbewegungen in latente Unruhe gestürzt, weil sich damit der Sinn und die Bedeutung des Politischen verflüssigen und in einen unerschöpflichen Strom der Instituierung eintreten. Die radikale Demokratietheorie lotet darin ein widerständiges Potenzial aus und verlässt sich in ihrer Kryptonormativität des unendlichen Werdens auf dieses; wenn auch dieses Potenzial sich der Erkenntnis wie auch dem Begriff irreduzibel entzieht, aber deshalb eben noch *nicht nichts* ist, sondern immer wieder etwas *ganz anderes* bedeutet.

Die Genealogie eines solchen Theorieangebots lässt sich nun, wie ich zu zeigen versucht habe, ebenso gut über Nietzsche statt über Heidegger und Schmitt nachverfolgen. Was bei der Spurenlese am Wegesrand aufgelesen wurde, sind solch einflussreiche Kategorien wie das »Nietzsche-Sein« bei Bataille, der »Tod des Autors« bei Foucault, die »Exposition« bei Lacoue-Labarthe und Nancy, die »Mitteilbarkeit« bei Benjamin sowie das »Afformative« bei Hamacher. Allesamt wurden diese aus Reflexionen über die literarischen Kulturtechniken des Schreibens und Lesens gewonnen. Die Literatur in dem anspruchsvollen Sinne, den ihr die deutsche Romantik gegeben hat, bildet sozusagen den phänomenologischen respektive medientheoretischen Hintergrund, vor dem sich solche Entgründungsfiguren wie die Enthauptung, Entwerkung und Entsetzung überhaupt erst entfalten ließen.

Sowohl der Postfundamentalismus als auch der Begriff der Politischen verweisen auf eine Präfiguration in einem nunmehr ins theoretische Bewusstsein gerückten, experimentellen Register einer transgressiv angelegten Kunst. Als Riff zwischen den Welten des Wirklichen und Phantastischen wird sie zum ausgezeichneten Ort einer poetischen Erprobung des radikal Anderen, Fremden und Neuen, welches durch solche Werkzeuge wie Stift, Blatt und Druckerpresse die unendliche Schöpfung alternativer Welten zu kultivieren ermöglicht. So war auch die von Bataille, Nancy und Benjamin ausgerufene Selbstzweckmäßigkeit, ja die Zwecklosigkeit schon in der *Kritik der Urteilskraft* von Immanuel Kant doch ein Nimbus der Kunst, welcher durch seine verschlungenen Bahnen dann auch Eingang in die französische Theorielandschaft und damit eine dezidiert antifaschistische Nietzsche-Rezeption gefunden hat.

Doch wenn es dieses subversive Potenzial einer politischen Kunst ist, welches den Auftakt für die spätere Theoretisierung der Kunst des Politischen gibt, greifen solche radikaldemokratischen Entwürfe zu kurz, welche die instituierende Macht des Politischen gegen die instituierte Politik ausspielen und apodiktisch Partei für eine *Politik des Politischen* einnehmen, weil mit ihr das heilsbringende Versprechen der Revolution verknüpft wird. Den im vorherigen Paragraphen benannten Vordenkern liegt jedoch, wie ich zu zeigen versucht habe, in ihrem Ausgangspunkt nichts ferner als der Anspruch, selbst Politik zu machen. Dem liegt die zweifelsohne richtige Annahme zugrunde, dass auch eine Opposition mit ihrem Anspruch, eine ganz andere Politik oder eben eine Politik des ganz Anderen zu machen, am trügerischen Spiel der Herrschaftsorganisation teilnimmt. Der von ihnen ausgerufene Widerstand speist seine schöpferische Kraft aber gerade aus der radikalen Negation jeder Teleologie und Funktionalität. Der Begriff der instituierten Politik dient ihm lediglich zur Vermessung jener symbolischen Ordnung, die sie zu unterbrechen und jener formativen Grenzen, die er zu überschreiten sucht.

Deshalb werbe ich dafür, den Begriff des Politischen mit Claude Lefort radikal zu entdifferenzieren und als instituierende Macht nicht mehr nur auf die Politik, sondern auf das Soziale überhaupt zu beziehen. Einem solchen Begriff entspricht in seinen möglichen Effekten daraufhin alles, was man mit Niklas Luhmann als »Umwelt« der funktionalen Politik beschreiben könnte, einen *unmarked space* oder gar ein bloßes Rauschen, das als *noise* von *order* zu unterscheiden ist.[1] Mit Jacques Rancière könnte man im Gegensatz zur vernünftigen »Rede« von bloßem »Lärm« im Sinne nicht weiter dechiffrierbarer Laute und Geräusche sprechen.[2] Damit kann das Politische alles bedeuten – und zugleich nichts.

Der Begriff wird durch seine Unschärfe aber nicht nutzlos. Sein Nutzen liegt, wenn man ihn reflexiv begreift, in dem, was er zu beschreiben sucht: Der *Begriff des Politischen* muss in anderen Worten selbst als *politischer Begriff* wahrgenommen werden. Denn was er benennt, offenbart er als etwas, das immer auch *anders* sein könnte. Wo ein Phänomen

1 Niklas Luhmann, *Die Gesellschaft der Gesellschaft*, Frankfurt am Main: Suhrkamp 1998, S. 65.

2 Jacques Rancière, *Das Unvernehmen*, S. 34 f., 41 und insbes. 64 f.

mithin als politisch ausgewiesen wird, erscheint es als Effekt einer instituierenden Macht respektive kontingentes Ergebnis eines gesellschaftlichen Aushandlungsprozesses. Dem damit benannten Thema wird der Schleier der Notwendigkeit entrissen. Wo das Politische aufscheint, erscheinen somit alternative Weltentwürfe denkbar, weil die Wirklichkeit der kollektiven Anstrengung zugänglich erscheint. Was politisch ist, wird nicht mehr wahrgenommen als von Gott gegeben, der Natur bedingt oder einem höheren Gesetz determiniert.

Der sowohl prädikative als auch performative Vorgang der Markierung eines Phänomens *als* politisch gleicht damit einer Inversion der bereits zuvor angesprochenen »Struktur der ursprünglichen Nachträglichkeit« und somit der retroaktiven Stiftung eines Anfangs von einem Standpunkt aus, der eigentlich dessen Folge darstellt.[3] Dem, was bereits besteht, wird durch das Politische vielmehr der metahistorische Boden unter den Füßen entzogen, wenn dessen vermeintlicher Ursprung auf das Nichts und dessen Letztbegründung auf einen grundlosen Grund zurückgeführt wird. Kein Ereignis *ist* damit per se politisch, weil es sich eben um keine beobachtungsunabhängige oder auch ontologische Eigenschaft handelt, die ihm irgendwie substanziell anhaften könnte. Doch wo nichts politisch ist, *kann* es alles sein. Freilich kann es mal mehr oder mal weniger sinnvoll sein, bestimmte Themen als politisch zu markieren, weil man dadurch immer zugleich den Streit und somit auch solche Ergebnisse produzieren könnte, die aus eigener Warte bessere und schlechtere Folgen haben. Aber sich in der Reflexion auf ein solches Taktieren nicht einzulassen, bedingt eben die Maxime, selbst keine Politik zu machen.

Die damit eingenommene Distanz bringt diesem Theorieangebot freilich, wie bereits zuvor erwähnt, immer wieder den Kardinalvorwurf einer »Entpolitisierung« ein.[4] Wenngleich dies auf den ersten Blick berechtigt erscheinen mag und manche die Verteidigung dagegen als spitzfindiges Herumtheoretisieren abtun mögen, wird die radikaldemokratische Pointe meines Erachtens damit allerdings gerade verfehlt: Das Nichtpolitische

3 Philippe Lacoue-Labarthe, »Die Fiktion des Politischen«, S. 119 ff. (190) sowie Werner Hamacher, »Lectio«, S. 151 ff. (191).

4 Lesenswert dazu sind die Kritiken von Michael Hirsch, der seinerseits das klassisch-staatszentrierte Denken nicht aufzugeben bereit ist. Vgl. Ders., *Die zwei Seiten der Entpolitisierung*, S. 195 sowie ders., Das Primat des Symbolischen und seine Kritik, in: Thomas Bedorf/Kurt Röttgers (Hrsg.), »Das Politische und die Politik«, S. 335 ff. (337 ff. und 359 ff.). Zur Ehrenrettung der radikalen Demokratietheorie vgl. nur Andreas Hetzel, »Der Staat im Diskurs der radikalen Demokratie«, in: Michael Hirsch/Rüdiger Voigt (Hrsg.), *Der Staat in der Postdemokratie. Staat, Politik, Demokratie und Recht im neueren französischen Denken*, Stuttgart: Franz Steiner Verlag 2009, S. 171 ff. (181 f.).

kann nämlich nur attestieren, wer das Politische definiert und damit solch pragmatische Kriterien wie ein handlungsfähiges Subjekt, eine apodiktische Staatsfixierung oder das Intensitätskriterium von Freund und Feind zugrunde legt. Dann aber wären wieder nur die instituierte Politik und eine davon ausgehende Einheitsmatrix zum Ausgangspunkt der politischen Theorie erklärt. Also nicht weniger als das Gegenteil dessen, was sich die Heterologie nach Bataille, die Dekonstruktion nach Nancy und die wahre Politik bei Benjamin ausdrücklich zum Zweck gesetzt haben, nämlich die Emanzipation von jedem Zweck. Und auch dem *Centre de recherches philosophiques sur le politique* ging es mit dem »Entzug des Politischen« keinesfalls um die Wiederherstellung einer seit der Moderne sukzessive schwindenden Steuerungsfähigkeit von einem erhobenen Zentrum aus, das nun eben der Elfenbeinturm für sich proklamiert. Vielmehr ging es darum, zu verstehen, ob und wie eine instituierende Macht gedacht werden kann, welche die instituierte Politik zu *subvertieren*, *aufzubrechen* und zu *überschreiten* imstande ist.

Wenn man die radikale Demokratietheorie nach diesem Gusto einem Vorwurf aussetzen möchte, und damit komme ich zum letzten Paragraphen, dann sollte man diesen zumindest unter ihren eigenen Bedingungen formulieren. Die bloße Emphase einer instituierenden Macht scheint mir dazu weniger Anlass zu bieten als der Absolutheitsanspruch des meist auf einen Antagonismus reduzierten und zur Ontologie überhöhten Gegensatzes der politischen Differenz. Gerade ihre instituierte beziehungsweise konstituierte Opposition hat nämlich, anscheinend ganz unabhängig von der konkreten Ausgestaltung der Politik und des Rechts, darunter zu leiden, dass die subversiven Kräfte des Politischen geradezu apriorisch das Primat zugesprochen bekommen. Die Institution ist immer das Unwahre. Diese kryptonormative Stoßrichtung richtet sich aber nicht nur gegen die instituierte Politik, zu deren Ehrenrettung mir der Wille und die Kompetenz fehlen, sondern auch gegen die Rechtsform und die liberal-rechtstaatlichen Institutionen. Eine darin implizierte Gleichsetzung von Politik und Recht scheint mir gerade in der Moderne jedoch unhaltbar.

Erinnert sei dazu nur noch einmal kurz an die vorherigen, wenn auch bisher eher beiläufig erwähnten Assoziationen: Zunächst betrachtet Bataille das formale Recht als Element der »sozialen Homogenität« schlechthin, welches im liberalen Rechtsstaat der ewigen Aufrechterhaltung einer anästhetisierenden Geschäftigkeit im alltäglichen Produktionskreislauf diene und damit nicht weniger als den Faschismus vorbereitet habe, der das dadurch geweckte Begehren nach einer ästhetisch verstandenen Souveränität lediglich für seine verhängnisvollen Zwecke zu kanalisieren gewusst habe. Ganz ähnlich erscheint das Recht im assoziativen Zusammenhang mit dem »Immanentismus« bei Nancy, welcher die Gemeinschaft in einem ewigen (Regel-)Werk zu vollenden suche und dadurch wieder in den Mythos kippe. Letzteren sieht schließlich auch Benjamin engverbunden mit dem Recht, überdecke dieses mit ihm doch seinen Ursprungsmangel der Gewalt und wähne sich in der falschen Hoffnung, eine Gerechtigkeit beschwören zu können, die es in seiner »Mittelbarkeit« doch gerade verhindert. Das Recht bezeichnet damit immer wieder den Kulminationspunkt dessen, gegen die sich die Literatur und mit ihr solche Entgründungsfiguren wie die souveräne »Überschreitung«, die »Exposition« gegenüber dem Anderen oder die profane Erwartung des messianischen »Kommens« richten.

Damit umrissen ist zugleich eine moderne Vorstellung vom politischen Körper, der aufgrund seiner rechtlichen Verfassung nicht aus seiner Haut kann und sich, gefangen in einem positivistischen Spiegelkabinett, in einer unendlichen Schleife um die eigene Referenz dreht. Als bloßer Annex der instituierten Politik zeugt diese Verknüpfung der beiden Kategorien des Rechts und dem Mythos von einem Imaginären, in dem das Recht anscheinend weniger *gelesen* als *gesprochen* wird und sich somit nicht dem Überschuss oder dem Anderen gegenüber aussetzt. Es erklärt sich dann – wie schon das göttliche Gesetz – als Offenbarung seiner selbst und wiegt sich ganz im falschen Schein des Schicksalshaften. Während die Sprache einer seit der deutschen Romantik reflexiv gewordenen Literatur einem nichtversiegenden *Fließen* von Sinn und Bedeutung unterliege, gerinne sie im »defizitären, instrumentellen Sprachgebrauch«[5] des Rechts zu einem rigiden Bestand an Verfahren, Regeln und Prinzipien, deren Sinn und Bedeutung immer schon *feststehen*. Das monarchische Erbe tritt dann ein Autor der Gesetze an, dessen Funktion sich im liberalen Rechtsstaat lediglich auf mehrere Köpfe aufteilt, namentlich eine rechtsbegründende Gesetzgebung und eine rechtsanwendende Justiz und Verwaltung. Das Werk *lebe* dann nicht in seiner Interpretation fort, sondern vollende sich in einer *toten* Rechtsform. Damit wird das Recht verdächtigt, nicht weniger als die Zeitlichkeit und das Politische selbst zu blockieren.

So unvollständig dieses Bild an dieser Stelle noch sein mag, erweckt es doch einen ersten Verdacht, dem ich im folgenden Paragraphen weiter nachgehen werde, wonach die radikale Demokratietheorie im Recht noch immer ein letztes Residuum vom Kopf des Königs vermutet.

* * *

Wer den König nicht aus dem Kopf bekommt, muss ihn nicht gleich abschlagen. In diesem Sinne neige ich für die Sache der Theoriebildung weniger dazu, für weitere Enthauptungsgesten, sondern vielmehr für einen Exorzismus zu plädieren, welcher den »Bann der Monarchie« und seine gespenstischen Präfigurationen ein für alle Mal loszuwerden versucht. Erst

5 Christian Kalthöner, *Die Gewalt des Rechts*, S. 148 (mit Bezug auf Benjamin, Agamben und Derrida).

dann vermag sich, so meine Hoffnung, in dem bisher dargelegten Theorieapparat eine *radikale Demokratietheorie des Rechts* zu entfalten, deren Untersuchungsgegenstand die instituierende Macht des Politischen nicht konterkariert, sondern produktiv zu entfalten versteht. Zugleich möchte ich dieses interdisziplinär angelegte Unternehmen als Versuch verstehen, zwischen der radikalen Demokratietheorie und einer in der Tendenz eher rechtspositivistisch geprägten Jurisprudenz eine vermittelnde Position auszuloten, welche sowohl auf einen *radikaldemokratischen Begriff des Politischen* als auch einen *modernen Begriff des Rechts* zurückzugreifen versteht.

Am Horizont erscheinen soll ein Recht, in welchem die normativen und formativen Setzungen, in und mit denen es operiert, in einem kontinuierlichen Prozess der Exposition begriffen werden; ein Recht, das als komplexes Medienensemble aus geschriebenen Gesetzen und gesprochenen Entscheidungen verstanden wird und demnach gar nicht dazu imstande ist, eine hermetisch abgeschlossene Einheit darzustellen; ein Recht, das in einem reflexiven Sinne als Literatur betrachtet wird und entgegen den rechtspositivistischen Legenden keine autoritäre oder auch nur autoritative Kontrolle über das hyper-symbolische Geschehen der Sprache hat – und sie auch gar nicht haben kann; ein Recht, das den Bedeutungsüberschuss als den grundlosen Grund seiner operativen Praxis begreift und damit seine Geltungskraft nicht aus einer historischen oder metaphysischen Begründungsfigur bezieht, sondern aus seiner permanenten Instituierung *durch* und *als* das Politische. Auf eine abschließende Formel gebracht: Entworfen werden soll eine Theorie vom Recht, die politisch ist – aber eben darin alles andere als Politik.

Im *ersten* Absatz des folgenden Paragraphen werde ich zunächst versuchen, das radikaldemokratische Rechtsbild und damit die totalitäre Schimäre aus instituierter Politik und konstituiertem Recht noch etwas genauer zu konturieren, indem ich mich auf Jacques Rancière beziehe (I.). Dabei versuche ich vor allem herauszustellen, ob und inwiefern auch sein Politik- und Rechtsverständnis auf die Französischen Revolution und den damit verbundenen Übergang zur Moderne zu reagieren vermag. In den Blick geraten soll dadurch eine *Politik nach dem König*, wobei sich diese Nachfolge in einer doppelten Art und Weise zum Dativ verhält, nämlich zugleich als Bruch und als Kontinuität.

Die komplexe Gemengelage versuche ich anhand des neuerdings wieder populär werdenden Begriffs der »Polizei« im historischen Sinne der »guten Policey« nachvollziehen, welche durch eine an Foucault anknüpfende Rezeption ihren zweiten Frühling erlebt.[6] Die Polizei verkörpert

6 Vgl. dazu grundlegend Michel Foucault, »›Omnes et singulatim‹: Zu einer Kritik der politischen Vernunft«, in: ders., *Dits et Ecrits (Band IV)*, Frankfurt am Main: Suhrkamp 2005, S. 165 ff. und Jacques Rancière, *Das Unvernehmen*, S. 40 ff.

dann zwar keine imaginäre Einheit des Ganzen mehr, nichtsdestotrotz kommt ihr aber das königliche Privileg einer sozialen Steuerung und der Regierung eines ästhetischen Regimes zu. Wie auch zuvor verschwimmen damit die Grenzen zwischen dem Imaginären der Monarchie und des liberalen Rechtsstaats.

Was andere als einen modernen Übergang vom Körper des Königs zum Korpus des Gesetzes bezeichnen, erscheint bei Rancière als neuer Anstrich des alten Herrschaftsanspruchs und einer nach wie vor stattfindenden Unterdrückung des radikaldemokratischen Potenzials. Der liberale Rechtsstaat wird dabei als *postdemokratisch* qualifiziert, weil die repräsentative Mittelbarkeit der rechtsstaatlichen Institutionen ihrerseits auf einen trügerischen Mechanismus der Wahl zurückgeführt wird, der weniger Ausdruck des Politischen als einer komplexen Arithmetik und deren Antizipation durch die Meinungsforschung sei. Hinter den gesetzten Zwecken des Rechts vermutet Rancière das technokratische Wissen neuer Königsmacherinnen. Das juristische und ökonomische Expertentum wird sogar zur Unmöglichkeitsbedingung eines revolutionären Subjekts überhaupt erklärt, weil es die für die Revolution notwendige Unvernunft vermissen lasse.

Die Wurzeln dieses Imaginären, dessen schemenhafter Umriss sich von Bataille und Benjamin in der Mitte des letzten Jahrhunderts bis hin zu Nancy, Hamacher und eben auch Rancière in der Gegenwart zieht, reichen tief. Bereits mehrfach habe ich am Rande die Parallelen zwischen der *deutschen Romantik* und einem französischen Denken erwähnt, wie sie besonders deutlich schon im Surrealismus, dann aber vor allem im Dekonstruktivismus und nicht zuletzt in der radikalen Demokratietheorie nachzuvollziehen sind. Das betrifft freilich weniger das in der Romantik noch ganz vom Idealismus geprägte Streben nach organischer Einheit als vor allem die Karikatur des liberalen Rechtsstaates im Sinne eines automatisierten Mechanismus und einer daraus resultierenden Identität von Gesetzestext und rechtlicher Bedeutung. Vor allem bezieht sich das auf die angesprochenen Assoziationszusammenhänge der politischen Differenz, die sich bereits in der altbekannten Unterscheidung aus Natürlichem und Künstlichem angekündigt hat und von der deutschen Romantik zugespitzt und ins Normative gewendet wurde. Sie kehrt als eine verabsolutierte Opposition aus einem *formbefreiten*, *lebendigen* und *sinnlichen Organismus* sowie einer *formalistischen*, *toten* und *mechanischen Organisation* wieder. Dass darin bereits eine Präfiguration der Zwecklosigkeit, der ästhetischen Erfahrung, der Plötzlichkeit sowie der späteren Umrisse des radikaldemokratischen Begriffs des Politischen zu erkennen ist, werde ich im *zweiten* Absatz darzulegen versuchen (II.).

Denn gerade über den von Derrida, Lacoue-Labarthe und Nancy entwickelten Dekonstruktivismus und dessen maßgebliche Beeinflussung durch Bataille, Benjamin sowie Blanchot lässt sich nachvollziehen, inwiefern romantische Motive auch in jene französische Diskurslandschaft eingesickert sind, aus der später die radikale Demokratietheorie erwachsen sollte. Auf der Seite *des Politischen* steht in der deutschen Romantik eine von Kunst und Literatur katalysierte Sehnsucht nach einer intensiven, präsentischen und spontanen Gemeinschaft. Einher damit geht eine transzendentale Erfahrung des ereignishaften Außer-Sich-Seins, in dessen meist poetischer Umschreibung vor allem ästhetische, ethische und nicht zuletzt sakrale Aspekte miteinander kulminieren. Dem schwärmerischen Pathos geht zudem eine Skepsis gegenüber dem Konstitutionalisierungsprozess nach der Französischen Revolution voraus, der in seinem leidenschaftslosen Formalismus schon ganz mit jenem Ressentiment belegt wird, das später *der Politik* entgegenschlagen sollte. Dieses lässt sich nicht zuletzt dadurch belegen, dass die spätestens seit Hobbes berühmtgewordene Metapher vom politischen Körper als einer großen Maschine vor allem in dieser Zeit eine pejorative Konnotation erhalten und sich mit technikpessimistischen und industrialisierungskritischen Erzählungen verwoben hat.

Vor dem Hintergrund dieser Genealogie möchte ich für ein Imaginäres plädieren, in dem der liberale Rechtsstaat zwar keinen Kopf, aber durchaus einen Körper hat. Zwar entbehrt das moderne Recht einer zentralen Schaltstelle und kann auch in keine definite Einheitsmatrix eingefügt werden, aber nichtsdestotrotz lassen sich dessen Operationen durch eine konstitutive Grenze sowie auch eine Struktur und Materialität kennzeichnen. Ein solches Verständnis ist nicht weniger als eine Konsequenz der medientheoretischen Einsicht, dass Gesetze nicht bloß ausgesprochen, sondern immer wieder aufs Neue gelesen werden. Wer das *Recht als Literatur* zu verstehen bereit ist, vermag mit dem Eintritt der Moderne einen Wandel im Imaginären festzustellen, der sich nach Aleida Assmann mit dem Begriff der »Exkarnation« und damit als Übergang vom leibhaftigen Königskörpers auf den kopflosen Schriftkorpus der Gesetze beschreiben lässt.[7] Zum »entscheidenden Charakteristikum« der Moderne gehört demnach, dass der politische Körper mit seiner rechtlichen Verfassung eine »textförmige Gestalt« angenommen hat und nicht auf ein »bloß äußerliches, gegenüber ihrem ›substanziellen Kern‹ weitgehend kontingentes Phänomen« verweist, sondern dass das Recht in seinem »Ganzen« gegenüber der Kontingenz geöffnet wird.[8]

Im *dritten* und letzten Absatz werde ich diese, auf die Textualität des Rechts zugeschnittenen Überlegungen noch einmal zu generalisieren und

7 Vgl. dazu nur Aleida Assmann, Exkarnation, S. 133 ff. sowie für die Rechtstheorie: Thomas Vesting, *Die Medien des Rechts: Buchdruck*, S. 115 ff.

8 Ino Augsberg, »Verfassung als Text und Versprechen«, in: *Rechttheorie 2016 (Bd. 47 H. 2)*, S. 183 ff. (183 f.) Vgl. zu diesem an die Literaturwissenschaft

zu einer *radikalen Demokratietheorie des Rechts* auszuweiten versuchen (III.). Das Recht soll nicht mehr bloß auf die politische Differenz bezogen, sondern die politische Differenz als Leitunterscheidung *in* das Recht übertragen werden. Weder kann das Recht nämlich auf ein bloßes Mittel der Politik reduziert werden – etwa zur bloßen Zementierung und Verschleierung von Machtasymmetrien – noch kann die ständige Bewegung des Politischen ausgerechnet im Recht seinen grundlosen Grund finden.

Vielmehr resultiert das Recht gerade erst aus einer Differenz zum Rest seiner sozialen Umwelt, mithin auch der Differenz zur Politik. Schon bei Lefort finden sich Überlegungen, die in eine solche Richtung weisen. So spricht dieser ausdrücklich davon, dass in der Moderne eine »Entflechtung von Macht und Recht« stattgefunden habe.[9] Insofern kommen instituierte Politik und konstituiertes Recht bei ihm gerade nicht zur Deckung, sondern weisen in ihrer Unterschiedenheit wechselseitig über sich hinaus. In dieser Konstellation erscheint das Recht dann sogar als potenzieller Unruheherd gegenüber der Politik, von dem sich das Politische seine instituierenden Bahnen brechen kann. Offensichtlich wäre damit aber keinesfalls ein Monopol oder auch nur eine Vorrangstellung des Rechts hinsichtlich eines demokratischen Potenzials benannt. Schon intuitiv scheint es fernliegend, ausgerechnet so bürokratisch geführte Institutionen wie deutsche Behörden, Gerichte, Kanzleien und Universitäten zur Avantgarde des politischen Wandels zu erklären. Das Recht kann in dieser Pauschalität deshalb weder als Hemmschuh noch als Motor, sondern höchstens als ein – wenn auch mit einer gewissen Latenz und Störanfälligkeit behafteter – Seismograph des Politischen betrachtet werden.

Für eine radikale Demokratietheorie des Rechts lässt sich diese schwierige Gleichung, nach der das Recht einer klaren Zuordnung auf nur einer Seite der politischen Differenz harrt, durch seine »innere Politisierung«[10]

angelehnten Textbegriff: ders., *Die Lesbarkeit des Rechts. Texttheoretische Lektionen für eine postmoderne juristische Methodologie*, Weilerswist: Velbrück Wissenschaft 2020, S. 12 f.

9 Mit der an die Phänomenologie Merleau-Pontys angelehnten Formulierung von der »Entflechtung« versucht Lefort also im Gegensatz zu einer bloßen »Abspaltung« einen Vorgang zu beschreiben, welcher »nicht die Form der wechselseitigen Beziehung auslöscht, die durch diesen Bruch begründet wird«. Claude Lefort, »Menschenrechte und Politik«, S. 239 ff. (259); unter zusätzlicher Berücksichtigung der Wissensdimension: ders., »Die Frage der Demokratie«, S. 281 ff. (293 f.). Eine solche Beziehung zur Politik gleicht somit in etwa dem, was Sonja Buckel in Anlehnung an die Systemtheorie als »relationale Autonomie des Rechts« beschreibt. Vgl. dies., *Subjektivierung und Kohäsion. Zur Rekonstruktion einer materialistischen Theorie des Rechts*, Weilerswist: Velbrück Wissenschaft 2015, S. 242 ff. und S. 255 ff.

10 Gunther Teubner, *Verfassungsfragmente*, S. 182 ff. Vgl. auch ders., »Gesellschaftlicher Konstitutionalismus und die Politik der Multitude«, in: Thore

lösen. Das Ergebnis lautet, dass das Recht nicht *entweder* konstituierte Ordnung *oder* konstituierende Macht, sondern immer *sowohl als auch* ist. Es hat zunächst eine formale und institutionelle Seite, bestehend aus der Gesamtheit an Gesetzen und Kommentaren, an Präjudizen und der herrschenden Meinung, aus kanonisierten Auslegungsregeln sowie aus impliziten, gleichwohl feststehenden Wertungen, aus deontologischen Prinzipien und aus konstitutionell abgesicherten und routinierten Verfahren. Daneben hat es auch eine, in der klassischen Rechtstheorie grandios unterschätzte, informelle Seite, weil es sowohl eine instituierte Praxis – bestehend aus formativen Erzählungen und Bildern vom Recht, von Sitten und Konventionen vor Gericht oder im Handelsverkehr, aber eben auch der Sprache – als auch die Fähigkeit voraussetzt, diese immer wieder zu überschreiten. Letztere Dimension deutet sich in solchen Begriffen wie der Jurisgenesis bei Robert Cover oder dem *pouvoir constituant* bei Carl Schmitt an und wird von Cornelius Castoriadis schließlich auf den Begriff der »institutionsgebenden Macht« gebracht, der sich von dort aus bis hin zur Kategorie »des Rechtlichen« in einer zeitgenössischen Kultur- und Medientheorie des Rechts bei Thomas Vesting nachverfolgen lässt.

Eine solche Perspektive auf das Recht erlaubt es, solche Hyperphänomene wie den ästhetischen Überschuss, die alteritätsethische Exposition gegenüber dem Anderen oder das messianische Kommen als dem modernen Recht nicht entgegengesetzt, sondern inhärent zu begreifen. Zu seinem zukünftigen Fortbestand ist das Recht, strukturell gesehen, vielmehr sogar davon abhängig, das Gesetz dem Mehr und Anderen der rechtlichen Bedeutung auszusetzen und damit die Normativität des Textes in immer neue Kontexte übersetzen zu können. Die kognitiv unvorhersehbare und auch normativ nicht im Vorhinein einzuhegende Heimsuchung durch das Politische ist aber zugleich eine Bedrohung für die konstituierte Rechtsordnung, weil die historischen Bedingungen ihrer praktischen Implementierung sich kontinuierlich verschieben. Verkennt es diese instituierende Macht, wird das Gesetz zu einem bedruckten, aber bedeutungslosen Papier. Damit verortet die *radikale Demokratietheorie des Rechts* ihren Untersuchungsgegenstand fernab einer widerspruchsfreien Einheit oder mythischen Identität, in der letzte Gründe zur Verfügung stünden, die nicht selbst durch ständige Aushandlungsprozesse zur

Prien (Hrsg.), *Der Staat im Empire. Zur Staatstheorie des Postoperaismus*, Baden-Baden: Nomos 2016, S. 173 ff. (185): »Politisierung eines sozialen Sektors bedeutet, intensive und konflikthafte Prozesse kollektiver Reflexion auszulösen, die sich mit den sozialen Konsequenzen der Expansion und der Begrenzung seines Mediums beschäftigen. Diese eigenständige Politisierung wird durch ›kollegiale Institutionen‹ in der allgemeinen Öffentlichkeit, in zivilgesellschaftlichen Bewegungen, NGOs, Gewerkschaften, Berufsverbänden, Universitäten und Unternehmen erzeugt.«

Disposition gestellt würden. Ihr Ausgangspunkt ist vielmehr die Differenz von Gesetz und Interpretation, wodurch eine latente Spannung zwischen der Fixierung und Vervielfältigung von rechtlichen Bedeutungen entsteht, die im modernen Recht in keine der beiden Richtungen gänzlich auflösbar ist.

I. Richten und Rechnen

1. Der fehlende Körper

Wer sich mit den verschiedenen Inszenierungen des politischen Körpers und ihrer spezifischen Funktionsweisen im kulturellen Gedächtnis beschäftigt, die von der monozephalen Legitimation bis zur azephalen Diskreditierung der Herrschaft reichen, wird kaum umhinkommen, sich an irgendeinem Punkt mit der bisher ausgesparten Fabel vom »Streit der Glieder mit dem Bauch« zu beschäftigen.[11] Der Ausgangspunkt dieser Erzählung, die am Prominentesten von Titus Livius in seinem monumentalen Geschichtswerk *Ab urbe condita* überliefert wurde, ist wie so häufig in der römischen Geschichtsschreibung die ständische Teilung der Republik und ein daraus resultierender Konflikt zwischen den Patriziern, also den altehrwürdigen und mächtigen Familien, und den Plebejern, dem einfachen Volk.[12] Bei einer militärischen Einberufung der Truppen sei ein Aufruhr entstanden, im Zuge dessen sich die Plebejer im Jahr 494 v. Chr. auf einen Berg unweit der Stadt zurückgezogen hätten. Aufgrund dieses Vorgangs sei ein »ungeheurer Schrecken« durch die Republik gefahren, weil die Stadt bei einem potenziellen Angriff weitgehend ungeschützt gewesen wäre.[13] Als einzige Hoffnung habe erschienen, den Menenius Agrippa, einen »beredten Mann« mit plebejischen Vorfahren »als Unterhändler« zu den Aufmüpfigen zu schicken.[14] Und tatsächlich habe dieser eine Meisterleistung der diplomatischen Verhandlungskunst vollbracht und die Plebejer zur Vernunft überredet, indem er ihnen ein rhetorisches Gleichnis über den politischen Körper erzählt habe. Dessen unverkennbare Pointe besteht darin, dass alle Organe und Glieder jeweils für sich ihren Teil zum großen Ganzen beizutragen hätten und sich als Einzelne unbedingt kooperativ verhalten müssten, um dem Körper seine Lebenskraft einhauchen zu können.

Im strategischen Einsatz der Metapher wird von Menenius Agrippa suggeriert, dass der politische Streik eine Ähnlichkeit mit dem Boykott eines Körpers gegen den Bauch aufweist – und sich beide damit im

11 Vgl. dazu ausführlich nur Albrecht Koschorke et. al., *Der fiktive Staat*, S. 15 ff. oder auch Ernst-Wolfgang Böckenförde/Gerhard Dohrn-van Rossum, »Organ, Organismus, Organisation, politischer Körper«, S. 519 ff. (525 ff.).

12 Vgl. Marie-Theres Fögen, *Römische Rechtsgeschichten. Über Ursprung und Evolution eines sozialen Systems*, Göttingen: Vandenhoeck & Ruprecht 2003, S. 63 f.

13 Titus Livus, »Buch II«, in: ders., *Römische Geschichte. Buch I-III*, Düsseldorf und Zürich: Artemis & Winkler Verlag 2007, S. 158 ff. (234).

14 Ebd.

Endeffekt nur selbst schaden. Der Auszug aus der Stadt gleiche einer Verschwörung der Glieder, die glaubten, selbst Blut, Schweiß und Tränen zu vergießen, während der Bauch »in der Mitte ruhig bleibe und nichts anderes tue, als sich der dargebotenen Genüsse zu erfreuen.«[15] Schon nach einem kurzen Hungerstreik durch den Mund und die Zähne erweise sich aber, dass nicht bloß den Bauch, sondern den Körper insgesamt die »schlimmste Entkräftung« befalle und einzugestehen sei, »daß auch der Bauch eifrig seinen Dienst tue« und dass er weniger von den Anderen ernährt werde als dass er diese ernähre.[16] Dass die Fabel ihren Zweck erfüllt hat, wird schließlich dadurch offenbar, dass das zuvor noch widerständige Publikum der Erzählung sich prompt zu Verhandlungen bereiterklärt. Deren Ergebnis hat, so viel der Vollständigkeit halber, dann in nicht weniger als dem patrizischen Zugeständnis eines Volkstribunats bestanden, welches den Plebs »eigene heilig-unverletzliche Beamte [...] zur Hilfeleistung gegen die Konsuln« zur Verfügung gestellt und damit eine Repräsentation in der römischen Politik verschafft habe.[17] Es gehört dann auch zur Geschichte, dass das Volkstribunat später als eine der mächtigsten Institutionen der Republik galt.[18]

Der fabelhafte Kern dieser Erzählung weist freilich weit hinter diese – historisch übrigens mehr als zweifelhafte – Verwendung bei Livius zurück, und zugleich über sie hinaus.[19] Für ihre kulturelle Bedeutung, welche in nicht weniger als einem wegweisenden Entwurf eines Imaginären vom politischen Körper noch für Jahrhunderte besteht, ist das freilich

15 Ebd.

16 Ebd., S. 234 f.

17 Ebd., S. 235.

18 So schreibt Niccolò Machiavelli, dass Rom ohne »die Zwistigkeiten zwischen Volk und Senat [...] seine Größe nicht erreicht hätte« und die »Macht der Volkstribunen zum Schutz der Freiheit notwendig« gewesen seien. Ders., *Discorsi. Gedanken über Politik und Staatsführung*, Stuttgart: Kröner 2007, S. 28 f. Übrigens dient das Volkstribunat bis heute als Vorbild politischer Partizipationsmodelle: Etwa, wenn das »Institutionendefizit« der radikalen Demokratietheorie durch die »Überführung des Klassengegensatzes in ein institutionelles Setting« kompensiert werden soll. Vgl. dazu nur Steffen Herrmann, »Radikaldemokratische Institutionen. Gruppenvertretung und Volkstribunat«, in: ders./Matthias Flatscher, *Institutionen des Politischen*, Baden-Baden: Nomos Verlagsgesellschaft 2020, S. 225 ff. (237 ff., 243 ff.), der sich unter anderem auf John P. McCormick, *Machiavellian Democracy*, Cambridge und New York: Cambridge University Press 2011, S. 31 ff. bezieht.

19 Mit weiteren Nachweisen, insbes. zu Dionysius, vgl. Dietmar Peil, *Der Streit der Glieder mit dem Magen. Studien zur Überlieferungs- und Deutungsgeschichte der Fabel des Menenius Agrippa von der Antike bis ins 20. Jahrhundert,* Frankfurt am Main, Bern und New York: Peter Lang 1985, S. 10 ff.

zu vernachlässigen. Ihre Wirkung liegt weniger in der Vergangenheit als in ihrer gegenwärtigen Referenz – und das betrifft sowohl die Erzählung des Agrippa als auch die Erzählung dieser Erzählung etwa bei Livius selbst oder auch Dionysios von Halikarnassos. Wer nämlich auch immer diese Geschichte vom politischen Körper erzählt, vollzieht einen »Sprech*akt* in dem präzisen Sinn« eines hergestellten Bedeutungszusammenhanges zwischen der Fiktion eines natürlichen Körpers und sozialen Gesetzmäßigkeiten, wobei aus diesem »Als ob« der Kongruenz des Symbolischen mit dem Realen »neue Tatsachen« geschaffen werden.[20]

Der Aufruhr der Plebejer kann deshalb auch ohne Weiteres mit einem Ursprungsmythos des radikaldemokratischen Begriffs vom Politischen verglichen werden, immerhin zieht er die Institutionalisierung des Volkstribunates und insofern eine neue Teilung respektive ein anderes In-Form-Setzen des Gesellschaftskörpers nach sich. Diese Bedeutung der formativen Erzählung lässt sich ebenfalls an dem Streit ablesen, der sich um sie und solch nebensächlich erscheinende Faktoren wie den Namen des Berges entzündet, auf den sich die Plebejer zurückgezogen haben. Dass in der möglichen Wahl zwischen dem *mons sacer* und dem *Aventin* nämlich vor allem die politische Frage einer klassenbezogenen Sympathie mit den Plebejern verhandelt wird, weil letzterer als ein »plebejischer Ort«[21] gilt, vermag einen Hinweis darauf zu geben, dass in diesem Diskurs mehr verhandelt wird als geschichtswissenschaftliche Akribie. Die genetische Frage »nach dem Anfang der Macht« lässt sich zugleich als politische Frage »nach der Macht des Anfangs« verstehen – und damit als »die Macht, das zu bestimmen, was aussagbar ist«[22]

Man sollte sich dem Umstand bewusst sein, dass nicht bloß die monarchische oder totalitäre Staatsraison im Becken des Imaginären fischt, sondern auch ihre radikale Kritik. Eine »*imagined community*«[23] ist deshalb nicht bloß die Nation, sondern auch die Kommune. Niemand geringeres als die *Acéphale*-Gemeinschaft selbst hat doch bezeugt, dass sich keine Identifikation außerhalb des Symbolischen vollzieht und auch

20 Ethel Matala de Mazza, »body politics«, S. 167 ff. (170).

21 Unter anderem sei es schließlich auch der Aventin gewesen, an dem 456 v. Chr. den Plebejern erstmalig ein eigener Landbesitz gewährt wurde. Mit weiteren Beispielen: Tobias Mulot, »Sie schreiben einen Namen in den Himmel. Historische Überlegungen zur Politik der Multitude bei Michel Foucault, Pierre-Simon Ballanche und Jacques Rancière«, in: Marianne Pieper et. al., *Biopolitik – in der Debatte*, Wiesbaden: VS Verlag für Sozialwissenschaften 2011, S. 227 ff. (242).

22 Cornelia Vismann, »Die Macht des Anfangs«, in: ZMK 2011 (H. 2), S. 57 ff. (59).

23 So das geflügelte Wort von Benedict Anderson, *Die Erfindung der Nation. Zur Karriere eines erfolgreichen Konzepts*, Frankfurt am Main und New York: Campus Verlag 1996, S. 4.

solche Leitmotive wie ein enthauptetes Individuum, eine entwerkte Gemeinschaft oder ein entsetztes Gesetz immer wieder auf ein figuratives Drittes Bezug nehmen, von dem aus sich die entgründende Bewegung überhaupt erst vollziehen lässt. Deswegen macht es politisch zwar einen großen, medial aber keinen Unterschied, ob auf der jeweiligen Bühne der strafende Patriarch oder die fürsorgende Mutter, das Todeswerk oder schließlich das Nichts und ein Niemand, also das Erscheinen des Mangels selbst inszeniert wird. Das wird in der radikalen Demokratietheorie zwar nicht ausdrücklich geleugnet, allerdings wird nicht selten der Anschein erweckt, als seien solche Referenzen ausschließlich Sache der von ihr ausgewiesenen Feinde der Demokratie.

Betrachtet man es einmal durch die radikaldemokratische Brille, erscheint durchaus nachvollziehbar, dass eher klassische Konzepte wie die mittelbare und virtuelle Legitimation im Sinne einer offengelassenen Verfahrensbeteiligung sowie die generelle Idee einer Repräsentation auf keine besondere Gegenliebe stoßen, weil sich der Überschuss und das Andere der symbolischen Ordnung – und damit das Politische selbst – erst im Unterschied zu diesem politikwissenschaftlichen Analyseraster erkennen lässt.[24] Jedoch unterschlagen solche Nebelkerzen wie die »Entkörperung« und »Undarstellbarkeit« der Demokratie die Notwendigkeit, dass sich auch eine noch so kopflos erscheinende Kritik auf irgendeine Art und Weise verkörpern und darstellen muss, um erscheinen zu können.

Meines Erachtens wird also die Körpersprache zu Unrecht als Schibboleth der Herrschaftsapologie markiert. Eine solche Pauschalisierung impliziert, dass es so etwas wie eine »stabile Referenz« einer Metapher überhaupt geben kann, sozusagen ein kontinuierlicher Bedeutungsstrang auf einer Metaebene, welcher den verschiedenen Kontexten und Subtexten enthoben ist – und sich nicht erst *durch* und *als* diese manifestiert.[25] Was demnach auf Livius vielleicht noch zutreffen mag, kann mitnichten verallgemeinert werden: Wer vom politischen Körper spricht, hat deshalb allein noch lange keinen Kopf des Königs im Sinn.

24 Claude Lefort, *Fortdauer des Theologisch-Politischen?*, S. 35 f.

25 Dass daran anschließend immer nur »verschiedene Körperbilder miteinander im Wettstreit« liegen, wird zurecht von Thomas Lemke betont. Allerdings scheint er damit erstaunlicherweise Susanne Lüdemann widersprechen zu wollen, welche das politische Imaginäre des Körpers seines Erachtens als eine ebensolche »stabile Referenz« behandele. Ders., »Gesellschaftskörper und Organismuskonzepte«, S. 201 ff. (S. 219, 210 [Reihenfolge nach Zitierung]). Es entbehrt nicht einer gewissen Ironie, dass Lüdemann in der kritisierten Schrift einen ähnlichen Vorwurf gegenüber Autoren wie Benjamin und Agamben formuliert, weil deren Kritiken gänzlich auf die Idee der Repräsentation selbst abzielten – und insofern eine »stabile Referenz« der Souveränität unterstellten, die Lüdemann im Umkehrschluss wohl selbst bezweifeln dürfte. Dies., *Metaphern der Gesellschaft*, S. 195 ff. (199).

Kaum ein anderer scheint dies mehr verinnerlicht zu haben als Jacques Rancière, welcher der Erzählung ebenfalls eine beachtliche Schlüsselstellung in seinem Werk einräumt und entsprechend immer wieder auf die *secessio plebis* zu sprechen kommt.[26] Während dessen Lehre bei Livius noch gänzlich der Staatsraison galt, indem ein quasi-kontraktualistischer Gründungsmoment und die vernünftige Rückkehr zu Sicherheit und Ordnung beschrieben wird, findet sich bei Rancière eine Gegendarstellung, welche beinahe bezweifeln lässt, dass es sich um ein und dieselbe Geschichte handelt. Sein Widerstand gegen Livius bekundet sich darin, dass er diesem rigoros die erzählerische Kompetenz abspricht, dem geschilderten Konflikt »einen Sinn zu geben, weil er unfähig ist, die Fabel des Menenius Agrippa in ihrem wahren [*sic*] Kontext zu verorten: dem eines Streits über die Frage der Sprache selbst.«[27] Stattdessen beruft sich Rancière auf Pierre-Simon Ballanche, was schon allein deshalb als ein »subversive[r] Akt« zu deuten ist, weil dieser im Gefolge seines Vaters nur Buchdrucker war, mithin als literarischer Schöpfer mehr noch im technischen als im schriftstellerischen Sinne betrachtet werden kann.[28] Aus ebendieser Position bezieht sich die Geschichtsschreibung bei Rancière auf einen klassischen Bildungskanon, um diesen zu sabotieren und gegen sich selbst auszuspielen.

Noch erstaunlicher ist aber, dass es Rancière wie selbstverständlich vollbringt, in keiner seiner Erwähnungen der Geschichte auch nur ein einziges Wort zum politischen Körper, geschweige denn zum Inhalt der titelgebenden Fabel zu verlieren. Während andere noch von der »Entkörperung« reden, macht Rancière also Ernst mit ihr, indem er es nicht mehr tut. Sein beredtes Schweigen steht sogar im erklärten Gegensatz zu Lefort, dem er eine »Opferdramaturgie« attestiert, weil dessen starrer Blick auf die »großen Gespenster der terroristischen und totalitären Wiederverkörperung« gerichtet bleibe, aufgrund dessen die demokratische Revolution nur als eine »Katastrophe des Symbolischen« verstanden werden könne.[29]

Wenn Rancière hingegen von politischen Körpern spricht, bezieht er sich in aller Regel nicht auf eine Gemeinschaft, sondern auf die Einzelnen.

26 Vgl. dazu die Erwähnungen in: Jacques Rancière, »Die Gemeinschaft der Gleichen«, in: Joseph Vogl (Hrsg.), *Gemeinschaften. Positionen zu einer Philosophie des Politischen*, Frankfurt am Main: Suhrkamp 1994, S. 101 ff. (108, 121 ff.); ders., »Konsens, Dissens, Gewalt«, S. 97 ff. (100 ff.); sowie vor allem: ders., *Das Unvernehmen*, S. 34 ff.

27 Ebd., S. 35.

28 So nämlich auch Sergej Seitz, »Die Plebejer streiken. Literarität in Rancières politischer Philosophie«, in: Erik M. Vogt/Michael Manfé (Hrsg.), *Jacques Rancière und die Literatur*, Wien und Berlin: Turia + Kant 2020, S. 64 ff. (73).

29 Jacques Rancière, *Das Unvernehmen*, S. 109.

Damit bedient er freilich ein zeitgenössisches Paradigma, welches sich mit Foucault auch als Epochensignatur der Moderne beschreiben lässt, wonach die politische Theorie von der klassisch verstandenen Souveränität auf Bio-Politik umgestellt wurde. Mit ihr gehen weitere Verschiebungen einher wie die staatlicher Gewalt auf privaten Gehorsam, von drakonischer Strafe auf subtile Disziplinierung sowie vom einheitlichen Willen des Königs zum statistischen Wissen der Polizei.[30] Noch einmal etwas anders aufgezogen: »Die Disziplin ist die Kehrseite der Demokratie.«[31] Ging vorher die Körpersprache noch aufs Ganze und stellte auf ein erhobenes Zentrum ab, unter das sich die einzelnen Teile aufgrund von äußerlichem Zwang unterzuordnen hatten, folgt dieses Paradigma den subjektivierenden Praktiken der Macht bis hinein in die verschlungenen Mikroebenen des Innenlebens. Zwar korrespondieren die einzelnen Körper noch mit einer symbolischen Instanz der Macht; allerdings entspricht diese keiner Totalität mehr. Und das gilt nun ebenfalls für Rancière, welcher die symbolische Dimension des Körpers nicht *ad acta* legt, sondern lediglich das Augenmerk verschiebt, und zwar von einer monarchischen Verkörperung im Organischen zu einer modernen Organisation der Körper.[32]

Vor diesem Hintergrund kann nun der erzählerische Schachzug, wonach Rancière die Aufmerksamkeit vom Streit der Glieder mit dem Bauch ablenkt, als ein Wink dahingehend gelesen werden, dass die konventionelle Geschichtsschreibung die eigentliche Pointe der Erzählung gerade verkannt habe. Von der Singularität des politischen Ereignisses lenke nämlich ab, wer sich lediglich mit der Fabel und der mit ihr zusammenhängenden Frage beschäftige, ob die Analogie zwischen dem fiktiven Körper und dem politischen Konflikt nun weithergeholt oder naheliegend erscheint. Dies würde dem Reduktionismus entsprechen, die Metapher vom »doppelten Körper des Königs« allein danach zu beurteilen, ob die Repräsentation mehr oder weniger mit dem Repräsentierten übereinstimmt. Stattdessen weist Rancière darauf hin, dass der von Livius verkannte Sinn der Erzählung – also: »die Frage der Sprache

30 Insofern handelt es sich bei dieser Umstellung um Assoziationen, wie sie aus der von Foucault kritisierten Psychoanalyse bekannt sind und sich vom symbolischen *Vater*, dem strafenden *Gesetz* und dem *Tod* auf die der *Mutter*, der *Sorge* und des *Lebens* verschieben. Vgl. Michel Foucault, Vom Willen zum Wissen, S. 165.

31 Ders., »Auf dem Präsentierteller«, in: ders., *Dits et Ecrits (Band II)*, Frankfurt am Main: Suhrkamp 2014, S. 888 ff. (890).

32 Das korrespondiert übrigens mit Foucaults historischer Epistemologie, worin das »Prinzip der Organisation« den Übergang der Naturgeschichte zur modernen Biologie markiert. Ders., *Die Ordnung der Dinge. Eine Archäologie der Humanwissenschaften,* Frankfurt am Main: Suhrkamp 1988, S. 279 ff. (285 f.).

selbst« – gerade darin zu erkennen sei, dass in der Erzählung eine Unterbrechung der symbolischen Ordnung derart in Erscheinung tritt, dass sich eine neue, widerständige Subjektivität konstituiere.

Eine solche hat Foucault in einem Gespräch mit Rancière selbst einmal als »etwas im Gesellschaftskörper« beschrieben, »das [...] den Machtverhältnissen entgeht« und durch »eine zentrifugale Bewegung, eine gegenläufige, befreite Energie« gekennzeichnet werde.[33] Diese beschreibt er passenderweise dann sogar als »etwas Plebejisches« und meint damit, dass sich das von der Macht angerufene Subjekt spalte und widerständig gegenüber ihrem sonstigen Gehorsam zeige.[34] Und auch Rancière lässt an einer bezeichnenden Stelle ganz Ähnliches verlauten: »Es ist nicht zuerst der König, sondern das Volk, das einen doppelten Körper hat. Und diese Dualität ist nicht die christliche Dualität des himmlischen und des irdischen Körpers. Sie ist die Dualität eines Gesellschaftskörpers und eines Körpers, der jede gesellschaftliche Identifizierung verschiebt.«[35] Insofern legen beide Autoren ihre Finger in die Wunde einer klassischen Repräsentationslogik, für die Livius stellvertretend Pate steht. Diese versucht den Hiatus zwischen dem Symbolischen und Realen im Imaginärem zu überbrücken, anstatt das Erscheinen des Politischen als Bedingung der Möglichkeit zu begreifen, das Nichtrepräsentierte – und wohl auch: Nichtrepräsentierbare – in Erscheinung treten zu lassen.

Wenn die Fabel trotzdem noch im Mittelpunkt der Erzählung bei Ballanche und in seiner Nachfolge auch bei Rancière steht, dann tut sie das nicht mehr als rhetorische Finesse, sondern als schicksalsträchtiger Fauxpas des Menenius Agrippa, welcher darin bestehe, dass er mit den Aufrührenden überhaupt als sprach- und vernunftfähige Wesen umgegangen sei und nicht als etwas dem *Logos* im doppelten Sinne gänzlich Fremdes, *als wahlweise* dumme Tiere oder stumme Dinge. Hinter der eigentlichen »Moral der Geschichte« als Illustration der »Ungleichheit der Funktionen im Gesellschaftskörper« wird von Rancière eine »völlig andere Moral« identifiziert, »die gerade mit der Tatsache einherging, eine Fabel zu verfassen« und darin unterstelle, »daß man [mit den Plebejern] zu sprechen habe und daß dieses Sprechen verstanden werde.«[36]

Ebendeshalb kommt er zu dem Ergebnis, dass die Moral nicht in der Fabel, sondern im »Erzählakt selbst« erkannt werden müsse, und zwar

33 Ders., »Mächte und Strategien (Gespräch)«, in: ders., *Dits et Ecrits (Band III)*, Frankfurt am Main: Suhrkamp 2003, S. 538 ff. (542).

34 Ebd.

35 Jacques Rancière, *Das Unvernehmen*, S. 109.

36 Ders., »Die Gemeinschaft der Gleichen«, S.101 ff. (121). In anderen Worten ist die ständische Teilung »bereits in ihrer Grundlage zerstört, wenn er [i.e. der Unterhändler] den nieder Gestellten erklären muß, weshalb sie niedriger gestellt sind.« Ebd., S. 108.

als eine »Gleichheit der Verstandesvermögen.«[37] Dass die »Plebejer« durch ihre zugeschriebene Rolle als Zuhörende nun zu »Wesen der Sprache« und somit zu »Wesen« geworden seien, »die fähig sind, Versprechen zu geben und Verträge zu schließen«, mag dabei zunächst an eine sprachpragmatische Präsuppositionsanalyse erinnern, wie sie etwa von Habermas entwickelt wurde.[38] Bei näherem Hinsehen geht sie allerdings entschieden darüber hinaus, weil sie gerade kein Subjekt beschreibt, dessen »auf sich selbst bezogene Identität hohe Konsistenz besitzt« und die Subjektivierung vielmehr als »Des-Identifizierung« mit einer höheren Instanz – und sei es der Vernunft selbst – versteht.[39] Die politische Emanzipation wird bei Rancière also nicht durch die kommunikative Macht eines sich ständig aktualisierenden *Logos* gedacht, sondern immer frontal entgegen zu diesem. Die seit der Antike überlieferte Bedeutung dieses Wortes, seinerseits abgeleitet von *legein*, dürfe nach Rancière auch nicht als »zusammenbringende Macht der Rede« im Sinne von »versammeln« oder »zur Versammlung [...] kommen lassen« verstanden werden, sondern als »das Zählen oder Berechnen« einer zuvor noch unberechenbaren Menge.[40]

Wenn sich Rancière nun in seinen Deutungen auf die antike Erzählung vom Aufstand der Plebejer oder auf den *Logos* als dem *locus classicus* der attischen Philosophie schlechthin bezieht, lässt sich darin jedoch auch ein kleiner Widerstand gegen die angesprochene Epochensignatur im Sinne Foucaults erkennen, wonach die Moderne durch historisch-konzeptionelle Verschiebungen zu kennzeichnen sei, in welcher sich das Dispositiv von einer juridischen auf eine biopolitische Macht verschoben habe. Rancière arbeitet aus einer vormodernen Vergangenheit nämlich gerade kein vormodernes Dispositiv heraus, sondern denkt die historische Enthauptung des Königs in seinen Schilderungen immer bereits mit. Seine Geschichtsschreibung ist also dergestalt in der Moderne situiert, dass die beschriebene Regulierung des Sozialen nicht erst seit der Französischen Revolution, sondern immer schon über den individuellen Körper vollzogen werde. Schon das Imaginäre der römischen Antike sieht er durch eine politische Differenz zwischen den Teilen und seinem Ganzen gekennzeichnet. Mehr noch als an Foucault erinnert dieses Schema freilich an Agamben, welcher in der »Produktion eines biopolitischen Körpers« sogar »die ursprüngliche Leistung der Macht« zu

37 Ebd.

38 Ders., *Das Unvernehmen*, S. 36 f.

39 Gelungen erscheint mir die Formulierung, nach der Rancière selbst ein solches Verständnis als »eine polemische Singularisierung der Differenz des Universellen mit sich selbst« beschreibt. Ders., »Kritische Fragen an die Anerkennungstheorie«, S. 61 ff. (63, 70 f.).

40 Jacques Rancière, »Konsens, Dissens, Gewalt«, S. 97 ff. (104).

erkennen glaubt.[41] In der Moderne sei das immer schon bestehende »geheime Band« zwischen monarchischem Gesetz und neoliberaler Disziplin lediglich aus dem Arkanum ans Licht gebracht worden.[42] Ganz ähnlich weist aber auch Susanne Lüdemann darauf hin, dass das Imaginäre noch zu keiner Zeit lediglich »im Geist« und nicht zugleich »am Körper« angesetzt habe, also die Politik »in dem präzisen Sinne« schon immer modern war, »daß das menschliche Leben, um gelebt werden zu können, instituiert werden muss.«[43]

Ob aber die neoliberale Regierung des Körpers nun erst in der Gegenwart oder bereits in der Vergangenheit ausgemacht wird: Rancière reagiert auch dann noch auf die von Foucault beschriebene Modernitätserzählung, wenn er die Gegenwärtigkeit ihrer Vergangenheit betont. Damit einher geht das an keiner Stelle zweifelhafte Bewusstsein, dass sein Bericht über das Erscheinen des Politischen selbst eine solche Erscheinung des Politischen ist, weil er etwas über die Vergangenheit sagt, was in der Gegenwart wirkt. Eine solche Einsicht manifestiert sich nicht zuletzt auch in einem Schlüsselbegriff zu seinem Werk, nämlich der »Aufteilung des Sinnlichen« als einer zentralen Kategorie, die auf ihre eigene Verflechtung in eine immer bereits instituierte Welt verweist.[44] Sie erlaubt ihm nachzuvollziehen, »was eine Situation oder eine Handlung als politisch konstituiert« oder eben auch, »was die Tragweite eines literarischen Textes ausmacht«[45]

41 Giorgio Agamben, *Homo Sacer, Die souveräne Macht und das nackte Leben,* Berlin: Suhrkamp 2002, S. 16 (ohne Herv.). Wenn Agamben den Übergang zur Moderne denkt, dann tut er dies weniger in Anlehnung an Michel Foucault als Hannah Arendt, von der zugleich die dazu maßgebliche (ursprünglich aristotelische) Leitdifferenz zwischen Menschen und Bürger, zwischen dem nackten Leben als *zoe* und der politischen Existenz als *bios* herrührt. Die Moderne versteht er also nicht in einer Verschiebung der Souveränität zur Bio-Macht, sondern als eine Politisierung des nackten Lebens, einer Herauslösung der schon immer durch Souveränität geprägten *zoe* aus dem Privaten. Dadurch entstehe eine Zone der irreduziblen Ununterscheidbarkeit, eine ›Schwelle‹ im Sinne Benjamins, in die Agamben dann weitere Oppositionsbegriffe wie Regel und Ausnahme, Einschließung und Ausschließung, Recht und Faktum, aber eben auch Souveränität und Bio-Macht einflechtet. Diese Topologie des Zwischens, welche er vor allem mit philologischen Mitteln entwickelt, resultiert dann in der radikalen Zuspitzung eines Denkens, in dem »das Lager« zur strukturalen Bedingung der Ordnungsbildung überhaupt erhoben wird.

42 Ebd.

43 Susanne Lüdemann, *Metaphern der Gesellschaft*, S. 74 f.

44 Vgl. nur Jacques Rancière, *Die Methode der Gleichheit. Gespräch mit Laurent Jeanpierre und Dork Zabunyan*, Wien: Passagen Verlag 2014, S. 124.

45 Ebd.

Insofern ist die »Aufteilung des Sinnlichen« ebenfalls als Effekt dessen zu verstehen, was bisher als das Politische beschrieben wurde (und bei Rancière, soviel der Vollständigkeit halber, unter einer im Folgenden ausgesparten, weil sich dazu eher missverständlich verhaltenen Terminologie verhandelt wird).[46] Die *Aisthesis* als eine Sphäre der sinnlich-körperlichen Wahrnehmung wird gegenüber dem Politischen nicht als autonome Sphäre verstanden, die das Ding an sich von seiner sinnlichen Wahrnehmung trennt, sondern seinerseits immer auf eine »Konstitution oder Konfiguration« angewiesen ist.[47] Sie kennzeichnet in anderen Worten die »Geworfenheit«[48] in ein symbolisches Universum, ein instituiertes Regime aus Raum und Zeit, in dem sowohl die von Livius verkannte Frage darüber, »wer Zugang zu einer gemeinsamen Sprache hat und wer nicht« sowie darüber hinaus die generelle »Sichtbarkeit oder Unsichtbarkeit« von etwas *als etwas* bereits geklärt ist.[49]

Wie schon bei Nancy ist der französische Begriff der *partage*, den man ebenso mit Teilung als auch Teilhabe übersetzen könnte, dabei in einem doppelten Sinne zu verstehen, der sowohl auf die »Trennung« als auch die »Gemeinschaft« hinweist und die Politik als den Rahmen eines ständigen Oszillierens zwischen diesen beiden Polen aufspannt.[50] Insofern lässt sich bei Rancière eine Pendelbewegung nachvollziehen, die zwischen Ordnung und Revolution, zwischen Gehorsam und Widerstand, zwischen Form und Formgebung hin- und herschwingt.

Die politische Differenz verläuft somit parallel zu dem, was zuvor anhand des doppelten Körper des Volkes beschrieben wurde: Auf der einen Seite ist der *Logos* als eine »Zählung und Berechnung« anzusiedeln, durch den die »Anteile der Teile« sowie »die Körper im Raum ihrer Sichtbarkeit und Unsichtbarkeit« sowie überhaupt »die Weisen des Seins, [...] des Tuns, und [...] des Sprechens« instituiert worden seien.[51] Dieses trifft aber auf eine andere Seite, nämlich die »einer singulären

46 »Das Politische« beschreibt bei Rancière die »Institution« selbst, als einen »Interaktionsraum« zwischen einer instituierten und der instituierenden Macht, welche als politische Differenz dann unter einem Begriffspaar aus »der Polizei« und »der Politik« firmiert. Vgl. kurz und aufschlussreich dazu: ders., »Interview«, in: Dietmar J. Wetzel/Thomas Claviez, *Zur Aktualität von Jacques Rancière. Einleitung in sein Werk*, Wiesbaden: Springer VS 2016, S. 153 ff. (166 f.) Vgl. aber auch Franziska Martinsen, »Politik und Politisches«, S. 583 ff. (588 f.).

47 Jacques Rancière, *Politik und Ästhetik. Im Gespräch mit Peter Engelmann*, Wien: Passagen Verlag 2016, S. 63 f.

48 Vgl. nur Martin Heidegger, *Sein und Zeit*, S. 135 (als ein »Daß es ist«, eine »Faktizität der Überantwortung«).

49 Jacques Rancière, *Die Aufteilung des Sinnlichen*, S. 25 f.

50 Ders., *Das Unvernehmen*, S. 38.

51 Ebd., S. 39.

Unterbrechung« dieser Ordnung »durch die einfache Handlung, die Zufälligkeit der Gleichheit beliebiger sprechender Wesen zu aktualisieren, die weder arithmetisch noch geometrisch ist.«[52] Letzteres ist auch die charakteristische Eigenschaft eines politischen Subjekts, das einen »Zusatz oder Überschuß in Bezug auf jeden anderen Teil des Sozialkörpers« darstellt und dessen Gefahr einzig und allein darin zu erkennen ist, dass es »sich wieder mit den organischen Teilen des Sozialkörpers [...] oder gar mit dem Körper selbst« verwechsle.[53] Politisch ist danach im radikaldemokratischen Sinne, was sich in keiner mathematischen Gleichung auflösen lässt und sich als Unberechenbarkeit schlechthin erweist.

Wie wichtig für Rancière die immer wieder auftauchende Metapher der Zählung und Berechnung zu sein scheint, weil sich nur von ihrer Summe der »Anteil der Anteillosen« abheben lässt, kann besonders eindrücklich am Begriff »der Polizei« veranschaulicht werden.[54] Die Übersetzung aus dem Französischen ist jedoch wieder einmal missverständlich, weil das Homonym *la police* anders als im Deutschen neben dem Bezug auf eine staatliche Exekutivgewalt auch noch den Bezug auf die antike Polis, also das Wort für den griechischen Stadtstaat aufweist und deshalb nicht selten sogar synonym zu *la politique* verwendet wird. Allerdings schwingt auch eine deutsche Prägung in dem Begriffsverständnis bei Rancière mit, welche auf die »Policey« im Sinne des frühen verwaltungsrechtlichen Leitbegriffes etwa nach Johann Heinrich Gottlob Justi als »gute Ordnung« verweist.[55] Denn auch wenn der Begriff zuallererst in Frankreich nachgewiesen wurde, hat sich diese Bedeutung als im weitesten Sinne traditional-gemeinschaftlicher – und eben nicht: staatlich gesetzter – Idealzustand im 18. Jahrhundert vor allem diesseits des Rheins durchgesetzt und wurde zur Entwicklung einer befriedenden Strategie von »krisenhaften Symptomen wie Bevölkerungszunahme, Teuerung, Hunger, Seuchen oder Kriminalität« eingeführt.[56]

Wenn Rancière nun an diese Semantik anknüpft, geschieht dies wieder einmal über den Umweg von Foucault, der mit dem Rekurs auf diese traditionelle Begriffsverwendung die bereits benannte Umstellung von einem monarchischen Willen auf ein modernes – und das heißt an dieser

52 Ebd., S. 108, 39.

53 Ders., »Konsens, Dissens, Gewalt«, S. 97 ff. (107 f.).

54 Vgl. nur ders., *Das Unvernehmen*, S. 22 (zum »Anteil der Anteillosen«) sowie S. 33 ff. (zur »Polizei«).

55 Johann Heinrich Gottlob Justi, *Grundsätze der Policey-Wissenschaft*, Göttingen: Verlag der Witwe Vandenhoeck 1759. Vgl. Andrea Iseli, *Gute Policey. Öffentliche Ordnung in der Frühen Neuzeit*, Stuttgart: Ulmer 2009, S. 14 ff.

56 Karl Härter, »Policey«, in: Albrecht Cordes et. al. (Hrsg.), *Handwörterbuch zur deutschen Rechtsgeschichte* (digitalisierte Version), abrufbar unter: https://www.hrgdigital.de/HRG.policey (Zugriff: 22.10.22), Sp. 645 f.

Stelle: polizeiliches – Wissen herausgearbeitet hat. Entsprechend betont Rancière, dass mit der Polizei keine »Gummiknüppelschläge« und erst recht kein »Staatsapparat« zu verbinden seien, sondern sich der Begriff vielmehr auf »*alles*« erstrecke, und an dieser Stelle zitiert er Foucault, nämlich wirklich »*alles*, was den ›Menschen‹ und sein ›Glück‹ betrifft«.[57] Beim Zitierten findet man darüber hinaus noch zur weiteren Erklärung, dass das polizeiliche Interesse im Besonderen »die Koexistenz der Menschen auf einem Territorium; ihre Eigentumsverhältnisse; ihre Produkte; was auf dem Markt getauscht wird« sowie im Allgemeinen die »Lebensgewohnheiten, [...] Krankheiten und [...] Unglücksfälle« betreffe.[58] Überhaupt würde man mit Foucault wohl sagen, dass erst die Polizei den »lebenden, aktiven und produktiven Menschen« der Moderne hervorgebracht habe.[59]

Diese Begriffsausweitung wird aber noch einmal von Rancière übertroffen, der seine vorherige Formulierung »*alles*« weiter ausführt als »Ordnung der Körper, [...] des Sichtbaren und des Sagbaren« und darunter die Festlegungen verstehen möchte, »dass diese Körper durch ihre Namen diesem Platz und jener Aufgabe zugewiesen sind [...], dass diese Tätigkeit sichtbar ist und jene andere es nicht ist« sowie, »dass dieses Wort als Rede verstanden wird, und jenes andere als Lärm.«[60] Mithin manifestiert sich in diesem Begriff – wie schon in dem der Bio-Politik – vor allem eine Perspektive der politischen Theorie, wonach diese sich weniger auf den politischen Körper im Großen als im Kleinen bezieht. Das imaginäre Erbe vom *Kopf des Königs* sieht sie längst, statt in einem erhobenen Zentrum verdichtet, in den kleinteiligen Verästelungen des Sozialen und einer polizeilichen Ordnung zerstreut, die in ihrem Mechanismus der Selbstregierung ganz so wirkt, als habe man einen *König im Kopf*.

Allerdings weicht Rancière mitunter auch vom einstigen Lehrer ab: Zunächst kappt er noch das letzte Band zum Staat, weil die »Polizei« in der von ihm zitierten Vorlesung bei Foucault noch immer als »Regierungstechnik« erscheine, die dem Staat zwar nicht innerlich, aber – weil sie »Bereiche, Techniken und Ziele« betreffe, die dessen Intervention erforderten – zumindest »eigentümlich« sei.[61] Außerdem betont Rancière mit unverkennbarem Blick auf die Foucaultsche Machtanalyse, dass es ihm »nicht so sehr« um eine »›Disziplinierung‹ der Körper« gehe als um die »Regel ihres Erscheinens, eine Gestaltung der *Beschäftigungen*

57 Jacques Rancière, *Das Unvernehmen*, S. 40 (Herv. M.E.). Michel Foucault, »›Omnes et singulatim‹: Zu einer Kritik der politischen Vernunft«, S. 165 ff. (190 f.; Herv. M.E.): »Die Polizei umfasst *alles*.«

58 Ebd.

59 Ebd.

60 Jacques Rancière, *Das Unvernehmen*, S. 41.

61 Michel Foucault, »›Omnes et singulatim‹: Zu einer Kritik der politischen Vernunft«, S. 165 ff. (188) sowie Jacques Rancière, *Das Unvernehmen*, S. 40.

und der Eigenschaften der Räume, auf die diese Beschäftigungen verteilt sind.«[62]

Was hingegen die Wahl der Leitmetapher »der Polizei« als einer sozialen *Mathesis* angeht, treffen sich die beiden Autoren wieder beieinander: Das Regierungswissen, welches den König beerbt, wird bereits von Foucault unter die Notwendigkeit gestellt, »ein konkretes, genaues und abgemessenes Wissen« darzustellen, welches »eng mit der Entwicklung dessen« verbunden sei, »was man politische *Statistik* oder *Arithmetik* genannt hat.«[63] Schon bei Foucault lässt sich insofern ein Assoziationszusammenhang eines polizeilichen Regimes nachvollziehen, dem vornehmlich mathematische Kulturtechniken angehören, also das Zählen und Berechnen einer teilbaren Summe. Der monarchische Wille weicht nicht irgendeinem Wissen, sondern dessen größtmöglicher Abstraktion, der Zahl, welche die moderne Politik sowohl messbar als auch anschlussfähig für die ökonomischen Imperative der Rationalisierung und Effizienz werden lässt.

2. Judex non calculat

Bei Rancière findet sich dieses Verhältnis nicht bloß in den antiken Begriff des *Logos* rückinterpretiert. Es kulminiert schließlich in einer radikalen Kritik des liberalen Rechtsstaats als »*Arche* der Gemeinschaft«[64] eines zwar gänzlich modernen, aber dafür noch durchaus verkopften Regimes des Sinnlichen. Das Recht wird nicht von der Polizei unterschieden, sondern entspricht ihr gewissermaßen. Besonders zugespitzt findet sich dieser Aspekt auch bei Joseph Vogl wieder, der im Anschluss an Rancière zwar insofern von einem modernen Recht spricht, dass er dieses durch »feinere Kontrollmechanismen« als in der klassischen Souveränitätslehre ausgezeichnet sieht.[65] Nichtsdestotrotz gesteht er dem Recht

62 Ebd., S. 41. Überhaupt könnte man dem hinzufügen, dass der Subjektbegriff bei Rancière kaum noch etwas mit dem des frühen Foucaults zu tun hat und in seiner Betonung der radikalen Negativität als »einer unterbrechenden, nicht in Bestimmungen aufgehenden Kraft« wohl eher eine Wendung nimmt, wie sie vor allem Judith Butler in kritischer Auseinandersetzung mit dessen Diskurstheorie der Macht entwickelt hat. Vgl. dazu und m.w.N. Francesca Raimondi, »Subjektivierung«, in: Dagmar Comtesse et. al. (Hrsg.), *Radikale Demokratietheorie*, Berlin: Suhrkamp 2020, S. 622 ff. (627 f., 631).

63 Michel Foucault, »›Omnes et singulatim‹: Zu einer Kritik der politischen Vernunft«, S. 165 ff. (188).

64 Jacques Rancière, *Das Unvernehmen*, S. 117.

65 Joseph Vogl, »Asyl des Politischen. Zur Topologie politischer Gelegenheiten«, in: Uwe Hebekus et al. (Hrsg.), *Das Politische. Figurenlehren des*

keine Ausdifferenzierung zu und spricht sogar von einer »gemeinsam« von Recht und Polizei hervorgebrachten »Politik«, welche »eine wechselseitige Einweisung des Politischen« vollziehe.[66] Ganz ähnlich begreift auch Rancière, und das versuche ich in diesem Absatz näher auszuführen, das Recht als eine solche »Einweisung des Politischen«, die mit dem polizeilichen Regime des Sinnlichen gemeinsame Sache macht.

Über Foucault geht diese Eindeutigkeit freilich weit hinaus, der sich zum Recht insgesamt doch eher ambivalent verhält und es das eine Mal als souveräne Königstechnik identifiziert und mit der Moderne verabschiedet, nur um es dann ein anderes Mal unter einem technischen Aspekt in einer Genealogie des Juridischen wieder aufleben zu lassen.[67] Trägt man ein paar der verstreuten Bemerkungen Rancières zum Recht zusammen, ergibt sich hingegen ein einseitiges, zumal überaus pessimistisches Bild, in dem erstens die juristische *Expertise* und zweitens ein daraus resultierender *Konsens* als die zentralen Vehikel nicht etwa der Ermöglichung, sondern der Verhinderung der Demokratie durch den liberalen Rechtsstaat ausgemacht werden. Was demnach klassischerweise als zivilisatorische Errungenschaft betrachtet wird, nämlich das in der Vergangenheit erstrittene Normen nach ihrer Konstitutionalisierung als unumstößlich für eine unbestimmte Zukunft vorausgesetzt werden, wird bei Rancière als *Entpolitisierung der Politik* aufbereitet. Etwa leitet er die »Ordnung der Dinge« – man beachte abermals die Foucault'sche Terminologie – aus einer Assoziation »unter der Führung derer« her, »die das Recht zum Regieren« oder damit gleichbedeutend »das Recht der Besitztümer« innehätten und dadurch eine »symbolische Konstitution des Sozialen« bewirkten.[68] Das sollte bei Rancière aber keinesfalls im orthodox-marxistischen Sinne als Klassenherrschaft verstanden werden, so als ob er das Recht auf eine verborgene Funktion der Unterdrückung zurückführen würde. Vielmehr sieht er durch das Recht lediglich eine kontingente Teilung des Sozialen sowie deshalb immer auch einen politischen Ausschluss sowie eine bestehende Ungleichheit verstetigt.

Dieser ungleiche Zustand ist nicht lediglich als Faktum im Sinne eines ökonomischen oder materiellen Defizites zu verstehen, dem durch eine

sozialen Körpers nach der Romantik, München: Wilhelm Fink Verlag 2003, S. 23 ff. (29).

66 Ebd.

67 Michel Foucault, *Der Wille zum Wissen*, S. 106 ff. (zur Königstechnik); Ders., *Die Wahrheit und die juristischen Formen*, Frankfurt am Main: Suhrkamp 2015, S. 72 f. (zur juridischen Form); vgl. dazu insgesamt Petra Gehring, »Foucaults ›juridischer Machttyp‹, die Geschichte der Gouvernementalität und die Frage nach Foucaults Rechtstheorie«, in: Susanne Krasmann/Michael Volkmer (Hrsg.), *Michel Foucault ›Geschichte der Gouvernementalität‹ in den Sozialwissenschaften*, Bielefeld: transcript 2015, S. 157 ff. (insbes. 174 ff.).

68 Jacques Rancière, »Konsens, Dissens, Gewalt«, S. 97 ff. (106).

sozialpolitische Besserstellung beizukommen wäre. Er bezeichnet eine imaginär wie symbolisch instituierte Rechtsordnung. Der spiegelbildliche Idealzustand einer »Gemeinschaft der Gleichen« findet sich bei Rancière in erstaunlicher Nähe zu dem, was Nancy unter einer »entwerkten Gemeinschaft« verstanden hat. Erstaunlich ist das deshalb, weil auch Rancière die Alteritätsethik immer wieder als paralysierende Überforderung des Politischen kritisiert hat.[69] Gleichwohl koppelt auch er seine Gemeinschaftsvorstellung an ein prospektives Werden, das einer jedweden Repräsentationslogik diametral entgegensteht. Die Gleichheit verfüge demnach »über keinerlei Beständigkeit« und impliziere notwendigerweise »eine virtuelle Unendlichkeit von anderen« sowie die mit ihnen einhergehenden Anklagen der Ungleichheit.[70] Der radikaldemokratische Verdacht gegen die Institutionen speist sich somit wieder einmal nicht daraus, dass diese *so und nicht anders* sind, sondern daraus, dass sie so und nicht anders *sind*.[71] Wann immer eine Politik mithin zu einer Form gerinnt, um die sich ein pragmatischer Konsens, eine fraglose Anerkennung oder eine sonstige Unanfechtbarkeit rankt, gehört sie schon deshalb abgeschafft. Unterbrochen werden kann ihre polizeiliche Ordnung durch ein singuläres Ereignis, das manche als das Politische, andere als »etwas Plebejisches« bezeichnen würden und das bei Rancière – in seiner Logik nur folgerichtig – den Namen der *Gleichheit* trägt.

69 Sein Einspruch zielt, ganz ähnlich wie der von Oliver Marchart (vgl. dazu die Ausführungen in § 2 Abs. 2 a.E.), auf einen Vorwurf des Philosophismus- beziehungsweise Ethizismus: Sich nämlich der »Herrschaft der unendlichen Andersartigkeit« zu unterwerfen sei gleichbedeutend mit der Beseitigung der Politik. Ders., *Das Unvernehmen*, S. 144 f. Wie Dietmar J. Wetzel und Thomas Claviez bemerken, bezieht sich diese Kritik kaum auf Emmanuel Lévinas selbst, sondern vor allem auf dessen Rezeption, etwa in *Le Différend* von Jean-François Lyotard. Dies., *Zur Aktualität von Jacques Rancière*, S. 85 ff. (87 Fn. 3). Ferner stellen die Autoren ebenfalls in Frage, ob eine solche Ethik des Anderen nicht mehr Gemeinsamkeiten als Unterschiede zur Rancières eigener Ästhetik des Politischen aufweist. Ebd., S. 141 ff.

70 Ders., »Die Gemeinschaft der Gleichen«, S.101 ff. (108). Vor allem der darauffolgende Satz »Sie findet statt, ohne eine Stätte zu finden.« (ebd.) erinnert rein terminologisch schon stark an den Chiasmus von Stattgeben (*donner lieu*) und Statthaben (*avoir lieu*) als einer in der Alteritätsethik und vor allem Dekonstruktion immer wieder vorzufinden Trope (bspw. in: Jacques Derrida, »Frage des Fremden: vom Fremden kommend. Vierte Sitzung (am 10. Januar 1996)«, in ders., *Von der Gastfreundschaft*, Wien: Passagen Verlag 2018, S. 13 ff. [27]).

71 Vgl. nur Jacques Rancière, *Der Hass der Demokratie*, Berlin: August Verlag 2019, S. 115: »Die Demokratie [...] wird durch keine institutionelle Form gewährleistet.«

Das Skandalon des Rechts wird dann abermals in der symbolischen Reduktion des Sozialen auf eine konstituierte Form identifiziert. Diese perpetuiere die Ungleichheit so lange, bis sie durch eine demokratische Intervention der Gleichheit transformiert werde. Und eben dies verkenne der liberale Rechtsstaat notorisch, wenn er seine juridischen Generalisierungsleistungen irrtümlich mit dem kurzschließe, was zwar ebenfalls Gleichheit genannt werde, aber im Grunde genommen ihr Gegenteil darstelle. In seiner wohl berühmtesten Schrift *La Mésentente* bezieht sich Rancière gegen Ende sogar explizit auf die Verfassungsgerichtsbarkeit und konstatiert, dass deren höchstrichterliche Entscheidungsfindung allenfalls als »Parodie des demokratischen Streits« betrachtet werden könne.[72] Deren »Rechtskunst« und ihr »Wissen« habe nichts mit einer systematisch-deutenden Wissenschaft zu tun, sondern sei lediglich darauf zurückzuführen, das »unerwünschte Gesetz oder den unerwünschten Gesetzesartikel« in einen Widerspruch zu einem »Geist der Verfassung« oder einem menschenrechtlichen »Prinzip der Gleichheit« zu bringen.[73]

Damit bediene die juridische Gleichheit sich einer komplexen Argumentationsfigur, die Rancière als »Identität der Gleichheit mit sich selbst in ihrem Unterschied« bezeichnet.[74] Der erste Teil dieser Formulierung scheint auf einen in der Jurisprudenz klassischerweise eher als Einheit des Rechts umschriebenen Konsistenzanspruch hinzuweisen, aufgrund dessen eine hinreichende Vorhersehbarkeit der normativen Verhaltenserwartungen gewährleistet werden soll. Weil aber die Rechtsentscheidung auf den Einzelfall und damit auf eine singuläre Gleichheitsforderung zugeschnitten wird, darauf scheint mir der zweite Teil der Formulierung hinzudeuten, entwickle sich mit der Dogmatik die juridische Gleichheit anhand von weiteren Unterscheidungen. Etwa der Allgemeine Gleichheitssatz nach Art. 3 Abs. 1 GG würde danach eher dem entsprechen,

72 Jacques Rancière, *Das Unvernehmen*, S. 119. Die Anwendbarkeit dieser Überlegungen auf das deutsche Bundesverfassungsgericht steht allerdings auf wackeligen Beinen: Die besondere Drastik in Bezug auf die von Rancière behauptete Konsensorientierung des *Conseil d'État* scheint nicht zuletzt daraus zu resultieren, *dass* der Gerichtsentscheidung keine ausführliche Begründung hintangestellt wird; geschweige denn, dass eine mit dem deutschen ›Sondervotum‹ vergleichbare Möglichkeit eines sichtbaren Dissenses besteht. Und auch die expertokratische Dimension dieser Kritik scheint sich vor dem Hintergrund zuzuspitzen, dass das höchstrichterliche Personal in Frankreich traditionell eher aus zentralisierten Kaderschmieden, etwa der *École nationale d'administration* oder der *Ècole nationale de la magistrature*, rekrutiert wird. Vgl. auch die Anm. der Übersetzerin, in: Ders., *Der Hass der Demokratie*, S. 109.

73 Ders., *Das Unvernehmen*, S. 119.

74 Ebd.

was Rancière eine »arithmetische Gleichheit« nennt, weil letztendlich eine von Rechtsgelehrten vorgenommene Attribuierung von Ähnlichkeit darüber entscheide, anhand von welchen »Fällen von Ungleichheit« eine als »Gleichheitstext« inszenierte Verfassung überhaupt auf die Probe gestellt werden kann.[75] Rancières Rechtskritik scheint sich somit darauf zu beziehen, dass die Gleichheit der Rechtsentscheidung trotz der Singularität ihrer Einforderung in eine Einheit des Rechts reinkorporiert werden muss, die noch im Moment der Entscheidung retroaktiv den Anschein zu erwecken versucht, als habe sie die juristische Lösung des spezifischen Problems schon immer bereitgehalten. Als Verfassungsprinzip würde diese »arithmetische Gleichheit« sogar noch in den politischen Diskurs rückübersetzt; und das wohlgemerkt nur, um diesen zu beenden, weil sie in ihm fortan als ein frageloser Konsens vorausgesetzt werde.

»Das Problem« mit dem Recht, so führt Rancière an anderer Stelle aus, bestehe mithin darin, »daß es Experten in Sachen Recht gibt, daß es aber keine in Sachen Gleichheit gibt – oder genauer, daß die Gleichheit nur dort existiert, wo die Macht der Experten aufhört.«[76] Die juristische Expertise schaffe somit eine Gleichheit, zu der immer bereits alles gesagt ist. Wie schon zuvor bei Bataille oder Benjamin sieht Rancière das Juridische eng mit dem Ökonomischen verschwistert, weswegen das »Sichergeben in den ›Rechtsstaat‹« und die »Gleichsetzung der demokratischen ›Form‹ mit der Verwaltungspraxis« gleichbedeutend sei mit einer »Unterwerfung unter die wirtschaftliche Notwendigkeit.«[77] Auch spricht er von einer »Unterwerfung unter eine staatliche Ordnung [...], die sich ihrerseits selbst ganz dem Geschäft des Geldflusses ergibt.«[78] Sogar als »soziale Theodizee« beschreibt Rancière es, wenn sich die »juridische rationale Form als die natürliche Erscheinungsform der realen gesellschaftlichen Bewegung« entdecke.[79] Das Recht absorbiere mithin das subversive Potenzial des Gleichheitspostulates und überführe es in eine juristisch-ökonomisch geleitete Expertise, die fortan den herrschenden Konsens bilde – und die Gleichheit eben dadurch zum Erliegen bringe.

Besonders deutlich wird diese Stoßrichtung noch einmal in einem Interview, in dem Rancière eine sinnfällige Differenzierung vornimmt, wonach ein *Gesetz* nicht etwa als Teil der Polizei, sondern lediglich als »Text« zu betrachten sei, der damit auch »umgeschrieben« werden könne.[80] Das Gesetz sei von einer »Spannung« umgeben, die sich zum einen

75 Ebd., S. 18 (zur »arithmetischen Gleichheit«) und ansonsten wieder S. 119.
76 Ders., »Die Gemeinschaft der Gleichen«, S. 101 ff. (128).
77 Ders., *Das Unvernehmen*, S. 117, 122.
78 Ders., »Konsens, Dissens, Gewalt«, S. 97 ff. (105).
79 Ebd., S. 109.
80 Ders., »Interview«, S. 153 ff. (167).

aus solchen Rechten und Pflichten ergebe, »die ausschließlich in schriftlicher Form, niedergeschrieben in Gesetzen oder Verfassungen existieren« und zum anderen aus solchen »der politischen Ausübung [...], welche die existierenden Sphären der Geltung dieser schriftlichen Rechte herausfordern oder in Frage stellen.«[81] Die politische Differenz kehrt somit als die zwei Seiten eines Gesetzes wieder, auf dessen konstitutioneller Außenseite der scheinbaren Buchstäblichkeit ein entpolitisierender Konsens anhand von Gerichten, Behörden und Universitäten festgehalten wird und auf dessen demokratischer Innenseite der fluiden Normativität eine politische Kontestation durch den Protest, den Streit und das stete Einfordern von Gleichheit stattfindet. Allerdings, und das ist der springende Punkt, gerierten sich die rechtsstaatlichen Institutionen derart, dass sie beide Seiten harmonisch miteinander in Einklang bringen könnten. Insofern versuchten sie den »Zwischenraum zwischen Recht und Fall« aufzuheben, was in etwa damit vergleichbar wäre, die symbolische Lücke zwischen »Wirklichkeit« und »Bild« oder zwischen »Wirklichem« und »Möglichem« schließen zu wollen.[82] Im Ergebnis bezeugt Rancière auch an dieser Stelle ein Verständnis vom liberalen Rechtsstaat, wonach dieser beständig daran arbeite, die politische Differenz in einer imaginären Einheitsmatrix zu verkörpern und damit auch die für eine radikal verstandene Demokratie konstitutive Unruhe des Hypersymbolischen stillzustellen.

Spätestens damit sollte offenbar geworden sein, dass es sich bei der zuvor angesprochenen »Identität mit sich selbst in ihrem Unterschied« um keine diffizile Beanstandung einer rechtspositivistischen Methodenlehre handelt, sondern um einen allgemeinen Topos, der von Rancière immer wieder gegen das Recht in Stellung gebracht wird. Die Argumentationsfigur findet sich auch im Hinblick auf die bereits angesprochene »Gemeinschaft der Gleichen« wieder, welche deshalb durch keine rechtliche Verfassung zusammengehalten werden könne, weil diese einen lebendigen »Geist der Gemeinschaft« ausgerechnet in einer zeitlosen Form zu verkörpern suche und damit doch nur eine »Identität der Gemeinschaft mit sich selbst« festschreibe.[83] Nicht zufällig erinnert diese Verwechslung von politischer Wirklichkeit mit rechtlicher Fiktion in ihrer Zeitlosigkeit an die Assoziation des Rechts mit dem Mythos, wie sie bei Nancy und auch schon Benjamin zu finden war. Auch Rancière stellt die Verkörperung einer »Meta-Juridizität« – ob als vernunftrechtliches Moralgesetz, deontologische Verfahrensprinzipien oder auch nur als evolutionstheoretisch verkappte Fortschrittsidee – schon dadurch in Abrede, dass er im Gesetz einen stabilen Bedeutungszusammenhang identifiziert, der sich

81 Ebd.

82 Ders., *Das Unvernehmen*, S. 122.

83 Ebd., S. 117 f.

auf die Äußerlichkeit seiner Buchstaben bezieht und einer Deutungshoheit der Rechtsgelehrten obliegt.[84]

Ebendieser Topos einer »Identität mit sich selbst in ihrem Unterschied« sowie damit die Aufhebung der Differenz des Rechts zum *Fall*, zur *Gleichheit* und zur *Gemeinschaft* ermöglicht es Rancière, den Postfundamentalismus nicht wie noch bei Lefort gegen die Monarchie und den Totalitarismus, sondern gegen den liberalen Rechtsstaat selbst auszuspielen. Nicht die Abwesenheit oder eine Leere kennzeichnet nach Rancière das moderne Regime des Sinnlichen, sondern die »Abwesenheit einer Leere« und insofern die »Adäquation der Funktionen, der Orte und der Seinsweisen« ohne jeglichen Bezug auf ihr Äußeres.[85] Das, was andere also den Kopf den Königs zu nennen pflegen, wäre für Rancière nur ein irreführender, weil antiquierter Begriff für das Prinzip der Polizei und eine »symbolische Konstitution des Sozialen« respektive einen »Ausschluß« dessen, »was es nicht gibt« (i.e. das Unsichtbare, Unsagbare und Undenkbare).[86] Argumentativ beißt sich diese Logik freilich in den eigenen Schwanz, weil Rancière gerade dasjenige zum Indiz für das Vorhandensein einer polizeilichen Ordnung erklärt, was in ihr gerade nicht stattfindet und demnach als »Anteil der Anteilslosen« auch nicht im imaginären Ganzen berücksichtigt werden kann. Frei nach dem Motto: Es ist eine konstitutive Regel der polizeilichen Logik, dass in ihr nicht vorkommt, was in ihr nicht vorkommt. Aber wovon spricht man dann?

Dasselbe gilt *nolens volens* für ein Recht, in dem die Gleichheit als das juristische Ergebnis einer syllogistischen Operation betrachtet wird, was immerhin aus dem altgriechischen *syllogismós* für Zusammenrechnen kommt und dadurch zumindest suggeriert, dass die Verteilung des miteinander abzuwägenden Rechts zusammengenommen eine Gesamtrechnung ergäbe, in der die verschiedenen Anteile vollständig einberechnet worden seien. Im Recht werde die Gerechtigkeit »auf das gemeinsame Maß des *jus* zurückgeführt« und damit ein geschriebenes Gesetz respektive eine festgelegte polizeiliche Normierung.[87] Rancière versteht dieses »*jus*« nicht mehr als Verkörperung im *nómos enpsychos*, aber dafür im etymologischen Sinne des *nemein*, welches als mythische Ursprungshandlung des Rechts auf Kulturtechniken wie das Maß-Nehmen und Vermessen, das Anlegen einer Richtschnur und vor allem die Teilung hindeutet. Und eine ebensolche Berechnung, in der »das Ganze« mit einer austauschbaren Referenz als »identisch dargestellt« werde, erhebt Rancière zur Leitmetaphorik seiner radikalen Rechtskritik, welche zwischen dem Imaginären der Verkörperung im König und der Verrechnung

84 Ders., »Die Gemeinschaft der Gleichen«, S. 101 ff. (126).
85 Ders., »Konsens, Dissens, Gewalt«, S. 97 ff. (106).
86 Ebd.
87 Ders., »Die Gemeinschaft der Gleichen«, S. 101 ff. (128).

im modernen Recht keinen Unterschied macht, weil beide diesen Überschuss als restlos getilgt betrachteten.[88]

Dieses Mehr wird bei Rancière allerdings exklusiv an eine idiosynkratische Subjektivitätsvorstellung gebunden, welche sich durch eine Desidentifizierung des anteilslosen Teils mit diesem Ganzen artikuliert. Die instituierende Macht wird sozusagen personalisiert, wenn auch lediglich als namenlose Spontaneität eines virtuellen Anderen. Für das Recht lässt sich vor diesem Hintergrund die »Schlüsselfigur« des *Rechtlosen* ausmachen, nicht jedoch im Sinne der von Hannah Arendt identifizierten Kluft zwischen Bürgerinnen- und Menschenrechten. Stattdessen ist eine Rechtlosigkeit im Sinne eines unverrechneten Rests gemeint, also einer Person, »dessen Zählung immer fehlt: dieser Mensch, der nicht gezählt ist, solange nicht jede seiner Repliken gezählt ist; der aber auch niemals in seiner Gesamtheit gezählt ist, solange er nur als politisches Lebewesen gezählt wird.«[89] Was Rancière also strenggenommen zu belegen versucht, ist, dass man damit rechnen muss, dass sich das Recht verrechnet – und das permanent.

Nach alldem scheint es, als würde die Geschichte vom Imaginären des kollektiven Körpers in seiner Berechenbarkeit ein jähes Ende finden. Wer die Gleichheit nicht in einer mathematischen Gleichung aufzulösen gedenkt, und in nicht weniger besteht die von Rancière gestellte Rechenaufgabe, müsse die traditionelle Vorstellung in Frage stellen, die daraus »das – himmlische oder höllische – Gesetz des gemeinschaftlichen Körpers« mache.[90] Wer sich die Mühe mache, nur einmal kritisch nachzuzählen, würde ohne Weiteres feststellen, dass sich das Ganze gerade nicht aus der Summe *aller* Teile zusammensetze. Denn nur was gezählt werde, zähle. Und das sei eben niemals alles. Das Ganze bliebe unberechenbar, weil von seiner Summe immer noch einmal der »Anteil der Anteillosen« subtrahiert werden müsste.

Insofern umkreist das von Rancière umrissene Problem weniger eine polizeiliche und infolgedessen juristische Rechenschwäche als eine schlichte Unberechenbarkeit des Politischen. Ein diesbezügliches

88 Ders., »Demokratie und Postdemokratie«, in: Alain Badiou/ders., *Politik der Wahrheit,* Wien: Turia & Kant 2014, S. 119 ff. (139).

89 Ders., *Das Unvernehmen*, S. 92. Vgl. auch: »Es gibt ihn nicht, diesen großen Abgrund [...] zwischen den Menschenrechten und den Bürgerrechten, zwischen denen, die wirklich Rechte besitzen, weil sie Bürger dieser oder jener nationalen Gemeinschaft sind, und jenen, die keine wirklichen Rechte haben, weil sie nur abstrakte Menschenrechte besitzen. Es existiert eine Praxis politischer Kollektive, die Rechte implementieren, über welche diese ›Rechtlosen‹ nicht verfügen, und die diesen Rechten auf diese Art eine Wirklichkeit verleihen. Und darum geht es in der Politik.« Ders., »Interview«, S. 153 ff. (166 f.).

90 Ders., »Die Gemeinschaft der Gleichen«, S. 101 ff. (102 f.).

Eingeständnis ist zumindest vom Recht kaum zu erwarten, weil es damit die Zweifel an seiner eigenen Legitimation speisen würde. Schon Aristoteles hat es dem Recht bekanntlich zur Aufgabe gemacht, mit gekonntem Augenmaß und der Waage in der Hand sicherzustellen, dass die Gleichheit im Sinne einer »arithmetischen Proportionalität« gewahrt werde, also dass »jeder [...] seinen Teil« und niemand Zuviel oder Zuwenig erhalte.[91] Die notwendige Verfehlung dieses Ideals versucht Rancière mit dem französischen Begriff *le mécompte* kenntlich zu machen, der am ehesten als falsche Rechnung oder Verrechnung übersetzt werden kann und in dem sich das eiserne Misstrauen gegenüber den Institutionen metaphorisch verdichtet.[92] Und eben auf eine solche Erkenntnis läuft es hinaus, wenn Rancière schreibt, dass eine kritische Analyse dieser niemals hinreichenden »Begleichung der Rechnungen« unweigerlich nach sich ziehe, »das Bild des großen Körpers zerfallen zu sehen« und an seiner statt zu erkennen, dass der Verkörperung immer etwas verlustig gehe.[93]

3. Wahlen nach Zahlen

In den von Rancière verwandten Begriffen, Bildern und Erzählungen sowie seiner Spielart der politischen Differenz lassen sich Spuren finden, welche darauf schließen lassen, dass er dem bisher ausgewiesenen Ideenhorizont bei Bataille, Nancy und Benjamin nicht bloß eine weitere Entgründungsfigur beiseitestellt, ohne mit ihm in einem engeren Zusammenhang zu stehen. Wie diese reiht er sich nämlich in eine radikale bis radikaldemokratische Rechtskritik ein, die eine frappierende Ähnlichkeiten zu vielen Reaktionen der deutschen Romantik auf die Französische Revolution aufweist.[94] Während das blitzhaft aufscheinende Neue und Fremde für diese ein ungemeines Faszinosum darstellte und eine in ihren Formexperimenten ähnlich revolutionär angelegte Kunst und Literatur beflügelte, wurde den anschließenden Konstitutionalisierungsprozessen eher mit Skepsis begegnet.[95]

91 Aristoteles, *Nikomachische Ethik. Philosophische Schriften (Bd. 3)*, Hamburg: Felix Meiner Verlag 1995, S. 106 ff.

92 Jacques Rancière, *Das Unvernehmen*, S. 19, Fn. 5.

93 Ders., »Die Gemeinschaft der Gleichen«, S. 101 ff. (103).

94 Das Konstatieren in Bezug auf Rancière unter anderem auch Josef Früchtl, »Auf ein Neues: Ästhetik und Politik, Und dazwischen das Spiel: Angestoßen durch Jacques Rancière«, in: *Deutsche Zeitschrift für Philosophie 2007 (Bd. 55 H. 2)*, S. 209 ff.; Dietmar J. Wetzel/Thomas Claviez, *Zur Aktualität von Jacques Rancière*, S. 144 ff. sowie Uwe Hebekus/Ethel Matala de Mazza, »Zwischen Verkörperung und Ereignis«, S. 7 ff. (8 f.) und passim.

95 Maurice Blanchot, »Das Athenäum«, S. 107 ff. (112 f.). Philippe Lacou-Labarthe/Jean-Luc Nancy, *Das Literarisch-Absolute*, S.16. Vgl. auch Tim

Diese Grundzüge entsprechen im Wesentlichen dem kryptonormativen Bedeutungszusammenhang einer politischen Differenz, welche einerseits durch den emphatischen Rekurs auf eine Plötzlichkeit des Augenblicks und eine dadurch spontan freigesetzten Einbildungskraft sowie andererseits eine Ablehnung des Rechtstaates sowie jeder sonstigen Gemeinschaft mit einem formalen, technischen, rationalistischen und entsprechend leidenschaftslosen Charakter gekennzeichnet werden kann. Bevor ich jedoch im nächsten Absatz näher auf diese romantische Präfiguration eingehen werde, möchte ich zunächst das bisher Gesagte und damit die verschiedenen Theoriebausteine und Figurationen abschließend zu einem mosaikhaften Bild verdichten, das zumindest einen groben Eindruck vom modernen Recht in seiner radikalen bis radikaldemokratischen Kritik vermittelt. Dieses soll eine letzte Kontrastfolie eines Imaginären darstellen, von dem ich in den letzten beiden Abschnitten meine eigenen Überlegungen zur radikalen Demokratietheorie des Rechts abzuheben versuche.

Eine erste Verbindung der vorgestellten Ansätze der Rechtskritik findet sich, wenn Rancière von seiner politischen Theorie ausdrücklich als einer »Heterologie« spricht.[96] Unverkennbar schließt er somit an Bataille an, wenn er den irreduziblen Überschuss respektive das »Zusätzlich-Eins« als Heterogenes, Verfemtes und eben Anteilloses dadurch zur Geltung zu bringen versucht, dass er auf das Scheitern seiner Gleichmachung und Verrechnung abstellt.[97] Bereits angesprochen wurden zudem die – trotz Rancières polemischer Abgrenzungen gegenüber der Alteritätsethik bestehende – Ähnlichkeit seiner Idee einer »Gemeinschaft der Gleichen« mit der »entwerkten Gemeinschaft« bei Nancy sowie der Stillstellung der Zeit in der Rechtsform, wie sie Benjamins »mythischer Gewalt« thematisiert. Darüber hinaus ist es der weitere Assoziationszusammenhang eines Bildes vom Recht, in dem sich die »soziale Homogenität« bei Bataille, der »Immanentismus« bei Nancy, die »Schicksalshaftigkeit« und »Verschuldung« bei Benjamin sowie schließlich die »Identität mit sich selbst in ihrem Unterschied« bei Rancière miteinander vereinen.

Allesamt beklagen sie ein anästhetisiertes Rechtssubjekt, das dem juridisch-ökonomischen Komplex unterworfen und deshalb gänzlich unfähig sei, eine Revolution anzuzetteln oder auch nur einen Dissens zu artikulieren. Das Recht ist ihnen ein bloßes Mittel und reduziere sich in seiner Sprache sowie der darin festgesetzten Normativität auf eine äußere Form, um nicht zu sagen: ein Werkzeug, ein technisches Instrument oder gar Automatismus.

Blanning, *The Romantic Revolution. A History*, London: Orion Books (Modern Library Chronicles) 2010, S. 10 f.

96 Ders., »Politik, Identifizierung, Subjektivierung«, in: ders., *An den Rändern des Politischen*, Wien: Passagen Verlag 2019, S. 85 ff. (86 f.).

97 Ebd.

Insbesondere eine Orientierung an der Judikative scheint ein solches Rechtsverständnis als einer defizitären, weil instrumentellen, unflexiblen und selbstreferenziellem Sprachpraxis nahezulegen, besteht die gerichtliche *Ent*scheidung doch allem Anschein nach in einer autoritären Aufhebung einer Teilung, welche den Überschuss oder das Andere des Rechts damit gleichsam zu tilgen versucht. Wo vorher eine normative Differenz bestand, so könnte man denken, herrscht nach der *Ent*-Scheidung eine befriedete Einigkeit. Stellvertretend dafür findet sich etwa bei Hamacher die juristische Entscheidung als ein »Sprechen ohne Andere« und insofern ein uneigentliches Sprechen aufgegriffen, das die eigentliche Sprache beende, indem sie »Stummzonen in das Miteinanderreden« einziehe.[98] In der hermetisch abgeriegelten, weil formalisierten und professionalisierten Rechtssprache und der sie sprechenden Institutionen wiederhole sich danach ein immer bereits gesetzter respektive konstituierter Zweck. Das Recht wäre damit weniger Kunst als Werk; weniger Selbstzweck als ökonomischer Imperativ; weniger informelles Fließen als geronnene Form; weniger unberechenbare Singularität als berechenbares Ganzes. Und vor allem wäre es weniger eine politische Differenz als die juridisch überformte Einheitsmatrix einer sich stets um sich selbst drehenden Politik.

Dem Recht wird in diesem Verständnis verwehrt, auch Literatur zu sein. Denn dann würde das Gesetz sich in seiner Textualität offenbaren und müsste sich der hermeneutischen Zumutung hingeben, erst *gelesen* werden zu müssen, um verstanden zu werden.[99] Es sähe sich damit auf eine differenzielle Unruhe zurückgeworfen, die sich literaturtheoretisch als »Intertextualität« oder phänomenologisch als »Vielstimmigkeit« kennzeichnen lässt und darauf hinweist, dass die Anrufung durch das moderne Gesetz nicht wie der Mythos einer göttlichen oder monarchischen Stimme für sich selbst *spricht*.[100] Das Recht *in* und *als* eine materielle Verkörperung

98 Werner Hamacher, »Dike – Sprachgerechtigkeit«, in: ders., *Sprachgerechtigkeit*, Frankfurt am Main: S. Fischer Verlag 2018, S. 7 ff. (31 f.). Vgl. auch: »Dem Sprechen wird ein bestimmter Hof eingeräumt, in dem es streng regulierte Bewegungen zu durchlaufen hat, aber am Ende – und dieses Ende ist der Fluchtpunkt aller Reden vor Gericht – steht das Urteil der Richter und das Schweigen der Parteien. In einer atemberaubenden Perversion ist hier die Sprache bloß dazu da, den Punkt zu erreichen, an dem nicht mehr gesprochen wird.« Ders., »Antwort, Schulden, Verantwortung (Podiumsdiskussion mit Bernhard Waldenfels und Klaus Günther)«, in: ders./Elisabeth Schweeger (Hrsg.), *Gesprochene Beziehungen. Philosophische Salons: Frankfurter Dialoge III*, München: belleville 2007, S. 37 ff. (58).

99 Vgl. Ino Augsberg, *Die Lesbarkeit des Rechts*, S. 27 ff.

100 Im Anschluss an Michail Bachtins »Dialogozität« grundlegend: Julia Kristeva, »Wort, der Dialog und der Roman Bachtin«, in: Jens Ihwe (Hrsg.), *Literaturwissenschaft und Linguistik (Band III)*, Frankfurt am Main: Fischer Taschenbuch Verlag 1972, S. 345 ff. (348); vgl. zur phänomenologischen

von einer normativen Bedeutung zu begreifen, würde neben der Adressierung der immer auch entsetzenden Schriftform seine vielzähligen materiellen Bedingungen zu adressieren erlauben. Neben dem Schreiben, Drucken und Lesen beträfe das die für eine eher rechtspositivistisch geprägte Jurisprudenz noch immer fremden Kontinente des Hörens und Sprechens, aber auch des Protokollierens, Archivierens und Kommentierens; um nur einige der Kulturtechniken zu nennen, in denen sich die Mitteilbarkeit von Recht manifestiert. Das Recht würde als etwas erkannt, dass irgendwo im Nirgendwo *zwischen* Generalisierung und Konkretisierung, *zwischen* Norm und Fall sowie *zwischen* Schriftlichkeit und Mündlichkeit hin- und herpendelt. In der Moderne geht es auf keinen führenden Kopf mehr zurück, sondern besteht aus einem komplexen Gewebe entpersonalisierter Texturen und einer in der Zeitlichkeit des steten Werdens befindlichen Leseordnung. Auf lange Sicht gesehen gibt es im Rechtsdiskurs deshalb kaum etwas, was nicht einmal umstritten war oder dessen herrschende Meinung nicht schon ostentativ darauf ausgelegt wäre, von den konfliktfreudigen Kommentatorinnen wieder angezweifelt zu werden. Schon der alte Kalauer deutet in diese Richtung, wonach *zwei* Juristinnen immer mindestens *drei* Meinungen bedeuteten.

In seiner radikalen bis radikaldemokratischen Kritik wird das Recht hingegen immer wieder auf *eine* Stimme reduziert, eine königliche Monophonie, als ob die juristische Zunft lediglich den von Ambiguität gänzlich befreiten Imperativ eines stabilen Sinnzentrums aussprechen würde. Wobei unter diesen Vorzeichen schon die Bezeichnung der Recht*sprech*ung eine missverständliche Metapher wäre; denn das Recht scheint danach zum eigenen Sprechen kaum fähig und wiederholt vielmehr nur das Echo der gesetzten Zwecke einer instituierten Politik. Es würde dann also nichts Eigenes sagen, sondern das Gesagte nur gebetsmühlenartig wiederholen. Zudem rücken die ausführende und die rechtsprechende Gewalt in dieser verkürzten Darstellung so weit aneinander, dass es schon gar nicht mehr auffällt, wenn die Polizei und das Recht gänzlich miteinander übereinstimmen sollen. In diesem spannungsarmen Gleichklang manifestiert sich keine demokratisch-rechtstaatliche Harmonielehre, sondern wieder nach Rancière eine gänzliche Übertönung der dissertierenden Stimmen und ihres Lärms durch die Expertise sowie den *Konsens*. Gerade letzterer kann dabei als postdemokratisches Emblem schlechthin betrachtet werden, bezeichnet dessen lateinische Bedeutung wortwörtlich nicht weniger als eben eine solche *Einstimmigkeit* und der *Übereinstimmung* mit sich selbst.

Tatsächlich findet sich das Recht in einer nahezu klassischen Herrschaftssemantik beschrieben, wenn Rancière den Konsens als »ein

Perspektive: Bernhard Waldenfels, *Die Vielstimmigkeit der Rede*, Frankfurt am Main: Suhrkamp 2015, S. 19 ff. und passim.

bestimmtes Regime des Sinnlichen, eine besondere Weise der Sichtbarkeit des *Rechts*« beschreibt und unmissverständlich hinzufügt: »als *Arche* der Gemeinschaft.«[101] Der Königskopf kehrt somit auch bei ihm als Gespenst wieder, wenn dieser im Konsens eine imaginäre Einheit des polizeilichen Wissens vermutet, das gesteuert wird von einer Kaste von Rechtsexpertinnen und determiniert ist von ökonomischen Sachzwängen. Und wo das Recht mit nur einer Stimme spricht, kann der »Bann der Monarchie« nicht gänzlich gebrochen sein. Gerade in den Begriffen der Expertise und des Konsenses verdichtet sich also das Imaginäre eines liberalen Rechtstaates, in welchem sich »die politischen Akteure mit den Teilen des Sozialkörpers« gleichsetzten.[102] Die »Allegorie« dessen erkennt Rancière in den »Meinungsumfragen« und ihrem permanenten »Auf- und Verrechnen [...], das eine restlose Gesamtsumme der benennbaren Meinungen und der Gesamtsumme der Teile der Bevölkerung« behaupte und jede »Aufrechnung des Unberechneten, jeden Teil der Anteilslosen« aufhebe.[103] Der expertokratische Geist der Notwendigkeit avanciert somit zum genealogischen Erbe eines Königskopfes, dessen Wort das Gesetz ist.

Spätestens an dieser Stelle sollte deutlich werden, dass Rancière die körpersprachliche Tradition der radikalen Demokratietheorie nicht etwa beendet, sondern lediglich noch einmal eskaliert und damit in gewisser Weise fortführt. Wie schon Lefort sieht er die traditionelle Körpermetaphorik mit dem Eintritt der Moderne in seine Bestandteile zerfallen und zieht seine jeweiligen Schlussfolgerungen daraus. Dass die Enthauptung des Königs *das* politische Ereignis schlechthin im kulturellen Gedächtnis darstellt und somit auch in die politische Theorie einsickert, betont auch Pierre Rosanvallon, der vor allem in der französischen Linken mit dieser Erinnerung einen gewissen »Radikalismus« verbunden sieht, der »das Feuer dieser Ursprungsgewalt am Leben erhalten« will und sich deswegen noch immer einer »unmittelbaren Präsenz eines direkt handelnden Volkes« sowie einer »Ent-Institutionalisierung der Politik« verpflichtet.[104]

101 Jacques Rancière, *Das Unvernehmen*, S. 117.
102 Ders., »Die Gemeinschaft der Gleichen«, S. 101 ff. (109).
103 Ebd. Vgl. dazu ebenso ders., *Das Unvernehmen*, S. 112: »Als Herrschaft der *Meinung* hat die Post-Demokratie zur Aufgabe, die verstörte und verstörende Erscheinung des Volkes und seiner immer falschen Zählung, hinter dem Verfahren einer allumfassenden Vergegenwärtigung des Volks und seiner Zeile und des Harmonisierens der Zählung der Teile und des Bildes vom Ganzen, zum Verschwinden zu bringen. Ihre Utopie ist jene einer ununterbrochenen Zählung, die das Ganze der ›öffentlichen Meinung‹ als eins mit dem Volkskörper vergegenwärtigt. Was ist denn die Gleichsetzung der demokratischen Meinung mit den Umfragen und Simulationen? Sie ist [...] die Widerrufung der Sphäre der Erscheinung des Volks.«
104 Pierre Rosanvallon, *Demokratische Legitimität. Unparteilichkeit – Reflexivität – Nähe*, Hamburg: Hamburger Edition HIS 2016, S. 154 f.

Und eben aus dieser Haltung heraus ergibt sich bei allen der genannten Autoren die entsprechende Absage an die klassische Idee einer Repräsentation der instituierenden Macht des Politischen in den liberal-rechtsstaatlichen Institutionen. In Kombination mit solchen Zauberwörtern wie der »Entkörperung« bei Lefort oder der »Undarstellbarkeit« bei Nancy entsteht jedoch die Gefahr einer trügerischen Suggestion, welche die Ausgangsbedingung einer jeden Theoriebildung verdeckt: Nämlich die, dass der Mensch sich immer bereits in symbolischen Deutungsprozessen befindet, noch bevor er über diese nachzudenken bedingt.[105]

Auch die radikale Demokratietheorie bleibt zwangsläufig an formative Erzählungen und bedeutungserzeugende Praktiken wie Zeremonien, Rituale und Kulturtechniken gebunden, die ein spezifisches Imaginäres voraussetzen und zugleich hervorbringen. Und das gilt sogar für die nachgezeichneten Entgründungen, die untrennbar von den spezifischen Figuren sind, in denen die radikale Negativität – wenn auch nur in ihrem Scheitern – zum Ausdruck gebracht werden sollen. Schließlich ist sogar der »leere Ort der Macht« eine Verkörperung oder Darstellung, weil er den Bruch mit der Identität aus Abbildung und Abgebildetem, mithin die sich öffnende symbolische Lücke inmitten des Ganzen darstellt.[106]

Und auch bei Rancière verschwindet das Imaginäre deshalb nicht einfach. Es verschiebt sich vielmehr von einem im König verkörperten Willen zu einem in der polizeilichen Statistik oder Arithmetik verkörperten Wissen. Zuvor spricht schon Foucault in *Surveiller et punir* vom »Verurteilten« als einer »Gegengestalt des Königs« und zielt damit auf eine Disziplinarmacht, welche sich »um den Körper, am Körper, im Körper« organisiert sowie ferner mit solchen Metaphern wie dem »Zahnradgetriebe« oder der »Machtmaschinerie« umschrieben wird.[107] Dahingestellt, ob es sich nun um einen spezifischen Einfluss gerade dessen Werkes handelt oder nicht – jedenfalls findet sich auch bei Rancière eine solche Rede von »Machtformen« im »Spiel der Regierungsmaschinerie« sowie eine ganz ähnliche Fokussierung auf das institutionelle Hervorbringen des individuellen Körpers, welcher über die Disziplinierung hinaus dann in seiner generellen Sichtbarkeit thematisiert wird.[108]

Und ebendiese Perspektivenverschiebung vom Ganzen des doppelten Körpers zu einer technischen Modifikation seiner nunmehr berechenbarer Teile findet sich auch bei besagtem Lefort, wenn dieser in Bezug auf

105 Vgl. dazu nur Ralf Konersmann, *Kulturphilosophie*, S. 43 f.
106 Ausführlich zu einer solchen Kritik an der klassischen Repräsentationsidee und ihrer Aktualisierung zu einem institutionenkritischen, ihr Scheitern reflexiv in sich aufnehmenden und die Spielräume zum Ordnungsbruch offenhaltenden Verständnis im Anschluss u.a. an Rancière: Marina Martinez Mateo, *Politik der Repräsentation*, S. 313 ff. (317).
107 Michel Foucault, *Überwachen und Strafen*, S. 41 f., 176 und passim.
108 Jacques Rancière, *Der Hass der Demokratie*, S. 82.

die Französische Revolution konstatiert, dass die in der demokratischen Wahl eingeführte »Idee der Zahl« einer »Idee der Substanz der Gesellschaft« entgegengesetzt sei.[109] Die Logik dahinter ist von bestechender Klarheit: In einer Wahl oder einem Plebiszit, sofern diese ihre Namen wirklich verdienen, zerbreche die imaginäre Einheitsmatrix der Verkörperung in eine komplexe Arithmetik, welche die geteilten Stimmenverhältnisse in ihrer Relation zueinander kalkulierbar werden lassen. Mit Lefort noch einmal auf eine kurze Formel gebracht: »Die Zahl bricht die Einheit auf, zerstört die Identität.«[110] Man könnte im Anschluss daran sogar behaupten, dass in einem solchen Wahlvorgang, wie es etwa Oliver Marchart treffend formuliert, »jedes Mal neu dem König der Kopf abgeschlagen wird.«[111]

Aber – und an dieser Stelle scheint Rancière diesen Gedanken von Lefort aufzugreifen, um ihm eine ganz andere Wendung zu geben – auch ein erreichtes Quorum reduziert die Vielheit in der politischen Entscheidung letztlich auf *einen* Willen, zumal sich dieser spätestens nach seiner Gesetzwerdung zum Konsens verfestigt.[112] Insofern scheint die Wahl, wo sie den Kopf des Königs abgeschlagen hat, für Rancière immer auch zugleich einen neuen Kopf hervorzubringen. Zwar sei der politische Körper fortan in Mehr- und Minderheiten, in eine Regierung und Opposition sowie überhaupt in ein Dafür und Dagegen geteilt. Allerdings suggeriere die Verrechnung der Teile zu einer Gesamtsumme noch immer eine Ganzheitsvorstellung. Rancière scheint es demnach auf nicht weniger als die Defizienz einer berechenbaren Demokratie abgesehen zu haben, weil eine Wahlprozedur nur diejenigen einschließe, welche entweder das entsprechende Recht dazu haben oder durch ihre bloße Teilnahme überhaupt gewillt sind, die rechtsstaatlichen Institutionen zu affirmieren.[113]

109 Claude Lefort, »The Image of the Body and Totalitarianism«, S. 292 ff. (303).

110 Ebd.

111 In Bezugnahme auf Lefort: Oliver Marchart, »Ein revolutionärer Republikanismus – Hannah Arendt aus radikaldemokratischer Perspektive«, in: Reinhard Heil/Andreas Hetzel (Hrsg.), *Die unendliche Aufgabe. Kritik und Perspektiven der Demokratietheorie*, Bielefeld: transcript 2015, S. 151 ff. (159).

112 Das »Prinzip« des Konsenses beschreibt Rancière deshalb auch als »Umwandlung« des »Anderen« in ein »Gesetz, [...] indem es voneinander getrennte Eigenschaften vereint [...]. Es versammelt alle Andersheitsformen in einer einzigen«. Jacques Rancière, »Das Unzulässige«, in: ders., *An den Rändern des Politischen*, Wien: Passagen Verlag 2019, S. 129 ff. (135 f.).

113 Vgl. zur radikaldemokratischen Präsenzfixierung, wonach also eine Repräsentation erst recht im Hinblick auf eine bloß virtuelle Beteiligung ausscheiden müsse: Daniel Loick, *Kritik der Souveränität*, S. 315 (»Demokratische

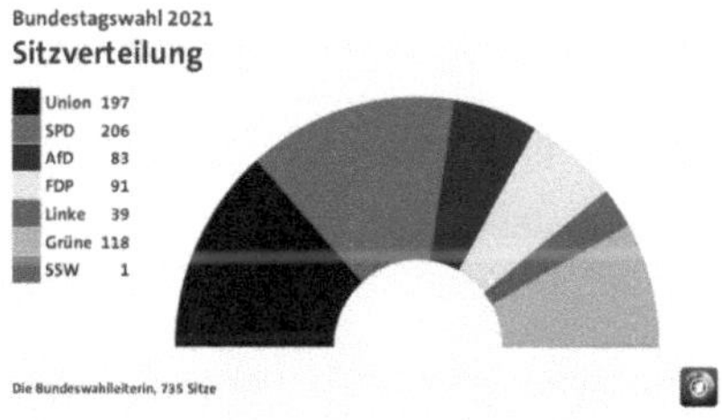

Abbildung 9: Sitzverteilung nach der Bundestagswahl 2021.

Anders als Alain Badiou oder noch vor ihm Cornelius Castoriadis leitet Rancière aus seinen an die Mathematik angelehnten Überlegungen keine politische Ontologie ab. Eine mit diesen Autoren vergleichbare Sprache nutzt er lediglich, um zu beschreiben, wie sich eine instituierte Politik (im Sinne der Polizei) *nach* dem König darstellt. Und obwohl die dadurch insinuierte Allianz aus Ökonomie, Recht und Politik mehr als fragwürdig erscheint, überzeugt zumindest seine Beschreibung eines Imaginären, das heutzutage beständigen Teilungen unterworfen ist und deshalb immer wieder aktiv um Abstimmungsmehrheiten ringen muss. Auch Ethel Matala de Mazza pflichtet einer solchen Analyse bei, wenn sie schreibt, dass zur »wichtigste[n] Garantin herrschender Gerechtigkeit« längst eine »Gleichheit« im Sinne einer »Asymptote einer Politik« geworden sei, welche »Macht in variable Herrschaftsverhältnisse übersetzt und auf der Basis von Häufigkeiten, Normalverteilungen und Meinungskoalitionen operiert.«[114] Weiter schreibt sie: »Im Spiegel der Rechnungen und des sozialen Widerstreits, den sie qualifizieren, zerfällt das Bild des einen großen Körpers.«[115] Und tatsächlich, wenn es noch heute ein politisches Imaginäres gibt, in dem sich das Ganze der Politik darstellt, dann ist dieses wohl in den diversen Hochrechnungen der Meinungsforschung zu erkennen: von der Sonntagsfrage über den Wahlabend bis hin zum situativen Abstimmungsverhalten der Abgeordneten im Parlament. Das Bild vom König ist längst einem Torten- oder Balkendiagramm gewichen (vgl. Abb. 9). Die arithmetische Verteilung betrifft schließlich sogar die Sichtbarkeit in den öffentlich-rechtlichen Medienanstalten, in denen die Sendezeit der Beiträge von parteipolitischen Vertreterinnen zu Gesicht präzise an den Prozentpunkten gemessen werden, mit denen sie bei der letzten Wahl abgeschnitten haben.

Verhandlungen müssen *tatsächlich* durchgeführt werden, alle Betroffenen müssen *tatsächlich* an ihnen beteiligt werden, wobei die wesentlichen Bedingungen ihres Lebens *tatsächlich* in diesen Verhandlungen thematisiert und entschieden werden können müssen.«). Ähnlich zuletzt: Isabell Lorey, *Demokratie im Präsens*, S. 24 ff.

114 Ethel Matala de Mazza, »Die Unsumme der Teile«, S. 171 ff. (175).

115 Ebd.

Eine solche Perspektive auf die symbolische und imaginäre Dimension der instituierten Politik mag zwar desillusionierend wirken, weil sie die Durchführung von Wahlen – und damit den heiligen Gral des liberalen Rechtsstaates – in die Nähe »von funktionalen Äquivalenten wie Fahnen, Paraden, architektonisch ausgezeichneten Gebäuden« rückt und auch den ominösen Volkswillen lediglich als »semantisches Korrelat der Inszenierung politischer Wahlen« erscheinen lässt.[116] Das allein bietet aber noch keinen hinreichenden Anlass für eine Resignation der politischen Theorie sowie erst recht nicht für einen Abgesang auf die Demokratie.[117] Vielmehr erscheint es mir für die politische Analyse gewinnbringend und entsprechend empfehlenswert, das »Erbe des Imaginären der Monarchie« gerade in der »Ereigniskultur« eines »immer wieder neu in Szene gesetzten Medienevents« zu erkennen, welches zum Zwecke der Legitimitätserzeugung – wie früher noch »die Salbung des Königs« – einen »stark rituellen und primär kollektiven Charakter« aufweist.[118]

Eben ein solches Zeremoniell der turnusgemäßen Wahlen und deren massenmediale Begleitung von einer politikwissenschaftlichen Expertise (insbesondere der Demoskopie) wird von Rancière aufgegriffen und zum allgemeinen Paradigma der politischen Moderne erhoben. Dass er sich dazu einer hyperbolischen Darstellungsweise bedient, erscheint mir dabei noch durchaus legitim, würde sich kaum eine treffende Gegenwartsdiagnose ohne Pauschalisierung und Zuspitzung darstellen lassen.

116 Niklas Luhmann, *Die Politik der Gesellschaft*, Frankfurt am Main: Suhrkamp 2002, S. 103. Vgl. zur Rettung des »Glaubens« an die Wahl und ihrer »Magie der (fiktiven) Zurechnung« als einer faktischen »Handlungsaufforderung« an den Staat wiederum nur: Michael Hirsch, *Die zwei Seiten der Entpolitisierung*, S. 198 f.

117 Vgl. aber wieder Jacques Rancière: »Die Eigenschaft der Regierenden, die sie vom Volk unterscheidet, das sie gewählt hat, besteht darin, zwischen dem unterscheiden zu können, was gewählt werden kann – sie selbst –, und dem, was nicht gewählt werden kann, nämlich der Zustand der Dinge und die Lösungen, die sie auf ihn anzuwenden vorschlagen.« Ders., »Die Demokratie und ihre Ärzte«, in: ders., *Chronik der Konsensgesellschaft*, Wien: Passagen Verlag 2011, S. 215 ff. (217).

118 Thomas Vesting, »Die liberale Demokratie und das Andere der Kultur (und der Medien)«, in: Ino Augsberg/Karl-Heinz Ladeur (Hrsg.), *Politische Theologie(n) der Demokratie. Das religiöse Erbe des Säkularen*, Berlin: Turia + Kant 2018, S. 18 ff. (36 f.), unter Bezugnahme auf Yaron Ezrahi, *Imagined Democracies. Necessary Political Fictions*, New York: Cambridge University Press 2015, S. 159 ff. Ein ähnlicher Vergleich, zwar nicht mit der Salbung, sondern mit der Eucharistie, findet sich in: Cornelius Castoriadis, »Welche Demokratie?«, in: ders., *Autonomie oder Barbarei. Ausgewählte Schriften* (Band 1), Lich: Edition AV 2006, S. 69 ff. (82).

Allerdings sind die normativen und politischen Schlüsse, welche er aus dieser Beobachtung zieht, alles andere als zwingend. Seine fruchtbare Analyse, welche die maßgebliche Funktion des Rechts im Verteilen und Vergleichen erkennt, verkommt nämlich spätestens dann zu einer einseitigen Abrechnung mit dem liberalen Rechtsstaat, wenn er dessen juridische Mechanismen davon ausgehend begreift, dass diese sich ständig *verzählten* und *verrechneten*. Dessen Imaginäres bestehe in einer Summe, die zwar das Ganze suggeriere, und doch, weil niemals alles miteinbezogen werden könne, notwendig einen unverrechneten Rest hervorbringe. Es ist zu vermuten, dass diese Analogie zwischen Recht und Mathematik sich nicht allein daraus begründen lässt, dass beide Disziplinen eine denkbar hohe Abstraktion und Formalisierung von Symbolen zu einem konsistenten System avisieren und jeweils auf spezifischen Vorannahmen beruhen, die anzuzweifeln selbst nicht mehr zur Methode gehören. Der kritische Aplomb scheint vielmehr weit über eine postfundamentalistisch inspirierte Kritik an einem selbstgefälligen Rückzug auf eine systemimmanente Rationalität des Rechts hinauszuweisen. So zieht Rancière alle denkbaren Register, um analog zur politischen Differenz eine scharf umrissene Antinomie zwischen einer radikaldemokratischen Gleichheitsforderung und einer juridischen Ungleichheit aufzubauschen, in der eine ungebundene, dynamische und schöpferische Soziabilität ihren skandalösen Untergang in der Bezifferung, Kalkulierbarkeit sowie insgesamt einer ökonomisch determinierten Rationalisierung erfährt. Demokratie und Recht erscheinen ihm als nicht mehr miteinander zu vereinbarende Gegensätze.

In der technokratischen Reduktion der Politik auf eine Rechenaufgabe sowie der damit einhergehenden Reduktion des Menschen auf eine Zahl kehrt ein altbewährtes Motiv wieder, das sich schon bei Nietzsche findet und besonders prominent von Gilles Deleuze aufgegriffen wurde, der eine »numerische Sprache der Kontrolle« zum Ausganspunkt für sein berühmtes Diktum zur *Kontrollgesellschaft* erklärt, wonach die Individuen längst »*dividuell*« und somit zur Stichprobe, zum bloßen Datum verkommen seien.[119] Eine dahingehende Kritik wird in letzter Zeit sicherlich noch einmal dadurch befeuert, dass aufgrund der zunehmenden Relevanz von digitalen Informationstechnologien solche Themen wie hochformalisierte Programmiersprachen oder selbstlernende Algorithmen immer häufiger zum Gegenstand der politischen Analyse und Kritik werden.[120]

119 Gilles Deleuze, »Postskriptum über die Kontrollgesellschaft«, in: ders., *Unterhandlungen 1972–1990*, Frankfurt am Main: Suhrkamp 2017, S. 254 ff. (258); Friedrich Nietzsche, »Menschliches, Allzumenschliches I«, in: ders., KSA (Bd. 2), S. 9 ff. (67).

120 Joseph Vogl glaubt darin ein neues »Repräsentationsschema« zu erkennen, »in welchem der formalisierte und berechenbare Zugriff [...] mit der Art und Weise korrespondiert, wie ›der Kapitalismus‹ die Welt seiner Geschäftsdinge strukturiert.« Eine solche »Koinzidenz von Ontologie und Kapital« bewirke

Neu ist bei Rancière aber, dass dieses eigentlich-totale Kontrollregime von seiner latenten Rechenschwäche aus begriffen wird. Dieser Fehleranfälligkeit wird ein zugleich subversives sowie emanzipatives Potenzial zugesprochen, die politische Gesamtrechnung als fehlerhaft offenzulegen und damit die Repräsentationslogik der liberal-rechtsstaatlichen Institutionen zu bedrohen. Wo ein solcher »Anteil der Anteillosen« noch nicht erkennbar sei und sich auch kein Dissens abzeichne, herrsche deshalb keine demokratische Utopie, sondern lediglich eine besonders effiziente polizeiliche Aufteilung des Sinnlichen und mit ihr ein ökonomisches Expertinnenwissen sowie ein rechtlich stabilisierter Konsens.

Mit dieser absoluten Entgegensetzung und in dieser Pauschalität scheint mir Rancière – wie vor ihm schon Bataille, Nancy und Benjamin – allerdings gegen ein Recht anzuschreiben, dass es längst nicht mehr gibt, und das es vielleicht auch niemals gab.

eine »Erfassung von Objekten, Wesen, Ereignissen, Aktionen und ihrer Relationen, [...] deren Darstellung nicht von Prozessen der Bewertung und Validierung - und nicht zuletzt: der Bepreisung - zu trennen ist« Ders., *Kapital und Ressentiment. Eine kurze Theorie der Gegenwart*, München: C.H. Beck 2021, S. 134.

II. Recht als Literatur

1. Politische Romantik *revisited*

Die von Bataille und Benjamin bis hin zu Nancy und Rancière reichenden Bestrebungen folgen allesamt einem ähnlichen Muster, nach dem sich die instituierende Macht – ob nun ästhetisch, alteritätsethisch oder religiös konnotiert – aus einer Antithese zu einer imaginären Einheitsmatrix von instituierter Politik und konstituiertem Recht ergibt. Diese werden nicht nur als Identität verstanden, sondern in ihren wesentlichen Eigenschaften als anästhetisierend, mechanisch, kalt sowie überhaupt verkopft und herzlos dargestellt, beherrscht von einer instrumentellen und ökonomisch geleiteten Rationalität. Bereits mehrfach angeklungen ist, dass sich dieser assoziative Bedeutungszusammenhang nicht erst in der französischen Nietzsche-Rezeption herausgebildet hat, sondern in seinen Konturen bereits von der deutschen Romantik präfiguriert wurde. Mit einer solchen »Präfiguration« meine ich im Anschluss an die Andeutungen zu diesem Begriff, die sich bei Hans Blumenberg finden lassen, eine in die politische Differenz eingelassene »Entscheidungshilfe« im Sinne eines orientierungsstiftenden Rekurses auf eine historische Konstellation, die auf ihre gegenwärtige Zukunft im Hier und Jetzt bereits vorausdeutet.[121] Dass eine berechenbare Politik sowie ein automatisiertes Recht in dem ausgewiesenen französischen Theoriestrang auf eine solche Ablehnung treffen, ist von langer Hand vorbereitet worden und verweist mit dem Surrealismus, der 68er-Bewegung und nicht zuletzt dem Dekonstruktivismus auf einen Referenzrahmen, den ihr ausgerechnet die deutsche Romantik bereitstellt.[122]

Vergleichbar sind zunächst die historischen Ausgangslagen, welche jeweils von Enttäuschungen über eine Politik geprägt wurden und die mit einer Revolution einhergehenden Hoffnungen unerfüllt ließen. Mit Philip Manow lässt sich deshalb feststellen, dass Friedrich Schlegels Bemerkung, wonach die Demokratie nur »durch eine ins Unendliche fortschreitende Annäherung wirklich gemacht werden« könne und Jacques Derridas Formel von der »erst noch kommenden Demokratie« (*à venir*)

121 Hans Blumenberg, Präfiguration, S. 9 (»was schon einmal getan worden ist, bedarf unter der Voraussetzung der Konstanz der Bedingungen nicht erneuter Überlegung, Verwirrung, Ratlosigkeit, es ist durch das Paradigma vorentschieden.«). Zum konstruktiven Umgang mit diesem Erbe vgl. Felix Heidenreich, *Politische Metaphorologie*, Stuttgart: J.B. Metzler 2020, S. 53 ff.

122 Eine ganz ähnliche Verortung der radikalen Demokratietheorie »zwischen Romantik und Strukturalismus« findet sich auch bei Warren Breckman, »Zwei Ordnungen des Symbolischen«, S. 51 ff. (54 ff.).

in der »Kontinuität *einer* Vorstellung« stehen, obwohl sie mehr als 200 Jahre trennen.[123] Und auch Uwe Hebekus und Ethel Matala de Mazza sprechen von der Romantik als einer »Vorgeschichte [...], die sich in jüngsten Theorien des Politischen weiterschreibt« und identifizieren damit, dass das in der Revolution aufscheinende »Argument der Kontingenz« gegen alles gewendet werde, was auf sie folgt.[124] Dabei habe »der Konstitutionalismus die öffentliche Sache der Aufsicht und dem Wohlwollen Gottes« entzogen, »um die Grundsätze legitimen Regierens fortan aus dem Naturrecht des Menschen abzuleiten.«[125] Die »Vertragsformen und Geschäftsbedingungen [...], mit denen das Gemeinwesen dieses Recht der Geschichte aufzwingt«, seien insofern »suspekt« geworden.[126] So sehr das Pathos der Französischen Revolution in der deutschen Romantik noch emphatisch begrüßt wurde, so sehr enttäuschten die rigiden Politiken des Konstitutionalismus, die sich mitsamt ihrer eingeschriebenen Notwendigkeiten daraus entwickelten. Eine gewisse Parallele sollte diese historische Konstellation bei den Pariser Intellektuellen in der Enttäuschung finden, welche auf die mit der Oktoberrevolution verbundenen politischen Hoffnungen gegenüber dem Kommunismus folgte.

Die ähnlich ausfallenden Reaktionen bestanden sowohl bei den deutschen als auch französischen Kunst- und Literaturschaffenden in dem experimentell angelegten Versuch, mit ihren jeweiligen Mitteln eine intensive, formbefreite und präsentische Form der Interaktion zu katalysieren.[127] Flankiert wurden diese durchaus praktisch angelegten Unternehmen jeweils von einer theoretischen Reflexion, wonach die Künste – allen voran die Literatur im anspruchsvollen Sinne – nicht mehr durch bloße Nachahmung der Wirklichkeit entstehen und sich damit die Einbildung von der Abbildung ebenso lösen sollte wie die Dichtung vom Sprechen.[128] Hierdurch wurde nicht weniger als die Möglichkeit der Repräsentation in Frage gestellt. Dass dies nicht nur einen Einfluss auf

123 Philip Manow, *Unter Beobachtung. Die Bestimmung der liberalen Demokratie und ihrer Freunde*, Berlin: Suhrkamp 2024, S. 28.

124 Uwe Hebekus/Ethel Matala de Mazza, »Zwischen Verkörperung und Ereignis«, S. 7 ff. (12 f.).

125 Ebd., S. 13.

126 Ebd.

127 Vgl. dazu Ethel Matala de Mazza, Der verfaßte Körper, S. 419 ff. sowie dies., »Romantic politics and society«, in: Nicholas Saul (Hrsg.), *The Cambridge Companion to German Romanticism*, Cambridge: Cambridge University Press 2009, S. 191 ff. (197).

128 Jacques Rancière spricht diesbezüglich sogar von einer »ästhetischen Revolution«. Vgl. nur ders., Die Aufteilung des Sinnlichen, S. 37 ff. (allgemein); ders., *Das Unbehagen in der Ästhetik*, Wien: Passagen Verlag 2016, S. 39 f. (zur bildenden Kunst); ders., Politik der Literatur, S. 20 f. (zur Dichtung). Die Beschreibung deckt sich weitestgehend mit solchen Arbeiten wie Tim Blanning,

Kunst und Kultur, sondern eben auch Politik haben musste, scheint dabei nur folgerichtig. Was sich in diesen Bestrebungen um 1800 vor allem in Deutschland aufgetan hatte, war nicht weniger als ein bis heute klaffender, in seiner infiniten Weite und Tiefe unüberbrückbare Hiatus zwischen einer *instituierenden Macht* und durch Recht und Politik stabilisierter *Institutionen*. Erstere nun mit den Mitteln der Kunst zu identifizieren, ohne dabei selbst Politik zu betreiben, ist schließlich das vermeintlich unpolitische Anliegen sowohl der deutschen Romantik als auch eines französischen Diskurses, der dieses salonrevolutionäre Projekt mehr als hundert Jahre später erneut aufgreifen und in Gestalt der radikalen Demokratietheorie bis heute fortführen sollte.

Die einführende Rede von der *Kontinuität* einer solchen genealogischen Erzählung soll aber nicht den entscheidenden *Bruch* verdecken, der zwischen diesen beiden Welten besteht. Auch wenn ich noch ausführlicher darauf zu sprechen kommen werde, sei an dieser Stelle nur so viel vorab gesagt, dass eine Zäsur in der historischen Erfahrung des Nationalsozialismus ausgemacht werden kann, welcher das romantische Einheitsstreben vor allem in der deutschen Erinnerung nachträglich mit einem tiefgreifenden Unbehagen belegt. Noch weit vor den französischen Links- haben es nämlich die deutschen Rechtsradikalen vermocht, die kopflose Sehnsucht nach einer sinnlich vermittelten Gemeinschaft aufzugreifen und ihr eine verhängnisvolle Form in unvergleichlichem Ausmaß zu verleihen, indem sie das verlorengeglaubte Heilige, Außeralltägliche und Ganze wiedergefunden zu haben vorgaben.

Es hilft jedoch *einerseits* nicht weiter, die schwärmerische Sehnsucht der Romantik nach einer organisch-wachsenden Gemeinschaftlichkeit, in deren lebendiger Ganzheit die Politik mit der Natur des Menschen versöhnt scheint, allein von ihrem fatalen Ende her zu denken. Ohne Frage ist die deutsche Romantik mit einem politischen Konservatismus und dem Aufstreben des Nationalismus eng verwandt. Deshalb realisiert sich im nationalsozialistischen Reinheitsphantasma des arischen Volkskörpers aber noch nicht ihre historische Bestimmung. Deshalb glaube ich *andererseits* nicht, dass eine progressive »Frühromantik« von einer regressiven »Spätromantik« abgespalten werden kann; so als ob sich die von der Romantik aufgeworfene Fragestellung nach einer ästhetischen Totalität von ihrer Beantwortung durch eine totalitäre Ästhetik trennen ließe.[129] Schließlich hat die Romantik eine Sehnsucht nach dem Absoluten erweckt, welcher der Nationalsozialismus mit seiner politischen Einheitsmatrix des »deutschen Volkes« und seinem antibürgerlichen Fetisch

The Romantic Revolution, S. 36 ff. oder auch Niklas Luhmann, *Kunst der Gesellschaft*, S. 425 ff.

129 Vgl. Karl Heinz Bohrer, *Kritik der Romantik*, S. 61 (in Bezug auf Walter Benjamin und den Surrealismus).

der Überschreitung im »Totalen Krieg« vortäuschte erfüllen zu können. Im Folgenden geht es mir vor diesem Hintergrund darum, gerade eine *Ambivalenz* der deutschen Romantik zu betonen, welche die einseitige Berufung wahlweise auf einen frühromantischen Anarchismus oder auf einen spätromantischen Konservatismus verdecken. Dass beide Seiten vielmehr untrennbar miteinander verflochten sind, darin besteht die historische Lektion, um die es im Folgenden gehen soll.

Wenn ich von der »politischen Romantik« spreche, geht es mir aber nicht, wie noch Carl Schmitt, um eine Verdrängung des Begriffs des Politischen durch das Ästhetische, sondern um eine Ausweitung des Politischen in das Ästhetische hinein.[130] Nachvollziehen lässt sich dieser Vorgang anhand zwei konträrer Figurationen vom politischen Körper sowie der mit ihnen einhergehenden Assoziationszusammenhänge, welche schon ganz auf die radikaldemokratische Leitunterscheidung der politischen Differenz vorausweisen. Diese findet sich nämlich in einer metaphorischen Entgegensetzung in der Romantik angekündigt, auf deren einer Seite ein *Organismus* steht, welcher mit solchen Attributen wie *lebendig*, *natürlich, sinnlich* und *herzlich* versehen wird; auf der anderen Seite findet sich die *Organisation* wieder, welche hingegen als *mechanisch*, *künstlich, rational* und *verkopft* konzipiert wird.[131] Unverkennbar ist freilich, dass ersteres eine normative Präferenz und insofern das – wenn auch: unerreichbare – Ideal des intellektuellen Aktivismus für das Formlose und Freie, das radikal Andere, Fremde und Neue darstellt.

Als historischer Prototyp eines solch ungezwungenen Zusammenlebens können sicherlich die zu ihrer Zeit noch als dezidiert unsittlich geltenden Wohnverhältnisse und Lebensumstände der Schlegel-Brüder gelten, in denen die »wilde Ehe« von Friedrich Schlegel und Dorothea Veit ebenso skandalös war wie sein fragmentarischer Roman *Lucinde*. Aus dem Selbstbild einer als organische Harmonie inszenierten Gemeinschaft speiste sich das Ressentiment einer nach sozialen Gesetzmäßigkeiten berechenbaren Körperschaft, das sich vor allem im technokratischen Wesen der Politik verdichtete. Aufgegriffen wird damit das einflussreiche Gegenbild des Staates als einer großen Maschine. Dieses wurde nicht zuletzt über philosophische Schriften vermittelt, welche im Jenaer Umfeld gelesen und diskutiert wurden.

Noch vor den modernen Dystopien eines George Orwell oder Aldous Huxley haben nämlich schon Immanuel Kant und Johann Gottlieb

130 Carl Schmitt, *Politische Romantik*, S. 18 und passim.

131 Vgl. Ahlrich Meyer, »Mechanische und organische Metaphorik politischer Philosophie«, in: *Archiv für Begriffsgeschichte 1969 (Band 13)*, S. 128 ff. (154 ff.); sowie grundlegend, wenn auch noch mit einem klassischen Verständnis politischer Metaphern: Ernst-Wolfgang Böckenförde/Gerhard Dohrn-van Rossum, »Organ, Organismus, Organisation, politischer Körper«, S. 519 ff. (602 ff.).

Fichte, Wilhelm von Humboldt oder der junge Georg Wilhelm Friedrich Hegel am totalitären Schreckensgespenst gezeichnet und vor einer Herabwürdigung der menschlichen »Freiheit« auf einen »mechanischen Charakter« respektive ein bloßes »Mittel zum Zweck« gewarnt.[132] Die mit diesen Autoren gleichsam einhergehenden Maximen der Aufklärung und des Idealismus wurden in der Romantik aber nur solange mitgetragen, wie sie nicht der politischen Staatsraison dienten; es sei denn, man meint damit wie Friedrich Schiller einen »ästhetischen Zustand« (im Sinne von *status*) oder wie Novalis und Adam Müller einen »poetischen Staat« – und damit nicht weniger als das absolute Gegenteil einer rechtlich verfassten Institution.[133] Die ästhetisch motivierte Kritik ging immer nur soweit, wie sie gegen den französischen Konstitutionalismus gewendet werden konnte und sich nicht selbst den pragmatischen Anforderungen der Politik stellen musste.

* * *

Weil die »organische Metaphorik der Romantik [...] ihre Dimension erst in der Abwehr mechanischer Ansichten vom Staat« erhält, lohnt zum besseren Verständnis der romantischen Präfiguration der politischen Differenz ein kurzer Ausflug in die Welt jener Metapher, von der sich sowohl die deutsche Romantik als auch der französische Diskurs im 20. Jahrhundert abzusetzen versuchten.[134] Die pejorative Rede von einer Politik als sozialer *Mathesis* ist mit Blick auf die europäische Ideengeschichte nämlich noch ein relativ junges, wenn auch weitverbreitetes

132 Barbara Stollberg-Rilinger, *Der Staat als Maschine. Zur politischen Metaphorik des absoluten Fürstenstaats*, Berlin: Duncker & Humblot 1986, S. 224. Gerade an dieser Dichotomie lässt sich dann auch die für die Soziologie so folgenreiche Entgegensetzung von organischen Gemeinschaften und mechanischer Gesellschaft ausmachen, welche sich von Émile Durkheim über Ferdinand Tönnies und Max Weber bis hin zu Niklas Luhmann nachvollziehen lässt. Vgl. ausführlich: Susanne Lüdemann, *Metaphern der Gesellschaft*, S. 101 ff. Dass sich diese Spuren sogar noch bei Jürgen Habermas und dessen Unterscheidung von System und Lebenswelt finden lassen, behaupten zumindest Lars Gertenbach et. al., *Theorien der Gemeinschaft*, S. 52 f.

133 Friedrich Schiller, *Über die ästhetische Erziehung des Menschen in einer Reihe von Briefen*, Frankfurt am Main: Suhrkamp 2009, S. 97 ff. (97); Friedrich von Hardenberg, »Glauben und Liebe oder der König und die Königin«, in: ders., *Novalis: Schriften (Band 2). Das philosophische Werk I*, Stuttgart: W. Kohlhammer Verlag 1960, S. 485 ff. (488); Adam Müller, *Die Elemente der Staatskunst (Bd. 1)*, Berlin: Sander 1809, S. 37 ff. Vgl. ausführlich Ethel Matala de Mazza, *Der verfaßte Körper*, S. 131 ff. und 265 ff.

134 Ahlrich Meyer, »Mechanische und organische Metaphorik politischer Philosophie«, S. 128 ff. (154).

Phänomen. Um der möglichen Weichenstellung durch die deutsche Romantik auf die Spur zu kommen, werde ich im Folgenden anhand von drei Schritten versuchen, den allmählichen Wandel in der Bewertung der Metapher vom Staat als einer großen Maschine und des Rechts als eines sich selbst vollziehenden Automatismus nachzuvollziehen. Während die damit einhergehenden Charakteristika nämlich bei Thomas Hobbes oder Emmanuel Joseph Sieyes noch als Idealtypus einer modernen Herrschaft gelten, finden sich bei Immanuel Kant sowie in dessen romantischer Nachfolge erstmals und an prominenter Stelle die genannten Entgegensetzungen einer literarisch-freien Gemeinschaft auf der einen Seite sowie einer juridisch-zwangsbewährten Gesellschaft auf der anderen Seite.

Dass eine rechtliche Verfassung überhaupt verdächtigt wird, das Ganze zu berechnen und als Summe seiner Teile zusammenzuhalten, ist im *ersten Schritt* dieser Rekonstruktion als das spezifische Erbe eines frühmodernen Kontraktualismus anzusehen. Diente die Körperreferenz noch bis ins Mittelalter vornehmlich der politischen Rechtfertigung der Monarchie, weil sie auf eine natürliche und vorpolitische Ordnung hindeutete, in der sich die Glieder oder Organe unter ihr Oberhaupt zu unterwerfen haben, tritt sie bei Hobbes als kontingentes Produkt menschlichen Tuns auf. Damit hat sich eine »Umbesetzung« in der Hintergrundmetaphorik in dem Sinne vollzogen, dass der politische Körper von ihm als rechtliche Fiktion markiert wurde, welche die einzelnen Teile erst durch den Gesellschaftsvertrag zu einem Ganzen zusammenfügt.[135] Während die Vereinigung einer Glaubensgemeinschaft in der christologischen Verwendung der Metapher die Treue zum Bekenntnis erforderte und darin keinen anderen Zweck verfolgte als dem göttlichen Willen zu entsprechen, ist die Rechtsfigur des Vertrages bei Hobbes bloßes Mittel zum offengelegten Zweck der Friedenssicherung. Von einer natürlichen Voraussetzung der Politik sieht sich der politische Körper im *Leviathan* zu einer Konsequenz des politischen Räsonnements, oder wie es bei Albrecht Koschorke et al. treffend heißt, einem bloßen »Effekt symbolischer (juridischer, mathematischer) Operationen« degradiert.[136]

Allerdings war für Hobbes die politische Mechanik des Leviathans noch nicht als Gegenrede zum Natürlichen intendiert worden. In seiner erstmaligen Übertragung des von René Descartes geprägten »technomorphen« Körpermodells auf den *corpus mysticum* wurden die »Maschine« und der »Organismus« vielmehr auch nicht als Antonyme

135 Hans Blumenberg, *Paradigmen zu einer Metaphorologie*, S. 69, 74 (»Hintergrundmetaphorik« oder »absolute Metapher«) sowie ders., Legitimität der Neuzeit, S. 75, 541 (»Umbesetzung«). Vgl. ebenso wieder Susanne Lüdemann, *Metaphern der Gesellschaft*, S. 73 f.

136 Albrecht Koschorke et al., *Der fiktive Staat*, S. 112.

verstanden.[137] Dabei handelt es sich nämlich um eine Bedeutung, die sich ausgehend von der Naturwissenschaft erst im Laufe des 18. Jahrhunderts allmählich durchgesetzt hat. Ohne Vorbehalte in dieser Hinsicht verglich Hobbes den politischen Körper mit »Automaten oder Maschinen, welche wie zum Beispiel die Uhren durch Federn oder durch ein im Innern angebrachtes Räderwerk in Bewegung gesetzt werden« und schloss an diese Überlegung noch kokett die Fragen an: »Ist das Herz nicht als Springfeder anzusehen? Sind nicht die Nerven ein Netzwerk und der Gliederbau eine Menge von Rädern, die im Körper diejenigen Bewegungen hervorbringen, welche der Künstler beabsichtigte?«[138] Die figurative Rede vom Uhrwerk deutet dabei auf eine »Automatik und Gleichmäßigkeit« der Bewegungen des politischen Körpers hin, der aufgrund seiner »immanenten Konstitution« nur gelegentlicher Kontrolle bedarf und ansonsten »wie von selbst« läuft.[139] Das moderne Selbstverständnis des politischen Theoretikers gleicht sich damit vollends der Tätigkeitsbeschreibung eines Ingenieurs an, welcher den technischen Bauplan für die soziale Maschine entwirft und das Recht als kittendes Werkzeug einzusetzen empfiehlt, durch den das artifizielle Konstrukt fest zusammengehalten wird.

Doch obwohl Hobbes den politischen Körper in dieser Bedeutung eines kulturellen Artefaktes geprägt und ihm damit einem – wenn auch nur: singulären und dazu noch mit literarischen Mittel zu bewältigenden – Begründungserfordernis unterworfen hat, sei an dieser Stelle noch auf einen nicht zu unterschätzenden Vorbehalt in seiner vermeintlichen Relativierung politischer Herrschaft hingewiesen: Bezeichnenderweise bezieht er die mechanische Konnotation nämlich immer nur auf den politischen Körper, nicht aber seinen Kopf. Namentlich die »Seele« des Leviathans erscheint bei ihm als eine das Ganze koordinierende und die Gesellschaft stimulierende Kraft, welche also »den ganzen Körper belebt und in Bewegung setzt.«[140]

Entsprechend verkette die juridische und mathematische Operation des Vertrags lediglich die einzelnen Anteile miteinander, welche den

137 Vgl. jeweils m.w.N. Ethel Mazala de Mazza, Der verfaßte Körper, S. 103 ff.; Ernst-Wolfgang Böckenförde/Gerhard Dohrn-van Rossum, »Organ, Organismus, Organisation, politischer Körper«, S. 519 ff. (555, 557) sowie auch schon Carl Schmitt, »Der Staat als Mechanismus bei Hobbes und Descartes«, in: *ARSP 1936/37 (Bd. 30)*, S. 622 ff. (624).

138 Thomas Hobbes, *Leviathan*, S. 44.

139 Hans Blumenberg, *Paradigmen zu einer Metaphorologie*, S. 78. Und nicht nur das: Blumenberg behauptet sogar, dass in der Metapher eine Differenz von äußerem Anschein, dem Ziffernblatt, und innerer Logik, dem mechanischen Antrieb im Grunde »alles enthalten« sei, »was Marx für sein Schema von ›Unterbau‹ und ›Überbau‹ brauchen sollte.« Ebd., S. 80. Vgl. ferner Barbara Stollenberg-Rilinger, *Der Staat als Maschine*, S. 41, 103.

140 Thomas Hobbes, *Leviathan*, S. 44.

Leviathan zwar ein- und absetzen, aber nicht mit ihm paktieren können. Der Vertrag bindet lediglich Torso, Organe und Glieder, niemals aber das Oberhaupt selbst. Dieser behält sein *ius in omnia* und steht außerhalb des Gesetzes, wie er sich auch der Dichotomie aus natürlichem und bürgerlichem Zustand respektive der aus Gewalt und Befriedigung entzieht.[141] In diese Erzählung passt nun, dass sich Hobbes im englischen Streit zwischen Krone und Parlament bekanntlich für den König ausgesprochen hat und auch ansonsten das moderne – und das heißt zugleich: wacklige – Fundament seiner politischen Theorie durch eine Herrschaftsapologie zu befestigen versucht, die sich mit allen literarischen, aber auch graphisch-visuellen Wassern gewaschen hat. Was nach der Entnaturalisierung, Mechanisierung und Verrechtlichung des Körpers noch vom König bleibt, ist damit sein Kopf.

Um die romantische Reaktion auf die politische Moderne und ihr Recht nachzuvollziehen, lohnt in einem *zweiten Schritt* ein kurzer Blick auf den Vorabend der Französischen Revolution, der zwar in Sachen Enthauptung zu einer ganz anderen Lösung als Hobbes kommen sollte, nichtsdestotrotz aber eine ganz ähnliche Metaphorik aufweist. Gerade das berühmte Pamphlet *Qu'est-ce que le Tiers-État?* von Emmanuel Joseph Sieyes widmet sich dem »Mechanismus der Gesellschaft« auf eine Art und Weise, in der das Soziale »wie eine gewöhnliche Maschine« analysiert wurde, dessen »Teile« zunächst »getrennt« betrachtet und daraufhin vor dem »geistigen Auge« eines nach dem anderen wieder zusammengefügt werden sollten, um »ihr Zusammenspiel« zu erfassen.[142] Zwar versucht auch diese Schrift eine »Körperschaft« mittels politischer Rationalität zu begründen und diese mittels »Organisation, Verfahrensregeln und Gesetze[n]« – kurz: einer rechtlichen »Verfassung« – praktisch zu konstituieren.[143]

Allerdings drehte sich der damalige französische Diskurs seit Jean-Jacques Rousseau ohnehin vor allem darum, dem vorpolitischen Substrat

141 Friedrich Balke, »Wie man einen König tötet oder: Majesty in Misery«, S. 657 ff. (668).

142 Emmanuel Joseph Sieyes, »Was ist der Dritte Stand?«, in: ders., *Politische Schriften 1788-1790*, Darmstand und Neuwied: Luchterhand Verlag 1981, S. 117 ff. (164, 186). An anderer Stelle vergleicht er die politische Analyse sogar mit einem Handwerk, namentlich dem Erstellen einer Wanduhr, wobei ihm der Vergleich zur Schelte an einem historischen Kurzschluss von der Vergangenheit auf die Gegenwart dient. Bei der handwerklichen Tätigkeit nähme man schließlich auch keine antiquierten Werkzeuge, sondern lege »die Gesetze und Gedanken des modernen Genies« zugrunde. Ders., »Überblick über die Ausführungsmittel, die den Repräsentanten Frankreichs 1789 zur Verfügung standen«, in: ders., *Politische Schriften 1788–1790*, Darmstand und Neuwied: Luchterhand Verlag 1981, S. 17 ff. (22).

143 Emmanuel Joseph Sieyes, »Was ist der Dritte Stand?«, S. 117 ff. (166).

eines *volonté générale* oder schlicht *der Nation* einem konstitutionellen Ausdruck zu verleihen. Die mit diesen Kategorien benannte Macht war es auch für Sieyes, welche die Politik legitimieren und ihr den Willen des Volkes imprägnieren sollte. Letzterer wird dann als »jeder Verfassung vorgegeben« und »immer gesetzlich« betrachtet, »denn er ist das Gesetz selbst.«[144] Im Anschluss daran ist es heute vor allem die Nation, welche als zurechenbarer Ausdruck einer Versammlung von mit natürlichen Rechten ausgestatteten Individuen gilt. Sowohl die Allgemeine Erklärung der Menschenrechte von 1789 als auch die französische Verfassung von 1791 haben diesen Gedanken bekanntlich in die Tat umgesetzt und nach herrschender Lehre die als natürlich – oder in der christlichen Tradition: gottgegebenen – anerkannten Rechte des Individuums lediglich kodifiziert, aus deren Aggregation der nationale Geist resultiert. Von diesem gilt der politische Körper seither beseelt und am Leben erhalten, damit er nicht zur toten Rechtsform verkümmert.

Im Gegensatz zu Hobbes scheint Sieyes aber bereits die Enthauptung des Königs zu befürworten, zumindest in der Theorie. So finden sich sogar Andeutungen, welche diese ebenso martialische wie moderne Problemlösungsstrategie in Bezug auf den Hofadel nahelegen. Entsprechend findet sich die Formulierung vom »Kopf dieser ungeheuren Aristokratie« im bereits benannten Pamphlet wieder, welcher »alle Teile Frankreichs bedeckt, die durch ihre Glieder an alles heranreicht« und nach Sieyes nicht weniger als abgeschafft gehört.[145] Dazu passt, dass er die politische Frage nach dem postrevolutionären Umgang mit den »privilegierten Klassen in der Gesellschaftsordnung« mit der suggestiven Frage danach verbindet, »welchen Platz im Körper eines Kranken man einer bösartigen Krankheit zuweisen solle, die ihn quält und verzehrt.«[146]

Sieyes deshalb zu einem radikaldemokratischen Vordenker zu erklären, wäre jedoch weit gefehlt. Denn das Zusammenspiel aller Organe im Körper, welches auch hier noch synonym zum Zusammenwirken aller Teile im Mechanismus der Gesellschaft zu verstehen ist, verlange ihm nach keine anarchistische Gleichheit, sondern eine »notwendige Hierarchie [...] unter den Vollstreckern der Souveränität«, weil sonst »die Staatsmaschine« nicht wie geschmiert laufen könne.[147] Auch Sieyes steht damit in einer Traditionslinie, in der sich das mathematisch errechenbare und mechanisch steuerbare Ganze aus der Summe seiner Teile

144 Ebd., S. 167.

145 Ebd., S. 130.

146 Schließlich empfiehlt er sogar, dass man »diese Krankheit [...] *absondern*« solle und »die Gesundheit und das Zusammenspiel aller Organe soweit wiederherstellen, daß sich nicht mehr solche Krankheitsstoffe bilden, die imstande sind, die lebenswichtigen Kräfte zu zerstören.« Ebd., S. 195.

147 Ders., »Versuch über die Privilegien«, in: ders., *Politische Schriften 1788–1790*, Darmstand und Neuwied: Luchterhand Verlag 1981, S. 91 ff. (105 ff.).

zusammensetzt. Was bei Hobbes als Seele auf das erhobene Kommandozentrum des Leviathans hindeutete, die präsente Souveränität selbst, erscheint bei Sieyes als Geist der französischen Nation, der sich auf einen repräsentativen Willen reduziert sieht.

Und wo ein Wille ist, ist bekanntlich auch ein Weg. Dieser verläuft nach Sieyes über das *Recht*, welches gewährleiste, dass dieser Wille von eigens dazu eingesetzten Institutionen ausgesprochen und umgesetzt werde. Das Recht gibt der konstituierenden Macht eine symbolische Form und verkörpernde Darstellung. In seinem Selbstverhältnis muss sich der politische Körper zur lebenserhaltenden Hygiene aber – immerhin: legitimerweise – der Gewalt bedienen und interne Hierarchien errichten, um seine Handlungsfähigkeit zu gewährleisten. Zusammengenommen inszeniert Sieyes das Recht mithin als reine Mittelbarkeit und Äußerlichkeit, durch welche das souveräne Innenleben der Nation zur Artikulation ihres Willens befähigt werde.

Zuletzt lohnt in einem *dritten* und letzten *Schritt* die Überquerung des Rheins, um die Spurensuche im preußischen Königsberg fortzusetzen, wo der betagte Kant mit hinreichend räumlichem wie geistigem Abstand zur Französischen Revolution im ersten Teil der *Metaphysik der Sitten* seine rechtstheoretischen Lehren aus dem aufrührerischen Zeitgeist zu ziehen versucht. Sein Vernunftrechtsdenken bedient sich – ganz im Sinne seiner beiden Vorredner – sowohl der mechanischen Körpermetaphorik als auch des rechtlich gesicherten Vorrangs eines Oberhauptes. Etwa beschreibt er das Subordinationsverhältnis zwischen Staat und Bürger als »das Verhältnis eines allgemeinen *Ober*hauptes (der, nach Freiheitsgesetzen betrachtet, kein anderer als das vereinigte Volk selbst sein kann) zu der vereinzelten Menge ebendesselben als *Unter*tan« – und setzt die Demokratie damit bezeichnenderweise als etwas in Klammern, das hinter der Hierarchie zurücksteht und bestenfalls als innerer Wert des Staates zur Geltung komme.[148]

Weiter findet bei Kant eine Ergänzung der *vertikalen* Achse der Körperlichkeit statt, indem er ihr eine *horizontale* Achse beiseitestellt: Das Ganze markiert gegenüber seinen Teilen nicht lediglich eine unilaterale Herrschaft zwischen *oben und unten*, sondern zugleich eine Differenz von *außen und innen*, deren Konvergenz durch die allgemeine Einsicht in das Vernunftgesetz angestrebt wird. Letztere Unterscheidung nimmt Kant, und man beachte abermals die mechanische Bildsprache, »in Ansehung der Triebfedern«[149] des Gesetzes vor: Auf der subkutanen Innenseite sei die »Moralität (Sittlichkeit)« anzusiedeln,

148 Immanuel Kant, *Metaphysische Anfangsgründe der Rechtslehre*, S. 134 (Herv. M.E.).

149 Ebd., S. 28. Zur Definition: Begriff bezeichnet »die Vorstellung des Gesetzes« als ein Gedanke an die Pflicht, der sich selbst hinreichend ist. Vgl.

wobei die Tugendpflichten den Antrieb zu einem ethischen Handeln kennzeichnen.[150] Auf der Außenseite manifestiere sich demgegenüber die »Legalität (Gesetzmäßigkeit)« in Gestalt von zwangsbewährten Rechtspflichten und einer daraus resultierenden Möglichkeit rechtmäßigen Handelns.[151] Insofern werden die verschiedenen Register bei Kant zwar theoretisch unterschieden, bleiben in der praktischen Rechtfertigung aber als Seiten ein- und desselben Gesetzes aneinander gebunden.[152]

Von einer Innen- und Außenseite zu sprechen, ist im hiesigen Kontext der Körpermetaphorik allerdings etwas missverständlich, wenn man berücksichtigt, dass Recht nach Kant im Gegensatz zur Moral gerade nicht körperlich oder sinnlich »empfunden«[153] werden könne; oder genaugenommen nur dann, wenn ein anderer dieses (stellvertretend für das Ganze) mit körperlichem Zwang durchsetzt. Die phänomenale Wahrnehmung des Vernunftgesetzes wird nämlich als »moralische[s] Gefühl, das Gewissen, die Liebe des Nächsten und die Achtung für sich selbst« vom äußeren Recht abgespalten und auf die Innenseite, namentlich einen Bereich der subjektiven »Empfänglichkeit für den Pflichtbegriff« delegiert, den er als »ästhetisch und vorhergehende, aber natürliche Gemütslage« umschreibt.[154] Seine Anthropologie beruht dabei bekanntlich auf der Annahme vom endlichen Vernunftwesen, welches diese natürlichen Anlagen bereits durch seine bloße Zugehörigkeit zur Menschheit aufweist,

ders., *Metaphysische Anfangsgründe der Tugendlehre. Metaphysik der Sitten. Zweiter Teil*, Hamburg: Felix Meiner Verlag 2017, S. 27, 32.

150 Ders., *Metaphysische Anfangsgründe der Rechtslehre.*, S. 28 f.

151 Ebd.

152 Das führt dann auch zur ›Paradoxie der Autonomie‹, gemäß deren Zauberformel »Gesetz durch Freiheit und Freiheit durch Gesetz« die innere Selbstgesetzgebung in einem äußeren Gesetzesgehorsam resultiere. Vgl. dazu Thomas Khurana, »Paradoxien der Autonomie. Zur Einleitung«, in: ders./Christoph Menke (Hrsg.), *Paradoxien der Autonomie*, Berlin: August Verlag 2011, S. 7 ff. (10).

153 Marc André Wiegand, »Zum Begriff des Staatsoberhauptes«, S. 475 ff. (492, 505 f.).

154 Ders., *Metaphysische Anfangsgründe der Rechtslehre*, S. 32 f. Insbesondere seitens der Phänomenologie wurde immer wieder festgestellt, dass diese starre Dichotomie durch die ambivalente Figur der »Achtung des Gesetzes« (vgl. ders., *Grundlegung zur Metaphysik der Sitten*, Ditzingen: Reclam 2019, S. 26, Anm.) unterminiert wird. Vgl. dazu Martin Heidegger, *Die Grundprobleme der Phänomenologie*, Frankfurt am Main: Vittorio Klostermann 1989, S. 172 ff.; Bernhard Waldenfels, *Schattenrisse der Moral,* S. 24 f.; sowie für die daraus resultierenden Konsequenzen für die Rechtstheorie: Ino Augsberg, »›Das moralische Gefühl in mir‹. Zu Kants Konzeption menschlicher Freiheit und Würde als Auto-Heteronomie«, in: *JZ 2013 (Bd. 68 H. 11)*, S. 533 ff. (535 ff.).

aber zur Erkenntnis des Wahren und Guten erst entsprechend ausgebildet und vernünftig kultiviert werden muss.[155]

In diesem aus der Moral abgeleiteten und zugleich von ihr geschiedenen, rein äußerlichen Recht findet sich dann auch eine Gleichsetzung mit der Gewalt angelegt. Nach Kant sei das Recht sogar »einerlei« mit der »Befugnis zu zwingen«.[156] Die zuvor angesprochene *Kritik der Gewalt* von Benjamin ließe sich unter diesen Vorzeichen als letzte Konsequenz des »Kategorischen Imperativs« interpretieren, welcher den Menschen immerhin als »Zweck an sich selbst« zu betrachten und ihn von seiner Degradierung zum bloßen Mittel zu erlösen sucht.[157] Während aber Benjamin wie auch Bataille tatsächlich alle denkbaren Formen der Zweckrationalität verdächtigt, die »wahre Politik« und mit ihr die göttliche Gerechtigkeit und reine Mitteilbarkeit zu korrumpieren, ging es Kant vielmehr um eine moralische Würdigung der einzelnen Glieder neben einem körperschaftlichen Ganzen. Ihr moralischer Wert leitet sich bei Kant nicht aus dem übergeordneten Werk und dessen politischen Zwecken ab, sondern steht in seiner deontologischen Ethik ganz für sich selbst.

In den Worten Ernst-Wolfang Böckenfördes verschiebt sich mit diesem Schritt die »tragende Idee« der Körpermetaphorik von einem »Beziehungsverhältnis von Haupt und Gliedern« zu einer »Verbindung der Teile zur Einheit des Ganzen in der Weise, daß sie voneinander wechselseitig Ursache und Wirkung ihrer Form sind.«[158] Für Kant bilden die einzelnen Glieder mit dem politischen Körper lediglich eine äußerliche Einheit, dessen Zwecke mit denen des übergeordneten Hauptes nicht bloß aufgrund der darin manifesten Unterwerfung, sondern kraft einer innerlichen Einsicht in das Vernunftgesetz übereinstimmen.

Darin ist freilich nicht weniger als der Ausgangspunkt des liberalen Rechtsstaates zu erkennen, wonach das innere Residuum der Moralität der äußerlichen Rechtsgewalt irreduzibel entzogen bleiben soll. Der normative Fluchtpunkt *vor* dem politischen Körper ist schon bei Kant somit der vorpolitische Körper, dem eine natürliche Anlage für einen Sinn für das Wahre, Schöne und Gute zugesprochen wird. Davon ausgehend sei es zwar keine konditionale Bedingung des Staates, aber immerhin normative Zielvorgabe, im Forum des allgemeinen Gesetzes auf eine Übereinstimmung zwischen den beiden Registern hinzuwirken und die empirische Differenz zwischen Recht und Moral möglichst aufzuheben. In der *Kritik der Urteilskraft* bedient sich Kant dazu begrifflich der

155 Immanuel Kant, Grundlegung der Metaphysik der Sitten, S. 19 (»Kultur der Vernunft«).

156 Ders., *Metaphysische Anfangsgründe der Rechtslehre*, S. 32 f., S. 41.

157 Ders., *Grundlegung zur Metaphysik der Sitten*, S. 65.

158 Ernst-Wolfgang Böckenförde/Gerhard Dohrn-van Rossum, »Organ, Organismus, Organisation, politischer Körper«, S. 519 ff. (581).

»Organisation« (welche auch hier noch synonym zu »Organismus« verstanden wird) und versucht damit die innere Verfassung eines Staatskörpers zu beschreiben: Danach solle zwar »jedes Glied [...] in einem solchen Ganzen nicht bloß Mittel, sondern zugleich Zweck« sein; dessen »Stelle und Funktion« werde aber gleichwohl durch seine Mitwirkung an der »Idee des Ganzen« bestimmt.[159] Schließlich spricht er sogar von einem »beseelten Körper« und meint damit eine Rechtsgemeinschaft, welche den »inneren Volksgesetzen« und nicht bloß dem »absoluten Willen« einer beliebigen Herrschaftsinstanz folge.[160] Das Abgrenzungsmerkmal zwischen einem vernünftigen und einem unvernünftigen Staat bietet nicht die *äußere* Rechtsform, sondern die *innere* Ausrichtung am Vernunftgesetz.

Zum Spottbild wird angesichts dieser Ausführungen ein Rechtsstaat, der hingegen nicht *mehr* ist als diese beiden Worte: Recht und Staat. Wo nicht der allgemeine, sondern der einzelne Wille das Ganze verkörpere, reduziere sich die Vernunftrecht auf einen juridischen Mechanismus, eine leere Form und den äußerlichen Zwang. Kant beschreibt die »Despotie« deshalb als Herrschaftsform, die »durch eine bloße Maschine« vollzogen werde – und fügt dieser Analogie noch den sarkastischen Kommentar hinzu: »wie etwa eine Handmühle«.[161] Zwar sei »zwischen einem despotischen Staat und einer Handmühle« in der sinnlichen Anschauung keine »Ähnlichkeit« festzustellen, »wohl aber zwischen der Regel, über beide und ihre Kausalität zu reflektieren.«[162] Eine Handmühle lasse sich, so die Botschaft dahinter, schließlich auch mit Unvernunft bedienen. Die guten Gründe gingen in der Despotie nicht die fungiblen Zahnräder an, welche sie ausführen, sondern lediglich den überlegenen und inneren Willen eines souveränen Oberhauptes, welcher sich den unbelebten Automatismus des äußerlichen Rechts zunutze mache.

Die nachgezeichnete Entwicklungslinie der Metapher vom Staat als großer Maschine kippt bei Kant somit in eine Kritik am rein äußerlichen, unvernünftigen und dadurch leblosen Rechtskörper der politischen

159 Immanuel Kant, *Kritik der Urteilskraft. Werkausgabe Band X*, Frankfurt am Main: Suhrkamp 1974, S. 323 (Anm.). Die Terminologie vom »Maschinenwerk« findet sich ebenfalls in ders., Metaphysische Anfangsgründe der Rechtslehre, S. 136.

160 Ders., *Kritik der Urteilskraft*, S. 296.

161 Ebd.

162 Angesprochen ist damit also eine Reflexion, nach der Kant anhand der Analogie, die er in dieser Funktion als »Symbol« beschreibt, eine Vorstellung vom Staat zu geben versucht, welche diesen nicht »an sich« abbilden oder repräsentieren, sondern lediglich in seiner Idee strukturieren soll – und das, obwohl ihr »vielleicht nie eine Anschauung direkt korrespondieren kann.« Ebd. Vgl. dazu Hans Blumenberg, *Theorie der Unbegrifflichkeit*, Frankfurt am Main: Suhrkamp 2007, S. 58.

Gemeinschaft. Eine solche Darstellung widerspricht damit erstmals an prominenter Stelle einer positiv gesinnten Konnotation, wie sie im Anschluss an Descartes noch bei Hobbes und Sieyes vorzufinden ist. Eine unliebsame Politik im Sinne einer sozialen Mechanik wird darin dem beseelten Körper entgegengesetzt und verkommt zu etwas Unsittlichem, Unsinnlichem und, damit gleichbedeutend, Anorganischem. Die unvernünftige Herrschaft der Despotie bildet für Kant einen Kreuzungspunkt aus der vertikalen und der horizontalen Achse des politischen Körpers, an welchem der *überlegene* Wille durch ein bloß *äußerliches* Recht ummantelt werde. Das sinnlich erfahrbare Gesetz der Vernunft gebiete hingegen, das Ganze miteinander in Einklang zu bringen, also die *unterlegenen* Teile dadurch miteinzubeziehen, dass sie sich nicht bloß dem Gesetz unterwerfen, sondern es zugleich *innerlich* autorisieren.

Gerade in der Fokussierung darauf, worin die spezifischen Möglichkeitsbedingungen der Herausbildung eines inneren Geistes der Sittlichkeit bestehen, welcher dem Ganzen durch eine subjektive Vernunftorientierung sein Leben einzuhauchen vermag, besteht nun das Vermächtnis, welches Kant insbesondere der deutschen Romantik hinterlassen hat. Denn in seiner *dritten Kritik* – also jener Schrift, die den Vergleich mit der »Handmühle« anführt – widmet er sich der reflektierenden Urteilskraft als einer Brücke, welche die »unübersehbare Kluft zwischen dem Gebiete des Naturbegriffs, als dem Sinnlichen, und dem Gebiete des Freiheitsbegriffs als dem Übersinnlichen« zwar nicht gänzlich aufzuheben, aber zu überspannen versucht.[163]

Doch anstatt über diese Brücke zu gehen, welche die verschiedenen Seiten miteinander in Verbindung setzt, sollten die Romantik und in ihrem Gefolge vor allem Friedrich Nietzsche und Sigmund Freud in den Abgrund blicken, der von Kant mit diesem Bestreben gleichermaßen ausgewiesen wurde. Kant hat seiner Nachwelt nicht weniger als eine »›ästhetische‹ Darstellung des Vernunft*problems*« zwischen Philosophie und Kunst hinterlassen, die sich ganz auf die Frage eines »*sittlichen Subjekts*« konzentriert.[164] Die Romantik spitzt diese Frage dann noch einmal entscheidend zu, indem die innere Sphäre und mit ihr das lebendige, spontane und schöpferische Potenzial der Einbildungskraft nicht mehr bloß wie noch bei Kant gegen den Despotismus, sondern auch und vor allem gegen den französischen Konstitutionalismus sowie überhaupt jede

163 Die Rede von der »Brücke« als einer Überspannung der beiden Register findet sich in diesem Zusammenhang häufiger. Vgl. nur Otfried Höffe, »Einführung in Kants Kritik der Urteilskraft«, in: ders. (Hrsg.), *Kritik der Urteilskraft*, Berlin und Boston: De Gruyter 2018, S. 1 ff. (12). Das Zitat stammt wiederum aus: Immanuel Kant, *Kritik der Urteilskraft*, S. 83.

164 Vgl. Philippe Lacoue-Labarthe/Jean-Luc Nancy, *Das Literarisch-Absolute*, S. 54 f.

Politik gerichtet wird, welche die Gemeinschaft durch Institutionen und eine zwangsbewährte Rechtsform abzusichern versucht.

* * *

Ohne Frage ist die Rede von *der* Romantik im Kollektivsingular eine unzulässige Pauschalisierung, welche der Vielfalt an den darunter zusammengefassten Themen, Motiven und Formexperimenten nicht gerecht werden kann. Folgt man Maurice Blanchot, liegt die Einheitlichkeit der Gattung gerade in ihrer Uneinheitlichkeit. Entsprechend beziehe sich die »französische Rezeption« auf einen »Gesamteindruck« ihrer deutschen Nachbarn, der aus einem bunten Strauß von Widersprüchen bestehe.[165] Mit der Romantik verbinde man sowohl einen »Hang zur Religion« als auch einen »Wunsch nach Revolte«, sowohl »das Bemühen um die Vergangenheit« als auch »die Ablehnung der Tradition«, sowohl einen »Aufruf zur Erneuerung« als auch »das Bewußtsein der Modernität« und nicht zuletzt sowohl »eine nationalistische Emphase« als auch »die reine, vaterlandslose Subjektivität«.[166] Mit dem heutigen Abstand kann diese Schizoanalyse freilich als *self-fulfilling prophecy* gelesen werden, hatte doch niemand Geringeres als Blanchot selbst maßgeblichen Einfluss auf die französische Wiederbelebung der romantischen Schriften seit den 1970er Jahren.[167]

Insofern überrascht es nicht, dass die für diese Untersuchung maßgebliche Rezeption sich – vom Surrealismus über den Dekonstruktivismus bis hin zur radikalen Demokratietheorie – doch vor allem auf die Romantik als unvollendetes Stückwerk beziehen, wobei das formale Kriterium zugleich zum inhaltlichen Leitmotiv erhoben wird. Verhandelt wird sie, etwa bei Philippe Lacoue-Labarthe und Jean-Luc Nancy, unter solchen Verlegenheitsbegriffen wie *der Literatur* und dem Fragment, aber auch dem Werk, dem Roman oder der Poesie (vgl. Abb. 10).[168] Allesamt verweisen sie auf eine Gespaltenheit sowie eine daraus resultierende Spannung im Symbolischen, aus dessen generativer Tiefenstruktur nicht mehr die altbekannten Formen der Kunst wiederholt, sondern etwas Neues geschaffen werden soll. Das Alleinstellungsmerkmal sei aber nicht bloß, dass dies unbemerkt geschehe, sondern, dass die deutsche Romantik im Unterschied zu anderen Epochen die von Benjamin bis Blanchot betonte *Reflexivität* auszeichne, wonach diese ansonsten implizit bleibenden Vorgänge »sich plötzlich ihrer selbst bewußt« würden und

165 Maurice Blanchot, »Das Athenäum«, S. 107 ff. (108).
166 Ebd.
167 Karl Heinz Bohrer, *Die Kritik der Romantik*, S. 16 f.
168 Von einer »Generizität und Generativität der Literatur« sprechen diesbezüglich: Philippe Lacoue-Labarthe/Jean-Luc Nancy, *Das Literarisch-Absolute*, S. 16, 26 f. sowie passim.

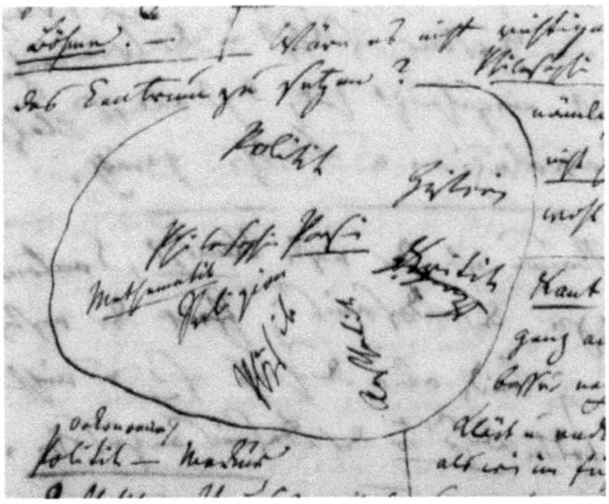

Abbildung 10: Im Zentrum steht die Poesie – um sie herum ordnen sich u.a. Politik, Historie, Philosophie *und* Religion *(Notizenkonvolut von Friedrich Schlegel).*

»keine andere Aufgabe, kein anderes Charakteristikum« mehr hätten, »als die, sich selbst zu erklären.«[169]

Ein solch eklektischer, stark zuspitzender und sicherlich auch verfälschender Umgang mit seinen intellektuellen Wegbereitern ist ohne Frage angreifbar. Allerdings gehört es zur Ironie der Geschichte, dass die davon betroffenen Autoren der Romantik ein ganz ähnliches Verhältnis zu ihren damaligen Inspirationsquellen pflegten. Dazu bekennt sich etwa Friedrich Schlegel, wenn er in den *Athenäums-Fragmenten* bekennt, dass es ihm mit den »größten Philosophen« stets gegangen sei »wie dem Plato mit den Spartanern[:] Er liebte und achtete sie unendlich, aber er klagt immer, daß sie überall auf halbem Wege stehn geblieben wären.«[170] In Bezug auf Kants Schriften erklärt Schlegel sogar, dass sich im Vernunftrecht ein »Minimum der bürgerlichen Freiheit« angekündigt habe, dem er gegenüber das »(unerreichbare) Maximum« avisiert.[171] Die Radikalisierung seiner Gedanken diene sodann dazu, die Freiheit »von allen äußern Zwangsgesetzen ganz unabhängig« zu denken und eine Beschränkung »nur durch das Sittengesetz« beziehungsweise nur eine *innere* Verpflichtung zuzulassen.[172] Das nach wie vor durch seine Äußerlichkeit definierte Recht steht danach als bloße Gewalt einer instituierenden Macht entgegen, die Schlegel unter anderem als »Leben des universellen Geistes« umschreibt, der »eine ununterbrochne Kette innerer Revolutionen« lostrete und darauf hinarbeite, dass »alle Individuen,

169 Maurice Blanchot, »Das Athenäum«, S. 107 ff. (112).

170 Friedrich Schlegel, »Athenäums-Fragmente«, in: ders., *Kritische Ausgabe seiner Werke (Abt. I Bd. II). Charakteristiken und Kritiken I (1796-1801)*, München, Paderborn und Wien: Verlag Ferninand Schöningh 1967, S. 165 ff. (172, Nr. 48).

171 Ders., »Versuch über den Begriff des Republikanismus«, in: *Kritische Ausgabe seiner Werke (Abt. 1, Bd. VII). Studien zur Geschichte und Politik*, Wien: Verlag Ferninand Schöningh 1966, S. 11 ff. (12).

172 Ebd.

die ursprünglichen, ewigen« als Teile eines sich sukzessive befreienden Ganzen gelten.[173]

Dass manch heutige Kommentatoren diese Zeilen retrospektiv als »radikaldemokratische Absicht«[174] veredeln, deutet bereits darauf hin, dass Schlegels Begriff der »Freiheit« sich durch eine konzeptionelle Engführung an den idealistischen Begriff der »*Idee*« begreifen lässt, »welche nur durch eine ins Unendliche fortschreitende Annäherung wirklich gemacht werden kann.«[175] Sie beschreibt damit keinen jemals zu erreichenden Zustand, sondern ein unendliches Projekt und insofern einen Vorgang, den man mit Christoph Menke auch »Befreiung« nennen könnte.[176] Denn auch, wenn die Romantik gelegentlich als kopflose Schwärmerei erscheinen mag, zeichnet sie in ihrem steten Drängen auf Vollendung, Einheit und Universalität durchaus ein klares Bewusstsein für die immanenten Grenzen einer solchen Wirklichkeit aus, die sie anhand der literarischen Kultivierung der Einbildungskraft gerade zu überschreiten sucht. Wie auch Gerhard Gamm betont, ist das »Absolute« im deutschen Idealismus deshalb keinesfalls ein »Lösungs-, sondern in erster Linie ein *Problembegriff*« und kennzeichnet ein prozesshaftes Werden, welches sich »in den Vermittlungsschritten des Denkens« entdeckt und gerade keine »dem Mengenbegriff analoge Zusammenfassung« des Ganzen darstellen soll.[177] In diesem Sinne betont auch Schlegel, dass es sich nur dann um einen »vollendeten Geist« handeln könne, wenn seine Ideale nicht »mathematische Fantome des bloß mechanischen Denkens« darstellen, sondern »organisch« und damit im Sinne eines sich unendlich vollziehenden Wachstumsprozesses gedacht würden.[178]

Den romantischen Schlusspunkt dieser kurzen Rekonstruktion soll nun *Das älteste Systemprogramm des deutschen Idealismus* bilden, das entgegen seinem Titel gerade kein hermetisches Systemdenken einer logischen Philosophie entfaltet und sich in seinem konsequenten Anti-Klerikalismus, Anti-Etatismus und Anti-Juridismus wohl kaum dem Idealismus zuordnen lässt.[179] Vielmehr enthält es *in nuce* ein poetologisches

173 Ders., »Athenäums-Fragmente«, S. 165 ff. (255, Nr. 451).

174 Matthias Schöning, »›Versuch über den Begriff des Republikanismus‹«, in: Johannes Endres (Hrsg.), *Friedrich Schlegel-Handbuch. Leben, Werk, Wirkung,* Stuttgart: J.B. Metzler 2017, S. 240 ff. (242).

175 Ders., »Versuch über den Begriff des Republikanismus«, S. 11 ff. (12).

176 Vgl. Christoph Menke, *Theorie der Befreiung*, Berlin: Suhrkamp 2022, S. 525 ff. und passim.

177 Gerhard Gamm, *Der Deutsche Idealismus. Eine Einführung in die Philosophie von Fichte, Hegel und Schelling,* Stuttgart: Reclam 2016, S. 30 f.

178 Friedrich Schlegel, »Athenäums-Fragmente«, S. 165 ff. (S. 243, Nr. 412).

179 Statt eines ausführlichen Kommentars, den »die Behandlung der Frage des Staates« im *Systemprogramm* laut Philippe Lacoue-Labarthe und Jean-Luc Nancy eigentlichen verdienen würde, beschränken die beiden Autoren sich

Programm, das man sowohl romantisch als auch radikaldemokratisch nennen könnte.[180] Die Urheberschaft des kurzen Textes ist jedoch umstritten.[181] Passend wäre deshalb, von einem kollektiven Werk ohne juridische Autorschaft, von einem der Vollendung in der Form harrenden Fragment und damit gewissermaßen einem Musterbeispiel für das auszugehen, was Nancy später »Entwerkung« nennen sollte.

Bezeichnenderweise beginnt die Schrift damit, dass sie den Menschen als »*Schöpfung aus dem Nichts*« dem gegenüberstellt, was dieser als »Menschenwerk« aus seinen Händen eigens erschaffen habe.[182] Mit diesem Werk sind dann vor allem – und diese Assoziation lässt sich noch bei Nancy finden – die staatliche »Verfassung, Regierung, Gesetzgebung« gemeint, welche im Weiteren als technokratische Apparaturen beschrieben werden, die sich nach ihrer Errichtung verselbstständigen und als Automatismus selbst vollziehen.[183] Deshalb gäbe es im Gegensatz zur Idee von der »Menschheit« auch »keine Idee vom *Staat* [...], weil der Staat etwas *Me-*

auf die Anmerkung, wonach »das anti-etatistische Motiv« stark von dem abweiche, »was die Politik des deutschen Idealismus sein wird.« Ausdrücklich erinnern sie an »Hegel, bei dem der Staat als ›die Wirklichkeit der sittlichen Idee‹ das letzte Moment der Ethik und damit das letzte Moment des Systems bildet.« Dies., *Das Literarisch-Absolute*, S. 62, Fn. 13.

180 So auch Andreas Hetzel, »Staat«, in: Dagmar Comtesse et al. (Hrsg.), *Radikale Demokratietheorie*, Berlin: Suhrkamp 2020, S. 614 ff. (614).

181 Wohl war es ein Friedrich, zumal dieser um die 25 Jahre alt gewesen sein müsste – ob es sich aber um Schelling, Hölderlin oder Hegel handelte, ist und bleibt wohl ungewiss.

182 Friedrich Schelling [mutmaßlich], »Das älteste Systemprogramm des deutschen Idealismus«, in: ders., *Briefe und Dokumente (Band 1)*, Bonn: H. Bouvier u. Co 1962, S. 69 ff. (69). Ähnlich klingt es bei Friedrich Schlegel, der im religiösen Motiv der »*Schöpfung aus dem Nichts*« nicht weniger als das »Wesen der Modernen« erkennt. Dieses manifestiere sich im Register der *Politik* – ebenfalls genannt werden die Religion, Wissenschaft, Literatur, Rhetorik und Poesie – dann auch in der Französischen Revolution. Ders., »Philosophische Fragmente. Zweite Epoche I (1798-1799)«, in: ders., *Kritische Ausgabe seiner Werke (Abt. 2 Bd. XVIII). Philosophische Lehrjahre 1796–1806, nebst philosophischen Manuskripten aus den Jahren 1796–1828*, München, Paderborn und Wien: Verlag Ferninand Schöningh 1963, S. 195 ff. (315, Nr. 1471). Dass von Schlegel bereits ein »Exzeß des Sagens über jede Aussage« oder »Überschuß« umrissen wird, der als eine romantische Vorankündigung des Politischen betrachtet werden kann, findet sich dann auch wieder bei Werner Hamacher, »Der ausgesetzte Satz. Friedrich Schlegels poetologische Umsetzung von Fichtes absolutem Grundsatz«, in: ders., Entferntes Verstehen. Studien zu Philosophie und Literatur von Kant bis Celan, Frankfurt am Main: Suhrkamp 2011, S. 195 ff. (230, 233).

183 Friedrich Schelling [mutmaßlich], »Das älteste Systemprogramm des deutschen Idealismus«, S. 69 ff. (69 f.).

chanisches« sei und es entsprechend auch keine »Idee von einer Maschine« geben könne.[184] Sich als eine Idee, und damit als »Gegenstand der *Freiheit*« in einem prozesshaften Werden zu vermitteln, würde im Anschluss an die »praktischen Postulate« – und damit ist selbstverständlich wieder Kant angesprochen – voraussetzen, dass sich das Ganze durch seine Teile verwirklichte.[185] Im Gegensatz dazu wird der Staat als leb- und zeitloser Zustand (im Sinne von *status*), als schemenhafter Körper ohne Innenleben umschrieben, dessen Wille sich durch das Recht und insofern lediglich durch äußeren Zwang artikuliert. In den *Blüthenstaub*-Fragmenten findet Novalis übrigens ein ganz ähnliches Bild, nämlich das eines »Schiffbaumeisters, der durch Menschenhaufen und gehörige Werkzeuge und Materialien« einen Gedanken zu »verkörpern« vermöge und »durch alles dieses sich gleichsam zu einer ungeheuren Maschine macht.«[186]

Für die Romantik unterscheidet sich die Politik *als Mechanismus* von einer solchen *als Organismus* nun dadurch, wie es Manfred Frank zusammenfasst, »daß ihren Teilen nicht schon gleichsam interzellulär der Plan des Ganzen eingeschrieben ist, zu dem sie mitwirken und von dem sie in Dienst genommen werden.«[187] Die Selbstbeschreibung der politischen Theorie als Ingenieurstätigkeit, wie sie noch vom Kontraktualismus bis zum Konstitutionalismus ausgewiesen wurde, wird mit solchen Bildern endgültig verabschiedet. Was sich bereits in der deutschen Romantik abzeichnet, sind die späteren Konturen einer radikalen bis radikaldemokratischen Kritik am liberalen Rechtsstaat, der seither mit der imaginären Hypothek des Anorganischen, Zwangsbehafteten und Leblosen belastet ist. Dieser Gegensatz aus formlosen Vitalismus und Mechanismus lässt sich, wie Foucault in *Les mots et les choses* ausführt, insofern auf eine »Oberflächenwirkung« solcher hintergründigen Verschiebungen zurückführen, die sich in modernen Epistemen wie der Biologie als Wissenschaft des Lebens niedergeschlagen hätten und deren Kehrseite das »Anorganische« und »Nicht-Lebendige« sei, also »das, was sich nicht entwickelt und nicht reproduziert: an den Grenzen des Lebens, das Unfruchtbare und Bewegungslose – der Tod.«[188]

Jedenfalls wurde zu ebendieser Zeit und besonders exponiert in der Romantik begonnen, wie es sich im *Systemprogramm* exemplarisch veranschaulichen lässt, die staatliche Politik nicht nur als artifizielles

184 Ebd., 69.
185 Ebd.
186 Friedrich von Hardenberg, »Blüthenstaub-Fragmente«, in: ders., *Novalis: Schriften (Band II)*, Stuttgart: W. Kohlhammer Verlag 1960, S. 412 ff. (452, Nr. 87).
187 Manfred Frank, »Die Dichtung als ›Neue Mythologie‹«, in: Karl Heinz Bohrer (Hrsg.), *Mythos und Moderne. Begriff und Bild einer Rekonstruktion*, Frankfurt am Main: Suhrkamp 1986, S. 15 ff. (25).
188 Michel Foucault, *Die Ordnung der Dinge*, S. 287.

Ergebnis einer juridischen und mathematischen Operation zu betrachten, dem Vertragsschluss, sondern damit zugleich die Gemeinschaft in einen mechanischen Zusammenhang überführt zu sehen, in dem statt der Liebe *unter* den Menschen eine verkopfte Rationalität *über* sie herrsche. Im Anschluss daran taucht die mechanische Konnotation des politischen Körpers häufig auch im Zusammenhang mit Kapitalismuskritik auf. Einen beliebten Anlass stellt der häufig bemühte Rekurs auf das *Maschinenfragment* des jungen Karl Marx dar.[189] Nicht selten wird die Staatsmetapher dann »über den materiellen Maschinenkörper hinaus« zum »sozialen Ordnungssystem« und damit zur »Megamaschine« überhöht, welche das Soziale seit der industrialisierten Moderne bis ins Allerprivateste hinein zu organisieren versuche.[190]

Trotz der vielen Überschneidungen mit dem post- oder neomarxistischen Diskurs gilt dies in dieser Generalität freilich nicht ausnahmslos für alle Vertreterinnen der radikalen Demokratietheorie. So sieht Rancière die Figuration des Staatsapparates als »Maschine« auch kritisch, weil sie gefangen sei in der »Voraussetzung eines Gegensatzes zwischen Staat und Gesellschaft« und darauf hinweise, dass dieses Bild »eine bestimmte ›politische Philosophie‹« – man könnte auch sagen: eine Instituierung des Imaginären – voraussetze, in deren Verwendung sich eine weitere »Verwechslung« des Politischen mit »der Polizei« manifestiere.[191] Was sich trotz dieser Differenzierung bei ihm fortschreibt, und

189 Karl Marx, »Grundrisse der Kritik der Politischen Ökonomie«, in: ders, Karl Marx/Friedrich Engels, *Werke (Band 42)*, Berlin: Dietz Verlag 1983, S. 47 ff. (590 ff.). Zwar findet sich die romantische Opposition im *toten Kapital*, dessen »adäquateste Form« die Maschine ist, und in der *lebendigen Arbeit* fortgesetzt – wobei letztere in der fortschreitenden Mechanisierung sogar zu einem »lebendige[n] Zubehör« verkommt. (Ebd., S. 593 f.) Allerdings kann diese Schrift des frühen Marx keinesfalls auf einen bloßen Technikpessimismus reduziert werden, sondern erkennt – ganz dialektisch – in der Bedrohung der herkömmlichen Produktionsweise zugleich die Möglichkeit ihrer Emanzipation. Eben deshalb finden sich, vermittelt über den italienischen Postoperaismus und dessen Weiterentwicklung des Begriffes vom »*general intellect*« (Ebd., S. 602), auch hier Schnittstellen zum radikaldemokratischen Denken. Vgl. nur Gerald Raunig, »Tausend Maschinen. Eine kleine Philosophie der Maschine als sozialer Bewegung«, in: ders. (Hrsg.), *Maschinen Fabriken Industrien*, Wien: transversal texts 2019, S. 21 ff. (33 ff.).

190 Martin Burckhardt, »Der Kapitalismus ist tot (er weiß es nur noch nicht). Marx ›Maschinenfragment‹ und die Logik des Plattform-Kapitalismus«, in: *Merkur - Deutsche Zeitschrift für europäisches Denken 2018* (Bd. 831), S. 21 ff (28).

191 Um Verwechslungen auszuschließen, habe ich die Formulierung »die Politik« im Original abgewandelt, weil Rancière damit dasjenige Element meint, was üblicherweise in der radikalen Demokratie und deshalb auch hier »das Politische« genannt wird. Jacques Rancière, *Das Unvernehmen*, S. 40.

das gilt stellvertretend für alle zuvor benannten Autoren, ist die Perpetuierung eines Ineinanderfallens von Politik und Recht im Staat. Eine solche imaginäre Einheitsmatrix vollzieht sich somit bis hinein in die Moderne und findet in der mechanisch konnotierten Körpersprache ein figuratives Ventil zur radikalen Kritik an einer liberal-rechtsstaatlichen Repräsentationslogik sowie einem rechtspositivistischen Gesetzesformalismus. Dieses Spottbild korrespondiert mit einem kryptonormativen Gegenprogramm, das sich durch eine theoretische Insistenz auf einer ethisch, ästhetisch oder religiös gefärbten Schöpfungskraft auszeichnet. Stets gilt es dann, etwas radikal Anderes, Neues und Fremdes zu instituieren, wobei gänzlich in den Hintergrund gerät, ob der König oder wenigstens ein überlegenes Rechenzentrum des Sozialen überhaupt noch da sind, gegen den oder das sich diese radikalen Bestrebungen noch immer zu richten scheinen.

So beziffert sich der hohe Preis, den eine politische Theorie zu zahlen hat, wenn sie sich nach dem Vorbild des »Maschinenbaus« auf einen »sicheren, von schwankenden Erfahrungsurteilen und Interessengegensätzen unabhängigen Grund zu stellen« versucht, der im Politischen selbst besteht.[192] Bei der pejorativen Wendung der Metapher geht es um die Kritik daran, dass »bestimmte Bereiche aus dem Feld der Erkenntnisgegenstände« ausgegrenzt werden, also »das Erkennbare als geschlossenes, determiniertes, aus freier Verstandestätigkeit analysier- und rekonstruierbares System« konstituiert und letzten Endes die politische Theorie mit einer sozialen *Mathesis* kurzgeschlossen werde.[193] Die romantischen Vorboten der von Rancière beschriebenen Expertokratinnen sind im *Systemprogramm* die sogenannten »Buchstabenphilosophen« und deren eindimensionaler Verstand, welchem »alles dunkel ist, sobald es über *Tabellen u. Register* hinausgeht.«[194] Schon um 1800 gereicht es somit zum großen Vorwurf, wenn das staatstragende Denken und mit ihm die instituierte Politik von einem universal anwendbaren System von Gesetzmäßigkeiten ausgehen, anhand dessen das Unbekannte lediglich auf das Bekannte zurückgeführt werde.

Und von dieser Problemanalyse ist es nur noch ein kleiner Schritt zur vermeintlichen Lösung. Entsprechend lautet die politische Parole im *Systemprogramm*: »Wir müssen über den Staat hinaus! – Denn jeder Staat muss freie Menschen als mechanisches Räderwerk behandeln; und das soll er nicht; also soll er *aufhören.*«[195] Ausdrücklich geht es darum, das »ganze elende Menschenwerk von Staat« – und das erinnert nicht

192 Barbara Stollberg-Rillinger, *Der Staat als Maschine*, S. 53 f.

193 Ebd.

194 Friedrich Schelling [mutmaßlich], »Das älteste Systemprogramm des deutschen Idealismus«, S. 69 ff. (70, Herv. M.E.).

195 Ebd, S. 69 f. (Herv. M.E.).

zufällig an die zuvor beschriebene Entsetzung des Königs, in welcher das prunkvolle Kleid abgelegt und die Devotionalien der Macht abgenommen werden – »*bis auf die Haut* [*zu*] *entblößen*« seien.[196] Die symbolische Lücke zwischen der Repräsentation in einer rechtlichen Körperschaft und der repräsentierten Körperlichkeit im Hier und Jetzt, die vorliegend als politische Differenz zwischen dem mechanischen Staat und der lebendigen Idee von der Menschheit erscheint, scheint demnach bis heute eine leidenschaftliche Sehnsucht nach einer sinnlich erfahrbaren Unmittelbarkeit und einer Gemeinschaft zu evozieren, die mehr sein soll als eine äußere, zwangsbewährte und zeitlose Rechtsform.

Die radikale Kritik der Romantik formuliert sich, und spätestens an dieser Stelle wird die romantische Präfiguration frappierend, als »Sprache der Dichtung«[197] und damit von einem literarisch ausgezeichneten Ort aus, von dem sich noch alle der im zweiten Paragraphen genannten Doppelbewegungen aus radikaler Negativität und Potenzialität – von Bataille, Blanchot und Benjamin bis hin zu Nancy und Hamacher – vollzogen haben. Und sogar Rancière schreibt nach eigener Aussage von dort aus, wo »die Philosophie gleichzeitig der Politik und der Dichtung begegnet« und an dem ein Sagen aufscheine, welches sich nicht im Gesagten ergebe.[198] Erst in diesem Zwischenraum ermögliche sich die »politische Frage« der Gleichheit und somit danach, »was es heißt, ein Wesen zu sein, das sich des Wortes bedient, um etwas zu diskutieren.«[199] Wie auch im *Systemprogramm* wird in der radikalen Demokratietheorie danach eine »ästhetische Kraft« eingefordert, welche der Poesie in ihrer unendlichen Generativität von einem Mehr und einem Anderen der symbolischen Ordnung in nichts nachsteht.[200]

Geradezu mustergültig definiert dann auch Schlegel die »romantische Dichtart« in einem *Athenäum*-Fragment dergestalt, dass ihr »eigentliches Wesen« darin zu erkennen sei, »daß sie ewig nur werden, nie vollendet sein kann« und schließlich »durch keine Theorie erschöpft werden« könne, weil »nur eine divinatorische Kritik« es wagen dürfe, »ihr

196 Ebd., S. 70.

197 Vgl. Achim Geisenhanslücke, Infame Geständnisse, S. 212 (in Bezug auf Hamacher und Benjamin).

198 Jacques Rancière, *Das Unvernehmen*, S. 11.

199 Ebd.

200 Friedrich Schelling [mutmaßlich], »Das älteste Systemprogramm des deutschen Idealismus«, S. 69 ff. (70). Die unverkennbar an Kant angelehnte Emphase der Einbildungskraft ließe sich ohne weiteres auch mit dem bereits mehrfach angesprochenen »radikalen Imaginären« in Verbindung setzen, was Cornelius Castoriadis als ein »unaufhörliches Auftauchen von Anderem in der und durch die Setzung/Vor-Stellung (*position*) von Bilder und Figuren« beschreibt. Ders., *Die Gesellschaft als imaginäre Institution*, S. 542.

Ideal charakterisieren zu wollen.«[201] Ohne Weiteres ließe sich der Gegenstand dieses Zitats durch den Begriff der *Überschreitung* bei Bataille oder den Begriff des *Messianischen* bei Benjamin, einen dekonstruktivistischen Begriff der *Gemeinschaft* bei Nancy, der *Gleichheit* bei Rancière oder einen radikaldemokratischen Begriff des *Politischen* ersetzen, ohne dessen jeweiligen Kerngehalt zu verfehlen.

Das formlose Absolute wird in der Romantik – insbesondere als politische Idee der Freiheit und »das letzte, größte Werk der Menschheit«[202] – in letzter hermeneutischer Konsequenz somit ebenfalls an die Theologie rückgebunden. Dies geschieht aber nicht, um das Imaginäre einer Verkörperung von Gottes Gnaden zu restaurieren. Das *Systemprogramm* vermag vielmehr einen Spagat zwischen den in religiösen Angelegenheiten inkommensurabel erscheinenden Positionen von Nietzsche auf der einen sowie Benjamin und Nancy auf der anderen Seite zu schlagen: Das bunte Mosaik aus Ethik und Ästhetik wird zum Ende des kurzen Textes noch um die Forderung einer »sinnliche[n] Religion« erweitert, die unter anderem sowohl einen »Monotheismus [...] des Herzens« als auch einen »Polytheismus der Einbildungskraft und der Kunst« umfasst:[203] Während ersteres an Benjamins »unmittelbare messianische Intensität des Herzens«[204] und damit eine dialektische Durchdringung des Profanen erinnert, scheint letzteres auf das schon von Nietzsche ausgewiesene Potenzial des Sakralen hinauszuweisen, dem sich anschließend sowohl die *Acéphale* als auch das *Collège de Sociologie* verschreiben sollten. Was in dieser Nachbarschaft zur deutschen Romantik also insgesamt zum Ausdruck kommt, ist weniger eine Nähe zu Gott als eine Äquidistanz zum Kopf des Königs. Die radikale Negativität wird von einer Immanenz aus verstanden, welche das Potenzial einer schöpferischen Einbildungskraft freisetzt und dadurch eine kalte, unbelebte und rechtlich-formalisierte Politik aufzusprengen imstande ist.

Dass eine solche Kritik an einer von ökonomischen Kalkülen der Berechnung getriebenen und ganz und gar mechanisch wirkenden Politik, ja einer Sozialtechnologie und ihrer instrumentellen Vernunft im 20. Jahrhundert eine Hochkonjunktur erfährt, ist wohl auf eine historisch-kulturelle Situation zurückzuführen, die neben Wirtschaftskrisen und der Erfahrung von Krieg von einem immer alltäglich werdenden Einsatz von Maschinen geprägt war – etwa den Fließbändern in den Fabriken, einer Verkehrsinfrastruktur mit Automobilen und Flugzeugen,

201 Friedrich Schlegel, »Athenäums-Fragmente«, S. 165 ff. (182, Nr. 116).

202 Friedrich Schelling [mutmaßlich], »Das älteste Systemprogramm des deutschen Idealismus«, S. 69 ff. (70).

203 Ebd.

204 Walter Benjamin, »Theologisch-politisches Fragment«, S. 203 f. (204). Von einer »Herzensgemeinschaft« war freilich auch die Rede in Georges Bataille, »Nietzsche-Chronik«, S. 181 ff. (198 f.).

aber eben auch dem technologisch optimierten Militarismus.[205] Die politische Reaktion auf die Weltkriege bestand in Europa zumal aus vielfältigen Prozessen der »Konstitutionalisierung der Demokratien« sowie einer Rückkehr zur »alten Vorstellung der Gesetzesherrschaft« als einer unpersönlichen Regierungsform.[206] Nicht selten ging damit eine funktionale Delegation von Verantwortlichkeiten an die öffentliche Verwaltung, an die Judikative sowie an diverse Ausschüsse, Wissenschaftsgremien und Sachverständigenrate einher. Dass gerade diese Institutionen (wie bspw. die Verfassungsgerichtsbarkeit oder das Zentralbankwesen) seither ins Visier der radikalen bis radikaldemokratischen Kritik geraten und der Entpolitisierung bezichtigt werden, verrät dabei nur die anhaltende Fokussierung auf einen Kopf des Königs oder eben die Rechenleistung der sozialen Megamaschine.[207]

Zudem gilt es neben diesen historisch-technologischen Umständen zu berücksichtigen, dass mit dem Surrealismus, der Dekonstruktion und schließlich der radikalen Demokratietheorie ein vornehmlich französischer Diskurs in den Blick genommen worden ist. Dass dessen bis heute anhaltender Anti-Institutionalismus nicht unwesentlich von einem Dichten und Denken aus Deutschland geprägt wurde, erscheint im Ergebnis nicht als Widerspruch, sondern eigentlich nur konsequent: Wenn nämlich in Tübingen oder Jena von einem mechanischen und zwanghaft-formellen Konstitutionalismus die Rede war, dann schielte man damit vor allem nach Westen auf den französischen Zentralstaat. Und gerade diesen Blick teilt die deutsche Romantik bis heute mit der französisch geprägten Demokratietheorie.

Um Missverständnisse zu vermeiden, möchte ich abschließend noch einmal betonen, dass ich den radikaldemokratischen Begriff *des Politischen* aber nicht einfach mit dem idealistisch-romantischen Begriff *der Idee* kurzzuschließen vorschlage. In der dekonstruktivistischen Lesart der romantischen Schriften, vor allem der *Athenäums*-Fragmente, wie sie vor allem Blanchot und im Anschluss daran Lacoue-Labarthe und Nancy entwickelt haben, mutiert die spezifische »Geste der Romantik« gerade von einer »Suche nach dem ›Werk‹ oder einer Theorie des ›Werks‹ zu einem »Werk der Werkabwesenheit« und somit zu einem Scheitern der Idee, einer Entwerkung oder »*Werkzersetzung* [...], die sich in den Spalten des romantischen Werks überall andeutet.«[208] Gemeint ist allerdings keine negative Theologie oder ein schlichtes Primat der Unvollendetheit,

205 Vgl. Susanne Lüdemann, *Metaphern der Gesellschaft*, S. 41.

206 Pierre Rosanvallon, *Die gute Regierung*, S. 160 ff.

207 Die Autonomie solcher Institutionen galt es allerdings immer nur gegenüber der Politik, nicht aber gegenüber dem Politischen zu gewährleisten. Vgl. zu dieser Ehrenrettung nur Gunther Teubner, *Verfassungsfragmente*, S. 175 ff.

208 Philippe Lacoue-Labarthe/Jean-Luc Nancy, *Das Literarisch-Absolute*, S. 104 (zit. ohne Majuskelschrift).

denn die Unvollendetheit vollendet sich gerade *in* der »Entwerkung« selbst und ist somit »nichts als die Unterbrechung des [...], trotz allem, fragmentarischen ›Werks‹.«[209] Diesen Gedanken überträgt die radikale Demokratietheorie lediglich in die politische Theorie und verurteilt das irreführende Projekt einer positiven Verkörperung des Ganzen und assoziiert ein diesbezügliches Engagement mit dem Totalitarismus.

Nicht zuletzt aus dieser Ablehnung resultiert dann auch die im Ausgang von Nietzsche nachverfolgte Doppelbewegung einer ebenso *zerstörerischen* wie zugleich *schöpferischen* Macht, welche in der Dekonstruktion – einem Neologismus aus Destruktion und Konstruktion – ihren wohl sinnfälligsten Ausdruck gefunden hat. Wie bereits mehrfach angesprochen, wurde dieses Zugleich von radikaler Negativität und Potenzialität mit unverkennbarem Blick auf die Kunst schon bei Nietzsche, etwa in der *Geburt der Tragödie,* als die Bipolarität von Dionysischem und Apollinischem vorbereitet. Damit hat Nietzsche freilich ein Begriffspaar aufgegriffen, das vor ihm ausgerechnet von solchen Autoren wie Schelling und Schlegel gebraucht worden ist und das er in einem auch ansonsten romantisch wirkenden Gefüge dem aufgeklärten Rationalismus – den er »Sokratismus« nennt – entgegensetzt.[210]

An diesem Punkt setzt im Übrigen auch die Kritische Theorie an, zumal auch diese in ihren Anfängen noch ein ausgeprägtes Gespür für den ästhetischen Stachel im Fleisch der Politik aufwies.[211] Mit Autoren wie Bataille oder Nancy hat sie deshalb gemein, dass sie das schwärmerische Einheitsbegehren ebenfalls mit dem Faschismus kurzgeschlossen hat.[212] Allerdings steht etwa die *Negative Dialektik* von Theodor. W. Adorno noch ganz im Zeichen eines Unternehmens, welches die metaphysische

209 Ebd., S. 105 (zit. ohne Majuskelschrift).

210 Friedrich Nietzsche, »Die Geburt der Tragödie«, in: ders., *Die Geburt der Tragödie, Unzeitgemäße Betrachtungen I-IV, Nachgelassene Schriften 1870-1873. Kritische Studienausgabe (Band 1)*, München: Deutscher Taschenbuch Verlag 1988), S. 9 ff. (88 ff.)

211 Während die Kunst und ihre kritische Funktion noch ein wichtiger Bezugspunkt für Theodor W. Adorno oder auch Herbert Marcuse waren, findet sich diese ästhetische Dimension der Emanzipation in der »dritten Generation« (etwa Jürgen Habermas, Axel Honneth, Charles Taylor oder Seyla Benhabib) etwas weniger ausgeprägt. Vgl. zur Kritik nur Dietmar J. Wetzel/ Thomas Claviez, *Zur Aktualität von Jacques Rancière*, S. 151 f. Diese Argumentation verläuft übrigens parallel zur radikaldemokratischen Kritik an der konsensorientierten Leugnung der *Jouissance*, wie sie federführend von Chantal Mouffe vorgetragen wird. Vgl. dies., *Über das Politische*, S. 38 f.

212 Vgl. nur Theodor W. Adorno, *Negative Dialektik*, S. 358: »Mißt es [das Denken] sich nicht an dem Äußersten, das dem Begriff entflieht, so ist es vorweg vom Schlag der Begleitmusik, mit welcher die SS die Schreie ihrer Opfer zu übertönen liebte.«

Kategorie der »Totalität« zwar invertiert und von Widersprüchen durchdrungen sieht, aber gleichwohl zu retten versucht.[213] Dieses letzte Band versuchen die vorgestellten Entgründungsfiguren wie die »Souveränität« bei Bataille, die »Unterbrechung« bei Blanchot, die »Teilung« bei Nancy, der »Generalstreik« bei Benjamin oder die »Gleichheit« bei Rancière nun endgültig zu kappen.

Ob aber nun als Dialektik oder nicht: In Frankfurt wie in Frankreich distanziert sich die politische Theorie zur Mitte des 20. Jahrhunderts von dem romantischen Streben nach dem Absoluten. Und dies geschieht – hier wie dort – aus der historischen Erfahrung des Nationalsozialismus heraus. Mit ihr geht die schwierige Frage einher, was daraus zu lernen ist, dass die Exaltation des Sinnlichen, Natürlichen und Organischen in Deutschland ein symbolisches Terrain kultiviert hat, auf dem die Saat einer biopolitischen Reinheitsphantasie des Volkskörpers aufgehen konnte.

Manche schließen aus dieser historischen Abfolge, dass die Wurzeln des Nationalsozialismus in der deutschen Romantik zu verorten seien.[214] Den gängigen Prototyp dieser Verfallserzählung bilden freilich Werk und Person eines Richard Wagners, dessen Oper *Die Meistersinger von Nürnberg* mit dem Schlussfanal einer Apotheose der »heil'gen deutschen Kunst!« geradezu idealtypisch das Überschreiten des Rubikons der ästhetischen Erfahrung zum politischen Wahn manifestiert.[215] Und tatsächlich ist es oftmals nur ein gefühlter Wimpernschlag, welcher sowohl in den romantischen Werken als auch den Biographien ihrer Autoren zwischen einem sinnlich vermittelten Anarchismus und reaktionären Nationalismus entscheidet. Das gilt keinesfalls nur für den »spätromantischen« Wagner, sondern auch für den »frühromantischen« Schlegel, dessen anarchisch anmutende Wohngemeinschaft bekanntlich

213 So zumindest Stefan Breuer, Kritische Theorie, S. 262. Vgl. ferner: »Aber über die Gefahr, die sich ergibt, wenn man ein Begrifflich-Allgemeines als ›Realgrund der einzelnen Kulturerscheinungen‹ faßt, ist man nicht schon dadurch hinaus, daß man das Hegel'sche Allgemeine durch die ›Negativität des Allgemeinen‹ ersetzt.« Ebd., S. 255 f. In eine ähnliche Kerbe schlägt übrigens auch Oliver Marchart, der neben den letzten Residuen des marxistischen Ökonomismus an Adorno deshalb auch kritisiert, dass der Nicht-Identität – im Gegensatz zum radikaldemokratischen Begriff »des Politischen« – keine konstitutive Funktion zugeschreiben werde. Ders., *Das unmögliche Objekt*, S. 297 ff.

214 Bspw. Liah Greenfeld, *Nationalism. Five Roads to Modernity*, Cambridge (Mass.): Harvard University Press 2003, S. 322 ff. sowie dies., *Advanced Introduction to Nationalism*, Cheltenham: Edward Elgar Publishing 2016, S. 56 ff.

215 Vgl. zur Rezeptionsgeschichte nur Alex Ross, *Die Welt nach Wagner. Ein deutscher Künstler und sein Einfluss auf die Moderne*, 2020, S. 225 ff.

nur wenige Jahre von einem Abendessen mit dem Fürsten von Metternich entfernt lag. Und auch, dass die schöpferische Individualität des romantischen Geniekultes vom einzelnen Menschen auf das Nationalvolk übertragen wurde, scheint weniger ein Abweichen als die Fortführung des bereits in Jena eingeschlagenen Weges zu sein, der über Heidelberg schließlich im politischen Berlin enden sollte.

Insofern erscheint es mir unangebracht, das »böse Ende« der Romantik von ihren vermeintlichen Anfängen abzuspalten und in letzterem das zu identifizieren, was sie »im wesentlichen« ausmache.[216] Ebenfalls zu kurz gegriffen scheint mir, die Romantik lediglich zum historischen Vorläufer des Nationalsozialismus zu denunzieren und damit zu verkennen, dass in ihrem »unablässigen Bemühen, der Künstlichkeit rechtlicher Konstruktionen zu entkommen« und der literarischen Suche nach etwas »jenseits eines möglichen Gemeinwesens« ein durchaus progressives Moment in Gestalt »politische[r] Experimente im Laboratorium der nachrevolutionären Moderne« zu erkennen sind – und sich gerade kein Anspruch auf eine Politik manifestiert.[217]

Anstatt deshalb darüber entscheiden zu wollen (oder es überhaupt zu können), ob der Nationalsozialismus nun ein Geistes Kind der deutschen Romantik ist oder nicht, gilt es meines Erachtens vielmehr, die Ambivalenz – meinetwegen auch: die Dialektik – wahrzunehmen, welche dieser Fragestellung zugrunde liegt. Sie verläuft nämlich erstaunlich parallel zur Demarkationslinie zwischen dem strategischen Bezug der politischen Theorie auf die produktiven Kräfte des Mythos, des Heiligen sowie der populistischen Indienstnahme der Leidenschaften, des Genießens (*jouissance*) sowie des Affektiven überhaupt.

Das Echo, das die romantische Sehnsucht im Nationalsozialismus erzeugt hat, hallt noch in allen der genannten Theorieanlagen nach. Bataille übersetzt es in eine Lektion, wonach das Heterogene im Faschismus keinesfalls verdrängt, sondern für die eigenen Zwecke pervertiert und nutzbar gemacht worden sei. Nichtsdestotrotz versucht er im Anschluss an Nietzsche noch das subversive Potenzial einer Mythopoiesis für die *Acéphale* sowie überhaupt eine von der Kunst angeleitete Existenz auszuloten. In der Konsequenz gehen Benjamin, und mit ihm Lacoue-Labarthe, Nancy und Hamacher noch über ihn hinaus und lehnen die Instrumentalisierung des Mythos insgesamt ab. Der Mythos wird *der Literatur*

216 Maurice Blanchot, »Das Athenäum«, S. 107 ff. (109).

217 Ethel Matala de Mazza, »Romantic politics and society«, S. 191 ff. (204). Indes seien diese Praktiken, und auch dem ist uneingeschränkt beizupflichten, als politisch zu qualifizieren. Und zwar dergestalt, »wie sie die Gemeinschaft als organische Gemeinschaft zu instituieren, wie sie sie in ihrer organischen Verfaßtheit ästhetisch zu berühren und diese Verfaßtheit als ajuridische ›Konstitution‹ des Sozialen mit ›natürlicher Legitimität‹ auszustatten suchen.« Dies., Der verfaßte Körper, S. 421.

entgegengesetzt und fortan als tautologische Rede der Selbstverständlichkeit beschrieben, die gänzlich befreit ist vom Überschuss an Bedeutung. Wenn sich die Gemeinschaft deshalb durch die Bezugnahme auf einen Mythos – oder analog dazu: das Heterogene, Andere oder Göttliche – zu stabilisieren versucht, dann manifestiere sich darin schlicht die ewige Wiederholung des Gleichen als hermetisch geschlossener Immanenz. Die aus dem Tod des Königs resultierende Erkenntnis lautet dann, dass das Ganze in der Politik nicht repräsentiert, dargestellt und verkörpert werden könne – oder zumindest nicht, ohne dadurch zum Mythos zu verkommen. Das führt schließlich zu den benannten Hinwendungen zur Ästhetik, der Alteritätsethik oder dem quasi-religiösen Messianismus, welche als letzte Residuen noch die romantische Hoffnung verbürgen, die revolutionären Versprechen aufrechterhalten zu können.

Noch einmal zusammengefasst lässt sich in der politischen Differenz damit sowohl ein *Bruch* als auch eine *Kontinuität* mit der Romantik nachvollziehen: Einerseits folgt sie einem argumentativen Muster, in dem von der Kunst und insbesondere der Literatur ausgehend eine formative Gegenerzählung des Politischen gestiftet wird, welche den verkopften Rationalismus, die soziale Homogenität, das juridische Gemeinschaftswerk, die polizeiliche Aufteilung des Sinnlichen oder eben die instituierte Politik nicht lediglich mit theoretischen Mitteln zu diskreditieren, sondern praktisch herauszufordern sucht. In dieser kryptonormativen Stoßrichtung folgt sie einem präfigurierten Ressentiment einer sozialen *Mathesis* sowie einem mit sich selbst identischen, mechanischen und rein äußerlichen Rechtsverständnis. Die Kontinuität eines solchen Denkens ist das symbolische Dispositiv einer radikalen bis radikaldemokratischen Kritik, welches nicht zuletzt im Juridischen ein Zentrum der Machterhaltung und des Herrschaftswissens ausmacht.

Entgegengesetzt wird dem ein apodiktischer Vorrang des *Informellen* vor dem *Formellen*, des *Sinnlichen* vor dem *Rationalen*, der *Präsenz* vor der *Repräsentation*, des *Neuen* vor dem *Alten*, des *Fremden* vor dem *Eigenen*, des *Werdens* vor dem *Sein* sowie, all das zusammenfassend, des *Politischen* vor der *Politik*. Dieser romantischen Schlagseite bewusst, versucht die radikale Demokratietheorie die Unkenrufe hinsichtlich ihrer kopflosen Schwärmerei dadurch zu besänftigen, dass sie das stete Drängen auf eine imaginäre Einheitsmatrix des politischen Körpers aus einem notwendigen Scheitern heraus begreift. Vor allem die Flucht in die Ontologie und den Antagonismus scheint ihr als probates Mittel, um sich durch einen Rekurs etwa auf eine vorgängige Teilung oder den Mangel davor zu bewahren, ihren Gegnerinnen näher zu kommen als als es ihnen lieb sein kann.

2. Exkarnation des Königs

Dass es nicht nur die Romantik, sondern eben auch den Nationalsozialismus gab, lässt es zumindest nachvollziehbar erscheinen, dass viele der benannten Autoren die radikale Demokratie nur unter der Bedingung für *wahr* halten, dass sie sich in keiner Institution oder Form, in keiner visuellen Darstellung sowie ganz generell in keiner symbolischen Ordnung manifestiert. Vor allem in den Anfängen der radikalen Demokratietheorie, also bei Phillippe Lacoue-Labarthe und Jean-Luc Nancy auf der einen Seite, aber auch bei Cornelius Castoriadis, Claude Lefort und Marcel Gauchet auf der anderen Seite resultiert die tiefgreifende Skepsis gegenüber Verkörperungen, Bildern oder Gestalten, in denen das Politische zur Politik erstarre, aus dem Widerstand gegen einen Totalitarismus, in dessen Imaginärem vom Führer oder Diktator man die gespenstische Rückkehr des Königs zu erkennen glaubte.

Bei Nancy heißt es, dass die Demokratie »nicht in eine Gestalt zu bringen« und »ihrem Wesen nach [*sic*] nicht figürlich« sei.[218] In seiner letzten Schrift zu diesem Thema erhebt er die Frage der Darstellbarkeit dann sogar zur Demarkationslinie, an der sich ein »linkes« von einem »rechten« Denken unterscheiden lasse: Während sich ersteres und damit der unverhohlene Präferenzwert auszeichnet durch die »Verweigerung jeder Art von Präsentation (Symbol, Bild, Instanz) eines Ortes, der leer oder abwesend bleiben muss, entspricht einem ›rechten‹ Denken, wenn man auf eine Figur, auf ein Symbol oder Mythos zurückgreifen will.«[219] Ähnlich klingt es bei Lefort in seiner berühmten und bereits mehrfach zitierten Rede von der »Entkörperung« als einem »Verschwinden des ›Körpers des Königs‹ […], in dem sich vormals das Gemeinwesen verkörpert und die Gerechtigkeit vermittelt hatte.«[220] Die Demokratie wird bei ihm ganz zur »körperlose[n] Gesellschaft«, in der auch das Recht, nach seiner »Entflechtung« von der Macht, keinen »verkörperten Bezugspunkt« mehr einnehmen kann.[221] An anderer Stelle schreiben er und sein Schüler Gauchet, dass der politische Körper in der Demokratie *abwesend*

218 Jean-Luc Nancy, »Wahrheit der Demokratie«, S. 11 ff. (57).

219 Ders., *Die verleugnete Gemeinschaft*, S. 118. Dieses »rechte« Denken wird übrigens vor allem mit dem Denken von Maurice Blanchot assoziiert, um dessen Auseinandersetzung – man könnte vielleicht auch sagen: Abrechnung – es Nancy in dieser späten Schrift vornehmlich zu gehen scheint.

220 Claude Lefort, »Menschenrechte und Politik«, S. 239 ff. (259).

221 Ebd., S. 260. Gelegentlich spricht Lefort sogar von einer »Entkörperung des Individuums« und meint damit wohl, dass mit der Ablösung der diversen Einzelteile von einem vormaligen Ganzen auch der gesellschaftliche Spiegel für ein Selbst entfällt, dass sich als Kleines im Großen wiederfindet. Claude Lefort, »The Image of the Body and Totalitarianism«, S. 292 ff. (303).

sei – und gerade in dieser Abwesenheit latent *anwesend* gehalten werden müsse.[222]

Damit ist die Präsenz des Politischen nichts anderes als die Konsequenz des Scheiterns einer Repräsentation der Politik. Aus dieser Doppelung, die sich ganz ähnlich auch in der Heideggerschen Formulierung vom Ab-Grund des Sozialen andeutet, entsteht die ausgewiesene Suche der radikalen Demokratietheorie nach Entgründungsfiguren und somit einem Imaginären, das einen Bruch mit dem Ausdruck selbst auszudrücken versucht – und sich gerade in dieser Reflexivität einer radikalen Negativität annähert.[223] Auch Joseph Vogl leitet ein derartiges »Denken des Politischen« aus einer historischen Erfahrung ab, wonach »sich die Leitbilder eines guten, kollektiven Lebens immer wieder zu einem Basismotiv totalitärer, völkischer oder nationaler Hypothesen verdichtet haben«.[224] Er fordert deshalb einen Begriff oder auch Unbegriff der Gemeinschaft, der seine eigene »*Desymbolisierung* anstrebt und die machtgestützten Rituale politisch-sozialer Identitätsstiftung unterläuft.«[225] Ausdrücklich spricht er gar von einem »bildlosen Denken«[226] und reiht sich damit nahtlos in die radikale Riege derer ein, die sich mit dem demokratischen Bildersturm immer zugleich gegen liberal-rechtsstaatliche Institutionen mobilisieren.

Dass an vorderster Stelle schon Michel Foucault seine Aufmerksamkeit vom kollektiven auf den individuellen Körper verschoben hat, kann ebenfalls als Symptom dieser ikonoklastischen Tendenz in der politischen Theorie gedeutet werden. Der von ihm eingeläutete und mit so einflussreichen Schlagwörtern wie »Gouvernementalität« oder »Biopolitik« verbundene Perspektivwechsel im zeitgenössischen Diskurs findet neben Jacques Rancière bekanntlich auch bei Giorgio Agamben eine prominente Fortführung. Dieser hat mit dem *homo sacer* nämlich jenes exemplarische Schicksal des »nackten Lebens« fernab eines schützenden Gesetzes zum allgemeinen Paradigma der Moderne erhoben hat, was zuvor den von seinen Symbolen entsetzten König heimgesucht hat.[227] Das moderne Subjekt ist ein König ohne Reich, weil es in seiner Freiheit sowohl

222 Claude Lefort/Marcel Gauchet, »Über die Demokratie«, S. 89 ff. (96, 101 f.).

223 Vgl. dazu nur Oliver Marchart, *Das unmögliche Objekt*, S. 15 ff. sowie insbes. 333 ff

224 Joseph Vogl, Einleitung, in: ders., (Hrsg.), Gemeinschaften, S. 7 ff. (10, Herv. M.E.).

225 Ebd.

226 Ebd., S. 22.

227 Giorgio Agamben, *Homo sacer*, S. 14 (»Doch [...] die Politisierung des nackten Lebens als solches bildet auf jeden Fall das entscheidende Ereignis der Moderne und markiert eine radikale Transformation der klassischen politisch-philosophischen Kategorien.«). Vgl. dazu ausführlich Friedrich Balke, »Wie man einen König tötet oder: Majesty in Misery«, S. 657 ff.

heilig als auch transzendental obdachlos und damit ganz seinem Schicksal ausgesetzt ist.

Für die Rechts- und Staatstheorie hat eine solche diskursive Verschiebung der Aufmerksamkeit zur Folge, dass althergebrachte Institutionen wie das Gericht, das Parlament oder auch die – wieder im klassischen Sinne verstandene – Polizei ihre gesellschaftliche Relevanz zugunsten von Einschließungsmilieus wie der Psychiatrie, dem Gefängnis, der Fabrik sowie insbesondere der Schulen eingebüßt haben. Damit vollendet sich freilich, was sich mit der Rede von der Verschuldung bei Benjamin bereits angekündigt hat: Die öffentliche Strafe gilt zunehmend als privatisiert und damit in eine individuell verstandene Subjektivität verschoben. Insgesamt verlagert sich die Macht vom großen Ganzen hinein in die Mikroebenen des Sozialen, nicht zuletzt in die Sexualität oder auch die gelebte Geschlechtlichkeit.[228] Das formelle Recht wird zwar nicht obsolet, es tritt allerdings hinter die informelle Disziplin der Institutionen zurück. Bezeichnend lässt Foucault in einem Interview verlauten, dass es bis in 18. Jahrhundert hinein »nur Untertanen« und insofern »nur Rechtssubjekte« gegeben habe und fügt dieser zugespitzten Verallgemeinerung hintan: »Nun gibt es Körper und Bevölkerungen.«[229]

Ich wiederhole zur Sicherheit noch einmal, dass dies alles nicht als Leugnung des offensichtlichen Umstandes verstanden werden sollte, dass die symbolische Ordnung nicht schon vorher an der Materialität des Körpers angesetzt hätte; sondern, dass der Körper in der vormodernen Politik lediglich nicht zum erklärten Ziel der Regierung gemacht worden sei. Allen voran zielt selbst die als vormodernes Paradigma schlechthin verstandene Todesstrafe bekanntlich auf den Körper ab, indem sie diesen zum Leichnam macht. Man könnte aber auch von der Folter, wie es Franz Kafka *In der Strafkolonie* drakonisch schildert, als einem Einschreiben des Gesetzes in den Körper sprechen. Zumal ist es in dieser Erzählung ausgerechnet eine Maschine, deren Wartung dann auch noch von einem Französisch sprechenden Offizier erledigt wird, welche das gerichtliche Urteil vollzieht und die Haut des Delinquenten zum Trägermedium des – typischerweise bei Kafka: unlesbaren – Normtextes werden lässt.

Eine damit vergleichbare »Schriftmacht« des Juridischen erledigt sich dann auch bei Foucault nicht mit der Moderne, sondern bleibt als »wesentliches Element in den Räderwerken der Disziplin« bestehen und wird

228 Vgl. im Anschluss an Foucault dazu nur Judith Butler, *Körper von Gewicht. Gender Studies*, Frankfurt am Main: Suhrkamp 1997, S. 59 ff.

229 Und ferner: »Die Macht ist materialistisch geworden. Sie beschränkt sich nicht mehr im Wesentlichen auf den rechtlichen Aspekt.« Michel Foucault, »Die Maschen der Macht«, in: ders., *Dits et Ecrits (Band IV)*, Frankfurt am Main: Suhrkamp 2005, S. 224 ff. (236).

statt durch öffentliche Marter lediglich durch private Codes wie medizinische »Symptome« sowie »schulische oder militärische [...] Verhaltensweisen und Leistungen« chiffriert.[230] Vor allem in seinen frühen Schriften scheint Foucault diesem Regime – wie später auch Rancière – damit einen politischen »Konsens« vorauszusetzen, den er »automatisch-technisch durch die Disziplinierung gewährleistet« sieht und bei dem sich »die Frage der Akzeptanz« gar nicht erst stellt, weil »die Subjekte selbst den gesellschaftlichen Vorgaben und ›Normen‹ entsprechend hergestellt wurden.«[231] Was sich darin manifestiert, ist wieder nur die Identität von Schrift und Körper, welche sich in der politischen Theorie und Analyse selbst nach der Enthauptung des Königs noch nicht erledigt hat. War es vorher noch das Imaginäre eines vom Königskörper autorisierten Gesetzes, durch welches die Norm materialisiert und infolgedessen lesbar wurde, ist es nun das einzelne Subjekt selbst, in welchem sich die anonym gewordene Macht materialisiert und an dessen Körper sich die Norm ablesen lässt.

Was sich in diskursiven Ausweichbewegungen wie diesen nun bezeugt, ist, dass die politische Theorie nicht mehr derart vom Recht sprechen möchte, dass dessen Geschicke einzig und allein von einem führenden Kopf gelenkt würden. Und das ist durchaus ein richtiges und wichtiges Anliegen. Nichtsdestotrotz wird schon von Bataille bis Benjamin sowie in deren Nachfolge bei Nancy und Rancière an der hintergründigen Annahme einer Identität der doch eigentlich sinnvervielfältigenden Medien des Rechts festgehalten. In der rigiden Rechtsform wird dann ein entpolitisierender Konsens der herrschenden Vernunft ausgemacht. Eine solche Analyse entspricht aber weniger dem liberalen Rechtsstaat als der Monarchie. Oder, um es etwas zeitgenössischer zu formulieren, einer Diktatur, deren lateinische Bedeutung *dictare* im antiken Rom immerhin eine rechtliche Institution kennzeichnete, in der das geschriebene Gesetz zur Bewältigung einer Ausnahmesituation nicht mehr ausreichte, weswegen man den rechtlichen Befehl stattdessen mündlich diktieren musste.[232] Kurz: Das von der Autorität gesprochene Wort ist Gesetz.

Die notwendige Bedingung für eine Rechtstheorie *nach* dem König, welche weder die radikale Rechtskritik noch die radikale Demokratietheorie zu ziehen bereit sind, besteht nun darin, den liberalen Rechtsstaat als ein heterogenes Dispositiv zu begreifen, in dem das Recht nicht mehr aus der Verschriftlichung eines einheitlichen und überlegenen Willens resultiert. Die Konsequenz aus der Französischen Revolution würde dann nämlich lauten, dass sich der normative Gehalt eines Gesetzes

230 Michel Foucault, *Überwachen und Strafen*, S. 244.

231 Thomas Lemke, »Der Kopf des Königs«, in: *Berliner Journal für Soziologie 1999 (Band 9 H. 3)*, S. 415 ff. (424).

232 Pierre Rosanvallon, *Die gute Regierung*, S. 90.

in der Verwaltung und vor Gericht nicht einfach ablesen, also ohne Bedeutungsverschiebungen aussprechen und wiederholen lässt. Das Recht wäre dann kein monarchisches Gespenst mehr, sondern *Literatur* im ebenso romantischen wie dekonstruktivistischen Sinne. Es anzuwenden hieße, dessen Sinn und Zweck gegenüber dem Anderen zu exponieren und den Überschuss an Bedeutung zuzulassen, der inmitten der Immanenz des Gesetzes aufscheint.

Damit ist zugleich der Faden zum radikaldemokratischen Bildersturm auf den politischen Körper wiederaufgenommen, welcher vor dem theoretischen Hintergrund ihrer frühen Totalitarismustheorie ohne Weiteres mit einer imaginären Einheitsmatrix sowie mittelbar dem Körper des Königs in Verbindung gebracht wird. Was aber leider unterschlagen wird, ist eine medientheoretische Dimension im historischen Übergang zur Moderne, wonach die Möglichkeit der Verkörperung nach der Enthauptung des Königs nicht gänzlich obsolet geworden ist. Vielmehr hat sich eine Metamorphose zum geschriebenen und gedruckten Verfassungs- und Gesetzestext vollzogen. Insbesondere die Aversion gegen die vermeintliche Reduzierung der Demokratie auf eine symbolische Form, eine visuelle Darstellung oder eine sonstige Gestalt unterliegt meines Erachtens dem Missverständnis, dass der politische Körper immer wieder mit seinem Kopf gleichgeschaltet wird. Der starre Blick auf den nun eben vakanten Thron verkennt eine Transformation im Imaginären, welche man mit Aleida Assmann als »Exkarnation« des Königskörpers beschreiben könnte.[233] Anstatt sich lediglich durch eine ontologisch überhöhte Referenz auf die Leere, den Mangel oder das Nichts aus der Affäre der Geworfenheit in eine symbolische Ordnung zu ziehen, erinnert eine solche Verschriftlichung des Körpers daran, dass man die theoretische wie praktische Frage nach der Verkörperung des Politischen nicht einfach für obsolet erklären und anschließend davon ausgehen kann, dass es sich damit erledigt hat.

Der Begriff der Exkarnation verweist als Antonym zur christologischen Vorstellung der Inkarnation auf eine mit der Verschriftlichung der Souveränität einhergehende Ablösung der gelebten Erfahrung, des Wissens und der Normativität von der simultanen Präsenz mindestens eines sprechenden und eines zuhörenden Körpers in einem konkreten Raum zu einer konkreten Zeit.[234] An die Stelle des Königs tritt die geschriebene und gedruckte Verfassung sowie ein von ihr zusammen- wie auch offengehaltener Gesetzeskorpus, der nicht mehr mit der monarchischen

233 Aleida Assmann, »Exkarnation«, S. 133 ff. Vgl. (wenn auch etwas allgemeiner gehalten) dies., *Einführung in die Kulturwissenschaft*, S. 116 ff. Für die Medientheorie des Rechts fruchtbar gemacht hat diese Idee: Thomas Vesting, *Die Medien des Rechts: Buchdruck*, S. 115 ff.

234 Aleida Assmann, »Exkarnation«, S. 133 ff. (133, 139).

Autorität eines doppelten Körpers, sondern als komplexes Diskursensemble inszeniert wird, das sich um die vermeintlich richtige Auslegung streitet – und das permanent. Wenn die radikaldemokratischen Autoren deshalb von einer zeitgenössischen Politik und ihrer Verkörperung sprechen, lässt sich darin der mythische Körper eines Königs oder eines Führers von einer rechtlichen Verfassung ebenso wenig unterscheiden wie die Monarchie oder der Faschismus vom liberalen Rechtsstaat. In dem von ihnen gezeichneten Imaginären sieht sich ein vom politischen Körper des Königs abgeleitetes Verständnis vom Recht fortgesetzt, dessen spezifische Funktionalität sich auf einen Resonanzraum für die erhabene Stimme des Gesetzes reduziert. Dort wird es zum reinen Mittel der Veräußerlichung eines politischen Willens, der nach wie vor auf ein Oberhaupt – und sei es auch nur auf einen Geist des Volkes – zurückgeführt wird.

Mit der Exkarnation als einer Verschriftlichung des Königskörpers sowie dem damit verbundenen Augenmerk auf den spezifischen Kulturtechniken und Medien, die mit dem symbolischen Dispositiv des liberalen Rechtsstaates einhergehen, wird jedoch ersichtlich, dass die starre Trennung von Schrift und Körper in dieser Absolutheit so wenig aufrechterhalten werden kann wie die Differenz zwischen der instituierenden Macht und den Institutionen. Statt einer Grenze zwischen diesen Registern müsste vielmehr von einer Schwelle in der spezifischen Bedeutung gesprochen werden, die Benjamin diesem Begriff gegeben hat: als einer diffusen Zone des Wandels und des Überganges.[235] In einer Formulierung von Lefort ließe sich auch von einem »Chiasmus zwischen Innen und Außen« sprechen, was seinerseits an die phänomenologische Figur der »Verflechtung« bei Maurice Merleau-Ponty anspielt und so viel wie eine »Deckung in Differenz« oder auch eine »partielle Koinzidenz« zwischen dem Anderen und dem Selbst, dem Fremden und dem Eigenen oder analog dazu eben dem Politischen und der Politik bedeutet.[236]

Wer den politischen Körper in diesem Sinne nicht mehr als stummes Sprachorgan eines repräsentativen Willens begreifen und dem Königskopf damit weiterhin Tribut zollen möchte, muss ihn deshalb als

235 Walter Benjamin, »Aufzeichnungen und Materialien«, S. 79 ff. (618 f.). Die politische Differenz lässt sich aber deshalb noch nicht auf eine bloße Ununterscheidbarkeit – und somit auf eine verkappte Einheitsillusion – reduzieren.

236 Claude Lefort/Marcel Gauchet, »Über die Demokratie«, S. 89 ff. (121 Fn. 3). Ähnlich: Claude Lefort, *Fortdauer des Theologisch-Politischen?*, S. 86. Vgl. dazu zunächst Maurice Merleau-Ponty, *Das Sichtbare und das Unsichtbare. Gefolgt von Arbeitsnotizen*, München: Wilhelm Fink Verlag 2004, S. 172 ff. sowie im Anschluss daran die Begriffsprägung durch Bernhard Waldenfels, *Bruchlinien der Erfahrung. Phänomenologie, Psychoanalyse, Phänomenotechnik*, Frankfurt am Main: Suhrkamp 2007, S. 176 f.

Medium ganz im Sinne Benjamins, also in seiner »Mitteilbarkeit« erkennbar werden lassen. Das heißt in der Konsequenz, den Körper nicht mehr ausgehend von einer medientheoretischen Identität von Stimme und Gesetz zu betrachten. Stattdessen wäre er ausgehend von einer Differenz zu verstehen, welche er selbst in das Geschehen einführt. Ein Beispiel für ein solches Verständnis wäre ein menschlicher Körper, der nicht mehr nur anhand der phonetisch artikulierten Wörter, sondern *durch* und *als* seine Materialität vernommen wird. Er teilt gemäß der »Mit-Teilung« nach Nancy nicht bloß nur *etwas*, sondern immer auch *sich* selbst mit.

Überhaupt kann von einer Mitteilung nicht mehr lediglich als einem rein intentionalen Prozess gesprochen werden, weil das, was der Körper kommuniziert, sich immer zugleich der Herrschaft des Kopfes entzieht. Noch mehr gilt das freilich, wenn man sich endlich von der Analogie der Gesellschaft mit einem natürlichen Körper im Singular abwendet und stattdessen eine Vielzahl von artifiziellen und kontingenten Körperschaften in den Blick nimmt, welche sich nicht einfach subordinativ unter einem allgemeinen Dritten vereinigen lassen. Damit kommt man einem modernen Begriff vom Recht schon deshalb näher, weil die verschiedensten Institutionen und die von ihnen eingesetzten Akteurinnen vom Gesetz nicht bloß in einem unilateralen Prozess angerufen werden, sondern sich zugleich produktiv auf dieses Gesetz beziehen. Die exkarnierte Autorität ist ein Schriftkörper, dessen Gesetzeskraft sich »den Bedürfnissen eines in die unsichtbare Geisterwelt ausgewanderten Körpers« nicht mehr hemmend entgegenstellt, sondern stattdessen »über den Bezirk des bloß Machbaren hinausgehend, als privilegierter Durchlaß zu einem Imaginationsraum des Denkbaren und Möglichen« wird und sich mit den »Hoffnungen und Wünschen« derer solidarisiert, die es lesen und in seiner Bedeutung hervorbringen.[237]

Und tatsächlich schreibt sich im Imaginären des liberalen Rechtsstaats das Gesetz in die einzelnen Körper wie auch die einzelnen Körper *vice versa* in das Gesetz ein. Gerade die Verfassung verkörpert für Politik und Recht sowohl eine verbindliche Rahmenordnung als auch einen offenen Verweisungsüberschuss. Durch ihr symbolisches Dispositiv wird, wie Thomas Vesting betont, eine »Praxis unabhängiger Interpretationen« und ein »gemeinsames Lesen des Gesetzes« ermöglicht, welche die »Autorität [...] auf viele Körper« zerstreut und wegen der

237 Vorauszusetzen ist damit eine »Praxis der Bedeutungsproduktion, die vor allem die kognitiven Kapazitäten der Lesenden und Schreibenden beansprucht und die empirischen Körper, ihre konkreten physischen Bedürfnisse, Anfälligkeiten und Sensibilitäten hinter einer nurmehr ausschließlich im Innern der Seele entfalteten Produktivität zurücktreten lässt.« Ethel Matala de Mazza, *Der verfaßte Körper*, S. 202.

sich das moderne Recht »der Kontrolle eines totalisierenden Blicks« ebenso entzieht »wie den Stifterleistungen eines souveränen Bewusstseins.«[238] Der Königskörper ist in der Moderne lediglich ein unvollendetes Regel-Werk, das kontinuierlich fortgeschrieben wird und dessen Autorschaft notwendigerweise umstritten bleiben muss. Zwar versuchen einige Akteurinnen im juristischen Diskurs immer wieder auf einen ominösen Willen der Gesetzgebung oder die herrschende Meinung zu rekurrieren und damit eine vormoderne Instanz ganz nach dem Vorbild der »Funktion des Autors« wiedereinführen zu wollen. Dass dies andauernd versucht wird, impliziert aber letzten Endes nur, dass keine dieser Unternehmungen bisher von Erfolg gekrönt waren und letztendlich auch in der Zukunft zum Scheitern verurteilt sind, weil die Notwendigkeit zur juristischen Begründung sich mit einem solchen Autoritätsargument mitnichten erledigen lässt.

Ein solches Verständnis von »Recht als Literatur«[239] oder »Verfassung als Text«[240] liegt schon deshalb nahe, weil in der vorgestellten Theorieanlage bereits ein ertragreiches Verständnis *der Literatur* angelegt ist, welche darin gar zum entscheidenden Katalysator einer kommenden Demokratie erhoben wird.[241] Das zeigt sich beispielweise, wenn Rancière das singuläre Auftreten einer verfassungsgebenden Macht mit der feierlichen Einführung eines Gesetzes in einer Präambel oder Deklaration verbindet. Dieses konstituierende Ereignis offenbare noch die Politizität des Rechts und ermögliche eine Neuinszenierung, wodurch einer »Gemeinschaft der Gleichen« ermöglicht werde,

238 Thomas Vesting, *Die Medien des Rechts: Buchdruck*, S. 118 f., 122.

239 Vgl. dazu nur Thomas Weitin, *Recht und Literatur*, Münster: Aschendorff Verlag 2010, S. 7 ff., Ino Augsberg, *Die Lesbarkeit des Rechts*, S. 12 ff.; Peter Goodrich, *Advanced Introduction to Law and Literature*, Cheltenham (UK) und Northampton (Mass.): Edward Elgar Publishing 2021, S. 1 ff. sowie Klaus Günther, »Variationsspielräume des Erzählbaren. Juristische Normen und individuelle Fallgeschichten: Verbindungslinien zwischen Recht und Literatur«, in: *Frankfurter Rundschau, 20.11.2001*, S. 20.

240 Vgl. Uwe Volkmann, *Grundzüge einer Verfassungslehre der Bundesrepublik Deutschland*, Tübingen: Mohr Siebeck 2013, S. 300 f. oder auch wieder Ino Augsberg, »Verfassung als Text und Versprechen«, S. 183 ff.

241 Neben den im Folgenden aufgeführten Beispielen bei Nancy und Rancière findet sich eine solche Verbindung auch in Cornelius Castoriadis, »Der Schriftsteller und die Demokratie«, in: ders., *Fenster zum Chaos. Schriften zu Kultur und Kunst. Ausgewählte Schriften (Band 9)*, Bodenburg: Edition AV 2021, S. 77 ff. (80): »Der Schriftsteller [...] erschüttert die instituierten Gewissheiten, [...] er enthüllt den Abgrund, indem, und aufgrund der Tatsache, dass er ihm eine Form gibt. Dadurch hat der Schriftstelle» wesentlichen Anteil an der Entstehung der Demokratie – ohne welche er übrigens selbst unmöglich und unvorstellbar wäre.«

»ihre Wirkungen ringförmig auf die Oberfläche des gesellschaftlichen Körpers aufzuzeichnen.«[242] Das doppelt gewendete Potenzial einer demokratischen Schriftkultur, welche sowohl Neuerfindungen als auch Verstetigungen ermögliche, findet sich auch in seiner Schrift *Politique de la littérature* und dem dort entfalteten Zusammenhang eines ästhetischen Regimes der Moderne mit der radikalen Demokratie wieder: Ausdrücklich spricht Rancière von einer »literarische[n] Demokratie« und einem »Regime der Schreibkunst«, welche sich im Gegensatz zum klassischen Schema der Repräsentationslogik auf »kein bestimmtes Ausdrucksregime« festlegen ließen und einen »symbolische[n] Bruch« mit »einer bestimmten Ordnung der Beziehung zwischen den Körpern und den Wörtern, zwischen den Weisen des Sprechens, den Weisen des Machens und den Weisen des Seins« riskiere.[243] Eine solche »Demokratie der Schrift« wird von Rancière anhand eines »Freibriefs« umschrieben, »den jeder für sich verwenden kann, sei es, um sich das Leben der Romanhelden oder -heldinnen anzueignen, sei es, um selbst Schriftsteller zu werden, sei es auch, um sich in die Diskussion über die gemeinsamen Angelegenheiten einzumischen.«[244] Die Literatur ist für Rancière damit nicht nur ausgezeichneter Ort des eigenen Sprechens, sondern zugleich, »die radikale Demokratie des Buchstabens, dessen sich jeder bemächtigen kann.«[245]

Das erinnert nicht zufällig an die bereits angestellten Überlegungen zu Nancy, bei dem es ausdrücklich die Literatur ist, welche den Mythos und das Todeswerk in dem Maße unterbricht, wie sie sich selbst nicht vollendet.[246] In der gemeinsam mit Lacoue-Labarthe verfassten, literaturtheoretischen Vorarbeit zum Dekonstruktivismus der Gemeinschaft findet sich sogar ein Selbstbekenntnis dahingehend, dass eine »Naivität« seiner Schriften darin liege, dass sich in ihnen »das Politische durch das Literarische« zu ereignen habe.[247] Die von ihm später im Anschluss an Georges Bataille und Maurice Blanchot eingeforderte »Gemeinschaft der Literatur« oder auch der »literarische Kommunismus« weisen ebenfalls auf eine »Mit-Teilung« durch das Schreiben und Lesen als einem

242 Jacques Rancière, »Die Gemeinschaft der Gleichen«, in: Joseph Vogl (Hrsg.), Gemeinschaften, S. 101 ff. (126). Vgl. zu einem solchen, also von der Literaturtheorie inspirierten Verständnis der Präambel als einem *Gesetz vor dem Gesetz* ebenfalls Cornelia Vismann, Von der Poesie des Rechts oder vom Recht in der Dichtung, in: Hendrik Johan Adriaanse/Rainer Enskat (Hrsg.), *Fremdheit und Vertrautheit*, Leuven: Peeters 2000, S. 275 ff. (279 f.).

243 Jacques Rancière, Politik der Literatur, S. 23.

244 Ebd., S. 25.

245 Ebd., S. 23.

246 Jean-Luc Nancy, *Die undarstellbare Gemeinschaft*, S. 137.

247 Philippe Lacoue-Labarthe/Jean-Luc Nancy, *Das Literarisch-Absolute*, S. 36 [ohne Herv.].

»unerschöpfliche[n] Vorrat an gemeinsamem und singulärem Sinn«.[248] Dabei war es ausdrücklich die deutsche Romantik, von der diese »Nachwelt« das reflexiv angelegte Verständnisses von *der Literatur* übernommen hat.[249] Zwar hätten »die Romantiker« selbst unentwegt versucht, diesen Begriff auf eine Definition festzulegen – und sprächen »mal von Poesie, mal von Werk, mal von Roman«.[250] Letztendlich hätten sie sich aber auf diesen, »heute vielleicht noch immer nicht definierbaren« Gattungsbegriff ›der Literatur‹ geeinigt, der gerade deshalb auch »jenseits der Unterteilungen der klassischen (oder modernen) Politik« anzusiedeln sei.[251]

Der medienhistorische Hintergrund dieses um 1800 entwickelten Literaturbegriffs ließe sich mit Friedrich Kittler auch als »Universalisierung der Schrift«[252] beschreiben. Gemeint ist damit ein Transformationsprozess, der von der damaligen Alphabetisierung des deutschen Bildungsbürgertums ausgeht und nach dem das Lesen von Romanen oder Gedichten neben dem gesprochenen Wort zunehmend auf weitere Medialitäten bezogen und damit synästhetische Dimensionen eröffnet wurden. Nicht nur werde die Literatur – und mit dem Roman auch das Innenleben einer Protagonistin – beim Lesen zur innerlich vernehmbaren Stimme, zumal der Text durch seine rhythmische Strukturierung einen bestimmten Takt vorgebe und zur Melodie alternativer Welten werde; sie versuche die Einbildungskraft dergestalt zu stimulieren, dass man beim Lesen mit allen Sinnen – dem Sehen, Hören, Schmecken, Riechen und Tasten – das Absolute erfahre. Insofern lässt sich festhalten, dass noch das von der radikalen Demokratietheorie übernommene Verständnis von *der Literatur* von einem künstlerischen Anspruch dominiert bleibt, wonach diese mehr sein will als schwarze Lettern auf weißem Papier. Genaugenommen will sie *alles* sein, und versucht zugunsten eines ganzheitlichen Lesens auch jedes denkbare Reservoir der Affizierung abzugrasen. Sie opfert die Äußerlichkeit des Buchstabens

248 Jean-Luc Nancy, *Die undarstellbare Gemeinschaft*, S. 162, 167.

249 Philippe Lacoue-Labarthe/Jean-Luc Nancy, *Das Literarisch-Absolute*, S. 27.

250 Ebd.

251 Ebd.

252 Friedrich Kittler, *Aufschreibesysteme 1800–1900*, München: Wilhelm Fink Verlag 2003, S. 138 ff. (insbes. 139, 144 f.). Interessanterweise spricht Kittler von der Romantik und ihrer literarischen Auszeichnung der ästhetischen Erfahrung meist in einem Assoziationszusammenhang mit dem (vor allem: drogeninduzierten) *Rausch*, aber auch dem *Traum* oder dem *geisterhaften Spuk*. Damit weist seine Mediengeschichte sowohl auf die Psychoanalyse als auch den von ihr inspirierten Surrealismus voraus, welche gleichsam das phantastische Reservoir des Unbewussten zu kultivieren versuchten und darin die romantische Suche nach dem Absoluten fortführten.

sozusagen der Innerlichkeit eines von ihr erschaffenen Bedeutungszusammenhanges.[253]

Und indem sich die Literatur nunmehr auf die künstlerische Evokation der ästhetischen Erfahrung bezieht, sozusagen als Selbstzweck der Kunst, rückt neben die Produktion auch die Rezeption von Literatur in den Mittelpunkt der theoretischen Reflexion.[254] Namentlich die »progressive Universalpoesie« Schlegels wird von Kittler deshalb auch als »Realdefinition der Dichtung« beschrieben, weil sie unter einem pragmatischen Gesichtspunkt »ihre Leser unter die Meister oder Autoren« versetze.[255] Lesen hieße danach: Denken mit einem anderen Kopf und Fühlen mit einem anderen Körper. Innerhalb eines Romans wird »eine Fülle von scharfsichtigen und komplexen Beschreibungen des Ich und seiner verschiedenen psychischen Instanzen« hervorgebracht, auf die unter anderem auch Sigmund Freud, »bei der Ausarbeitung der Psychoanalyse und der genaueren wissenschaftlichen Konturierung des Unbewussten« zurückgreifen konnte.[256] Kittler geht sogar so weit, die Psychoanalyse als »Verifikation von Phantastik« und insgesamt einen Versuch zu lesen, die romantische Dichtung in die Wissenschaft überführen zu wollen.[257]

Diese Überlegung könnte man freilich auch auf die radikale Demokratietheorie beziehen, die zwar nicht das Unbewusste, aber in ihrer radikalen Negativität dafür dessen strukturelle Analogie, nämlich das Politische gegen einen verkopften Rationalismus in Stellung zu bringen versucht. Und auch Matala de Mazza konstatiert unter ausdrücklichem Bezug auf Bataille, Blanchot, aber auch Vogl, Nancy und vor allem Derrida, dass die mit diesen Namen einhergehende Expansion der »Ästhetik der Differenz« von den früheren Theorien über Kunst und Literatur bis zu den heutigen Theorien des Politischen vor allem darauf zurückzuführen sei, dass dessen Begriff schon immer nach dem romantischen Vorbild *der Literatur* gebildet worden sei.[258] Oder wieder mit Kittler: »Wie

253 Damit ist freilich nicht gesagt, dass es sich um ein Alleinstellungsmerkmal der *Écriture* handeln würde, was schon deshalb nicht stimmen würde, weil sich der Überschuss wie auch das Andere ebenso in der Malerei, Bildhauerei oder der Musik ausdrücken lassen.

254 Und eben dieser Prozess war es dann auch, der Benjamin dazu gebracht hat, von einem »unvollständigen Werk« zu sprechen, über das man in der Reflexion »hinausgehen« und das heißt: »es absolut machen« solle. Walter Benjamin, *Der Begriff der Kunstkritik in der deutschen Romantik*, S. 7 ff. (69 ff.).

255 Friedrich Kittler, *Aufschreibesysteme 1800–1900*, S. 157.

256 Thomas Vesting, Medien des Rechts: Buchdruck, S. 74.

257 Friedrich Kittler, »Romantik – Psychoanalyse – Film: eine Doppelgängergeschichte«, in: ders., *Draculas Vermächtnis. Technische Schriften*, Leipzig: Reclam 1993, S. 81 ff. (84).

258 Ethel Matala de Mazza, Der verfaßte Körper, S. 39, Fn. 15.

eine aussterbende Priesterkaste beschwören Schreiber das Medium, dessen Monopol sie trug: Schrift oder écriture.«[259]

Dass die abschließende Festlegung auf eine einzige Bedeutung durch einen permanenten Aufschub unmöglich wird, sich aber in diesem Scheitern der Vollendung selbst ein möglicher Fluchtpunkt des Normativen offenbart, scheint mir ein Markenkern des aufgezeigten radikaldemokratischen Denkens darzustellen, welcher dem konstituierten Recht leider vorenthalten wird. Dass etwa Nancy zwischen die Literatur und das Recht denselben Keil wie zwischen das Politische und die Politik zu treiben versucht, kann letztendlich nur auf einen vormodernen Rechtsbegriff zurückgeführt werden, in dem das Gesetz noch immer *gesprochen* wird und damit der Kopf des Königs noch immer nicht gerollt ist. Schade ist das vor allem deshalb, weil von der Romantik über den Surrealismus bis hin zur Dekonstruktion einige Strömungen in die radikaldemokratische Theorieanlage münden, welche nicht bloß einen gewissen Vorbehalt gegenüber der rechtlichen Formalisierung teilen, sondern darüber hinaus mit dem Paradigma der Textualität ein analytisches Instrumentarium zur Verfügung stellen, mit der das Imaginäre des liberalen Rechtsstaates erschlossen werden könnte.

Dieses Imaginäre kann schließlich nicht auf eine von ökonomischer Effizienz getriebene Politik reduziert werden, die durch das Recht lediglich eine verbindliche Form gewinnt und fortan als entpolitisierter Konsens herrscht. Die juristische Subsumtion eines Falles unter ein Gesetz ist, und das gilt vornehmlich für die höchstrichterliche Rechtsprechung, alles andere als ein mechanischer Automatismus ohne Bedeutungsverschiebung. Es ist hermeneutisch gesehen vielmehr eine zutiefst prekäre Operation, die von der irreduziblen Bedingung einer – auch durch eine noch so ausgefeilte Dogmatik nicht restlos beherrschbaren – Ungewissheit geprägt ist.[260] Wer das Recht nicht gegen die Literatur aufwiegelt, sondern in seiner vornehmlichen Form des geschriebenen Gesetzeskorpus selbst als Literatur im romantischen Sinne anzuerkennen bereit ist, vermag darin also eine Verkörperung des Politischen vorgeführt zu bekommen, welche dem radikaldemokratischen Vorbild von Nancys »Gemeinschaft der Literatur« oder Rancières »demokratischer Schrift« geradezu paradigmatisch entspricht. Zugleich wäre mit diesem Bild das

259 Friedrich Kittler, »Die heilige Schrift«, in: Dietmar Kampe/Christoph Wulf (Hrsg.), *Das Heilige*, S. 154 ff. (158).

260 Vgl. statt vieler nur Sabine Müller-Mall, »Interpretation als Rechtserzeugung«, in: Thomas Groh/Jörn Lorenz (Hrsg.), *Interpretatio mundi. Wie deuten Wissenschaften ihre Welt?* Dresden: Thelem 2010, S. 244 ff. (247): »Die Rechtsnorm selbst wird [...] nicht durch die legislative Erzeugung des Rechts*textes* konstituiert, sondern durch die Interpretation des ›Rechtsanwenders‹; ein Sachverhalt kann nicht einem Normtext subsumiert werden, sondern nur seiner Interpretation.«

naheliegende Missverständnis ausgeräumt, dass die Demokratie damit zwar keinen Kopf, aber durchaus einen Körper hat.

Die moderne Verkörperung des Gesetzes ist aber keine tote Form, die sich auf die Äußerlichkeit ihrer Buchstaben reduziert und von keinem lebendigen Geist beseelt ist. Wer so etwas glaubt, befeuert die Angst vor dem totalitären Auferstehen des Königs im Führer und lässt sich letzten Endes vor einem kopflosen Gespenst hertreiben. Das Imaginäre wird nach der Enthauptung des Königs vielmehr zu einem Textkorpus, der von der instituierenden Macht des Politischen unendlich fortgeschrieben wird. Nicht zufällig erhebt Ino Augsberg in seiner Dissertationsschrift – mit dem an Hamacher angelehnten Titel *Die Lesbarkeit des Rechts* – den martialischen Ausruf »Kopf ab« zur zentralen Leitformel einer juristischen Methodologie, die ganz in den Zeichen der Moderne steht.[261] Die Pointe einer daran angelehnten, ebenso medientheoretisch wie radikaldemokratisch informierten Rechtstheorie besteht darin, dass sie trotz dieses ersichtlichen Faibles für die Enthauptungsmetapher anerkennt, dass die instituierende Macht immer nur *innerhalb* einer symbolischen Ordnung erscheinen kann und die entscheidende Frage nach den spezifischen Verkörperungsbedingungen des Politischen nicht einfach durch den irreführenden Verweis auf einen antitotalitären Ikonoklasmus ausklammert. Schon die Binsenweisheit, wonach viele eingeübten und deshalb meist unbewussten Bewegungen des Körpers nur dann reibungslos ablaufen, wenn sich der Kopf gerade *nicht* einmischt, vermag dieses interdisziplinäre Programm nur zu bestätigen, welches sowohl auf das Politische als auch die Eigenrationalität des Rechts pocht.

Die Demokratie wird vor diesem Hintergrund weniger treffend durch die missverständliche Metapher ihrer Entkörperung als mit der Exkarnation beschrieben. Und auch die Umschreibung der radikalen Negativität als »undarstellbar« oder »nicht figürlich« ist irreführend, weil sie die *Positivierung* respektive *Verschriftlichung*, und mit ihr die Säkularisierung und Ausdifferenzierung, als das entscheidende Charakteristikum des modernen Rechts suggestiv in Abrede stellt. Das Recht kann von ›der Literatur‹ ebenso wenig getrennt werden wie das Gesetz von seiner Lektüre. Eine solche Verkörperung des Politischen in einer sich exponierenden Textualität ist schließlich ein Vorgang, mit dem nach Fabian Steinhauer »in einer ›undarstellbaren Gemeinschaft‹ das Verhältnis von Singularität und Gesetz so laufend wie kreisend, so brüchig einer

261 Ino Augsberg, *Die Lesbarkeit des Rechts*, S. 113, 117. Vgl. zum »demokratische[n] Potenzial« dieses »dekonstruktiven Ansatzes« auch Ralph Christensen, »Postmoderne Methodik oder: Überlebt der König seine Enthauptung in der Regel?«, in: *Kritische Justiz 2010* (Bd. 43 H. 2), S. 223 ff. (228): »Die Demokratie bleibt im Kommen. [...] Das Gesetz wird unlesbar als gerundete Totalität. Es wird lesbar als Streit, der immer nur vorläufig entschieden werden darf.«

Revision unterzogen« und ein »Verfahren« losgetreten werde, in welchem »Kontingenz und Produktion gleichermaßen zusammenfallen können, ohne eines der beiden zu tilgen.«[262] Mit einem solchen Verfahren ist freilich nicht gemeint, dass die figurativen Kräfte *der Literatur* einer vernünftigen Politik und den daraus vorgestanzten Regeln und Prinzipien angepasst oder sogar untergeordnet werden. Vielmehr ist mit Steinhauer zu konstatieren, dass die Figuren »selbst« verfahren und durch diesen Charakter »den hylemorphistischen Kitt« durchbrechen, »der außerhalb des Verfahrensvollzugs die Formen an ihren Inhalten festhält und eine stabile Abstufung von Form und Inhalt sichert.«[263] Wer also weniger auf die rechtspositivistische Unterscheidung des Rechts von seiner – systemischen, aber auch materiellen – Umwelt als auf deren unzählige Verstrickungen achtet, vermag die medientheoretische Abstinenz der radikalen Demokratietheorie endlich zu überkommen.

3. Von *der Literatur* zum Politischen

Das Kredo eines modernen Rechts lautet damit: »Man kann nicht mehr darauf vertrauen, dass das Gesetz spricht.«[264] Wohl oder übel ist sogar anzunehmen, dass es gelesen werden muss. Deshalb kann es nicht nur *einen* Kopf geben, welcher den in Buchstaben gegossenen Willen der Gesetzgebung in seiner Eindeutigkeit schlicht identifizieren und aussprechen kann.

Vielmehr ist das Wissen über das Recht auf viele, sogar sehr viele Köpfe verteilt. Gemeint sind jene, die sich über das Gesetz beugen, um es zu lesen, intensiv zu studieren und anschließend nicht selten selbst etwas zum Recht beizutragen haben, also Recht sprechen oder über Recht schreiben. Zwar beziehen sie sich allesamt auf den identischen Text; allerdings sind es die verschiedenen Kontexte, welche die »Arbeit am Recht«[265] lediglich in den seltensten Fällen zu einer einvernehmlichen Angelegenheit machen. Die Überführung des Politischen ins Recht

262 Fabian Steinhauer, »Figuren, Schemata, Schemen«, in: Ino Augsberg/Sophie-Charlotte Lenski (Hrsg.), *Die Innenwelt der Außenwelt der Innenwelt des Rechts. Annäherungen Zwischen Rechts- und Literaturwissenschaft*, München: Wilhelm Fink Verlag 2019, S. 43 ff. (50).

263 Und weiter: »In diesem Sinne sind Verfahren so organisiert wie unorganisiert, zumindest soweit man Organisation als Gliederung des Zusammenhaltes versteht. Sie sind nämlich unorganisiert, weil sie Gliederungen übertreten und sie sind organisiert, weil sie (Zusammen-)Halt lösen.« Ebd., S. 50 f.

264 Ralph Christensen/Kent Lerch, »Performanz«, S. 55 ff. (56).

265 Andreas Engelmann, *Rechtsgeltung als institutionelles Projekt*, S. 19.

– entweder über den *formellen* Weg der Rechtsbegründung oder über den *informellen* Weg der Rechtsanwendung[266] – vermag weder den Dissens noch den Streit, ja nicht einmal die latente Unruhe der symbolischen Ordnung einfach stillzustellen. Die Gesetze werden nicht bloß im stillen Kämmerlein gelesen, sondern in öffentlichen Foren besprochen. Und da geht es nicht selten konflikthaft zur Sache: Man denke nur einmal an den Streit über das Recht, wie er im Gericht, Parlament, in der Presse und auf digitalen Plattformen geführt wird sowie an die unzähligen Diskussionen auch im kleinsten Kreis, also am Arbeitsplatz, in der Schule oder am heimischen Küchentisch.

Zwar wird nicht selten versucht, insbesondere von Juristinnen, das eigene Argument mit dem Rekurs auf *die* Verfassung oder *das* Recht zu gewinnen. Dass es aber nicht ganz so leicht ist, ein abschließendes Urteil zu treffen oder auch nur einen rechtlichen Konsens zu formulieren, zeigt sich in den häufig »agonalen« Verhandlungsdispositionen solcher Institutionen, die eine gewisse Deutungshoheit für sich beanspruchen und in ihren Begründungen zugleich eine nötigenfalls zwangsbewährte Bindungswirkung zu entfalten versuchen.[267] Nicht ganz von ungefähr kommt deshalb die römische Rechtsweisheit, wonach der Ausgang eines Gerichtsprozesses wie auch das Überleben auf hoher See allein in Gottes Hand liegt. Nur schwer kann nämlich vorhergesehen werden, welche Rechtsauffassung sich innerhalb der vielen juristischen Meinungsstreitigkeiten, die sowohl vor Gericht als auch in den universitären Kolloquien und fachwissenschaftlichen Publikationen ausgefochten werden, langfristig durchsetzen wird. Und dieser diskursive Aushandlungscharakter findet sich ebenfalls außerhalb der klassischen, meist staatlichen Institutionen; etwa in den vielen privatrechtlichen Handlungsformen, in denen die Findung und Erfindung von Vertragskonditionen nur schwer voneinander unterschieden werden kann und in denen es auch weniger auf einen geteilten Konsens als den gegenseitigen Kompromiss ankommt.

Was in den Zerrbildern vom Recht als mechanischem Automatismus, als einer Fortsetzung der Politik mit anderen Mitteln sowie als Identität von Gesetz und rechtlicher Bedeutung gerade verkannt wird, ist, dass sich das symbolische Dispositiv des liberalen Rechtsstaates dadurch vom alten Recht der Monarchie abhebt, dass ihm das stabilisierende Sinnzentrum fehlt. Es verfügt über keine im Imaginären verankerte Garantie

266 Vgl. zu dieser leitenden Unterscheidung in der Verfassungstheorie nur Uwe Volkmann, »Verfassungsänderung und Verfassungswandel. Beobachtungen zum Verhältnis von Stabilität und Dynamik im Verfassungsrecht der Bundesrepublik Deutschland«, in: *Juristenzeitung 2018 (Band 73 H. 6)*, S. 265 ff. (266 ff. und 268 ff.).

267 Vgl. zum »agonalen Dispositiv« des Gerichts nur Cornelia Vismann, *Medien der Rechtsprechung*, Frankfurt am Main: Fischer Taschenbuch Verlag 2019, S. 72 ff.

mehr, welche die instituierte Politik vor der instituierenden Macht des Politischen bewahren könnte. Das bedeutet aber wiederum nicht, und darin ist die entscheidende Pointe der vorgeschlagenen Perspektive vom *Recht als Literatur* zu verorten, dass es keinen Körper mehr hat. Es zeigt sich nicht mehr als blinde und stumme *Mittel*barkeit, sondern als lesende und sprechende Mit*teil*barkeit – und somit als Körper, der die Zwecke der Politik zu den spezifischen Bedingungen seiner Textualität verschiebt.

Wahrzunehmen ist der Gesetzeskörper für die daran Arbeitenden und mit ihm Befassten, betrachtet man es einmal phänomenologisch, weder als soziale Ordnungsinstanz noch als binärer Code von Recht und Unrecht. Es erscheint zuallererst als noch zu entziffernde Symbolkette auf einem Trägermaterial, etwa der Schrift in einem Buch oder auf einem Bildschirm. Diese wird erst durch den voraussetzungsreichen Akt der Interpretation zu einer rechtlich operationalisierbaren Angelegenheit. Nicht das Sollen wird also mit dem Sein verglichen, sondern eine Lektüre mit der anderen. Auch der Fall ist nur ein Resultat des Lesens. Der entscheidungsrelevante Sachverhalt bezieht sich vor Gericht nicht auf ein lebensweltliches Geschehen, das der unmittelbaren Wahrnehmung zugänglich wäre. Er lässt sich stattdessen nur aus diversen Schriftsätzen, Urkunden, Protokollen und Gutachten rekonstruieren und mittels der eigenen Einbildungskraft imaginieren. Seine Quellen sind als genuin juristische Textsorten immer bereits eingebettet in eine symbolische Ordnung, die ihrerseits aus standardisierten Verfahrensweisen, institutionellen Rollenverständnissen sowie dem informellen Wissen im Rahmen eines routinierten Umgangs mit dem Material besteht. Folglich erscheint sogar das ursprünglich lebensweltliche Geschehen im Recht als Text, der seinerseits in ein intertextuelles Netzwerk eingebettet ist. Daraufhin wird er in der maßgeblichen hermeneutischen Operation des Rechts, der Subsumtion, nicht nur mit *einem* weiteren Text verglichen; denn auch das Gesetz verweist wiederum auf eine *unbestimmte Vielzahl* an weiteren Texten, etwa Präjudizien oder Interpretationsvorschläge aus der Wissenschaft, welche das Gesetz kommentieren.[268] Der von der Semiologie konstatierte Verlust des Signifikats in den gleitenden Signifikantenketten scheint sich somit ausgerechnet in den juridischen Institutionen noch einmal besonders zu potenzieren.

Das tägliche Brot einer deutenden Rechtspraxis kann insofern durchaus damit in Verbindung gebracht werden, was sich die Romantik unter der Kunstkritik und *mutatis mutandis* die französische Literaturtheorie

268 Vgl. zum Kommentar und dem Wechsel von gesprochenem Wort und geschriebener Schrift nur Markus Krajewski/Cornelia Vismann, »Kommentar, Code und Kodifikation«, in: *Zeitschrift für Ideengeschichte 2009 (Bd. 3 H. 1)*, S. 5 ff. (6 f.) sowie dies., »Benjamin als Kommentator«, in: dies., *Das Recht und seine Mittel*, S. 340 ff. (342 f.).

unter der Dekonstruktion vorgestellt haben: Die Arbeit am Recht ist Arbeit am Text – und damit ganz auf die unmögliche Vollendung seines Werks ausgerichtet. Im performativen oder affirmativen Bezug auf das Absolute – etwa »im Namen des Volkes« Recht zu sprechen – offenbart sich die juridische Wahrheit lediglich in der »afformativen« Kraft seines Entzugs. Für die Rechtstheorie übersetzt heißt das, dass eine Idee, etwa die der Gerechtigkeit, mit den Mitteln des Rechts zwar nicht als ein tatsächlicher Zustand zu erreichen ist. Aufgrund dieses zum Scheitern verurteilten Versuches, also in der Erfahrung der radikalen Negativität, lässt sich aber überhaupt erst erahnen, worin sich die Gerechtigkeit vom Recht abhebt, inwiefern sie also dessen symbolischen Überschuss darstellt. Das bedeutet nicht, dass die Verwirklichung der Gerechtigkeit durch die ewige Ankündigung des Messias vertröstet werden soll, sondern, dass der Kampf gegen die Ungerechtigkeit immer nur im *Hier und Jetzt* stattfinden kann.[269] In der fehlgeschlagenen Gleichsetzung von Gerechtigkeit und Recht offenbart sich mithin eine Spur, anhand derer sich das Recht paradoxerweise dadurch der Gerechtigkeit annähert, dass es sich von ihr entfernt.

Freilich ist das nichts gänzlich Neues oder Unbekanntes. Eine gleichlautende Rechtstheorie hat bekanntlich schon Derrida in seinem berühmten Vortrag *Force of Law* durchdekliniert. Dort heißt es: »Das Recht ist nicht die Gerechtigkeit. Das Recht ist das Element der Berechnung; es ist nur (ge)recht, daß es ein Recht gibt, die Gerechtigkeit indes ist unberechenbar: sie erfordert, daß man mit dem Unberechenbaren rechnet.«[270] Wie bei Rancière findet sich in diesem Zitat die Metapher eines sich verrechnenden Rechts. Und wieder einmal wird damit schlicht unterstellt, dass die aristotelische Rede vom juridischen Gleichmaß und der angemessenen Verteilung noch ein zeitgemäßes Vokabular bereitstellt. Davon abgesehen findet sich bei Derrida allerdings ein für die radikale Demokratietheorie durchaus passendes Verständnis vom Recht beschrieben, weil dieses trotz seiner nicht beizukommenden Matheschwäche von der Gerechtigkeit nicht dazu angewiesen wird, seine Kalkulation einzustellen, sondern sie ganz im Gegenteil gerade herausfordert. Das Recht bildet insofern nicht mehr bloß die Antithesis zur frei flottierenden Hyperreferenz, die auch bei Derrida noch ganz im alteritätsethischen Gefolge von Lévinas als Anspruch des radikalen Anderen beschrieben wird, sondern steht damit in einem wechselseitigen Bedingungsverhältnis.

Mit einem solchen Anderen ist nicht bloß exklusiv »das Ethische« gemeint. Derrida zählt zu all jenen Bereichen, »von denen man das Recht nicht abtrennen kann«, ausdrücklich auch »das Politische« und

269 Vgl. zu dieser Klarstellung nur Juliane Rebentisch, *Die Kunst der Freiheit*, S. 21.

270 Jacques Derrida, *Gesetzeskraft*, S. 33 f.

konstatiert diesbezüglich, dass »[j]edes Vorstoßen der Politisierung [...] die Grundlagen des Rechts, die aus einer schon erfolgten Berechnung und Abgrenzung resultieren, erneut in Erwägung zu ziehen und folglich neu zu deuten« zwinge.[271] Die Gefahr liege deshalb nicht in dem Bestreben, das Ethische oder das Politische innerhalb des Rechts zur Geltung bringen zu wollen; sondern darin, es mit ihm gleichzusetzen, das Werk als vollendet zu betrachten und darin die stets oszillierende Bewegung zwischen den verschiedenen Polen des Sozialen gleichermaßen zu einem Abschluss zu bringen. Das Recht wird damit zu einer Bedingung sowohl der Ermöglichung als auch der Verunmöglichung des Politischen: *Ermöglichend* ist es danach, weil es die normativen Rahmenbedingungen dessen freisetzt, was das Gesetzeswerk überschreitet, also dessen normative Bedeutung immer wieder aufs Neue instituiert; aber es wirkt gleichzeitig auch *verunmöglichend*, weil es die iterativen Bedeutungsverschiebungen in einem Re-Entry wieder absorbiert und dadurch zu einer Vollendung des Werks in der Institution beiträgt.

Davon lässt sich zusammengefasst lernen, dass eine radikale Demokratietheorie des Rechts, wenn sie denn modern sein möchte, an zwei Bedingungen ausrichten muss: Erstens sollte sie eine *Responsivität* gegenüber dem Politischen gewährleisten können und zweitens eine *Reflexivität* implizieren, wonach sie sich bewusst ist, diesem Anspruch niemals gerecht werden zu können.

* * *

Abgegrenzt werden kann dieser Ansatz gegenüber den noch im ersten Paragraphen beleuchteten Schlaglichtern auf den politischen Körper, auf die ich zu diesem Zwecke noch einmal zu sprechen kommen möchte: Während nach dem Gesagten der theoretische Bruch mit der totalitären *Vereinheitlichung* der Rechtsgemeinschaft nämlich noch ganz auf der Hand liegen sollte, liegt die Sache nämlich etwas komplizierter bezüglich der *Pluralisierung*, wie sie der Historischen Rechtsschule noch vorschwebte und bezüglich der *Prozeduralisierung*, wie sie von der Diskurstheorie des Rechts vorgeschlagen wurde.

Gerade Savigny formuliert seine Rechtstheorie vor dem historischen Hintergrund, in einer geradezu pathetischen Sprache und aufgrund einer politischen Motivationslage, die nicht zufällig an die bisherigen Ausführungen zur Romantik erinnern. Doch obwohl er »durch die Gesamtkultur des Zeitalters« mit den Ideen der romantischen Epoche – das *Athenäum* hatte er vom ersten Heft an abonniert – und ganz besonders mit einigen ihrer Akteure, wie dem verschwägerten Achim von Arnim oder Clemens Brentano, in »beständigem Austausch« gestanden hat,

271 Ebd., S. 57 f.

war er doch alles andere als ein Romantiker.[272] Das lässt sich nicht zuletzt an seinem Engagement für das Recht und seine Wissenschaft festmachen, weswegen sich ohne Frage festhalten lässt: »Savigny war zuerst Jurist.«[273]

In dieser Tätigkeit erkannte er aber nicht etwa den formalistischen, toten und mechanischen Gegenpart von künstlerischen Praktiken wie Literatur und Poesie, sondern vielmehr dessen sinnfälligen Ausdruck. Nicht zufällig adelte er die römischen Juristen deshalb als »[g]roße Dichter« und erhob die juristische Berufung gar zur Kunst; womit er übrigens, wie zuvor schon die Romantik, wieder einmal die kantianische Urteilskraft zu entgrenzen versuchte, welche sich bei diesem noch streng auf den künstlerischen Bereich des Schönen bezogen hat.[274] Gepaart ist dieses, fast schon als klassisch-romantisch zu bezeichnendes Bestreben dann auch mit der konsequenten Ablehnung einer »vom Allgemeinen und Abstrakten der menschlichen Vernunft« ausgehenden Deduktion von Rechtsprinzipien und einer präsentistischen Emphase »vom Besonderen und Individuellen in der Lebenswirklichkeit« als einer unerschöpflichen Antriebskraft der Geschichte.[275]

Allerdings ist sich bewusst zu machen, dass sich dieser Enthusiasmus bei Savigny keinesfalls von der Sphäre des Rechts auf den Staat

272 So auch Franz Wieacker, *Privatrechtsgeschichte der Neuzeit. Unter besonderer Berücksichtigung der deutschen Entwicklung*, Göttingen: Vandenhoeck und Ruprecht 1996, S. 360. Eine dem entgegengesetzte (und nicht minder einflussreiche) Einordnung findet sich hingegen in der Polemik von Rudolf Jhering, *Der Kampf ums Recht*, Frankfurt am Main: Vittorio Klostermann 2003, S. 11.

273 Joachim Rückert, »Methode und Zivilrecht beim Klassiker Savigny (1779-1861)«, in: ders., Seinecke (Hrsg.), *Methodik des Zivilrechts*, Baden-Baden: Nomos 2017, S. 53 ff. (58). Andernorts ist die Rede von »durchaus analoge[n] metaphysische[n] Denkfiguren.« Ders., »Politische Romantik im 20. Jahrhundert« in: V. Gerhardt/R. Mehring et. al. (Hrsg.) *Politisches Denken. Jahrbuch 2011*, Berlin: Duncker & Humblot 2011, S. 123 ff. (141) sowie v.a. ders., *Politik, Jurisprudenz und Idealismus*, Ebelsbach: Gremer 1984, S. 238 ff.

274 Friedrich Carl von Savigny, »Einleitung zu den Pandekten (1811)«, in: ders., *Vorlesungen über juristische Methodologie 1802-1842*, Frankfurt am Main: Vittorio Klostermann 2004, S. 174 ff. (176). Vgl. dazu Stephan Meder/Christoph-Eric Mecke, »Savignys Rechtsdenken im Spiegel deutscher und italienischer Romantik«, in: *Journal der Juristischen Zeitgeschichte 2018 (Band 19 H. 1)*, S. 227 ff. (246 f.). Zu dieser Verbindung von Kunst und Jurisprudenz ausführlich: Stephan Meder, *Mißverstehen und Verstehen. Savignys Grundlegung der juristischen Hermeneutik*, Tübingen: Mohr Siebeck 2004, S. 91 ff. sowie insbes. S. 96.

275 Christoph-Eric Mecke, »Friedrich Carl von Savignys Rechtsdenken und die Romantik«, in: Antje Arnold/Walter Pape (Hrsg), *Romantik und Recht.*

übertragen hat. Eben deshalb habe ich zuvor auch von einer *Pluralisierung* des politischen Körpers gesprochen.[276] Das Recht entsteht nach Savigny »durch innere stillwirkende Kräfte, nicht durch die Willkühr eines Gesetzgebers.«[277] Entsprechend wird in seinen Schriften dezidiert eine Privatrechtstheorie entworfen, die sich im Streit mit Anton Friedrich Justus Thibaut bekanntlich *gegen* eine Gesamtkodifikation ausspricht. Dieser Affront galt beileibe aber nicht bloß dem Gesetzeswerk, sondern auch der Autorschaft eines allgemeinen Bürgerlichen Gesetzbuches. Die Erhebung des »Volksgeistes« als der zentralen Kategorie für die Historische Rechtsschule – und dem, was von der Soziologie später als Gesellschaft thematisiert werden sollte – ist als eine unmittelbare Reaktion auf diese Entwicklung und insofern als politisches Argument für eine »Entstaatlichung des Rechts« zu lesen.[278] Wieder einmal begründet eine latente »Skepsis« sowohl gegen »bloße Formen« als auch gegen »die klassische Lehre von der Politik« eine idealistische Emphase vom *Werden*, nur diesmal eben vom *Werden des Rechts* – und damit einer organischen Entwicklung des Ganzen aus dem natürlichen Zusammenspiel seiner Teile, in welchem die Wirklichkeit mit dem Absoluten der Idee – neukantianisch könnte man heute auch sagen: das Sein mit dem Sollen – in einen offenen Vermittlungsprozess treten.[279]

Warum aber trotz dieser strukturellen Parallelen die Historische Rechtsschule kaum als Vorbild für die radikale Demokratietheorie taugt, liegt zur Wiederholung in der Professionalisierung der juristischen Zunft als Gatekeepern – oder etwas klassischer: »Türhütern«[280] – der instituierenden Macht des Politischen. Schließlich sei laut Savigny nicht das »Bewußtseyn des gesammten Volkes« in einer singulär artikulierten Forderung für die Rechtsentwicklung maßgeblich, sondern das »Bewußtseyn der Juristen, von welchen das Volk nunmehr in dieser Function

Recht und Sprache, Rechtsfälle und Gerechtigkeit, Berlin und Boston: De Gruyter 2018, S. 36 ff. (45). Vgl. auch Friedrich Carl von Savigny, Vom Beruf unserer Zeit für Gesetzgebung und Rechtswissenschaft, S. 31.

276 Vgl. § 2 Abs. 2.

277 Ebd., S. 14.

278 Vgl. zur epistemologischen Hinwendung zur »Gesellschaft« als Reaktion auf die »drohende Kodifikation« unbedingt: Doris Schweitzer, *Juridische Soziologien*, S. 48, 73 ff. und zur »Entstaatlichung des Rechts« ferner S. 68.

279 Joachim Rückert, *Politik, Jurisprudenz und Idealismus*, S. 394 (in Bezug auf die angesprochenen Parallelen zur Romantik); vgl. zur idealistischen – d.h. hier: philosophischen – Theorieanlage Savignys aber auch ebd., S. 238 ff.

280 Als einer Personalisierung der Schranke steht diese Figur für das Blockieren oder Weiterleiten eines Begehrens, welches an das Recht herangetragen wird. Sie ist eine Chiffre – und darin zugleich »das Privileg der Literatur« – für das, »was die Einsicht in die Prozesse der Institutionalisierung versperrt.« Cornelia Vismann, *Akten*, S. 36 f.

repräsentirt wird.«[281] Der »Volksgeist« und damit der Rekurs auf die sich in ihm verdichtende Geschichte werden dabei stets im Wagen gelassen und nähren den Verdacht, letztlich als politische Ermächtigungsformeln der Jurisprudenz zu dienen. Dieser wird zugetraut, eine wissenschaftliche Strukturierungsleistung zu erbringen, die anhand von eigens kontrollierten Plausibilitäts- und Konsistenzmaßstäben ein widerspruchsfreies System hervorbringen könne. Zusammengenommen entspricht das vermeintliche Idealbild damit ziemlich genau dem, was die radikale bis radikaldemokratische Kritik später am Recht kritisieren sollte: einen jedem Streit als *Expertise* enthobenen und im Recht festgestellten *Konsens*. Dieser gebe vor, den »Geist der Gemeinschaft« repräsentieren zu können und versuche, das Politische oder eine damit vergleichbare Kraft der Geschichte »unter einem Begriff des Rechts verschwinden zu lassen.«[282]

Vielleicht wäre es deshalb besser, und das ist bei unlösbar scheinenden Problemen eine beliebte Strategie der Jurisprudenz, von einer Kompetenz- zu einer Verfahrenslösung überzugehen. Man könnte nämlich auf die Idee kommen, die unauflösliche Spannung zwischen einer instituierenden Macht und den staatlichen Institutionen nicht etwa durch eine neue Monopolisierung der Deutungsherrschaft über das Gesetz, sondern anhand solcher Verfahren zu bewältigen, welche das Politische in das Recht einfallen lassen und in eine operationalisierbare Sprache übersetzen, ohne jedoch diese Spannung zulasten oder zugunsten der einen oder anderen Seite aufzulösen. Die Diskurstheorie des Rechts, wie sie insbesondere von Jürgen Habermas entwickelt wurde, versucht solche Verfahren nun ausgehend von deontologischen Prinzipien zu entwerfen und versteht dies ausdrücklich als das institutionelle Angebot des liberalen Rechtsstaates.[283]

Dieser verhalte sich zur Demokratie entsprechend komplementär und verschränke in einem solchen Verfahren die kommunikative mit der administrativen Macht – und damit gleichsam die Legitimität mit der Legalität.[284] Die Prozeduralisierung dessen, was man in der radikalen Demokratietheorie als politische Differenz bezeichnet, wurde von dieser Warte aus vielfach dafür kritisiert, dass sie das kantianische Erbe einer immer bereits instituierten Vernunft angetreten und nicht etwa ausgeschlagen habe. Überhaupt könne das Politische nicht auf das vorgestanzte Muster einer normativen Funktion wie der Legitimation oder

281 Friedrich Carl von Savigny, Vom Beruf unserer Zeit für Gesetzgebung und Rechtswissenschaft, S. 12.

282 Jacques Rancière, *Das Unvernehmen*, S. 117 ff. (119). Vgl. auch Christoph Menke, *Recht und Gewalt*, S. 30, 36.

283 Vgl. § 2 Abs. 3.

284 Jürgen Habermas, »Über den internen Zusammenhang von Rechtsstaat und Demokratie«, S. 293 ff.

auch der Repräsentation reduziert werden, sondern sei gerade der Stachel im Fleisch dieser und ähnlicher Phantasmagorien. Hinter dem intersubjektiven Modus eines verständigungsorientierten Diskurses wird dann ein rechtlich stabilisierter Konsens vermutet, der immer bereits ausgesprochen ist und den Dissens, aber mit ihm auch die Leidenschaften, das Genießen (*jouissance*) sowie die affektive Dimension des Politischen überhaupt unterdrücke. Ob das nun in dieser drastischen Überspitzung zutreffen mag oder nicht, jedenfalls kann konstatiert werden, dass Habermas solche Hyperphänomene wie die ästhetische Erfahrung der Überschreitung, den alteritätsethischen Anspruch des Anderen oder das messianische Kommen in das öffentliche Forum eines verallgemeinerten Dritten zu überführen versucht, um den Integrationszusammenhang des Sozialen zu betonen.

Ich glaube, dass sich durchaus gute Gründe dafür finden lassen, entweder mit Savigny die Expertise der Jurisprudenz oder mit Habermas die vernunftbasierten Regeln, Verfahren und Prinzipien mit einem apodiktischen Primat *vor* dem Politischen zu versehen. Nur hat beides nichts mit radikaler Demokratietheorie zu tun. Weder die juristische Profession noch die rechtsstaatlichen Institutionen dürften die instituierende Macht, ob nun als Volksgeist oder öffentliches Räsonnement, in eine Verkörperung, visuelle Darstellung oder ein sonstiges Bild bringen, an die es fortan gebunden und in der es nicht bereits angelegt wäre, gleichsam aus ihrer Immanenz heraus überschritten, revidiert und transformiert zu werden. Beide Konzepte verfehlen das radikaldemokratische Anliegen, welches sich in einem gewissen Sinne als *kopflos* erweist, weil es zu riskieren bereit ist, dass die eine Hand des politischen Körpers nicht mehr weiß, was die andere macht.

Hingegen ermöglicht der zuvor angesprochene Rekurs auf die Literatur eine Blaupause für ein Imaginäres, nach dem sich das Recht gegenüber einer instituierenden Macht exponiert und dieses Ausgeliefert-Sein in der rechtstheoretischen Selbstbeobachtung als erkenntnisleitende Erfahrung sowohl von Pluralität als auch Kontingenz reflektiert. Die Entstaatlichung des Rechts bei Savigny wird mit dem Einbau von Zeit bei Habermas kombiniert und zu einem Rechtsprinzip ohne Prinzipat radikalisiert. Dadurch gerät – ausgehend von der immer auch bedeutungsgenerativen beziehungsweise normkonstituierenden Kulturtechnik des Lesens – ein offenes Wechselspiel von *stasis* und *dynamis* in den Blick, welches mit dem Zerrbild eines mechanisch-automatischen, noch ganz auf die Oralität fixierten und nur allzu verkopften Rechtsverständnisses endgültig Schluss macht.

* * *

Dann aber stellt sich die Frage, was aus der ereignishaften Heimsuchung des Rechts durch das Politische eigentlich resultieren soll. Gilt es wirklich – wie von Derrida gefordert[285] –, die rechtspositivistische Not zu einer radikaldemokratischen Tugend werden zu lassen und das Recht und seine Reflexion zu politisieren?

Wenn man mit dem Savigny-Schüler und seinerseits ganz im Zeichen der Romantik stehenden Jacob Grimm im Recht gleichsam eine *Poesie* erkennen möchte, dann könnte man zumindest auf die Idee kommen, die Gesetze genauso zu lesen wie Literatur. Zur These der Verbundenheit von Recht und Poesie legt dieser immerhin einen – wenn auch eher fragwürdigen – »Beweis aus der Sprache« vor und führt aus, dass die phonetische Ähnlichkeit von »Richtern« und »Dichtern« sowie von »Schöpfern« und »Schöffen« nicht von ungefähr komme, sondern auf eine sich immer wiederholende, aber auch ungemein produktive Praxis des Zitierens und Rezitierens von Gesetzen und Liedern verweise.[286] Bestätigt wird eine solche Assoziation heute noch, wenn etwa der ehemalige Präsident des Bundesgerichtshofs Günter Hirsch in einem längst zum Klassiker avancierten Beitrag behauptet, dass man die juristische Zunft mit »Pianisten« vergleichen müsse, weil ihnen gesetzliche »Spielräume« in der Rechtsanwendung zur Verfügung stünden, die es auszunutzen gelte; freilich gelte dies, ohne »das Stück« gänzlich zu »verfälschen« und damit in unzulässiger Weise vom Interpreten zum Komponisten aufzusteigen.[287]

Problematisch wird dieses Bild an einem Punkt, an dem die kontrafaktische Verhaltenserwartung an das Recht einer gänzlichen »Unberechenbarkeit des einzelnen Interpreten« weicht, weil dann, wie Christoph Möllers in seiner Erwiderung auf dieses richterliche Selbstverständnis ausführt, der künstlerische Geniekult die rechtsstaatliche Gesetzesbindung verdränge.[288] Dem kann nur zugestimmt werden. Wer wollte auch rechtsstaatliche Prinzipien ernsthaft gegenüber ästhetischen

285 Vgl. dazu die vorherigen Ausführungen sowie Derrida, *Gesetzeskraft*, S. 30, 58.

286 Jacob Grimm, »Von der Poesie im Recht«, in: *Zeitschrift für geschichtliche Rechtswissenschaft 1815 (Bd. 2 H. 1)*, S. 25 ff. (30 f.). Problematisch sei diese Sprachauffassung deshalb, schreibt Kaspar Renner, weil Grimm eine phonetische Ähnlichkeit zur semantischen Verwandtschaft steigere und als »Beziehung der zeitlichen Kontiguität« missverstehe, die sich von einem gemeinsamen Ursprung wegentwickele. Ders., »Wie poetisch ist das Recht? Jacob Grimm zwischen Etymologie und Topik«, in: Claude Conter (Hrsg.), *Literatur und Recht im Vormärz*, Bielefeld: Aisthesis Verlag 2010, S. 173 ff. (176).

287 Günter Hirsch, »Auf dem Weg zum Richterstaat? Vom Verhältnis des Richters zum Gesetzgeber in unserer Zeit«, in: *Juristenzeitung 2007 (Bd. 62 H. 18)*, S. 853 ff. (858).

288 Christoph Möllers, »Erwiderung auf Günter Hirsch«, in: *Juristenzeitung 2008 (Band 64 H. 4)*, S. 188 f.

Gesichtspunkten hintanstellen? Wieder einmal offenbart sich damit ein Kipppunkt, welcher die romantische Schwärmerei unversehens in ein totalitäres Projekt münden lässt. Schließlich kann auch daran erinnert werden, dass der Nationalsozialismus die Ästhetisierung von Politik und Recht entscheidend für sich zu nutzen wusste.[289] Auf die von Bataille benannte Ambivalenz, wonach das Heterogene – das in der aufgezeigten metonymischen Beziehung zum Politischen steht – von der Politik gerade nicht ausgeschlossen, sondern in der imaginären Einheit von Führer und politischer Bewegung zusammengeführt wurde, kann diesbezüglich nicht oft genug hingewiesen werden.

Und vielleicht ist es angesichts dieser Überlegung auch kein Zufall, dass Grimm das Studium der Jurisprudenz letztlich abgebrochen hat, um sich voll und ganz der »Geschichte der Poesie und Literatur« zu widmen (und das mit Erfolg, wie man heute weiß).[290] Dass sein einstiger Lehrer Savigny, und das wohlgemerkt trotz der von ihm ebenfalls behaupteten Affinität von Recht und Kunst, ausdrücklich für eine strenge Gesetzesbindung plädierte, ergibt sich nicht zuletzt aus den sogar von Grimm verfassten Mitschriften seiner Marburger Vorlesung, welche knapp 150 Jahre später unter dem Titel *Juristische Methodenlehre* publiziert wurden und bis heute ein prägendes Vorbild für die Juristinnenausbildung darstellt.[291] Selbiges kann *Von der Poesie im Recht* Grimms nicht behauptet werden.

Auch wer das Gesetz zum Gegenstand *der Literatur* erklärt, sollte sich deshalb davor hüten, das Recht in der Kunst oder in der Politik – und diese damit gleichsam ineinander – aufzulösen. Das postfundamentalistische Mantra von der »Abwesenheit eines letzten, aber nicht eines jeden Grundes«[292] lässt sich für die juristische Methodenlehre als die Abwesenheit einer letzten, aber nicht einer jeden Auslegungsregel übersetzen. Eine radikale Demokratisierung des Rechts sollte nicht bedeuten, die vielfältigen Gewinne des modernen Rechts aufzugeben und dieses wieder zu sakralisieren, zu entpositivieren oder zu entdifferenzieren.

Von ›Ästhetisierung‹ oder ›Politisierung‹ des Rechts sollte deshalb nur dann die Rede sein, wenn man damit wie Gunther Teubner eine

289 Vgl. Bernd Rüthers, *Die unbegrenzte Auslegung. Zum Wandel der Privatrechtsordnung im Nationalsozialismus*, Tübingen: Mohr Siebeck 2012, S. 183 ff. und passim. Zur benannten Debatte explizit vgl. auch ders., »Richter ohne Grenzen«, in: *Frankfurt Allgemeine Zeitung vom 17.06.2021*, S. 7.

290 Jacob Grimm, »Brief vom 9. März 1807«, in ders., Wilhelm Grimm: *Briefe der Brüder Grimm an Savigny*, Berlin, Bielefeld und München: E. Schmidt 1953, S. 28 ff. (30).

291 Friedrich Carl von Savigny, *Juristische Methodenlehre. Nach der Ausarbeitung des Jakob Grimm*, Stuttgart: Koehler 1951, S. 18 (»Wer ein Gesetz also interpretiert, muß den im Gesetz liegenden Gedanken nachdenken, den Inhalt des Gesetzes nachfinden.«).

292 Oliver Marchart, Die politische Differenz, S. 16 [ohne Herv.].

»*innere* Politisierung«[293] oder analog dazu eine *innere* »Ästhetisierung«[294] meint. Systemtheoretisch gesprochen werden die Rechtsnormen, Gesetze und Programme, wie auch die primäre Ausrichtung am binären Rechtscode durch diese Irritationen nicht etwa aufgegeben. Vielmehr wird das Recht in seiner Immanenz über sich selbst hinausgetrieben; also mit einem irreduziblen Überschuss seiner instituierten Bedeutungen konfrontiert, der als *das Politische des Rechts* nicht einfach invisibilisiert werden kann. In einer Debatte mit Toni Negri erklärt Teubner, und dem ist sich nur anzuschließen, dass es einen »Kategorienfehler« darstellen würde, »demokratische Institutionen und Verfahren, die im politischen System entwickelt wurden, direkt auf andere gesellschaftliche Sektoren zu übertragen.«[295] Und ein damit vergleichbarer Fehler wäre es eben auch, die Ästhetik der Überschreitung, die Alteritätsethik oder den politischen Messianismus zum Maßstab der Arbeit am Recht zu erheben. Vielmehr sollte das Kredo lauten: »Jede Sinnwelt muss ihren eigenen Weg der Demokratisierung finden.«[296] Damit verbunden wäre die Aufklärung des radikaldemokratischen Irrtums, dass es immer noch nur *einen* ausgezeichneten Ort der Macht gäbe, und sei es auch nur eine Leere, der Mangel oder das Nichts, an dem sich das Politische konzentriert.

Die ›innere Politisierung‹ bedeutet somit weniger die komplexitätsbedingte Paralyse des Rechts als die stete Variation von Sinn und einen daraus resultierenden Zwang zur Selektion und behelfsmäßigen Stabilisierung. Das singuläre Ereignis des Politischen als Unterbrechung mit althergebrachten Dogmen, bürokratischen Abläufen und sonstigen Traditionen ist nicht einfach blind zu affirmieren, sondern sehenden Auges zu operationalisieren. Das Politische behindert die Ausdifferenzierung

293 Gunther Teubner, *Verfassungsfragmente*, S. 186: »Gesellschaftlicher Konstitutionalismus richtet sich gegen die Zentralisierung der [...] gesellschaftspolitischen Fragen auf das politische System der Weltgesellschaft. Er ist auf eine Vervielfältigung der Orte gerichtet, in der über das ›Politische‹ in der Gesellschaft gestritten und entschieden wird.« Ähnlich, wenn auch mit hegemonietheoretischem Einschlag, beschreibt Kolja Möller die »demokratische Konstitutionalisierung« dadurch, »dass in den Eigenverfassungen der Regime ein Dispositiv entsteht, das die Kreisläufe der Herrschaftsausübung und der Herrschaftskritik aufeinander bezieht.« Ders., *Formwandel der Verfassung. Die postdemokratische Verfasstheit des Transnationalen*, Bielefeld: transcript 2015, S. 202.

294 Als eine solche verstehe ich: Andreas Fischer-Lescano, *Rechtskraft*, Berlin: August 2013, S. 86 und passim (»Die Ästhetisierung des Rechts ist eine Konfrontation des Rechts mit sich selbst in der Logik der Kunst.«).

295 Gunther Teubner, ders., »Gesellschaftlicher Konstitutionalismus und die Politik der Multitude«.

296 Ebd.

nicht etwa, ganz im Gegenteil; es treibt sie innerhalb eines inkrementellen Prozesses stetig über sich hinaus. Der Kontext wird dem Text immer wieder aufs Neue aufgepfropft, sodass eine kontingente Bedeutungsverschiebung angestoßen wird, deren potenzielles Ergebnis nicht bereits im Vorhinein feststeht. Damit ist nicht gesagt, dass *soft cases* von *hard cases* und damit ein eher subsumierendes von einem eher rechtserzeugenden Entscheiden nicht mehr voneinander unterscheiden werden könnten – oder auch nur angedeutet, dass sich eine solche Unterscheidung nicht lohnen würde.[297] Es ist lediglich so viel gesagt, als das strenge Befolgen einer von der Dogmatik nahegelegten Gesetzesinterpretation keine Identität, sondern eine Differenz gegenüber allen vorherigen Entscheidung nach sich zieht.

Die im Recht weniger festgesetzte als lose angelegte Normativität wird einer iterativen Bewegung unterworfen, die sich nicht in der Buchstäblichkeit ihrer Gesetze manifestiert. Eine daraus resultierende Kritik gilt nicht dem liberalen Rechtsstaat, sondern der Legende eines vulgären Rechtspositivismus, der auf einen ›*Original intent*‹ oder eben einen ›*Willen der Gesetzgebung*‹ abstellt, welcher sich in seiner normativen Substanz selbst ausspricht.[298] Damit einher geht die für die Rechtstheorie so folgenreiche Erkenntnis, dass eine »teleologische Interpretation [...] keine Methode, sondern ein Ergebnis« ist.[299]

Deshalb sollte man an dieser Stelle auch nicht stehenbleiben, wie es der Dekonstruktivismus nach Derrida, Lacoue-Labarthe und Nancy tut. Seine entsprechenden Ausführungen offenbaren zwar einiges über die Sprache beziehungsweise die Literatur im anspruchsvollen Sinne, aber eben erstaunlich wenig über das Recht.[300] Eine etwas breiter ansetzende Analyse könnte sich dem eigentlichen Untersuchungsgegenstand des Rechts über den Begriff eines »Dispositivs« vom Recht annähern, wie

297 Vgl. dazu nur Sabine Müller-Mall, *Verfassende Urteile. Eine Theorie des Rechts*. Berlin: Suhrkamp 2023, S. 245 und passim.

298 Auch der Dekonstruktivismus scheint deshalb vor allem gegen ein monarchisches Rechtsgespenst aus der Vergangenheit anzukämpfen. Das zeigt sich auch, wie Doris Schweitzer betont, an der »Unbestimmtheit« der Gesetze, die entgegen der Annahme Derridas gerade keinen Problemfaktor darstellt, sondern vielmehr eine stabilisierende Funktion erfüllt. Dies., »Macht der Unbestimmtheit? Unbestimmte Rechtsbegriffe als Provokation für die poststrukturalistische Theorie«, in: *Zeitschrift für Rechtssoziologie 2015 (Band 35 H. 1)*, S. 91 ff.

299 Vgl. dazu nur Friedrich Müller/Ralph Christensen, *Juristische Methodik (Band I)*, Fn. 364.

300 Vgl. zu dieser Kritik insbes. Petra Gehring, »Gesetzeskraft und mythischer Grund. Die Dekonstruktion nähert sich dem Recht«, in: Hans-Dieter Gondek/Bernhard Waldenfels (Hrsg.), *Einsätze des Denkens. Zur Philosophie von Jacques Derrida*, Frankfurt am Main: Suhrkamp 1997, S. 226 ff. (255).

ihn Foucault sowie in dessen Gefolge *François* Ewald verstanden haben.[301] Das Recht könnte danach im weitesten Sinne als ein »heterogenes Ensemble« verstanden werden, »das Diskurse, Institutionen, architekturale Einrichtungen, reglementierte Entscheidungen, Gesetze, administrative Maßnahmen, wissenschaftliche Aussagen, philosophische, moralische oder philanthropische Lehrsätze, kurz: Gesagtes ebenso wohl wie Ungesagtes umfasst.«[302] Das würde für die Analyse konsequenterweise bedeuten, dass es so etwas wie *das* Recht gar nicht geben kann. Vielmehr wäre »das, was man als ›Recht‹ bezeichnet, [...] eine Denkkategorie, die keine Essenz bezeichnet, sondern dazu dient, bestimmte Praktiken zu charakterisieren: normative Praktiken, Praktiken des Zwangs und der sozialen Sanktion zweifellos, eine politische Praxis gewiß, und auch eine Praxis der Rationalität, die alle voneinander sehr verschieden sein können; das Recht ist als ganzes in jeder einzelnen dieser Praktiken vollständig enthalten, ohne daß dies die Permanenz einer Essenz voraussetzte.«[303]

Versucht man das alles für die Gegenstandsbestimmung vom modernen Recht auch nur einigermaßen adäquat zu berücksichtigen, ergibt sich, dass dieses weder auf die Gerichte und Behörden noch auf diejenigen Subjekte reduziert werden kann, welche diese in Anspruch nehmen und von ihnen angerufen werden. Denn es umfasst auch solche Praktiken, die selbst dann am Imaginären vom Recht teilhaben, wenn sie mit den rechtlichen Institutionen gar nicht in Berührung kommen. Recht ist weder Allgemeines noch Besonderes, weder Gesetz noch Fall, weder Parlament noch Gericht und weder eine öffentliche noch private Angelegenheit. Es ist eine soziale Praxis, die einem komplexen Ensemble entspricht, in dem all diese verschiedenen Ebenen ineinander kulminieren und miteinander konkurrieren. Nicht nur werden die rechtlichen Operationen in die Selbstbeobachtung der Rechtstheorie miteinbezogen, sondern auch die spezifischen Verkörperungsbedingungen sowie die voraussetzungsreiche Infrastruktur, in welche das Recht als eine sich permanent vollziehende Praxis immer schon eingebettet ist.

Reflektiert werden muss das *Recht als Literatur* deshalb nicht allein in seiner textuell bedingten Generativität, sondern auch anhand der unzähligen weiteren Facetten seiner spezifischen historischen und kulturellen

301 Ein solcher Ansatz findet sich dann bspw. wieder bei Cornelia Vismann, Die Medien der Rechtsprechung, S. 17 ff. oder zuletzt auch bei Doris Schweitzer, *Juridische Soziologien*, S. 45 ff.

302 Michel Foucault, »Ein Spiel um die Psychoanalyse. Gespräch mit Angehörigen des *Departement de Psychanalyse* der Universität Paris/Vineennes«, in: ders., *Dispositive der Macht. Über Sexualität, Wissen und Wahrheit*, Berlin: Merve Verlag, 1978, S. 118 ff. (119 f.).

303 *François* Ewald*, Der Vorsorgestaat,* Frankfurt am Main: Suhrkamp 2015, S. 38.

Abbildung 11: Das Landgericht in Frankfurt am Main – außen das geschriebene Gesetz und innen das gesprochene Recht.

Konstellation. Neben Medien wie dem geschriebenen, gedruckten oder eben digital angezeigten Gesetz und den diesbezüglichen Kulturtechniken wie dem Lesen oder Schreiben von Schriftsätzen, Urteilen und sonstigen Entscheidungen, von Aufsätzen, Blogbeiträgen und Kommentaren gerät dann ein Imaginäres in den Blick, in welchem diese heterogenen Praktiken sich in einem Bild oder einer Erzählung vom Recht verdichten und anschließend beobachten lassen. Ein solches manifestiert sich dann in visuellen Darstellungen der Verfassung als Textkörper (vgl. Abb. 11), in formativen Gründungserzählungen des Rechts – man denke nur an die Präambel des Grundgesetzes – sowie nicht zuletzt in den unzähligen rhetorischen Figuren, von denen es in juristischen Textsorten genauso wimmelt wie in jeder anderen ›Literatur‹.

Das alles wird getragen von einem geteilten, meist lediglich implizit bleibenden Wissen, das sich beispielhaft auf sprachliche Konventionen oder ritualisierte Alltagspraktiken beziehen lässt und den entsprechenden Akteurinnen überhaupt erst erlaubt, sich handlungswirksam innerhalb der vom Recht geprägten Lebenswelten orientieren zu können. Aus einer solchen Perspektive ist kaum noch nachzuvollziehen, wieso gegen das Recht als konstituierte Ordnung dann solche – mit dem Politischen assoziierte – Phänomene wie eine unvermittelte Präsenz, die Leidenschaften oder das Genießen (*jouissance*) ausgespielt werden sollten: Aus öffentlichen Gerichtssälen und privaten Mediationsräumen kann die

Affizierung durch außeralltägliche Widerfahrnisse schließlich ebenso wenig ausgeschlossen werden wie aus der Rechtstheorie.

Und auch die von einer radikaldemokratischen Theorieanlage nahegelegte Responsivität der rechtlichen Institutionen gegenüber dem Politischen verweist auf eine überaus anspruchsvolle Vorleistung einer demokratischen Schriftkultur. Das Gesetz kann ebenso wenig wie die Literatur darüber bestimmen, ob und von wem es gelesen wird. Zwar ist das Recht darauf angewiesen, kann aber in einer Demokratie eben nicht gewährleisten, dass es von irgendjemandem wahr- und ernstgenommen, studiert sowie bestenfalls neuerfunden wird. Eine solche rechtstheoretische Verlegenheit scheint dann gar nicht so weit entfernt vom »Wagnis der Freiheit« zu liegen, welches nach Ernst-Wolfgang Böckenförde bekanntlich solche »Voraussetzungen« zu benennen versucht, welche der liberale Rechtsstaat – der bei ihm da heißt: der »freiheitliche, säkularisierte Staat«– nicht garantieren könne.[304] Überhaupt lässt sich im Ergebnis festhalten, dass sich der revolutionäre Habitus der radikalen wie radikaldemokratischen Rechtskritik häufig darauf reduziert, dass im Endeffekt nichts wesentlich Anderes vorgeschlagen wird als das, was im Recht »sowieso schon tagtäglich passiert – nur ein wenig exzessiver.«[305]

Das muss wiederum nicht heißen, dass der klassisch-rechtstheoretische Diskurs, wie er insbesondere an juristischen Fakultäten gelehrt wird, nicht doch einiges von den radikaldemokratischen Theorieangeboten zu lernen hätte. Das betrifft nicht nur die interdisziplinäre Hinwendung zu einer »unreinen Rechtslehre«[306] und dem damit einhergehenden Bekenntnis, dass das Recht zwar von der Politik unterschieden, aber im weitesten Sinne eben doch *politisch* ist – und darin immer auch eine Verwiesenheit auf eine ästhetische, alteritätsethische und messianische Dimension nachvollzogen werden kann. Als besonders instruktiv offenbart sich dabei die Genealogie des radikaldemokratischen Ansatzes zur romantischen und dekonstruktivistischen Literaturtheorie. Wenn man das Recht nämlich in diesem Sinne als Literatur begreift, lassen

304 Ernst Wolfgang Böckenförde, »Die Entstehung des Staates als Vorgang der Säkularisation«, in: ders. (Hrsg.), *Staat, Gesellschaft, Freiheit. Studien zur Staatstheorie und zum Verfassungsrecht,* Frankfurt am Main: Suhrkamp 1976, S. 42 ff. (60). Ähnlich dann auch BVerfG, NJW 2001, 2069 (2070): »Die Bürger sind rechtlich nicht gehalten, die Wertsetzungen der Verfassung persönlich zu teilen.« Dass sich das Recht entgegen diesen Bekundungen um diese Voraussetzungen und Wertsetzungen auch aktiv bemüht, zeigt sich etwa am Vorhandensein des Rundfunk- oder auch des Schulrechts.

305 Christian Kalthöner, *Die Gewalt des Rechts*, S. 172 (in Bezug auf den Dekonstruktivismus).

306 So auch die Forderung von Marietta Auer, *Zum Erkenntnisziel der Rechtstheorie. Philosophische Grundlagen multidisziplinärer Rechtswissenschaft.* Baden-Baden: Nomos Verlagsgesellschaft, S. 27 ff.

sich auch Empfehlungen ableiten, welche über eine bloße Beschreibung in ironischer Distanz hinausgehen und auf das hinausweisen, was man mit Rudolf Wiethölter eine »politische Rechtstheorie«[307] nennen könnte.

Die Politisierung des Rechts und seiner Theorie ist insofern gleichbedeutend mit der Anerkennung, dass die Leseordnung des Rechts keine Autoritäten kennen darf, sofern sie demokratisch im denkbar radikalsten Sinne sein möchte. Zwischen den Autorinnen und Adressatinnen des Rechts klafft eine symbolische Lücke, welche das moderne Dispositiv des Rechts in eine permanente Unruhe stürzt und ihm auf ewig verwehrt, mit sich selbst in eine Beziehung der Identität, der Einheit, der Kontinuität oder eben des Konsenses, der Harmonie und der Einstimmigkeit einzutreten. In der Theorie wie auch der Praxis ist diese Entgründung dann immer auch eine Verkörperung, welche das Scheitern seiner Repräsentation reflexiv werden lässt: als eine Signifikantenkette, die ein Signifikat für unerreichbar erklärt; als ein Bild, welches die Leere zu visualisieren versteht; als ein Werk, das die »Entwerkung« zu vollenden sucht; und als ein Gesetz, das mit dem Recht nicht identisch ist. Das bedeutet so viel, dass die »Grundlosigkeit der Demokratie« und ein davon ausgehendes juristisches Selbstverständnis »in einen narrativen und imaginären Rahmen eingebettet werden«, welcher »den Individuen über ihre divergierenden Ansichten und Interessen hinaus eine gemeinsame Welt erschließt und sie an die neuen demokratischen Verkehrsformen bindet.«[308] Damit soll keine neue Erzählung vom Recht geschaffen werden, sondern vielmehr einer radikalen Negativität Rechnung getragen werden, welche unweigerlich bedingt, dass keine von ihnen jemals hinreichend sein kann.

Das alles bedarf aber weniger einer weiteren neuen Theorie im akademischen Diskurs, und sei diese auch noch so ausgefeilt, sondern vielmehr einer sozialen Praxis, in der das Politische auch im Recht immer wieder erneut zur Kontestation führt – sei's nun vor Gericht, im Parlament oder auf der Straße. Die theoretische Reflexion kann diesbezüglich nicht mehr von sich verlangen, als einen solchen Prozess zu begleiten und auf die Bedingungen seiner Möglichkeit hinzuweisen; bspw. darauf, dass ein Gesetz zwar nur einmal geschrieben, aber wieder und wieder gelesen muss, damit das Mehr und Andere seiner instituierten Bedeutung stetig eingefordert werden kann. Ein solche Praxis ist deshalb demokratisch, weil sie das Lesen nicht nur eines Gedichtes, sondern auch des Gesetzes als generativen, aber auch inneren und von sinnlichen Affektionen

307 Vom Gegenteil dessen, also der »Nicht-Politisierung« spricht Rudolf Wiethölter deshalb zurecht auch als eine »Monarchie ohne Monarchen, aber mit einem ›heimlichen Kaiser‹ [...], eben dem Recht selbst (genauer sogar: der Justiz).« Ders., »Recht und Politik«, in: *Zeitschrift für Rechtspolitik 1969 (Band 2 H. 7)*, S. 155 ff. (158).

308 Thomas Vesting, *Die Medien des Rechts: Buchdruck*, S. 181 f.

getriebenen Vorgang versteht, der die bloße Äußerlichkeit des Buchstabens immer wieder überschreitet und aktualisiert.

Und eben darin ereignet sich ein singuläres Ereignis des Politischen *im* Recht, welches weder einzig auf die Elemente seiner Außen- noch die seiner Innenseite zurückzuführen ist. Doch auch, wenn es auf keine abschließende Form zurückgeführt werden kann, bedeutet es dennoch nicht *nichts* und vielmehr *etwas*. Das Recht tritt mit der von Kontingenz und Pluralität geprägten Leseerfahrung des Gesetzes und den daraus resultierenden, mannigfaltigen und mitunter inkommensurablen Deutungsperspektiven in eine offene Vermittlung mit dem Politischen, welche die rechtliche Normativität ins Schwingen bringt. Abgesehen von dem abstrakten Nachvollzug dieses iterativen Prozesses vermag die Rechtstheorie eine konkrete Unterbrechung – namentlich etwa der juristischen Dogmatik und dem von ihr angeleiteten Umgang mit Normen, Prinzipien und Präjudizen – aber weder herbeizuführen noch zu erwarten; ja, sie kann es nicht einmal wirklich erhoffen, ohne die gefährliche Schwelle zum Werk, zum Mythos und letztendlich zur Politik zu überschreiten. Sie kann lediglich die radikale Negativität selbst zum letzten Grund des Rechts erklären und sich selbst wie auch ihren Gegenstand auf dessen grundlosem Grund erkennen. Als ein ausgesprochen dünnes Furnier bietet dieser aber nur wenigen bis keinen metaphysischen Halt, weswegen es behutsam und pfleglich mit ihm umzugehen gilt.

III. Die rechtliche Differenz

1. Jurisgenesis und Jurispathos

Reduziert man den radikaldemokratischen Theoriebaukasten auf die beiden Komponenten einerseits des Postfundamentalismus und andererseits der Emphase des Politischen, wie ich es vorschlage, dann könnte ihr Motto lauten: Wo *nichts* mehr sicher ist, erscheint *alles* möglich. Dieses Motto gilt neben einer abstrakten Empfehlung für eine demokratische Praxis allen voran auch für die Theoriebildung selbst; und zwar dergestalt, dass erst die Emanzipation von Letztbegründungen die vom monarchischen Schleier getrübte Sicht einer noch immer souveränitätsfixierten Politikwissenschaft oder eben Jurisprudenz auf die instituierende Macht des Politischen klärt. Die ins kulturelle Gedächtnis der westlichen Demokratien fest eingebrannte Erinnerung an die Enthauptung des Königs und das performative In-Erscheinung-Treten des Nationalvolks bilden mit der Französischen Revolution das historische Vorbild für eine solche Reflexion. Danach zeigt sich die instituierende Macht des Politischen dadurch, dass die Pluralität und Kontingenz der Politik im Sinne einer Institution oder Form lediglich im singulären Ereignis ihrer Unterbrechung, Exposition und Überschreitung erfahren werden.

Für eine radikaldemokratische Rechtstheorie bedeutet dieses Zugleich von radikaler Negativität und Potenzialität, dass das Recht nach seiner Entgründung, und die bisherigen Überlegungen haben versucht ein diesbezügliches Angebot zu formulieren, weiter nach seinem schöpferischen Potenzial zu befragen ist. Oder zumindest stellt diese Aufgabe sich dann, wenn das Recht nicht mehr auf einen spezifischen Modus von Sprache und Zeit – vornehmlich: dessen vermeintliche Stillstellung in der gerichtlichen Entscheidung – reduziert werden soll. Ist das monarchische Gespenst nämlich erst einmal aus der Rechtstheorie exorziert, kann diese sich ganz dem Imaginären eines kopflosen Gesetzeskorpus verschreiben, dessen rechtliche Bedeutungen sich im setzenden und fortsetzenden, aber eben auch entsetzenden Akt der Gesetzeslektüre immer wieder aufs Neue formieren. Was jedoch anhand des romantischen bis dekonstruktivistischen Verständnisses *der Literatur* bisher noch recht unspezifisch als Kulturtechnik des Lesens und einer daraus resultierenden Differenz zwischen Gesetzestext und rechtlicher Bedeutung umrissen wurde, soll in diesem letzten Absatz noch einmal aufgegriffen und als *politische Differenz des Rechts*, oder besser gesagt: als *rechtliche Differenz* spezifiziert werden.

Die Rechtsfindung ist danach zugleich als ein hyperreferenzielles Projekt der Rechts*er*findung und damit als radikaldemokratische Einfallstor für das Andere und Mehr an rechtlichen Bedeutungen zu begreifen. Damit ist bereits die nähere Beschreibung eines wechselseitigen Bedingungszusammenhangs zwischen Recht und dem Politischen angesprochen, der einerseits den bürokratischen Charakter der diversen rechtsstaatlichen Institutionen, der Rechtsform und der juristischen Dogmatik sowie der dadurch eingeübten Regeln, Verfahren und Prinzipien sowie andererseits deren mögliche Überschreitung durch die kontinuierliche Bewegung des Politischen umfasst. Wer hingegen die politische Differenz blind auf das Recht anwendet und dieses zum Zwecke seiner radikalen bis radikaldemokratischen Kritik als Form, Institution und einen festgesetzten Bedeutungszusammenhang begreift, der gegen eine sich stets im Fluss des Symbolischen befindliche soziale Praxis ausgespielt wird, verkennt gerade den wesentlichen Umstand, dass es sich beim Recht um kein *Entweder-Oder* von Stillstand und Bewegung, sondern immer um ein *Sowohl-als-Auch* handelt.

Zwischen dem Recht und dem Politischen handelt es sich weder um eine Beziehung der Inkommensurabilität noch um eine der gänzlichen Ununterscheidbarkeit. Vielmehr ließe sich wieder von einer »Verflechtung« singulärer Relationen sprechen, welche das Recht und seine instituierende Macht in diversen Verknüpfungen und Knotenpunkten miteinander koinzidieren lassen. Zusammen bilden sie ein diffuses Gewebe oder Gespinst, das man mit Gilles Deleuze und Félix Guattari auch als »Rhizom« beschreiben könnte, weil es weder ein Muster zu erkennen gibt noch die einzelnen Elemente isoliert zu betrachten erlaubt.[309] Das unterirdische Wurzeltreiben wäre danach gleichwohl essenziell für das Wachsen und Wuchern an der sichtbaren Oberfläche. Die rechtstheoretische Pointe der vielverwendeten Metapher aus der Botanik würde sich nun darin erkennen lassen, dass die *Begründung* und auch die einzelnen *Gründe* des Rechts gerade auf dieser »Verflechtung« oder auch einem *Untergrund* aufruhen, ohne den die rechtlichen Institutionen austrocknen, absterben sowie früher oder später in sich zusammenbrechen würden. Diesen Untergrund sowie die lebensspendende und doch meist implizit bleibende Infrastruktur schlage ich vor, als instituierende Macht oder wahlweise eben als das Politische des Rechts zu beschreiben.

Insbesondere dem klassischen Rechtspositivismus in der Dichotomie von Sein und Sollen und einer daraus resultierenden tautologischen Rechtsbegründung – im Sinne von: Recht entsteht *ad infinitum* aus Recht und noch mehr Recht – wäre mit einem solchen Zugang eine

309 Ino Augsberg, »Das Gespinst des Rechts. Zur Relevanz von Netzwerkmodellen im juristischen Diskurs«, in: *Rechtstheorie 2007 (Bd. 38 H. 4)*, S. 479 ff. (490 f.). Zum Begriff des »Rhizoms« vgl. nur Gilles Deleuze/Félix Guattari, *Tausend Plateaus*, Berlin: Merve Verlag 2007, S. 11 ff. (16).

klare Absage erteilt.[310] Das Recht beruht, radikaldemokratisch reformuliert, vielmehr auf einer unvordenklichen Instituierung durch eine im Verborgenen bleibende Macht, die sich dem Zugriff von seiner symbolischen Oberfläche aus irreduzibel entzieht. Die ominöse Rede vom Gewebe, dem Untergrund oder einer Infrastruktur geht parallel zum Begriff des Politischen freilich mit einer semantischen Entdifferenzierung einher. Sie ergibt im Hinblick auf das mit theoretischen Mitteln zu unterstützende Projekt einer radikalen Demokratisierung *aller* gesellschaftlichen Teilbereiche nur dann Sinn, wenn es ausschließlich die Seite der instituierenden Macht betrifft – und nicht die bereichsspezifische Analyse dessen, was von ihr heimgesucht wird. Um die Differenzierungsgewinne des in der Moderne positivierten und somit vom Königskörper exkarnierten Rechts also nicht aufzugeben, dieses aber trotzdem gegenüber einem radikaldemokratischen Potenzial zu öffnen, bedarf es demnach einer weiteren Unterscheidung: Und zwar der zwischen einer allgemeineren Kategorie einer instituierenden Macht und einer speziell das Recht *konstituierenden Macht*. Man könnte auch von »*dem Rechtlichen*« sprechen, weil sich das Politische darin ausschließlich auf seine spezifischen Effekte innerhalb des Rechts beziehen soll.[311] Damit wäre bereits terminologisch berücksichtigt, dass nicht alles, was politisch ist, auch zu Recht wird – aber das umgekehrt alles, was Recht ist, zugleich politisch ist (wenn auch nicht nur).

Doch wie ließe sich »das Rechtliche« weiter definieren? Zuallererst wäre diesbezüglich, wie schon beim Politischen, an eine negative Abgrenzung zu denken: Wenn nämlich die instituierende Macht des Politischen in gewisser Weise alles sein kann, was die instituierte Politik nicht ist, dann muss das spiegelbildlich für die konstituierende Macht gelten. »Das Rechtliche« kann alles umfassen, außer eben das konstituierte Recht. Man könnte deshalb sagen, dass es das »Andere« oder auch das »Fremde« des Rechts in der spezifischen Bedeutung ist, die Bernhard Waldenfels diesen Begriffen gegeben hat: Also nicht sein »absolut« oder auch »ganz« Anderes und Fremdes, das man sich gar nicht vorstellen könnte; sondern eben dessen »radikale Form« und somit eine Negativität, die im Selbst oder Eigenen eben dadurch aufscheint, dass es sich dessen Zugriff irreduzibel entzieht.[312] Was das Recht unterbricht und immer

310 Bekanntlich ist die Grundnorm für Hans Kelsen auch nur eine »Hypothese« oder eben »Fiktion« und resultiert aus einer logischen Notwendigkeit zur Geltungsbegründung. Ders., *Reine Rechtslehre*, S. 7, 85.

311 Auf das Verständnis von Thomas Vesting, von dem ich diesen Begriff übernehme, komme ich zum Ende dieses Absatzes noch ausführlich zu sprechen. Vgl. an dieser Stelle nur ders., *Gentleman, Manager, Homo Digitalis*, S. 34.

312 Insofern definiert sich das Radikale dadurch, dass es »nicht auf anderes zurückgeführt oder von anderem hergeleitet werden kann. [...] Anders gesprochen, [...] es ist konstitutiv, der ›Sache selbst‹ innewohnend und an die

wieder aufs Neue instituiert, weil es sich zu dem Politischen verhalten muss, bleibt ihm eben unweigerlich anders und fremd.

Deshalb lässt es sich auch weniger in einem imaginären Fundament der rechtlichen Institutionen als in seinen immer wieder spontan aufklaffenden Brüchen, Rissen und Sprüngen, aber auch Spaltungen und Teilungen nachvollziehen. Durch diese steigt immer wieder etwas empor, das die bisherigen Abläufe irritiert, für das es weder ein Protokoll noch vorherige Erfahrungswerte gibt und auf das man lediglich notdürftig mit einem Sondieren der Lage sowie einer anschließenden Improvisation oder dem Transfer von Lösungsansätzen zu reagieren imstande ist – vorausgesetzt, dass man überhaupt zu reagieren imstande ist. Gleichsam liegt in einer dadurch begründeten Unruhe der symbolischen Ordnung das Lebenselixier einer »dynamischen Stabilisierung« als ein Signum nicht nur des modernen Rechts, sondern der Moderne insgesamt, welche unter anderem auf eine »politische Aktivierung und, damit verknüpft, auf beständige Innovationsleistungen« angewiesen ist, um ihren *Status quo* paradoxerweise durch permanente Veränderung zu erhalten.[313]

»Das Rechtliche« rückt damit in eine begriffliche Nachbarschaft zu dem, was im systemtheoretisch inspirierten Duktus von Christoph Menke als »Nichtrecht«[314] oder in der ausdrücklich an Waldenfels anschließenden Rechtsphänomenologie von Hans Lindahl als »A-Legalität«[315] bezeichnet wird. Mit diesen Begriffen wird jeweils ein dritter Wert gegenüber der binären Codierung von Recht und Unrecht markiert. Von

›Wurzeln aller Dinge‹ rührend.« Vgl. Bernhard Waldenfels, *Verfremdung der Moderne*, S. 51 f.

313 Vgl. kritisch dazu, vor allem dem darin angelegten Wachstumsaspekt, nur Hartmut Rosa, *Resonanz. Eine Soziologie der Weltbeziehung*, Berlin: Suhrkamp 2018, S. 517 ff.

314 Systemtheoretisch deshalb, weil der Begriff »reflexiv« gewendet wird, also das »Re-Entry« des Nichtrechts ins Recht beschreibt. Christoph Menke, *Kritik der Rechte*, S. 131 (»Das Nichtrecht ist nicht das Äußere gegenüber dem Recht, sondern, als Äußeres, *im Innern des Rechts wirksam.*«) und passim.

315 Hans Lindahl, *Fault Lines of Globalization*, S. 30 ff., 156 ff. sowie insbes. 152 (»[...] der Gründungsakt einer Rechtsordnung ist das umgekehrte Spiegelbild der A-Legalität, die in ihrer späteren Karriere über eine Rechtsordnung hereinbricht. Spricht die letztere von Handlungen, die die Unterscheidung zwischen Legalität und Illegalität [...] in Frage stellen, so betrifft die erstere die nicht-juristische Entstehung der Unterscheidung selbst.«). Manon Westphal verortet diese »A-Legalität« bei Lindahl sogar in einer Nähe zu radikaldemokratischen Konzeptionen einer agonalen Politik, wie auch etwa Chantal Mouffe sie vertritt. Vgl. dies., *Die Normativität agonaler Politik. Konfliktregulierung und Institutionengestaltung in der pluralistischen Demokratie*, Baden-Baden: Nomos Verlagsgesellschaft 2018, S. 348 ff.

diesem Dritten rührt diese Unterscheidung zwar her; allerdings kann sie ihrerseits keinen Bezug auf dieses Element nehmen, ohne das Innen in seinem Außen aufzulösen – und damit das Recht zu entdifferenzieren. Die juridische Figur eines verallgemeinerten Dritten verweist dann in seiner Unbestimmtheit auf keine aus der Moral abgeleitete Substanz mehr, sondern fungiert als »Platzhalter, als Substitut«.[316] Sie wird in anderen Worten zu einer bloßen Chiffre, welche die verschiedensten Formen und Gestalten anzunehmen und diese Verwandlungsfähigkeit reflexiv in sich rückzubinden vermag, weil sie sich als radikale Negativität des Rechts lediglich darin offenbart, dass sie sich ihm irreduzibel entzieht. Insofern dient der Rekurs auf diese Figuren nicht der Geltungsbegründung des Rechts, sondern als Hinweis auf seine vielzähligen und konstitutiven Verstrickungen mit seiner Umwelt.[317] Und weil diese Umwelt nicht bloß Rauschen ist, sondern zugleich *im* und *als* Recht effektiv wird, sollte sie von der Jurisprudenz nicht einfach ignoriert und an andere Fakultäten delegiert werden. Vielmehr lassen sich diese Verhältnisse mit interdisziplinärer Hilfe weiter ausleuchten, wie etwa dem historischen Materialismus oder der Phänomenologie, aber auch den damit engverschwisterten Kultur-, Literatur- und Medienwissenschaften.

Freilich ist mit negativen Abgrenzungen wie dem »Nichtrecht« und der »A-Legalität« an sich noch herzlich wenig gesagt. Genaugenommen ist damit ja nur gesagt, was »das Rechtliche« *nicht* umfasst. Und vor allem ergibt sich daraus noch nicht, was »das Rechtliche« als das spezifisch Politische *im* Recht eigentlich bedeuten soll, also was es – abgesehen von der wenig aussagekräftigen Unterscheidung, dass es eben *kon*stituierend statt nur *in*stituierend wirkt – vom Politischen unterscheidet. Wenn man die genealogische Verwandtschaft des radikaldemokratischen Begriffs des Politischen mit *der Literatur* anerkennt, und die Spurenlese von Bataille bis zu Rancière diente eben diesem Nachweis, liegt es nahe, die rechtliche Differenz nicht wieder im luftleeren Raum der Abstraktion zu verorten, sondern an den konkreten Körperschaftsbedingungen des Rechts auszurichten.

Und gerade an der interdisziplinären Schnittstelle von *Recht als Literatur* gibt es schon ein spannendes Theorieangebot. Dieses stammt von niemand Geringerem als Robert Cover, einem der maßgeblichen Wegbereiter dieses Ansatzes. Vor allem in seinem Aufsatz *Nomos and Narrative*

316 Bernhard Waldenfels, *Sozialität und Alterität. Modi sozialer Erfahrung*, Berlin: Suhrkamp 2015, S. 193.

317 Insofern handelt es sich nicht lediglich um sporadische Interpenetrationen oder strukturelle Kopplungen, wie noch von Niklas Luhmann beschrieben. Vgl. zu einer an diesem Trennungsaspekt ansetzenden Kritik nur Jürgen Habermas, *Der philosophische Diskurs der Moderne*, S. 437 ff. sowie den Ausblick zum Schluss dieser Arbeit.

weist dieser nämlich darauf hin, dass sich das Recht erst aus einer kulturellen Einbettung in den »Nomos« verstehen lasse, als einer »Welt, in der wir leben« und damit den pluralen und kontingenten Bedeutungszusammenhängen einer symbolischen Ordnung, in der »Narrative« sowohl für die Wahrnehmung als auch Erfahrung von Recht sinnstiftendend wirken.[318] Der Schlüssel zum Verständnis »normativen Verhaltens« liege, so schreibt Cover, »im gemeinschaftlichen Charakter der Erzählungen begründet, die ihren Kontext liefern« und der rechtstheoretischen Entzifferung eines meist implizit bleibenden Codes des praktischen Registers somit ein »Lexikon normativen Handelns« zur Verfügung stellen.[319]

Am Recht partizipiere deshalb nicht bloß das juristisch geschulte Fachpersonal in Gerichten, Behörden, Universitäten und Rechtsabteilungen, sondern *alle* Mitglieder einer vom Recht angerufenen und das Recht anrufenden Gesellschaft. Das geschehe etwa, wenn der Gründungsmythos der Verfassung als rituelles Mantra zur Versicherung des eigenen Selbstverständnisses wiederholt zu Feiertagen inszeniert werde oder wenn die nichteingelösten Versprechen einer demokratischen Freiheit, Gleichheit und Wechselseitigkeit im Protest auf der Straße aktiv eingefordert würden. Es geschehe aber auch dann, wenn die traditionellen Narrative vom Recht umgeschrieben würden und man den rechtlichen Institutionen eine neue politische Vision entgegensetze. Durch jedes Verhalten, das sich also in irgendeiner Art und Weise am Recht orientiert, und sei es im politischen Protest oder zivilen Ungehorsam, werde an den Narrativen und damit einer formativen Infrastruktur gefeilt, von der die rechtliche Normativität ebenso wenig getrennt werden kann wie von ihrem operationalen Vollzug.[320]

Andeutungen auf einen ganz ähnlichen Ansatz, wenn auch fernab einer dezidiert rechtstheoretischen Implementierung, finden sich ebenfalls in der radikalen Demokratietheorie bei Cornelius Castoriadis. Am Beispiel der »Gesellschaft von Athen« illustriert dieser, dass eine Referenz wie diese zunächst auf »nichts anderes als die Athener« selbst zurückgeführt werden könnte.[321] Damit würde aber auf mehr als einen *Ethnos*

318 Robert Cover, »The Supreme Court, 1982 Term«, S. 4 ff. (27): »Keine rechtlichen Institutionen oder Vorschriften existieren ohne die Erzählungen, die sie verorten und ihnen Bedeutung verleihen. Für jede Verfassung gibt es ein Epos, für jeden Dekalog eine heilige Schrift. Wenn man es im Kontext der Erzählungen versteht, die ihm einen Sinn geben, wird das Recht nicht nur zu einem System von Regeln, die befolgt werden müssen, sondern zu einer Welt, in der wir leben.«

319 Ebd., S. 10, 9.

320 Vgl. zum instruktiven Beispiel des »zivilen Ungehorsams« als Verfassungsinterpretation Samira Akbarian, *Ziviler Ungehorsam als Verfassungsinterpretation*, Tübingen: Mohr Siebeck 2023, S. 8 f., 167 ff. und passim.

321 Cornelius Castoriadis, »Macht, Politik, Autonomie«, S. 135 ff. (136).

und auch mehr als einen *Demos* hingedeutet, weil die konstitutive Eigenschaft dafür, ein solcher »Athener« zu sein, wiederum »nur [...] durch den *nomos* der *polis*« erklärt werden könne.[322] Ohne den für diese Subjektivität sinnstiftenden Bezug der Athener auf einen »*nomos* der *polis*« könne es nämlich, so die unverkennbare Botschaft dahinter, gar keine Erinnerung an die »Gesellschaft von Athen« geben – und stattdessen nur »die Überreste einer von Menschenhand geformten Landschaft, Marmortrümmer und Tonscherben, unentzifferbare Inschriften und hier und dort aus dem Mittelmeer gefischte Statuen.«[323] Mit Bezug auf die Rechtstheorie würde eine Abwandlung dessen lauten: Ohne einen gemeinsamen Bezugspunkt des Nomos, ob nun mit kleinem »n« bei Castoriadis oder großem »N« bei Cover, gäbe es auch kein attisches Recht, sondern nur herumliegende Grenzsteine, Bronze-Plaketten und verschiedene Inschriften, die weder auf die *Agora* noch ein dort abgehaltenes Gericht wie die *Heliaia* hingewiesen hätten, weil sie keine bedeutungstragenden Devotionalien mehr wären, sondern eben nur insignifikante und unsignifizierte Dinge.

Im Ergebnis entspricht der Begriff des *Nomos* bei Cover deshalb in etwa dem, was ich im Anschluss an Castoriadis als das Imaginäre zu bezeichnen vorschlage.[324] Er bezieht sich darauf, dass neben Geschichte und Literatur auch die Bedeutungen des Rechts, »selbst wenn sie in einem Rechtstext verkörpert sind, ihren Ursprung und ihr Ende in der Erfahrung haben, in den Erzählungen, welche die Trajektorien sind, die unsere Vorstellungskraft auf die materielle Wirklichkeit zeichnet.«[325] Dass Castoriadis auf den sinnstiftenden Bezug des imaginären Selbstverständnisses der griechischen Polis abstellt und sich damit auf den politischen Gründungsmythos schlechthin bezieht, passt durchaus zur hiesigen Suche nach dem spezifisch Rechtlichen, also dem Politischen *im* Recht, weil damit zugleich gesagt ist, dass neben der formativen Bezugnahme auf die Narrative des Rechts eben auch die normative Bezugnahme auf sein Gesetz niemals fernab einer instituierten Ordnung stattfindet, sondern immer schon inmitten dieser situiert ist.

Und wenn die Rechtssubjekte sich nun in der einen oder anderen Weise auf das Recht beziehen, wobei Cover weniger einzelne Individuen denn

322 Ebd.

323 Ebd.

324 Vgl. zur Ähnlichkeit der Begriffe ferner Cornelius Castoriadis, *Die Gesellschaft als imaginäre Institution*, S. 605: »Die Schöpfung der instituierenden Gesellschaft [...] ist jeweils die Schaffung einer gemeinsamen Welt (*kosmos koinos*): Setzung von Individuen, von deren Typen, Beziehungen und Tätigkeiten; aber auch Setzung von Dingen, von deren Typen, Beziehungen und Bedeutungen. [...] Die Art und Weise, in der alles Sinn hat, und die Frage, welchen Sinn es hat, hängt jeweils vom imaginären Bedeutungskern der betreffenden Gesellschaft ab.«

325 Robert Cover, »The Supreme Court, 1982 Term«, S. 4 ff. (5).

ganze »Interpretationsgemeinschaften«[326] vor Augen hat, meinen sie nicht *irgendeinen* rechtlichen Text und *irgendeinen* lebensweltlichen Kontext. Sie fordern neue Rechte oder eine idiosynkratische Lesart des Gesetzes immer vor einem geteilten symbolischen Hintergrund ein. Die Pluralität und Kontingenz dessen, was im Einzelnen für Recht gehalten wird, ändert nichts an der Notwendigkeit, dass man sich auch in Differenz zueinander auf *ein* Gesetz und *eine* symbolische Ordnung bezieht. Covers analytische Einbettung des Rechts in die symbolische Ordnung erinnert somit, wie in diesem Zusammenhang auch Andreas Engelmann betont, neben der »Offenheit« vor allem an die »Politizität« des Rechts.[327] Die Arbeit am Gesetz scheint bei Cover deshalb nicht »apolitisch« zu sein, weil die singulären Bezugnahmen weder »ohne *polis*, das heißt ohne geteilte Sinnwelt« noch als ein »Ort des einheitlichen Sinns« stattfinden, sondern vielmehr einen »Ort des gemeinsamen Bezugs und der Auseinandersetzung« ausweisen.[328] Was auch immer geschieht, ob also dem geltenden Recht eine Zustimmung erteilt oder eine Ablehnung erteilt wird: Die infrage stehende Bedeutung einer Norm wird in beiden Alternativen gleichermaßen präsupponiert, wenn auch als jeweils andere.

Wer sich danach auf das Recht bezieht, befindet sich gemäß der Leitunterscheidung von Chantal Mouffe deshalb immer schon in einer »agonalen« und eben keiner »agonistischen« Verhandlungsdisposition, weil die rechtlichen Bedeutungen, über die sich bekanntlich streiten lässt, erst einmal vorausgesetzt werden müssen, damit man über sie streiten kann.[329] Um aber auch an dieser Stelle keine Missverständnisse

326 Ebd., S. 26.

327 Andreas Engelmann, *Rechtsgeltung als institutionelles Projekt*, S. 167 f.

328 Ebd.

329 Ein ähnliches Argument macht auch Klaus Günther, wenn er der Behauptung eines »Antagonismus pluraler normativer Ordnungen« dergestalt widerspricht, dass auch diese sich »zumindest auf ein Minimum von gemeinsam geteilten, wenn auch zumeist impliziten Prinzipien verständigen können« müsse und insofern ein »gemeinsamer sozialer [...] und symbolischer Raum« die Möglichkeitsbedingung auch »des Streits, des Dissenses, des Konflikts über normative Ordnungen« darstelle. Ders., »Normativer Rechtspluralismus – Eine Kritik«, in: *Normative Orders Working Paper 2014 (H. 3)*, S. 1 ff. (11 f.). Inwieweit dadurch aber sogleich auf die »praktische Vernunft« (ebd., S. 16 f.) rückgeschlossen werden kann, erscheint mir dann als eine weitergehende Frage, deren Beantwortung im Ergebnis für die Demokratie einen wohl eher zu vernachlässigenden Unterschied macht. Mir scheint vielmehr, dass die vermeintliche Konsensorientierung der Diskursethik lediglich die etwas optimistischere Rückseite der ein- und derselben Medaille akzentuiert. Immerhin erklärt auch Chantal Mouffe die »Umwandlung des Antagonismus in Agonismus« zur »Hauptaufgabe« der Demokratie. Dies., *Über das Politische*, S. 30.

aufkommen zu lassen: Auch dann erscheinen Konsens und Dissens lediglich als die möglichen Effekte einer demokratischen Schriftkultur und nicht als ihre ontologische Voraussetzung. Denn nur in einem Dispositiv des modernen Rechts, in dem Gott, der König und der Autor bereits tot sind und die rechtliche Normativität gerade nicht mehr herrschaftlich fixiert werden kann, kann es als unbestritten gelten, dass um das Recht gestritten wird. Nur dann ist »das Rechtliche« nicht mit dem konstituierten Recht, etwa mit der Verwaltung, der Rechtsprechung und der Wissenschaft identisch, sondern setzt in seiner Differenz zu sich selbst die unendliche Exposition gegenüber dem Anderen und Mehr an Bedeutung voraus. Nicht mehr wird das Recht von »Voraus-Setzungen« abhängig gemacht, die es abschließend begründen, sondern von »Vor-Aussetzungen«, welche diese Begründung als unzureichend demaskieren.[330]

Und auch bei Cover liegt eine solche Analogie zwischen Gesetzesauslegung und literarischer Lektüre auf der Hand.[331] Etwa, wenn er die singulären, aber eben in der Summe unzähligen Bezugnahmen auf das Gesetz als, »kreativen Prozess« und eine schier unendliche »Erzeugung von rechtlicher Bedeutung« beschreibt.[332] Er spricht synonym, und damit ist zugleich eine erste sinnfällige Umschreibung für den Begriff des Rechtlichen gefunden, auch von einem »*jurisgenerativen* Prozess« oder im Substantiv von der »*Jurisgenesis*« als einer schöpferischen Imagination von radikal neuen, anderen und bisher unbekannten Bedeutungen, die sich retrospektiv als konstituierende Macht offenbaren, nachdem sie zu Recht geworden sind.[333] An anderer Stelle betont Cover, dass diese »generative Fähigkeit« sich aber nicht nur allein darauf beziehe, dass aus dem Recht neues Recht erzeugt wird, »sondern auch mit der Erzeugung neuer Konzepte der Welten verbunden – wenn nicht sogar davon determiniert – ist, die wir zu verwirklichen versuchen.«[334] Insofern konstituiere der Einfall des Rechtlichen in das Recht »eine Brücke im normativen Raum« und verbinde eine »Welt, die wir haben, mit einer Welt, die wir uns vorstellen können.«[335]

Allerdings wird diese »Jurisgenesis« als schöpferische Freisetzung von Kreativität nicht – wie noch in der Romantik – an die Genialität einer

330 Angelehnt an Ino Augsberg, *Elemente einer Theorie expositiven Rechts*, Weilerswist: Velbrück Wissenschaft 2021, S. 30 f.

331 Vgl. Robert Cover, »The Folkstales of Justice«, in: *Capital University Law Review 1985 (Bd. 197 H. 14)*, S. 179 ff. (182): »Der Anspruch auf ein ›Gesetz‹ ist also auch ein Anspruch auf ein Verständnis einer Literatur [...].«

332 Ders., »The Supreme Court, 1982 Term«, S. 4 ff. (11).

333 Ebd., S. 11 ff. und 25 ff.

334 Ders., »Bringing the Messiah through the Law«, in: *Nomos 30 1988*, S. 201 ff. (202).

335 Ebd., S. 201.

individuellen Künstlerin gebunden, sondern als kollektives Unternehmen gedacht. Kollektiv meint in diesem Sinne freilich weder eine Vereinheitlichung in einem politischen Körper noch eine Pluralität im korporativen Zusammenhang, sondern eine radikale Kollision diverser Bedeutungswelten und daraus resultierender Lesarten des Gesetzes, »von denen« – und das scheint mir die wesentliche Pointe seines rechtspluralistischen Ansatzes – »jede unabhängig vertretbar oder sogar ›richtig‹ ist.«[336] Weil nämlich sowohl zwischen den miteinander konkurrierenden Narrativen als auch den teilweise inkommensurablen Lesarten des Gesetzes keine Hierarchie bestehe, könne damit weder eine juristische Fachkompetenz noch das mit staatlichen Würden beliehene Amt einer Lektüre den Vorrang vor einer anderen verleihen.[337] In jeder »Interpretationsgemeinschaft« seien Narrative sowie insgesamt ein Bedeutungsrahmen anzunehmen, welcher eine spezifische Lesart mit jeweils internen Anforderungen wie Konsistenz und Plausibilität ausstatte und damit eine Plausibilität für sich zu beanspruchen erlaube.

Zuletzt aufgegriffen wurde der Begriff der »Jurisgenesis« von Seyla Benhabib, zumal sie diesen dekonstruktivistisch legiert und schließlich zur »demokratischen Iteration« umgeschrieben hat.[338] Darunter fasst sie solche »Debatten, in denen überkommene Normen, Begriffe und Rechtsauffassungen kritisiert und verteidigt, zitiert und variiert werden« könnten.[339] Speziell im Recht sieht sie damit einen »Raum der Interpretation und Intervention« eröffnet, »der zwischen übergreifenden Normen und dem Willen demokratischer Mehrheiten vermittelt.«[340] Dass Benhabib trotz dieser radikalen Stichwortgeber aber nicht bereit ist, so weit wie eben Derrida oder auch Cover zu gehen, zeigt sich schon in diesem Zitat daran, dass sie ausdrücklich an »Mehrheiten« anschließt und diese auch lediglich unter den »bestimmten Umständen« einer öffentlichen »Argumentation, Diskussion, Revision und Reform« dazu befugt sieht,

336 Ders., »The Supreme Court, 1982 Term«, S. 4 ff. (17 Fn. 45).

337 Ebd., S. 28 (»[I]m Bereich der verfassungsrechtlichen Bedeutung nimmt das Verständnis der Mennoniten einen gleichen (oder höheren) Status ein wie das Verständnis der Richter des Obersten Gerichtshofs. In diesem Bereich der Bedeutung [...] schafft die mennonitische Gemeinschaft das Recht ebenso umfassend wie der Richter.«).

338 Seyla Benhabib, *Die Rechte der Anderen. Ausländer, Migranten, Bürger*, 2017, S. 30 f., 175 ff. sowie dies., *Kosmopolitismus ohne Illusionen. Menschenrechte in unruhigen Zeiten*, Berlin: Suhrkamp 2016, S. 191 ff. (212 ff.).

339 Dies., Berlin: Suhrkamp Rechte der Anderen, S. 176. Von »Interpretationsgemeinschaften« ist gar nicht erst die Rede, sondern lediglich von »Kommunikationsgemeinschaften« – wobei mit diesem in der Diskursethik normativ aufgeladenen Begriff wieder ein vorgeformtes Subjekt eingeführt wird. Dies., *Kosmopolitismus ohne Illusionen*, S. 191 ff. (213).

340 Dies., *Die Rechte der Anderen*, S. 176.

immer wieder neue Rechte einzufordern.[341] Das heißt freilich umgekehrt, dass eine »demokratische Iteration« nach Benhabib dann nicht vorliegen würde, wenn diese sich nicht an diese apriorischen Maßgaben des liberalen Rechtsstaates und der praktischen Vernunft zu halten vermöge. Für Cover hingegen kann es aufgrund der Dissemination von rechtlichen Bedeutungen in die verschiedenen »Interpretationsgemeinschaften« – oder, wie er in Anlehnung an George Steiner schreibt: »nach Babel« – aber gerade keinen archimedischen Punkt der wahren Rechtserkenntnis und auch allgemeinen Dritten mehr geben, welcher eine entsprechend richtige Rechtsentscheidung validieren könnte.[342]

Das führt ihn daraufhin jedoch zu einem »Problem« für die Rechtsanwendung, nämlich das »von *zu viel Recht*.«[343] Mit der Bewältigung dessen sieht er insbesondere die Judikative beschäftigt. Das überzeugt zunächst, denn immerhin hat diese auch maßgeblich die Stabilisierung von normativen Verhaltenserwartungen zu verantworten und muss zumindest die Fiktion des Als-ob der Vorhersehbarkeit und Nachvollziehbarkeit ihrer Entscheidungsfindung aufrechterhalten. Ihr tägliches Geschäft besteht schließlich darin, sich im konkreten Fall auf *eine* verbindliche Bedeutung festzulegen und alle anderen Lektüreangebote auszuschlagen. Worin sich die Gerichte darin von anderen »Interpretationsgemeinschaften« unterscheiden, das begründet Cover lediglich mit ihrer Zwangsbefugnis; also damit, dass sie das staatliche Gewaltmonopol und damit den polizeilichen Rechtsvollzug – sozusagen als schlagendes Argument – auf ihrer Seite wissen. Insofern findet das »jurisgenerative« Prinzip und damit die informelle Proliferation der rechtlichen Bedeutungen ihren institutionellen Antipoden in den staatlichen Gerichten, weil diese eine jede demokratische Iteration in den »Schatten von Zwang« stellen.[344] Nicht zuletzt erklärt Cover deshalb: »Richter sind Gewalttäter. Aufgrund der Gewalt, die sie ausüben, schaffen Richter typischerweise kein Recht, sondern töten es. Ihr Amt ist das des *Jurispathischen*.«[345] Und gerade mit dieser Beschreibung einer im Recht ebenfalls wirksamen Reduktion von Bedeutungen, dem *»Jurispathos«*, schafft Cover nun einen Oppositionsbegriff zur »Jurisgenesis« – und komplettiert mit dieser konstituierten Seite des Rechts dann auch die radikaldemokratische Suche nach vorhandenen Begriffsangeboten für die rechtliche Differenz.

Auf den ersten Blick vermag diese Analyse einer solch konservativen, bedeutungserhaltenden Seite des Rechts durchaus bestechen. Man denke nur einmal an die einleitende Formulierung im deutschen Urteilstenor,

341 Ebd.
342 Robert Cover, »The Supreme Court, 1982 Term«, S. 4 ff (9, 17 Fn. 45).
343 Ebd., S. 41 (Herv. M.E.).
344 Ebd., S. 40.
345 Ebd., S. 53. (Herv. M.E.).

wonach ein Gericht etwas »für Recht erkennt« und damit gerade nicht zugibt, dieses immer auch performativ hervorzubringen. Ganz ähnlich weist auch Stanley Fish darauf hin, dass sich das Recht gegenüber der Gesetzeslektüre und einer potenziell damit einhergehenden Enthüllung des Scheins der Eindeutigkeit vor allem durch seine »Formalisierung« zu retten versuche und in »seiner Absonderung« das hermeneutische Kredo verfolge, dass »die Komponenten seiner autonomen Existenz sich von selbst verstehen und nicht der Unterstützung durch einen ergänzenden Diskurs bedürfen.«[346] Die Erklärung dafür liegt sicherlich auch darin, dass die Institutionen ihre Festlegung auf normative Bedeutungen nicht als selektiv oder gar als kontingent offenbaren können, ohne damit Legitimitätseinbußen oder auch ein nachlassendes Vertrauen in das Recht in Kauf nehmen zu müssen. Was würde eine Angeklagte auch denken, wenn ihr die Richterin mit dem Urteil zugleich verkünden würde, dass sie das Gesetz – etwa mit einem leckeren Mittagessen im Magen oder bei weniger schlechtem Wetter – auch anders hätte auslegen können? Man kann davon ausgehen, dass ein solches Eingeständnis der relativen Bindungskraft von juristischer Dogmatik, Präjudizen, Fachliteratur und Methodenlehre einer sachgemäßen Erfüllung der bereits angesprochenen Rechtsfunktion zuwiderlaufen würde.

Dass ein solcher Aspekt nicht unterschätzt werden sollte, ist vor allem von Niklas Luhmann immer wieder betont worden: Ohne ein gewisses Maß an Redundanz könne nämlich nicht mehr die höchstmögliche Konsistenz der Entscheidungen und somit kein adäquates Maß an rechtsinterner Komplexität – man könnte auch sagen: Rechtserwartungssicherheit – gewahrt werden.[347] Wenn Gerichte versuchen würden, den miteinander divergierenden Umweltanforderungen aller Prozessbeteiligten gerecht zu werden, könnte es schließlich kein operierendes Recht geben, sondern nur rechtliche Paralyse, oder noch schlimmer: Entdifferenzierung. Zwar offenbart sich der »jurispathische« Charakter des konstituierten Rechts in der formalen Stabilisierung von Bedeutungen durch die Reduktion von »zu viel Recht« auf einen für die staatlichen Institutionen noch zu bewältigenden Bedeutungsrahmen; allerdings wird die »Jurisgenesis« dadurch nicht nur *verhindert*, und dieser relevante Aspekt bleibt bei Cover leider unterbelichtet, sondern zugleich *ermöglicht*.

346 Stanley Fish, »Das Recht möchte formal sein«, S. 112 ff. (112). Vgl. ferner dazu: »Interpretation ist der Name für eine Tätigkeit, mit der eine bestimmte moralische Vision ihren hegemonialen Weg in Gebiete bahnt, aus denen sie formal verbannt worden ist.« Ebd., S. 139.

347 Niklas Luhmann, *Das Recht der Gesellschaft*, S. 352 ff. Vgl. dazu auch Gunther Teubner, »Dreiers Luhmann«, in: Robert Alexy (Hrsg.), *Integratives Verstehen, Zur Rechtsphilosophie Ralf Dreiers*. Tübingen: Mohr Siebeck2005, S. 199 ff. (201 f.).

Wie auch die Konstitutionalisierung nämlich in einer lesbaren Verfassung resultiert, lässt sich auch der »jurisgenerative« Prozess daran messen, dass er die »jurispathische« Bedeutungsfixierung transzendiert und die spezifisch rechtliche Erfahrung als eine der irreduziblen Pluralität und Kontingenz auszeichnet. Und das gilt nicht bloß im unmittelbaren Sinne, wenn sich eine neue Lesart des Gesetzes durchsetzt, gerichtlich mit Rechtskraft ausgestattet wird und damit die Schwelle zum »Jurispathos« übertritt. Sondern es gilt auch dann, wenn Narrative, Bilder oder politische Visionen sukzessive in das anfangs benannte Gewebe, den Untergrund oder eben die kulturelle Infrastruktur einsickern, in die das Recht eingebettet ist und aus der seine hypersymbolische Dynamik resultiert. Der »jurisgenerative« Effekt ist somit nichts anderes als ein Beschreibungsangebot für das jede Juristin früher oder später beschleichende Gefühl, wonach das Recht nicht nur *so*, sondern auch ganz *anders* sein könnte. Das »jurispathische« Moment ist in allen denkbaren Konstellationen jedenfalls nicht bloß eine potenzielle Folge, sondern eben auch notwendige Voraussetzung für seine eigene Überschreitung. In den Worten Hans Lindahls ist darin eine »doppelte Asymmetrie« angelegt, weil der irreduzible Vorrang einer instituierenden wie konstituierenden Macht, »an die Retroaktivität der von ihr hervorgerufenen Antworten gekoppelt« bleibt.[348] Schließlich ist eine Revolution ohne bleibende Effekte nichts anderes als deviantes Verhalten. Und eine neue, vielleicht sogar häretische Lesart des Gesetzes ist, wenn sie keinerlei Folgen zeitigt, im günstigsten Fall nur unentzifferbares Rauschen für das Recht – und im ungünstigsten Fall strafbare Rechtsbeugung.

Ob nun das eine oder andere vorliegt, kann freilich nicht allein durch bessere Gründe oder bloße Gewalt sichergestellt werden, sondern wird innerhalb einer sozialen Praxis validiert, welche sich selbst *als Recht* wahrnimmt. Ein Gerichtsprozess lässt sich von einem Theaterstück über einen Gerichtsprozess schließlich vor allem dadurch unterscheiden, dass sich die daran Beteiligten darüber einig sind, dass sie am Recht und nicht am künstlerischen Spiel teilnehmen, also dem operativen Vollzug entsprechende Rollenverständnisse und Erwartungen voraussetzen sowie dort gesammelte Eindrücke und Erfahrungen kognitiv unter diesem Register verbuchen. Nur aufgrund solch impliziter Annahmen kann die widersprüchliche Gesamtheit dessen, was ihre Akteurinnen als Recht wahrnehmen, überhaupt erst beobachtet und, wie ich im Anschluss an Foucault vorschlage, als heterogenes »Dispositiv« zusammengefasst werden. Eben daran lässt sich ansetzen, um »das Rechtliche« – als die »Jurisgenesis« im Sinne Covers – vom Politischen zu unterscheiden, weil das Andere und Mehr an Bedeutung aus der Immanenz dessen heraus erzeugt wird, was unter dieser Selbstbeschreibung *als Recht* verhandelt wird.

348 Hans Lindahl, *Fault Lines of Globalization*, S. 163.

Genaugenommen sind es Kulturtechniken wie das Lesen von Gesetzen, welches in der juristischen Methodenlehre unter Kampfbegriffen wie der Rechtsauslegung und -fortbildung, also der klassischen Interpretation als hermeneutischer Suche nach einem im Text verborgenen Sinn oder der darüber hinausgehenden, weil sinnstiftenden Konkretisierung verhandelt wird. Unabhängig von den Schattierungen dieses rechtserzeugenden Vorgangs ist es immer die Sollbruchstelle der Textualität, welcher dem Politischen im Recht wirksam zu werden ermöglicht. Die Möglichkeit des erneuten Lesens ist der »grundlose Grund juristischer Kreativität«[349] und erlaubt eine radikale Infragestellung der konstituierten Rechtsordnung. Die dadurch aufgeworfenen Infragestellungen können in ihrer Potenzialität von den rechtlichen Institutionen zwar niemals restlos beantwortet werden, allerdings können sich diese aber auch nicht ihrer Antwort entledigen.[350] Denn wo das Recht nicht mehr antwortet, wird es irresponsiv, undemokratisch und im Zweifel totalitär. Das Lesen von Recht unterbricht die ewige Selbstreferenz der Positivität, indem es das Politische im Gesetz wuchern lässt. Was auch Derrida somit als Aporie der »Unentscheidbarkeit«[351] beschreibt, ist gerade der aus diesem Vorgang resultierende, widerständige Rest einer ungebundenen rechtlichen Bedeutung, der in keiner Begründung, keiner Entscheidung und in keinem Verfahren restlos getilgt werden kann.

Deshalb ist das Politische im modernen Recht auch nur eine notwendige, aber eben keine hinreichende Bedingung für den »jurisgenerativen« Prozess. Zwischen der instituierenden und konstituierenden Macht besteht nur teilweise ein Entsprechungsverhältnis; wobei der Begriff einer bereichsspezifischen »Responsivität«[352] das jeweilige Ausmaß an der im Recht dadurch entstehenden Freisetzung an schöpferischem Potenzial zu beschreiben erlaubt (vgl. Abb. 12). Die durch die schöpferische Kreativität des Politischen angetriebene Dynamisierung des Sozialen im Allgemeinen sowie dem Recht im Besonderen bildet eine gemeinsame

349 Karl-Heinz Ladeur/Ino Augsberg, »Auslegungsparadoxien«, in: *Rechtstheorie 2005 (Band 36 H. 2)*, S. 143 ff. (177).

350 Vgl. dazu nur wieder Bernhard Waldenfels, *Antwortregister*, S. 320 ff.

351 Jacques Derrida, *Gesetzeskraft*, S. 49 ff.

352 Vgl. zur rechtstheoretischen Diskussion um diesen Begriff nur Gunther Teubner, »Reflexives Recht. Entwicklungsmodelle des Rechts in vergleichender Perspektive«, in: *Archiv für Rechts- und Sozialphilosophie 1982 (Band 68 H. 1)*, S. 13 ff. (13 f.) sowie ders./Helmut Willke, »Kontext und Autonomie«, in: *Zeitschrift für Rechtssoziologie 1984 (Band 5 H. 1)*, S. 4 ff. (14 f.), wobei das Entwicklungsmodell von Philippe Nonet und Philip Seiznick aufgegriffen sowie eine dezidiert rechtspolitische Wendung gegeben wird. Vgl. dies., *Law and Society in Transition. Toward Responsive Law*, London: Taylor and Francis 2017, S. XI sowie insbes. 73 ff.

Schnittmenge, die sich durch eine erhöhte oder reduzierte Responsivität in die eine oder andere Richtung verändern lässt:

Einerseits würden sich mit einer zunehmenden Interferenz zwischen dem Politischen und dem Rechtlichen die rechtsinternen Anforderungen an den methodischen Gesetzesbezug lockern. Dadurch würde freilich die für das Recht zu bewältigende Komplexität steigen. Eine zunehmende Politisierung würde dann bedeuten, dass die strenge Bindung an den Gesetzeswortlaut gelockert oder zuvor als sachfremd geltende Erwägungen zugelassen werden, wodurch die mögliche Varianz rechtlicher Bedeutung proportional steigen würde, allerdings wieder zulasten der »jurispathischen« Formalisierung und der dadurch erzeugten Redundanz. Durch eine vollständige Deckung zwischen dem Politischen und Rechtlichen geriete man schließlich zu einer Paralyse oder sogar zu einer Entdifferenzierung des Rechts, weil dieses dann nicht mehr nur Recht, sondern – wie auch das Politische – einfach *alles* sein könnte.[353]

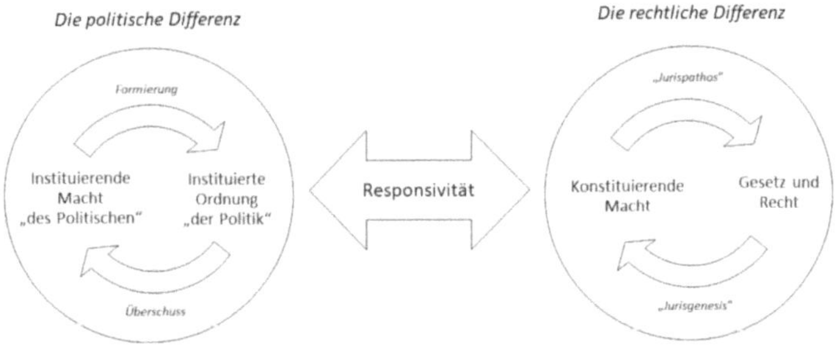

Abbildung 12: Die politische und die rechtliche Differenz.

Würde man andererseits deshalb auf die wenig aussichtsreiche Idee kommen wollen, das Recht gänzlich vom Politischen abschirmen zu wollen, und ältere Variationen des Rechtspositivismus scheinen durchaus in eine solche Richtung zu weisen, würde das interne Prozessieren der »jurisgenerativen« Pluralität an Bedeutungen zum Erliegen gebracht. Die Zeit des Rechts wäre stillgestellt. Dann, aber eben nur dann, würde sich das Recht tatsächlich dem benannten Spottbild eines mechanischen Automatismus annähern, welches seine radikalen Kritikerinnen schon heute am Werk sehen. Das Gesetz wäre dann nicht mehr *Literatur* und seine Anwendung zugleich seine Exponierung, sondern ein sich selbst aussprechender *Mythos*, also eine Sinneseinheit im Lesen wie im Sprechen. Und auf das Recht gemünzt heißt das: eine monarchisch oder

353 Das entspricht aber nicht dem Totalitarismus, beschreibt dieser zwar auch eine Entdifferenzierung des Rechts, aber eben nicht lediglich durch das Politische, sondern durch eine damit identisch gewordene Politik.

totalitär anmutende Identität zwischen Gesetzes-Lektüre und Recht-Sprechung.

Kommt man von diesem wechselseitigen Bedingungsverhältnis zwischen der konstituierenden Macht des Rechtlichen und dem konstituierten Recht noch einmal zum Ausgangspunkt bei Cover zurück, erscheint es durchaus problematisch, dass dieser über die Beschreibung einer daraus resultierenden, unauflöslichen Spannung noch hinauszugehen und die hypersymbolische Unruhe inmitten des Rechts nicht bloß zu beschreiben, sondern zu katalysieren versucht. Nicht zufällig assoziiert er die »jurispathischen« Gerichte sowohl mit einem symbolischen als auch physischen Tötungsakt und scheint damit tatsächlich bedeuten zu wollen, dass bereits das Abstecken eines noch vertretbaren Auslegungsspielraumes des Gesetzeswortlautes als ein in mehrerlei Hinsicht gewaltsames Geschehen zu qualifizieren sei.[354] Verbunden mit dem unverhohlenen Primat der »jurisgenerativen« Kreativität wird seine Rechtstheorie zur akademischen Probe des politischen Aufstands gegen die symbolische Gewalt des Staates und den alltäglichen Bedeutungsmord vor Gericht. Unmissverständlich lautet das Fanal seines berühmten Aufsatzes: »Wir sollten aufhören, den Nomos zu beschneiden; wir sollten neue Welten einladen.«[355] Wie auch Engelmann zutreffend ausführt, verwechselt Cover damit allerdings »die Feststellung einer unauflöslichen Pluralität von Bedeutungsprozessen mit einem selbst wiederum normativen Projekt.«[356] Darin gleicht Cover einer radikalen Demokratietheorie, welche den verheißungsvollen Sirenengesängen des Ästhetischen, Alteritätsethischen oder Messianischen nachgibt und kurzerhand versucht, das Politische vor den Karren ihrer eigenen Politik zu spannen. Kopflos wäre dieses Anliegen deshalb, weil es aus der postfundamentalistischen Enttäuschung darüber, dass es keinen letztgültigen Maßstab für das Wahre, Schöne und Gute geben kann, eine ziellose Flucht nach vorne antritt und sich darauf besinnt, dass immer alles *anders* werden soll – und insofern zwar nicht besser wird, aber wenigstens *irgendwie* weitergeht.

Zwar ist Cover in der Analyse zuzustimmen, dass die rechtlichen Bedeutungen ständig herausgefordert und somit zur fortwährenden Aktualisierung von Sinn aufgerufen werden müssen, weil nur dann die rechtliche Normativität gegenüber dem Politischen offengehalten werden kann. Allerdings ist das moderne Recht gleichzeitig darauf angewiesen, dass die rechtlichen Bedeutungen vor dieser Veränderungsdynamik ihres

354 Vgl. noch einmal ausführlich dazu, dass die Gerichte nicht bloß »die verschiedenen Rechtstraditionen töten, die mit dem Staat konkurrieren«, sondern – und insbesondere in den USA – auch ein reales »mörderisches Potenzial« aufwiesen: Robert Cover, »Violence and the Word«, S. 1601 ff. (1610).

355 Ders., »The Supreme Court, 1982 Term«, S. 4 ff. (68).

356 Andreas Engelmann, *Rechtsgeltung als institutionelles Projekt*, S. 174.

kulturellen Kontextes zwar nicht autark, aber zumindest relativ autonom sind und deshalb als mögliche Bezugspunkte einer sich irgendwie daran orientierenden Soziabilität zur Verfügung stehen können.

Dass es Cover mehr um politischen Aktivismus als um eine nüchterne Beschreibung dieses ständigen Oszillierens zwischen der Erzeugung und Reduzierung von rechtlichen Bedeutungen geht, hat auch schon Benhabib festgestellt und zutreffend betont, dass der »erlösende Konstitutionalismus« Covers hauptsächlich mit »sozialen Bewegungen« und »nur selten mit formalen Institutionen« identifiziert werde (was sie dann wiederum mit einem lakonischen Verweis auf die »Politik der Menschenrechte in den letzten drei Jahrzehnten« widerlegt zu sehen scheint).[357] Ganz ähnlich spricht auch Cover selbst von einem »legalen Messianismus« und lässt insofern aufscheinen, dass er das kommende Recht als Effekt des von ihm normativ verstandenen Bedeutungspluralismus betrachtet, dem deshalb *in* den rechtlichen Institutionen zur Geltung verholfen werden solle, weil es das politische Korrektiv zu einer den Gerichten unterstellten Resistenz gegenüber dem gesellschaftlichen Wandel bilde.[358] Nicht zufällig korrespondiert diese Strategie, wonach sich das Politische als parteiliches Engagement für neue Lesarten des Gesetzes artikuliert, mit dem *Civil Rights Movement* und insofern einem nicht bloß auf der Straße, sondern eben auch vor staatlichen Gerichten ausgefochtenen Kampf um gleiche Rechte.[359] Historisch betrachtet ging die Gewalt auch tatsächlich primär vom Staat aus und wurde von der Bewegung vornehmlich mit gewaltlosen Mitteln, insbesondere zivilen Ungehorsam beantwortet, welcher lediglich auf die Einlösung des Gleichheitsversprechens der US-Amerikanischen Verfassung insistierte.

Dass dies nicht bloß in Covers Biographie, sondern auch in seinen Schriften eine wesentliche Rolle einnimmt, lässt sich abschließend an dem Begriff des *Commitments* festmachen, der auch in Martin Luther Kings sprachmächtigem Vokabular eine »Schlüsselkategorie« darstellt und ins Deutsche wohl als »Hingabe an Andere« zu übersetzen wäre.[360] Übersetzt in die Rechtstheorie verwendet Cover diese Formulierung als subjektiven Transmissionsriemen zwischen der konstituierenden Macht und dem konstituierten Recht. Dadurch vermag er auf die strukturelle Notwendigkeit hinzuweisen, dass rechtliche Bedeutungen

357 Seyla Benhabib, *Kosmopolitismus ohne Illusionen*, S. 191 ff. (214, Fn. 39).

358 Robert Cover, »Bringing the Messiah through the Law«, S. 201 ff. (203).

359 Und auch Philippe Lacoue-Labarthe und Jean-Luc Nancy haben schon erklärt, dass es ihnen mit dem »Rückzug des Politischen« um etwas geht, »was man vor nicht allzu langer Zeit als ›Engagement‹ bezeichnet hätte«. Vgl. dies., »Ouvertoure«, S. 11 ff. (19).

360 So zumindest Benedict Vischer, *Die Fremdheit des Rechts. Aufzeichnungen eines fragilen Versprechens*, Weilerswist: Velbrück Wissenschaft 2021, S. 322 ff. (324).

nicht einfach *par ordre du mufti* gesetzt werden können und allein aufgrund von Gewalt, Zwang und Subordination ihre Geltungskraft erlangen. Wenn nämlich der Kopf des Königs, wie auch der Mund des Gesetzes, kein Selbstgespräch führen wollen, sondern einen verbindlichen Willen diktieren, dann muss es notwendigerweise irgendein Rechtssubjekt geben, das von ihnen angerufen wird und – warum auch immer – bereit ist, dem Anspruch des Anderen entsprechend Taten folgen zu lassen. Und so beschreibt auch Cover, dass keine Autorität dieser Welt eine Rechtsauslegung validieren kann, »wenn niemand bereit ist, nach ihr zu leben.«[361] Ferner heißt es, dass die »Umsetzung der Auslegung in rechtliche Bedeutung« erfordere, das avisierte »Verständnis der in unserer Realität wirkenden Norm durch alle möglichen Welten hindurch auf die teleologische Vision zu projizieren, welche die Auslegung impliziert.«[362]

Somit wird nicht unbedingt gefordert, dass man sich dem geforderten Verhalten verweigere, sondern, dass man ein *Commitment* – »wie kontingent oder abgeschwächt dieses [...] auch sein mag« – verspürt, mithin eine Art informelle Verpflichtung oder auch Obligation gegenüber dem Anderen wahrnimmt, die von einer zwanglosen und doch drängenden Hingabe zur Sache getrieben wird, eines sanften Bewusstseins, welches zwar persuasiv erscheint, aber dafür nicht notwendigerweise gute Gründe anführen kann und deshalb auch nicht vom Zaudern und Zweifeln befreit sein muss.[363] Insofern verhält sich das Rechtssubjekt zum *Commitment* wie die Künstlerin zum Pathos, welches sie ergreift und ein Werk zu schaffen erlaubt, jedoch ohne dieses – geschweige denn die Kunst selbst – dadurch jemals vollenden zu können.

2. Konstituierende und konstituierte Gewalt

Nachdem die bisherige Annäherung an eine radikale Demokratietheorie des Rechts insbesondere unter dem Aspekt der Rechtsanwendung stattgefunden hat, werde ich in den letzten beiden Absätzen versuchen, diese zunächst auf die Textualität des Gesetzes beschränkte Perspektive noch

361 Robert Cover, »The Supreme Court, 1982 Term«, S. 4 ff. (44).

362 Ebd., S. 45. Konsequent beschreibt Cover das *Commitment* dann auch als eine »schwache Perversion von Heideggers weitaus allgemeinerem Satz über die Auslegung« und zieht somit den Vergleich zu dessen Ausführungen zum Dasein, das sich »als Verstehen« durch ein »Sein auf Möglichkeit« entwirft. Das juristische Engagement für eine Lesart des Gesetzes wäre damit nicht auf eine »Kenntnisnahme des Verstandenen zu reduzieren« und vielmehr eine »Ausarbeitung der im Verstehen entworfenen Möglichkeiten.« Vgl. dazu Martin Heidegger, *Sein und Zeit*, S. 148.

363 Robert Cover, »The Supreme Court, 1982 Term«, S. 4 ff. (45).

einmal grundsätzlich zu erweitern. Man könnte auch sagen, dass der Ansatz von Recht *als Literatur* nämlich dann zu kurz greift, wenn er nicht impliziert, dass Recht zugleich *als Kultur* verstanden werden muss.[364] Das bedeutet jedoch keinesfalls, das am Beispiel der Textualität entwickelte Paradigma wieder aufzugeben, sondern – ganz im aufgezeigten Sinne des Dekonstruktivismus – das Soziale selbst als Text respektive symbolische Ordnung zu begreifen, die einen irreduziblen Bedeutungsüberschuss aufweist, welcher sie permanent über sich hinaustreibt.[365] Insofern soll die rechtstheoretische Perspektive im Folgenden mehr noch auf einen gesamtgesellschaftlichen Kontext verschoben werden, aus dem das Gesetz und die es umgebende Leseordnung hervorgebracht werden. Das ist schon deshalb wichtig, weil eine radikale Demokratietheorie des Rechts sich nicht in der falschen Sicherheit wähnen sollte, das politische Engagement für rechtliche Bedeutungen als Selbstverständlichkeit zu betrachten und die Vielzahl an prekären wie auch komplexen Vorbedingungen aus dem Blick zu verlieren, die eine solche demokratische Praxis überhaupt als sinnhaft erscheinen lassen. Schließlich bezieht man sich dort nicht auf das Gesetz, wo es aussichtslos erscheint, weil etwa die entsprechenden Kompetenzen fehlen oder dessen Geltung ganz prinzipiell bestritten wird. Und erst recht entfällt ein solcher Bezug, wo es gar kein Gesetz gibt.

Doch was kommt noch vor dem Gesetz? Zur Antwort greift die klassische Rechtstheorie meist auf den Begriff der konstituierenden oder auch verfassungsgebenden Gewalt zurück, den *pouvoir constituant*. Der bereits zu Wort gekommene Emmanuel Joseph Sieyes hat an der einzigen Stelle, an der er auf diese Unterscheidung zu sprechen kommt, damit einen Gegenpol zum *pouvoir constitué*, also einer »gesetzten« beziehungsweise »verfassten Gewalt« beschrieben.[366] Im Gegensatz zur konstituierten bedürfe die konstituierende Gewalt dabei keines »besonderen

364 Vgl. dazu nur Lawrence Rosen, *Law as Culture. An Invitation,* Princeton: Princeton University Press 2017 sowie Andreas Engelmann, »Recht als Kultur - Rechtswissenschaft als Kulturwissenschaft«, *Rechtsphilosophie – Zeitschrift für die Grundlagen des Rechts 5 (2) 2019*, S. 129 ff.

365 Der semiotisch inspirierte Kulturbegriff findet sich an prominenter Stelle etwa bei Clifford Geertz, *Dichte Beschreibung. Beiträge zum Verstehen kultureller Systeme,* Frankfurt am Main: Suhrkamp 2003, S. 9 ff. oder auch Roland Barthes, *Die Lust am Text*, Frankfurt am Main: Suhrkamp 2016, S. 94. Vgl. dazu, dass die darin angedeutete »Diskursivierung der Kultur« die Verbindung des Begriffs zur technischen Dimension – man denke nur an das lat. *cultura* als praktische Fertigkeit zur Landbereitung und Körperpflege – nicht kappen sollte: Sybille Krämer/Horst Bredekamp, »Kultur, Technik, Kulturtechnik. Wider die Diskursivierung der Kultur«, in: dies./ders., (Hrsg.) *Bild – Schrift – Zahl*, München: Wilhelm Fink Verlag 2009, S. 11 ff. (11 f.).

366 Emmanuel Joseph Sieyes, »Was ist der Dritte Stand?«, S. 117 ff. (168 f.).

stellvertretenden Willen[s]« und bestünde in einem unvertretbaren »Nationalwillen«, welcher noch »jeder Verfassung vorgegeben« sei und den »Ursprung aller Gesetzlichkeit« darstelle.[367] Die damals wohl noch ungeahnte Karriere des Begriffs kann vor allem auf dessen Verankerung in einer faktischen Macht zurückgeführt werden, die normativ einen Unterschied macht. Schließlich weist die konstituierende Gewalt keine göttliche oder metaphysische Autorisierung, keine politische Legitimation durch ein partizipatives Verfahren und nicht einmal einen überzeugenden Grund auf, sondern braucht, »um immer gesetzlich zu sein, *nur seine bloße Existenz.*«[368] Sinnfällig ist deshalb die Formel, der noch eine große Karriere verheißen war: »Hier ist doch die Wirklichkeit alles, die Form ist gleichgültig.«[369]

Was nahezu alle späteren Bezugnahmen auf diese Unterscheidung auszeichnet, und das trotz der Vielfalt der damit verfolgten Anliegen, kann mit Lucia Rubinelli so zusammengefasst werden, dass sie gegen einen klassischen Souveränitätsbegriff in Stellung gebracht und zur jeweiligen Mandatierung einer dazu alternativen »Volksmacht« eingesetzt worden seien.[370] Während es dem theoretischen Erbe der Französischen Revolution zunächst darum ging, die konstituierende Gewalt und eine von ihr autorisierte Verfassung sowohl zur Ermächtigung als auch zur Begrenzung des Staates zu begreifen, fällt jedoch die Begriffsverwendung durch Carl Schmitt deutlich aus diesem liberal-rechtstaatlichen Rahmen heraus.[371] Mit seinen Schriften geht eine ebenso erweiterte wie autoritäre Perspektive einher, in welcher das Recht nicht mehr in seiner selbstbezüglichen Immanenz eingemauert werden soll, sondern ausgehend von einer instituierten Ordnung sowie einer von ihr ausgehenden Macht, namentlich der konstituierenden Gewalt begriffen wird.

Zugleich ist mit Schmitt, neben Hannah Arendt, die wohl einflussreichste Inspiration für den radikaldemokratischen Begriff des Politischen angesprochen.[372] Zugegeben ist die Rezeption seiner Schriften, und

367 Ebd.

368 Ebd., S. 168 (Herv. M.E.).

369 Ebd., S. 170.

370 Lucia Rubinelli, *Constituent Power. A History*, Cambridge: Cambridge University Press 2020, S. 3 (»[...] immer, wenn die Sprache der konstituierenden Macht theoretisiert wurde, geschah dies, um eine Konzeptualisierung der Volksmacht anzubieten, die eine Alternative zum zeitgenössischen Verständnis von Souveränität darstellt.«).

371 Carl Schmitt, *Die Diktatur. Von den Anfängen des modernen Souveränitätsgedankens bis zum proletarischen Klassenkampf*, Berlin: Duncker & Humblot 2006, S. 137 ff. sowie ders., *Verfassungslehre*, Berlin: Duncker & Humblot 2017, S. 75 ff.

372 Zur radikaldemokratischen Rezeption vgl. nur Chantal Mouffe, *Über das Politische*, S. 15 ff. sowie Oliver Marchart, *Die politische Differenz*, S. 38 ff.

in der Sache wohl noch eindeutiger als bei Heidegger, insbesondere von vehementem Widerspruch geprägt. Worin sich die radikale Demokratietheorie aber mit Schmitt vereint, ist die gemeinsame Opposition gegen ein juridisches, das heißt in einer rechtlichen Verfassung eingeschlossenes Souveränitätsverständnis.[373] Als Faszinosum gilt er den französischen Autorinnen, die wohl kaum im Verdacht einer ähnlichen politischen Gesinnung stehen dürften, dass bei Schmitt aus jeder Zeile seiner Texte ein unverhohlenes Primat vom Politischen trieft, welches selbst der *rule of law* noch vorangestellt wird. Seine scharfen Interventionen in die politische Theorie seit den 1910er Jahren lassen sich insgesamt als mahnende Erinnerung daran verstehen, und zumindest insofern enthalten sie eine noch immer aktuelle Lehre, dass sich die konstituierte Rechtsordnung einer vorgängigen Macht zu verdanken hat, welche sie ihr jederzeit auch wieder entziehen kann. Mit Schmitt wird in anderen Worten also eine radikale Kritik an einem verkürzten Rechtspositivismus verbunden, nach dessen Reinheitslehre die Arbeit am Recht einen »nicht-politischen oder außerpolitischen« Charakter aufweise und der sich deshalb als blind gegenüber der »Idee des […] stiftenden politischen Moments des Rechts« erweise.[374] Schmitt steht in der radikalen Demokratietheorie bis heute Pate dafür, wie es Jean-François *Kervégan* formuliert, *dass »[d]as Politische […] nicht vom Recht getrennt werden« solle, denn es »zu entpolisieren hieße nichts anderes als es zu entrechtlichen.«*[375]

Der von Schmitt geprägte *Begriff des Politischen*, der sich metonymisch zu dem der konstituierenden Macht verhält, lässt sich in seiner gleichnamigen Schrift anhand von zwei Elementen definieren: erstens der »existenziellen« Unterscheidung zwischen Freund und Feind sowie zweitens dem »äußersten Intensitätsgrad« dieser Relation.[376] Anders

Hingegen ist im »Handbuch Radikale Demokratietheorie« (Hrsg. von Dagmar Comtesse et. al.) – im Gegensatz etwa noch zu Martin Heidegger – tatsächlich kein eigener Beitrag zu Carl Schmitt zu finden.

373 Antonio Negri, *Insurgencies*, S. 21 (»Folglich stehen der Begriff der Souveränität und der Begriff der konstitutiven Macht in einem absoluten Gegensatz zueinander.«); Isabell Lorey, *Demokratie im Präsens*, S. 134 (»Konstituierende Macht als Variante juridischer souveräner Macht zu begreifen geht einher mit einem unterkomplexen Verständnis von demokratisch-kapitalistischen Machtverhältnissen.«).

374 Jean-François *Kervégan, Was tun mit Carl Schmitt?,* Tübingen: Mohr Siebeck 2020, *S.* 244.

375 Ebd., S. 244 f. (»Das Politische, das ist der immer revozierbare Akt der Stiftung des Rechtlichen und […] dieser Stiftungsakt, dieser dem Recht innewohnende Gründungsakt ist […] nicht ›apolitisch‹; es ist, ob man sich dessen bewusst ist oder nicht, politisch gesetzt.«).

376 Carl Schmitt, *Der Begriff des Politischen*, S. 26.

noch als in der ersten Fassung dieses Werkes versteht Schmitt das Politische nicht als spezifisches Sachgebiet innerhalb einer arbeitsteiligen beziehungsweise ausdifferenzierten Gesellschaft, sondern sein »Wesen« [*sic*] wird in dem Umschlagen einer beliebigen Relation – beispielhaft werden Moral, Ästhetik und Ökonomie genannt – in ein solches Ausmaß von Assoziation respektive Dissoziation ausgemacht, dass fortan solche »Konflikte« möglich erscheinen, »die weder durch eine im Voraus getroffene generelle Normierung, noch durch den Spruch eines ›unbeteiligten‹ und daher ›unparteiischen‹ Dritten entschieden werden können.«[377] Nicht nur wird damit also die Hilflosigkeit einer juridischen Figur des Dritten in politischen Angelegenheiten unterstrichen, sie wird sogleich zur konstitutiven Bedingung eines auf die Spitze und darüber hinaus getriebenen Antagonismus, durch den sich das Politische überhaupt erst definieren lasse.

In dieser spezifischen Hinsicht reiht sich Schmitt nun in eine Riege, in der nach den bisher angeführten Überlegungen neben der radikalen Demokratietheorie auch deren Präfiguration durch ein *romantisches* Denken angesiedelt werden kann. Inwiefern ich das meine, werde ich im Folgenden ausführlich zu begründen versuchen. Denn Schmitt selbst wäre wohl kaum eine Charakterisierung mehr zuwider als diese, hat er doch jede Gelegenheit zur polemischen Denunzierung der »politischen Romantik« genutzt, die er insbesondere mit einem »subjektiven Occasionalismus« als ihrem vermeintlichen Hauptmerkmal in Verbindung brachte.[378] Seines Erachtens potenzierten sich die verhängnisvollen Tendenzen der Moderne in ihr nämlich wie in einem Brennglas.[379] Zwar erkennt Schmitt durchaus ihre subversive Stoßrichtung an, spricht ihr allerdings im gleichen Atemzug ab, auch nur irgendwie zwischen Abschaffungs- und Bewahrungswürdigem differenzieren, ja überhaupt in Sachen des Normativen irgendeine verbindliche Unter- oder Entscheidung treffen zu können.[380] Insofern negiert die Romantik nach Schmitt die Wirklichkeit, ohne jedoch die später vom Dekonstruktivismus und

377 Ebd.

378 Ders., *Politische Romantik*, S. 19 und passim.

379 Schon mit dem modernen Pluralismus sieht Schmitt die imaginäre Einheitsmatrix des (außen-)politischen Körpers der Nation sowie einer aus diesen zusammengesetzten, vor allem durch territoriale Grenzen definierten Weltordnung bedroht. Vgl. dazu nur ders., *Der Hüter der Verfassung*, Berlin: Duncker & Humblot 2016, S. 63 f.

380 Ders., *Politische Romantik*, S. 116 (»So begleitet auch der subjektivierte Occasionalismus des Romantischen, was ihm begegnet, und es sollte nicht schwer sein, seine organische Passivität von den aus politischen Erfahrungen und Zielen sich ergebenden Hemmungen eines aktiven Staatsmannes zu unterscheiden. Das Kriterium liegt darin, ob die Fähigkeit, zwischen Recht und Unrecht sich zu entscheiden, vorhanden ist oder nicht.«).

der radikalen Demokratietheorie so hochgehaltene Fähigkeit zu besitzen, an deren Stelle etwas Neues und Anderes zu setzen.

Ihre »revolutionäre Terminologie« ist für Schmitt ein wohlfeiles Phrasendreschen, mit dem sich »der Romantiker« nur deshalb in den Schein des Subversiven stellen könne, weil »die Revolution [...] weit genug entfernt« sei.[381] Unter aktiver Beteiligung des Romantikers sei die »Möglichkeit einer wirklichen politischen Revolution« vielmehr auszuschließen; dazu würde er nämlich »die Welt seines stimmungsmäßigen Erlebens [...] verlassen« müssen und an dem teilnehmen, »was sich in der gewöhnlichen Wirklichkeit ereignete« – und nicht bloß in seiner Phantasie.[382] Der Ernst des Lebens sei in der Romantik, so die polemische Botschaft Schmitts, zum bloßen Spiel mit spontanen Formen verkommen, einem ironischen Sich-Ergeben im Zufall. Im Ergebnis behauptet Schmitt sogar, dass »[j]ede politische Aktivität« unabhängig davon, ob sie »nur die Technik der Eroberung, Behauptung oder Erweiterung politischer Macht« betreffe oder »auf einer rechtlichen oder moralischen Entscheidung« beruhe, »der wesentlich ästhetischen Art des Romantischen« gänzlich widerspräche.[383] Von der Präfiguration eines modernen Begriffs des Politischen in der romantischen Literatur kann bei Schmitt insofern keine Rede sein. Die Romantik erscheint nicht als Hebamme, sondern ganz im Gegenteil, als Totengräberin des Politischen.

Damit wäre zugleich das Leitmotiv der Schmitt'schen Modernitätskritik offengelegt. Interessanterweise verbindet sich in ebendiesem Aspekt die Kritik an der Romantik nämlich mit der am liberalen Rechtsstaat. Dies geschieht dergestalt, dass beiden gleichermaßen unterstellt wird, das performative Moment der Entscheidung und damit gleichermaßen das Politische maßgeblich zu verkennen. Schmitt selbst offenbart diesen Zusammenhang, wenn er in einem 1927 gehaltenen Vortrag zum *Zeitalter der Neutralisierungen und Entpolitisierungen* die Romantik als historische »Zwischenstufe [...] der Ästhetisierung aller geistigen Gebiete« beschreibt, welche es ihm gewissermaßen als Verbindungsstück ermöglicht, einerseits den »Moralismus« des 18. Jahrhunderts und andererseits den »Ökonomismus« im 19. Jahrhundert zu einer einzigen Verfallserzählung des Politischen zu verketten.[384] Wie schon bei dem in vielerlei Hinsicht geistesverwandten Hobbes lässt sich in nahezu allen Schriften Schmitts

381 Ebd., S. 106.

382 Ebd.

383 Ebd., S. 164.

384 Carl Schmitt, »Das Zeitalter der Neutralisierungen und Entpolitisierungen«, in: ders., *Der Begriff des Politischen*, Berlin: Duncker & Humblot 2015, S. 73 ff. (76 f.). Vgl. ausführlich dazu Thomas Vesting, »Erosionen staatlicher Herrschaft Zum Begriff des Politischen bei Carl Schmitt«, in: *Archiv des öffentlichen Rechts 1992 (Band 1 17 H. 1)*, S. 4 ff. (10 ff.).

eine »Furcht«[385] ausmachen, welche sich aber nicht auf eine pessimistische Anthropologie, sondern auf das »Aussterben des Politischen«[386] ganz generell bezieht und alle seine Bemühungen als Reflex offenbart, es irgendwie »am Leben zu erhalten«[387] und mit theoretischen Mitteln zu nähren. Mit Juliane Rebentisch könnte man etwas weniger plakativ auch von einem leitenden Widerspruch gegen die »Verdeckung der politischen Macht durch eine neutralistische Ideologie« sprechen.[388] Weiter konstatiert sie zurecht, dass gerade die Schrift zur politischen Romantik in der Forschung »bis heute wenig beachtet« worden sei, wodurch ihr Stellenwert als »wichtige[r] Aspekt seiner Kritik an der liberalen Demokratie« sowie »des liberalen Zeitalters« ganz insgesamt verkannt worden sei – nämlich als »als eines von ›Neutralisierungen‹«.[389]

Erstaunlich ist dann aber, dass Schmitts Gegenprogramm dieser Neutralisierung weniger entgegenzusetzen vermag, als man zunächst meinen könnte. Weil der Begriff des Politischen nicht mehr anhand von eindeutigen Kriterien wie der funktionalen Ausdifferenzierung der Politik oder territorialer Grenzen, sondern anhand eines auf die Spitze getriebenen Intensitätsgrads einer wie auch immer gearteten Relation versehen wird, liegt die Qualifizierung eines Phänomens als politisch ganz im Auge der Betrachterin. Denn auch die Übersteigerung der politischen Differenz zum Bürgerkrieg vermag nicht darüber hinwegtäuschen, dass damit potenziell *alles* politisch wird – und zugleich *nichts*. Sicherlich vermag die Eskalierung des Politischen zu einer Angelegenheit »existenziellen« Ausmaßes zumindest dergestalt eine Eingrenzung zu bewirken, dass man heutzutage wohl nur in wenigen Konflikten bereit sein dürfte, wirklich bis zum Äußersten zu gehen. Deshalb glaubt Schmitt eben auch, dass sich die spezifischen Folgen der Moderne, also die »Neutralisierung und Entpolitisierung« dadurch umkehren ließen, dass sich das Politische als Unterbrechung einer heuchlerischen Bürgerlichkeit ereigne, die sich wahlweise ganz dem ästhetischen Genuss oder einer aufklärerischen Rationalität hingibt. Nur dann wäre, so die feste Überzeugung, die einstige Homogenität des Politischen als strukturelle Bedingung der Entscheidungsfähigkeit wiederhergestellt, weil es den Menschen erst dann wirklich um etwas gehe, wenn sie dafür kämpfen und alles andere aufs Spiel setzen würden.

385 Ino Augsberg, »Von einem, der auszog, das Fürchten zu lehren«, in: ders., *Schmitt-Lektüren. Vier Versuche über Carl Schmitt*, Berlin: Duncker & Humblot 2020, S. 14 ff. (27, 41 f.).

386 Ebd. Vgl. dazu ferner Jacques Derrida, *Politik der Freundschaft*, S. 124.

387 Jonas Heller, *Mensch und Maßnahme. Zur Dialektik von Ausnahmezustand und Menschenrechten*, Weilerswist: Velbrück Wissenschaft 2018, S. 95 ff. (96).

388 Juliane Rebentisch, *Die Kunst der Freiheit*, S. 222.

389 Ebd., S. 217.

Aber selbst, wenn man die Moderne mit Schmitt als tragischen Verlust von politischer Substanz und Homogenität beklagen möchte und stattdessen eine – nach hiesigem Verständnis totalitär anmutende – Hoffnung auf eine Verkörperung des Ganzen in einem neuen König oder eben Führer hegt, ist gegenüber der romantischen Ästhetik und rechtsstaatlichen Neutralität damit nichts weiter in der Sache erreicht, als dass der Preis für das Politische in die Höhe getrieben wurde. Schließlich kappt Schmitt jegliche Bindung des Politischen an vorhergehende Bedingungen, behauptet das Primat somit auch gegenüber der Gemeinschaft oder dem Staat, und schafft mit seiner bloßen Faktizität eine von jeglichem Inhalt oder denkbaren Zwecken befreite Formel, die ihre eigene Rechtfertigung bereits impliziert. Mit Nancy ließe sich eine solche Überbrückung der Grundlosigkeit des Politischen durch ihre Eskalation zum Todeswerk als »Immanentismus« beschreiben, als eine ins Absolute eskalierte Selbstbezüglichkeit.[390] Dadurch wirkt der Begriff des Politischen ironischerweise selbst ziemlich *neutral* und *entpolitisiert,* um nicht zu sagen: *romantisch* in eben jener spezifischen Bedeutung, die Schmitt diesem Gattungsbegriff zu geben versucht hat.

Nicht zuletzt teilt Schmitt mit der von ihm so verhassten Romantik ebenfalls die mechanische Konnotation einer Rhetorik, in welcher der liberale Rechtsstaat immer wieder als große Maschine erscheint, die zwar vom modernen Menschen erschaffen wurde, sich dann aber als ein Automatismus verselbstständigt und schließlich gegen ihn selbst gewendet hat.[391] Zwar liegt Schmitt nichts ferner als der vermeintlich romantischen Reaktion darauf zu folgen, nämlich die von ihm verächtlich als »Nachahmung« des Natürlichen und Organischen in den sinnlichen Registern von Kunst und Literatur zu propagieren.[392] Allerdings findet sich in seiner *Politischen Theologie* nichtsdestotrotz eine schöpferische »Kraft des wirklichen Lebens« hervorgehoben, welche gegen die toten Buchstaben des Gesetzes und ihren immergleichen Vollzug in Anschlag gebracht wird, um die »Kruste einer in Wiederholung erstarrten Mechanik« aufzubrechen.[393] In

390 Jean-Luc Nancy, *Die undarstellbare Gemeinschaft*, S. 15, 121 (vgl. ausführlich dazu § 2 Abs. 2).

391 Klaus Günther entfaltet diesen fortschrittspessimistischen Hintergrund am Begriffspaar von *Legalität und Legitimität* des gleichnamigen Werkes, in der das Primat des Politischen grundiert werde von einer »apokalyptischen Vision einer vom modernen Menschen geschaffen, dann aber autonom, übermächtig, unbeherrschbar und schicksalhaft gewordenen, technisch-industriellen Moderne, der die Menschheit wie der ›Zauberlehrling‹ hilflos ausgeliefert sei [...].« Ders., »Legalität als Waffe«, in: *Rechtsphilosophie - Zeitschrift für die Grundlagen des Rechts 2021 (Band 7 H. 2)*, S. 141 ff. (146).

392 Carl Schmitt, *Politische Romantik*, insbes. S. 104 f., 116 ff., 124 f.

393 Ders., *Politische Theologie*, S. 21. Ähnlich klingt es auch, wenn die »konstituierende Macht« aus dem »unendlichen, unfaßbaren Abgrund ihrer Macht« immer wieder »neue Formen« entstehen lasse, welche »sie jederzeit

dieser vitalistischen Metaphernwelt der 1920er Jahre verbleibt dann auch seine Klage darüber, dass das »Bild vom Architekten und Weltbaumeister« und damit eine »legitimierende Autorität« – wie sie noch die absolute Monarchie kannte – erst in der Theologie und dann in der Metaphysik des 19. Jahrhunderts gänzlich »verdrängt« worden sei.[394] Infolgedessen klingt Schmitt schon beinahe larmoyant, wenn er mit Blick auf die unliebsame Moderne schreibt: »Die Maschine läuft jetzt von selbst.«[395]

Nachdem also Gott wie auch die in seinen Gnaden stehenden Könige und die ihn überwindenden Diktatoren arbeitslos wurden, findet auch der politische Monteur – als den Schmitt sich selbst sieht – keine Berufung mehr, insbesondere nicht im liberalen Rechtsstaat. Letzteres »Bestreben« gehe nämlich dahin, wie es Schmitt wiederum in seiner *Verfassungslehre* beschreibt, »das Politische zurückzudrängen« und durch ein bürokratisches Korsett von »Normierungen« und »Kompetenzen« zu ersticken.[396] Das Recht drohe damit die Entwicklung und Durchsetzung von Entscheidungen – etwa durch solche Elemente wie den Minderheitenschutz, Mehrheitsregeln oder die Gewaltenteilung – zu behindern. Maßgeblich vorangetrieben sieht Schmitt die vermeintliche Degeneration des Staates und seiner Theorie insbesondere durch den Rechtspositivismus. Allen voran Hans Kelsen verstehe die demokratische Regierung eines Staates als »Ausdruck relativistischer, unpersönlicher Wissenschaftlichkeit« und weise damit keinerlei Gespür für das »dezisionistische und personalistische Element des bisherigen Souveränitätsbegriffes« auf.[397] Wie schon die Pyramiden diejenigen verschlungen haben, zu deren Zwecken sie einst erbaut wurden, wird also der Rechtspositivismus – dessen Visualisierung dann auch eine Normenpyramide ist – von Schmitt zur Grabstätte einer personal verstandenen Souveränität und somit zu dem von ihm gefürchteten Tod des Politischen stilisiert. Für ihn muss Herrschaft *lebendig*, also im Hinblick auf seine Staatsarchitektur und das Gesetz *äußerlich* bleiben.

zerbrechen kann und in denen sich ihre Macht niemals definitiv abgrenzt.« Ders., *Die Diktatur*, S. 139.

394 Ders., *Politische Theologie*, S. 52.

395 Ebd.

396 Ders., *Verfassungslehre*, S. 41.

397 Ebd., S. 52 f. (ausführlich zur Kritik: S. 26 ff.) Zunächst von Kelsen gefördert, übernahm Schmitt später die Führung bei dessen Vertreibung aus dem Lehramt. M.w.N. Ingo Müller, Furchtbare Juristen, S. 55. Dazu, dass sich sein Antisemitismus nicht bloß in seinen nationalsozialistischen Schriften, sondern auch in seinem Spätwerk nach 1945 niederschlägt vgl. Raphael Gross, *Carl Schmitt und die Juden. Eine deutsche Rechtslehre.* Frankfurt am Main: Suhrkamp 2005, S. 60 ff. sowie Friedrich Balke, »Die Figur des Fremden bei Carl Schmitt und Georg Simmel«, in: *Sociologia Internationalis 1992 (Bd. 30 H. 1)*, S. 35 ff. (43 ff.).

Mit dem historischen Privileg der Gegenwart lässt sich rückblickend konstatieren, dass sich entgegen Schmitts Analyse in der romantischen Emphase des Neuen, Anderen und Fremden aber gerade nicht der beschworene Untergang des Politischen angekündigt hat, der sich schließlich im liberalen Rechtsstaat vollenden sollte. Vielmehr hat der radikaldemokratisch umgedeutete Begriff des Politischen – wenn auch über den französischen Umweg – neben Schmitt doch vor allem der deutschen Romantik einige ihrer entscheidenden Impulse zu verdanken. Was den Staatsrechtslehrer von der Romantik sowie dem davon inspirierten Dekonstruktivismus unterscheidet, ist die apodiktische Ausrichtung des Politischen nicht an einer hermeneutischen oder politischen Differenz, sondern am Leitmotiv der Identität.[398] Gemeint ist aber nicht das zuvor benannte, noch ganz im Gefolge des Idealismus oder von einer Ontologie des Mangels geprägtes stehendes Drängen auf eine gleichwohl unerreichbare, weil sich permanent aufschiebende Identität. Gemeint ist nicht weniger als der Totalitarismus, der in Deutschland seine hässlichste Fratze bekanntlich im Nationalsozialismus zeigte und dem auch Schmitt verfallen ist. In diesem Geiste propagiert er zeit seines Lebens kein Werden, sondern ein endgültiges und abschließendes Sein der Identität im Sinne einer restlosen Aufhebung aller Mit-Teilungen des Sozialen im Politischen. Seine Manifestation findet diese ins Sakrale überhöhte Identität in der Faktizität eines zum Krieg gesteigerten Konflikts, der theoretischen Vor- und Nachbereitung der Endlösung, und einer daraus resultierenden Abgrenzung des Eigenen vom politischen Fremden, der damit sogleich zum »existenziellen« Feind erhoben wird.

Seine radikale Frontstellung gegenüber dem liberalen Rechtsstaat sowie einer rechtspositivistischen Methodenlehre, welche die Entscheidung vornehmlich an den Gesetzeswortlaut und gerade nicht einen politischen Einheitswillen zu ketten versuche, läuft auf nicht weniger als den äußersten Gegenpol zu einer »literarischen Gemeinschaft« als radikaldemokratische Variante der Thora-Schulen und ihrer endlosen Lektüren der heiligen Schrift hinaus, namentlich auf eine personal verstandene Souveränität und das durch seine faktische Autorität gesprochene

398 Vgl. nur Carl Schmitt, »Der Begriff des Politischen«, Berlin: Duncker & Humblot 2015, S. 23: »Als polemischer Gegenbegriff gegen solche Neutralisierungen und Entpolitisierungen wichtiger Sachgebiete erscheint der gegenüber keinem Sachgebiet desinteressierte, potentiell jedes Gebiet ergreifende *totale* Staat der Identität von Staat und Gesellschaft.« An besonders prominenter Stelle bezeichnet auch der »Nomos« eine solche Identität, nämlich die zwischen »Ordnung und Ortung« (man könnte wohl auch sagen: Blut und Boden), womit Schmitt abermals gegen die »Künstlichkeit« des »Gesetzes« wettert, dessen Begriff er dann ganz unverhohlen auch als »(jüdisch)« beschreibt. Ders., *Der Nomos der Erde. Im Völkerrecht des Jus Publicum Europaeum,* Berlin: Duncker & Humblot 2012, S. 39 f.

Wort. Entsprechend konstatiert auch Jonas Heller, dass es für Schmitt unmöglich sei, »den Staat zugleich als lebendig und als Maschine« zu verstehen, weil letzteres ein »personales Handeln« ausschließe: »Gerade weil das politische Leben auf Souveränität beruht, kann der Staat, als Mechanismus, nicht lebendig sein«.[399] Dem Dezisionismus scheint somit ein Imaginäres zugrunde zu liegen, welches das »Wirkliche« dort ausmacht, wo sich ein politischer Wille nicht bloß widerspruchsfrei bilden lässt, sondern zugleich von einer Macht verkörpert wird, die seine Durchsetzung zu garantieren imstande ist. Als Kopf des Königs gilt kein Gesetzbuch und keine Schrift, sondern nur das lebendige Wort dessen, der am lautesten spricht.

Schmitts Souveränitätskonzeption und mit ihm das theologische Erbe greift aber nicht ausschließlich auf solche imaginären Verkörperungen des Ganzen wie den König oder den Führer als Einzelpersonen zurück. In der politischen Grammatik der »konstituierenden Gewalt« wird sogar ein »zu politischem Bewußtsein erwachtes, aktionsfähiges Volk« zum Träger einer Souveränität erhoben, von dem eine solche »Macht oder Autorität« ausgeht, dass dessen »Willen« als Verfassung gesetzt wird.[400] Doch auch solche vermeintlich unverfänglichen Begriffe wie »Volk« oder »Demokratie« werden bei Schmitt unter identitären Vorbehalt gestellt und als Manifestation einer imaginären Einheit des Eigenen mit dem in ihm aufgehobenen Anderen oder auch Überschuss der symbolischen Ordnung betrachtet. Der totalitäre Beigeschmack dieser Kategorien wird besonders deutlich, wenn Schmitt in *Die geistesgeschichtliche Lage des heutigen Parlamentarismus* die ebenso berühmte wie berüchtigte Sentenz zum Besten gibt, dass »[j]ede *wirkliche* Demokratie« darauf beruhe, »dass nicht nur Gleiches gleich, sondern, mit unvermeidlicher Konsequenz, das Nichtgleiche nicht gleich behandelt wird« und eine solche deshalb »erstens Homogenität und zweitens – nötigenfalls – die Ausscheidung oder Vernichtung [!] des Heterogenen« bedinge.[401] Insofern scheinen die von Schmitt beschriebenen Regierungsformen weitgehend miteinander austauschbar. Allesamt werden sie mit einer Einheitsmatrix des Politischen unterlegt, die den Unterschied zwischen Demokratie und Faschismus zum bloßen Anstrich ein- und desselben Theoriegebäudes werden lässt.

Kein Wunder also, dass in der modernen Schmitt-Rezeption versucht wird, solche Kategorien wie »das Politische« und die »konstituierende Macht« von dieser historisch so verhängnisvollen Fundierung zu befreien und stattdessen darauf hinzuweisen, dass die moderne Demokratie,

399 Jonas Heller, *Mensch und Maßnahme*, S. 104 f.
400 Carl Schmitt, *Verfassungslehre*, S. 7, 49 ff.
401 Ders., *Die geistesgeschichtliche Lage des heutigen Parlamentarismus*, Berlin: Duncker & Humblot 2017, S. 14 (Herv. M.E.).

wenn überhaupt, dem Leitmotiv der »Nicht-Identität« zu folgen haben.[402] Dementsprechend wird auch in der radikalen Demokratietheorie ein politisches Subjekt beschworen, das wahlweise bei Nancy als »entwerkte Gemeinschaft«, bei Rancière als »Gemeinschaft der Gleichen« oder, wohl nicht weniger prominent, bei Toni Negri und Michael Hardt als »*Multitudo*« nicht mit einem »allesumfassenden Demos, sondern nur noch mit fragmentierten Teilprozessen, insbesondere verschiedenen Sozialbewegungen« identifiziert werden.[403]

Und auch für eine radikale Demokratietheorie des Rechts sollte diese Nicht-Identität oder Differenz unbedingt zum Tragen kommen, wie es bereits mehrfach zum Ausdruck kam. Um dies noch einmal abschließend zu systematisieren, bedarf es sogar in einer dreifachen Weise ihres Ausdrucks in der Theoriearchitektur: nämlich *erstens* als eine Unterscheidung zwischen der instituierenden Macht des Politischen und der instituierten Politik, *zweitens* der Unterscheidung zwischen der konstituierenden Macht des Rechtlichen und dem konstituierten Recht sowie *drittens*, und das soll den springende Punkt meiner Ausführungen in diesem letzten Abschnitt darstellen, als einer Unterscheidung zwischen erstens und zweitens, also der zwischen einer politischen und einer rechtlichen Differenz.

Die entscheidende Konsequenz des letzten Aspektes – weswegen sich das Politische im Recht immer nur als »innere Politisierung« offenbaren kann – wird in der radikalen Demokratietheorie nämlich gerne unterschlagen. Besonders virulent wird dies im Rahmen der Rehabilitation eines sich auf Schmitt berufenden, wenn auch immerhin linken »Populismus« und somit einer strategischen Indienstnahme von demagogischen Mitteln für die vermeintlich emanzipatorischen Zwecke.[404] Diese Projekte implizieren wieder einmal, dass das »Mehr« an rechtlichen Bedeutungen über die »legalen Formen« hinaus ins Normative überhöht und damit gleichermaßen eine Rechtstheorie des Politischen in praktische Rechtspolitik gewendet wird.[405] Wo aber das Politische leichtfertig zur

402 Ino Augsberg, »Von einem, der auszog, das Fürchten zu lehren«, S. 14 ff. (23). Vgl. ferner zu diesem (wohl vor allem an die *Negative Dialektik* anschließenden) Begriffsverständnis: Ders., *Kassiber. Die Aufgabe der juristischen Hermeneutik*, Mohr Siebeck: Tübingen 2016, S. 100.

403 Gunther Teubner, »Exogene Selbstbindung. Wie gesellschaftliche Teilsysteme ihre Gründungsparadoxien externalisieren«, in: *Zeitschrift für Rechtssoziologie 2015 (Band 35 H. 1)*, S. 69 ff. (75), in Bezug auf das Konzept der *Multitudo* nach Antonio Negri/Michael Hardt, *Common Wealth. Das Ende des Eigentums*, Frankfurt und New York: Campus Verlag 2010, S. 179 ff., 377 ff.

404 Vgl. Chantal Mouffe, *Für einen linken Populismus*, S. 92 ff.; Ernesto Laclau, *Die populistische Vernunft*, S. 151 ff.

405 Jean Kervégan, *Was tun mit Carl Schmitt?*, S. 196. Als einen links- und rechtspopulistischen Schulterschluss gegen den Rechtsstaat kritisiert dies:

juridischen Meta-Norm erhoben wird, so viel sei an dieser Stelle noch ein letztes Mal betont, kann von einem Recht im modernen Sinne nicht die Rede sein, weil allein der Widerstand gegen das konstituierte Recht dann zu dessen ureigenem Grund erhoben wird und es aufgrund der sich aus der unendlichen Vielfalt an Bedeutungsmöglichkeiten ergebenden Komplexität, für die keine verbindlichen Entscheidungsregeln mehr zur Verfügung stehen können, die diesem Problem nicht ebenfalls unterworfen sind, in Paralyse verfällt. Eine radikale Demokratietheorie, die diese Notwendigkeit der hinreichenden Invarianz des Rechts zu berücksichtigen verweigert, würde das Kind mit dem Bade ausschütten und entgegen ihres postfundamentalistischen Kredos nicht bloß auf eine Letztbegründung des Rechts, sondern in antifundamentalistischer Manier auf das juristische Begründungserfordernis als solches verzichten.

Was ich stattdessen aufzuzeigen versucht habe, ist, dass der Witz einer radikalen Demokratietheorie *des Rechts* darin zu erkennen ist, dass sie zur Kompensation des normativen Defizits an radikaldemokratischen Theorieangeboten ausgerechnet die Ressourcen solcher Institutionen nutzen könnte, gegen die man ursprünglich angetreten ist.[406] Nichtsdestotrotz ließe sich aus Sicht der Rechtstheorie von der radikalen Demokratietheorie lernen, dass die Responsivität gegenüber dem Politischen ohnehin die handlungsleitende Motivation eines wie auch immer gearteten *Commitments* für rechtliche Bedeutungen darstellt und insofern »das Politische« oder auch die »konstituierende Macht« immer schon im Recht wirksam ist, auch wenn seine Lehre sich im positivistischen Reinheitswahn vor dieser Erkenntnis zu verschließen sucht.

Wenn es deshalb so etwas wie eine aus Sicht der radikalen Demokratietheorie zu verfolgende Rechtspolitik überhaupt geben kann, und schon das wäre zu bezweifeln, muss sich diese jedenfalls wie der Teufel vorm Weihwasser davor hüten, den liberalen Rechtsstaat zum bloßen Mittel der interessegeleiteten Organisation von Macht zu begreifen und

Klaus Günther, »Legalität als Waffe?«, S. 141 ff. (148). Dagegen ist jedoch zu betonen, dass zumindest im Hinblick auf die nichtessentialistische Konzeption des Politischen als »permanente Infragestellung politischer Letztbegründungen« sowie den »Ausweg« aus einem nur als »vorübergehend« reflektierten Zustand der »Postpolitik« die radikale Demokratietheorie dem »neurechten« Denken »nicht konträrer« gegenüberstehen könnte. Gleichwohl zeige die »Vereinnahmung poststrukturalistischer Kritik von rechts« die Notwendigkeit für die politische Theorie, »die Frage politischer Gründung« nicht einfach aufzugeben, sondern »neu zu stellen«. Carolin Amlinger, »Rechts dekonstruieren. Die Neue Rechte und ihr widersprüchliches Verhältnis zur Postmoderne«, in: *Leviathan 2020 (Band 48 H. 2)*, S. 318 ff. (324 ff., 334).

406 Ähnlich Tim Wihl, »Gibt es ein Recht der radikalen Demokratie?«, S. 265 ff. (267 f.).

dadurch seine Doppelfunktion einer Begrenzung als auch Ermöglichung von Herrschaft einseitig zugunsten letzterem aufzulösen. Als unverkennbarer Richtungsweiser für einen solch irreführenden Weg kann es sicherlich gelten, wenn das Recht sich zunehmend nicht mehr am Gesetz, sondern an vermeintlich überpositiven Prinzipien – im Schmitt'schen Sinne »der Verfassung hinter der Verfassung« – und schließlich dem Willen oder Geist einer wie auch immer gearteten Einheitsvorstellung orientieren soll. Wer nämlich die latente Gefahr zu beseitigen versucht, vor Gericht einmal nicht Recht haben zu können, riskiert am Ende nicht weniger als den liberalen Rechtsstaat. Damit würde man sich nämlich gegen »das Rechtliche« selbst und insofern die Möglichkeit überhaupt stellen, dass sich das Recht durch das Politische affizieren lässt und im Rahmen einer hinreichenden Responsivität zu einer Übersetzung in rechtliche Bedeutungswelten verhilft, die das Recht der Gegenwart in seine Zukunft rettet. Eine radikaldemokratische Rechtspolitik, welche diesen Namen verdient, ließe sich deshalb wohl nur negativ formulieren, weil sie darauf gerichtet bleiben müsste, die Letztbegründung des Rechts und damit den autoritären Versuch einer stillstellenden Beantwortung seiner permanenten Infragestellung zu verhindern. Damit sich das Recht fortwährend transformiert, muss es politische Subjekte geben, die es zunächst lesen und interpretieren, sich aber auch für eine Aktualisierung seiner Bedeutungen einsetzen und als einem immer auch politischen Versprechen zur sozialen Wirklichkeit verhelfen.

Schmitts starrer Fokus auf die Performanz des Rechts geht diametral dazu mit einer theoriegeleiten Ignoranz gegenüber diesen schriftlichen Verkörperungsbedingungen des modernen Rechts als einem hyperreferenziellen Geschehen einher, das ebenfalls das »Afformative« und damit ein widerständiges Potenzial umfasst. Dieses lässt sich weder in den Begriffen der *Position* noch *Negation* erschließen und deutet darauf hin, dass die Setzung von Recht aufgrund seiner sprachlichen Verfassung immer eine Aussetzung gegenüber dem Anderen und Mehr an Bedeutung impliziert.

Ein dies berücksichtigendes Gegenbild vom liberalen Rechtsstaat ist das vom Gesetz als *Körper ohne Kopf*. Weit davon entfernt, sich in seiner Faktizität jemals selbst zu genügen, wird das Gesetz in seiner Unabgeschlossenheit getragen von einer demokratischen Schriftkultur, einem *Nomos* weniger nach Schmitt als nach Cover, welcher aus einer »Nicht-Identität« und »Differenz« zwischen dem geschriebenen Gesetz und seinen Lektüren resultiert. Die rechtliche Bedeutung begreift sich in der Gegenwart aus einem Spannungsfeld des Rechtlichen und einem konstituierten Recht, das weder zur einen noch zur anderen Seite aufgelöst werden kann.[407] Ein Gesetz wäre danach nicht bloß dann

407 Laut Friedrich Müller und Ralph Christenen kann in der gegenteiligen Annahme, »daß die Rechtsnorm mit ihrem Wortlaut identisch sei« sogar der

als demokratisch zu qualifizieren, wenn eine mittelbare Legitimationskette nach Maßgabe einer instituierten Politik nachgewiesen werden kann, sondern, wenn seine literarische Aussetzung gegenüber dem Politischen gewährleistet ist.

Zielführender als mit Schmitt den Abbau des liberalen Rechtsstaates mit akademischen Mitteln voranzutreiben, erscheint mir deshalb, diesen als eine »Grundordnung« zu konzeptionieren, die ihre eigene Grundlosigkeit nicht durch eine Eskalation des konflikthaften Potenzials des Politischen zur militanten Auseinandersetzung zu übertünchen versucht.[408] Demokratisch ist in diesem Sinne nicht die Bereitschaft der gegenseitigen Bekämpfung, sondern das *Commitment* als »Hingabe an den Anderen« und insofern das Bewusstsein, wonach das konstituierte Recht nicht so bleiben muss wie es ist, sondern immer auch ganz *anders* sein könnte. Als ein Effekt des gemeinsamen Tuns und Machens, öffnen sich in der Gesetzeslektüre immer zugleich alternative Bedeutungswelten, denen nachzugehen es wert sein kann – aber keinesfalls muss. Davon ausgehend ist »das Rechtliche« mitnichten in einem spezifischen Gesetz oder einer richtigen Lesart zu erkennen, sondern in dem unendlichen Anspruch, sich dem zu verschreiben, was zwischen seinen Zeilen steht.

Politisch ist ein solches Engagement nicht deshalb, weil es das Fremde dem Eigenen oder *vice versa* das Eigene dem Fremden zu opfern bereit wäre, sondern weil es für das Fremde *im* Eigenen sensibilisiert ist und es als solches auch zur Sprache kommen lässt. Dass das Recht durch dieses immanent-transgressive Potenzial irritiert werden kann, vermag dessen instituierte Formen, Verfahren und Rationalität durchaus zu bedrohen; allerdings ermöglicht dieser Umstand zugleich, dass sich die demokratische Praxis und damit rechtliche Bedeutungszusammenhänge immer wieder neu erfinden können. In der Pluralität und Kontingenz der Bezüge auf das Gesetz öffnet sich die rechtliche Normativität gegenüber einem kommenden Gesetz, dem Politischen, dessen zukünftige Bedeutungen immer erst noch ausgehandelt werden müssen.

wesentliche »Kern der positivistischen Mißverständnisse« als einer gänzlichen Verkennung der »*semantische[n] Praxis*« des Rechts erkannt werden. Dies., *Juristische Methodik (Band I)*, Rn. 250 ff. Vgl. zu einem in dieser Hinsicht aufgeklärten rechtswissenschaftlichen Diskurs immerhin Bernd Rüthers et. al., *Rechtstheorie und juristische Methodenlehre*, München: C.H. Beck 2022, Rn 796 ff. oder auch Franz Reimer, *Juristische Methodenlehre*, Baden-Baden: Nomos Verlagsgesellschaft 2020, Rn. 475 ff.

408 Vgl. zur Terminologie nur Bernhard Waldenfels, Verfremdungen der Moderne, S. S. 36 f. sowie daran anschließend Thomas Vesting, *Rechtstheorie*, Rn. 47.

3. Das Rechtliche und das Recht

Während Cover somit eine Variante der rechtlichen Differenz geschaffen hat, welche noch allzu sehr auf die Rechtsanwendung und die staatlichen Gerichte konzentriert war, ermöglicht Schmitt eine Perspektivenerweiterung der Rechtstheorie auf die tatsächlichen Verhältnisse, aus denen das Recht entsteht, wenngleich diese noch ganz in einer imaginären Einheitsmatrix des Politischen verhaftet. Es bleibt zum Schluss die Aufgabe, diese Perspektiven möglichst gewinnbringend miteinander zu verbinden.

Einerseits ließe sich ausgehend von Cover fragen, wie man sich eine »Jurisgenesis« vorstellen kann, die von ihrer Bindung an die Positivität des Gesetzes gelöst wird, sodass diese sich nicht mehr nur auf die geschriebenen Lettern, sondern ebenfalls auf die ungeschriebenen Codes einer rechtlichen Praxis bezieht. *Andererseits* könnte man ausgehend von Schmitt untersuchen, was von der konstituierenden Macht bleibt, wenn man diese von ihrem totalitären Ballast befreit und nicht mehr durch Feindschaften, nicht mehr durch die gesteigerte Intensität und vor allem nicht mehr von der bedeutungsvernichtenden Gewalt des Dezisionismus aus zu verstehen sucht. Was diese Fragestellungen miteinander gemein haben, und das mag an dieser Stelle wohl kaum noch überraschen, ist ihre radikaldemokratische Antwort. Sie soll den Abschluss meiner bescheidenen Überlegungen darstellen.

Sowohl die »Jurisgenesis« als auch die konstituierende Gewalt stehen zunächst in einer metonymischen Beziehung zum Politischen und wurden in den beiden vorangegangenen Absätzen als bereits bestehende Angebote der Rechtstheorie zur Konturierung eines radikal negativen Begriffs *des Rechtlichen* herangezogen. Sie sind gewissermaßen das Ergebnis theorieangeleiteter Versuche, die generative Tiefenstruktur des Rechts näher zu beschreiben, von der die konstituierte Ordnung mitsamt ihren Formen, Institutionen und Verfahren einerseits hervorgebracht wird, die ihr andererseits jedoch nicht selbst zur Disposition steht. Beide resultieren aus einer theoretischen Hinwendung zu den sozialen und politischen Rahmenbedingungen der »In-Form-Setzung« einer rechtlichen Normativität und lassen sich dadurch voneinander unterscheiden, dass dem *Nomos* bei Cover eine heterogen-pluralistische und dem bei Schmitt eine homogen-monistische Matrix unterlegt wird. Wieder gemein ist beiden Semantiken, dass in sie ein – und das teilen sie mit dem hier ausgewiesenen Diskurs der radikalen bis radikaldemokratischen Rechtskritik[409] – normatives Primat der unendlichen

409 Neben den besprochenen Ansätzen insbesondere von Nancy (§ 2 Abs. 2) und Rancière (§ 3 Abs. 1) könnte man diese Aufzählung noch beispielhaft ergänzen um Miguel Abensour, *Demokratie gegen den Staat*, S. 216 f. (»Als Kompromissformel zwischen dem Absolutismus und der aufkeimenden

Schöpfung von Neuem gegenüber der archivarischen Bewahrung des Alten eingelassen wird. Beide Autoren richten sich *mutatis mutandis* gegen die konservierenden, neutralisierenden und stillstellenden Kräfte des Rechts. Obwohl sich sowohl bei Cover als auch Schmitt ein durchaus moderner Begriff vom Recht finden lässt, schwimmen beide somit noch im Fahrwasser einer mit theoretischen Mitteln verfolgten Politik gegen den unliebsamen Juridismus – ob nun in Gestalt der »jurispathischen« Gerichte und seiner Gewalt oder des liberalen Rechtsstaats und seiner Neutralisierungen.

Doch auch, wer »das Rechtliche« nicht apodiktisch gegen das konstituierte Recht und damit seine Ausdifferenzierungsgewinne auszuspielen bereit ist, vermag gleichwohl auf die in diesen Ansätzen vorzufindende Beschreibung eines Verhältnisses zurückzugreifen, welches bei einer konstituierenden Macht beginnt und in einer konstituierten Ordnung endet. Was zunächst verdächtig nach Kausalität oder gar Determination des Rechts durch eine ihm äußerliche Macht klingen mag, soll lediglich einen »Verweisungszusammenhang« im Sinne eines offenen und beweglichen Relationssystems von Sinn und Bedeutung bezeichnen.[410] Der Endpunkt einer konstituierten Ordnung ist, betrachtet man es phänomenologisch, immer bereits erreicht, noch bevor man über sie nachzudenken beginnt. Die Situierung in der Gegenwart liegt in anderen Worten der Extrapolation sowohl auf die Vergangenheit als auch der Zukunft des Rechts irreduzibel voraus. Wie auch das Politische tritt »das Rechtliche« mit seiner Beschreibung nachträglich aus dem dunklen Anfang in das grelle Licht eines Sinn- und Bedeutungszusammenhanges, der damit zugleich als retroaktiver Effekt seiner eigenen Möglichkeit markiert wird.

Gleichwohl kann die Schöpfung von Neuem weder gesondert als Fremdreferenz noch Selbstreferenz betrachtet werden, also nicht als Ergebnis einer demiurgischen Tat und nicht als eine Rechtfertigung *vor* und *durch* sich selbst. Zu erinnern ist nur daran, dass selbst die radikaldemokratische Emphase ausgerechnet des Ausgeschlossenen, Fremden und Verfemten aus einem symbolischen wie imaginären Reservoir schöpft, das mit der formativen Erinnerung an die Französische Revolution fest im kulturellen Gedächtnis der Moderne verankert ist. Und dass man sich einer Verkörperung oder Darstellung – selbst in so missverständlichen Termini wie der »Entkörperung« oder »Undarstellbarkeit« – nicht entledigen kann, gilt für die Beschreibung des Politischen

Demokratie hat sich der Rechtsstaat seinerseits in einen neuen Absolutismus gegen die Demokratie verwandelt.«) oder auch Antonio Negri, *Insurgencies*, S. 13 (»Das Bemühen, offen zu halten, was das juristische Denken verschließen will, [...] stellt uns also nicht nur den Begriff der konstituierenden Macht zur Verfügung, sondern macht ihn uns als Matrix des demokratischen Denkens und der demokratischen Praxis zugänglich.«).

410 Vgl. zum Begriff nur Martin Heidegger, *Sein und Zeit*, S. 88.

gleichermaßen. Um dem radikaldemokratischen Anspruch entgegenzukommen, lässt sich lediglich das Scheitern der Repräsentation – ganz nach dem Vorbild *der Literatur* – reflexiv in dessen vielfältige Formen und Gestalten aufnehmen. Jedenfalls kommt die instituierende wie konstituierende Macht nicht aus dem Nichts, sondern ergibt sich, als Hyperphänomen, aus dem Verweisungsüberschuss einer symbolischen Ordnung, insbesondere der Sprache – und lässt sich deshalb immer nur *in* dieser Sprache und *als* diese artikulieren.

Was für die Regeln der Grammatik gilt, dass diese nämlich das jeweilige Resultat und nicht die Voraussetzung ihrer praktischen Anwendung sind, muss auch für den Transformationsprozess von rechtlichen Bedeutungen berücksichtigt werden.[411] Wie auch die Sprache sich allein durch das Sprechen verändern lässt, kann sich die konstituierende Macht nur von einer bereits bestehenden Rechtspraxis abheben, wenn diese vollzogen wird.[412] Bei Cover wird dieser Aspekt sowohl durch das gemeinsame Bewohnen von Erzählungen und einem symbolischen Universum als auch durch den geteilten Bezug der pluralen Lesarten auf ein geschriebenes Gesetz zum Ausdruck gebracht. Darüber hinaus ist darauf hinzudeuten, dass sich die Voraussetzung des Rechtlichen nicht notwendigerweise auf eine politische »Voraus-Setzung« – wie ein geschriebenes Gesetz – beziehen muss, sondern eine solche »Vor-Aussetzung« von Sinn und Bedeutung sich auch auf die ungeschriebenen Codes beziehen kann.[413] Das heterogene Ensemble an juristischen Diskursen, Kulturtechniken und sonstigen Praktiken, das sich mit Foucault als ein »Dispositiv« des modernen Rechts zusammenfassen lässt, bezieht sich nach der bereits zitierten Definition gerade auf »Gesagtes ebenso wohl wie Ungesagtes.«[414] Und weil darin eben auch enthalten ist, dass gleichermaßen Geschriebenes ebenso wohl wie Ungeschriebenes davon umfasst sein muss, lässt sich diese Erweiterung auch ohne Weiteres mit dem Begriff des modernen Rechts als Dispositiv vereinbaren. Zwar bliebe die Textualität nach wie vor das leitende Paradigma einer solchen Betrachtung; allerdings gerät statt den spezifischen Verkörperungsbedingungen der geschriebenen Literatur in den Blick, was man mit Hans Blumenberg als »Lesbarkeit der

411 Ludwig Wittgenstein, *Philosophische Untersuchungen. Auf der Grundlage der kritisch-genetischen Edition*, Frankfurt am Main: Suhrkamp 2003, S. 40 (»Die Bedeutung eines Wortes ist sein Gebrauch in der Sprache«). Ähnlich konstatiert auch Maurice Blanchot, dass der Autor im Schreiben alle bereits geschriebenen Bücher »negieren« müsse, »indem er ein Buch aus dem macht, was sie nicht sind. Ders., »Die Literatur und das Recht auf den Tod«, S. 47 ff. (61).

412 Andreas Engelmann, *Rechtsgeltung als institutionelles Projekt*, S. 142 ff.

413 Vgl. wieder nur Ino Augsberg, *Elemente einer Theorie des expositiven Rechts*, S. 30 f.

414 Michel Foucault, »Ein Spiel um die Psychoanalyse«, S. 118 ff. (119 f.).

Welt« bezeichnen könnte.[415] Neben den geschriebenen Texten müssen auch ungeschriebene kulturelle Kontexte wie eine Vertragsverhandlung, eine Parlamentssitzung oder ein Mediationsverfahren in ihren meist lediglich impliziten Codes erst gelesen werden, um verstanden zu werden.

Schließlich müssen Entscheidungen auch dort getroffen werden, wo es noch kein Gesetz gibt, das einen Fall ausdrücklich vorsieht. Für diesen Gedanken steht wohl niemand mehr als Schmitt, bei dem sich eine Ausweitung des Rechtlichen gegenüber dem noch ganz an die Textualität des Gesetzes gebundenen Begriff der »Jurisgenesis« finden lässt. Die konstitutive Bindung der Normativität an eine ihr vorausliegende Infrastruktur, die man auch als Normalität bezeichnen könnte, ist bei ihm allerdings nur zum Preis der Nivellierung des Anderen sowie der Eskalation des *Commitments* zum gewaltsamen Konflikt zu haben. Außerdem fällt die instituierende Macht bei ihm nur wieder mit der konstituierenden Macht in eins, weil Schmitt sich nur eine einzige Sphäre der ursprünglichen Rechtsetzung denken kann, nämlich das Politische, welches in der Demokratie als performativer Akt der Verfassungsgebung inszeniert wird. Zwar trennt Schmitt in seiner *Verfassungslehre* die politischen Grundentscheidungen durchaus von den rechtstaatlichen Bestandteilen der Verfassung; allerdings tut er das nur deshalb, um letztere als der Verfassungsänderung enthoben betrachten zu können.[416] Dass aber *vor* und in gewisser Weise auch *unterhalb* der Souveränität eines Volkes sowie der feierlichen Artikulation seines Willens oder Geistes eine grundlose Grundordnung liegen muss, welche diese Autorität erst ermöglicht, wird bei Schmitt dadurch eskamotiert, dass das in der Moderne verlorengeglaubte Imaginäre der politischen Einheit und Eindeutigkeit wiederhergestellt werden soll.

Deshalb wäre vielmehr auf die Notwendigkeit einer kulturellen Vorstrukturierung der konstituierenden Macht zu verweisen, welche sich nicht in einem tautologischen Verweis auf ein revolutionäres Subjekt wie das souveräne Volk ergeben kann, das sich am eigenen Schopfe aus dem Sumpfe der politischen Theorie zieht. Schon das revolutionäre Wir einer performativen Setzung – ob nun als fiktiver Gesellschaftsvertrag oder als historische Revolution – kann niemals mit sich selbst identisch sein. So heißt es in der Präambel des Grundgesetzes, dass »sich das deutsche Volk« dieses als Verfassung gegeben habe, was in der dritten Person Plural zwar weniger feierlich als das amerikanische »*We the people*«

415 Hans Blumenberg, *Die Lesbarkeit der Welt*, Frankfurt am Main: Suhrkamp 2003, S. 9 ff. sowie Thomas Meyer, »Lesbarkeit«, in: Robert Buch/Daniel Weidner (Hrsg.), *Blumenberg lesen. Ein Glossar*, Berlin: Suhrkamp 2014, S. 120 ff. Zum Paradigma der Textualität für eine Gesellschaftstheorie vgl. nur Pierre Legendre, *Über die Gesellschaft als Text. Grundzüge einer dogmatischen Anthropologie*, Wien: Turia + Kant, S. 146 ff.

416 Carl Schmitt, *Verfassungslehre*, S. 104 f.

klingen mag, aber doch nichts Anderes bedeutet: Das Volk hat sich selbst eine Verfassung gegeben, und damit nicht nur ein bereits existentes Wir abgebildet, sondern dieses zugleich hervorgebracht. Es teilt nicht nur etwas, sondern *sich* selbst mit. Die Unterschrift unter dem Verfassungsdokument ist, wie auch Derrida betont, ein sowohl konstativer als auch performativer Sprechakt.[417] Doch dieses formative Wir entgleitet sich notwendigerweise selbst: »Das ›Wir‹ des Aussagesatzes fällt nicht zusammen mit dem ›Wir‹ des Aussagevorgangs, der über das Wir spricht, bzw. mit dem ›Ich‹, das für das Wir spricht.«[418] Insofern ließe sich behaupten, dass sich das Volk schon im revolutionären Akt in ein »empirisches und ein imaginäres Register«[419] spalten lässt. Nur wenn sich die Einzelnen in ihrer Summe als ein Wir vergegenwärtigen, in dessen Namen stellvertretend die Unterschrift geleistet wird, vermag dieses überhaupt einen sozialen Sinn im Allgemeinen sowie eine rechtliche Bedeutung im Besonderen zu erlangen. Denn selbst am Berge Sinai existierte bereits eine Menge an Exilierten, denen Gott seine Gesetze diktieren und sie dadurch zum auserwählten Volke erheben konnte. Die instituierende Macht, wonach der Mensch sich einen symbolischen Bedeutungsrahmen schafft, aufgrund dessen er sich überhaupt *als* Mensch erkennen kann, liegt somit auch der »verfassungsgebenden Gewalt« und mit ihr sowohl der Konstituierung des revolutionären Subjekts als auch einer davon autorisierten Konstitutionalisierung einer inkrementell gewachsenen Normativität voraus.

Was für die politische Kunst gilt, muss deshalb auch für die Kunst des Politischen gelten: Zur Überschreitung bedarf es Grenzen.[420] Niemand geringeres als Castoriadis hat in seiner berühmten Schrift *L'Institution imaginaire de la société* immer wieder auf den ebenso trivialen wie folgenreichen Umstand hingewiesen, wonach die Welt instituiert ist, noch bevor man über sie nachzudenken beginnt.[421] Dass die Gesellschaft in seinen Worten eine »imaginäre Institution« ist, bedeute nicht lediglich, dass sie permanent dazu in der Lage sei, aufgrund ihrer radikalen Einbildungskraft stets neue Sinn- und Bedeutungsentwürfe hervorzubringen;

417 Jacques Derrida, »Otobiographien. Die Lehre Nietzsches und die Politik der Eigennamen«, in: ders./Friedrich Kittler, *Nietzsche – Politik des Eigennamens. Wie man abschafft, wovon man spricht*. Berlin: Merve Verlag 2000, S. 9 ff. (13 f.).

418 Bernhard Waldenfels, *Topographie des Fremden,* Frankfurt am Main: Suhrkamp 1997, S. 149.

419 Thomas Vesting, *Staatstheorie*, Rn. 61.

420 Vgl. zu diesem grundlegenden Gedanken nur wieder Georges Bataille, *Die Aufhebung der Ökonomie*, S. 28.

421 Dass die Vorstellungskraft »relativ unabhängig« von ihrem Trägermaterial sei und ihrer Symbolisierung vorausliege, geht manchen aber noch nicht weit genug. Vgl. dazu Susanne Lüdemann, *Metaphern der Gesellschaft*, S. 52.

sondern eben auch, dass diese in ihrer Beschreibung aus einem vorhandenen Reservoir an Sinn- und Bedeutungszusammenhängen abzuleiten sei.[422]

Während das Recht und seine Theorie in seinem Hauptwerk immer wieder – wenn auch meist im Zusammenhang der politischen Analyse des Kapitalismus – zur Sprache kommen, entwickelt Castoriadis erst in einem chronologisch wie inhaltlich unmittelbar daran anschließenden Aufsatz das in dieser Untersuchung noch fehlende Verbindungselement zwischen den radikaldemokratischen und rechtstheoretischen Überlegungen: Die Rede ist von einer »instituierenden Macht« (oder auch: einer »Infra-Macht«), welche von ihm ausdrücklich zu dem Zwecke eingeführt wird, eben jenen Anfang des Rechts zu erhellen, den Schmitt mit seinem Begriff des Politischen noch zu verdunkeln suchte.[423] Mit der unscheinbar daherkommenden Formulierung ist aber nicht lediglich eine weitere Metonymie für das Politische im radikaldemokratischen Sinne benannt. »Das Rechtliche« wird nämlich zugleich, und das ist entscheidend, an eine instituierte Sphäre rückgebunden. Sie besteht in einem bereits bewohnten symbolischen Universum, in der also eine »Sprache, ›Familie‹, Bräuche, ›Ideen‹ und eine Unmenge weiterer Dinge samt ihrer jeweiligen Entwicklung« bereits vorausgesetzt werden.[424] Insofern ist bei einem derart verwendeten Begriff der »Macht« – als einem Synonym des Imaginären – freilich weniger an Max Weber als wieder an Michel Foucault zu denken, weil diese nicht auf einen Willen bezogen werden kann, über den man als ein Vermögen oder Potenzial verfügt, sondern vielmehr *relational*, *ubiquitär* und vor allem *produktiv* gedacht werden muss.[425]

Damit zeigt Castoriadis tatsächlich eine Möglichkeit auf, um mit der angesprochenen Unterscheidung von *pouvoir constituant* und *pouvoir*

422 Cornelius Castoriadis, *Die Gesellschaft als imaginäre Institution*, S. 607 (»Auch als instituierte kann die Gesellschaft nicht anders sein denn als ständige Selbstveränderung.«).

423 Ders., »Macht, Politik, Autonomie«, S. 135 ff. (158). Und ferner: »Und sobald man sich abgewöhnt, gebannt auf ›die Verfassung‹ zu starren, wird man erkennen, dass sie weder lokalisierbar noch formalisierbar ist, weil sie dem instituierenden Imaginären entspringt.« Ebd.

424 Ebd., S. 158 f.

425 Alle anderen Formen werden deshalb als »explizite Macht« oder, unter Vorbehalt einer asymmetrischen und antagonistischen Spaltung, als »Herrschaft« beschrieben. Leider spricht Castoriadis aber auch vermehrt von einer *Konditionierung* oder insinuiert einen im Subjekt wirksamen *Willen* – womit er seinen eigenen Anspruch, wie ich behaupten möchte, wieder unterläuft. Ebd., S. 140 f. Vgl. zur prominenten Beschreibung von Michel Foucaults Machtbegriff nur: Ders., *Überwachen und Strafen*, S. 38 (»Diese Macht ist nicht so sehr etwas, was jemand besitzt, sondern vielmehr etwas, was sich entfaltet [...].«). Man könnte zuletzt auch einfach von »Kultur«

constitué noch irgendwie gewinnbringend umzugehen. Während der rechtswissenschaftliche Diskurs einerseits versucht, diese Unterscheidung dadurch zu entschärfen, dass sie »ganz zur Seite der verfassten Gewalt«[426] (und das heißt: dem konstitutionalisierten Recht an der Schnittstelle zur instituierten Politik) aufgelöst wird, vertraut der angesprochene radikaldemokratische Diskurs blind auf die heilenden Kräfte der Revolution (und das heißt: »die konstituierende Macht als absolutes und unbegrenztes Verfahren.«[427]). Nicht den bekanntlich in Gefahr und größter Not todbringenden Mittelweg, sondern einen rettenden Ausweg aus diesen monodisziplinären Sackgassen bietet dann Castoriadis, wenn er gleichsam beide Seiten dieser Unterscheidung als das Ergebnis eines »*pouvoir instituant*«[428] begreift – und damit die politische und die rechtliche Differenz als eine hyperreferenzielle Stufenfolge miteinander verbindet. Die »Jurisgenesis« erscheint damit – im Kleinen der Rechtsanwendung wie auch im Großen der Rechtsbegründung – alles andere als voraussetzungslos, sondern verweist auf eine komplexe Infrastruktur und eben damit auch spezifische Verkörperungsbedingungen, in denen sich die verschiedenen Erscheinungsformen eines Mehr oder Anderen an Sinn und Bedeutung überhaupt erst manifestieren.

Entgegen Schmitt erklärt Castoriadis deshalb zurecht, dass die instituierende Macht »niemals allein als ›Freund-Feind‹-Gegensatz gedacht werden« und auch »nicht [...] auf das ›Monopol legitimer Gewaltanwendung‹ reduziert werden« könne.[429] Noch über dem schärfsten Schwert des Staates sei nämlich »das Monopol auf das legitime Wort« anzusiedeln, über das wiederum »das Monopol auf die gültige Bedeutung« herrsche: »Der Herr der Bedeutung thront also über dem Herrn der Gewalt.«[430] Das mag nur auf den ersten Blick an Rancière erinnern, der ein solches Monopol über die symbolische Ordnung doch ganz bei »der Polizei« vermutet hat. Denn auch, wenn ähnliche Formulierungen bei Castoriadis durchaus nur

sprechen, würden dadurch immerhin die immer wieder aufkommenden Missverständnisse in der Foucault-Rezeption ausgeräumt, welche der verschwörerisch anmutende Duktus einer allesdurchdringenden »Macht« immer wieder evoziert.

426 Vgl. dazu nur Thomas Vesting, *Staatstheorie*, Rn. 220, seinerseits in Bezug auf Konrad Hesse, *Grundzüge des Verfassungsrechts der Bundesrepublik Deutschland*, Heidelberg: Müller 1995, S. 277.

427 Antonio Negri, *Insurgencies*, S. 23 (»Die Frage ist nicht, die konstituierende Macht zu begrenzen, sondern sie unbegrenzt werden zu lassen. Das einzig mögliche Konzept der Verfassung ist das der Revolution [...].«).

428 So im Anschluss an diese Überlegungen bei Castoriadis die treffende Formulierung von Ino Augsberg, »Die Normalität der Normativität«, in: *JZ 2020 (Band 75 H.9)*, S. 425 ff. (429).

429 Cornelius Castoriadis, »Macht, Politik, Autonomie«, S. 135 ff. (146).

430 Ebd.

nach einer weiteren Beschwörung vom Kopf des Königs klingen, vollzieht dieser in seiner Theorieanlage nicht weniger als das absolute Gegenteil dessen: Vorbehaltlich irgendeiner Teilnahme an einer sozialen Praxis, so schreibt er, sei die »Entwicklung von Sprache, Familien, Bräuchen usw.« gerade »allen zugänglich« und das sich permanent aktualisierende Ergebnis eines sprechenden wie schreibenden Miteinanders, in dem sich die Bedeutungszusammenhänge nur kurzweilig verfestigen, um sich in ihrem alltäglichen Vollzug kurzerhand wieder zu verflüchtigen.[431] Damit wird das spätestens seit Jean-Jacques Rousseau vorherrschende Autonomiestreben der Demokratietheorie derart radikalisiert, dass es von seiner kopflastigen Souveränitätsfixierung gelöst und nicht mehr bloß auf die Urheberschaft des Gesetzes, sondern auf die symbolische Ordnung überhaupt bezogen wird, welche dieses Gesetz erst zu denken erlaubt.[432]

Zugleich wird dadurch die bereits mehrfach angesprochene *Responsivität* gegenüber dem Politischen in einem hinreichenden Maß sogar zur notwendigen Bedingung des konstituierten Rechts, weil sich dieses nicht gänzlich von seiner instituierenden Macht entkoppeln kann, ohne dass seine Gesetze zur bloßen Makulatur werden – also zu bedrucktem und doch bedeutungslosem Papier, welches keinen Rückhalt in der sozialen Praxis finden. Es bedarf im Sinne des *Commitments* vielmehr einer kollektiven Anstrengung sowie einer geteilten mentalen Vorstellung, welche die toten Buchstaben des Gesetzes und die leeren Worte der Rechtsprechung erst mit Bedeutung versehen und dadurch zu Recht werden lassen, dass sie ihnen Gewicht beimessen.

Ein solcher Erklärungsansatz geht freilich weit über eine klassische Legitimationstheorie des Rechts hinaus, weil der gemeinsame Bezug auf ein Gesetz und eine damit einhergehende, wenn auch meist nur implizite Validierung seiner Geltung keinesfalls auf überzeugenden Gründen beruht. Wie auch die Verabsolutierung der Entscheidung bei Schmitt würde die normativistische Fixierung auf die Rechtfertigungsbedürftigkeit implizieren, dass ein jedes Recht notwendigerweise mit Gewalt befleckt ist – und sei es lediglich in einem symbolischen Sinne, etwa durch die Zentripetalkräfte der gesellschaftlichen Normalisierung. Eine solch abermals irreführende Weichenstellung würde nur wieder in monarchische Gefilde im Sinne einer politischen Topologie führen, die sich um ein erhöhtes Zentrum des Sozialen herum organisiert.

Mit einer von Foucault angeleiteten Analytik der Macht wäre ein solches Verständnis hingegen unvereinbar, weil sich diese weder ganz

431 Ebd., S. 159 (»Alle sind ›Urheber‹ der Entwicklung von Sprache, Familie, Bräuchen usw.«).

432 Vgl. zu diesem »Ziel der Autonomie« als einer »Selbstinstitution der Gesellschaft« ferner ders., »Das Gebot der Revolution«, S. 54 ff. (67) sowie ders., *Die Gesellschaft als imaginäre Institution*, S. 172 ff.

konzentrieren noch stillstellen lässt. Sie wabert und mäandert, unterläuft geronnene Strukturen und Formen, bricht sie auf und verfestigt sich nur vorübergehend. Insofern ist die Macht, als eine produktive und insofern instituierende Macht, vielmehr ein Hyperphänomen, das einen irreduziblen Verweisungsüberschuss impliziert. Eine solch diffuse Machtstruktur – die man im Anschluss an das vorher Gesagte auch schlicht als »kulturelles Bedeutungsgewebe« oder ein lebensstiftendes »Rhizom« bezeichnen könnte – wird in ihrem transgressiven Potenzial von *allen*, und das heißt zugleich: von *niemandem* kontrolliert.

Zu begrüßen ist deshalb, dass der Begriff einer »institutionsgebenden Macht« auch in jüngerer Zeit aufgegriffen und zu einem rechtstheoretischen Untersuchungsgegenstand erhoben wurde.[433] Vincent Descombes kommt diesbezüglich das Verdienst zu, sein Buch *Les embarras de l'identité* mit einer nur wenige Seiten umfassenden Abhandlung zu schließen, welche es tatsächlich vermag, diese generative Tiefenstruktur des Rechts zumindest in ihren Grundzügen offenzulegen und dabei nahtlos die bisherige Argumentation aufzugreifen. Mit der an Castoriadis angelehnten Terminologie könne man, so schreibt er dort, getrost auf das »Wunder der normativen Selbstsetzung« verzichten; zumal der in der Rechtstheorie auch neben Schmitt häufig vorzufindende Bezug auf die Performanz des Politischen ein zirkuläres Argument bedinge, welches sowohl die rechtsstiftende Verfassungsgebung als auch die rechtserneuernde Entscheidungsfindung als »von etwas Willkürlichem befleckt« erscheinen ließe.[434] Weiter weist er darauf hin, dass die Möglichkeit, »eine Versammlung von Bürgern zusammenzubringen und ein gemeinsames Nachdenken über die einzuschlagende Politik zu veranstalten«, auf die Verstrickung in eine symbolische Ordnung verweise, in der »es schon ein Gesellschaftsleben gibt, nämlich das einer Gesellschaft, die schon *Institutionen besitzt.*«[435] Statt das Recht aus einem historischen Ursprung oder metaphysischen Prinzipien herzuleiten, weist Descombes mit solchen Beispielen wie der »Sprache« und den »Sitten« auf jene vielfach benannte Infrastruktur des Rechts, welche »der Gesetzgebung entgeht.«[436] Mit dieser radikalen Negativität dessen, was den Parlamenten, aber auch Gerichten und Verwaltungen irreduzibel vorausliegt und doch nicht operationalisierbar ist, wird einem Re-Entry des Rechtlichen in das Recht

433 Vincent Descombes, *Die Rätsel der Identität*, S. 226 ff.

434 Ebd., 227 f.

435 Ebd., S. 230. Vgl. zu diesem Verweis auch ders., *The Institutions of Meaning. A Defense of Anthropological Holism*, Cambridge (Mass): Harvard University Press 2014, S. 302.

436 Vincent Descombes, *Die Rätsel der Identität*, S. 231 (und weiter: »Die Gesetzgebung kann die Sprache nicht schaffen, in der sie abgefaßt sein wird, so wenig wie sie die Sitten schaffen kann, dank deren sie kein toter Buchstabe bleiben wird.«).

und insofern der politischen Strategie seiner selektiven Instrumentalisierung ein unüberwindbarer Riegel vorgeschoben. Das Primat der »institutionsgebenden Macht« ist dann ein analytisches Instrument und gerade kein kryptonormatives Postulat mehr.

Eben deshalb kann es sich bei einer davon inspirierten radikalen Demokratietheorie des Rechts lediglich um eine *politische Rechtstheorie*, aber eben niemals um eine *theoretische Rechtspolitik* handeln. Und ebenso wenig kann von der instituierenden Macht als einer *Be-* anstatt einer *Ent*gründungsfigur gesprochen werden, verweist sie doch auf das Andere und Mehr des konstituierten Rechts, welcher sich wieder einmal durch einen Bezug des Sich-Entziehens ausweisen lässt. Nicht benannt ist damit eine vom Rechtlichen absolut getrennte, sondern vielmehr unauflösbar verflochtene Sphäre. Das moderne Recht umfasst einen wechselseitigen Bedingungszusammenhang einerseits aus einer *konstituierenden Macht* als einem »jurisgenerativen« Durchbruch der instituierenden Macht des Politischen in das Recht sowie einem *konstituierten Recht* im Sinne der »jurispathischen« Stabilisierung von rechtlichen Bedeutungen durch Institutionen, einen formalen Regelbestand, etablierte Verfahren und deontologische Prinzipien. Wo einst der Kopf des Königs schalten und walten konnte, klafft in der Moderne eine symbolische Lücke. Sie gewährt die »Nicht-Identität« und »Differenz« zwischen dem geschriebenen Gesetz und der rechtlichen Bedeutung. Sie ermöglicht dadurch eine ästhetische Überschreitung ihrer Zwecke im Sinne Batailles, eine alteritätsethische Exposition gegenüber dem Anderen im Sinne Nancys sowie ein Kommen des Messianischen im Sinne Benjamins. Zugleich wird geltendes Recht damit erkennbar als das kontingente Ergebnis einer Differenz, die vorübergehend Praxis geworden ist.

Ähnlich beschreibt es auch Thomas Vesting, der diese Spur von Castoriadis über Descombes zuletzt mehrfach aufgenommen und in seine medien- und kulturwissenschaftlich inspirierte Rechtstheorie eingebaut hat. Seine Theorieanlage ist damit ähnlich, aber doch etwas breiter als der soeben angesprochene Ansatz angelegt, in dem das Gesetz zum Gegenstand der Literatur erklärt wird. Wer mit Vesting nämlich das *Recht als Kultur* zu begreifen bereit ist, wird unweigerlich erkennen, dass das »staatliche Recht und seine verfassungsförmigen Institutionen« immer bereits »in sich vielfach verästelnde symbolische Formen verwoben [ist], in unterschiedliche Lebensformen und ihre Bedeutungsgewebe, die ihrerseits mit fluktuierenden Machtquellen verknüpft sind, zwischen denen sich ein variables Beziehungsnetz spannt.«[437] Zur weiteren Beschreibung

437 Thomas Vesting, *Staatstheorie*, Rn. 221. Ähnlich heißt es schon bei Lawrence Rosen, dass das »Recht so tief in die Besonderheiten jeder Kultur verwoben ist, dass dessen Herauslösung als eigenständiger Domäne und erst die nachträgliche Kenntnisnahme seiner kulturellen Zusammenhänge

erinnert Vesting an Leforts Verständnis »des Politischen« als einer »tiefenpolitischen Dimension« und spricht in Analogie dazu ausdrücklich von »dem Rechtlichen« als einer »tiefenrechtlichen Dimension [...], die in das förmliche Recht eingeht, diesem aber seinerseits nicht zur Verfügung steht.«[438] Insofern ist auch bei ihm von einer instituierenden Macht die Rede, welche als eine »anonyme, in der Gesellschaft verteilte Macht von Konventionen« beschrieben wird, »die sich der bedeutungsgebenden Verfügungsgewalt eines Subjekts oder überhaupt irgendeiner identifizierbaren zentralen Instanz entzieht und auch nur begrenzt theoretisch analysiert werden kann«[439] Vor diesem Hintergrund scheint Vesting tatsächlich dem von Foucault formulierten Anspruch an eine Rechtstheorie gerecht zu werden, in der der Kopf des Königs gerollt ist, ohne dass die spezifischen Verkörperungsbedingungen des modernen Rechts, insbesondere die Textualität des Gesetzes, aus dem analytischen Raster geraten.

Die bei Castoriadis und Lefort noch ganz in den totalitären Zeichen ihrer Zeit stehende Terminologie der »instituierenden Macht«[440] wird von Vesting zu einer liberalen Evolutionserzählung der unternehmerischen Innovationskraft, der wissenschaftlichen Neugier und des technologischen Erfindungsgeists umgedeutet. Ganz im Bewusstsein des retroaktiven Effekts, wonach die Beschreibung einer historischen Zäsur zwischen Vergangenheit und Gegenwart diese zugleich (mit-)hervorbringt, begreift Vesting die instituierende Macht ganz von ihrem Gelingen aus – und unterschlägt damit das ihr ebenso eingeschriebene Moment des Scheiterns. Die instituierende Macht wird von ihm an Kulturtechniken

sowohl das Wesen des Rechts als auch der Kultur verfälscht.« Ders., *Law as Culture*, S. XII. Vgl. fener Naomi Mezey, »Law As Culture«, in: *The Yale Journal of Law & the Humanities 2001 (Band 13)*, S. 35 ff. (42) sowie Andreas Engelmann, »Recht als Kultur - Rechtswissenschaft als Kulturwissenschaft«, S. 129 ff.

438 Thomas Vesting, *Gentleman, Manager, Homo Digitalis*, S. 34. Vgl. zur Entwicklung dieses Ansatzes nur ders., »Das moderne Recht und seine Abhängigkeit von einer institutionsgebenden Macht«, in: Antonio Lucci/Thomas Skowronek (Hrsg.), *Potential regieren. Zur Genealogie des möglichen Menschen*, Paderborn: Wilhelm Fink 2018, S. 105 ff.; ders., »Instituierte und konstituierte Normativität«, in: Tatjana Sheplyakova, *Prozeduralisierung des Rechts*, Tübingen: Mohr Siebeck 2018, S. 101 ff. sowie ders., *Die Medien des Rechts: Computernetzwerke*, S. 160 f.

439 Ders., *Gentleman, Manager, Homo Digitalis*, S. 34.

440 Wie sehr diese beiden Begriffe zusammenhängen, ist auch daran zu erkennen, dass Cornelius Castoriadis sein Unternehmen, »die instituierende Macht zum Vorschein zu bringen auch – und zugleich »im engeren Sinne« – damit umschreibt, »das *Politische* [...] in der *Politik* aufgehen zu lassen« Ders., »Macht, Politik, Autonomie«, S. 135 ff. (164).

wie das Sprechen, Hören, Lesen und Schreiben, an Medien wie das Wort, die Schrift, den Buchdruck und das Computernetzwerk sowie an sonstige Sitten und Konventionen gebunden, welche *nach*träglich als ineinandergreifende *Voraus*setzungen der Moderne ausgewiesen werden.

Dies kann noch insofern überzeugen, als Vesting das schwer zu leugnende Argument auf seiner Seite weiß, dass die maßgeblichen historischen Disruptionen der letzten beiden Jahrhunderte weniger von politischen Revolutionen als von ökonomischem Wachstum, dem exponentiellen Zuwachs an Wissen sowie technologischen Entwicklungsschüben ausgegangen sind. Damit entfaltet sich seine kulturhistorische Erzählung von der instituierenden Macht als eine Erfolgsgeschichte des globalen Westens sowie derjenigen Subjekte, die sich darin mit Erfolg durchzusetzen wussten.[441] Die in der radikaldemokratischen Theorieanlage einst für die Ausgeschlossenen, Verfemten und Anteillosen vorbehaltene Stellung nehmen dann kurzerhand die Idealtypen des altehrwürdigen Gentlemans, des erfolgreichen Managers und des hyperflexiblen Homo Digitalis ein. Seine Erzählung beginnt insofern nicht mehr am *Place de la Concorde* und weist in eine unbestimmte Zukunft, sondern setzt ihr gelingendes Ende im *Silicon Valley* bereits voraus. Die sich von der Romantik über den Dekonstruktivismus bis hin zur radikalen Demokratietheorie ziehende Opposition aus einer ökonomisch gefärbten, mechanischen und entpolitisierenden Zweckrationalität auf der einen Seite und einer lebensstiftenden Kraft wahlweise der literarischen Poesie oder politischen Revolution auf der anderen Seite wird dadurch invertiert. Vesting dreht in anderen Worten den radikaldemokratischen Spieß – freilich unter Beibehaltung der Spitze gegen die staatsfixierte Vorstellung der klassischen Souveränität – einfach um: Er spaltet den in der radikalen bis radikaldemokratischen Rechtskritik enggeführten Machtblock aus Ökonomie und Politik und spielt die instituierende Macht *mit* der Ökonomie *gegen* die Politik aus.

Wenn man die institutionsgebende Macht oder eben »das Rechtliche« im Gegensatz dazu jedoch als das rechtstheoretische Pendant zum

441 Thomas Vesting spricht diesbezüglich von »Persönlichkeitsidealen«, deren »Vorstellungskraft und Kreativität sich primär in (natur-)wissenschaftlichen, technologischen und wirtschaftlichen und nicht in unmittelbar politischen oder rechtlichen Zusammenhängen manifestiert.« Thomas Vesting, *Gentleman, Manager, Homo Digitalis*, S. 223. Am Ende dieses Satzes findet sich eine Fußnote, welche die normativen Prämissen dieser Annahme offen zutage legt. Sie verweist nämlich auf eine Passage von Deirdre McCloskey, in welcher diese vorschlägt, den »Bill-Gates-Typen aufblühen [zu] lassen«, weil es das »richtige Modell« sei, »die kommerziell erprobten Weltverbesserer – die Unternehmer, die kreativen Zerstörer – als Helden zu sehen.« Dies., *Why Liberalism Works. How True Liberal Values Produce a Freer, More Equal, Prosperous World for All*, New Haven: Yale University Press 2019, S. 161.

radikaldemokratischen Begriff des Politischen verstehen möchte, und einen solchen Ansatz habe ich in dieser Untersuchung zu entwickeln versucht, dann können diese nicht von ihrem späteren Gelingen aus begriffen werden, weil sie damit nur wieder an ein Werk, einen Zweck oder eben an eine Funktion gebunden würden. Sich reflexiv dem Werden hinzugeben, das man zu beschreiben sucht, erfordert vielmehr, die verwendeten Begriffe gleichsam offenzuhalten für solche Unterbrechungen, welche den bereits instituierten Kriterien der eigenen Theorieanlage harren.

Darüber hinaus ist es nicht selten auch das, was man mit Rancière als die »Kompetenz der Inkompetenten«[442] oder mit Daniel Loick als die »Überlegenheit der Unterlegenen«[443] beschreiben könnte, worin die Bedingung der Möglichkeit solcher Erfolgserzählungen liegt. Schließlich bedarf es hinsichtlich einer nachhaltigen Veränderung der sozialen Wirklichkeit, wie auch immer diese aussehen mag, nicht nur einzelner Köpfe mit klugen Ideen: Es bedarf vieler schaffenden Hände, welche die Häuser bauen, in denen diese leben; welche das Essen ernten, welches sie zu sich nehmen und welche die Bücher drucken, aus denen sie ihr Wissen beziehen. Statt einem Vorgehen, in welchem der ausgewiesene Erfolg einer Erzählung diese retroaktiv bestätigt, avisiert die radikale Demokratietheorie des Rechts eine nietzscheanische Umwertung in dem Sinne, dass das vermeintliche Scheitern selbst als Gelingen ausgewiesen wird.

Der Erfolg einer solchen Praxis lässt sich dann weder im Vorhinein kalkulieren noch im Nachhinein beziffern, weil er sich gerade dem verschreibt, was sich ihrer symbolischen Ordnung entzieht. Somit geht es auch weniger darum, die blinden Flecken zu schließen, die sich in der Theorie notwendigerweise auftun, als darum, immer wieder *neue* und *andere* als die bereits bestehenden blinden Flecken zu produzieren.

442 Jacques Rancière, *Politik und Ästhetik*, S. 30.

443 Daniel Loick, *Die Überlegenheit der Unterlegenen. Eine Theorie der Gegengemeinschaften*, Berlin: Suhrkamp 2024, S. 46 ff. und passim.

Schluss: Der Seestern

Ich möchte mit einem Bild schließen, das der frühe Niklas Luhmann 1972 in einer eher beiläufigen Bemerkung zu einem Vergleich des modernen Rechts »mit organischen Systemen« und somit dem angestellt hat, was man auch einen politischen Körper nennen könnte. Bei einem solchen Vergleich müsse er nämlich unweigerlich an einen »Seestern« denken, zu dem es weiter heißt: »der sich bewegt, weil er durch eine Vielzahl von Kontaktstellen mit der Umwelt punktuell gereizt wird, nicht aber, weil er auf Grund endogener Reizerzeugung durch ein Zentralnervensystem gesteuert wird.«[1] Weil sich also gerade kein Kopf – und damit insbesondere keine Politik – in die dezentral organisierten Angelegenheiten des Rechts einmische, so die dahinterliegende Botschaft, scheinen sich dessen Operationen wie motorische Reflexe passgenau auf den spezifischen Stimulus beziehen zu können. Die längst eingeübten Bewegungen des Rechts vollziehen sich ohne Kopf gerade besser statt schlechter, weil dieser das Ganze unter seiner Ägide einheitlich zu regieren versuchen würde. Damit ist nicht weniger als eine illustrative Umschreibung zunächst der *Responsivität* gegenüber dem gewonnen, was das konstituierte Recht nicht ist und was ich in ebendieser Generalität als »das Politische« zu beschreiben vorschlage.

Die ledrige und stachlige Haut trennt das Innenleben des kopflosen Körpers, also Recht wie Seestern gleichermaßen, nicht bloß von seiner Außenseite, sondern verbindet beide Seiten zugleich. Das plötzliche Ereignis einer »Berührung« bewirkt insofern, um abermals Nancy aufzugreifen, eine singuläre Relation von Innen und Außen, die man auch als »Übertragung« oder »Mitteilung« beschreiben könnte und die auf eine vorgängige »Exposition« (*ex-peau-sition*) der Immanenz gegenüber einem Anderen hindeutet, von dem sie affiziert wird.[2] Das dadurch ermöglichte Wechselspiel aus Reiz und Reaktion in die eine oder andere Richtung aufzulösen, würde für eine radikale Demokratietheorie des Rechts allerdings bedeuteten, entweder den modernen Begriff des Rechts (im Sinne der Säkularisierung, Positivierung oder Ausdifferenzierung) oder den radikaldemokratischen Begriff des Politischen (im Sinne des Zugleichs aus radikaler Negativität und Potenzialität) aufgeben zu müssen.

Somit soll Responsivität nicht bedeuten, dass die rechtliche Verfassung eine hinreichende oder auch nur ansatzweise zufriedenstellende Antwort auf ihre permanente Infragestellung durch das Politische finden könnte.

1 Ein Wiederabdruck aus dem *Jahrbuch für Rechtssoziologie und Rechtstheorie* 1972 (Bd. 2, S. 255 ff.) findet sich in: Niklas Luhmann, »Systemtheoretische Beiträge zur Rechtstheorie«, in: ders., *Ausdifferenzierung des Rechts*, Frankfurt am Main: Suhrkamp 1981, S. 241 (257).

2 Jean-Luc Nancy, *Die undarstellbare Gemeinschaft*, S. 130.

Sie soll bedeuten, sich dessen irreduziblem Anspruch nicht entledigen zu können und selbst dann noch auf es zu reagieren, wenn es sich fälschlicherweise für unpolitisch erklärt und im rechtspositivistischen Mythos seiner Neutralität wähnt. Schließlich wäre ein Seestern, welcher sich hermetisch gegenüber seiner Umwelt abschottet, schlicht und ergreifend nicht lebensfähig. Ein entsprechendes Bild vom Recht würde zumal ganz der vormodernen Karikatur einer leblosen, mechanischen und erstarrten Form entsprechen, die viele seiner radikalen bis radikaldemokratischen Kritikerinnen zeichnen.

Wie jeder andere hinkt freilich auch dieser Vergleich. Bei Luhmann ist die Verwendung der Metapher vom »organischen System« schon durch seine autopoietische Wende und der damit einhergehenden Fokussierung auf die Selbstreferenz rechtlicher Operationen korrumpiert.[3] Mit den funktionalistischen Scheuklappen gegenüber der Umwelt – als bloßem Rauschen – geht nämlich eine Blindheit gegenüber solchen Elementen wie Medien, Kulturtechniken und damit überhaupt der Materialität des Rechts einher. Wie auch schon hinsichtlich der missverständlichen Rede von der »Entkörperung« oder »Undarstellbarkeit« einer radikal verstandenen Demokratie werbe ich demgegenüber für ein Theorieangebot, welches seinen Untersuchungsgegenstand ausgehend von den modernen Verkörperungsbedingungen der Textualität zu verstehen sucht. Wurde das Recht zuvor noch *der Literatur* in dem anspruchsvollen Sinne entgegengesetzt, den ihr die Romantik und der Dekonstruktivismus gegeben haben, wird es in einer solchen Perspektive selbst *als Literatur* und im weiteren Sinne *als Kultur* betrachtet. Für eine radikale Demokratietheorie des Rechts bietet sich das schon deshalb an, weil die sich zu dessen Begriff des Politischen metonymisch verhaltenden Gedankenbewegungen einer ästhetischen Überschreitung, einer alteritätsethischen Exposition wie auch das messianische Kommen gerade vor dem Hintergrund ebendieser symbolischen Matrix entwickelt wurden.

Während also Luhmann die Reflexivität noch ganz dem »Kunstwerk« vorenthalten will und diesbezüglich verlauten lässt, dass er es für gänzlich »irreführend« halte, die Nichtvollendung des Werkes unter einen allgemeinen Begriff »des Lesens« zu subsumieren, versucht der vorgestellte Ansatz, das Recht gerade dadurch zu begreifen, dass es immer wieder seine »Automatismen zu unterbrechen und das Verstehen eines Textes als Kunstwerk zu verzögern« vermag.[4] Wieder mit Nancy wäre

3 Den »modernen Systembegriff« bezeichnet Susanne Lüdemann als »unmittelbare[n] Nachfolger des älteren Organismus-Begriffs« und sieht in der »systemtheoretischen Gesellschaftsbeschreibung« noch die »Einheitssemantik« als dessen »imaginäres *Surplus*« angelegt. Dies., *Metaphern der Gesellschaft*, S. 15 ff. (18).

4 Niklas Luhmann, *Die Kunst der Gesellschaft*, S. 46.

das Kunstwerk des modernen Rechts damit das »Organische« schlechthin, weil dieses sich aus sich selbst heraus bilden respektive erhalten muss, aber doch niemals vollenden lässt.[5] Die organische Entwicklung des Rechts würde dann – ganz der Intervention des französischen Dekonstruktivismus gegenüber dem deutschen Idealismus entsprechend – darin bestehen, dass dieses sich nicht mehr im mythischen Schein eines politischen Werkes oder eben einer göttlichen Gerechtigkeit wähnt, sondern sich gerade dadurch seiner Vollendung annähert, dass es sich gegenüber seinem Überschuss und radikal Anderen exponiert und dadurch nicht *etwas*, sondern *sich* selbst in seiner Unvollendbarkeit mitteilt.

Nichts anderes soll es bedeuten, dass der Seestern und nach seinem Vorbild das moderne Recht zwar keinen Kopf, aber einen Körper haben. Wo das Ganze nämlich zuvor noch von einem erhöhten Zentrum des Sozialen beherrscht wurde, dem Kopf des Königs oder dem Mund des Gesetzes, ist in der Moderne ein offener Schriftkorpus getreten, der sich um keinen autoritären Personenkult, sondern um ein schriftliches Dokument wie das Grundgesetz rankt. Dieses ist in eine juristische Leseordnung aus Texten und noch mehr Texten eingebettet, in denen sowohl die Autorschaft als auch die Autorität des Gesetzes diffus geworden ist und rechtliche Bedeutungen permanent auf dem Prüfstand stehen. Aufgrund der hermeneutischen Zumutung, wonach das Gesetz erst gelesen werden muss, damit es verstanden werden kann, verteilt sich die Deutungsherrschaft über das Recht auf eine unbestimmte Vielzahl von Köpfen. Und selbst, wenn sich zwischen ihnen Asymmetrien herausbilden und nicht wenige Stimmen unerhört bleiben, kann doch niemand der Sprechenden endgültig für sich beanspruchen, das letzte Wort zu haben. Nicht selten erfährt der ostentative Verweis auf die herrschende Meinung oder die ständige Rechtsprechung sogar den größten Widerspruch. Und das ist gut und richtig so, bedenkt man nur einmal die radikaldemokratische Lektion, wonach dort, wo die Infragestellung durch das Politische verdrängt wird, sie früher oder später wiederkehren wird – und zwar in einer tendenziell monströsen und pervertierten Gestalt.

Insofern vermag der Vergleich des modernen Rechts mit dem Seestern nicht mehr, aber auch nicht weniger als eine abschließende Blaupause für eine radikale Demokratietheorie des Rechts zu liefern. Die betreffende Passage schließt Luhmann übrigens mit der Feststellung, dass in der Moderne die »Gerechtigkeit« als »endogene Reizquelle« und »Perfektionsbegriff des Rechts« ausgefallen und bisher nicht ersetzt worden sei.[6] Selbst wenn der damit zitierte Autor wohl kaum damit einverstanden wäre, ließe sich abschließend fragen, ob mit dem radikaldemokratischen Begriff des Politischen nicht bereits eine solche Nachfolge gefunden ist.

5 Philippe Lacoue-Labarthe/Jean-Luc Nancy, *Das Literarisch-Absolute*, S. 91.
6 Niklas Luhmann, »Systemtheoretische Beiträge zur Rechtstheorie«, S. 241 (258).

Danksagung

Das vorliegende Buch ist die nahezu unüberarbeitete Dissertation, die ich im Januar 2023 am Fachbereich Rechtswissenschaft der Goethe-Universität in Frankfurt am Main eingereicht habe. Der gesamte Text ist, nachdem ich einen ersten Entwurf zum Thema »Das Fremde und das Recht« nach mehr als drei Jahren verworfen habe, im Zeitraum zwischen Anfang 2021 und Ende 2022 entstanden. Sophie Loidolt habe ich es zu verdanken, dass einige Gedanken des vorherigen Manuskripts in einer 2024 eingereichten Masterthesis eine neue Heimat finden konnten. Die vorliegende Arbeit ist gewissermaßen eine Probe der dazu entwickelten Positionen auf dem Feld der radikalen Demokratietheorie.

Die Freiheit für ein solches Experiment, das immer auch die Möglichkeit des Scheiterns impliziert, war für mich ein akademisches Privileg, das ich vor allem Thomas Vesting verdanke. Einerseits durfte ich eine Stelle als Wissenschaftlicher Mitarbeiter an seiner Professur für Öffentliches Recht, Recht und Theorie der Medien wahrnehmen. Andererseits haben er und Klaus Günther mir als meine Betreuer eine Wissenschaftskultur vorgelebt, die das jeweils eigene Theorieprogramm nicht hinter einer Filiationsideologie zu verstecken sucht, sondern sich in der ständigen Kontroverse prüft und fortentwickelt. Ich habe es vor diesem Hintergrund ebenso als Recht wie auch als Pflicht empfunden, meinen eigenen Weg einzuschlagen. Dass mich dieser zwischen den beiden Polen einer englisch-amerikanischen Kultur- und Medientheorie auf der einen Seite sowie der Kritischen Theorie und Diskursethik auf der anderen Seite zur sog. *French Theory* geführt hat, ist wahrscheinlich kein Zufall; immerhin liegt Paris zwischen London und Frankfurt.

Viele mir nahestehende Personen haben einzelne Aspekte oder auch ganze Kapitel mit mir diskutiert. Andere hingegen haben Korrektur gelesen oder das Manuskript für die Druckfassung redigiert. Dafür und noch so viel mehr möchte ich mich insbesondere bei folgenden Personen bedanken: Samira Akbarian, Andreas Engelmann, Anna Menzel, Clarissa Kehrl, Felix Kämper, Dirk Köppen, Fabienne Peter, Steffen Sander, Christopher Scheid, Alexander Schickedanz, Philip Schimchen, Fabian Steinhauer, Carolin Stix, Fynn Wenglarczyk und Isa Weyhknecht-Diehl. Ein ganz besonderer Dank gilt Max Wedekind. Die Unzulänglichkeiten dieser Arbeit, allen voran ihr Umfang, konnten jedoch auch durch ihre tatkräftige Unterstützung nicht verhindert werden.

Beim Verfassen des Textes hat mich stets der Gedanke begleitet, dass Rudolf Wiethölter ihn eines Tages lesen könnte. Dieser Wunsch lässt sich leider nicht mehr erfüllen. Seinen Kolloquien verdanke ich viele prägende Ideen dieser Arbeit, nicht zuletzt ihren Schluss. Ausufernde Schriften wie diese entschuldigte er in seiner Großmütigkeit nicht selten mit einem Zitat, wonach Goethe in einem viel zu langen Brief an einen Freund geschrieben haben soll, dass er für einen kurzen eben »keine Zeit« gehabt habe. Auch mir fehlte die Zeit, und das in so vieler Hinsicht.

Frankfurt, den 24.11.2024

Ausführliches Inhaltsverzeichnis

§ 3 Recht, kopflos

Literatur

Abensour, Miguel (2012): *Demokratie gegen den Staat. Marx und das machiavellistische Moment*. Aus dem Französischen von Andrea Hemminger, Berlin: Suhrkamp.

Adorno, Theodor W. (1966): *Negative Dialektik*, Frankfurt am Main: Suhrkamp.

Agamben, Giorgio (2002): *Homo sacer. Die souveräne Macht und das nackte Leben*. Aus dem Italienischen von Hubert Thüring, Berlin: Suhrkamp.

Agamben, Giorgio (2003): *Die kommende Gemeinschaft*. Aus dem Italienischen von Andreas Hiepko, Berlin: Merve.

Agamben, Giorgio (2005): *State of Exception*. Aus dem Italienischen von Kevin Attell, Chicago und London: University of Chicago Press.

Agamben, Giorgio (2015): *Die Zeit, die bleibt. Ein Kommentar zum Römerbrief*. Aus dem Italienischen von Davide Giuriato. 5. Aufl., Frankfurt am Main: Suhrkamp.

Agamben, Giorgio; Badiou, Alain; Bensaïd, Daniel; Brown, Wendy; Nancy, Jean-Luc; Rancière, Jacques; Ross, Kristin (2016): *Demokratie? Eine Debatte*, 3. Aufl., Berlin: Suhrkamp.

Akbarian, Samira (2023): *Ziviler Ungehorsam als Verfassungsinterpretation*, Tübingen: Mohr Siebeck.

Amlinger, Carolin (2020): »Rechts dekonstruieren. Die Neue Rechte und ihr widersprüchliches Verhältnis zur Postmoderne«, in: *Leviathan* 48 (2), S. 318–337.

Anderson, Benedict (1996): *Die Erfindung der Nation. Zur Karriere eines erfolgreichen Konzepts*. Aus dem Englischen von Christoph Münz und Benedikt Burkard, Frankfurt am Main und New York: Campus Verlag.

Aristoteles (1995): *Nikomachische Ethik. Philosophische Schriften (Bd. 3)*. Aus dem Altgriechischen von Eugen Rolfes, Hamburg: Felix Meiner Verlag.

Assmann, Aleida (1991): »Fest und flüssig. Anmerkungen zu einer Denkfigur«, in: dies. und Dietrich Harth (Hrsg.), *Kultur als Lebenswelt und Monument. Über die Lesbarkeit des Leibes und einige andere Voraussetzungen der Kulturanalyse*, Frankfurt am Main: S. Fischer Taschenbuch Verlag, S. 181–199.

Assmann, Aleida (1993): »Exkarnation. Gedanken zur Grenze zwischen Körper und Schrift«, in: Jörg Huber und Alois Martin Müller (Hrsg.), *Raum und Verfahren*, Zürich: Museum für Gestaltung, S. 133–156.

Assmann, Aleida (2017): *Einführung in die Kulturwissenschaft. Grundbegriffe, Themen, Fragestellungen*, 4. Aufl., Berlin: Schmidt.

Assmann, Jan (2015): *Exodus. Die Revolution der Alten Welt*, München: C.H. Beck.

Assmann, Jan (2017): *Das kulturelle Gedächtnis: Schrift, Erinnerung und politische Identität in frühen Hochkulturen. Schrift, Erinnerung und politische Identität in frühen Hochkulturen*, 7. Aufl. München: C.H. Beck.

Auer, Marietta (2018): Zum *Erkenntnisziel der Rechtstheorie. Philosophische Grundlagen multidisziplinärer Rechtswissenschaft*, Baden-Baden: Nomos Verlagsgesellschaft.

Augsberg, Ino (202): »Die Normalität der Normativität«, in: *Juristenzeitung* 75 (9), S. 425–431.

Augsberg, Ino (2007): »Das Gespinst des Rechts. Zur Relevanz von Netzwerkmodellen im juristischen Diskurs«, in: *Rechtstheorie* 38 (4), S. 479–493.

Augsberg, Ino (2013): »›Das moralische Gefühl in mir‹. Zu Kants Konzeption menschlicher Freiheit und Würde als Auto-Heteronomie«, in: *Juristenzeitung* 68 (11), S. 533–584.

Augsberg, Ino (2016): *Kassiber. Die Aufgabe der juristischen Hermeneutik*, Mohr Siebeck: Tübingen.

Augsberg, Ino (2016): »Verfassung als Text und Versprechen«, in: *Rechtstheorie* 47 (2), S. 183–197.

Augsberg, Ino (2020): *Die Lesbarkeit des Rechts. Texttheoretische Lektionen für eine postmoderne juristische Methodologie*, 2. Aufl., Weilerswist: Velbrück Wissenschaft.

Augsberg, Ino (2020): »Kreuzstiche«, in: ders., *Schmitt-Lektüren. Vier Versuche über Carl Schmitt.* Berlin: Duncker & Humblot, S. 73–97.

Augsberg, Ino (2020): »Von einem, der auszog, das Fürchten zu lehren«, in: Ino Augsberg: Sch*mitt-Lektüren. Vier Versuche über Carl Schmitt,* Berlin: Duncker & Humblot, S. 14–48.

Augsberg, Ino (2021): *Elemente einer Theorie des expositiven Rechts*, Weilerswist: Velbrück Wissenschaft.

Badiou, Alain (2009): *In praise of love.* Aus dem Französischen von Nicolas Truong, London, England: Serpent's Tail.

Badiou, Alain (2015): *Ethik. Versuch über das Bewusstsein des Bösen*, Wien: Verlag Turia + Kant.

Badiou, Alain (2018): *Paulus. Die Begründung des Universalismus.* Aus dem Französischen von Heinz Jatho, Zürich: diaphanes.

Badiou, Alain; Rancière, Jacques (2014): *Politik der Wahrheit.* Aus dem Französischen von Rado Riha, 3. Aufl., Wien: Turia & Kant.

Balibar, Etienne (1993): *Die Grenzen der Demokratie.* Aus dem Französischen von Thomas Laugstien, Hamburg: Argument Verlag.

Balibar, Etienne (1993): »Was ist eine Politik der Menschenrechte?«, in: Etienne Balibar: *Die Grenzen der Demokratie.* Aus dem Französischen von Thomas Laugstien, Hamburg: Argument Verlag, S. 195–220.

Balke, Friedrich (1992): »Die Figur des Fremden bei Carl Schmitt und Georg Simmel«, in: *Sociología Internationalis* 30 (1), S. 35–59.

Balke, Friedrich (2001): »Wie man einen König tötet oder: Majesty in Misery«, in: *Deutsche Vierteljahrsschrift für Literaturwissenschaft und Geistesgeschichte* 56 (5), 657-679.

Barthes, Roland (2000): »Der Tod des Autors«, in: Fotis Jannidis, Gerhard Lauer und Matías Martínez (Hrsg.), *Texte zur Theorie der Autorschaft*, Stuttgart: Reclam, S. 185–193.

Barthes, Roland (2016): *Die Lust am Text*, 14. Aufl., Frankfurt am Main: Suhrkamp.

Bataille, Georges (1985): *Die Aufhebung der Ökonomie*. Aus dem Französischen von Traugott König, Heinz Abosch und Gerd Bergfleth, 2. Aufl., München: Matthes & Seitz.

Bataille, Georges (1997): »Die psychologische Struktur des Faschismus«, in: Georges Bataille: *Die psychologische Struktur des Faschismus/Die Souveränität*. Aus dem Französischen von Rita Bischof, Elisabeth Lenk und Xenia Rajewsky. Hrsg. v. Elisabeth Lenk, München: Matthes & Seitz, S. 7–44.

Bataille, Georges (1997): »Die Souveränität«, in: ders., *Die psychologische Struktur des Faschismus/Die Souveränität*. Aus dem Französischen von Rita Bischof, Elisabeth Lenk und Xenia Rajewsky. Hrsg. v. Elisabeth Lenk, München: Matthes & Seitz, S. 45–86.

Bataille, Georges (1999): »Nietzsche im Lichte des Marxismus«, in: ders., *Wiedergutmachung an Nietzsche. Das Nietzsche-Memorandum und andere Texte*. Aus dem Französischen von Gerd Bergfleth, München: Matthes & Seitz, S. 257–271.

Bataille, Georges (1999): »Nietzsche und Christus«, in: ders., *Wiedergutmachung an Nietzsche. Das Nietzsche-Memorandum und andere Texte*. Aus dem Französischen von Gerd Bergfleth, München: Matthes & Seitz, S. 229–256.

Bataille, Georges (1999): »Nietzsche und die Faschisten«, in: ders., *Wiedergutmachung an Nietzsche. Das Nietzsche-Memorandum und andere Texte*. Aus dem Französischen von Gerd Bergfleth, München: Matthes & Seitz, S. 139–168.

Bataille, Georges (1999): »Nietzsche und die Moral«, in: ders., *Wiedergutmachung an Nietzsche. Das Nietzsche-Memorandum und andere Texte*. Aus dem Französischen von Gerd Bergfleth, München: Matthes & Seitz, S. 219–228.

Bataille, Georges (1999): »Nietzsche und Thomas Mann«, in: ders., *Wiedergutmachung an Nietzsche. Das Nietzsche-Memorandum und andere Texte*. Aus dem Französischen von Gerd Bergfleth, München: Matthes & Seitz, S. 271–298.

Bataille, Georges (1999): »Nietzsche-Chronik«, in: ders., *Wiedergutmachung an Nietzsche. Das Nietzsche-Memorandum und andere Texte*. Aus dem Französischen von Gerd Bergfleth, München: Matthes & Seitz, S. 181–202.

Bataille, Georges (1999): »Nietzsche-Memorandum«, in: ders., *Wiedergutmachung an Nietzsche. Das Nietzsche-Memorandum und andere Texte*. Aus dem Französischen von Gerd Bergfleth, München: Matthes & Seitz, S. 9–135.

Bataille, Georges (1999): »Thesen über den Faschismus und über den Tod Gottes«, in: ders., *Wiedergutmachung an Nietzsche. Das Nietzsche-Memorandum und andere Texte*. Aus dem Französischen von Gerd Bergfleth, München: Matthes & Seitz, S. 169-180.

Bataille, Georges (2005): »Der Gipfel und der Niedergang«, in: ders., *Nietzsche und der Wille zur Chance. Atheologische Summe (Bd. III)*. Aus dem Französischen von Gerd Bergfleth, Berlin: Matthes & Seitz, S. 33–48.

Bataille, Georges (2005): »Die ›Tasse Tee‹, ›Zen‹ und das geliebte Wesen (Tagebuch Februar-April 1944)«, in: ders., *Nietzsche und der Wille zur Chance. Atheologische Summe (Bd. III)*. Aus dem Französischen von Gerd Bergfleth, Berlin: Matthes & Seitz, S. 83–110.

Bataille, Georges (2005): »Die Position der Chance (Tagebuch April-Juni 1944)«, in: ders., *Nietzsche und der Wille zur Chance. Atheologische Summe (Bd. III)*. Aus dem Französischen von Gerd Bergfleth, Berlin: Matthes & Seitz, S. 111–158.

Bataille, Georges (2005): »Herr Nietzsche«, in: ders., *Nietzsche und der Wille zur Chance. Atheologische Summe (Bd. III)*. Aus dem Französischen von Gerd Bergfleth, Berlin: Matthes & Seitz, S. 33–48.

Bataille, Georges (2005): »Nietzsche und der Nationalsozialismus«, in: ders., *Nietzsche und der Wille zur Chance. Atheologische Summe (Bd. III)*. Aus dem Französischen von Gerd Bergfleth, Berlin: Matthes & Seitz, S. 221–229.

Bataille, Georges (2012): »Die intellektuellen und moralischen Folgen der Arbeitsbedingungen in der zeitgenössischen Gesellschaft«, in: ders., *Die Aufgaben des Geistes. Gespräche und Interviews 1948–1961*. Aus dem Französischen von Rita Bischof, Berlin: Matthes & Seitz Berlin, S. 148–154.

Bataille, Georges (2012): »Wer sind sie, Georges Bataille?«, in: ders., *Die Aufgaben des Geistes. Gespräche und Interviews 1948–1961*. Aus dem Französischen von Rita Bischof, Berlin: Matthes & Seitz Berlin, S. 49–74.

Bataille, Georges (2016): »Die Abwesenheit des Mythos«, in: ders., *Henker und Opfer*. Aus dem Französischen von Gerd Bergfleth, 2. Aufl., Berlin: Matthes & Seitz, S. 81–83.

Bataille, Georges (2017): *Die innere Erfahrung*. Aus dem Französischen von Gerd Bergfleth, 2. Aufl., Berlin: Matthes & Seitz.

Bataille, Georges (2018): »The Sacred Conspiracy«, in: ders., *The Sacred Conspiracy. The Internal Papers of the Secret Society of Acephale and Lecturers to the College of Sociology*. Hrsg. v. Marina Galletti und Alastair Brotchie, London: Atlas Press, S. 123-126.

Bataille, Georges (2018): »Annual Summation, 24 September 1937«, in: ders., *The Sacred Conspiracy. The Internal Papers of the Secret Society of Acephale and Lecturers to the College of Sociology*. Hrsg. v. Marina Galletti und Alastair Brotchie, London: Atlas Press, S. 235–237.

Bataille, Georges (2018): »Instructions for the ›Encounter‹ in the Forest«, in: ders., *The Sacred Conspiracy. The Internal Papers of the Secret Society of Acephale and Lecturers to the College of Sociology*. Hrsg. v. Marina Galletti und Alastair Brotchie, London: Atlas Press, S. 177–178.

Bataille, Georges (2018): »What I have to say...«, in: ders., *The Sacred Conspiracy. The Internal Papers of the Secret Society of Acephale and Lecturers to the College of Sociology*. Hrsg. v. Marina Galletti und Alastair Brotchie, London: Atlas Press, S. 161–166.

Bauman, Zygmunt (2006): *Verworfenes Leben. Die Ausgegrenzten der Moderne*. Aus dem Englischen von Werner Roller, 2. Aufl., Hamburg: Hamburger Edition.

Beccaria, Cesare (1988): *Über Verbrechen und Strafen. Nach der Ausgabe von 1766*. Herausgegeben von Wilhelm Aff, Frankfurt am Main: Insel-Verlag.

Bedorf, Thomas (2003): *Dimensionen des Dritten. Sozialphilosophische Modelle zwischen Ethischem und Politischem,* München: Wilhelm Fink Verlag.

Bedorf, Thomas (2007): »Bodenlos. Der Kampf um den Sinn im Politischen«, in: *Deutsche Zeitschrift für Philosophie* 55 (5), S. 689–715.

Bedorf, Thomas (2010): »Das Politische und die Politik - Konturen einer Differenz«, in: ders. und Kurt Röttgers (Hrsg.), *Das Politische und die Politik,* Berlin: Suhrkamp, S. 13–37.

Benhabib, Seyla (2016): *Kosmopolitismus ohne Illusionen. Menschenrechte in unruhigen Zeiten*. Aus dem Amerikanischen von Andreas Fliedner, Jeanette Ehrmann, Stefan Eich und Karin Wördemann, Berlin: Suhrkamp.

Benhabib, Seyla (2017): *Die Rechte der Anderen. Ausländer, Migranten, Bürger*. Aus dem Englischen von Frank Jakubzik, Berlin: Suhrkamp.

Benjamin, Walter (1978): »Brief an Ernst Schoen vom 7. April 1919«, in: ders., *Briefe (Bd. 1)*. Hrsg. v. Gershom Scholem und Theodor W. Adorno, Frankfurt am Main: Suhrkamp, S. 208.

Benjamin, Walter (1978): »Brief an Gerhard Scholem ca. vom 01.12.1920«, in: ders., *Briefe (Bd. 1)*. Hrsg. v. Gershom Scholem und Theodor W. Adorno, Frankfurt am Main: Suhrkamp, S. 245–247.

Benjamin, Walter (1991): »Das Kunstwerk im Zeitalter seiner technischen Reproduzierbarkeit. Erste Fassung«, in: ders., *Gesammelte Schriften (Bd. I). Abhandlungen*. Hrsg. v. Rolf Tiedemann und Hermann Schweppenhäuser, Frankfurt am Main: Suhrkamp, S. 431–470.

Benjamin, Walter (1991): »Das Passagen Werk: Aufzeichnungen und Materialien«, in: ders., *Gesammelte Schriften (Bd. V). Das Passagen-Werk*. Hrsg. v. Rolf Tiedemann und Hermann Schweppenhäuser, Frankfurt am Main: Suhrkamp, S. 79–654.

Benjamin, Walter (1991): »Das Recht zur Gewaltanwendung. (Blätter für religiösen Sozialismus I 4)«, in: ders., *Gesammelte Schriften (Bd. VI). Fragmente vermischten Inhalts, Autopbiographische Schriften*. Hrsg. v. Rolf Tiedemann und Hermann Schweppenhäuser, Frankfurt am Main: Suhrkamp, S. 104–108.

Benjamin, Walter (1991): »Der Begriff der Kunstkritik in der deutschen Romantik«, in: ders., *Gesammelte Schriften (Bd. I). Abhandlungen*. Hrsg. v. Rolf Tiedemann und Hermann Schweppenhäuser, Frankfurt am Main: Suhrkamp, S. 7–122.

Benjamin, Walter (1991): »Der Sürrealismus. Die letzte Momentaufnahme der europäischen Intelligenz«, in: ders., *Gesammelte Schriften (Bd. II). Aufsätze, Essays, Vorträge*. Hrsg. v. Rolf Tiedemann und Hermann Schweppenhäuser, Frankfurt am Main: Suhrkamp, S. 295–310.

Benjamin, Walter (1991): »Die Aufgabe des Übersetzers«, in: ders., *Gesammelte Schriften (Bd. IV). Kleine Prosa, Baudelaire-Übertragungen.* Hrsg. v. Tillman Rexroth, Frankfurt am Main: Suhrkamp, S. 9–21.

Benjamin, Walter (1991): »Fragmente vermischten Inhalts. Zur Geschichtsphilosophie, Historik und Politik«, in: ders., *Gesammelte Schriften (Bd. VI). Fragmente vermischten Inhalts, Autopbiographische Schriften.* Hrsg. v. Rolf Tiedemann und Hermann Schweppenhäuser, Frankfurt am Main: Suhrkamp, S. 90–104.

Benjamin, Walter (1991): »Goethes Wahlverwandschaften«, in: ders., *Gesammelte Schriften (Bd. I). Abhandlungen.* Hrsg. v. Rolf Tiedemann und Hermann Schweppenhäuser, Frankfurt am Main: Suhrkamp, S. 123–202.

Benjamin, Walter (1991): »Kapitalismus als Religion«, in: ders., *Gesammelte Schriften (Bd. VI). Fragmente vermischten Inhalts, Autopbiographische Schriften.* Hrsg. v. Rolf Tiedemann und Hermann Schweppenhäuser, Frankfurt am Main: Suhrkamp, S. 100–103.

Benjamin, Walter (1991): »Schicksal und Charakter«, in: ders., *Gesammelte Schriften (Bd. II). Aufsätze, Essays, Vorträge.* Hrsg. v. Rolf Tiedemann und Hermann Schweppenhäuser, Frankfurt am Main: Suhrkamp, S. 171–179.

Benjamin, Walter (1991): »[Theologisch-politisches Fragment]«, in: ders., *Gesammelte Schriften (Bd. II). Aufsätze, Essays, Vorträge.* Hrsg. v. Rolf Tiedemann und Hermann Schweppenhäuser, Frankfurt am Main: Suhrkamp, S. 203–204.

Benjamin, Walter (1991): »Über das Programm der kommenden Philosophie«, in: ders., *Gesammelte Schriften (Bd. II). Aufsätze, Essays, Vorträge.* Hrsg. v. Rolf Tiedemann und Hermann Schweppenhäuser, Frankfurt am Main: Suhrkamp, S. 157–171.

Benjamin, Walter (1991): »Über den Begriff der Geschichte«, in: ders., *Gesammelte Schriften (Bd. I). Abhandlungen.* Hrsg. v. Rolf Tiedemann und Hermann Schweppenhäuser, Frankfurt am Main: Suhrkamp, S. 691–706.

Benjamin, Walter (1991): »Über Sprache überhaupt und über die Sprache des Menschen«, in: ders., *Gesammelte Schriften (Bd. II). Aufsätze, Essays, Vorträge.* Hrsg. v. Rolf Tiedemann und Hermann Schweppenhäuser, Frankfurt am Main: Suhrkamp, S. 140–157.

Benjamin, Walter (1991): »Ursprung des deutschen Trauerspiels«, in: ders., *Gesammelte Schriften (Bd. I). Abhandlungen.* Hrsg. v. Rolf Tiedemann und Hermann Schweppenhäuser, Frankfurt am Main: Suhrkamp, S. 203–430.

Benjamin, Walter (1991): »Zur Kritik der Gewalt«, in: ders., *Gesammelte Schriften (Bd. II). Aufsätze, Essays, Vorträge.* Hrsg. v. Rolf Tiedemann und Hermann Schweppenhäuser, Frankfurt am Main: Suhrkamp, S. 179–203.

Berman, Harold J. (1999): *Law and revolution (Bd. I). The formation of the Western legal tradition*, 10. Aufl., Cambridge (Mass): Harvard University Press.

Billaud-Varenne, Jacques Nicolas (1791): *L'Acéphocratie, ou le gouvernement fédératif. démontré le meilleur de tous, pour un grand empire, par les principes de la politique et les faits de l'histoire*, Paris: (s.n.).

Bischof, Rita (1984): *Souveränität und Subversion. Georges Batailles Theorie der Moderne*, München: Matthes & Seitz.
Bischof, Rita (1997): »Über den Gesichtspunkt, von dem aus gedacht wird«, in: ders., *Die psychologische Struktur des Faschismus/Die Souveränität.* Aus dem Französischen von Rita Bischof, Elisabeth Lenk und Xenia Rajewsky. Hrsg. v. Elisabeth Lenk, München: Matthes & Seitz, S. 87–120.
Bischof, Rita (2010): *Tragisches Lachen. Die Geschichte von Acéphale,* Berlin: Matthes & Seitz.
Blanchot, Maurice (1987): »Das Athenäum«, in: Volker Bohn (Hrsg.), *Romantik. Literatur und Philosophie*, Frankfurt am Main: Suhrkamp, S. 107–121.
Blanchot, Maurice (2007): »Den Bruch bejahen«, in: ders., *Politische Schriften 1958–1993*. Aus dem Französischen von Marcus Coelen, Berlin: diaphanes, S. 107–109.
Blanchot, Maurice (2007): »[Die möglichen Eigenschaften ...]«, in: ders., *Politische Schriften 1958–1993*. Aus dem Französischen von Marcus Coelen, Berlin: diaphanes, S. 99–103.
Blanchot, Maurice (2010): *Das Neutrale. Schriften und Fragmente zur Philosophie*. Aus dem Französischen von Marcus Coelen, Zürich: diaphanes.
Blanchot, Maurice (2010): »Die Freundschaft«, in: ders., *Die Freundschaft.* Aus dem Französischen von Ulrich Kunzmann, Berlin: Matthes & Seitz, S. 369–375.
Blanchot, Maurice (2010): »Die Literatur und das Recht auf den Tod«, in: ders., *Das Neutrale. Schriften und Fragmente zur Philosophie.* Aus dem Französischen von Marcus Coelen, Zürich: diaphanes, S. 47–92.
Blanchot, Maurice (2010): »Unterbrechung«, in: ders., *Das Neutrale. Schriften und Fragmente zur Philosophie.* Aus dem Französischen von Marcus Coelen, Zürich: diaphanes, S. 171–178.
Blanchot, Maurice (2015): *Die uneingestehbare Gemeinschaft.* Aus dem Französischen von Gerd Bergfleth, 2. Aufl., Berlin: Matthes & Seitz.
Blanchot, Maurice (2017): »Die innere Erfahrung«, in: Georges Bataille, *Die innere Erfahrung.* Aus dem Französischen von Gerd Bergfleth, 2. Aufl., Berlin: Matthes & Seitz, S. 271–276.
Blanning, Tim (2010): *The Romantic Revolution. A History*, London: Orion Books.
Blättler, Christine; Voller, Christian (2016): »Einleitung«, in: Christine Blättler und Christian Voller (Hrsg.), *Walter Benjamin - Politisches Denken*, Baden-Baden: Nomos, S. 9–32.
Blumenberg, Hans (1997): »Theorie der Unbegrifflichkeit«, in: ders., *Schiffbruch mit Zuschauer. Paradigma einer Daseinsmetapher.* Frankfurt am Main: Suhrkamp, S. 85–106.
Blumenberg, Hans (2001): *Arbeit am Mythos*, 6. Aufl., Frankfurt am Main: Suhrkamp.
Blumenberg, Hans (2003): *Die Lesbarkeit der Welt*, Frankfurt am Main: Suhrkamp.
Blumenberg, Hans (2007): *Theorie der Unbegrifflichkeit.* Unter Mitarbeit von Anselm Haverkamp, Frankfurt am Main: Suhrkamp.

Blumenberg, Hans (2014): *Präfiguration. Arbeit am politischen Mythos*, Berlin: Suhrkamp.

Blumenberg, Hans (2015): *Paradigmen zu einer Metaphorologie*, 6. Aufl., Frankfurt am Main: Suhrkamp.

Blumenberg, Hans (2017): »Das Verhältnis von Natur und Technik als philosophisches Problem«, in: ders., *Ästhetische und metaphorologische Schriften*, 5. Aufl., Hrsg. v. Anselm Haverkamp. Frankfurt am Main: Suhrkamp, S. 253–265.

Blumenberg, Hans (2017): »Licht als Metapher der Wahrheit. Im Vorfeld der philosophischen Begriffsbildung«, in: ders., *Ästhetische und metaphorologische Schriften.*, Hrsg. v. Anselm Haverkamp, 5. Aufl., Frankfurt am Main: Suhrkamp, S. 139–171.

Böckenförde, Ernst-Wolfgang (1976): »Die Entstehung des Staates als Vorgang der Säkularisierung«, in: Ernst-Wolfgang Böckenförde, *Staat, Gesellschaft, Freiheit. Studien zur Staatstheorie und zum Verfassungsrecht*, Frankfurt am Main: Suhrkamp (163), S. 42–64.

Böckenförde, Ernst-Wolfgang; Dohrn-van Rossum, Gerhard (2004): »Organ, Organismus, Organisation, politischer Körper«, in: Otto Brunner (Hrsg.), *Geschichtliche Grundbegriffe (Bd. IV). Mi–Pre,* Stuttgart: Klett-Cotta, S. 519–622.

Bohlender, Matthias (2020): »Karl Marx«, in: Dagmar Comtesse, Oliver Flügel-Martinsen, Franziska Martinsen und Martin Nonhoff (Hrsg.), *Radikale Demokratietheorie. Ein Handbuch*, 2. Aufl., Berlin: Suhrkamp, S. 68–77.

Bohrer, Karl Heinz (2007): *Die Kritik der Romantik. Der Verdacht der Philosophie gegen die literarische Moderne,* 4. Aufl., Frankfurt am Main: Suhrkamp.

Bohrer, Karl Heinz (1998): »1968: Die Phantasie an die Macht? Studentenbewegung – Walter Benjamin – Surrealismus«, in: *Merkur 1998 Heft* 17, S. 288–300.

Botting, Fred; Wilson, Scott (1997): »Introduction: From Experience to Economy«, in: Georges Bataille, *The Bataille Reader.* Hrsg. v. Fred Botting und Scott Wilson, Oxford (UK) und Malden (USA, MA): Blackwell Publishing, S. 1–34.

Bourdieu, Pierre (2020): *Sozialer Sinn. Kritik der theoretischen Vernunft*, 11. Aufl., Frankfurt am Main: Suhrkamp.

Breckman, Warren (2016): »Zwei Ordnungen des Symbolischen. Radikale Demokratie zwischen Romantik und Strukturalismus«, in: Paula Diehl und Felix Steilen (Hrsg.), Pol*itische Repräsentation und das Symbolische. Historische, politische und soziologische Perspektiven,* Wiesbaden: Springer VS, S. 51–64.

Bredekamp, Horst (2000): »Ikonographie des Staates. Der Leviathan und seine Folgen«, in: *Kritische Justiz* 33 (3), S. 395–411.

Bredekamp, Horst (2012): *Thomas Hobbes, Der Leviathan. Das Urbild des modernen Staates und seine Gegenbilder, 1651–2001,* 4. Aufl., Berlin: Akademie Verlag.

Breuer, Stefan (2012): *Carl Schmitt im Kontext. Intellektuellenpolitik in der Weimarer Republik*, Berlin: De Gruyter.

Breuer, Stefan (2017): *Kritische Theorie. Schlüsselbegriffe, Kontroversen, Grenzen*, Tübingen: Mohr Siebeck.

Brie, Siegfried (1909): *Der Volksgeist bei Hegel und in der historischen Rechtsschule*, Berlin und Leipzig: Dr. Walther Rothschild.

Brotchie, Alastair (2018): »The College of Sociology: a Paradoxical Institution«, in: Georges Bataille, *The Sacred Conspiracy. The Internal Papers of the Secret Society of Acephale and Lecturers to the College of Sociology*. Hrsg. v. Marina Galletti und Alastair Brotchie, London: Atlas Press, S. 63–88.

Büchner, Georg (1879): »Dantons Tod. Ein Drama«, in: Georg Büchner, *Sämmtliche Werke und handschriftlicher Nachlaß. Erste kritische Gesammt-Ausgabe*. Hrsg. v. Karl Emil Franzos, Frankfurt am Main: J. D. Sauerländer's Verlag, S. 1–97.

Buckel, Sonja (2015): *Subjektivierung und Kohäsion. Zur Rekonstruktion einer materialistischen Theorie des Rechts*, 2. Aufl., Weilerswist: Velbrück Wissenschaft.

Burckhardt, Martin (2018): »Der Kapitalismus ist tot (er weiß es nur noch nicht). Marx' ›Maschinenfragment‹ und die Logik des Plattform-Kapitalismus«, in: *Merkur - Deutsche Zeitschrift für europäisches Denken* 831, 28–33.

Butler, Judith (1997): *Körper von Gewicht. Gender Studies*, Frankfurt am Main: Suhrkamp.

Butler, Judith (2021): *Psyche der Macht. Das Subjekt der Unterwerfung*, 11. Aufl. Frankfurt am Main: Suhrkamp.

Castells, Manuel (2010): *The power of identity. The Information Age: Economy, Society and Culture (Bd. II)*, 2. Aufl., Chichester: Wiley-Blackwell.

Castoriadis, Cornelius (1984): *Gesellschaft als imaginäre Institution. Entwurf einer politischen Philosophie*. Aus dem Französischen von Horst Brühmann, Frankfurt am Main: Suhrkamp.

Castoriadis, Cornelius (1990): »Das Gebot der Revolution«, in: Ulrich Rödel (Hrsg.), *Autonome Gesellschaft und libertäre Demokratie*. Aus dem Französischen von Kathrina Menke, Frankfurt am Main: Suhrkamp, S. 54–88.

Castoriadis, Cornelius (1997): »The Logic of Magmas and the Question of Autonomy«, in: Cornelius Castoriadis, *The Castoriadis Reader*. Aus dem Französischen und Hrsg. v. David Ames Cutris, Oxford (UK) und Malden (USA, MA): Blackwell Publishing., S. 290–318.

Castoriadis, Cornelius (2006): »Macht, Politik, Autonomie«, in: Cornelius Castoriadis, *Autonomie oder Barbarei. Ausgewählte Schriften (Bd. 1)*. Aus dem Französischen von Michael Halfbrodt, Lich: Edition AV, S. 135–168.

Castoriadis, Cornelius (2006): »Welche Demokratie?«, in: Cornelius Castoriadis, *Autonomie oder Barbarei. Ausgewählte Schriften (Bd. 1)*. Aus dem Französischen von Michael Halfbrodt, Lich: Edition AV, 69–112.

Castoriadis, Cornelius (2009): »Die vorweggenommene Revolution«, in: Cornelius Castoriadis, *Mai 68. Die vorweggenommene Revolution*. Aus dem Französischen von Michael Halfbrodt, Moers: Syndikat-A, S. 11–56.

Castoriadis, Cornelius (2021): »Der Schriftsteller und die Demokratie«, in: Cornelius Castoriadis, *Fenster zum Chaos. Schriften zu Kultur und Kunst. Ausgewählte Schriften (Bd. 9)*. Aus dem Französischen von Michael Halfbrodt, Hrsg. v. Michael Halfbrodt und Harald Wolf. Bodenburg: Edition AV, S. 77–94.

Celikates, Robin (2008): »Communitas – Immunitas – Bíos: Roberto Espositos Politik der Gemeinschaft«, in: Claas Morgenroth und Janine Böckelmann (Hrsg.), *Politik der Gemeinschaft*, Bielefeld: transcript, S. 49–67.

Christensen, Ralph (2010): »Postmoderne Methodik oder: Überlebt der König seine Enthauptung in der Regel?«, in: *Kritische Justiz* 43 (2), S. 223–228.

Christensen, Ralph; Lerch, Kent D. (2004-2005): »Performanz. Die Kunst, Recht geschehen zu lassen«, in: Kent D. Lerch (Hrsg.), *Recht vermitteln. Strukturen, Formen und Medien der Kommunikation im Recht. Die Sprache des Rechts (Bd. 3)*, Berlin und New York: Walter de Gruyter, S. 55–132.

Christians, Ingo (2011): »Zeit«, in: Henning Ottmann (Hrsg.), *Nietzsche-Handbuch. Leben - Werk – Wirkung*, Stuttgart: J.B. Metzler, S. 358–360.

Clam, Jean (2002): *Was heisst, sich an Differenz statt an Identität orientieren? Zur De-ontologisierung in Philosophie und Sozialwissenschaft*, Konstanz: UVK Verlagsgesellschaft.

Claviez, Thomas; Wetzel, Dietmar (2016): *Zur Aktualität von Jacques Rancière. Einleitung in sein Werk*, Wiesbaden: Springer VS.

Cohen, Hermann (1921): *Ethik des reinen Willens. System der Philosophie: Zweiter Teil*, 3. Aufl., Berlin: Bruno Cassirer.

Cover, Robert (1983): »The Supreme Court, 1982 Term. Foreword: Nomos and Narrative«, in: *Harvard Law Review* 97 (1), S. 1–68.

Cover, Robert (1985): »The Folkstales of Justice«, in: *Capital University Law Review* 197 (14), S. 179–203.

Cover, Robert (1986): »Violence and the Word«, in: *The Yale Law Journal* 95 (8), S. 1601–1629.

Cover, Robert (1988): »Bringing the Messiah through the Law«, in: *Nomos* 30, S. 201–217.

Defert, Daniel; Ewald, François (2014): »Zeittafel«, in: Michel Foucault, *Dits et Ecrits (Bd. I). 1954–1969*. Aus dem Französischen von Michael Bischoff, Hans-Dieter Gondek und Hermann Kocyba. Hrsg. v. Daniel Defert und François Ewald, 3. Aufl., Frankfurt am Main: Suhrkamp, S. 15–106.

Deleuze, Gilles (1994): »Philosophie und Minorität«, in: Joseph Vogl (Hrsg.), *Gemeinschaften. Positionen zu einer Philosophie des Politischen*, Frankfurt am Main: Suhrkamp, S. 205–207.

Deleuze, Gilles (2017): »Postskriptum über die Kontrollgesellschaften«, in: ders., *Unterhandlungen. 1972–1990*. Aus dem Französischen von Gustav Rossler, 6. Aufl., Frankfurt am Main: Suhrkamp, S. 254–262.

Deleuze, Gilles; Guattari, Félix (2007): *Tausend Plateaus*. Aus dem Französischen von Gabriele Ricke und Ronald Voullié, Berlin: Merve Verlag.

Derrida, Jacques (1988): *Randgänge der Philosophie*. Aus dem Französischen von Gerhard Ahrens. Hrsg. v. Peter Engelmann, Wien: Passagen Verlag.

Derrida, Jacques (1988): »Signatur Ereignis Kontext«, in: ders., *Randgänge der Philosophie*. Aus dem Französischen von Gerhard Ahrens. Hrsg. v. Peter Engelmann, Wien: Passagen Verlag, S. 291–314.

Derrida, Jacques (1994): *Die Schrift und die Differenz*. Aus dem Französischen von Rodolphe Gasché, 6. Aufl., Frankfurt am Main: Suhrkamp.

Derrida, Jacques (1994): »Von der beschränkten zur allgemeinen Ökonomie. Ein rückhaltloser Hegelianismus«, in: ders., *Die Schrift und die Differenz*. Aus dem Französischen von Rodolphe Gasché, 6. Aufl., Frankfurt am Main: Suhrkamp, S. 380–421.

Derrida, Jacques (2000): »Otobiographien. Die Lehre Nietzsches und die Politik der Eigennamen«, in: Friedrich Kittler und Jacques Derrida: *Nietzsche - Politik des Eigennamens. Wie man abschafft, wovon man spricht*, Berlin: Merve Verlag (Merve, 225), S. 9–63.

Derrida, Jacques (2015): *Politik der Freundschaft*. Aus dem Französischen von Stefan Lorenzer, Frankfurt am Main: Suhrkamp.

Derrida, Jacques (2017): *Gesetzeskraft. Der ›mystische Grund der Autorität‹*. Aus dem Französischen von Alexander García Düttmann, 8. Aufl., Frankfurt am Main: Suhrkamp.

Derrida, Jacques (2018): »Frage des Fremden: vom Fremden kommend. Vierte Sitzung (am 10. Januar 1996)«, in: ders., *Von der Gastfreundschaft*. Aus dem Französischen von Markus Sedlaczek. Hrsg. v. Peter Engelmann, 5. Aufl., Wien: Passagen Verlag, S. 13–58.

Derrida, Jacques (2019): *Marx' Gespenster. Der Staat der Schuld, die Trauerarbeit und die neue Internationale*. Aus dem Französischen von Susanne Lüdemann, 6. Aufl., Frankfurt am Main: Suhrkamp.

Derrida, Jacques (2021): *Grammatologie*. Übersetzt von Hans-Jörg Rheinberger und Hanns Zischler, 15. Aufl., Frankfurt am Main: Suhrkamp.

Descombes, Vincent (1987): *Das Selbe und das Andere. Fünfundvierzig Jahre Philosophie in Frankreich, 1933–1978*. Aus dem Französischen von Ulrich Raulff, 2. Aufl., Frankfurt am Main: Suhrkamp.

Descombes, Vincent (2013): *Die Rätsel der Identität*. Aus dem Französischen von Jürgen Schröder, Berlin: Suhrkamp.

Descombes, Vincent (2014): *The Institutions of Meaning. A Defense of Anthropological Holism*, Cambridge (Mass): Harvard University Press.

Diehl, Paula (2015): *Das Symbolische, das Imaginäre und die Demokratie. Eine Theorie politischer Repräsentation*, Baden-Baden: Nomos.

Dunn, Susan (1994): *The Deaths of Louis XVI. Regicide and the French Political Imagination*, Princeton (N.J.): Princeton University Press.

Durkheim, Émile (1981): *Die elementaren Formen des religiösen Lebens*. Aus dem Französischen von Ludwig Schmidts, Frankfurt am Main: Suhrkamp.

Eiland, Howard; Jennings, Michael W. (2020): *Walter Benjamin. Eine Biografie*. Aus dem Englischen von Ulrich Fries und Irmgard Müller, Berlin: Suhrkamp.

Engelmann, Andreas (2019): »Recht als Kultur - Rechtswissenschaft als Kulturwissenschaft«, in: *Rechtsphilosophie – Zeitschrift für die Grundlagen des Rechts* 5 (2), S. 129–141.

Engelmann, Andreas (2020): *Rechtsgeltung als institutionelles Projekt. Zur kulturellen Verortung eines rechtswissenschaftlichen Begriffs*, Weilerswist: Velbrück Wissenschaft.

Eribon, Didier (2017): *Gesellschaft als Urteil. Klassen, Identitäre, Wege.* Aus dem Französischen von Tobias Haberkorn, Frankfurt am Main: Suhrkamp.

Esposito, Roberto (2004): *Communitas. Ursprung und Wege der Gemeinschaft.* Aus dem Italienischen von Sabine Schulz und Francesca Raimondi, Zürich: diaphanes.

Esposito, Roberto (2004): *Immunitas. Schutz und Negation des Lebens.* Aus dem Italienischen von Sabine Schulz, Zürich: diaphanes.

Evangelische Kirche in Deutschland (1999): *Die Bibel. Nach der Übersetzung Martin Luthers.* Stuttgart: Die Deutsche Bibelgesellschaft.

Ewald, François (2015): *Der Vorsorgestaat.* Aus dem Französischen von Wolfram Bayer und Hermann Kocyba, 2. Aufl., Frankfurt am Main: Suhrkamp.

Ezrahi, Yaron (2015): *Imagined Democracies. Necessary Political Fictions*, New York: Cambridge University Press.

Fellmann, Ferdinand (2020): *Phänomenologie. Zur Einführung*, 4. Aufl., Hamburg: Junius.

Finkelde, Dominik (2009): *Politische Eschatologie nach Paulus. Badiou – Agamben – Žižek – Santner*, Wien: Turia + Kant.

Finkelde, Dominik (2020): »Zur Notwendigkeit eines ›Ministeriums für kollektive Phantasiepflege und Transgression«, in: *Metodo* 8 (1), S. 79–104.

Fischer-Lescano, Andreas (2013): *Rechtskraft*, Berlin: August.

Fischer-Lescano, Andreas (2014): »Radikale Rechtskritik«, in: *Kritische Justiz* 47 (1), S. 2–26.

Fish, Stanley (2011): »Das Recht möchte formal sein«, in: ders., *Das Recht möchte formal sein. Essays.* Aus dem Amerikanischen von Klaus Binder, Berlin: Suhrkamp, S. 112–170.

Fish, Stanley (2011): »Gewalt«, in: ders., *Das Recht möchte formal sein. Essays.* Aus dem Amerikanischen von Klaus Binder, Berlin: Suhrkamp, S. 171–197.

Flügel-Martinsen, Oliver (2017): *Befragungen des Politischen. Subjektkonstitution – Gesellschaftsordnung – Radikale Demokratie,* Wiesbaden: Springer VS.

Flügel-Martinsen, Oliver (2020): *Radikale Demokratietheorien. Zur Einführung*, Hamburg: Junius.

Fögen, Marie Theres (2003): *Römische Rechtsgeschichten. Über Ursprung und Evolution eines sozialen Systems*, 2. Aufl., Göttingen: Vandenhoeck & Ruprecht.

Forst, Rainer (2014): *Das Recht auf Rechtfertigung. Elemente einer konstruktivistischen Theorie der Gerechtigkeit.*, 3. Aufl., Frankfurt am Main: Suhrkamp.

Foucault, Michel (1978): »Ein Spiel um die Psychoanalyse. Gespräch mit Angehörigen des *Departement de Psychanalyse* der Universität Paris/

Vincennes«, in: ders., *Dispositive der Macht. Über Sexualität, Wissen und Wahrheit*. Berlin: Merve Verlag, 118–175.

Foucault, Michel (1985): *Wahnsinn und Gesellschaft. Eine Geschichte des Wahns im Zeitalter der Vernunft*. Aus dem Französischen von Ulrich Köppen, 6. Aufl., Frankfurt am Main: Suhrkamp.

Foucault, Michel (1988): *Die Ordnung der Dinge. Eine Archäologie der Humanwissenschaften*. Aus dem Französischen von Ulrich Köppen, 7. Aufl., Frankfurt am Main: Suhrkamp.

Foucault, Michel (1992): *Was ist Kritik? Aus dem Französischen von Walter Seitter*, Berlin: Merve.

Foucault, Michel (1994): *Überwachen und Strafen. Die Geburt des Gefängnisses*. Aus dem Französischen von Walter Seitter, Frankfurt am Main: Suhrkamp.

Foucault, Michel (1996): *Der Mensch ist ein Erfahrungstier. Gespräch mit Ducio Trombadori*. Aus dem Französischen von Horst Brühmann. Frankfurt am Main: Suhrkamp.

Foucault, Michel (2003): »Gespräch mit Michel Foucault«, in: ders., *Dits et Ecrits (Bd. III). 1976–1979*. Aus dem Französischen von Michael Bischoff, Hans-Dieter Gondek, Hermann Kocyba und Jürgen Schröder. Hrsg. v. Daniel Defert und François Ewald, Frankfurt am Main: Suhrkamp, S. 186–212.

Foucault, Michel (2003): »Mächte und Strategien (Gespräch)«, in: ders., *Dits et Ecrits (Bd. III). 1976–1979*. Aus dem Französischen von Michael Bischoff, Hans-Dieter Gondek, Hermann Kocyba und Jürgen Schröder. Hrsg. v. Daniel Defert und François Ewald, Frankfurt am Main: Suhrkamp, S. 538–550.

Foucault, Michel (2005): »Die Maschen der Macht«, in: ders., *Dits et Ecrits (Bd. IV). 1980–1988*. Aus dem Französischen von Michael Bischoff, Ulrike Bokelmann, Horst Brühmann, Hans-Dieter Gondek, Hermann Kocyba und Jürgen Schröder. Hrsg. v. Daniel Defert und François Ewald, Frankfurt am Main: Suhrkamp, S. 224–244.

Foucault, Michel (2005): »›Omnes et singulatim‹: Zu einer Kritik der politischen Vernunft«, in: ders., *Dits et Ecrits (Bd. IV). 1980–1988*. Aus dem Französischen von Michael Bischoff, Ulrike Bokelmann, Horst Brühmann, Hans-Dieter Gondek, Hermann Kocyba und Jürgen Schröder. Hrsg. v. Daniel Defert und François Ewald, Frankfurt am Main: Suhrkamp, S. 165–198.

Foucault, Michel (2009): *Die Geburt der Biopolitik. Geschichte der Gouvernementalität II*. Aus dem Französischen von Jürgen Schröder, Frankfurt am Main: Suhrkamp.

Foucault, Michel (2014): »Auf dem Präsentierteller«, in: ders., *Dits et Ecrits (Bd. II). 1970–1975*. Aus dem Französischen von Reiner Ansén, Michael Bischoff, Hans-Dieter Gondek, Hermann Kocyba und Jürgen Schröder. Hrsg. v. Daniel Defert und François Ewald., 2. Aufl., Frankfurt am Main: Suhrkamp, S. 888–894.

Foucault, Michel (2014): »Das Denken des Außen«, in: ders., *Dits et Ecrits*

(Bd. I). 1954–1969. Aus dem Französischen von Michael Bischoff, Hans-Dieter Gondek und Hermann Kocyba. Hrsg. v. Daniel Defert und François Ewald, 3. Aufl., Frankfurt am Main: Suhrkamp, S. 670–696.

Foucault, Michel (2014): *Die Sprache, unendlich*, in: ders., *Dits et Ecrits (Bd. I). 1954-1969.* Aus dem Französischen von Michael Bischoff, Hans-Dieter Gondek und Hermann Kocyba. Hrsg. v. Daniel Defert und François Ewald, 3. Aufl., Frankfurt am Main: Suhrkamp, S. 342–356.

Foucault, Michel (2014): »Die Verpflichtung zu schreiben«, in: ders., *Dits et Ecrits (Bd. I). 1954–1969.* Aus dem Französischen von Michael Bischoff, Hans-Dieter Gondek und Hermann Kocyba. Hrsg. v. Daniel Defert und François Ewald, 3. Aufl., Frankfurt am Main: Suhrkamp, S. 572.

Foucault, Michel (2014): »Nietzsche, die Genealogie, die Historie«, in: ders., *Dits et Ecrits (Bd. II). 1970–1975.* Aus dem Französischen von Reiner Ansén, Michael Bischoff, Hans-Dieter Gondek, Hermann Kocyba und Jürgen Schröder. Hrsg. v. Daniel Defert und François Ewald, 2. Aufl., Frankfurt am Main: Suhrkamp, S. 166–190.

Foucault, Michel (2014): »Vorrede zur Überschreitung«, in: ders., *Dits et Ecrits (Bd. I). 1954–1969.* Aus dem Französischen von Michael Bischoff, Hans-Dieter Gondek und Hermann Kocyba. Hrsg. v. Daniel Defert und François Ewald, 3. Aufl., Frankfurt am Main: Suhrkamp, S. 320–341.

Foucault, Michel (2014): »Was ist ein Autor?«, in: ders., *Dits et Ecrits (Bd. I). 1954–1969.* Aus dem Französischen von Michael Bischoff, Hans-Dieter Gondek und Hermann Kocyba. Hrsg. v. Daniel Defert und François Ewald, 3. Aufl., Frankfurt am Main: Suhrkamp, S. 1003–1041.

Foucault, Michel (2015): *Die Wahrheit und die juristischen Formen.* Aus dem Französischen von Michael Bischoff, 4. Aufl., Frankfurt am Main: Suhrkamp.

Foucault, Michel (2019): *Sicherheit, Territorium, Bevölkerung. Vorlesung am Collège de France, 1977–1978*, 6. Aufl., Frankfurt am Main: Suhrkamp.

Foucault, Michel (2020): *Der Wille zum Wissen. Sexualität und Wahrheit (Band I).* Aus dem Französischen von Ulrich Raulff und Walter Seitter, 11. Aufl., Frankfurt am Main: Suhrkamp.

Foucault, Michel (2020): *In Verteidigung der Gesellschaft.* Aus dem Französischen von Michael Ott, 6. Aufl., Frankfurt am Main: Suhrkamp.

Frank, Manfred (1986): »Die Dichtung als ›Neue Mythologie‹«, in: Karl Heinz Bohrer (Hrsg.), *Mythos und Moderne. Begriff und Bild einer Rekonstruktion*, 3. Aufl., Frankfurt am Main: Suhrkamp, S. 15–40.

Frank, Thomas (2002): »Investitur, Devistitur«, in: Thomas Frank, Albrecht Koschorke, Susanne Lüdemann und Ethel Matala de Mazza (Hrsg.), *Des Kaisers neue Kleider. Über das Imaginäre politischer Herrschaft; Texte, Bilder, Lektüren,* Frankfurt am Main: Fischer Taschenbuch Verlag, S. 218–232.

Frankenberg, Günter (2010): *Staatstechnik. Perspektiven auf Rechtsstaat und Ausnahmezustand*, Berlin: Suhrkamp.

Franzki, Hannah (2020): »Post-Juridische Rechtstheorien: Benjamin, Menke,

Loick«, in: Sonja Buckel, Ralph Christensen und Andreas Fischer-Lescano (Hrsg.), *Neue Theorien des Rechts*, 3. Aufl., Tübingen: UTB GmbH, S. 67–86.

Früchtl, Josef (2007): »Auf ein Neues: Ästhetik und Politik. Und dazwischen das Spiel: Angestoßen durch Jacques Rancière«, in: *Deutsche Zeitschrift für Philosophie* 55 (2), S. 209–219.

Gamm, Gerhard (1994): *Flucht aus der Kategorie. Die Positivierung des Unbestimmten als Ausgang aus der Moderne*, Frankfurt am Main: Suhrkamp.

Gamm, Gerhard (2016): *Der Deutsche Idealismus. Eine Einführung in die Philosophie von Fichte, Hegel und Schelling*, Stuttgart: Reclam.

Gatens, Moira (1996): *Imaginary Bodies. Ethics, Power and Corporeality*, London und New York: Routledge.

Gauchet, Marcel (1990): »Die totalitäre Erfahrung und das Denken des Politischen«, in: Ulrich Rödel (Hrsg.), *Autonome Gesellschaft und libertäre Demokratie*. Aus dem Französischen von Kathrina Menke, Frankfurt am Main: Suhrkamp, S. 207–238.

Gaus, Daniel (2013): »Rationale Rekonstruktion als Methode politischer Theorie zwischen Gesellschaftskritik und empirischer Politikwissenschaft«, in: *Politische Vierteljahresschrift* 54 (2), S. 231–255.

Geertz, Clifford (2003): *Dichte Beschreibung. Beiträge zum Verstehen kultureller Systeme*. Aus dem Amerikanischen von Brigitte Luchesi und Rolf Bindemann, Frankfurt am Main: Suhrkamp.

Gehring, Petra (1997): »Gesetzeskraft und mystischer Grund. Die Dekonstruktion nähert sich dem Recht«, in: Hans-Dieter Gondek und Bernhard Waldenfels (Hrsg.), *Einsätze des Denkens. Zur Philosophie von Jacques Derrida*, Frankfurt am Main: Suhrkamp, S. 226–255.

Gehring, Petra (2003): »Kraft durch Form. Rechtsbestimmtheitspostulat und Justizverweigerungsverbot«, in: Joseph Vogl (Hrsg.), *Gesetz und Urteil. Beiträge zu einer Theorie des Politischen*, Weimar: VDG Weimar, S. 57–74.

Gehring, Petra (2015): »Foucaults ›juridischer‹ Machttyp, die Geschichte der Gouvernementalität und die Frage nach Foucaults Rechtstheorie«, in: Susanne Krasmann und Michael Volkmer (Hrsg.), *Michel Foucaults ›Geschichte der Gouvernementalitat‹ in den Sozialwissenschaften. Internationale Beiträge*, Bielefeld: transcript, S. 157–180.

Gehring, Petra (2020): »Foucault für alle Zwecke … hier: der politischen Theorie. Oliver Marchart und Renate Martinsen versammeln Beiträge zum Politischen«, in: *Ethik und Gesellschaft* (2), abrufbar unter https://doi.org/10.18156/eug-2-2020-rez-12 (Zugriff: 22.10.22).

Geisenhanslüke, Achim (2014): *Die Sprache der Infamie. Literatur und Ehrlosigkeit*, Paderborn: Wilhelm Fink.

Gelhard, Andreas (2005): *Das Denken des Unmöglichen. Sprache, Tod und Inspiration in den Schriften Maurice Blanchots*, München: Wilhelm Fink Verlag.

Gelhard, Andreas (2009): »Maurice Blanchot«, in: Thomas Bedorf und Kurt Röttgers (Hrsg.), *Die französische Philosophie im 20. Jahrhundert. Ein*

Autorenhandbuch, Darmstadt: WBG Wissenschaftliche Buchgesellschaft, S. 61–66.

Gertenbach, Lars; Laux, Henning; Rosa, Hartmut; Strecker, David (2018): *Theorien der Gemeinschaft. Zur Einführung,* Hamburg: Junius.

Gierke, Otto von (1874): »Die Grundbegriffe des Staatsrechts und die neuesten Staatsrechtstheorien (Teil II)«, in: *Zeitschrift für die gesamte Staatswissenschaft* 30 (2), S. 265–335.

Gondek, Hans-Dieter (1999): »Azephalische Subjektivität. Gabe, Gesetz und Überschreitung bei Bataille und Lacan«, in: Andreas Hetzel und Peter Wiechens (Hrsg.), *Georges Bataille. Vorreden zur Überschreitung*, Würzburg: Königshausen und Neumann, S. 157–184.

Goodrich, Peter (2021): *Advanced Introduction to Law and Literature*, Cheltenham (UK) und Northampton (Mass.): Edward Elgar Publishing.

Greenfeld, Liah (2003): *Nationalism. Five Roads to Modernity*, 7. Aufl., Cambridge (Mass.): Harvard University Press.

Greenfeld, Liah (2016): *Advanced Introduction to Nationalism*, Cheltenham: Edward Elgar Publishing.

Grimm, Jacob (1815): »Von der Poesie im Recht«, in: *Zeitschrift für geschichtliche Rechtswissenschaft* 2 (1), S. 25–99.

Grimm, Jacob (1953): »Brief vom 9. März 1807«, in: Jacob Grimm und Wilhelm Grimm, *Briefe der Brüder Grimm an Savigny. Aus dem Savignyschen Nachlass*. Hrsg. v. Ingeborg Schnack und Wilhelm Schoof, Berlin, Bielefeld und München: E. Schmidt, S. 28–31.

Grimm, Jacob; Grimm, Wilhelm (1862): *Deutsches Wörterbuch. E-Forsche (Bd. 3)*, Leipzig: Hirzel.

Grimm, Jacob; Grimm, Wilhelm (1953): *Briefe der Brüder Grimm an Savigny. Aus dem Savignyschen Nachlass*. Hrsg. v. Ingeborg Schnack und Wilhelm Schoof, Berlin, Bielefeld und München: E. Schmidt.

Gross, Raphael (2005): *Carl Schmitt und die Juden. Eine deutsche Rechtslehre*, Frankfurt am Main: Suhrkamp.

Gumbrecht, Hans Ulrich (2020): *Crowds. Das Stadion als Ritual von Intensität*, Frankfurt am Main: Vittorio Klostermann.

Günther, Klaus (1992): *Der Sinn für Angemessenheit. Anwendungsdiskurse in Moral und Recht*, Frankfurt am Main: Suhrkamp.

Günther, Klaus (2001): »Variationsspielräume des Erzählbaren. Juristische Normen und individuelle Fallgeschichten: Verbindungslinien zwischen Recht und Literatur«, in: *Frankfurter Rundschau*, 20.11.2001, S. 20.

Günther, Klaus (2014): »Normativer Rechtspluralismus - Eine Kritik«, in: *Normative Orders Working Paper* (3), S. 1–21.

Günther, Klaus (2021): »Legalität als Waffe? Zur Dialektik von Entlegitimierung und Relegitimierung der Legalität bei Schmitt und Kervégan«, in: *Rechtsphilosophie – Zeitschrift für die Grundlagen des Rechts* 7 (2), S. 141–157.

Habermas, Jürgen (1987): »Wie ist Legitimität durch Legalität möglich?«, in: *Kritische Justiz* 20 (1), S. 1–16.

Habermas, Jürgen (1988): *Der philosophische Diskurs der Moderne. 12 Vorlesungen,* 4. Aufl., Frankfurt am Main: Suhrkamp.

Habermas, Jürgen (1995): *Theorie des kommunikativen Handelns (Bd. I). Zur Kritik der funktionalistischen Vernunft. Handlungsrationalität und gesellschaftliche Rationalisierung*, Frankfurt am Main: Suhrkamp.

Habermas, Jürgen (1997): *Die Einbeziehung des Anderen. Studien zur politischen Theorie*, 2 Aufl., Frankfurt am Main: Suhrkamp.

Habermas, Jürgen (1997): »Über den internen Zusammenhang von Rechtsstaat und Demokratie«, in: ders., *Die Einbeziehung des Anderen. Studien zur politischen Theorie*, 2 Aufl., Frankfurt am Main: Suhrkamp, S. 293–308.

Habermas, Jürgen (2008): *Ach, Europa. Kleine politische Schriften (Bd. XI)*, 5. Aufl., Frankfurt am Main: Suhrkamp.

Habermas, Jürgen (2008): »Hat die Demokratie noch eine epistemische Dimension? Empirische Forschung und normative Theorie«, in: ders., *Ach, Europa. Kleine politische Schriften (Bd. XI)*, 5. Aufl., Frankfurt am Main: Suhrkamp, S. 138–191.

Habermas, Jürgen (2012): »›Das Politische‹ – Der vernünftige Sinn eines zweifelhaften Erbstücks der Politischen Theologie«, in: ders., *Nachmetaphysisches Denken (Bd. II). Aufsätze und Repliken*, Berlin: Suhrkamp, S. 238–256.

Habermas, Jürgen (2013): »Motive nachmetaphysischen Denkens«, in: ders., *Nachmetaphysisches Denken. Philosophische Aufsätze*, 6. Aufl., Frankfurt am Main: Suhrkamp, S. 35–62.

Habermas, Jürgen (2019): *Auch eine Geschichte der Philosophie. Die okzidentale Konstellation von Glauben und Wissen (Bd. 1)* und *Vernünftige Freiheit - Spuren des Diskurses über Glauben und Wissen (Bd. 2)*, Berlin: Suhrkamp.

Habermas, Jürgen (2019): *Faktizität und Geltung. Beiträge zur Diskurstheorie des Rechts und des demokratischen Rechtsstaats*, 7. Aufl., Frankfurt am Main: Suhrkamp.

Habermas, Jürgen (2019): »Noch einmal: Zum Verhältnis von Moralität und Sittlichkeit«, in: *Deutsche Zeitschrift für Philosophie* 67 (5), 729–743.

Habermas, Jürgen (2019): *Strukturwandel der Öffentlichkeit. Untersuchungen zu einer Kategorie der bürgerlichen Gesellschaft.* 16. Aufl., Frankfurt am Main: Suhrkamp.

Habermas, Jürgen (2022): »Deliberative Demokratie. Ein Interview«, in: ders., *Ein neuer Strukturwandel der Öffentlichkeit und die deliberative Politik*, Berlin: Suhrkamp, S. 69–88.

Habermas, Jürgen (2022): »Was heißt ›deliberative Demokratie‹? Einwände und Missverständnisse«, in: ders., *Ein neuer Strukturwandel der Öffentlichkeit und die deliberative Politik*, Berlin: Suhrkamp, S. 89–109.

Hamacher, Werner (1994): »Afformativ, Streik«, in: Christiaan L. Hart Nibbrig (Hrsg.), *Was heisst ›Darstellen‹?* Frankfurt am Main: Suhrkamp, S. 340–374.

Hamacher, Werner (1998): »Unlesbarkeit«, in: Paul de Man, *Allegorien des Lesens.* Aus dem Amerikanischen von Werner Hamacher und Peter Krumme, Frankfurt am Main: Suhrkamp, S. 7–26.

Hamacher, Werner (2007): »Antwort, Schulden, Verantwortung (Podiumsdiskussion mit Bernhard Waldenfels und Klaus Günther)«, in: Werner Hamacher, *Gesprochene Beziehungen. Philosophische Salons: Frankfurter Dialoge III*. Hrsg. v. Elisabeth Schweeger, München: belleville, S. 37–65.

Hamacher, Werner (2007): »Echolos«, in: ders. (Hrsg.), N*ietzsche aus Frankreich. Essays von Georges Bataille, Maurice Blanchot, Jaques Derrida, Michel Foucault, Pierre Klossowski, Philippe Lacoue-Labarthe, Jean-Luc Nancy und Bernard Pautrat*, Hamburg: Europäische Verlagsanstalt, S. 7–18.

Hamacher, Werner (2011): »Das Theologisch-politische Fragment«, in: Burkhardt Lindner (Hrsg.), *Benjamin-Handbuch. Leben – Werk – Wirkung*, Stuttgart und Weimar: Metzler, S. 175–192.

Hamacher, Werner (2011): »Der ausgesetzte Satz. Friedrich Schlegels poetologische Umsetzung von Fichtes absolutem Grundsatz«, in: ders., *Entferntes Verstehen. Studien zu Philosophie und Literatur von Kant bis Celan*, 2. Aufl., Frankfurt am Main: Suhrkamp, S. 195–234.

Hamacher, Werner (2011): »›Disgregation des Willens‹. Nietzsche über Individuum und Individualität«, in: ders., *Entferntes Verstehen. Studien zu Philosophie und Literatur von Kant bis Celan*, 2. Aufl., Frankfurt am Main: Suhrkamp, S. 113–150.

Hamacher, Werner (2011): »Lectio. De Mans Imperativ«, in: ders., *Entferntes Verstehen. Studien zu Philosophie und Literatur von Kant bis Celan*, 2. Aufl., Frankfurt am Main: Suhrkamp, S. 151–194.

Hamacher, Werner (2018): »Das Recht im Spiegel. Bemerkungen zu einem Satz von Pierre Legendre«, in: ders., Sprachgerechtigkeit. Frankfurt am Main: S. Fischer Verlag, S. 267–282.

Hamacher, Werner (2018): »Dike - Sprachgerechtigkeit«, in: ders., *Sprachgerechtigkeit*, Frankfurt am Main: S. Fischer Verlag, S. 7–49.

Hamacher, Werner (2021): »Messianisches Nicht«, in: ders., *Mit ohne Mit*, Zürich: diaphanes, S. 225–244.

Hamacher, Werner (2021): »Ou, séance, touche de Nancy, ici (I)«, in: ders., *Mit ohne Mit*, Zürich: diaphanes, S. 245–296.

Hamacher, Werner (2021): »Ou, séance, touche de Nancy, ici (II)«, in: Werner Hamacher: *Mit ohne Mit*, Zürich: diaphanes, S. 297–382.

Hardenberg, Friedrich von (1960): »Blüthenstaub-Fragmente«, in: ders., *Novalis: Schriften (Bd. II). Das philosophische Werk I*. Hrsg. v. Richard Samuel, Stuttgart: W. Kohlhammer Verlag, S. 412–474.

Hardenberg, Friedrich von (1960): »Glauben und Lieben oder Der König und die Königin«, in: ders., *Novalis: Schriften (Bd. II). Das philosophische Werk I*. Hrsg. v. Richard Samuel, Stuttgart: W. Kohlhammer Verlag, S. 485–498.

Hardt, Michael; Negri, Antonio (2010): *Common Wealth. Das Ende des Eigentums*. Aus dem Englischen von Thomas Atzert und Andreas Wirthensohn, Frankfurt und New York: Campus Verlag (EBL-Schweitzer).

Hart, H. L. A. (2012): *The Concept of Law*, 3. Aufl., Oxford (UK): Oxford University Press.

Hebekus, Uwe; Matala de Mazza, Ethel (2003): »Zwischen Verkörperung und Ereignis. Zum Andauern der Romantik im Denken des Politischen«, in: dies. und Albrecht Koschorke (Hrsg.), *Das Politische. Figurenlehren des sozialen Körpers nach der Romantik*, München: Wilhelm Fink Verlag, S. 7–22.

Hebekus, Uwe; Völker, Jan (2012): *Neue Philosophien des Politischen. Zur Einführung*, Hamburg: Junius.

Heidegger, Martin (1967): *Sein und Zeit*, 11. Aufl., Tübingen: Max Niemeyer Verlag.

Heidegger, Martin (1989): D*ie Grundprobleme der Phänomenologie. Gesamtausgabe. II. Abteilung: Vorlesungen 1923–1944 (Bd. 24)*, 2. Aufl., Frankfurt am Main: Vittorio Klostermann.

Heidenreich, Felix (2020): *Politische Metaphorologie. Hans Blumenberg heute*, Stuttgart: J.B. Metzler.

Heller, Jonas (2018): *Mensch und Maßnahme. Zur Dialektik von Ausnahmezustand und Menschenrechten*, Weilerswist: Velbrück Wissenschaft.

Herrmann, Steffen (2020): »Radikaldemokratische Institutionen. Gruppenvertretung und Volkstribunat«, in: ders. und Matthias Flatscher (Hrsg.), *Institutionen des Politischen. Perspektiven der radikalen Demokratietheorie*, Baden-Baden: Nomos Verlagsgesellschaft, S. 225–250.

Hesse, Konrad (1995): *Grundzüge des Verfassungsrechts der Bundesrepublik Deutschland*, 20. Aufl., Heidelberg: Müller.

Hetzel, Andreas (2009): »Der Staat im Diskurs der radikalen Demokratie«, in: Michael Hirsch und Rüdiger Voigt (Hrsg.), *Der Staat in der Postdemokratie. Staat, Politik, Demokratie und Recht im neueren französischen Denken*, Stuttgart: Franz Steiner Verlag, S. 171–190.

Hetzel, Andreas (2015): »Klassische Rhetorik und radikale Demokratie«, in: Reinhard Heil und Andreas Hetzel (Hrsg.), *Die unendliche Aufgabe. Kritik und Perspektiven der Demokratietheorie*. Bielefeld: transcript, S. 25–56.

Hetzel, Andreas (2020): »Staat«, in: Dagmar Comtesse, Oliver Flügel-Martinsen, Franziska Martinsen und Martin Nonhoff (Hrsg.), *Radikale Demokratietheorie. Ein Handbuch*, 2. Aufl., Berlin: Suhrkamp, S. 614–621.

Hirsch, Alfred (1995): *Der Dialog der Sprachen. Studien zum Sprach- und Übersetzungsdenken Walter Benjamins und Jacques Derridas,* München: Wilhelm Fink Verlag.

Hirsch, Günter (2007): »Auf dem Weg zum Richterstaat? Vom Verhältnis des Richters zum Gesetzgeber in unserer Zeit«, in: *Juristenzeitung* 62 (18), S. 853–858.

Hirsch, Michael (2007): *Die zwei Seiten der Entpolitisierung. Zur politischen Theorie der Gegenwart*, Stuttgart: Franz Steiner Verlag.

Hirsch, Michael (2010): »Das symbolische Primat des Politischen und seine Kritik«, in: Thomas Bedorf und Kurt Röttgers (Hrsg.), *Das Politische und die Politik*, Berlin: Suhrkamp, S. 335–363.

Hobbes, Thomas (1996): *Leviathan*. Aus dem Englischen von Jutta Schlösser. Hrsg. v. Hermann Klenner, Hamburg: Felix Meiner Verlag.

Höffe, Otfried (2018): »Einführung in Kants Kritik der Urteilskraft«, in: ders. (Hrsg.), *Immanuel Kant: Kritik der Urteilskraft,* 2. Aufl., Berlin und Boston: De Gruyter, S. 1–20.

Honneth, Axel (2011): »›Zur Kritik der Gewalt‹«, in: Burkhardt Lindner (Hrsg.), *Benjamin-Handbuch. Leben - Werk – Wirkung,* Stuttgart und Weimar: Metzler, S. 193–209.

Honneth, Axel (2018): *Anerkennung. Eine europäische Ideengeschichte*, Berlin: Suhrkamp.

Honneth, Axel; Rancière, Jacques (2021): *Anerkennung oder Unvernehmen? Eine Debatte.* Hrsg. v. Katia Genel und Jean-Philippe Deranty. Berlin: Suhrkamp.

Hutchens, B. C. (2005): *Jean-Luc Nancy and the Future of Philosophy.* Chesham: Acumen.

Iseli, Andrea (2009): *Gute Policey. Öffentliche Ordnung in der Frühen Neuzeit*, Stuttgart: Ulmer (3271).

Jhering, Rudolf von (2003): *Der Kampf ums Recht*, 8. Aufl., Frankfurt am Main: Vittorio Klostermann.

Justi, Johann Heinrich Gottlob von (1759): *Grundsätze der Policey-Wissenschaften*, 2. Aufl., Göttingen: Verlag der Witwe Vandenhoeck.

Kalthöner, Christian (2021): *Die Gewalt des Rechts. Analyse und Kritik nach Benjamin und Menke*, Baden-Baden: Nomos Verlagsgesellschaft.

Kant, Immanuel (1974): *Kritik der Urteilskraft. Werkausgabe Band X.* Hrsg. v. Wilhelm Weischedel, Frankfurt am Main: Suhrkamp.

Kant, Immanuel (2017): *Metaphysische Anfangsgründe der Tugendlehre. Metaphysik der Sitten. Zweiter Teil*, Hrsg. v. Bernd Ludwig, 3. Aufl., Hamburg: Felix Meiner Verlag.

Kant, Immanuel (2018): *Metaphysische Anfangsgründe der Rechtslehre. Metaphysik der Sitten. Erster Teil*, Hrsg. v. Bernd Ludwig, 4. Aufl., Hamburg: Felix Meiner Verlag.

Kant, Immanuel (2019): *Grundlegung zur Metaphysik der Sitten.* Hrsg. v. Theodor Valentiner. Ditzingen: Reclam.

Kantorowicz, Ernst H. (1994): *Die zwei Körper des Königs. Eine Studie zur politischen Theologie des Mittelalters.* Aus dem Amerikanischen von Walter Theimer, 2. Aufl., München: Deutscher Taschenbuch Verlag.

Karl Härter (2004): »Policey«, in: Albrecht Cordes, Hans-Peter Haferkamp, Bernd Kannowski, Heiner Lück, Heinrich de Wall, Dieter Werkmüller et al. (Hrsg.), *Handwörterbuch zur deutschen Rechtsgeschichte. Digitalisierte Version*, abrufbar unter: https://www.HRGdigital.de (Zugriff: 22.10.22), 2. Aufl., Berlin: Erich Schmidt Verlag, Sp. 645–646.3

Kelsen, Hans (2017): *Reine Rechtslehre. Studienausgabe der 2. Auflage 1960.* Hrsg. v. Matthias Jestaedt, Tübingen: Mohr Siebeck.

Kervégan, Jean-François (2020): *Was tun mit Carl Schmitt?* Aus dem Französischen übersetzt von Bernd Schwibs, Tübingen: Mohr Siebeck.

Khurana, Thomas (2011): »Paradoxien der Autonomie. Zur Einleitung«, in: ders. und Christoph Menke (Hrsg.), *Paradoxien der Autonomie*, Berlin: August Verlag, S. 7–24.

Kittler, Friedrich (1987): »Die heilige Schrift«, in: Dietmar Kamper und Christoph Wulf (Hrsg.), *Das Heilige. Seine Spur in der Moderne*, Frankfurt am Main: Athenäum, S. 154–163.

Kittler, Friedrich (1993): »Romantik - Psychoanalyse - Film: eine Doppelgängergeschichte«, in: ders., *Draculas Vermächtnis. Technische Schriften.* Leipzig: Reclam, S. 81–104.

Kittler, Friedrich A. (2003): *Aufschreibesysteme 1800–1900,* 4. Aufl., München: Wilhelm Fink Verlag.

Klossowski, Pierre (2014): *Letter on Walter Benjamin.* Aus dem Französischen von Christian Hite, in: *Parrhesia* 19, S. 14–21.

Kohns, Oliver (2012): »Die Fiktion des Politischen. Legendre - Kantorowicz – Lacan«, in: Georg Mein (Hrsg.), *Die Zivilisation des Interpreten. Studien zum Werk Pierre Legendres.* Wien: Turia + Kant, S. 215–242.

Konersmann, Ralf (2019): *Kulturphilosophie. Zur Einführung*, 3. Aufl., Hamburg: Junius Verlag.

Koschorke, Albrecht; Frank, Thomas; Matala de Mazza, Ethel; Lüdemann, Susanne (2007): *Der fiktive Staat. Konstruktionen des politischen Körpers in der Geschichte Europas*, Frankfurt am Main: Fischer Taschenbuch Verlag.

Koselleck, Reinhart (2018): *Kritik und Krise. Eine Studie zur Pathogenese der bürgerlichen Welt*, 14. Aufl., Frankfurt am Main: Suhrkamp.

Krajewski, Markus; Vismann, Cornelia (2009): »Kommentar, Code und Kodifikation«, in: *Zeitschrift für Ideengeschichte* 3 (1), S. 5–16.

Krämer, Sybille (2002): »Sprache - Stimme - Schrift. Sieben Gedanken über Performativität als Medialität«, in: Uwe Wirth (Hrsg.), *Performanz. Zwischen Sprachphilosophie und Kulturwissenschaft*, 6. Aufl., Frankfurt am Main: Suhrkamp, S. 323–346.

Krämer, Sybille (2008): *Medium, Bote, Übertragung. Kleine Metaphysik der Medialität.* Frankfurt am Main: Suhrkamp.

Krämer, Sybille; Bredekamp, Horst (2009): »Kultur, Technik, Kulturtechnik: Wider die Diskursivierung der Kultur«, in: ders. (Hrsg.), *Bild, Schrift, Zahl*, 2. Aufl., München: Wilhelm Fink Verlag, S. 11–22.

Kriegel, Blandine (1998): »Kantorowicz und die Entstehung des modernen Staates«, in: Wolfgang Ernst und Cornelia Vismann (Hrsg.), *Geschichtskörper. Zur Aktualität von Ernst H. Kantorowicz*, München: Wilhelm Fink Verlag, S. 119–128.

Kristeva, Julia (1972): »Wort, Dialog und Roman bei Bachtin«, in: Jens Ihwe (Hrsg.), *Literaturwissenschaft und Linguistik (Bd. III). Ereignisse und Perspektiven - Zur linguistischen Basis der Literaturwissenschaft, II.* Frankfurt am Main: Fischer Taschenbuch Verlag, S. 345–375.

Kristeva, Julia (1982): *Powers of Horror. An Essay on Abjection.* Aus dem Französischen von Leon. S. Roudiez, New York: Columbia University Press.

Lacan, Jacques (1991): »Das Spiegelstadium als Bildner der Ichfunktion, wie sie uns in der psychoanalytischen Erfahrung erscheint. Bericht für den 16. Internationalen Kongreß für Psychoanalyse in Zürich am 17. Juli 1949«, in: Jacques Lacan, *Schriften (Bd. I)*. Aus dem Französischen von Rodolphe Gasché, Norbert Haas, Klaus Laermann und Peter Stehlin. 3. Aufl. Hrsg. v. Norbert Haas, Weinheim und Berlin: Quadriga Verlag, S. 61–70.

Lacan, Jacques (1997): *Die Psychosen. Das Seminar. Buch III (1955–1956)*. Aus dem Französischen von Michael Turnheim. Hrsg. v. Jacques-Alain Miller, 3. Aufl., Weinheim und Berlin: Turia + Kant.

Laclau, Ernesto (2022): *Die populistische Vernunft*. Aus dem Englischen von Boris Kränzel. Hrsg. v. Peter Engelmann, Wien: Passagen Verlag.

Laclau, Ernesto; Mouffe, Chantal (2020): *Hegemonie und radikale Demokratie. Zur Dekonstruktion des Marxismus*. Aus dem Französischen von Michael Hintz und Gerd Vorwallner, 6. Aufl., Wien: Passagen Verlag.

Lacoue-Labarthe, Philippe (2009): »Die Fiktion des Politischen«, in: ders., *Fiktionen. Dichtung als Erfahrung/Die Fiktion des Politischen/Musica Ficta*. Aus dem Französischen von Thomas Schestag, Basel, Weil am Rhein: Engeler, S. 118–246.

Lacoue-Labarthe, Philippe; Nancy, Jean-Luc (1981): »Ouvertoure«, in: dies. (Hrsg.), *Rejouer le politique. Travaux du Centre de recherches philosophiques sur le politique*, Paris: Editions Galilée, S. 11–28.

Lacoue-Labarthe, Philippe; Nancy, Jean-Luc (1990): »The Nazi Myth.« Aus dem Französischen von Brian Holmes, in: *Critical Inquiry* 16 (2), S. 291–312.

Lacoue-Labarthe, Philippe; Nancy, Jean-Luc (2016): *Das Literarisch-Absolute. Texte und Theorie der Jenaer Frühromantik*. Aus dem Französischen von Johannes Kleinbeck, Wien: Verlag Turia + Kant.

Ladeur, Karl-Heinz (2016): *Die Textualität des Rechts. Zur poststrukturalistischen Kritik des Rechts*, Weilerswist: Velbrück Wissenschaft.

Ladeur, Karl-Heinz; Augsberg, Ino (2007): »Zu Theorie und Praxis juristischer Interpretation«, in: *Rechtstheorie* 36 (2), S. 134–184.

Karl-Heinz Ladeur; Ino Augsberg (2005): »Auslegungsparadoxien«, in: *Rechtstheorie* 2005 (Band 36 H. 2).

Lagasnerie, Geoffroy de (2021): *Das politische Bewusstsein*. Aus dem Französischen von Richard Steurer-Boulard, Wien: Passagen Verlag.

Lahusen, Benjamin (2013): *Alles Recht geht vom Volksgeist aus. Friedrich Carl von Savigny und die moderne Rechtswissenschaft*, Berlin: Nicolai Verlag.

Lefort, Claude (1990): »Die Frage der Demokratie«, in: Ulrich Rödel (Hrsg.), *Autonome Gesellschaft und libertäre Demokratie*. Aus dem Französischen von Kathrina Menke, Frankfurt am Main: Suhrkamp, S. 281–297.

Lefort, Claude (1990): »Menschenrechte und Politik«, in: Ulrich Rödel (Hrsg.), *Autonome Gesellschaft und libertäre Demokratie*. Aus dem Französischen von Kathrina Menke, Frankfurt am Main: Suhrkamp, S. 239–280.

Lefort, Claude (1990): »Vorwort zu Elements d'une critique de Ia bureaucratie«, in: Ulrich Rödel (Hrsg.), *Autonome Gesellschaft und libertäre Demokratie*. Aus dem Französischen von Kathrina Menke, Frankfurt am Main: Suhrkamp, S. 30–53.

Lefort, Claude; Gauchet, Marcel (1990): »Über die Demokratie. Das Politische und die Instituierung des Gesellschaftlichen«, in: Ulrich Rödel (Hrsg.), *Autonome Gesellschaft und libertäre Demokratie*. Aus dem Französischen von Kathrina Menke. Frankfurt am Main: Suhrkamp, S. 89–122.

Lefort, Claude (2002): *Fortdauer des Theologisch-Politischen?* Aus dem Französischen von Hans Scheulen und Ariane Cuvelier, Wien: Passagen-Verlag.

Lefort, Claude (2008): »Die neue Unordnung«, in: ders., *Die Bresche. Essays zum Mai 68*. Aus dem Französischen von Hans Scheulen, Wien: Turia & Kant, S. 37–76.

Lefort, Claude (2010): »The Image of the Body and Totalitarianism«, in: Claude Lefort (Hrsg.), *The Political Forms of Modern Society. Bureaucracy, Democracy, Totalitarianism*, Cambridge (Mass): MIT Press, S. 292–306.

Legendre, Pierre (2012): *Über die Gesellschaft als Text. Grundzüge einer dogmatischen Anthropologie*. Aus dem Französischen von Sabine Hackbarth, Wien: Turia + Kant.

Lemke, Thomas (1997): *Eine Kritik der politischen Vernunft. Foucaults Analyse der modernen Gouvernementalität*, Hamburg: Argument Verlag.

Lemke, Thomas (1999): »Der Kopf des Königs. Recht, Disziplin und Regierung bei Foucault«, in: *Berliner Journal für Soziologie* 9 (3), S. 415–434.

Lemke, Thomas (2010): »Gesellschaftskörper und Organismuskonzepte. Überlegungen zur Bedeutung von Metaphern in der soziologischen Theorie«, in: Martin Endreß und Thomas Matys (Hrsg.), *Die Ökonomie der Organisation - die Organisation der Ökonomie*. Wiesbaden: VS Verlag für Sozialwissenschaften, S. 201–224.

Liebsch, Burkhard (2015): *Unaufhebbare Gewalt. Umrisse einer Anti-Geschichte des Politischen*, Weilerswist: Velbrück Wissenschaft.

Lindahl, Hans (2008): »Constituent Power and Reflexive Identity. Towards an Ontology of Collective Selfhood«, in: Martin Loughlin und Neil Walker (Hrsg.), *The Paradox of Constitutionalism. Constituent Power and Constitutional Form*, Oxford: Oxford University Press, S. 9–26.

Lindahl, Hans (2014): *Fault Lines of Globalization. Legal Order and the Politics of A-Legality*, Oxford (UK): Oxford University Press.

Livius, Titus (2007): »Buch II«, in: ders., *Römische Geschichte. Buch I–III*. Hrsg. v. Hans Jürgen Hillen, 4. Aufl., Düsseldorf und Zürich: Artemis & Winkler Verlag, S. 158–313.

Loick, Daniel (2012): *Kritik der Souveränität*, Frankfurt am Main: Campus Verlag.

Loick, Daniel (2017): *Juridismus. Konturen einer kritischen Theorie des Rechts*, Berlin: Suhrkamp.

Loick, Daniel (2024): *Die Überlegenheit der Unterlegenen. Eine Theorie der Gegengemeinschaften*, Berlin: Suhrkamp.

Lorey, Isabell (2020): *Demokratie im Präsens. Eine Theorie der politischen Gegenwart*, Berlin: Suhrkamp.

Lüdemann, Susanne (2004): *Metaphern der Gesellschaft. Studien zum soziologischen und politischen Imaginären*, München: Wilhelm Fink Verlag.

Lüdemann, Susanne (2018): »Die Ko-Präsenz der Igel. Vom unendlichen Gespräch zum Literarisch-Absoluten, billet aller-retour«, in: *Arcadia* 53 (1), S. 187–198.

Luhmann, Niklas (1981): »Systemtheoretische Beiträge zur Rechtstheorie«, in: ders., *Ausdifferenzierung des Rechts. Beiträge zur Rechtssoziologie und Rechtstheorie*, Frankfurt am Main: Suhrkamp, S. 241–272.

Luhmann, Niklas (1998): *Die Gesellschaft der Gesellschaft*, Frankfurt am Main: Suhrkamp.

Luhmann, Niklas (2002): *Die Kunst der Gesellschaft*, 4. Aufl., Frankfurt am Main: Suhrkamp.

Luhmann, Niklas (2002): *Die Politik der Gesellschaft*, Frankfurt am Main: Suhrkamp.

Luhmann, Niklas (2010): *Das Recht der Gesellschaft*, Frankfurt am Main: Suhrkamp.

Machiavelli, Niccolò (2007): *Discorsi. Gedanken über Politik und Staatsführung*. Aus dem Italienischen von Rudolf Zorn, 3. Aufl., Stuttgart: Kröner.

Man, Paul de (1998): *Allegorien des Lesens*. Aus dem Amerikanischen von Werner Hamacher und Peter Krumme, Frankfurt am Main: Suhrkamp.

Man, Paul de (2005): »Versprechen (Gesellschaftsvertrag)«, in: Manfred Schneider (Hrsg.), *Die Ordnung des Versprechens. Naturrecht – Institution – Sprechakt*, München: Wilhelm Fink Verlag, S. 137–170.

Manow, Philip (2024): *Unter Beobachtung. Die Bestimmung der liberalen Demokratie und ihrer Freunde*. Berlin: Suhrkamp.

Manent, Pierre (2013): *Metamorphoses of the City. On the Western dynamic*. Aus dem Französischen von Marc LePain, Cambridge (Mass.): Harvard University Press.

Marchart, Oliver (2015): »Ein revolutionärer Republikanismus – Hannah Arendt aus radikaldemokratischer Perspektive«, in: Reinhard Heil und Andreas Hetzel (Hrsg.), *Die unendliche Aufgabe. Kritik und Perspektiven der Demokratietheorie*, Bielefeld: transcript, S. 151–168.

Marchart, Oliver (2016): *Das unmögliche Objekt. Eine postfundamentalistische Theorie der Gesellschaft*, 2. Aufl., Frankfurt am Main: Suhrkamp.

Marchart, Oliver (2018): »Mit-Sein als Gegen-Sein. Jean-Luc Nancy zu Gerechtigkeit, Politik und Demokratie«, in: Kurt Röttgers (Hrsg.), *Plurale Sozio-Ontologie und Staat. Jean-Luc Nancy*, Baden-Baden: Nomos, S. 139–144.

Marchart, Oliver (2019): *Die politische Differenz. Zum Denken des Politischen bei Nancy, Lefort, Badiou, Laclau und Agamben*, 4. Aufl., Berlin: Suhrkamp.

Marchart, Oliver; Martinsen, Renate (2019): »Einleitung. Foucault und die politische Theorie«, in: dies. (Hrsg.), *Foucault und das Politische. Transdisziplinäre Impulse für die politische Theorie der Gegenwart*. Wiesbaden: Springer VS, S. 1–5.

Marin, Louis (1988): *Portrait of the King*, London: Macmillan Publishers Limited.

Martinez Mateo, Marina (2018): *Politik der Repräsentation. Zwischen Formierung und Abbildung*, Wiesbaden: Springer VS.

Martinsen, Franziska (2020): »Politik und Politisches«, in: Dagmar Comtesse, Oliver Flügel-Martinsen, Franziska Martinsen und Martin Nonhoff (Hrsg.), *Radikale Demokratietheorie. Ein Handbuch*, 2. Aufl., Berlin: Suhrkamp, S. 583–592.

Marx, Karl (1981): »Zur Judenfrage«, in: ders. und Friedrich Engels, *Werke (Bd. 1). 1839-1844*. Hrsg. vom Institut für Marxismus-Leninismus beim Zentralkomitee der SED, Berlin: Dietz Verlag, S. 347–377.

Marx, Karl (1983): »Grundrisse der politischen Ökonomie«, in: ders. und Friedrich Engels, *Werke (Bd. 42)*. Hrsg. vom Institut für Marxismus-Leninismus beim Zentralkomitee der SED, Berlin: Dietz Verlag, S. 47–770.

Matala de Mazza, Ethel (1999): *Der verfasste Körper. Zum Projekt einer organischen Gemeinschaft in der Politischen Romantik*, Freiburg im Breisgau: Rombach.

Matala de Mazza, Ethel (2003): »Die Unsumme der Teile. Körperschaft, Recht und Unberechenbarkeit«, in: Uwe Hebekus, Ethel Matala de Mazza und Albrecht Koschorke (Hrsg.), *Das Politische. Figurenlehren des sozialen Körpers nach der Romantik*, München: Wilhelm Fink Verlag, S. 171–191.

Matala de Mazza, Ethel (2003): »Land unter. Über die Zonen des Politischen«, in: Joseph Vogl (Hrsg.), *Gesetz und Urteil. Beiträge zu einer Theorie des Politischen*, Weimar: VDG Weimar, S. 75–94.

Matala de Mazza, Ethel (2009): »Romantic politics and society«, in: Nicholas Saul (Hrsg.), *The Cambridge Companion to German Romanticism*, Cambridge: Cambridge University Press, S. 191–207.

Matala de Mazza, Ethel (2011): »Body politics«, in: Harun Maye und Leander Scholz (Hrsg.), *Einführung in die Kulturwissenschaft*, München: Wilhelm Fink Verlag, S. 167–188.

Maus, Ingeborg (1994): *Zur Aufklärung der Demokratietheorie. Rechts- und demokratietheoretische Überlegungen im Anschluß an Kant*, Berlin: Suhrkamp.

McCloskey, Deirdre Nansen (2019): *Why Liberalism Works. How True Liberal Values Produce a Freer, More Equal, Prosperous World for All*, New Haven: Yale University Press.

McCormick, John P. (2011): *Machiavellian Democracy*, Cambridge und New York: Cambridge University Press.

Mecke, Christoph-Eric (2018): »Friedrich Carl von Savignys Rechtsdenken und die Romantik«, in: Walter Pape und Antje Arnold (Hrsg.), *Romantik und Recht. Recht und Sprache, Rechtsfälle und Gerechtigkeit*, Berlin und Boston: De Gruyter, S. 36–60.

Meder, Stephan (2004): *Mißverstehen und Verstehen. Savignys Grundlegung der juristischen Hermeneutik*, Tübingen: Mohr Siebeck.

Meder, Stephan (2015): *Doppelte Körper im Recht. Traditionen des Pluralismus zwischen staatlicher Einheit und transnationaler Vielheit*, Tübingen: Mohr Siebeck.

Meder, Stephan; Mecke, Christoph-Eric (2018): »Savignys Rechtsdenken im Spiegel deutscher und italienischer Romantik«, in: *Journal der Juristischen Zeitgeschichte* 19 (1), S. 227–254.

Menke, Christoph (1999): »Ästhetische Souveränität. Nach dem Scheitern der Avantgarde«, in: Andreas Hetzel und Peter Wiechens (Hrsg.), *Georges Bataille. Vorreden zur Überschreitung*, Würzburg: Königshausen und Neumann, S. 301–309.

Menke, Christoph (2015): *Kritik der Rechte*, Berlin: Suhrkamp.

Menke, Christoph (2018): »Die Gegenwart der Revolution«, in: ders., *Am Tag der Krise. Kolumnen*, Köln: August Verlag, S. 67–76.

Menke, Christoph (2018): *Recht und Gewalt*, 3. Aufl., Berlin: August Verlag.

Menke, Christoph (2018): »Zurück zu Hannah Arendt. Die Flüchtlinge und die Krise der Menschenrechte«, in: ders., *Am Tag der Krise. Kolumnen*, Köln: August Verlag, S. 95–114.

Menke, Christoph (2022): *Theorie der Befreiung*, Berlin: Suhrkamp.

Merleau-Ponty, Maurice (2004): *Das Sichtbare und das Unsichtbare. Gefolgt von Arbeitsnotizen*. Aus dem Französischen von Regula Giuliani und Bernhard Waldenfels. Hrsg. v. Claude Lefort, 3. Aufl., München: Wilhelm Fink Verlag.

Meyer, Ahlrich (1969): »Mechanische und organische Metaphorik politischer Philosophie«, in: *Archiv für Begriffsgeschichte* 13, S. 128–199.

Meyer, Thomas (2014): »Lesbarkeit«, in: Daniel Weidner und Robert Buch (Hrsg.), *Blumenberg lesen. Ein Glossar*, Berlin: Suhrkamp, S. 171–184.

Mezey, Naomi (2001): »Law As Culture«, in: *The Yale Journal of Law & the Humanities* 13, S. 35–67.

Moebius, Stephan (2006): *Die Zauberlehrlinge. Soziologiegeschichte des Collège de Sociologie (1937-1939)*, Konstanz: UVK Verlagsgesellschaft.

Möller, Kolja (2015): *Formwandel der Verfassung. Die postdemokratische Verfasstheit des Transnationalen*, Bielefeld: transcript.

Möllers, Christoph (2008): »Erwiderung auf Hirsch«, in: *Juristenzeitung* 63 (4), S. 188–189.

Möllers, Christoph (2020): *Freiheitsgrade. Elemente einer liberalen politischen Mechanik*, Berlin: Suhrkamp.

Montesquieu, Charles Baron de (1950): *Vom Geist der Gesetze. Eine Auswahl*. Aus dem Französischen von Friedrich August Freiherr von der Heydte, Berlin: Walter de Gruyter.

Mouffe, Chantal (2000): *The democratic paradox*, London, New York: Verso.

Mouffe, Chantal (2014): *Agonistik. Die Welt politisch denken*. Aus dem Englischen von Richard Barth, Berlin: Suhrkamp.

Mouffe, Chantal (2015): »Pluralismus, Dissens und demokratische Staatsbürgerschaft«, in: Martin Nonhoff (Hrsg.), *Diskurs – radikale Demokratie – Hegemonie. Zum politischen Denken von Ernesto Laclau und Chantal Mouffe*, Bielefeld: transcript, S. 41–54.

Mouffe, Chantal (2017): *Über das Politische. Wider die kosmopolitische Illusion*. Aus dem Englischen von Niels Neumeier, 7. Aufl., Frankfurt am Main: Suhrkamp.

Mouffe, Chantal; Barth, Richard (2018): *Für einen linken Populismus*, Berlin: Suhrkamp.

Müller, Adam (1809): *Die Elemente der Staatskunst (Bd. 1)*, Berlin: Sander.

Müller, Friedrich; Christensen, Ralph (2004): *Juristische Methodik (Bd. 1). Grundlegung für die Arbeitsmethoden der Rechtspraxis*, 9. Aufl., Berlin: Duncker & Humblot.

Müller-Mall, Sabine (2010): »Interpretation als Rechtserzeugung«, in: Thomas Groh und Jörn Lorenz (Hrsg.), *Interpretatio mundi. Wie deuten Wissenschaften ihre Welt?,* Dresden: Thelem, S. 235–252.

Müller-Mall, Sabine (2023): *Verfassende Urteile. Eine Theorie des Rechts*, Berlin: Suhrkamp.

Müller-Tuckfeld, Jens Christian (1994): »Gesetz ist Gesetz. Anmerkungen zu einer Theorie der juridischen Anrufung«, in: Henning Böke, Jens Christian Müller und Sebastion Reinfeldt (Hrsg.), *Denk-Prozesse nach Althusser*. Hamburg: Argument Verlag, S. 182–205.

Mulot, Tobias (2011): »Sie schreiben einen Namen in den Himmel. Historische Überlegungen zur Politik der Multitude bei Michel Foucault, Pierre-Simon Ballanche und Jacques Rancière«, in: Marianne Pieper, Thomas Atzert, Serhat Karakayalı und Vassilis Tsianos (Hrsg.), *Biopolitik – in der Debatte*, Wiesbaden: VS Verlag für Sozialwissenschaften, S. 227–262.

Münkler, Laura (2016): »Metaphern im Recht. Zur Bedeutung organischer Vorstellungen von Staat und Recht«, in: *Der Staat* 55 (2), S. 181–211.

Nancy, Jean-Luc (1988): *Die undarstellbare Gemeinschaft*. Aus dem Französischen von Gisela Febel und Jutta Legueil, Stuttgart: Edition Patricia Schwarz.

Nancy, Jean-Luc (1994): »Das gemeinsame Erscheinen. Von der Existenz des ›Kommunismus‹ zur Gemeinschaftlichkeit der ›Existenz.‹« Aus dem Französischen von Gisela Febel und Jutta Legueil, in: Joseph Vogl (Hrsg.), *Gemeinschaften. Positionen zu einer Philosophie des Politischen*, Frankfurt am Main: Suhrkamp, S. 167–204.

Nancy, Jean-Luc (1998): *The Sense of the World*. Aus dem Französischen von Jeffrey S. Librett, Minneapolis und London: University of Minnesota Press.

Nancy, Jean-Luc (2002): »Is Everything Political?« Aus dem Französischen von Philip M. Adamek, in: *The New Centennial Review* 2 (3), S. 15–22.

Nancy, Jean-Luc (2007): *Die herausgeforderte Gemeinschaft*. Aus dem Französischen von Esther von der Osten, Berlin: diaphanes.

Nancy, Jean-Luc (2009): »Wahrheit der Demokratie«, in: ders. (Hrsg.), *Wahrheit der Demokratie*. Aus dem Französischen von Richard Steurer, Wien: Passagen-Verlag, S. 11–72.

Nancy, Jean-Luc (2012): »From the Imperative to Law.« Aus dem Französischen von François Raffoul, in: B. C. Hutchens (Hrsg.), *Jean-Luc Nancy. Justice, Legality and World*, London und New York: Continuum, S. 11–18.

Nancy, Jean-Luc (2012): *Singulär plural sein*. Aus dem Französischen von Ulrich Müller-Schöll, Zürich: Diaphanes Verlag.

Nancy, Jean-Luc (2015): *Demokratie und Gemeinschaft.* Im Gespräch mit Peter Engelmann, Wien: Passagen.

Nancy, Jean-Luc (2016): »Begrenzte und unendliche Demokratie«, in: Giorgio Agamben, Alain Badiou, Daniel Bensaïd, Wendy Brown, Jean-Luc Nancy, Jacques Rancière et al.: *Demokratie? Eine Debatte*, 3. Aufl., Berlin: Suhrkamp, S. 72–89.

Nancy, Jean-Luc (2017): *Die verleugnete Gemeinschaft.* Aus dem Französischen von Thomas Laugstien, Zürich und Berlin: diaphanes.

Nancy, Jean-Luc (2017): »Gespräch mit Jérôme Lèbre«, in: ders., *Die verleugnete Gemeinschaft.* Aus dem Französischen von Thomas Laugstien, Zürich und Berlin: diaphanes, S. 157–184.

Nancy, Jean-Luc; Girard, Mathilde (2021): *Mit eigenen Worten. Gespräch über den Mythos.* Aus dem Französischen von Boris Kränzel, Wien: Passagen Verlag.

Negri, Antonio (1999): *Insurgencies. Constituent Power and the Modern State.* Aus dem Italienischen von Maurizia Boscagli, Minneapolis und London: University of Minnesota Press.

Negri, Antonio (2011): »Konstituierende Macht«, in: Marianne Pieper, Thomas Atzert, Serhat Karakayalı und Vassilis Tsianos (Hrsg.), *Biopolitik – in der Debatte*, Wiesbaden: VS Verlag für Sozialwissenschaften, S. 29–62.

Nietzsche, Friedrich (1988): »Die Geburt der Tragödie«, in: ders., *Die Geburt der Tragödie, Unzeitgemäße Betrachtungen I-IV, Nachgelassene Schriften 1870–1873. Kritische Studienausgabe (Bd. 1).* Hrsg. v. Giorgio Colli und Mazzino Montinari, München: Deutscher Taschenbuch Verlag, S. 9–156.

Nietzsche, Friedrich (1988): »Menschliches, Allzumenschliches I«, in: ders., Men*schliches, Allzumenschliches I und II. Kritische Studienausgabe (Bd. 2).* Hrsg. v. Giorgio Colli und Mazzino Montinari, München: Deutscher Taschenbuch Verlag, S. 9–366.

Nietzsche, Friedrich (1988): »Menschliches, Allzumenschliches II«, in: ders., *Menschliches, Allzumenschliches I und II. Kritische Studienausgabe (Bd. 2).* Hrsg. v. Giorgio Colli und Mazzino Montinari, München: Deutscher Taschenbuch Verlag, S. 367–704.

Nietzsche, Friedrich (1988): »Über Wahrheit und Lüge im aussermoralischen Sinne«, in: ders., *Die Geburt der Tragödie, Unzeitgemäße Betrachtungen I-IV, Nachgelassene Schriften 1870–1873. Kritische Studienausgabe (Bd. 1).* Hrsg. v. Giorgio Colli und Mazzino Montinari, München: Deutscher Taschenbuch Verlag, S. 875–890.

Nietzsche, Friedrich (1999): »Zur Genealogie der Moral«, in: ders., *Jenseits von Gut und Böse. Zur Genealogie der Moral. Kritische Studienausgabe (Bd. 5).* Hrsg. v. Giorgio Colli und Mazzino Montinari, München: Deutscher Taschenbuch Verlag, S. 245–412.

Nonet, Philippe (2017): *Law and Society in Transition. Toward Responsive Law*, London: Taylor and Francis.

Ogien, Albert; Laugier, Sandra (2017): *Das Prinzip Demokratie. Über die neuen Formen des Politischen*, Konstanz: University Press.

Ogorek, Regina (2008): »De l'Esprit des légendes oder wie gewissermaßen aus dem Nichts eine Interpretationslehre wurde«, in: dies., *Aufklärung über Justiz (Bd. I). Abhandlungen und Rezensionen*, 2. Aufl., Frankfurt am Main: Klostermann, S. 67–86.

Ong, Walter J. (2016): *Oralität und Literalität. Die Technologisierung des Wortes*, 2. Aufl., Wiesbaden: Springer VS.

Pagel, Gerda (2012): Jacques Lacan. Zur Einführung. 6. Aufl. Hamburg: Junius.

Pateman, Carole (2009): *The Sexual Contract*, Stanford: Stanford University Press.

Pechriggl, Alice (1991): »Der Einfall der Einbildung als ontologischer Aufbruch«, in: dies. und Karl Reitter (Hrsg.), *Die Institution des Imaginären. Zur Philosophie von Cornélius Castoriadis*, Wien: Turia & Kant, S. 81–102.

Peil, Dietmar (1985): *Der Streit der Glieder mit dem Magen. Studien zur Überlieferungs- und Deutungsgeschichte der Fabel des Menenius Agrippa von der Antike bis ins 20. Jahrhundert*, Frankfurt am Main, Bern und New York: Peter Lang.

Pfeifer, Wolfang (1993): *Etymologisches Wörterbuch des Deutschen*. Digitalisierte Version, abrufbar unter: https://www.dwds.de/d/wb-etymwb (Zugriff: 22.10.22), Berlin und Potsdam: Berlin-Brandenburgische Akademie der Wissenschaften.

Pistor, Katharina (2020): *Der Code des Kapitals. Wie das Recht Reichtum und Ungleichheit schafft*, Aus dem Amerikanischen von Frank Lachmann. Berlin: Suhrkamp.

Radbruch, Gustav (1946): »Gesetzliches Unrecht und übergesetzliches Recht«, in: *Süddeutsche Juristen-Zeitung* 1 (5), S. 105–108.

Raimondi, Francesca (2020): »Subjektivierung«, in: Dagmar Comtesse, Oliver Flügel-Martinsen, Franziska Martinsen und Martin Nonhoff (Hrsg.), *Radikale Demokratietheorie. Ein Handbuch*, 2. Aufl., Berlin: Suhrkamp, S. 622–634.

Rancière, Jacques (1994): »Die Gemeinschaft der Gleichen«, in: Vogl, Joseph (Hrsg.), *Gemeinschaften. Positionen zu einer Philosophie des Politischen*, Frankfurt am Main: Suhrkamp S. 101–133.

Rancière, Jacques (2000): »Konsens, Dissens, Gewalt.« Aus dem Französischen von Tobias Nikolaus Klass, in: Mihran Dabag, Antje Kapust und Bernhard Waldenfels (Hrsg.), *Gewalt. Strukturen, Formen, Repräsentationen*, München: Wilhelm Fink Verlag, S. 97–112.

Rancière, Jacques (2008): *Die Aufteilung des Sinnlichen. Die Politik der Kunst und ihre Paradoxien*. Aus dem Französischen von Maria Muhle, Susanne Leeb und Jürgen Link, Berlin: B_books.

Rancière, Jacques (2008): *Zehn Thesen zur Politik*. Aus dem Französischen von Marc Blankenburg, Zürich und Berlin: diaphanes.

Rancière, Jacques (2011): »Die Demokratie und ihre Ärzte (Mai 2005)«, in: ders., *Chronik der Konsensgesellschaft*. Aus dem Französischen von Richard Steurer. Hrsg. v. Peter Engelmann. Wien: Passagen Verlag, S. 215–220.

Rancière, Jacques (2011): *Politik der Literatur.* Aus dem Französischen von Richard Steurer. Hrsg. v. Peter Engelmann. Wien: Passagen Verlag.

Rancière, Jacques (2014): »Demokratie und Postdemokratie«, in: Alain Badiou und Jacques Rancière, *Politik der Wahrheit.* Aus dem Französischen von Rado Riha, 3. Aufl., Wien: Turia & Kant, S. 119–156.

Rancière, Jacques (2014): *Die Methode der Gleichheit. Gespräch mit Laurent Jeanpierre und Dork Zabunyan.* Aus dem Französischen von Richard Steurer-Boulard. Hrsg. v. Peter Engelmann, Wien: Passagen Verlag.

Rancière, Jacques (2016): *Das Unbehagen in der Ästhetik.* Aus dem Französischen von Richard Steurer-Boulard. Hrsg. v. Peter Engelmann, 3. Aufl., Wien: Passagen Verlag.

Rancière, Jacques (2016): »Interview«, in: Thomas Claviez und Dietmar Wetzel, *Zur Aktualität von Jacques Rancière. Einleitung in sein Werk*, Wiesbaden: Springer VS, S. 153–170.

Rancière, Jacques (2016): *Politik und Ästhetik. Im Gespräch mit Peter Engelmann.* Aus dem Französischen von Gwendolin Engels, Wien: Passagen Verlag.

Rancière, Jacques (2018): *Das Unvernehmen. Politik und Philosophie*, 7. Aufl., Frankfurt am Main: Suhrkamp.

Rancière, Jacques (2019): *An den Rändern des Politischen.* Aus dem Französischen von Richard Steurer-Boulard. Hrsg. v. Peter Engelmann, Wien: Passagen Verlag.

Rancière, Jacques (2019): »Das Unzulässige«, in: ders., *An den Rändern des Politischen.* Aus dem Französischen von Richard Steurer-Boulard. Hrsg. v. Peter Engelmann, Wien: Passagen Verlag, S. 129–146.

Rancière, Jacques (2019): *Der Hass der Demokratie.* Aus dem Französischen von Maria Muhle, 4. Aufl., Berlin: August Verlag.

Rancière, Jacques (2019): »Politik, Identifizierung, Subjektivierung«, in: ders., *An den Rändern des Politischen.* Aus dem Französischen von Richard Steurer-Boulard. Hrsg. v. Peter Engelmann, Wien: Passagen Verlag, S. 85–96.

Rancière, Jacques (2021): »Kritische Fragen an die Anerkennungstheorie«, in: Axel Honneth und Jacques Rancière, *Anerkennung oder Unvernehmen? Eine Debatte.* Hrsg. v. Katia Genel und Jean-Philippe Deranty, Berlin: Suhrkamp, S. 71–72.

Raunig, Gerald (2019): *Maschinen Fabriken Industrien*, Wien: transversal texts.

Raunig, Gerald (2019): »Tausend Maschinen. Eine kleine Philosophie der Maschine als sozialer Bewegung«, in: ders., *Maschinen Fabriken Industrien. Tausend Maschinen, Fabriken des Wissens, Industrien der Kreativität*, Wien: transversal texts, S. 21–132.

Rebentisch, Juliane (2012): *Die Kunst der Freiheit. Zur Dialektik demokratischer Existenz*, 3. Aufl., Berlin: Suhrkamp.

Reckwitz, Andreas (2019): *Die Gesellschaft der Singularitäten. Zum Strukturwandel der Moderne*, Frankfurt am Main: Suhrkamp.

Reimer, Franz (2020): *Juristische Methodenlehre*, 2. Aufl., Baden-Baden: Nomos Verlagsgesellschaft.

Renner, Kasper (2010): »Wie poetisch ist das Recht? Jacob Grimm zwischen Etymologie und Topik«, in: Claude D. Conter (Hrsg.), *Literatur und Recht im Vormärz. Forum Vormärz Forschung. Jahrbuch 2009 (Bd. 15)*, Bielefeld: Aisthesis Verlag, S. 173–188.

Rimbaud, Arthur (2010): »Brief an Paul Demeny (15. Mai 1871)«, in: ders., *Prosa über die Zukunft der Dichtung. Die Seher-Briefe*. Aus dem Französischen von Tim Trzaskalik, Berlin: Matthes & Seitz, S. 23–36.

Rödel, Ulrich (1990): »Einleitung«, in: ders. (Hrsg.), *Autonome Gesellschaft und libertäre Demokratie*. Aus dem Französischen von Kathrina Menke, Frankfurt am Main: Suhrkamp, S. 7–29.

Rödel, Ulrich; Frankenberg, Günter; Dubiel, Helmut (1990): *Die demokratische Frage*, 2. Aufl., Frankfurt am Main: Suhrkamp.

Rollin, Jean (2018): »The Realisation of Man«, in: Georges Bataille, *The Sacred Conspiracy. The Internal Papers of the Secret Society of Acephale and Lecturers to the College of Sociology*. Hrsg. v. Marina Galletti und Alastair Brotchie, London: Atlas Press, S. 131–132.

Rosa, Hartmut (2018): *Resonanz. Eine Soziologie der Weltbeziehung*, Berlin: Suhrkamp.

Rosa, Hartmut; Kottmann, Andrea; Strecker, David (2013): *Soziologische Theorien*, 2. Aufl., Konstanz: UVK Verlagsgesellschaft.

Rosanvallon, Pierre (2015): *Die gute Regierung*, Hamburg: Hamburger Edition.

Rosanvallon, Pierre (2016): *Demokratische Legitimität. Unparteilichkeit – Reflexivität - Nähe*. Aus dem Französischen von Thomas Laugstien, Hamburg: Hamburger Edition HIS.

Rosen, Lawrence (2017): *Law As Culture. An Invitation*, Princeton: Princeton University Press.

Ross, Alex (2020): *Die Welt nach Wagner. Ein deutscher Künstler und sein Einfluss auf die Moderne*. Aus dem Englischen von Gloria Buschor und Günter Kotzor, Hamburg: Rowohlt Verlag.

Rousseau, Jean-Jacques (2000): *Abhandlung von dem Ursprung der Ungleichheit unter den Menschen*. Aus dem Französischen von Moses Medelssohn. Hrsg. v. Ursula Goldenbaum, Weimar: J.B. Metzler.

Rubinelli, Lucia (2020): *Constituent power. A History*, Cambridge: Cambridge University Press (128).

Rückert, Joachim (1984): *Idealismus, Jurisprudenz und Politik bei Friedrich Carl von Savigny*, Ebelsbach: Gremer.

Rückert, Joachim (2011): »Politische Romantik im 20. Jahrhundert«, in: Volker Gerhardt, Reinhard Mehring, Henning Ottmann, Martyn P. Thompson und Barbara Zehnpfennig (Hrsg.), *Politisches Denken. Jahrbuch 2011*, Berlin: Duncker & Humblot, S. 123–142.

Rückert, Joachim (2017): »Methode und Zivilrecht beim Klassiker Savigny (1779–1861)«, in: ders. und Ralf Seinecke (Hrsg.), *Methodik des Zivilrechts – von Savigny bis Teubner*, 3. Aufl., Baden-Baden: Nomos, S. 53–95.

Rüthers, Bernd (2010): »Richter ohne Grenzen«, in: *Frankfurt Allgemeine Zeitung*, 17.06.2010, S. 7.

Rüthers, Bernd (2012): *Die unbegrenzte Auslegung. Zum Wandel der Privatrechtsordnung im Nationalsozialismus*, 7. Aufl., Tübingen: Mohr Siebeck.

Rüthers, Bernd; Fischer, Christian; Birk, Axel (2022): *Rechtstheorie. Und Juristische Methodenlehre*, 12. Aufl., München: C.H. Beck.

Saar, Martin (2007): *Genealogie als Kritik. Geschichte und Theorie des Subjekts nach Nietzsche und Foucault*, Frankfurt, New York: Campus Verlag.

Saar, Martin (2013): *Die Immanenz der Macht. Politische Theorie nach Spinoza*, 2. Aufl., Frankfurt am Main: Suhrkamp.

Saar, Martin (2019): »Ohnmacht und Unfreiheit. Demokratische Politik nach der Postdemokratie«, in: Ulf Bohmann und Paul Sörensen (Hrsg.), *Kritische Theorie der Politik*, Berlin: Suhrkamp, S. 473–493.

Saar, Martin (2020): »Friedrich Nietzsche«, in: Dagmar Comtesse, Oliver Flügel-Martinsen, Franziska Martinsen und Martin Nonhoff (Hrsg.), *Radikale Demokratietheorie. Ein Handbuch*, 2. Aufl., Berlin: Suhrkamp, S. 121–125.

Santner, Eric L. (2015): *Was vom König übrigblieb. Die zwei Körper des Volkes und die Endspiele der Souveränität.* Aus dem Amerikanischen von Luisa Banki, Wien und Berlin: Turia + Kant.

Savigny, Friedrich Carl von (1814): *Vom Beruf unsrer Zeit für Gesetzgebung und Rechtswissenschaft*, Heidelberg: Mohr und Zimmer.

Savigny, Friedrich Carl von (1840): *System des heutigen Römischen Rechts. Erster und zweiter Band.* Berlin: Veit und Comp.

Savigny, Friedrich Carl von (1951): *Juristische Methodenlehre. Nach der Ausarbeitung des Jakob Grimm.* Hrsg. v. Gerhard Wesenberg, Stuttgart: Koehler.

Savigny, Friedrich Carl von (2004): »Einleitung zu den Pandekten (1811)«, in: ders., *Vorlesungen über juristische Methodologie 1802–1842. Savignyana (Bd. 2).* Hrsg. v. Aldo Mazzacane, Frankfurt am Main: Vittorio Klostermann, S. 174–181.

Schelling, Friedrich [mutmaßlich] (1962): »Das älteste Systemprogramm des Deutschen Idealismus«, in: ders., *Briefe und Dokumente (Bd. I). 1775–1809.* Hrsg. v. Horst Fuhrmanns, Bonn: H. Bouvier u. Co., S. 69–72.

Schiller, Friedrich (2009): *Über die ästhetische Erziehung des Menschen in einer Reihe von Briefen*. Mit einem Kommentar von Stefan Matuschek, Frankfurt am Main: Suhrkamp.

Schlegel, Friedrich (1963): »Philosophische Fragmente. Zweite Epoche I (1798–1799)«, in: ders., *Kritische Ausgabe seiner Werke (Abt. 2 Bd. XVIII). Philosophische Lehrjahre 1796-1806, nebst philosophischen Manuskripten aus den Jahren 1796-1828.* Hrsg. v. Ernst Behler, München, Paderborn und Wien: Verlag Ferninand Schöningh, S. 195–322.

Schlegel, Friedrich (1966): »Versuch über den Begriff des Republikanismus«, in: ders., *Kritische Ausgabe seiner Werke (Abt. I Bd. VII). Studien zur Geschichte und Politik.* Hrsg. v. Ernst Behler, München, Paderborn und Wien: Verlag Ferninand Schöningh, S. 11–25.

Schlegel, Friedrich; Schlegel, August Wilhelm; Hardenberg, Friedrich von (1967): »Athenäums-Fragmente«, in: Friedrich Schlegel, *Kritische*

Ausgabe seiner Werke (Abt. I Bd. II). Charakteristiken und Kritiken I 1796–1801. Hrsg. v. Hans Eichner, München, Paderborn und Wien: Verlag Ferninand Schöningh, S. 165–255.

Carl Schmitt (1936), »Der Staat als Mechanismus bei Hobbes und Descartes«, in: *Archiv für Rechts- und Sozialphilosophie 1936/37 (Bd. 30)*, S. 622–632.

Schmitt, Carl (1998): *Politische Romantik*, 6. Aufl., Berlin: Duncker & Humblot.

Schmitt, Carl (2006): *Die Diktatur. Von den Anfängen des modernen Souveränitätsgedankens bis zum proletarischen Klassenkampf*, 7. Aufl., Berlin: Duncker & Humblot.

Schmitt, Carl (2012): *Der Nomos der Erde. Im Völkerrecht des Jus Publicum Europaeum*, 5. Aufl., Berlin: Duncker & Humblot.

Schmitt, Carl (2015): »Das Zeitalter der Neutralisierungen und Entpolitisierungen«, in: ders., *Der Begriff des Politischen. Text von 1932 mit einem Vorwort und drei Corollarien*, 9. Aufl., Berlin: Duncker & Humblot, S. 73–87.

Schmitt, Carl (2016): *Der Hüter der Verfassung*, 5. Aufl., Berlin: Duncker & Humblot.

Schmitt, Carl (2017): *Die geistesgeschichtliche Lage des heutigen Parlamentarismus*, 10. Aufl., Berlin: Duncker & Humblot.

Schmitt, Carl (2017): *Verfassungslehre*, 11. Aufl., Berlin: Duncker & Humblot.

Schmitt, Carl (2021): *Politische Theologie. Vier Kapitel zur Lehre von der Souveränität*, 11. Aufl., Berlin: Duncker & Humblot.

Schöningh, Matthias (2017): »›Versuch über den Begriff des Republikanismus‹«, in: Johannes Endres (Hrsg.), *Friedrich Schlegel-Handbuch. Leben, Werk, Wirkung*, Stuttgart: J.B. Metzler, S. 240–246.

Schubert, Karsten (2020): »Institutionalisierung der Freiheit im Recht. Foucault und die postmarxistische Rechtskritik«, in: Steffen Herrmann und Matthias Flatscher (Hrsg.), *Institutionen des Politischen. Perspektiven der radikalen Demokratietheorie*, Baden-Baden: Nomos Verlagsgesellschaft, S. 351–378.

Schumacher, Eckhard (2015): *Die Ironie der Unverständlichkeit. Johann Georg Hamann, Friedrich Schlegel, Jacques Derrida, Paul de Man*, 2. Aufl., Frankfurt am Main: Suhrkamp (2172).

Schweitzer, Doris (2015): »Macht der Unbestimmtheit? Unbestimmte Rechtsbegriffe als Provokation für die poststrukturalistische Theorie«, in: *Zeitschrift für Rechtssoziologie* 35 (1), S. 91–116.

Schweitzer, Doris (2021): *Juridische Soziologien. Recht und Gesellschaft von 1814 bis in die 1920er Jahre*, Baden-Baden: Nomos Verlagsgesellschaft.

Seitz, Sergej (2020): »Die Plebejer streiken. Literarität in Rancières politischer Philosophie«, in: Erik M. Vogt und Michael Manfé (Hrsg.), *Jacques Rancière und die Literatur*. Wien und Berlin: Turia + Kant, S. 64–88.

Seyfert, Robert (2015): »Cornelius Castoriadis: Institution, Macht, Politik«, in: Ulrich Bröckling und Robert Feustel (Hrsg.), *Das Politische denken. Zeitgenössische Positionen*. Bielefeld: transcript, S. 253–272.

Sieyes, Emmanuel Joseph (1981): »Überblick über die Ausführungsmittel, die den Repräsentanten Frankreichs 1789 zur Verfügung standen.« Aus dem Französischen von Rolf Reichardt, in: Emmanuel Joseph Sieyes, *Politische Schriften 1788–1790. Mit Glossar und kritischer Sieyes-Bibliographie*. Hrsg. v. Eberhard Schmitt und Rolf Reichardt, Darmstand und Neuwied: Luchterhand Verlag, S. 17–90.

Sieyes, Emmanuel Joseph (1981): »Versuch über die Privilegien.« Aus dem Französischen von Rolf Reichardt, in: Emmanuel Joseph Sieyes, *Politische Schriften 1788–1790. Mit Glossar und kritischer Sieyes-Bibliographie*. Hrsg. v. Eberhard Schmitt und Rolf Reichardt, Darmstand und Neuwied: Luchterhand Verlag, S. 91–116.

Sieyes, Emmanuel Joseph (1981): »Was ist der Dritte Stand?« Aus dem Französischen von Eberhard Schmitt und Rolf Reichardt, in: Emmanuel Joseph Sieyes, *Politische Schriften 1788–1790. Mit Glossar und kritischer Sieyes-Bibliographie*. Hrsg. v. Eberhard Schmitt und Rolf Reichardt, Darmstand und Neuwied: Luchterhand Verlag, S. 117–196.

Skinner, Quentin (2008): *Hobbes and Republican Liberty*, Cambridge: Cambridge University Press.

Sorel, Georges (1969): *Über die Gewalt*, Frankfurt am Main: Suhrkamp.

Stalder, Felix (2016): *Kultur der Digitalität*. Berlin: Suhrkamp.

Steiner, Uwe (2000): »›Der wahre Politiker‹. Walter Benjamins Begriff des Politischen«, in: *Internationales Archiv für Sozialgeschichte der deutschen Literatur* 25 (2), S. 48–92.

Steiner, Uwe (2016): »Walter Benjamins ›Wendung zum politischen Denken‹«, in: Christine Blättler und Christian Voller (Hrsg.), *Walter Benjamin – Politisches Denken*, Baden-Baden: Nomos, S. 33–74.

Steinhauer, Fabian (2019): »Figuren, Schemata, Schemen«, in: Ino Augsberg und Sophie-Charlotte Lenski (Hrsg.), *Die Innenwelt der Außenwelt der Innenwelt des Rechts. Annäherungen Zwischen Rechts- und Literaturwissenschaft*, München: Wilhelm Fink Verlag, S. 43–58.

Stollberg-Rilinger, Barbara (1986): *Der Staat als Maschine. Zur politischen Metaphorik des absoluten Fürstenstaats*, Berlin: Duncker & Humblot.

Suntrup, Jan Christoph (2010): »Die Körpersprache der Demokratie. Gedanken zu einer jüngeren Debatte«, in: *Zeitschrift für Politische Theorie* 1 (1), S. 7–23.

Teubner, Gunther (1982): »Reflexives Recht. Entwicklungsmodelle des Rechts in vergleichender Perspektive«, in: *Archiv für Rechts- und Sozialphilosophie* 68 (1), S. 13–59.

Teubner, Gunther (1996): »Des Königs viele Leiber. Die Selbstdekonstruktion der Heterarchie des Rechts«, in: *Soziale Systeme* (2), S. 229–256.

Teubner, Gunther (1999): »Polykorporatismus. Der Staat als ›Netzwerk‹ öffentlicher und privater Kollektivakteure«, in: Hauke Brunkhorst und Peter Niesen (Hrsg.), Das Recht der Republik. Frankfurt am Main: Suhrkamp, S. 346–372.

Teubner, Gunther (2000): »Neo-Spontanes Recht und duale Sozialverfassungen in der Weltgesellschaft«, in: Simon Dieter und Manfred Weiss (Hrsg.),

Zur Autonomie des Individuums. Liber amicorum Spiros simitis, Baden-Baden: Nomos Verlagsgesellschaft, S. 437–454.

Teubner, Gunther (2005): »Dreiers Luhmann«, in: Robert Alexy (Hrsg.), *Integratives Verstehen. Zur Rechtsphilosophie Ralf Dreiers*, Tübingen: Mohr Siebeck, S. 199–212.

Teubner, Gunther (2012): *Verfassungsfragmente. Gesellschaftlicher Konstitutionalismus in der Globalisierung*, Berlin: Suhrkamp.

Teubner, Gunther (2015): »Exogene Selbstbindung. Wie gesellschaftliche Teilsysteme ihre Gründungsparadoxien externalisieren«, in: *Zeitschrift für Rechtssoziologie* 35 (1), S. 69–89.

Teubner, Gunther (2016): »Gesellschaftlicher Konstitutionalismus und die Politik der Multitude«, in: Thore Prien (Hrsg.), *Der Staat im Empire. Zur Staatstheorie des Postoperaismus*, Baden-Baden: Nomos, S. 173–190.

Teubner, Gunther; Willke, Helmut (1984): »Kontext und Autonomie. Gesellschaftliche Selbststeuerung durch reflexives Recht«, in: *Zeitschrift für Rechtssoziologie* 5 (1), S. 4–35.

Tiedemann, Rolf; Schweppenhäuser, Hermann (1991): »Anmerkungen der Herausgeber«, in: Walter Benjamin, *Gesammelte Schriften (Bd. II). Aufsätze, Essays, Vorträge*. Hrsg. v. Rolf Tiedemann und Hermann Schweppenhäuser, Frankfurt am Main: Suhrkamp, S. 815–1522.

Trautmann, Felix (2020): »Das Imaginäre«, in: Dagmar Comtesse, Oliver Flügel-Martinsen, Franziska Martinsen und Martin Nonhoff (Hrsg.), *Radikale Demokratietheorie. Ein Handbuch*, 2. Aufl., Berlin: Suhrkamp, S. 553–562.

Vasilache, Andreas (2020): »Dissens/Konflikt/Kampf«, in: Dagmar Comtesse, Oliver Flügel-Martinsen, Franziska Martinsen und Martin Nonhoff (Hrsg.), *Radikale Demokratietheorie. Ein Handbuch*, 2. Aufl., Berlin: Suhrkamp, S. 492–503.

Vesting, Thomas (1992): »Erosionen staatlicher Herrschaft. Zum Begriff des Politischen bei Carl Schmitt«, in: *Archiv des öffentlichen Rechts* 17 (1), S. 4–45.

Vesting, Thomas (2011): *Die Medien des Rechts (Bd. I). Sprache*, Weilerswist: Velbrück Wissenschaft.

Vesting, Thomas (2013): *Die Medien des Rechts (Bd. III). Buchdruck*, Weilerswist: Velbrück Wissenschaft.

Vesting, Thomas (2015): *Die Medien des Rechts (Bd. IV). Computernetzwerke*, Weilerswist: Velbrück Wissenschaft.

Vesting, Thomas (2018): »Das moderne Recht und seine Abhängigkeit von einer institutionsgebenden Macht. Souveränität - mosaische Verfassung – Biopolitik«, in: Antonia Lucci und Thomas Skowronek (Hrsg.), *Potential regieren. Zur Genealogie des möglichen Menschen*, Paderborn: Wilhelm Fink, S. 105–1222.

Vesting, Thomas (2018): »Die liberale Demokratie und das Andere der Kultur (und der Medien)«, in: Ino Augsberg und Karl-Heinz Ladeur (Hrsg.), *Politische Theologie(n) der Demokratie. Das religiöse Erbe des Säkularen*, Wien, Berlin: Turia + Kant, S. 18–39.

Vesting, Thomas (2018): »Instituierte und konstituierte Normativität. Prozeduralisierung und multi-normative Systeme«, in: Tatjana Sheplyakova (Hrsg.), *Prozeduralisierung des Rechts*, Tübingen: Mohr Siebeck, S. 101–122.

Vesting, Thomas (2019): »Die Medialität des Rechts. Zur Genese des Verhältnisses von Sprache und Schrift in der ›westlichen Rechtstradition‹«, in: Ino Augsberg und Sophie-Charlotte Lenski (Hrsg.), *Die Innenwelt der Außenwelt der Innenwelt des Rechts. Annäherungen Zwischen Rechts- und Literaturwissenschaft*, München: Wilhelm Fink Verlag, S. 141–171.

Vesting, Thomas (2019): *Rechtstheorie. Ein Studienbuch*, 2. Aufl., München: C.H. Beck.

Vesting, Thomas (2019): *Staatstheorie. Ein Studienbuch*, München: C.H. Beck.

Vesting, Thomas (2021): *Gentleman, Manager, Homo Digitalis. Der Wandel der Rechtssubjektivität in der Moderne*, Weilerswist: Velbrück Wissenschaft.

Vischer, Benedict (2021): *Die Fremdheit des Rechts. Aufzeichnungen eines fragilen Versprechens,* Weilerswist: Velbrück Wissenschaft.

Vismann, Cornelia (1992): »Das Gesetz ›DER Dekonstruktion‹«, in: *Rechtshistorisches Journal* 11, S. 250–264.

Vismann, Cornelia (2000): »Von der Poesie im Recht oder vom Recht in der Dichtung. Franz Kafka und Johann Peter Hebel«, in: Hendrik Johan Adriaanse und Rainer Enskat (Hrsg.), *Fremdheit und Vertrautheit. Hermeneutik im europäischen Kontext,* Leuven: Peeters, S. 272–285.

Vismann, Cornelia (2011): *Akten. Medientechnik und Recht*, 3. Aufl., Frankfurt am Main: Fischer Taschenbuch Verlag.

Vismann, Cornelia (2012): »Benjamin als Kommentator«, in: dies., *Das Recht und seine Mittel. Ausgewählte Schriften.* Hrsg. v. Markus Krajewski und Fabian Steinhauer, Frankfurt am Main: S. Fischer Verlag, S. 340–362.

Vismann, Cornelia (2012): *Das Schöne am Recht*, Berlin: Merve.

Vismann, Cornelia (2012): »Kulturtechniken und Souveränität«, in: dies., *Das Recht und seine Mittel. Ausgewählte Schriften.* Hrsg. v. Markus Krajewski und Fabian Steinhauer, Frankfurt am Main: S. Fischer Verlag, S. 445–460.

Vismann, Cornelia (2012): »St. Benedict Inc.«, in: dies., *Das Recht und seine Mittel. Ausgewählte Schriften.* Hrsg. v. Markus Krajewski und Fabian Steinhauer, Frankfurt am Main: S. Fischer Verlag, S. 365–393.

Vismann, Cornelia (2019): *Medien der Rechtsprechung*, Frankfurt am Main: Fischer Taschenbuch Verlag.

Vogl, Joseph (1994): »Einleitung. Die Gemeinschaft der Gleichen«, in: Joseph Vogl (Hrsg.), *Gemeinschaften. Positionen zu einer Philosophie des Politischen*, Frankfurt am Main: Suhrkamp, S. 7–30.

Vogl, Joseph (2003): »Asyl des Politischen. Zur Topologie politischer Gelegenheiten«, in: Uwe Hebekus, Ethel Matala de Mazza und Albrecht Koschorke (Hrsg.), *Das Politische. Figurenlehren des sozialen Körpers nach der Romantik*, München: Wilhelm Fink Verlag, S. 23–38.

Vogl, Joseph (2010): *Das Gespenst des Kapitals*, Zürich: diaphanes.

Vogl, Joseph (2021): *Kapital und Ressentiment. Eine kurze Theorie der Gegenwart*, München: C.H. Beck.

Volk, Christian (2013): »Zwischen Entpolitisierung und Radikalisierung. Zur Theorie von Demokratie und Politik in Zeiten des Widerstands«, in: *Politische Vierteljahresschrift* 54 (1), S. 75–110.

Volkmann, Uwe (2013): *Grundzüge einer Verfassungslehre der Bundesrepublik Deutschland*, Tübingen: Mohr Siebeck.

Volkmann, Uwe (2018): »Verfassungsänderung und Verfassungswandel. Beobachtungen zum Verhältnis von Stabilität und Dynamik im Verfassungsrecht der Bundesrepublik Deutschland«, in: *Juristenzeitung* 73 (6), S. 265–271.

Waldberg, Patrick (2018): »Extract from Acéphalogram (2)«, in: Georges Bataille, *The Sacred Conspiracy. The Internal Papers of the Secret Society of Acephale and Lecturers to the College of Sociology*. Hrsg. v. Marina Galletti und Alastair Brotchie, London: Atlas Press, S. 456.

Waldenfels, Bernhard (1997): *Topographie des Fremden. Studien zur Phänomenologie des Fremden I*, Frankfurt am Main: Suhrkamp.

Waldenfels, Bernhard (2001): *Verfremdung der Moderne. Phänomenologische Grenzgänge*, Göttingen: Wallstein-Verlag.

Waldenfels, Bernhard (2006): *Grundmotive einer Phänomenologie des Fremden*, Frankfurt am Main: Suhrkamp.

Waldenfels, Bernhard (2006): *Schattenrisse der Moral*. Frankfurt am Main: Suhrkamp.

Waldenfels, Bernhard (2007): *Bruchlinien der Erfahrung. Phänomenologie, Psychoanalyse, Phänomenotechnik*, 2. Aufl., Frankfurt am Main: Suhrkamp.

Waldenfels, Bernhard (2015): *Sozialität und Alterität. Modi sozialer Erfahrung*, Berlin: Suhrkamp.

Waldenfels, Bernhard (2015): *Vielstimmigkeit der Rede*, 2. Aufl., Frankfurt am Main: Suhrkamp.

Waldenfels, Bernhard (2016): *Antwortregister*, 2. Aufl., Frankfurt am Main: Suhrkamp.

Weitin, Thomas (2010): *Recht und Literatur*, Münster: Aschendorff Verlag.

Westphal, Manon (2018): *Die Normativität agonaler Politik. Konfliktregulierung und Institutionengestaltung in der pluralistischen Demokratie*, Baden-Baden: Nomos Verlagsgesellschaft.

Wieacker, Franz (1996): *Privatrechtsgeschichte der Neuzeit. Unter besonderer Berücksichtigung der deutschen Entwicklung*, 2. Aufl., Göttingen: Vandenhoeck und Ruprecht.

Wiegand, Marc Andre (2008): »Zum Begriff des Staatsoberhaupts«, in: *Archiv des öffentlichen Rechts* 133, S. 475–522.

Wiethölter, Rudolf (1969): »Recht und Politik«, in: *Zeitschrift für Rechtspolitik* 2 (7), S. 155–158.

Wiethölter, Rudolf (1976): *Rechtswissenschaft*, Frankfurt am Main: Fischer Taschenbuch Verlag.

Wiethölter, Rudolf (2014): »Materialisierungen und Prozeduralisierungen von Recht«, in: ders., *Recht in Recht-Fertigungen. Ausgewählte Schriften*. Hrsg. v. Peer Zumbansen und Marc Amstutz, Berlin: Berliner Wissenschafts-Verlag, S. 423–446.

Wihl, Tim (2023): »Gibt es ein Recht der radikalen Demokratie? – Neun Thesen«, in: Lucas von Ramin et. al. (Hrsg.), *Transformationen des Politischen. Radikaldemokratische Theorien für die 2020er Jahre*, Bielefeld: transcript, S. 265–278.

Wihl, Tilm (2024): *Wilde Demokratie. Das Recht auf Protest*, Berlin: Wagenbach Verlag.

Wittgenstein, Ludwig (2003): *Philosophische Untersuchungen. Auf der Grundlage der kritisch-genetischen Edition*. Unter Mitarbeit von Joachim Schulte, 9. Aufl., Frankfurt am Main: Suhrkamp.

Zittel, Claus (2011): »Perspektivismus«, in: Henning Ottmann (Hrsg.), *Nietzsche-Handbuch. Leben – Werk – Wirkung*, Stuttgart: J.B. Metzler, S. 299–301.

Žižek, Slavoj (2000): *Das fragile Absolute. Warum es sich lohnt, das christliche Erbe zu verteidigen*, Berlin: Volk & Welt.

Žižek, Slavoj (2016): *Lacan. Eine Einführung*, 5. Aufl., Frankfurt am Main: S. Fischer Verlag.

Abbildungsverzeichnis